Denkschrift

zum

Entwurf eines Bürgerlichen Gesetzbuchs

nebst drei Anlagen,

ergänzt

durch Hinweise auf die Beschlüsse des Reichstages sowie auf die Paragraphen des Bürgerlichen Gesetzbuchs und seiner Nebengesetze

von

H. Jäntsch,

Amtsrichter.

Berlin.

J. Guttentag, Verlagsbuchhandlung,

G. m. b. H.

1899.

Vorwort.

Der Umstand, daß die Denkschrift zum Entwurfe eines Bürgerlichen Gesetzbuches von verschiedenen Verlegern herausgegeben worden und zum Theil in mehreren Auflagen erschienen ist, läßt schließen, daß sie gern und viel gelesen wird. In der That ist dieselbe viel beschäftigten Juristen, die zunächst einen Ueberblick über die wichtigeren Bestimmungen des B.G.B. gewinnen wollen, als Lektüre zu empfehlen. Ein Uebelstand liegt auf der Hand: die Denkschrift enthält nicht die Paragraphen des Gesetzbuches selbst und nicht die Aenderungen, welche der Reichstag an dem durch die Denkschrift erläuterten Entwurfe vorgenommen hat. Diese Aenderungen sind jedoch nicht zahlreich und selten von einem Umfange, der den Werth der Denkschrift erheblich beeinträchtigte.

Die vorliegende Ausgabe, in welcher der amtliche Text vollständig wiedergegeben ist und die Zusätze des Verfassers als solche kenntlich gemacht sind, sucht dem erwähnten Uebelstande abzuhelfen. Sie weist in allen Fällen, in denen die Denkschrift eine Bestimmung des Entwurfes erläutert, die vom Reichstage geändert worden ist, in einer Anmerkung auf die Aenderung hin. Auf diese Anmerkungen ist mit Zahlen verwiesen, während die mit einem Sterne versehenen bereits im amtlichen Text enthalten sind (s. z. B. S. 45). Ferner ist neben jeden in der Denkschrift angezogenen Paragraphen des Entwurfes der entsprechende Paragraph des B.G.B. in fettem Drucke gesetzt. — Bei Verweisungen der Denkschrift auf Paragraphen der Civilprozeßordnung und der Konkursordnung sind die entsprechenden Paragraphen-Zahlen, welche diese Gesetze durch die Bekanntmachung des Reichskanzlers vom 20. Mai 1898 erhalten haben, gleichfalls in fettem Drucke in den Text eingefügt (vergl. z. B. S. 4 Mitte, S. 283 Mitte). In den Fällen, in denen auf beabsichtigte Aenderungen der C.P.O. oder der K.O. im Texte hingewiesen wird, ist in den Anmerkungen die Anlage II und der Paragraph der neuen C.P.O. oder der neuen K.O. citirt (vergl. z. B. S. 59, 131 Anm.). Auch sonst ist das in der Zwischenzeit erfolgte Fortschreiten der Gesetzgebung durch Hinweise unter dem Texte berücksichtigt worden. Nur zu den Artikeln des Handelsgesetzbuches vom 5. Juni 1869, welche durch das B.G.B. überflüssig geworden sind und welchen keine entsprechenden Paragraphen des H.G.B. vom 10. Mai 1897 gegenüber stehen, ist nichts bemerkt worden.

In meiner Ausgabe werden die Seitenzahlen der stenographischen Berichte über die Verhandlungen des Reichstages, 9. Legislaturperiode, IV. Session 1895/97, 1. Anlageband (gedruckt bei Julius Sittenfeld, Berlin) gebracht. Die Denkschrift ist in diesem Anlagebande S. 602—790 abgedruckt. Nach diesen Seitenzahlen wird die Denkschrift z. B. von Hahn-Mugdan in den Materialien zu den Reichs-Justizgesetzen und von Planck in dessen Kommentare zum B.G.B. angezogen. Hingegen citiren z. B. Fischer-Henle in ihrem Kommentare zum B.G.B. die Denkschrift nach der von J. Guttentag im Jahre 1896 veranstalteten Ausgabe; wer nun etwa die Carl Heymann'sche Ausgabe der Denkschrift besitzt, muß hierin erst einige Zeit suchen, ehe er die von Fischer-Henle angezogene Stelle findet. Dies ist eine Unbequemlichkeit, die ich zu vermeiden suchte, indem ich auf jeder Seite oben die amtlichen Seitenzahlen mit dem Zusatze „D.S." bringe. — Vielleicht entschließen sich die Kommentatoren, einheitlich zu citiren, und zwar am besten die amtliche Ausgabe, nachdem deren Seitenzahlen durch meine Arbeit einem größeren Leserkreise zugänglich gemacht sind.

Die Anlage II bringt in der amtlichen Ausgabe (S. 744 ff.) in den Paragraphen-Ueberschriften die Paragraphen der Civilprozeßordnung und (von S. 763 ab) der Konkursordnung, die aus Anlaß des B.G.B. geändert, gestrichen oder neu geschaffen werden sollten, sowie daneben in Klammer die in Betracht kommenden Paragraphen des Entwurfes eines B.G.B. Ich habe auch hier in fettem Drucke sowohl die Paragraphen der C.P.O. und der K.O. nach der Bekanntmachung vom 20. Mai 1898 wie daneben in Klammer die in Betracht kommenden Paragraphen des B.G.B. hinzugefügt. Wenn die damals vorgeschlagenen Aenderungen, Streichungen und Ergänzungen der C.P.O. und der K.O. unverändert in die Gesetze vom 17. Mai 1898 übergegangen sind, ist nichts bemerkt worden; andernfalls ist „geändert" hinzugefügt.

Von der Aufnahme, welche diese Arbeit finden wird, hängt es ab, ob auch die Denkschriften zu den Nebengesetzen des B.G.B. in ähnlicher Bearbeitung erscheinen.

Oranienbaum (Anhalt), den 13. Mai 1899.

H. Jäntsch.

Abkürzungen.

B.G.B. — Bürgerliches Gesetzbuch.

C.P.O. — Civilprozeßordnung in der Fassung der Bekanntmachung vom 20. Mai 1898 (R.G.Bl. S. 410).

E.G. — Einführungsgesetz.

G.O. — Gewerbeordnung.

H.G.B. — Handelsgesetzbuch vom 10. Mai 1897.

K.B. — Bericht der Reichstags-Kommission über den Entwurf eines Bürgerlichen Gesetzbuchs und Einführungsgesetzes nebst einer Zusammenstellung der Kommissionsbeschlüsse (Verlag von J. Guttentag in Berlin).

K.O. — Konkursordnung in der Fassung der Bekanntmachung vom 20. Mai 1898 (R.G.Bl. S. 612).

R.G.Bl. — Reichsgesetzblatt.

Reichstags-Kommission — Die vom Reichstage gewählte Kommission zur Berathung des Entwurfes eines B.G.B. nebst E.G.

St.B. — Erste, zweite und dritte Berathung des Entwurfes eines B.G.B. im Reichstage, stenographische Berichte (Verlag von J. Guttentag in Berlin).

Zw.V.G. — Reichsgesetz über die Zwangsversteigerung und die Zwangsverwaltung vom 24. März 1897.

Ueber die Bedeutung der fett gedruckten Zahlen sowie über den Unterschied zwischen den mit einem * und den mit Zahlen versehenen Anmerkungen siehe das Vorwort.

Inhaltsübersicht.

Drittes Buch.

Sachenrecht.

Viertes Buch.

Familienrecht.

Fünftes Buch.

Erbrecht.

Anlagen.

Einleitung.

Entstehung des Entwurfes.

Die Beseitigung der großen Verschiedenheiten auf dem Gebiete des Bürgerlichen Rechtes und zu dem Behufe die Schaffung eines gemeinsamen Bürgerlichen Gesetzbuchs wurde schon im Jahre 1867 bei der Berathung des Verfassungs-Entwurfes innerhalb des konstituirenden Reichstags des Norddeutschen Bundes angeregt, indem der Abgeordnete Miquel der Zuständigkeit des Bundes „die gemeinsame Gesetzgebung über das Bürgerliche Recht" zu überweisen beantragte (Drucksachen des Reichstags Nr. 29). Der Antrag wurde abgelehnt, im Jahre 1869 aber wiederholt eingebracht und mit großer Mehrheit angenommen (Verhandlungen des Reichstags 1869 S. 835). Im Deutschen Reichstag erschien der Antrag in den Jahren 1871, 1872 und 1873 auf der Tagesordnung und erhielt bei der Abstimmung immer wieder eine große Mehrheit (Verhandlungen des Reichstags 1871 S. 290, 1872 S. 726, 1873 S. 210). Unter dem Einflusse dieser Kundgebungen hatten die verbündeten Regierungen sich im Frühjahr 1873 dahin verständigt, daß, falls die Zuständigkeit des Reichs für die Gesetzgebung über das Bürgerliche Recht verfassungsmäßig anerkannt werden sollte, eine Kommission zur Ausarbeitung eines Allgemeinen Bürgerlichen Gesetzbuchs zu berufen sei. Unter dem 13. Dezember 1873 erging endlich das Reichsgesetz, betreffend die Abänderung der Nr. 13 des Artikels 4 der Verfassung des Deutschen Reichs (Reichs-Gesetzbl. S. 379). Es bildet den Ausgangspunkt der gesetzgeberischen Arbeiten, deren Ergebniß in dem Entwurf eines Bürgerlichen Gesetzbuchs für das Deutsche Reich vorliegt. Auf der neu gewonnenen gesetzlichen Grundlage wurde durch Beschluß des Bundesraths vom 28. Februar 1874 eine Kommission von fünf angesehenen deutschen Juristen beauftragt, über Plan und Methode, nach welchen bei der Aufstellung des Entwurfes zu verfahren sei, Vorschläge zu machen. In grundsätzlicher Uebereinstimmung mit dem von dieser sogenannten Vorkommission erstatteten Gutachten beschloß der Bundesrath am 22. Juni 1874, zur Ausarbeitung des Entwurfes eine Kommission von elf Mitgliedern zu berufen. Die Kommission wurde derart zusammengesetzt, daß in ihr einerseits die Rechtswissenschaft und die juristische Praxis, andererseits die hauptsächlichen in Deutschland bestehenden Rechte, das Gemeine, das Preußische, das Französische und Badische sowie das Sächsische Recht, Vertretung fanden.

Im September 1874 hielt die Kommission ihre ersten, der Feststellung des Arbeitsplans gewidmeten Sitzungen ab. Sie entschied sich im Einklange mit dem erwähnten Gutachten dahin, weder eines der geltenden Gesetzbücher noch einen der Gesetz-Entwürfe, die theils im Auftrage des vormaligen Deutschen Bundes, theils von einzelnen deutschen Staaten (Bayern, Großherzogthum Hessen) ausgearbeitet worden waren, ihren Berathungen zu Grunde zu legen, sondern durch fünf ihrer Mitglieder Entwürfe für den Allgemeinen Theil, das Recht der Schuldverhältnisse, das Sachenrecht, das Familienrecht und das Erbrecht aufstellen zu lassen. Die Ausarbeitung der Theilentwürfe nahm, insbesondere dadurch, daß zuvor das gesammte in Deutschland geltende Recht festgestellt und geprüft werden mußte, eine Reihe von Jahren in Anspruch. Bis zum Oktober 1881 waren diese Vorarbeiten so weit gediehen, daß die Kommission in die Berathung der Theilentwürfe eintreten konnte. Soweit der das Recht der Schuldverhältnisse betreffende Theilentwurf, dessen Redaktor in eine tödtliche Krankheit verfallen war, nicht hatte vollendet werden können, diente im Wesentlichen der früher auf Veranlassung des Bundestags ausgearbeitete, sogenannte Dresdener Entwurf eines Allgemeinen deutschen Gesetzes über Schuldverhältnisse den Berathungen als Grundlage. Gegen Ende Dezember 1887 war der Entwurf eines Bürgerlichen Gesetzbuchs von der Kommission in erster Lesung vollendet und wurde nunmehr durch den Vorsitzenden der Kommission dem Reichskanzler überreicht. Zu dem Entwurfe waren unter Benutzung der von den Redaktoren zu den Theilentwürfen ausgearbeiteten Begründung sowie an der Hand der von der Kommission genehmigten Berathungsprotokolle Motive aufgestellt, die jedoch einer Prüfung der Gesammtkommission nicht unterlegen hatten.

Zufolge Beschlusses des Bundesraths vom 31. Januar 1888 ist der so in erster Lesung festgestellte Entwurf nebst den Motiven veröffentlicht worden. In dem Vorworte der amtlichen Ausgabe war es als erwünscht bezeichnet, daß nicht nur die Vertreter der Rechtswissenschaft und die zur Rechtspflege Berufenen, sondern auch die Vertreter wirthschaftlicher Interessen von dem Entwurf Kenntniß nehmen und mit ihren Urtheilen und Vorschlägen behufs Verwerthung für die weitere Beschlußfassung hervortreten möchten. Dieser Wunsch hat sich im weitesten Umfange verwirklicht; die Zusammenstellung der bekannt gewordenen Aeußerungen, welche im Reichsjustizamt behufs leichterer Verwerthung des Materials veranstaltet wurde, umfaßt sechs Druckbände. Die Urtheile über den Entwurf gingen weit auseinander. Mehrfach wurde die Ansicht laut, derselbe sei nicht geeignet, als Ausgangspunkt für die Neugestaltung des Bürgerlichen Rechtes zu dienen. Namentlich wurde ihm der Vorwurf gemacht, er verfolge eine einseitige romanistische Richtung und werde den sozialen und wirthschaftlichen Aufgaben nicht gerecht, welche die Gegenwart an eine Privatrechtsordnung stelle; auch entbehre er in seiner Fassung der Volksthümlichkeit. Ueberwiegend hat indessen die Kritik sich dahin geäußert, daß der Entwurf, wenngleich in vielen Stücken der Verbesserung bedürftig, doch eine taugliche Grundlage für die weitere Arbeit bilde.

In Verfolg des Beschlusses vom 31. Januar 1888, welcher die Bestimmung über eine zweite Lesung des Entwurfes vorbehalten hatte, beschloß der Bundesrath am 4. Dezember 1890, daß der Entwurf einer zweiter Lesung unterzogen und zu diesem Zwecke eine neue Kommission von zweiundzwanzig Mitgliedern — theils Juristen, theils Vertretern der verschiedenen wirthschaftlichen Interessen — eingesetzt werden solle. Bei der Auswahl der juristischen Mitglieder war die Rücksicht maßgebend, daß Theorie und Praxis, neben dem Richterstand auch der Anwaltstand, sowie die innerhalb des Deutschen Reichs bestehenden größeren Rechtsgebiete vertreten sein müßten, daß außerdem der Zusammenhang mit den Arbeiten der früheren Kommission zu wahren sei. Bei der Auswahl der übrigen Mitglieder entschied die Rücksicht auf eine sachkundige Vertretung der Landwirthschaft, des Handels und des Gewerbes sowie der Theorie der Volkswirthschaft.

Die sachlichen Berathungen der Kommission begannen im April 1891. Während der ganzen Dauer dieser Berathungen wurde über die Ergebnisse wöchentlich im Reichsanzeiger Mittheilung gemacht und so der Kritik Gelegenheit geboten, fortlaufend von dem Inhalte der Beschlüsse Kenntniß zu nehmen. Es wurden ferner die nach Maßgabe der Beschlüsse der Gesammtkommission von der Redaktionskommission vorläufig festgestellten Theilentwürfe durch den Druck der Oeffentlichkeit übergeben, auch in dieser Gestalt sämmtlichen Mitgliedern des Reichstags zur Verfügung gestellt, und zwar die Entwürfe des allgemeinen Theiles, des Rechtes der Schuldverhältnisse und des Sachenrechts im Jahre 1894, die Entwürfe des Familienrechts und des Erbrechts im Jahre 1895. Im Juni 1895 gelangten die sachlichen Berathungen der Kommission zum Abschlusse. Nachdem auch die Fassung endgültig festgestellt worden war, konnte Ende Oktober 1895 der gesammte Entwurf dem Bundesrath vorgelegt werden. Die weiteren Berathungen der Kommission hatten den Entwurf eines Einführungsgesetzes zum Gegenstande, welcher in den letzten Tagen des Jahres festgestellt und dem Bundesrath vorgelegt worden ist [1]).

Das Gesetzbuch beschränkt sich, seinem Zwecke entsprechend, auf das Gebiet des bürgerlichen Rechtes, läßt also das öffentliche Recht unberührt, wenngleich es im Zusammenhange mit der Ordnung privatrechtlicher Verhältnisse auch einzelne in das öffentliche Recht eingreifende Vorschriften giebt. Andererseits wird das bürgerliche Recht vollständig und erschöpfend geregelt, soweit nicht in dem Gesetzbuche selbst oder in dem Einführungsgesetz Ausnahmen vorgesehen sind.

---

1) Der Entwurf eines Bürgerlichen Gesetzbuches wurde am 17. Januar 1896 dem Reichstage überreicht, der ihn vom 3. bis 6. Februar in 1. Lesung berieth und einer Kommission überwies. Diese hielt 53 Sitzungen ab, beschloß eine Anzahl zum Theil wichtiger Abänderungen und begründete sie in einem schriftlichen Berichte, der in den folgenden Anmerkungen häufig verwerthet worden ist. Vom 19. Juni bis zum 1. Juli fanden die 2. und 3. Berathung im Plenum statt; hier wurden die Kommissionsbeschlüsse, von redaktionellen Aenderungen abgesehen, nur in 13 Paragraphen umgestaltet. Für die Annahme des Entwurfes stimmten schließlich 222 Abgeordnete, 48 stimmten dagegen, 18 enthielten sich der Abstimmung. Unter dem 18. August 1896 (R.G.Bl. S. 195—603) wurde das B.G.B. vom Kaiser vollzogen und verkündet.

Zu diesen Ausnahmen gehören vor allem die privatrechtlichen Bestimmungen der bestehenden Reichsgesetze. Ihre Ausscheidung aus den bezüglichen Einzelgesetzen würde vielfach den Zusammenhang der letzteren unterbrechen und damit das Verständniß erschweren. Demgemäß sollen die Vorschriften der Reichsgesetze in Kraft bleiben, soweit nicht aus dem Bürgerlichen Gesetzbuche selbst oder aus dem Einführungsgesetz ihre Aufhebung sich ergiebt. Die Aenderungen des Handelsgesetzbuchs, der Civilprozeßordnung und der Konkursordnung, welche sich in Folge des Bürgerlichen Gesetzbuchs als nothwendig ergeben, bilden den Gegenstand einer selbständigen Revision der genannten Gesetze, und zwar so, daß diese Gesetze in ihrer neuen Fassung gleichzeitig mit dem Bürgerlichen Gesetzbuch in Kraft treten sollen [1]).

Der Grundsatz, daß das Gesetzbuch das gesammte Bürgerliche Recht zu umfassen hat, erleidet weiterhin eine Ausnahme durch eine Reihe von Vorbehalten, die zu Gunsten der Landesgesetzgebung gemacht sind. Diese Vorbehalte haben eine verschiedene Tragweite. Einige beschränken sich darauf, für gewisse in das Gesetzbuch einbezogene Theile des Bürgerlichen Rechtes abweichende oder ergänzende landesrechtliche Vorschriften zuzulassen; andere überweisen einzelne privatrechtliche Gebiete der Landesgesetzgebung vollständig. Allgemeine Vorbehalte der letzteren Art sind zunächst für solche Gebiete vorgesehen, deren Regelung zu einem großen Theile in den Bereich des öffentlichen Rechtes fällt und daher meist schon bisher durch besondere Gesetze unabhängig vom Bürgerlichen Rechte erfolgt ist. Es gehören dahin das Bergrecht, das Enteignungsrecht, das Recht der Gemeinheitstheilung, der Zusammenlegung von Grundstücken, der Regulirung der gutsherrlich-bäuerlichen Verhältnisse sowie der Ablösung von Dienstbarkeiten und Reallasten. Andere Gegenstände mußten von der Regelung in dem Gesetzbuche deshalb ausgeschlossen werden, weil sie vermöge ihres Zusammenhanges mit den örtlichen und wirthschaftlichen Verhältnissen der verschiedenen deutschen Gebiete einer einheitlichen Behandlung widerstreben. Aus diesen Gründen sind der Landesgesetzgebung namentlich vorbehalten die Vorschriften über Familienfideikommisse, Lehen und Stammgüter, über Rentengüter, über Erbpachtrechte und über das Anerbenrecht in land- oder forstwirthschaftliche Grundstücke, ferner die Vorschriften über das Wasserrecht, mit Einschluß des Mühlen- und Flößereirechts, über das Deich- und Sielrecht, das Jagd- und Fischereirecht und mit gewissen Einschränkungen auch die Vorschriften über das Gesinderecht.

Von den zur Zeit der Landesgesetzgebung unterliegenden Gegenständen haben auch das Versicherungsrecht und das Verlagsrecht im Bürgerlichen Gesetzbuche keine Stelle gefunden. Es ist aber in Aussicht genommen, diese Rechtsmaterien, deren jede für sich ein selbständiges Ganzes bildet, im Anschluß an das Bürgerliche Gesetzbuch reichsgesetzlich zu regeln.

---

1) Vergl. das H.G.B. vom 10. Mai 1897 nebst E.G., das Gesetz betr. Aenderungen der C.P.O. vom 17. Mai 1898 nebst E.G. und das Gesetz betr. Aenderungen der K.O. vom 17. Mai 1898 nebst E.G.

Einer reichsgesetzlichen Regelung bedürfen ferner mit Rücksicht auf die Art, wie der Entwurf das Liegenschaftsrecht ordnet, das Grundbuchwesen und das Verfahren der mit der Führung der Grundbücher betrauten Behörden. Diese Regelung wird durch eine Grundbuchordnung zu erfolgen haben. Sodann macht es die einheitliche Gestaltung des Liegenschaftsrechts nothwendig, daß die Zwangsvollstreckung in das unbewegliche Vermögen, für welche bisher wegen der Verschiedenheit des Bürgerlichen Rechtes im Wesentlichen die Landesgesetze maßgebend bleiben mußten (vergl. § 757 der Civilprozeßordnung) nunmehr durch Reichsgesetz geordnet wird. Endlich werden die Angelegenheiten der freiwilligen Gerichtsbarkeit, insbesondere auf dem Gebiete des Familienrechts und des Erbrechts, reichsgesetzlich so weit zu regeln sein, als zur einheitlichen Durchführung des Bürgerlichen Gesetzbuchs erforderlich ist[1]).

Inhalt des Gesetzbuchs. Das Gesetzbuch ist in fünf Bücher eingetheilt. Das erste Buch „Allgemeiner Theil" enthält solche Vorschriften, die in allen folgenden Büchern oder mehreren von ihnen gemeinsam sind oder die, wie z. B. die Vorschriften über das Namenrecht und über die juristischen Personen, zwar eine selbständige Bedeutung haben, aber ihrem Gegenstande nach keinem der besonderen Theile angehören. Das zweite Buch „Recht der Schuldverhältnisse" regelt die Verhältnisse, welche dazu bestimmt sind, den Verkehr, namentlich auf dem Gebiete des Vermögensrechts, zu vermitteln. Das dritte Buch „Sachenrecht" betrifft das unmittelbare Verhältniß der Personen zu den beweglichen und den unbeweglichen Sachen. In dem vierten Buche „Familienrecht" werden die Familienverhältnisse und deren Wirkungen auf das Vermögen, insbesondere das persönliche Eherecht, das eheliche Güterrecht, das Elternrecht und das Vormundschaftsrecht, geordnet. Daran schließen sich im fünften Buche „Erbrecht" die Vorschriften, welche den Uebergang des Vermögens eines Verstorbenen zum Gegenstande haben.

Dem das Gesetzbuch begleitenden Einführungsgesetze fällt hauptsächlich die Aufgabe zu, das Verhältniß des Gesetzbuchs zu den Reichsgesetzen und den Landesgesetzen im Einzelnen zu bestimmen, sowie das internationale Privatrecht zu regeln. Außerdem hat das Einführungsgesetz den Zeitpunkt für das Inkrafttreten des Gesetzbuchs festzustellen und die erforderlichen Uebergangsbestimmungen zu treffen.

---

1) Die in diesem Abschnitte in Aussicht gestellten Gesetze sind inzwischen erlassen. Vergl. die Grundbuchordnung vom 24. März 1897, das Gesetz über die Zwangsversteigerung und die Zwangsverwaltung vom 24. März 1897 sowie das Gesetz über die Angelegenheiten der freiwilligen Gerichtsbarkeit vom 17. Mai 1898.

Erstes Buch.

Allgemeiner Theil.

Der erste Abschnitt des Allgemeinen Theiles handelt von den Personen, und zwar im ersten Titel von den natürlichen Personen. An den § 1, welcher den Beginn der Rechtsfähigkeit bestimmt, schließen sich Vorschriften über Volljährigkeit und Volljährigkeitserklärung (§§ 2 bis 5), über Entmündigung (§ 6), Wohnsitz (§§ 7 bis 11) und über den Schutz des Namenrechts (§ 12). Es folgen Bestimmungen über die Todeserklärung eines Verschollenen und die Lebensvermuthung im Falle der Verschollenheit (§§ 13 bis 19) sowie über die Vermuthung des gleichzeitigen Todes Mehrerer, die in gemeinsamer Gefahr umgekommen sind (§ 20). Der zweite Titel (§§ 21 bis 85, **89**) handelt von den juristischen Personen. Inhaltsübersicht.

Im zweiten Abschnitte „Sachen" werden die Begriffe der Sache im Allgemeinen (§ 86, **90**), der vertretbaren Sache (§ 87, **91**), der verbrauchbaren Sache (§ 88, **92**) und der wesentlichen Bestandtheile einer Sache bestimmt (§§ 89, **93** bis 92, **96**) sowie die Begriffe des Zubehörs (§§ 93, **97**, 94, **98**), der Früchte (§ 95, **99**) und der Nutzungen (§ 96, **100**). Im Anschlusse daran werden die Vorschriften gegeben über die Vertheilung der Früchte, wenn Mehrere nach einander zur Ziehung derselben berechtigt sind, über den Anspruch des zur Herausgabe von Früchten Verpflichteten auf Ersatz der auf die Gewinnung der Früchte verwendeten Kosten und über die Vertheilung der Lasten, wenn Mehrere nach einander zur Tragung derselben verpflichtet sind (§§ 97, **101** bis 99, **103**).

Der dritte Abschnitt enthält allgemeine Bestimmungen über Rechtsgeschäfte. Im ersten Titel „Geschäftsfähigkeit" werden zunächst die Voraussetzungen und Wirkungen der Geschäftsunfähigkeit (§§ 100, **104**, 101, **105**), sodann die der beschränkten Geschäftsfähigkeit (§§ 102, **106** bis 111, **115**) geregelt. An der Spitze des zweiten Titels „Willenserklärung" stehen Vorschriften für die Fälle, in denen die Erklärung mit dem Willen des Erklärenden nicht übereinstimmt, die Fälle der sogenannten Willensmängel (§§ 112, **116** bis 120, **124**). Sodann wird die Form der Rechtsgeschäfte behandelt (§§ 121, **125** bis 125, **129**). Weiter werden die

Voraussetzungen bestimmt, unter denen eine Willenserklärung, die einem Abwesenden oder einer Behörde gegenüber abzugeben ist, wirksam wird (§§ 126, **130** bis 128, **132**). Es folgt ein Grundsatz für die Auslegung von Willenserklärungen (§ 129, **133**). Ihm schließen sich an Bestimmungen über Rechtsgeschäfte, die gegen ein gesetzliches Verbot verstoßen (§ 130, **134**), über die Wirkung gesetzlicher oder behördlicher Veräußerungsverbote, die nur den Schutz bestimmter Personen bezwecken (§§ 131, **135**, 132, **136**), über rechtsgeschäftliche Verfügungsbeschränkungen (§ 133, **137**) und über Rechtsgeschäfte, die gegen die guten Sitten verstoßen (§ 134, **138**). Endlich werden die Folgen der Nichtigkeit und der Anfechtbarkeit eines Rechtsgeschäfts geregelt (§§ 135, **139** bis 140, **144**).

Der dritte Titel beschäftigt sich mit dem Vertrage (§§ 141, **145** bis 153, **157**). Der vierte Titel handelt von den unter einer Bedingung oder einer Zeitbestimmung vorgenommenen Rechtsgeschäften (§§ 154, **158** bis 159, **163**). Der fünfte Titel enthält Bestimmungen über Vertretung und Vollmacht (§§ 160, **164** bis 177, **181**), der sechste Titel über die Einwilligung und Genehmigung eines Dritten zu einem Rechtsgeschäfte (§§ 178, **182** bis 181, **185**).

Im vierten Abschnitte werden Auslegungsregeln für die in Gesetzen, gerichtlichen Verfügungen und Rechtsgeschäften enthaltenen Frist- und Terminsbestimmungen aufgestellt (§§ 182, **186** bis 188, **193**). Daran schließen sich im fünften Abschnitte (§§ 189, **194** bis 220, **225**) Vorschriften über die Verjährung der Ansprüche, im sechsten Abschnitte (§§ 221, **226** bis 225, **231**) Bestimmungen über Selbstvertheidigung und Selbsthülfe[1]). Der den Schluß bildende siebente Abschnitt (§§ 226, **232** bis 234, **240**) regelt die Art der Sicherheitsleistung für solche Fälle, in denen Jemand nach gesetzlicher oder rechtsgeschäftlicher Bestimmung verpflichtet oder zur Abwendung von Rechtsnachtheilen befugt ist, Sicherheit zu leisten, über die Art und Höhe der Sicherheitsleistung aber besondere Bestimmungen nicht getroffen sind.

Die wichtigeren der im ersten Buche behandelten Fragen sind nachstehend einer näheren Erörterung unterzogen.

I. Entmündigung.

Geisteskrankheit.

Die Voraussetzungen der Entmündigung hat der Entwurf (§ 6) dem geltenden Rechte gegenüber erweitert. In Uebereinstimmung mit diesem bestimmt er zunächst, daß entmündigt werden kann, wer wegen Geisteskrankheit seine Angelegenheiten nicht zu besorgen vermag. Abgesehen von dem Hinweis auf den für die Entmündigung maßgebenden Gesichtspunkt, daß durch die Geisteskrankheit Unfähigkeit des Kranken zur Besorgung seiner Angelegenheiten bewirkt sein muß, ist eine nähere Kennzeichnung der die

1) Der 6. Abschnitt des 1. Buches B.G.B. trägt, weil die Reichstags-Kommission noch den § 226 in das Gesetz aufnahm, eine andere Ueberschrift: K.B. S. 50.

Entmündigung rechtfertigenden Geisteskrankheit entsprechend den aus ärztlichen Kreisen hervorgegangenen Wünschen unterblieben.

Unter der gleichen Voraussetzung wie wegen Geisteskrankheit wird Entmündigung zugelassen wegen Geistesschwäche. Auch derjenige, dessen geistige Kräfte unvollständig entwickelt sind, bedarf, wie besonders von ärztlicher Seite betont worden ist, des Schutzes gegen die nachtheiligen Folgen seiner Einsichtslosigkeit und gegen die Ausbeutung derselben durch Andere. Verneinung der vollen Geschäftsfähigkeit und allgemeine Fürsorge für die persönlichen und die Vermögensangelegenheiten des Geistesschwachen durch Bestellung eines Vormundes sind auch hier die gebotenen Schutzmittel. Im Unterschied aber von der Entmündigung wegen Geisteskrankheit hat die Entmündigung wegen Geistesschwäche nicht völlige Geschäftsunfähigkeit, sondern nur eine Beschränkung der Geschäftsfähigkeit zur Folge, welche den Geistesschwachen einem Minderjährigen gleichstellt. Geistesschwäche.

Entsprechend dem im größten Theile Deutschlands geltenden Rechte kennt der Entwurf ferner eine Entmündigung wegen Verschwendung. Sie soll zulässig sein, wenn der Verschwender durch die Verschwendung sich oder seine Familie der Gefahr des Nothstandes aussetzt. Die rechtliche Wirkung ist die gleiche wie bei der Entmündigung wegen Geistesschwäche. Für die Zulassung der Entmündigung wegen Verschwendung ist neben der Rücksicht auf das Interesse des Verschwenders selbst die Fürsorge für seine Familie und mittelbar für das öffentliche Wohl bestimmend gewesen. Verschwendung.

In noch höherem Grade tritt der Gesichtspunkt der Fürsorge für die Familie und das öffentliche Wohl bei dem vierten der im Entwurf aufgestellten Entmündigungsgründe hervor, bei der Trunksucht. Die Zulassung der Entmündigung wegen Trunksucht enthält für alle Rechtsgebiete in Deutschland eine Neuerung. Aus sozialpolitischen Gesichtspunkten ist sie indessen, insbesondere auch von ärztlicher Seite, schon häufig dringend gefordert worden. Wenn die Nothwendigkeit gesetzgeberischen Vorgehens gegen die Trunksucht angesichts der durch sie verursachten schweren Schädigungen der wirthschaftlichen und sittlichen Gesundheit des Volkslebens nicht bestritten werden kann, so ergiebt sich auch für das bürgerliche Recht unabweislich die Aufgabe, mit den ihm zu Gebote stehenden Mitteln zur Bekämpfung des Uebels mitzuwirken. Unter diesen Mitteln ist die Entmündigung das wirksamste und eingreifendste. Durch die sich daran knüpfende Beschränkung der Geschäftsfähigkeit wird dem Trinker die mißbräuchliche Verwendung seines Vermögens und seines Kredits rechtlich unmöglich gemacht. Wichtiger noch ist, daß er in der Ausübung der elterlichen Gewalt beschränkt und ihm selbst ein Vormund bestellt wird, dem die Sorge sowohl für das Vermögen als auch für die Person desselben obliegt. Der Vormund ist insbesondere berechtigt und verpflichtet, geeignetenfalls auch gegen den Willen des Trinkers für dessen Aufnahme und Festhaltung in einer Heilanstalt zu sorgen, um dadurch, wenn möglich, die Heilung des Trinkers herbeizuführen. Trunksucht.

II. Namenrecht.

Der Entwurf enthält im § 12 eine Vorschrift über den Schutz des Rechtes zum Gebrauch eines Namens. Die geltenden Landesrechte kennen eine derartige allgemeine Bestimmung nicht. Dagegen gewährt die Reichsgesetzgebung schon jetzt nach bestimmten Richtungen einen Schutz des Namens gegen Mißbrauch durch andere (vergl. Art. 27 des Handelsgesetzbuches [1]), § 14 des Gesetzes zum Schutz der Waarenbezeichnungen vom 12. Mai 1894, Reichs-Gesetzbl. S. 441). Aber auch darüber hinaus ist in der Praxis mehr und mehr die Auffassung zur Anerkennung gelangt, daß ein allgemeiner Anspruch auf Schutz gegen unbefugte Anmaßung eines bürgerlichen Namens bestehe.

Der Entwurf schützt denjenigen, welchem das Recht zum Gebrauch eines Namens zusteht. Ob dieses Recht auf einer Vorschrift des bürgerlichen Rechtes (vergl. die §§ 1338, **1355**, 1558, **1577**, 1594, **1616**, 1682, **1706**, 1734, **1758**) oder auf einem öffentlichrechtlichen Titel beruht, begründet für die Anwendung der Bestimmung des Entwurfs keinen Unterschied.

Aus der Anerkennung eines Privatrechts am bürgerlichen Namen ergiebt sich für den Berechtigten ohne Weiteres die Befugniß, im Falle der Bestreitung seines Rechtes nach § 231, **256** der Civilprozeßordnung auf Feststellung seines Rechtes zu klagen. Auch steht ihm nach den Vorschriften über unerlaubte Handlungen (§ 807, **823**) ein Anspruch auf Schadensersatz zu, wenn ihm durch schuldhafte Verletzung seines Rechtes ein Vermögensschaden zugefügt worden ist. Durch diese Schutzmittel geschieht jedoch dem praktischen Bedürfnisse kein Genüge. Der Entwurf gewährt daher dem Berechtigten im Anschluß an die Praxis nicht nur für den Fall, daß ihm sein Recht bestritten wird, sondern — was praktisch ungleich wichtiger ist — auch dann einen Anspruch auf Beseitigung der Beeinträchtigung und das Recht, auf Unterlassung weiterer Beeinträchtigungen zu klagen, wenn er in seinem Interesse dadurch verletzt wird, daß ein Anderer unbefugt den gleichen Namen gebraucht. Geschützt wird jedes durch den unbefugten Gebrauch des Namens verletzte Interesse des Berechtigten. Das Interesse kann darin bestehen, daß dem Berechtigten nicht in Folge des Mißbrauchs seines Namens und einer dadurch herbeigeführten Verwechselung der Person das Verhalten, die Handlungen und Leistungen eines Anderen zugerechnet werden. Das Interesse kann ferner dahin gehen, daß nicht ein Anderer durch Anmaßung des Familiennamens sich den Anschein der Zugehörigkeit zur Familie des Berechtigten gebe.

III. Todeserklärung. Lebensvermuthung.

Todeserklärung.

Alle zur Zeit in Deutschland geltenden Rechte enthalten Vorschriften, welche bestimmt sind, für die Fälle der Verschollenheit den Mißständen vorzu-

1) Vergl. H.G.B. § 37.

beugen, die sich aus der fortdauernden Ungewißheit über Leben und Tod des Verschollenen ergeben würden. Die Art der Regelung ist allerdings sehr verschieden.

Der Entwurf läßt (§§ 13 bis 17) im Anschluß an die Mehrzahl der Rechte, insbesondere an das Gemeine Recht, das Preußische Recht (A.L.R. II, 18, §§ 823 ff.) und die §§ 37 ff. des Sächsischen Gesetzbuches, die im Wege des Aufgebotsverfahrens herbeizuführende Todeserklärung des Verschollenen durch richterliches Urtheil zu, wenn innerhalb bestimmter Zeit keine Nachricht von dessen Leben eingegangen ist. Als regelmäßige Verschollenheitsfrist ist, den Verhältnissen des heutigen Verkehrs entsprechend, nach dem Vorgange des Preußischen Rechtes und zahlreicher anderer Landesgesetze ein verhältnißmäßig kurzer Zeitraum (10 Jahre) vorgesehen (§ 14). Die Frist erfährt noch eine weitere Abkürzung in Fällen, in denen durch besondere Umstände die Wahrscheinlichkeit eines früheren Todes des Verschollenen begründet ist (§§ 15 bis 17). Die Mehrzahl der geltenden Gesetze kennt eine solche Abkürzung der Frist nur für die Kriegs- und die Seeverschollenheit. Allein das praktische Bedürfniß fordert die Abkürzung auch überall da, wo Jemand bei einem Unfall (Grubenunglück, Theaterbrand, Bergsturz u. s. w.) in Lebensgefahr gerathen und seitdem verschollen ist. Voraussetzungen.

Der Entwurf bestimmt die Wirkung der Todeserklärung dahin, daß sie die Vermuthung begründet, der Verschollene sei in dem Zeitpunkte gestorben, welcher in dem die Todeserklärung aussprechenden Urtheile festgestellt ist (§ 18). Er lehnt es mithin ab, der Vermuthung den Inhalt zu geben, daß der Tod zur Zeit der Erlassung des Todeserklärungsurtheils eingetreten sei. Dem Urtheil ist nicht konstitutive, sondern deklaratorische Bedeutung beigelegt. Diese Regelung, welche zwar für große Theile des Reichs, insbesondere für das Gebiet des Preußischen Rechtes, neu ist, sich aber der im Gemeinen Rechte vorherrschend zur Geltung gelangten Ansicht sowie dem Sächsischen Gesetzbuch anschließt, hat zunächst den Vorzug, daß, dem Zwecke der Todeserklärung entsprechend, als Todestag ein Tag angenommen wird, der, namentlich in den Fällen der erleichterten, häufig jedoch auch in den Fällen der gewöhnlichen Todeserklärung, dem wirklichen Todestage des Verschollenen aller Wahrscheinlichkeit nach ungleich näher liegt, als der Tag des Urtheils. Vor Allem aber gewährt die deklaratorische Todeserklärung nicht dem Zufalle, dem Ermessen der Betheiligten und dem Gange des gerichtlichen Verfahrens einen so überwiegenden Einfluß auf die Festsetzung der Todeszeit und die daran sich knüpfenden bedeutsamen Folgen, wie dies bei der konstitutiven Todeserklärung der Fall ist. Im Vergleiche hiermit kann der Nachtheil, daß die Festsetzung des Todestags auf einen vor der Erlassung des Urtheils liegenden Zeitpunkt unter Umständen mit praktischen Schwierigkeiten verbunden ist, nicht ins Gewicht fallen. Wirkung.

Die Todeserklärung begründet regelmäßig nur eine Vermuthung, welche als solche dem Beweise des Gegentheils weicht. Die rechtlichen Beziehungen des Verschollenen regeln sich also zunächst auf Grund der Annahme, daß er in dem durch Urtheil festgesetzten Zeitpunkte gestorben sei. Sobald aber bewiesen wird, daß der Verschollene zu einer anderen Zeit gestorben ist oder daß er noch lebt, tritt die der wirklichen Sachlage entsprechende Beurtheilung ein, wie wenn eine Todeserklärung nicht erfolgt wäre. Die Rechte des zur Zeit der Todeserklärung noch lebenden Verschollenen gegenüber demjenigen, welcher das zurückgelassene Vermögen in Besitz genommen hat, sind in dem § 2006, **2031** und dem § 2343, **2370** Abs. 2 näher bestimmt.

Weitergehende Wirkungen werden der Todeserklärung hinsichtlich verschiedener familienrechtlicher Beziehungen des Verschollenen beigelegt, so in Betreff der Ehe (§§ 1331, **1348** bis 1335, **1352**), der ehemännlichen Verwaltung und Nutznießung (§§ 1402, **1419**, 1408, **1425** Abs. 1 Satz 2), der fortgesetzten Gütergemeinschaft (§ 1477, **1494** Abs. 2), der Errungenschaftsgemeinschaft (§§ 1527, **1544**, 1530, **1547** Abs. 1 Satz 2), der elterlichen Gewalt (§§ 1655, **1679**, 1660, **1684**), der Beistandschaft, der Mitgliedschaft in einem Familienrathe sowie in Betreff der Vormundschaft, der Gegenvormundschaft und der Pflegschaft (§§ 1670, **1694**, 1854, **1878** Abs. 1, § 1860, **1884** Abs. 2, § 1861, **1885** Abs. 2, §§ 1871, **1895**, 1873, **1897**, 1891, **1915** Abs. 1, § 1897, **1921** Abs. 3).

Anfechtung. Das die Todeserklärung aussprechende Urtheil kann, wie jedes andere im Aufgebotsverfahren ergehende Urtheil (§ 834, **957** der Civilprozeßordnung), nur mittelst einer besonderen Klage angefochten werden. Die Gründe, aus denen die Anfechtung zulässig ist, sind in der Civilprozeßordnung näher zu bestimmen [1]).

Lebensvermuthung. Die durch die Todeserklärung begründete Todesvermuthung schließt zugleich die Vermuthung in sich, daß der Verschollene bis zu dem im Urtheile festgestellten Zeitpunkte gelebt hat. Daneben stellt der Entwurf (§ 19) eine selbständige Lebensvermuthung für die Fälle auf, in denen eine Todeserklärung noch nicht erfolgen kann oder doch noch nicht erfolgt ist. Diese Vermuthung wird, was die Fortdauer des Lebens des Verschollenen betrifft, im Anschluß an die Vorschriften über die Todeserklärung geregelt.

IV. Juristische Personen.

1. Vereine.

Aufgabe des Entwurfes. Der Entwurf mußte sich selbstverständlich auf die Regelung der privatrechtlichen Seite der Vereine beschränken. Die Ordnung des öffentlichen Vereinsrechts mit Einschluß des staatlichen Aufsichtsrechts liegt außerhalb seines Rahmens. Die dafür zur Zeit maßgebenden Landesgesetze bleiben unberührt.

Aber auch nach ihren privatrechtlichen Beziehungen war eine erhebliche Zahl von Vereinigungen der Regelung durch das Bürgerliche Gesetzbuch nicht zu unterwerfen. Es gehören dahin zunächst die schon durch die bisherige Reichsgesetzgebung geordneten Vereinigungen, insbesondere die handelsrechtlichen Gesellschaften, die Erwerbs- und Wirthschaftsgenossenschaften und die Gesell-

---

1) Vergl. C.P.O. § 973, unten Anlage II C.P.O. § 836 o.

schaften mit beschränkter Haftung; für sie bewendet es bei den bisherigen Bestimmungen. Des Weiteren kommen für das Bürgerliche Gesetzbuch nicht in Betracht die dem Versicherungsrecht angehörigen Gesellschaften, deren Regelung im Zusammenhange mit der Ordnung des Versicherungsrechts durch ein besonderes Gesetz erfolgen soll. Der Landesgesetzgebung endlich müssen alle die Vereinigungen überlassen bleiben, welche einem der landesrechtlichen Regelung vorbehaltenen Sonderrechtsgebiet angehören, wie dem Agrarrechte, dem Wasserrechte mit Einschluß des Deich- und Sielrechts, dem Forstrechte, dem Bergrechte, dem Jagd- und Fischereirechte. Dem Bürgerlichen Gesetzbuche verbleibt hiernach als hauptsächliche Aufgabe die Ordnung derjenigen Vereine, welche geistige, sittliche, soziale, politische, religiöse und ähnliche Zwecke verfolgen, der Vereine mit sogenannten idealen Tendenzen.

Voraussetzungen der Rechtsfähigkeit. Geltendes Recht.

Die erste und wichtigste Frage für die Regelung des privaten Vereinsrechts ist die, unter welchen Voraussetzungen ein Verein Rechtsfähigkeit erlangt. Faßt man die Stellung des geltenden Rechtes zu dieser Frage ins Auge, so finden sich drei Systeme vertreten, das sogenannte Konzessionssystem, das System der freien Körperschaftsbildung und das System der Normativbestimmungen. Nach dem Konzessionssystem ist, soweit nicht besondere gesetzliche Bestimmungen eingreifen, zum Erwerbe der Rechtsfähigkeit Verleihung durch einen besonderen Akt der Staatsgewalt erforderlich. Dieses System gilt reichsgesetzlich für Innungsverbände (§ 104h[1]) der Gewerbeordnung) und für Kolonialgesellschaften (§ 8 des Gesetzes, betreffend die Rechtsverhältnisse der deutschen Schutzgebiete vom 15. März 1888, Reichs-Gesetzbl. S. 75); es gilt auch im Gebiete des Preußischen Allgemeinen Landrechts, des Französischen Rechts, in Baden und nach mehreren anderen Landesrechten. Das Preußische Recht kennt aber zugleich in den „erlaubten Privatgesellschaften", die staatlicher Genehmigung nicht bedürfen, Vereine, welche zwar nach außen hin nicht als Körperschaften anerkannt sind, denen aber gleichwohl durch die Praxis in verschiedenen Richtungen, insbesondere was die Parteifähigkeit im Prozesse betrifft, die rechtliche Stellung juristischer Personen beigelegt wird. Anlangend das Gemeine Recht, wird in neuerer Zeit lebhaft darüber gestritten, ob hier das Konzessionssystem gilt oder vielmehr das System der freien Körperschaftsbildung, welchem zufolge jeder rechtmäßig bestehende, korporativ angelegte Verein kraft allgemeinen Rechtssatzes Rechtsfähigkeit hat, wenn er als solcher, als selbständiges Ganze, in den Verkehr tritt. In der jetzigen, namentlich vom Reichsgericht wiederholt anerkannten Praxis wird überwiegend angenommen, daß ein solcher Verein, wenn er auch keine juristische Person sei, doch als solcher Rechte erwerben, Verbindlichkeiten übernehmen und Prozesse führen könne. Zwischen den beiden erwähnten Systemen steht in der Mitte das System der Normativbestimmungen; nach ihm hängt die Erlangung der Rechtsfähigkeit davon ab, daß ein Verein gewisse im Gesetze bestimmte Voraussetzungen, die eine geordnete innere Organisation und die Sicherheit des Verkehrs mit Dritten gewährleisten sollen, erfüllt und daß diese

---

1) Jetzt § 104g (R.G.Bl. v. J. 1897 S. 694).

Erfüllung durch einen behördlichen Akt festgestellt wird. Soweit die neuere Gesetzgebung sich mit der Frage beschäftigt hat, unter welchen Bedingungen gewissen Personenvereinigungen vermögensrechtliche Selbständigkeit zu gewähren sei, ist sie mit verschwindenden Ausnahmen dem dritten Systeme gefolgt. Nachdem dieses System zuerst im Handelsgesetzbuche bezüglich der handelsrechtlichen Vereinigungen zur Anwendung gekommen war, hat die Reichsgesetzgebung es weiter durchgeführt bei der Regelung der Erwerbs- und Wirthschaftsgenossenschaften, der eingeschriebenen Hülfskassen, der Innungen, der Krankenkassen, der Berufsgenossenschaften zum Zwecke der Unfallversicherung und der Gesellschaften mit beschränkter Haftung. Auf der gleichen Grundlage beruht eine größere Anzahl neuerer Landesgesetze. Neben solchen, die sich auf einen engeren Kreis von Vereinigungen, namentlich auf Wald- und Wassergenossenschaften, beziehen, kommen hier besonders in Betracht das Sächsische Gesetz, die juristischen Personen betreffend, vom 15. Juni 1868 und das Bayerische Gesetz, betreffend die privatrechtliche Stellung von Vereinen, vom 29. April 1869. Ersteres erstreckt sich auf alle juristischen Personen mit Ausnahme der dem öffentlichen Rechte angehörigen und der durch besondere Gesetze bereits geregelten, insbesondere der Aktiengesellschaften und der Erwerbs- und Wirthschaftsgenossenschaften. Das Bayerische Gesetz umfaßt alle rechtlich bestehenden oder rechtlich zulässigen Vereinigungen, welche nicht auf einzelne bestimmte Mitglieder beschränkt sind, denen vielmehr unter den in den Statuten bestimmten Voraussetzungen Jeder beitreten kann, sofern sie nicht zu den öffentlichen Korporationen, zu den im Handelsgesetzbuch aufgeführten Handels- oder den Versicherungsgesellschaften sowie ihrem Zwecke nach zu den Erwerbs- und Wirthschaftsgenossenschaften gehören, auch sonst nicht auf Erwerb, Gewinn oder eigentlichen Geschäftsbetrieb abzielen.

Standpunkt des Entwurfes.

Gegen die Annahme des Systems der freien Körperschaftsbildung sprechen, von der Rücksicht auf das geltende Recht und von anderen, insbesondere politischen, Bedenken abgesehen, vor Allem Erwägungen, welche die praktische Anwendbarkeit und die Sicherheit des Rechtsverkehrs betreffen. Diese Erwägungen fordern ein leicht erkennbares Unterscheidungsmerkmal zwischen rechtsfähigen Vereinen und anderen Vereinen; als solches kann aber der Umstand nicht dienen, daß der Wille der zusammentretenden Personen auf Gründung eines rechtsfähigen Vereins gerichtet und eine körperschaftliche Verfassung hergestellt ist. Vielmehr erscheint es nothwendig, die Entstehung eines rechtsfähigen Vereins an einen öffentlichen Akt zu binden.

Gegen die Annahme des Konzessionssystems lassen sich die hervorgehobenen Bedenken nicht geltend machen; in einem großen Theile des Reichsgebiets durch das geltende Recht anerkannt, leistet es der Forderung, daß die Entstehung eines rechtsfähigen Vereins öffentlich festgestellt werde, durchaus Genüge. Dennoch ist auch in ihm eine geeignete Grundlage für das neue Reichsrecht nicht zu erblicken. Es läßt sich zunächst nicht verkennen, daß sich die neuere Rechtsentwickelung im Wesentlichen von diesem System abgewendet hat. Aber auch vom Standpunkte des Staatsinteresses unterliegt das Konzessionssystem Bedenken. Wenn die Gewährung oder Ablehnung des Verleihungsgesuchs von dem Ermessen der Behörde abhängt, so ist Ungleichmäßigkeit der Entscheidungen kaum zu vermeiden, damit aber die Gefahr gegeben, daß solche Entscheidungen von den Betheiligten als willkürlich empfunden werden.

Von den Mängeln des Systems der freien Körperschaftsbildung und des Konzessionssystems ist das System der Normativbestimmungen frei; es gewährt einerseits einen gesetzlich gesicherten Weg zur Erlangung der Rechtsfähigkeit und bietet andererseits durch die Eintragung in ein öffentliches Register ein äußerlich erkennbares Merkmal für die Abgrenzung rechtsfähiger Vereine gegenüber sonstigen Vereinigungen. Der Entwurf (§ 21 Abs. 1, **21**) hat sich daher bezüglich derjenigen Vereine, deren Ordnung durch das Bürgerliche Gesetzbuch hauptsächlich in Frage kommt, nämlich der Vereine mit idealen Tendenzen, für die Annahme dieses Systems entschieden. Derartige Vereine sollen durch Erfüllung der gesetzlich bestimmten Erfordernisse und Eintragung in das vom Amtsgerichte geführte Vereinsregister Rechtsfähigkeit erlangen können. Dagegen sollen von dieser Möglichkeit diejenigen Vereine ausgeschlossen sein, deren Zweck auf einen wirthschaftlichen Geschäftsbetrieb gerichtet ist. Für Vereinigungen zu einem solchen Zwecke hat bereits die bisherige Reichsgesetzgebung eine Anzahl Rechtsformen ausgebildet. Für die Revision des Handelsgesetzbuchs ist ferner in Aussicht genommen, den Begriff des Handelsgewerbes und damit auch das Anwendungsgebiet der offenen Handelsgesellschaft und der Kommanditgesellschaft zu erweitern [1]). Abgesehen von denjenigen wirthschaftlichen Verbänden, deren Regelung der Landesgesetzgebung überlassen ist, werden es nur wenige wirthschaftliche Vereinigungen sein, denen durch reichsgesetzliche Vorschriften nicht ein angemessener Weg zur Erlangung der erforderlichen vermögensrechtlichen Selbständigkeit eröffnet wird. Unter diesen Umständen lag für das Bürgerliche Gesetzbuch kein Anlaß vor, auch für wirthschaftliche Vereine allgemein das System der Normativbestimmungen einzuführen.

Den Begriff der Vereine mit idealen Tendenzen bestimmt der Entwurf (§ 21 Abs. 1, **21**) unter Hervorhebung einiger besonders wichtiger Arten [2]) durch das negative Merkmal, daß ihr Zweck nicht auf einen wirthschaftlichen Geschäftsbetrieb gerichtet ist. Bei Vereinen, die mit der Verfolgung eines idealen Zweckes einen wirthschaftlichen Geschäftsbetrieb verbinden, hängt die Entscheidung über ihre Eintragungsfähigkeit davon ab, ob der Geschäftsbetrieb zu den Hauptzwecken des Vereins gehört oder nur dazu dient, die zur Verfolgung des idealen Hauptzwecks erforderlichen Mittel beschaffen zu helfen. Hiernach sind insbesondere auch Berufsvereine zur Wahrung der gemeinsamen Interessen von Berufsgenossen eintragungsfähig, sofern sie nicht etwa den Charakter von Produktivgenossenschaften oder Versicherungsgesellschaften auf Gegenseitigkeit an sich tragen. Immerhin werden sich bei der Anwendung des § 21 Abs. 1, **21** des Entwurfes im einzelnen Falle Zweifel über die Eintragungsfähigkeit eines Vereins ergeben. In Folge dessen könnte ein derartiger Verein, wenn er

---

1) Vergl. H.G.B. § 2.

2) Diese Hervorhebung („Vereine zu gemeinnützigen, wohlthätigen, geselligen, wissenschaftlichen, künstlerischen .. Zwecken") ist im B.G.B. § 21 aus redaktionellen Gründen weggelassen. K.B. S. 13.

allein auf den Weg der Eintragung angewiesen wäre, in die mißliche Lage kommen, daß ihm vom Gericht auf Grund der Erwägung, daß ein idealer Zweck nicht vorliegt, die Eintragung, andererseits von der für die Verleihung zuständigen Behörde auf Grund der entgegengesetzten Auffassung die Verleihung der Rechtsfähigkeit versagt würde. Zur Vermeidung dessen bestimmt der Entwurf, daß Vereine mit idealen Tendenzen außer durch Eintragung auch durch staatliche Verleihung Rechtsfähigkeit erlangen können [1]).

Politische und religiöse Vereine.

Unter den Vereinen mit idealen Tendenzen erheischen besondere Beachtung die politischen, sozialpolitischen und religiösen Vereine. Nach den Beschlüssen der im Jahre 1872 niedergesetzten Kommission des Reichstags zur Vorberathung des Entwurfes von Schulze-Delitzsch über die privatrechtliche Stellung der Vereine (Drucks. des Reichstags 1872 Anlage 190) sollten Vereine, die politische oder religiöse Zwecke verfolgen oder solchen Zwecken thatsächlich dienen, von dem Erwerbe der Rechtsfähigkeit auf Grund der in jenem Entwurf aufgestellten Normativbestimmungen ganz ausgeschlossen und Vereine von Arbeitgebern oder Arbeitern, welche nach ihren Satzungen oder thatsächlich die Veranstaltung von Arbeitsaussperrungen oder -Einstellungen sich zur Aufgabe machen, nur dann zugelassen werden, wenn sie die Verpflichtung, an den die Verhütung und Schlichtung von Streitigkeiten bezweckenden Einigungs- und Schiedsämtern sich zu betheiligen, statutarisch anerkennen. Der § 72 des Sächsischen Gesetzes vom 15. Juni 1868 macht ganz allgemein die Eintragung von Vereinen, deren Zweck sich auf öffentliche Angelegenheiten bezieht, von der Genehmigung des Ministeriums des Innern abhängig.

In der That muß die Rücksicht auf die Folgen, welche sich für das Gemeinwohl und den öffentlichen Frieden aus dem Machtzuwachs ergeben können, der unverkennbar mit der Erlangung der Rechtsfähigkeit verbunden ist, davon abhalten, den politischen, sozialpolitischen und religiösen Vereinen die Rechtsfähigkeit unter den gleichen Voraussetzungen zugänglich zu machen wie den übrigen Vereinen zu idealen Zwecken. Zwar sind die hier in Rede stehenden Vereine nach dem öffentlichen Vereinsrechte der meisten deutschen Staaten gewissen Beschränkungen und in einem weiteren Umfang als andere private Vereine der Staatsaufsicht unterworfen. Allein für große Rechtsgebiete reichen die nach dem öffentlichen Rechte der Staatsgewalt eingeräumten Machtbefugnisse nicht aus, um den angedeuteten, mit dem Systeme der Normativbestimmungen in höherem Maße verbundenen Gefahren zu begegnen. Diese Sachlage darf bei der privatrechtlichen Regelung der Vereine nicht unberücksichtigt gelassen werden; sie fordert, daß bezüglich der politischen, sozialpolitischen und religiösen Vereine der Verwaltung ein Einfluß auf den Erwerb der Rechtsfähigkeit gewahrt bleibe. Demgemäß bestimmt der Entwurf (§§ 58, **61** ff.), daß jede Anmeldung eines Vereins zur Eintragung in das Vereinsregister von dem Amtsgerichte der zuständigen Verwaltungsbehörde mitzutheilen

---

1) **Diese Bestimmung ist von der Kommission gestrichen. Gegen den im Texte erwähnten Uebelstand gewährt das Gesetz keine Abhülfe. K.B. S. 13.**

und daß diese berechtigt ist, einen die Eintragung hindernden Einspruch zu erheben, wenn der Verein einen politischen, sozialpolitischen oder religiösen Zweck verfolgt. Für die Begründung des Einspruchs kommt es nur darauf an, ob der in der Satzung bestimmte Zweck des Vereins ein politischer, sozialpolitischer oder religiöser ist. Zum Schutze gegen ungerechtfertigte Erhebung des Einspruchs läßt der Entwurf eine Anfechtung des Einspruchs zu.

Aehnliche Gründe sprechen dafür, Vereine, die einen dem Gebiete der Erziehung oder des Unterrichts angehörenden Zweck verfolgen, den politischen und religiösen Vereinen gleichzustellen [1]).

In den für sämmtliche rechtsfähigen Vereine geltenden allgemeinen Vorschriften (§§ 22, **25** bis 51, **54**) behandelt der Entwurf zunächst die Verfassung der Vereine. Allgemeine Vorschriften. Verfassung.

Als für die Verfassung maßgebend werden nur die Vorschriften des Entwurfes und die Vereinssatzung anerkannt unter Ausschluß landesrechtlicher Bestimmungen (§ 22, **25**). Jene Vorschriften sind theils zwingender Natur, namentlich insoweit, als sie bezwecken, das Vorhandensein der unentbehrlichen Vereinsorgane und den Schutz Dritter sowie der Mitglieder sicherzustellen, theils treten sie nur in Ermangelung abweichender Satzungen ergänzend ein.

Der Entwurf stellt zunächst den Grundsatz auf, daß jeder Verein einen Vorstand haben muß und von diesem gerichtlich und außergerichtlich vertreten wird (§ 23, **26**). Des Weiteren regelt er die Bestellung des Vorstandes und deren Widerruf, das Verhältniß des Vorstandes zum Vereine, die Beschlußfassung eines mehrgliedrigen Vorstandes und die Abgabe von Willenserklärungen gegenüber einem solchen Vorstande (§§ 24, **27** bis 26, **29**), sowie die Bestellung sonstiger Vertreter des Vereins und den Umfang ihrer Vertretungsmacht (§ 27, **30**). Im Anschluß an die neuere Rechtsentwickelung spricht sodann der § 28, **31** die Haftung des Vereins für alle zum Schadensersatze verpflichtenden Handlungen aus, welche der Vorstand, ein Mitglied desselben oder ein sonst verfassungsmäßig berufener Vertreter in Ausführung der ihm zukommenden Verrichtungen begangen hat. Für solche Handlungen eines Vertreters, welche nur bei Gelegenheit der Ausführung der ihm zukommenden Verrichtungen begangen worden sind, ist dagegen der Verein nicht verantwortlich.

In den Vorschriften über die Mitgliederversammlung werden zunächst deren Aufgabe und die allgemeinen Voraussetzungen eines gültigen Beschlusses bestimmt (§§ 29, **32**, 31, **34**). Zu einer Aenderung des Vereinszwecks wird ein einstimmiger Beschluß, zu einer anderen Aenderung der Satzung dagegen nach dem Vorgange des Art. 215 des Gesetzes, betreffend die Kommanditgesellschaften auf Aktien und die Aktiengesellschaften, vom 18. Juli 1884 (Reichs-Gesetzbl. S. 123) [2]) und des § 16 des Gesetzes, betreffend die Erwerbs-

---

1) Anders B.G.B. § 61, wonach kein Einspruchsrecht besteht, wenn der Verein einen dem Gebiete der Erziehung oder des Unterrichts angehörenden Zweck verfolgt. Die Kommission hielt es nicht für nothwendig, der Behörde das Einspruchsrecht auch bei diesen Vereinen zu gewähren, weil dem Staate mannigfache Machtmittel gerade auf dem Gebiete der Erziehung und des Unterrichts zur Seite ständen. K.B. S. 10.

2) Vergl. H.G.B. § 275 Abs. 1.

und Wirthschaftsgenossenschaften, vom 1. Mai 1889 (Reichs-Gesetzbl. S. 55)[1]) eine Mehrheit von drei Viertheilen der erschienenen Mitglieder und für Vereine, deren Rechtsfähigkeit auf staatlicher Verleihung beruht, außerdem zu jeder Aenderung der Satzung staatliche Genehmigung erfordert (§ 30, **33**). Der § 32, **35** des Entwurfes fügt den Grundsatz hinzu, daß Sonderrechte der Mitglieder ohne deren Zustimmung durch Beschlüsse der Mitgliederversammlung nicht beeinträchtigt werden können. Im Anschluß an die genannten Gesetze (Art. 236, 237[2]) bezw. §§ 42, 43)[3]) werden sodann die Voraussetzungen bestimmt, unter denen die Mitgliederversammlung zu berufen ist (§§ 33, **36**, 34, **37**). Es folgen Vorschriften über die Unübertragbarkeit und Unvererblichkeit der Mitgliedschaft, über die Ausübung derselben durch einen Anderen und über das Austrittsrecht der Mitglieder (§§ 35, **38**, 36, **39**).

Auflösung. Anlangend die Auflösung der Vereine, regelt der Entwurf an erster Stelle die Auflösung durch Beschluß der Mitglieder (§ 38, **41**; vergl. Art. 242 Nr. 2 des Handelsgesetzbuchs[4]); § 76 des Gesetzes, betreffend die Erwerbs- und Wirthschaftsgenossenschaften vom 1. Mai 1889)[5]). Im Einklange mit der bisherigen Gesetzgebung wird ferner die Eröffnung des Konkurses über das Vereinsvermögen als Auflösungsgrund anerkannt (§ 39, **42**)[6]).

Der Entwurf giebt sodann in gewissen Fällen der Verwaltungsbehörde die Befugniß, einen rechtsfähigen Verein als solchen aufzulösen, ihn also der Rechtsfähigkeit zu entkleiden (§ 40, **43**). Die bezüglichen Bestimmungen stehen in engem Zusammenhange mit den Vorschriften des Entwurfes über den Erwerb der Rechtsfähigkeit und sind namentlich durch die Verschiedenheit des öffentlichen Vereinsrechts in den einzelnen Bundesstaaten geboten. Die Vorschrift des § 40, **43** Abs. 1, welche der Staatsbehörde die Befugniß zur Auflösung eines Vereins gewährt, wenn dieser durch gesetzwidrige Beschlüsse der Mitgliederversammlung oder durch gesetzwidriges Verhalten des Vorstandes das Gemeinwohl gefährdet, schließt sich dem § 79 des Gesetzes, betreffend die Erwerbs- und Wirthschaftsgenossenschaften, vom 1. Mai 1889[7]) und dem § 62 des Gesetzes, betreffend die Gesellschaften mit beschränkter Haftung, vom 20. April 1892 (Reichs-Gesetzbl. S. 477)[8]) an. Vereine, die nach der Satzung einen dem Gebiete der Politik oder der Sozialpolitik, der Religion, der Erziehung oder des Unterrichts[9]) angehörenden Zweck nicht haben, sowie Vereine,

---

1) Vergl. auch R.G.Bl. v. J. 1898 S. 814. 2) Vergl. H.G.B. §§ 253, 254.

3) Jetzt §§ 44, 45 (R.G.Bl. v. J. 1898 S. 820, 821).

4) Vergl. H.G.B. § 292 Nr. 2. 5) Jetzt § 78 (R.G.Bl. v. J. 1898 S. 828).

6) Das Gesetz spricht nicht von der Auflösung, sondern vom Verluste der Rechtsfähigkeit des Vereins. Die Kommission beschloß diese Aenderung, weil das B.G.B. nur den Erwerb und Verlust der Rechtsfähigkeit ordnet, während die Entstehung und die Auflösung zu bestimmen, dem öffentlichen Vereinsrechte vorbehalten worden ist. Dieselbe Aenderung findet sich auch in den §§ 43 bis 45, 50, 51, 73 und 74 des B.G.B. Vergl. K.B. S. 14, St.B. S. 217, 218.

7) Jetzt § 81 (R.G.Bl. v. J. 1898 S. 828).

8) Vergl. auch R.G.Bl. v. J. 1898 S. 862.

9) Im B.G.B. § 43 Abs. 3 sind die Worte „der Erziehung oder des Unterrichts" in Konsequenz der Abänderung des E. § 58 (s. die Anm. dazu oben S. 11) gestrichen.

deren Zweck nach der Satzung nicht auf einen wirthschaftlichen Geschäftsbetrieb gerichtet ist, sollen außerdem dann aufgelöst werden können, wenn sie einen solchen der Satzung widersprechenden Zweck verfolgen. Im ersten Falle dient die Auflösungsbefugniß gegenüber einem eingetragenen Verein als nothwendige Ergänzung des der Verwaltungsbehörde beigelegten Einspruchsrechts, im zweiten Falle rechtfertigt sie sich durch die Gründe, aus denen der Entwurf wirthschaftlichen Vereinen den Weg der Eintragung nicht eröffnet hat. Dieselbe Auflösungsbefugniß erscheint aber auch gegenüber Vereinen, die durch staatliche Verleihung Rechtsfähigkeit erlangt haben, zur Wahrung des öffentlichen Interesses unentbehrlich. Die Auflösung solcher Vereine muß außerdem auch dann zugelassen werden, wenn sie einen anderen als den in der Satzung vorgesehenen Zweck verfolgen, da sonst das Erforderniß staatlicher Genehmigung zu einer Aenderung der Satzung (§ 30, **33** Abs. 2) umgangen werden könnte.

Die Regelung der Zuständigkeit und des Verfahrens für die Auflösung bleibt wegen des engen Zusammenhanges mit dem öffentlichen Vereinsrechte den Gesetzen des Bundesstaats [1]) vorbehalten, in dessen Gebiete der Verein seinen Sitz hat (§ 41, **44** Abs. 1).

Daß die gemäß § 40, **43** erfolgte Auflösung eines Vereins nicht einen Anspruch auf Entschädigung gegen die betheiligten Beamten und den Staat begründet, ist, abweichend von dem § 79 Abs. 1 des Gesetzes vom 1. Mai 1889 [2]) und dem § 62 des Gesetzes vom 20. April 1892, nicht besonders ausgesprochen, weil es sich aus den sonstigen Vorschriften des Entwurfes über die Verpflichtung zum Schadensersatze von selbst ergiebt.

Neben dem § 40, **43** werden die öffentlichrechtlichen Vorschriften der Landesgesetze über die Schließung und Auflösung der Vereine unberührt bleiben. Die auf Grund dieser Vorschriften erfolgte Auflösung eines rechtsfähigen Vereins zieht ebenso wie die Auflösung nach § 40, **43** den Verlust der Rechtsfähigkeit nach sich. Der Eintritt der fraglichen Rechtsfolge hat im Entwurfe durch die Vorschrift im § 71, **74** Abs. 3 noch besonderen Ausdruck gefunden.

Die §§ 42, **45** bis 50, **53** treffen Bestimmung über das rechtliche Schicksal des Vermögens eines aufgelösten Vereins.

Die Frage, wem das Vermögen anfällt, entscheidet sich in erster Linie nach der Satzung oder dem satzungsgemäß erfolgten Beschlusse der Mitgliederversammlung oder eines anderen Vereinsorgans. In zweiter Linie bestimmt der Entwurf als Anfallberechtigte bei Vereinen, die nach der Satzung ausschließlich den Interessen ihrer Mitglieder dienten, dem muthmaßlichen Willen der Betheiligten entsprechend, die zur Zeit der Auflösung vorhandenen Mitglieder, bei anderen Vereinen den Fiskus des Bundesstaats, in dessen Gebiete

1) Gemäß B.G.B. § 44 bestimmen sich die Zuständigkeit und das Verfahren nach den für streitige Verwaltungssachen geltenden Vorschriften der Landesgesetze, event. nach den §§ 20, 21 der G.O. Die Aenderung bezweckt, den Vereinen die nöthigen Rechtsgarantien gegen ungerechtfertigte Entziehung der Rechtsfähigkeit zu gewähren. K.B. S. 10, St.B. S. 217, 222.

2) Jetzt § 81 Abs. 1 (R.G.Bl. v. J. 1898 S. 828).

der Verein seinen Sitz hatte, letzteren jedoch unter Auflage der Verpflichtung, das Vermögen thunlichst in einer den Zwecken des Vereins entsprechenden Weise zu verwenden. Uebrigens soll bei Vereinen mit idealen Tendenzen auch ohne besondere Ermächtigung durch die Satzung der gesetzliche Anfall des Vermögens an die Mitglieder oder an den Fiskus dadurch ausgeschlossen werden können, daß die Mitgliederversammlung das Vermögen einer öffentlichen Stiftung oder Anstalt zuweist. Zur Gültigkeit eines dahin gehenden Beschlusses genügt einfache Stimmenmehrheit (§ 42, **45**).

Bezüglich der Art der Ueberleitung des Vereinsvermögens auf die Anfallberechtigten wird zwischen dem Anfall an den Fiskus und dem Anfall an andere Personen unterschieden (§§ 43, **46**, 44, **47**). Der Fiskus erwirbt das Vermögen unmittelbar kraft Gesetzes unter entsprechender Anwendung der Vorschriften über eine dem Fiskus als gesetzlichem Erben anfallende Erbschaft. Anderen Berechtigten wird dagegen nach dem Vorbilde der Art. 202, 243, 245 Abs. 2, 3 des Handelsgesetzbuchs [1]) und anderer Reichsgesetze sowie des Sächsischen Gesetzes vom 15. Juni 1868 und des Bayerischen Gesetzes vom 29. April 1869 das Vermögen erst nach einem das Interesse der Gläubiger wahrenden Liquidationsverfahren durch die Liquidatoren ausgeantwortet.

Eingetragene Vereine. Durch die besonderen Bestimmungen über eingetragene Vereine werden zunächst die örtliche Zuständigkeit für die Eintragung (§ 52, **55**) sowie die Erfordernisse der Eintragung geregelt. Diese Erfordernisse sind von verschiedener Tragweite, indem von ihrer Erfüllung zum Theil nur die Zulässigkeit der Eintragung, zum Theil auch die Rechtswirksamkeit der erfolgten Eintragung abhängt. Als Erforderniß der letzteren Art stellt der Entwurf, abgesehen von der früher erwähnten Voraussetzung in Betreff des Vereinszwecks (§ 21 Abs. 1, **21**), nur eines auf: die Satzung muß den Zweck, Namen und Sitz des Vereins enthalten und ergeben, daß der Verein eingetragen werden soll (§ 54, **57** Abs. 1). Die Zulässigkeit der Eintragung wird außerdem abhängig gemacht von einer Mindestzahl von 7 Mitgliedern (§ 53, **56**; vergl. § 4 des Gesetzes, betreffend die Erwerbs- und Wirthschaftsgenossenschaften, vom 1. Mai 1889), von einer den Verein unterscheidenden Gestaltung seines Namens (§ 54, **57** Abs. 2), von einem gewissen Inhalte der Satzung (§ 55, **58**) und von der in bestimmter Form (§ 74, **77**) und unter Beifügung gewisser Urkunden erfolgten Anmeldung des Vereins durch den Vorstand (§ 56, **59**). Im Anschluß an die bisherige Gesetzgebung (§ 11 Abs. 2 Nr. 2 des Gesetzes, betreffend die Erwerbs- und Wirthschaftsgenossenschaften, vom 1. Mai 1889; Art. 18 des Bayerischen Gesetzes vom 29. April 1869; § 66 des Sächsischen Gesetzes vom 15. Juni 1868) verlangt der Entwurf insbesondere noch, daß der Anmeldung auch ein Mitgliederverzeichniß beigefügt wird (§ 56 Abs. 2 Nr. 2) [2]). Es liegt dies im Interesse der Vereine selbst und ihrer Gläubiger, da die Kreditwürdigkeit des Vereins zum Theil nach seinen Mitgliedern

---

1) **Vergl. H.G.B. §§ 293, 297, 301 Abs. 1, 2.**

2) **Diese Nr. 2 wurde gestrichen, weil sie eine unnöthige Arbeitserschwerung enthalte. K.B. S. 15.**

beurtheilt wird, und giebt außerdem der Verwaltungsbehörde eine Grundlage für die Prüfung, ob Anlaß ist, von ihrem Einspruchsrechte Gebrauch zu machen.

Ist den erwähnten Erfordernissen genügt, so soll das Amtsgericht die Anmeldung der nach den Landesgesetzen zuständigen Verwaltungsbehörde mittheilen (§ 58, **61** Abs. 1). Die Gründe, aus denen der Entwurf (§ 58, **61** Abs. 2) der Verwaltungsbehörde die Befugniß einräumt, durch ihren Einspruch die Eintragung von Vereinen, die einen dem Gebiete der Politik oder der Sozialpolitik, der Religion, der Erziehung oder des Unterrichts [1]) angehörenden Zweck verfolgen, schlechthin zu verhindern, sind bereits dargelegt worden. Die Rücksicht auf das Gemeinwohl gebietet aber weiter, den Einspruch auch dann zuzulassen, wenn der Verein nach dem öffentlichen Vereinsrecht unerlaubt ist oder verboten werden kann. Durch die Ausdehnung des Einspruchsrechts auf den letzteren Fall wird insbesondere der Verwaltungsbehörde die Möglichkeit gegeben, in geeigneten Fällen einem Vereine den Erwerb der Rechtsfähigkeit vorzuenthalten, ohne den Verein im Uebrigen zu verbieten. Zum Schutze der Vereine gegen einen ungerechtfertigten Gebrauch des Einspruchsrechts gestattet der Entwurf (§ 59, **62**) die Anfechtung des Einspruchs, behält aber auch hier die Ordnung der Zuständigkeit und des Verfahrens den Landesgesetzen vor [2]).

Die Eintragung darf, sofern nicht die Verwaltungsbehörde dem Amtsgerichte mittheilt, daß Einspruch nicht erhoben werde, nur erfolgen, wenn entweder nicht rechtzeitig Einspruch erhoben oder der Einspruch endgültig aufgehoben ist (§ 60, **63**). Was den Inhalt der Eintragung betrifft, so ist darauf Bedacht genommen, daß Dritte alles für sie Wichtige daraus ersehen können (§ 61, **64**). Die Vorschriften des Entwurfes über die Rückgabe der Satzung nach der Eintragung und über die mit der Eintragung eintretende Ergänzung des Vereinsnamens (§§ 62, **65**, 63, **66**), über Aenderungen des Vorstandes und die erneute Bestellung eines Vorstandsmitgliedes (§§ 64, **67** bis 67, **70**), über Aenderungen der Satzung (§ 68, **71**), die Auflösung im Falle des Herabsinkens der Zahl der Mitglieder unter drei (§ 70, **73**), die Eintragung der Auflösung und der Liquidatoren (§§ 71, **74** bis 73, **76**), die Form der Anmeldungen zum Register (§ 74, **77**), die Befugniß des Amtsgerichts zur Verhängung von Ordnungsstrafen (§ 75, **78**) und die Oeffentlichkeit des Vereinsregisters (§ 76, **79**) schließen sich im Wesentlichen an entsprechende Bestimmungen des Gesetzes, betreffend die Erwerbs- und Wirthschaftsgenossenschaften vom 1. Mai 1889 und des Gesetzes, betreffend die Gesellschaften mit beschränkter Haftung, vom 20. April 1892 an. Mit Rücksicht auf die Vorschriften der §§ 34, **37**, 70, **73**) verpflichtet der Entwurf (§ 69, **72**) außerdem

---

1) Die Worte „der Erziehung oder des Unterrichts" fehlen im B.G.B. § 61. Vergl. oben S. 11 Anm. 1.

2) In Konsequenz der Abänderung des E. § 41 (s. oben S. 13) ist im B.G.B. § 62 Abs. 2 bestimmt, daß die Anfechtung des Einspruchs im Wege des Verwaltungsstreitverfahrens, event. nach G.O. §§ 20, 21 erfolgt. K.B. S. 17.

den Vorstand, dem Amtsgericht auf dessen Verlangen jeder Zeit ein Mitgliederverzeichniß einzureichen.

Nicht rechtsfähige Vereine.

Mit der Regelung der rechtsfähigen Vereine hängt die Stellungnahme des Entwurfs gegenüber den nicht rechtsfähigen Vereinen (§ 51, **54**) auf das Engste zusammen. Wie oben bereits erwähnt wurde, geht die Rechtsprechung, insbesondere in den Gebieten des Gemeinen und des Preußischen Rechtes, überwiegend dahin, Vereinen von nicht geschlossener Mitgliederzahl mit korporativer Verfassung, die Rechtsfähigkeit nicht besitzen, gleichwohl nach verschiedenen Richtungen eine gewisse Selbständigkeit zuzuerkennen, insbesondere in Bezug auf das Verhältniß der Mitglieder zum Vereinsvermögen sowie auf die Parteifähigkeit des Vereins im Prozesse. Obwohl der Entwurf durch seine Vorschriften über eingetragene Vereine die Schwierigkeiten, die nach dem geltenden Rechte dem Erwerbe der Rechtsfähigkeit entgegenstehen, im Allgemeinen beseitigt, so werden doch, wie insbesondere die Erfahrungen in Bayern und Sachsen gezeigt haben, auch in Zukunft vielfach korporativ angelegte und nach dem öffentlichen Vereinsrecht erlaubte Vereine im Verkehr auftreten, ohne die Rechtsfähigkeit zu besitzen. Es ist nicht zu verkennen, daß für derartige Vereine mit wechselndem Mitgliederbestande die Rechtsform der Gesellschaft, auf welche der § 51, **54** Satz 1 verweist, an sich nicht die geeignete ist. Wenn der Entwurf jedoch es abgelehnt hat, jeden Verein der bezeichneten Art ohne Weiteres als rechtsfähig anzuerkennen, und den Erwerb der Rechtsfähigkeit im öffentlichen Interesse an bestimmte Voraussetzungen knüpft, so würde er den Zweck dieser Regelung zu einem erheblichen Theile dadurch wieder vereiteln, daß er Vereinen, die diesen Voraussetzungen nicht genügen wollen oder können, trotzdem eine den rechtsfähigen Vereinen in den wichtigsten Beziehungen gleichartige Rechtsstellung gewährte. Das praktische Bedürfniß erfordert allerdings eine gewisse Erleichterung der Rechtsverfolgung gegen nicht rechtsfähige Vereine. Zu diesem Zwecke ist in Aussicht genommen, in der Civilprozeßordnung zu bestimmen [1]), daß Vereine, die nicht rechtsfähig sind, verklagt werden können, wie wenn sie rechtsfähig wären, und daß zur Zwangsvollstreckung in das Vermögen eines nicht rechtsfähigen Vereins ein gegen den Verein erlassenes Urtheil genügt. Abgesehen hiervon aber muß es für die rechtliche Beurtheilung der nicht rechtsfähigen Vereine dabei bewenden, daß auf sie die Vorschriften über die Gesellschaft Anwendung finden. Im Anschluß an den Art. 717 Abs. 2 des Schweizerischen Obligationenrechts (vergl. auch Art. 211 Abs. 2 [2]) des Handelsgesetzbuchs) ist jedoch zum Schutze Dritter eine ergänzende Bestimmung dahin getroffen, daß aus einem Rechtsgeschäfte, welches im Namen eines solchen Vereins einem Dritten gegenüber vorgenommen wird, der Handelnde dem Dritten persönlich verantwortlich ist und mehrere Handelnde als Gesammtschuldner haften (§ 51, **54** Satz 2). Diese Haftung soll auch dann eintreten, wenn der Dritte wußte oder wissen mußte, daß er es mit dem Vertreter eines nicht rechtsfähigen Vereins zu thun habe.

---

1) Vergl. C.P.O. §§ 50, 735, unten Anlage II C.P.O. §§ 49a, 670a.

2) Jetzt § 200 Satz 2.

2. Stiftungen.

Der zweite Abschnitt des von den juristischen Personen handelnden Titels beschränkt sich auf die privatrechtlichen Stiftungen im Gegensatze zu den in § 85, **89** erwähnten Stiftungen des öffentlichen Rechtes. Wenngleich die Abgrenzung zwischen beiden Arten der Stiftung eine unsichere ist, so würde es doch über den Rahmen des Bürgerlichen Gesetzbuchs hinausgehen, die Regelung auf die öffentlichen Stiftungen auszudehnen. Aber auch die privatrechtlichen Stiftungen fallen keineswegs ausschließlich in das Gebiet des bürgerlichen Rechtes. An der Begründung, der ordnungsmäßigen Verwaltung und dem Fortbestande der Stiftungen hat die Gesammtheit ein so erhebliches Interesse, daß auch das öffentliche Recht sie in weitem Umfang erfassen muß. Für den Entwurf kann es sich daher um eine erschöpfende reichsrechtliche Regelung des Stiftungsrechts nicht handeln. **Aufgabe des Entwurfes.**

Der Entwurf bestimmt zunächst die Erfordernisse für die Entstehung einer rechtsfähigen Stiftung (§§ 77, **80** bis 80, **83**). Er stellt deren zwei auf: ein Stiftungsgeschäft und staatliche Genehmigung. **Erfordernisse der Entstehung.**

Das Erforderniß der Staatsgenehmigung entspricht für den weitaus größten Theil des Reichs dem geltenden Rechte (Preuß. A.L.R. II, 19 §§ 33 ff. und §§ 1, 6 des Preuß. Gesetzes vom 23. Februar 1870; Art. 69 der Bayer. Gemeindeordnung vom 29. April 1869; Sächs. Gesetzbuch § 52 und § 6 des Sächs. Ges. vom 15. Juni 1868; §§ 1, 2 des Bad. Stiftungsgesetzes vom 5. Mai 1870). Es rechtfertigt sich vor Allem durch die Natur des in Frage stehenden Rechtsakts. Das Stiftungsgeschäft geht in seinen Wirkungen über die der Privatautonomie sonst gezogenen Grenzen weit hinaus. Wenn die Rechtsordnung dem Einzelnen die außerordentliche Machtvollkommenheit beilegt, eine Vermögensmasse auf unbeschränkte Zeit einem bestimmten Zwecke zu widmen, so geschieht dies, um Zwecke, welche dem Gemeinwohle dienen, dadurch zu fördern. Nicht zu Gunsten jedes beliebigen Zweckes kann dem Willen des Einzelnen diese Macht eingeräumt werden. Da jedoch eine gesetzliche Feststellung der zulässigen Stiftungszwecke nicht angängig ist, so muß die Wirksamkeit des einzelnen Stiftungsgeschäfts von der Billigung des zuständigen Staatsorgans abhängig gemacht werden.

Das Stiftungsgeschäft kann in einem Rechtsgeschäft unter Lebenden oder in einer Verfügung von Todeswegen bestehen. Für das Stiftungsgeschäft unter Lebenden erfordert der Entwurf gerichtliche oder notarielle Beurkundung (§ 78, **81** Abs. 1), um die durch die Bedeutung des Geschäfts geforderte Gewähr dafür zu schaffen, daß der Wille des Stifters hinreichend deutlich und vollständig festgestellt wird [1]). Für das durch Verfügung von Todeswegen errichtete Stiftungsgeschäft ergiebt sich ein entsprechendes Formerforderniß aus den für solche Verfügungen geltenden allgemeinen Vorschriften.

1) Nach § 81 B.G.B. bedarf das Stiftungsgeschäft unter Lebenden nur der schriftlichen Form. Die Reichstags-Kommission erblickte in dem Erfordernisse der staatlichen Genehmigung eine genügende Garantie für die Unzweifelhaftigkeit und Sicherheit der in dem Stiftungsgeschäfte enthaltenen Willenserklärung, K.B. S. 23.

In Bezug auf das Stiftungsgeschäft unter Lebenden regelt der Entwurf ferner das Widerrufsrecht des Stifters und seiner Erben vor der Ertheilung der staatlichen Genehmigung sowie die Ueberleitung des Stiftungsvermögens vom Stifter auf die Stiftung (§ 78, **81** Abs. 2, § 79, **82**), bezüglich des Stiftungsgeschäfts von Todeswegen die Verpflichtung des Nachlaßgerichts zur Einholung der staatlichen Genehmigung (§ 80, **83**). Für den Fall, daß die Stiftung erst nach dem Tode des Stifters genehmigt wird, bestimmt sodann der § 81, **84** den Zeitpunkt, mit dem die Stiftung für die Zuwendungen des Stifters als entstanden gilt.

Verfassung. Hinsichtlich der Verfassung der Stiftungen soll aus dem oben angegebenen Grunde in Ermangelung reichsgesetzlicher Vorschriften zunächst das Landesgesetz und erst nach diesem das Stiftungsgeschäft maßgebend sein (§ 82, **85**). Der Entwurf selbst (§ 83, **86**) beschränkt sich darauf, die entsprechende Anwendung einzelner für die Vereine geltenden Vorschriften anzuordnen. Hierzu gehört insbesondere die Vorschrift des § 23, **26** Abs. 1 Satz 1, wonach jeder Verein einen Vorstand haben muß. Dieselbe soll für alle Stiftungen, also auch für diejenigen gelten, deren Verwaltung von einer öffentlichen Behörde geführt wird. Bei Stiftungen der letzteren Art versteht es sich aber von selbst, daß der Vorschrift schon dann Genüge geschehen ist, wenn die Behörde die Stellung des Vorstandes einnimmt.

Erlöschen und Umwandlung. Auch die Regelung des Erlöschens und der Umwandlung der Stiftungen muß im Allgemeinen den Landesgesetzen überlassen bleiben [1]). Ebenso gewährt der Entwurf bezüglich der Frage, wem das Vermögen einer erloschenen Stiftung anfällt, den Landesgesetzen dadurch einen maßgebenden Einfluß, daß er in dieser Beziehung die Verfassung der Stiftung für entscheidend erklärt (§ 84, **88** Satz 1). Dagegen wird die Art der Ueberleitung des Stiftungsvermögens auf die Anfallberechtigten durch Bezugnahme auf die für Vereine gegebenen Vorschriften reichsrechtlich geregelt (§ 84, **88** Satz 2).

3. Juristische Personen des öffentlichen Rechtes.

Der Entwurf (§ 85, **89**) erwähnt als juristische Personen des öffentlichen Rechtes außer dem Fiskus und den öffentlichrechtlichen Körperschaften und Stiftungen besonders die Anstalten des öffentlichen Rechtes, weil sich nicht selten Zweifel darüber erheben, ob eine solche Anstalt den Körperschaften und Stiftungen zuzurechnen ist.

Der Entwurf beschränkt sich im Uebrigen darauf, für die juristischen Personen des öffentlichen Rechtes zwei für den bürgerlichen Verkehr wichtige Bestimmungen zu treffen.

Er erklärt zunächst im Anschluß an die neuere Rechtsprechung die Vorschrift des § 28, **31** über die Haftung eines Vereins für Handlungen seiner

---

1) Die Reichstags-Kommission war jedoch der Ansicht, daß zu einem solchen Vorbehalte, wie ihn Art. 85 des E. eines E.G. zum B.G.B. aussprach, kein genügender Grund vorliege. Sie nahm deshalb unter Streichung des erwähnten Art. 85 in das B.G.B. die Bestimmung des § 87 auf. K.B. S. 24.

Organe für entsprechend anwendbar. Diese Haftung bezieht sich jedoch nur auf solche zum Schadensersatze verpflichtende Handlungen, welche von den Organen in Ausübung ihrer privatrechtlichen Vertretungsmacht vorgenommen werden. Die Frage, ob und inwieweit der Staat, die Gemeinden und andere Kommunalverbände auch für den von ihren Beamten in Ausübung der ihnen anvertrauten öffentlichen Gewalt Dritten zugefügten Schaden haften, gehört dem öffentlichen Rechte an; ihre Entscheidung muß daher den Landesgesetzen überlassen bleiben.

Auf die Körperschaften, Stiftungen und Anstalten des öffentlichen Rechtes soll ferner, soweit bei ihnen Konkurs zulässig ist, die Vorschrift des § 39, **42** Abs. 2 entsprechende Anwendung finden, welche den Vorstand eines Vereins verpflichtet, im Falle der Ueberschuldung die Konkurseröffnung zu beantragen.

Weitere Bestimmungen über die juristischen Personen des öffentlichen Rechtes hat der Entwurf nicht aufgenommen. Insbesondere erachtet er es lediglich als Aufgabe des öffentlichen Rechtes, die Verfassung der seinem Bereich angehörigen juristischen Personen so zu gestalten, daß sie befähigt werden, durch geeignete Organe, soweit erforderlich, an dem privatrechtlichen Verkehr Theil zu nehmen.

V. Rechtsgeschäfte.

1. Willensmängel.

Der Entwurf hat den Einfluß der Willensmängel auf die Gültigkeit der Rechtsgeschäfte nicht nach einer bestimmten Theorie geregelt, sondern lediglich nach praktischen Gesichtspunkten, welche den verschiedenen in Betracht kommenden Interessen thunlichst gerecht werden.

An erster Stelle behandelt der Entwurf den Fall des geheimen Vorbehalts (§ 112, **116**). Durch einen solchen Vorbehalt wird die Gültigkeit der Willenserklärung im Allgemeinen nicht berührt, weil dem Erklärenden nicht gestattet werden darf, seine Erklärung durch Berufung auf eigene Arglist zu entkräften. Diese Regel gilt für Willenserklärungen, die nicht einem Anderen gegenüber abzugeben sind, insbesondere auch für letztwillige Verfügungen, ausnahmslos. Abweichend behandelt der Entwurf die Willenserklärungen, die einem Anderen gegenüber abzugeben sind. Diese auch sonst vielfach hervorgehobene Art der Willenserklärungen umfaßt sowohl einseitige, einem Anderen gegenüber abzugebende Erklärungen, wie z. B. die Kündigung, die Mahnung, als auch Vertragserklärungen. Eine derartige Erklärung ist nichtig, wenn der Andere den geheimen Vorbehalt gekannt hat, weil dann die Möglichkeit einer Täuschung und Schädigung des Anderen ausgeschlossen ist. Die Ausnahmebestimmung gilt jedoch nicht für die Eheschließung. Unter die Vorschriften des § 112, **116** fällt übrigens auch eine Willenserklärung, die zum Scherze, aber mit der Absicht, den Anderen über den Mangel der Ernstlichkeit zu täuschen, abgegeben ist. **Geheimer Vorbehalt.**

Nach § 113, **117** Abs. 1 ist eine gegenüber einem Anderen abzugebende Willenserklärung, die mit dessen Einverständniß nur zum Scheine abgegeben **Scheingeschäft.**

wird, nichtig. Die Vorschrift erleidet eine Ausnahme nur bei der Eheschließung. Die Nichtigkeit des Scheingeschäfts kann von den Parteien sowohl gegen einander, als auch gegenüber Dritten geltend gemacht werden; nicht minder können sich Dritte darauf berufen. Gutgläubige Dritte, die im Vertrauen auf die Gültigkeit des Scheingeschäfts von dem Scheinerwerber ein Recht eingeräumt erhalten haben, werden geschützt nach Maßgabe der Vorschriften zu Gunsten derjenigen, die Rechte von einem Nichtberechtigten herleiten, namentlich also durch den Gundsatz des öffentlichen Glaubens des Grundbuchs (§§ 876, **892**, 877, **893**) und durch die Vorschriften über den redlichen Erwerb von beweglichen Sachen und von Rechten an solchen (§§ 916, **932** bis 920, **936**, 1015, **1032**, 1190, **1207**). Einen besonderen Schutz gewährt der § 399, **405** im Anschluß an das Französische und Schweizerische Recht dem Erwerbe einer zum Scheine begründeten Forderung, falls eine Urkunde über die Schuld von dem Schuldner ausgestellt und die Forderung unter Vorlegung der Urkunde abgetreten ist. Die Gültigkeit eines durch das Scheingeschäft verdeckten anderen Rechtsgeschäfts bestimmt sich nach den für das letztere Rechtsgeschäft geltenden Vorschriften (§ 113, **117** Abs. 2).

Scherz u. s. w. Der § 114, **118** betrifft die nicht ernstlich gemeinten Willenserklärungen, die in der Erwartung abgegeben werden, der Mangel der Ernstlichkeit werde nicht verkannt werden, insbesondere den Fall einer scherzweise abgegebenen Erklärung, bei welcher der Erklärende glaubt, der Scherz werde verstanden, sowie den Fall des mißlungenen Scheingeschäfts, bei welchem der Erklärende die Kenntniß seiner Absicht, ein Scheingeschäft vorzunehmen, und das Einverständniß mit dieser Absicht bei dem anderen Theile irrthümlich voraussetzt. Erklärungen dieser Art sind nichtig. Aus Gründen der Billigkeit und mit Rücksicht auf die Verkehrssicherheit verpflichtet jedoch der § 118, **122** den Erklärenden, auch wenn ihm ein Verschulden nicht zur Last fällt, bei der gegenüber einem Anderen abzugebenden Erklärung dem Anderen, bei sonstigen Erklärungen jedem Dritten den Schaden zu ersetzen, welchen derselbe dadurch erleidet, daß er auf die Gültigkeit der Erklärung vertraut hat. Die Ersatzpflicht soll indessen nicht über den Betrag desjenigen hinausgehen, was der Geschädigte im Falle der Gültigkeit der Erklärung wegen Nichterfüllung der Verbindlichkeit würde verlangen können. Sie ist ausgeschlossen nicht nur, wenn der Geschädigte den Mangel der Ernstlichkeit der Erklärung gekannt, sondern auch dann, wenn er ihn in Folge von Fahrlässigkeit nicht gekannt hat.

Irrthum. Im § 115, **119** regelt der Entwurf den praktisch wichtigsten der hier in Betracht kommenden Fälle, den des Irrthums. Die Rücksicht auf die Sicherheit des rechtsgeschäftlichen Verkehrs läßt nicht zu, jedem bei einer Willenserklärung untergelaufenen Irrthum Einfluß auf die Gültigkeit der Erklärung beizulegen. Nach dem Entwurfe soll demgemäß nur ein Irrthum über den *Inhalt* der Erklärung sowie der Umstand Beachtung finden, daß der Erklärende eine solche *Erklärung*, wie er sie abgegeben hat, überhaupt nicht abgeben wollte; ein Fall der letzteren Art liegt z. B. vor, wenn der Erklärende sich verspricht, verschreibt oder vergreift. Die Frage, ob der Irrthum einen Punkt betrifft, der zum Inhalte der Erklärung (im Gegensatze zu einem bloßen

Beweggründe) gehört, bleibt im Allgemeinen der Auslegung überlassen. Zur Abschneidung von Zweifeln spricht jedoch der Entwurf besonders aus, daß ein Irrthum über solche Eigenschaften der Person oder der Sache, die im Verkehr als wesentlich angesehen werden, als Irrthum über den Inhalt der Erklärung gilt. Die Berücksichtigung eines solchen Irrthums entspricht der neueren Rechtsentwickelung, wie diese in der Gesetzgebung (vergl. Preuß. A.L.R. I, 4 §§ 77, 81, 82) und in der gemeinrechtlichen Praxis Ausdruck gefunden hat.

Auch innerhalb der bezeichneten Grenzen soll jedoch ein Irrthum auf die Gültigkeit der Willenserklärung lediglich dann von Einfluß sein, wenn anzunehmen ist, daß der Irrende die Erklärung bei Kenntniß der Sachlage und bei verständiger Würdigung des Falles nicht abgegeben haben würde. Nur unter dieser Voraussetzung liegt eine wesentliche, des Schutzes bedürftige Verletzung der Interessen des Irrenden vor.

Als Rechtsfolge eines hiernach wesentlichen Irrthums sieht der Entwurf im Einklange mit dem in den Gebieten des Preußischen Allgemeinen Landrechts (I, 5 §§ 186 ff.) und des Code civil (Art. 1117, 1304) geltenden Recht Anfechtbarkeit der Willenserklärung, nicht Nichtigkeit vor. Von der Entscheidung des Irrenden hängt es also ab, ob die Erklärung gültig ist oder nicht (vergl. §§ 138, **142**, 140, **144**). Seinem Interesse entspricht die Anfechtbarkeit besser als die Nichtigkeit; daß er zur Herbeiführung der Ungültigkeit eine Anfechtungserklärung abgeben muß, ist keine unbillige Zumuthung. Ebensowenig kann sich aber der Gegner des Irrenden beschweren, wenn die von ihm für gültig gehaltene Willenserklärung mangels Anfechtung auch gültig bleibt. Nur insofern wird durch die Anfechtbarkeit der Gegner des Irrenden berührt, als sie einen Zustand der Ungewißheit über die Gültigkeit der Willenserklärung herbeiführt, dessen Beendigung vom Willen des Irrenden abhängt. Der Dauer dieses Zustandes setzt jedoch die Vorschrift eine Schranke, daß die Anfechtung ohne schuldhaftes Zögern erfolgen muß, nachdem der Irrende von dem Irrthume Kenntniß erlangt hat, widrigenfalls er das Anfechtungsrecht verliert. Die Anfechtung ist ausgeschlossen, wenn seit der Abgabe der Willenserklärung dreißig Jahre verstrichen sind (§ 117, **121**).

Macht der Irrende von dem Anfechtungsrechte Gebrauch, so verpflichtet ihn der Entwurf, und zwar im Anschluß an die neuere Rechtsentwickelung ohne Unterschied, ob der Irrthum verschuldet war oder nicht, aus gleichem Grunde und in demselben Umfange zum Schadensersatze wie den, welcher eine Erklärung der im § 114, **118** bezeichneten Art abgegeben hat (§ 118, **122**).

Die fraglichen Vorschriften über die Anfechtung wegen Irrthums gelten für alle Willenserklärungen. Nur bezüglich der Eheschließung und der letztwilligen Verfügungen ist der Einfluß des Irrthums durch besondere Bestimmungen geregelt.

Unter der gleichen Voraussetzung wie eine irrthümlich abgegebene Willenserklärung kann auch eine solche Willenserklärung angefochten werden, die durch die zur Uebermittelung verwendete Person oder Anstalt unrichtig übermittelt ist (§ 116, **120**). Die Vorschrift umfaßt neben der mündlichen Bestellung der Erklärung durch einen Boten die für den heutigen Verkehr wichtige Ueber- **Unrichtige Uebermittelung.**

mittelung durch eine Telegraphen- oder Fernsprechanstalt. Auch im Uebrigen gelten für die wegen unrichtiger Uebermittelung anfechtbare Willenserklärung die gleichen Grundsätze wie für die wegen Irrthums anfechtbare. Insbesondere erfordert auch hier das Verkehrsbedürfniß die von einem Verschulden unabhängige Ersatzpflicht des Urhebers der Erklärung, falls er sein Anfechtungsrecht ausübt. Die Ersatzpflicht soll jedoch nicht eintreten, wenn die Unrichtigkeit der Uebermittelung ihren Grund in höherer Gewalt hat (§ 118 Abs. 2 Satz 2)[1]. Diese Ausnahme entspricht den Vorschriften, welche für andere Fälle einer Ersatzpflicht ohne Verschulden gegeben sind (vergl. u. A. § 1 des Gesetzes, betreffend die Verbindlichkeit zum Schadensersatz für die bei dem Betriebe von Eisenbahnen u. s. w. herbeigeführten Tödtungen und Körperverletzungen, vom 7. Juni 1871, Reichs-Gesetzbl. S. 207), und rechtfertigt sich durch die Erwägung, daß das Eingreifen höherer Gewalt ein in der Natur der menschlichen Verhältnisse begründetes, unabwendbares Ereigniß ist, welches der davon Betroffene tragen muß.

Arglistige Täuschung und Drohung.

An letzterer Stelle werden (§§ 119, **123**, 120, **124**) die Fälle geregelt, in denen Jemand zur Abgabe einer Willenserklärung durch arglistige Täuschung oder Drohung widerrechtlich bestimmt worden ist. In den Mitteln, welche dem Getäuschten oder Bedrohten zur Beseitigung der nachtheiligen Wirkungen seiner Erklärung zur Verfügung gestellt werden, gehen die geltenden Rechte auseinander. Der Entwurf schließt sich dem Ergebnisse nach der Mehrzahl der neueren Gesetzgebungen (Preuß. A.L.R. I, 4 §§ 31 ff., 84 ff., 5 §§ 186 ff.; Code civil Art. 1117; Schweizer. Obligationenrecht Art. 24, 26) an, indem er den widerrechtlich Beeinflußten nicht auf einen obligatorischen Anspruch beschränkt, sondern ihm die Befugniß giebt, die Willenserklärung anzufechten (§ 119, **123** Abs. 1). Nur so erhält der Getäuschte oder Bedrohte einen ausreichenden Schutz. Die Anfechtung hat, wie in allen Fällen, in denen der Entwurf ein Anfechtungsrecht gewährt, die Wirkung, daß die Willenserklärung als von Anfang an nichtig anzusehen ist (§ 138, **142** Abs. 1). Der frühere Rechtszustand wird also von Rechtswegen wiederhergestellt; ist z. B. Eigenthum an einer beweglichen Sache oder eine Forderung übertragen, so fallen diese Rechte mit der Anfechtung an den Anfechtenden zurück, ohne daß es einer Rückübertragung bedarf. Die Anfechtung wirkt auch gegen Dritte, die in der Zeit zwischen der Vornahme des Rechtsgeschäfts und der Anfechtung den auf Grund des anfechtbaren Rechtsgeschäfts übertragenen Gegenstand oder ein Recht an demselben erworben oder sonst sich mit einer der Parteien anläßlich der durch das anfechtbare Geschäft geschaffenen Rechtslage auf Rechtsgeschäfte eingelassen haben. Der Schutz gutgläubiger Dritter ergiebt sich auch hier aus den Vorschriften zu Gunsten derjenigen, die Rechte von einem Nichtberechtigten herleiten.

Eine Einschränkung erfährt die Anfechtbarkeit wegen arglistischer Täuschung bei Erklärungen, die einem Anderen gegenüber abzugeben waren. Mag auch

---

1) **Dieser Satz ist gestrichen (vergl. B.G.B. § 122), weil die Sicherheit des Verkehrs erfordere, daß der Beschädigte in allen Fällen ein Recht auf Schadensersatz habe. K.B. S. 36.**

vom Standpunkte des Getäuschten es gleichgültig sein, von wem die Täuschung ausgeht, so erfordert immerhin die billige Rücksicht auf den Empfänger der Erklärung, daß wegen der von einem Dritten verübten Täuschung die Anfechtung nur zugelassen wird, wenn der Empfänger die Täuschung kannte oder kennen mußte (§ 119, **123** Abs. 2 Satz 1). Hat jedoch, wie dies insbesondere bei einem Vertrage zu Gunsten Dritter der Fall ist, ein Anderer als der Empfänger der Erklärung aus dieser unmittelbar ein Recht erworben, so soll, auch wenn der Empfänger die Täuschung weder kannte noch kennen mußte, die Erklärung dem Anderen gegenüber, sofern dieser die Täuschung kannte oder kennen mußte, insoweit anfechtbar sein, als durch die Erklärung das Recht des Anderen begründet worden ist (§ 119, **123** Abs. 2 Satz 2). Auf den Fall der von einem Dritten verübten Drohung dehnt der Entwurf in Uebereinstimmung mit fast allen geltenden Gesetzen (Preuß. A.L.R. I, 4 § 42; Code civil Art. 1111; Sächs. Gesetzbuch § 832) die Ausnahmevorschriften nicht aus. Gegen eine solche Ausdehnung spricht namentlich die Erwägung, daß Drohungen erfahrungsmäßig nicht selten von Einzelnen im Interesse einer Mehrheit angewendet werden, und daß derjenige, der sich durch eine solche Drohung zu Zugeständnissen an eine größere Anzahl von Personen hat bestimmen lassen, in eine höchst ungünstige Lage kommen würde, falls er jeder dieser Personen ihre Kenntniß oder verschuldete Unkenntniß der Drohung nachweisen müßte.

Auch die Anfechtbarkeit wegen Täuschung oder Drohung bedarf zeitlicher Begrenzung (vergl. Code civil Art. 1304). Der Entwurf stellt zu diesem Zwecke zwei Ausschlußfristen auf, eine einjährige, die mit der Entdeckung der Täuschung oder dem Aufhören der Zwangslage beginnt, und eine dreißigjährige von der Abgabe der Willenserklärung an laufende (§ 120, **124**). Hat der Getäuschte oder Bedrohte durch Versäumung der einjährigen Frist das Anfechtungsrecht verloren, so bleibt ihm noch der Schadensersatzanspruch, der ihm aus der widerrechtlichen Täuschung oder Drohung nach den Vorschriften über die Haftung aus unerlaubten Handlungen (§§ 807, **823**, 810, **826**) erwächst, und auch nach der Verjährung dieses Anspruchs (vergl. § 836, **852**) kann er, wenn aus der widerrechtlich herbeigeführten Willenserklärung für ihn eine Verpflichtung gegenüber dem Urheber der Täuschung oder Drohung entstanden ist, die Erfüllung derselben dauernd verweigern (§ 837, **853**).

An besondere, engere Voraussetzungen ist die Anfechtung wegen arglistiger Täuschung in Betreff der Eheschließung geknüpft. Im Uebrigen gelten die Vorschriften der §§ 119, **123**, 120, **124** für alle Willenserklärungen. Bei den letztwilligen Verfügungen ist die Anfechtbarkeit wegen arglistiger Täuschung durch die erweiterte Anfechtbarkeit wegen Irrthums gedeckt und deshalb nicht besonders erwähnt.

2. Form der Rechtsgeschäfte.

Grundsatz der Formfreiheit.

Für den Entwurf ist die Stellungnahme zu der Frage, ob die Gültigkeit der Rechtsgeschäfte der Regel nach von der Beobachtung einer gesetzlich vorgeschriebenen Form abhängig gemacht werden soll, durch das bisherige Vorgehen der Reichsgesetzgebung gegeben. Das Handelsgesetzbuch hat den Grundsatz der

Formfreiheit bereits zur Geltung gebracht, und der Handelsverkehr kann ihn nicht missen. Die Einführung der entgegengesetzten Vorschrift für den allgemeinen bürgerlichen Verkehr würde Verwirrung und Rechtsunsicherheit mit sich bringen. Die Civilprozeßordnung ferner (§ 14 Nr. 2 des Einführungsgesetzes) hat die Vorschriften des Französischen Rechtes, welche die Beweisbarkeit der Rechtsgeschäfte von der Beobachtung einer besonderen Form abhängig machen, verworfen und damit auch den in diesen Vorschriften liegenden mittelbaren Zwang zur schriftlichen Vornahme der Rechtsgeschäfte abgelehnt. Der Entwurf entscheidet sich hiernach in Uebereinstimmung mit dem Gemeinen und dem Sächsischen Rechte für den Grundsatz der Formfreiheit. Die Verwerfung des Formzwanges als Regel hindert aber nicht, daß für einzelne Rechtsgeschäfte sowie für einzelne Arten von Rechtsgeschäften eine Form vorgeschrieben wird. Ebenso wie durch das Gesetz können Ausnahmen von der Regel der Formfreiheit auch durch Rechtsgeschäft bestimmt werden.

Wirkung von Formmängeln.

Die Nichtbeachtung einer gesetzlich vorgeschriebenen Form hat in Ermangelung einer abweichenden Bestimmung Nichtigkeit des Rechtsgeschäfts zur Folge. Die gleiche Folge soll nach der vom Entwurf aufgestellten Auslegungsregel auch bei Verabsäumung der durch Rechtsgeschäft bestimmten Form eintreten (§ 121, **125**).

Von den einzelnen Formen, die der Entwurf kennt, macht er nur die Schriftform, die gerichtliche oder notarielle Beurkundung und die öffentliche Beglaubigung zum Gegenstand allgemeiner Vorschriften.

Schriftform.

Die Erfordernisse der gesetzlichen Schriftform sind (§ 122, **126** Abs. 1) im Wesentlichen so geregelt, daß das aufzunehmende Schriftstück eine voll beweisende Privaturkunde im Sinne des § 381, **416** der Civilprozeßordnung darstellt. Unter diesem Gesichtspunkte wird eigenhändige Unterzeichnung der Urkunde durch den Aussteller mittelst Namensunterschrift oder gerichtlich oder notariell beglaubigten Handzeichens gefordert.

Für die Vorschriften des § 122, **126** Abs. 2 über die Erfordernisse der durch Gesetz für einen Vertrag vorgeschriebenen Schriftform bietet der Entwurf selbst einen Anwendungsfall im § 559, **566**; im Uebrigen dienen sie zur Ergänzung anderer Gesetze, die ohne nähere Bestimmung eine solche Form vorschreiben. Die den allgemeinen Grundsätzen entsprechende Regel, daß die Unterzeichnung der Parteien auf derselben Urkunde erfolgen muß, wird nach dem Vorbilde des § 825 des Sächsischen Gesetzbuchs mit Rücksicht auf das Verkehrsbedürfniß und die Verkehrssitte dahin erweitert, daß es genügt, wenn mehrere gleichlautende Urkunden aufgenommen und jede Partei die für die andere Partei bestimmte Urkunde unterzeichnet. Aus diesen Vorschriften folgt, daß — abweichend von dem Preußischen Allgemeinen Landrechte (I, 5 § 142) — der Briefwechsel als solcher zur Wahrung der gesetzlich vorgeschriebenen Schriftform nicht geeignet ist. Vom Standpunkt einer Gesetzgebung, die nur in seltenen Ausnahmefällen mit Rücksicht auf die besondere Wichtigkeit des abzuschließenden Vertrags die Schriftform verlangt, kann ein Bedürfniß für die Zulassung brieflichen Abschlusses nicht anerkannt werden. Auch wird ein wesentlicher Zweck der ausnahmsweise erforderten Schriftform, nämlich die unzweideutige Feststellung des wirklich erzielten Vertragsschlusses, durch Briefwechsel nicht erreicht, da dieser nicht selten über den Umfang der Willensübereinstimmung und den Inhalt der Vereinbarungen Zweifel übrig läßt.

Wird durch Rechtsgeschäft schriftliche Form bestimmt, so verfolgen die Parteien damit muthmaßlich gleiche Zwecke, wie sie der Gesetzgeber bei der Aufstellung dieses Erfordernisses im Auge hat. Es rechtfertigt sich daher die Auslegungsregel, daß die an die gesetzlich vorgeschriebene Schriftform gestellten Anforderungen auch für die rechtsgeschäftlich bestimmte gelten sollen (§ 123, **127** Satz 1). Eine Erleichterung erscheint bei der letzteren nur in Betreff des Ersatzes der Schriftform durch telegraphische Uebermittelung geboten. Soweit das Gesetz schriftliche Form vorschreibt, besteht kein Bedürfniß für die Zulassung dieses Ersatzmittels; sie würde auch den Zwecken der Formvorschrift zuwiderlaufen. Dagegen entspricht es bei gewillkürter Schriftform dem Bedürfnisse des Verkehrs und dem muthmaßlichen Parteiwillen, daß die telegraphische Uebermittelung zur Wahrung der Form genügt (§ 123 Satz 2, **127** Satz 2, 1. Halbsatz)[1]). Zu ihrer Wirksamkeit ist nur erforderlich, daß das Telegramm den Urheber der Erklärung erkennen läßt und wirklich von ihm herrührt; darauf, daß er selbst die Aufgabeschrift unterzeichnet hat, kommt es nicht an. Nur insofern wird die telegraphische Uebermittelung der regelmäßigen Parteiabsicht nicht gerecht, als sie dem Empfänger der Erklärung nicht eine voll beweisende Urkunde verschafft. Dem Empfänger muß daher der Anspruch auf Ertheilung einer den gesetzlichen Anforderungen genügenden Urkunde vorbehalten bleiben (§ 123 Satz 3, **127** Satz 2, 2. Halbsatz).

Die auf die gerichtliche oder notarielle Beurkundung eines Vertrags bezügliche Vorschrift des § 124, **128** bezweckt, die Erfordernisse, welche sich für diese Form aus den allgemeinen Grundsätzen über die Vertragschließung ergeben würden, im Interesse des Verkehrs zu erleichtern. Es soll zur Wahrung der Form genügen, daß der Vertragsantrag gerichtlich oder notariell beurkundet und sodann die Erklärung der Annahme des beurkundeten Antrags in gleicher Art beurkundet wird; der Beurkundung des weiteren für den Vertragsschluß wesentlichen Erfordernisses, daß die Erklärung jeder Partei mit deren Willen der anderen Partei zugegangen ist, bedarf es dagegen nicht. **Gerichtliche oder notarielle Beurkundung.**

In Betreff der durch Gesetz vorgeschriebenen öffentlichen Beglaubigung einer Erklärung stellt der § 125, **129** klar, daß Gegenstand der Beglaubigung die Unterschrift oder das Handzeichen des Erklärenden unter der schriftlich abgefaßten Erklärung ist. Bei einer mittelst Handzeichens unterzeichneten Erklärung soll, ebenso wie nach der für die gesetzliche Schriftform geltenden Vorschrift des § 122, **126** Abs. 1, gerichtliche oder notarielle Beglaubigung erforderlich und genügend sein. Im Uebrigen bleibt bis zum etwaigen Erlasse reichsgesetzlicher Vorschriften der Landesgesetzgebung vorbehalten, die Zuständigkeit und das Verfahren für die Beglaubigung zu regeln. **Oeffentliche Beglaubigung.**

---

1) Im B.G.B. § 127 Satz 2 ist zur Wahrung der durch Rechtsgeschäft bestimmten schriftlichen Form bei einem Vertrage ferner der Briefwechsel für genügend erklärt. R.B. S. 38, 39.

3. Vertrag.

Vertragsantrag. Die Bestimmungen über den Vertragsantrag und dessen Annahme schließen sich im Wesentlichen an die bewährten Vorschriften des Handelsgesetzbuchs an.

Dies gilt zunächst von der auch dem Preußischen Allgemeinen Landrecht (I, 5 §§ 90 ff.) entsprechenden Vorschrift des § 141, **145** des Entwurfes, wonach der Antragende an seinen Antrag gebunden ist, sofern er nicht die Gebundenheit ausgeschlossen hat. Der von der herrschenden Auffassung des Gemeinen und des Französischen Rechtes, in der Hauptsache auch von dem § 810 des Sächsischen Gesetzbuchs vertretene abweichende Standpunkt, nach welchem der Vertragsantrag bis zur Annahme widerrufen werden kann, erscheint mit den Bedürfnissen des Verkehrs nicht vereinbar.

Annahme. Die Gebundenheit des Antragenden beschränkt sich ihrem Zwecke gemäß auf die dem Antragsempfänger zur Erklärung über den Antrag verstattete Zeit. Der Antrag erlischt daher außer durch Ablehnung auch mangels rechtzeitiger Annahme dergestalt, daß er nicht mehr wirksam angenommen werden kann (§ 142, **146**). Die Dauer der Annahmefrist kann der Antragende selbst bestimmen (§ 144, **148**).

Ist eine solche Bestimmung nicht getroffen, so muß der Antrag, wenn er einem Anwesenden gemacht worden ist, sofort angenommen werden (§ 143, **147** Abs. 1 Satz 1, vergl. Art. 318 des Handelsgesetzbuchs). Diese der Auffassung des Verkehrs entsprechende Vorschrift soll nach dem Entwurf insbesondere auch für einen mittelst Fernsprechers von Person zu Person gemachten Antrag gelten (§ 143, **147** Abs. 1 Satz 2). Bei der wachsenden Bedeutung des Fernsprechverkehrs empfiehlt sich eine ausdrückliche Bestimmung dieser Art zur Beseitigung von Zweifeln.

Ist der Vertragsantrag einem Abwesenden gemacht, so dauert die gesetzliche Annahmefrist nach dem Entwurfe, der auch hierin dem Handelsgesetzbuche (Art. 319) und dem Grundgedanken des Preußischen Rechtes (A.L.R. I, 5 §§ 96 ff.) folgt, bis zu dem Zeitpunkt, in welchem der Antragende den Eingang der Antwort unter regelmäßigen Umständen erwarten durfte (§ 143, **147** Abs. 2). Die Mannigfaltigkeit der in Betracht kommenden Fälle gestattet nur eine derartige allgemeine Bestimmung der Frist. Dieselbe wird aber im einzelnen Falle sowohl für die Betheiligten wie für den Richter einen hinreichend festen Maßstab der Beurtheilung bieten.

Eine Annahme-Erklärung, die dem Antragenden nach dem Ablaufe der Annahmefrist zugeht, ist als solche unwirksam. Ist sie aber rechtzeitig abgesandt worden und nur in Folge unregelmäßiger Beförderung verspätet eingegangen, so erfordern Treu und Glauben, daß der Antragende, wenn ihm der Grund der Verspätung erkennbar ist, dem Annehmenden die Verspätung anzeigt, sofern er es nicht schon vor dem Eingange der Annahme-Erklärung gethan hat. Wird die Absendung der Anzeige von ihm schuldhaft verzögert, so muß die Annahme als nicht verspätet behandelt werden; eine bloße Verpflichtung des Antragenden zum Schadensersatze würde dem Bedürfnisse des Verkehrs nicht genügen (§ 145, **149**, vergl. Art. 319 Abs. 2 des Handelsgesetzbuchs). Im Uebrigen gilt eine verspätete Annahme als neuer Antrag (§ 146, **150** Abs. 1). Eine Annahme unter Aenderungen gilt als eine mit einem neuen Antrage verbundene Ablehnung (§ 146, **150** Abs. 2, vergl. Art. 322 des Handelsgesetzbuchs).

Die Frage, in welchen Fällen eine stillschweigende Annahme-Erklärung dem Antragenden gegenüber zulässig ist, hat der Entwurf nicht ausdrücklich geregelt. Dagegen war eine Bestimmung darüber nothwendig, unter welchen Voraussetzungen für das Zustandekommen des Vertrags eine Annahme-Erklärung dem Antragenden gegenüber gar nicht erforderlich ist. In Ermangelung einer besonderen Vorschrift würde die allgemeine Bestimmung des § 126, **130** Abs. 1 Satz 1 gelten, die Annahme also erst mit dem Zeitpunkte wirksam werden, in welchem die Annahme-Erklärung dem Antragenden zugeht. Diese Regel paßt jedoch nicht für die häufig vorkommenden Fälle, in denen eine Erklärung der Annahme dem Antragenden gegenüber nach der Verkehrssitte nicht zu erwarten ist oder der Antragende auf sie verzichtet hat. Es gehören hierher z. B. Kaufanträge in Form von Bestellungen, bei denen der Antragende sofortige Leistung erwartet, ebenso solche, bei welchen die vom Antragenden zum Verkauf angebotene Sache mit dem Antrage zugleich zugesendet wird. Eine angemessene Beurtheilung derartiger Fälle ermöglicht der § 147, **151**. Der Entwurf beschränkt sich auch hier auf eine Bestimmung grundsätzlicher Natur, um einer den Umständen des einzelnen Falles angemessenen Entscheidung keine Schwierigkeiten zu bereiten. Auf einem dieser Bestimmung verwandten Gedanken beruht die Vorschrift, welche der § 148, **152** für den Fall giebt, daß ein Vertrag ohne gleichzeitige Anwesenheit beider Theile gerichtlich oder notariell beurkundet wird.

Ueber den Zeitpunkt, in welchem der Vertrag zu Stande kommt, trifft der Entwurf keine besondere Bestimmung, sondern beläßt es bei dem, was sich aus 126, **130** Abs. 1 Satz 1 und den §§ 147, **151**, 148, **152** ergiebt. Eine Abweichung hiervon ist weder durch die Billigkeit noch durch ein praktisches Bedürfniß geboten. Es ist daher insbesondere auch die Vorschrift des Art. 321 des Handelsgesetzbuchs nicht übernommen. Vertragsschluß.

Die Bestimmung, wonach das Zustandekommen des Vertrags regelmäßig nicht dadurch gehindert wird, daß der Antragende vor der Annahme stirbt oder nach § 100, **104** Nr. 2, 3 geschäftsunfähig wird (§ 149, **153**), entspricht der mit Vertragsanträgen gewöhnlich verbundenen Absicht und dem Verkehrsbedürfnisse (vergl. auch Art. 297 des Handelsgesetzbuchs).

Die §§ 150, **154** bis 153, **157** enthalten Auslegungsregeln. Der § 150, **154** betrifft den Fall, daß die Parteien sich zwar über die nach dem Gesetze zum Wesen des beabsichtigten Vertrags gehörenden Punkte, aber noch nicht über alle Punkte, über die nach der Erklärung der Parteien oder auch nur einer von ihnen eine Vereinbarung getroffen werden soll, geeinigt haben, sowie den Fall, daß eine Beurkundung des beabsichtigten Vertrags verabredet worden, aber noch nicht erfolgt ist. In beiden Fällen soll nach dem Vorgange des Preußischen Allgemeinen Landrechts (I, 5 § 125) und des Badischen Auslegung der Verträge.

licher Vollmachten, z. B. wenn der Eigenthümer eines Grundstücks den Hypothekengläubiger ermächtigt, die Mieth- oder Pachtzinsen zu erheben und auf die Hypothekenzinsen zu verrechnen, oder wenn bei der Ausgabe hypothekarisch gesicherter Theilschuldverschreibungen für die Inhaber derselben nach Maßgabe des § 1172, **1189** ein Vertreter bestellt wird. Mit Rücksicht auf solche nicht seltene Fälle sowie auf die nahe Verwandtschaft zwischen der Vollmacht und der Einwilligung, hinsichtlich deren eine entsprechende Vorschrift nicht minder durch die Bedürfnisse des Verkehrs geboten ist (§ 179, **183**), erkennt der Entwurf Ausnahmen von der Regel der Widerruflichkeit insoweit an, als sie sich aus dem der Vollmacht zu Grunde liegenden Rechtsverhältniß ergeben.

Der Grundsatz des § 164, **168** Satz 1 über das Erlöschen der Vollmacht nach Maßgabe des ihr zu Grunde liegenden Rechtsverhältnisses bedarf einer besonderen Einschränkung für Vollmachten, die auf einem Auftrag oder auf einem Gesellschaftsverhältnisse beruhen. Nach dem § 661, **674**, der durch den § 662, **675** auf die durch einen Dienst- oder einen Werkvertrag übernommene Geschäftsbesorgung ausgedehnt ist, gilt der Auftrag, wenn er in anderer Weise als durch Widerruf erloschen ist, zu Gunsten des Beauftragten als fortbestehend, bis dieser von der das Erlöschen bewirkenden Thatsache Kenntniß erlangt hat oder hätte erlangen müssen. Eine entsprechende Vorschrift trifft der § 716, **729** bezüglich der einem Gesellschafter durch den Gesellschaftsvertrag übertragenen Befugniß zur Geschäftsführung. Nach dem Grundsatze des § 164, **168** Satz 1 gilt also unter den in den §§ 661, **674**, 716, **729** bezeichneten Voraussetzungen auch die Vollmacht des Beauftragten oder des Gesellschafters als fortbestehend. Dieses Fortbestehen darf jedoch einem Dritten, der sich mit dem Vertreter eingelassen hat, obwohl er bei der Vornahme des Rechtsgeschäfts das Erlöschen der Vollmacht kannte oder kennen mußte, nicht zu Statten kommen (§ 165, **169**), weil sein unredliches oder doch fahrlässiges Verhalten einen solchen Schutz nicht verdient (vergl. auch Sächs. Gesetzbuch § 1326).

Schutz gutgläubiger Dritter. Wer sich mit einem Bevollmächtigten einläßt, hat nach allgemeinen Grundsätzen den Bestand und den Umfang der Vollmacht auf eigene Gefahr zu prüfen. Ein genügender Anlaß, hiervon mit dem Preußischen Allgemeinen Landrecht (I, 13 §§ 147, 167, 168) und den Art. 2008, 2009 des Code civil in Ansehung des Erlöschens der Vollmacht zu Gunsten gutgläubiger Dritter eine Ausnahme zu machen, liegt für den Fall nicht vor, daß die Vollmacht durch Erklärung gegenüber dem zu Bevollmächtigenden ertheilt worden ist. Ist dagegen die Vollmacht durch Erklärung gegenüber einem Dritten ertheilt worden, so verlangen Treu und Glauben, daß der Vollmachtgeber das Erlöschen der Vollmacht diesem anzeigt. Bis zu einer solchen Anzeige muß nach dem Vorbilde ähnlicher Vorschriften des § 1327 des Sächsischen Gesetzbuchs die Vollmacht dem Dritten gegenüber in Kraft bleiben, es sei denn, daß er das Erlöschen bei der Vornahme des Rechtsgeschäfts kannte oder kennen mußte (§§ 166, **170**, 169, **173**).

Eine Regelung für sich erheischen die Fälle, in denen es sich nicht um einen Bevollmächtigungsakt durch Erklärung einem Dritten gegenüber handelt, in denen aber Jemand durch besondere Mittheilung an einen Dritten oder durch öffentliche Bekanntmachung kundgegeben hat, daß er einen Anderen bevollmächtigt habe, oder in denen der Vollmachtgeber dem Vertreter eine Vollmachtsurkunde ausgehändigt und dieser sie einem Dritten vorgelegt hat. In den bezeichneten Fällen soll im Interesse der Rechtssicherheit und den Anschauungen des Verkehrs entsprechend der Vertreter in dem aus der Kundgebung oder der Urkunde ersichtlichen Umfange zur Vertretung befugt sein, auch wenn ihm Vollmacht nicht oder nicht gültig oder nicht in diesem Umfang ertheilt worden war. Die Vertretungsmacht bleibt ferner trotz Erlöschens der Vollmacht bestehen im ersten Falle, bis die Kundgebung entsprechend der Art, wie sie erfolgt ist, durch besondere Mittheilung oder öffentliche Bekanntmachung zurückgenommen, im zweiten Falle, bis die Vollmachtsurkunde dem Vollmachtgeber zurückgegeben oder für kraftlos erklärt ist, es sei denn, daß der Dritte das Erlöschen der Vetretungsmacht bei der Vornahme des Rechtsgeschäfts kannte oder kennen mußte (§§ 167, **171** bis 169, **173**).

Besonderen Schutzes bedarf weiterhin derjenige, dem gegenüber ein Bevollmächtigter ein einseitiges Rechtsgeschäft, z. B. eine Kündigung oder eine Mahnung, vornimmt. Es steht an sich nicht in seinem Belieben, ob er sich mit dem, der als Vertreter auftritt, einlassen will; wäre dieser zur Vertretung wirklich befugt, so würde das Rechtsgeschäft für und gegen den Vertretenen wirksam sein. Der andere Theil hat aber ein dringendes Interesse, über die Vertretungsbefugniß und die Wirksamkeit des Geschäfts sofort Gewißheit zu erlangen. Diese gewinnt er nur, wenn ihm die Bevollmächtigung von dem Vollmachtgeber kundgegeben ist oder von dem Vertreter eine Vollmachtsurkunde vorgelegt wird. Der Entwurf (§ 170, **174**) giebt ihm daher, falls diese Voraussetzungen nicht vorliegen, das Recht, durch unverzügliche Zurückweisung das Rechtsgeschäft unwirksam zu machen (vergl. auch Preuß. A.L.R. I, 13 §§ 91, 140, 141).

Die Vollmachtsurkunde muß der Bevollmächtigte nach dem Erlöschen der Vollmacht dem Vollmachtgeber zurückgeben (§ 171, **175**). Gegen Mißbrauch der nicht zurückgegebenen Urkunde kann sich der Vollmachtgeber schützen, indem er sie durch öffentliche Bekanntmachung für kraftlos erklärt. Für die Veröffentlichung der Kraftloserklärung sieht der Entwurf eine Mitwirkung des Gerichts vor; jedoch erfordert er eine Begründung des Gesuches um Bewilligung der Veröffentlichung nicht. In den die Regel bildenden Fällen einer widerruflichen Vollmacht würde durch dieses Erforderniß die Kraftloserklärung der Urkunde zwecklos erschwert und verzögert werden. Dagegen darf, wenn eine unwiderrufliche Vollmacht vorliegt, dem Vollmachtgeber nicht gestattet werden, der Vollmacht durch Entkräftung der Urkunde einen erheblichen Theil ihres Werthes zu entziehen. Gegenüber einer unwiderruflichen Vollmacht versagt deshalb der Entwurf der Kraftloserklärung die Wirksamkeit (§ 172, **176**).

Rückgabe und Kraftloserklärung der Vollmachtsurkunde.

Vertretung ohne Vertretungsmacht.

Die Vorschriften der §§ 173, **177**, 174, **178** über die Vertragschließung durch einen nicht ermächtigten Vertreter entsprechen im Wesentlichen den Vorschriften, welche gelten, wenn ein Minderjähriger einen Vertrag ohne die erforderliche Einwilligung seines gesetzlichen Vertreters geschlossen hat (§§ 104, **108**, 105, **109**).

Der § 175, **179** entscheidet sodann die gemeinrechtlich bestrittene, praktisch wichtige Frage, inwieweit derjenige, welcher seine Vertretungsmacht nicht nachzuweisen vermag, dem anderen Theile haftet, wenn der Vertretene die Genehmigung des Vertrags verweigert. Das Bedürfniß des Verkehrs fordert, daß der als Vertreter Handelnde dem anderen Theile persönlich verpflichtet wird, falls dieser nicht etwa den Mangel der Vertretungsmacht kannte oder kennen mußte. Die Art der Haftung ist aber in den Gesetzgebungen verschieden gestaltet. Das Preußische Allgemeine Landrecht (I, 13 §§ 9, 96, 128, 171) gewährt dem anderen Theile einen Anspruch auf Schadensersatz. Dagegen hat nach den Art. 55, 298 Abs. 2 des Handelsgesetzbuchs und dem § 789 des Sächsischen Gesetzbuchs der andere Theil das Recht, nach seiner Wahl von demjenigen, welcher ohne Vollmacht oder außerhalb der Grenzen seiner Vollmacht als Vertreter gehandelt hat, Schadensersatz oder Erfüllung zu verlangen. Der Entwurf schließt sich den letzteren Gesetzgebungen für den Fall an, wenn der als Vertreter Handelnde selbst den Mangel seiner Vertretungsmacht kannte. In diesem Falle handelt er entweder mit dem Bewußtsein, daß die Genehmigung nicht erfolgen werde, also arglistig, oder in der Annahme, der Genehmigung sicher zu sein, also auf seine Gefahr. Er kann sich daher nicht beklagen, wenn er nach Wahl des anderen Theiles zur Erfüllung oder zum Schadensersatze verpflichtet wird (§ 175, **179** Abs. 1). Hat er dagegen den Mangel seiner Vertretungsmacht nicht gekannt, hat er sich insbesondere über die Gültigkeit einer ihm ertheilten Vollmacht im Irrthume befunden, so wäre eine derartige Haftung unbillig. Ihn von jeder Haftung zu befreien, läßt aber die Rücksicht auf den anderen Theil nicht zu, und so erscheint es als angemessene Ausgleichung der beiderseitigen Interessen, die Haftung in diesem Falle ebenso wie im Falle der Anfechtung eines Rechtsgeschäfts wegen Irrthums auf den Ersatz des sogenannten negativen Interesses zu beschränken (§ 175, **179** Abs. 2).

Daß ein in der Geschäftsfähigkeit Beschränkter nicht nach Maßgabe des § 175, **179** Abs. 1, 2 haften soll, sofern er ohne Zustimmung seines gesetzlichen Vertreters gehandelt hat (Abs. 3 Satz 2), entspricht dem Zwecke der Vorschriften über die Beschränkung der Geschäftsfähigkeit, und dient dazu, eine Umgehung derselben auszuschließen.

In Betreff der einseitigen Rechtsgeschäfte geht der Entwurf von der Regel aus, daß sie weder von einem Vertreter ohne Vertretungsmacht noch gegenüber einem solchen wirksam vorgenommen werden können (§ 176, **180** Satz 1). Die Regel gilt ausnahmslos für die Vornahme solcher einseitigen Rechtsgeschäfte, die nicht gegenüber einem Anderen vorzunehmen sind, wie z. B. die Erbschaftsannahme (§ 1919, **1943**). Andere einseitige Rechtsgeschäfte kann dagegen ein Vertreter trotz des Mangels der Vertretungsmacht wirksam vornehmen, wenn der andere bei dem Rechtsgeschäfte Betheiligte die von dem Vertreter behauptete Vertretungsmacht nicht beanstandet oder damit einverstanden ist, daß dieser ohne Vertretungsmacht handele; hinsichtlich der Wirkungen eines solchen Rechtsgeschäfts finden die Vorschriften über Verträge entsprechende Anwendung (§ 176, **180** Satz 2). Derjenige, gegen den die Handlung vorgenommen ist, wird durch diese Regelung nicht beeinträchtigt. Hat er sich darauf beschränkt, die Vertretungsmacht des Handelnden nicht zu beanstanden, so ist er noch bis zur Genehmigung durch den Vertretenen zum Widerrufe berechtigt; wenn er dann von dieser Befugniß keinen Gebrauch macht, so wird durch die Genehmigung lediglich die von ihm erwartete Wirkung herbeigeführt. Wer aber sich geradezu damit einverstanden erklärt, daß der Vertreter ohne Vertretungsmacht handele, hat damit die aus solchem Handeln sich ergebenden Folgen ohne Weiteres auf sich genommen. Der letztere Gesichtspunkt rechtfertigt es auch, ein einseitiges Rechtsgeschäft, das gegenüber einem Vertreter ohne Vertretungsmacht mit dessen Einverständniß vorgenommen wird, in gleicher Weise als wirksam anzuerkennen (§ 176, **180** Satz 3).

Kontrahiren mit sich selbst.

Der § 177, **181** entscheidet die streitige Frage, ob und inwieweit es zulässig ist, daß Jemand als Vertreter eines Anderen ein Rechtsgeschäft mit sich selbst im eigenen Namen oder als Vertreter eines Dritten vornimmt. Da in diesen Fällen stets die Gefahr eines Widerstreits der Interessen vorhanden ist, so empfiehlt es sich, die Zulässigkeit einer solchen Vertretung grundsätzlich auszuschließen. Ausnahmen können selbstverständlich durch das der Vertretungsmacht zu Grunde liegende Gesetz oder Rechtsgeschäft bestimmt werden. Abgesehen hiervon aber verlangt das praktische Bedürfniß, daß der Vertreter eine zwischen ihm und dem Vertretenen oder zwischen den von ihm Vertretenen bestehende Verbindlichkeit durch sein alleiniges Handeln erfüllen, daß z. B. ein Vormund wegen einer ihm gegen den Mündel zustehenden Forderung aus dem in seinem Besitze befindlichen Gelde des Mündels sich selbst bezahlt machen kann.

VI. Verjährung.

Gegenstand der Verjährung.

Der Verjährung unterliegen alle Ansprüche, für die nicht das Gegentheil durch das Gesetz bestimmt ist (§ 189, **194** Abs. 1). Im Sachenrecht erleidet die Regel bezüglich der Ansprüche aus Rechten an Grundstücken dadurch erhebliche Einschränkungen, daß Ansprüche aus eingetragenen Rechten grundsätzlich unverjährbar sind (§ 886, **902**) und daß zu Gunsten desjenigen, welcher durch eine unrichtige Eintragung oder Löschung in seinem Rechte an einem Grundstücke beeinträchtigt ist, der Anspruch auf Berichtigung des Grundbuchs der Verjährung entzogen ist (§ 882, **898**)*). Im Uebrigen unterliegen aber auch die dinglichen Ansprüche der Verjährung. Soweit der dingliche Anspruch

*) Vergl. auch im Rechte der Schuldverhältnisse den § 745, **758**, im Sachenrechte ferner den § 908, **924**.

eines dem Berechtigten zustehenden Anfechtungsrechts abhängt, bestimmt der § 195, **200** den Beginn der Verjährung im Interesse der Rechtssicherheit abweichend von der Regel des § 193, **198**.

Für die nach §§ 191, **196**, 192, **197** der kurzen Verjährung unterliegenden Ansprüche fordert der Verkehr einen besonders leicht festzustellenden Anfangspunkt der Verjährung. Der § 196, **201** trifft in dieser Hinsicht eine im Wesentlichen dem geltenden Rechte entsprechende Sonderbestimmung.

Hemmung und Unterbrechung der Verjährung. Auch wenn die allgemeinen Voraussetzungen für den Beginn der Verjährung vorliegen, ist es unter bestimmten Umständen geboten, daß der Beginn hinausgeschoben werde, und die gleichen Umstände müssen, wenn sie während des Laufes der Verjährung eintreten, bewirken, daß der Zeitraum, während dessen sie bestehen, in die Verjährungsfrist nicht eingerechnet wird. Der Entwurf spricht in diesen Fällen von einer Hemmung der Verjährung (§ 200, **205**). Wesentlich verschieden ist die Unterbrechung einer begonnenen Verjährung; diese bewirkt, daß die bis zu ihrem Eintritt abgelaufene Zeit nicht in Betracht kommt und eine neue Verjährung erst nach der Beendigung der Unterbrechung beginnen kann (§ 212, **217**).

Hemmung. Eine Hemmung läßt der Entwurf im Interesse möglichst wirksamer Gestaltung der Verjährung nur in beschränktem Umfange zu.

Hemmung tritt ein, wenn die Geltendmachung des Anspruchs dadurch gehindert wird, daß der Schuldner in Folge einer ihm gewährten Stundung oder aus sonstigen Gründen vorübergehend zur Verweigerung der Leistung berechtigt ist (§ 197, **202** Abs. 1). Dagegen wird die hemmende Wirkung solchen verzögernden Einreden versagt, die zu beseitigen der Berechtigte nicht nur in der Lage, sondern verpflichtet ist, sowie gewissen Einreden des Bürgen und des Erben (§ 197, **202** Abs. 2). Von thatsächlichen Hindernissen für die Geltendmachung des Anspruchs berücksichtigt der Entwurf als Hemmungsgründe einzig Stillstand der Rechtspflege und höhere Gewalt, aber auch diese Hindernisse nur, soweit sie in den letzten sechs Monaten der Verjährungsfrist bestanden haben (§ 198, **203**).

Eine Sondervorschrift über die Hemmung der Verjährung von Ansprüchen zwischen Vormund und Mündel, zwischen Eltern und Kindern sowie zwischen Ehegatten (§ 199, **204**) bezweckt, durch Beseitigung des Zwanges zur Klageerhebung Störungen des unter jenen Personen bestehenden Pietätsverhältnisses fern zu halten. Bezüglich der Ansprüche geschäftsunfähiger oder in der Geschäftsfähigkeit beschränkter Personen sowie bezüglich der zu einem Nachlasse gehörenden oder gegen einen Nachlaß sich richtenden Ansprüche wird den in den §§ 201, **206**, 202, **207** bezeichneten Hindernissen hemmende Wirkung in der Art beigelegt, daß sich die Verjährung nicht vor Ablauf von sechs Monaten (und bei einer kürzeren Verjährungsfrist nicht vor Ablauf einer dieser Frist entsprechenden Zeit) nach dem Wegfalle des Hindernisses vollendet, daß mithin dem Berechtigten oder dessen Vertreter mindestens noch dieser Zeitraum zur Geltendmachung der Ansprüche frei bleibt.

Unterbrechung. Eine Unterbrechung der Verjährung tritt ein, wenn der Verpflichtete dem Berechtigten gegenüber den Anspruch anerkennt (§ 203, **208**). Es bedarf dazu weder eines Anerkennungsvertrags noch auch nur einer rechtsgeschäftlichen Willenserklärung des Verpflichteten; vielmehr genügt jede ausdrückliche oder stillschweigende dem Berechtigten gegenüber erfolgende Kundgebung, aus welcher die Ueberzeugung des Verpflichteten von dem Bestehen des Anspruchs erhellt. Namentlich muß auch der im täglichen Verkehre besonders wichtigen stillschweigenden Anerkennung durch Abschlagzahlung, Zinszahlung oder Sicherheitsleistung unterbrechende Wirkung beigelegt werden. Als weitere Unterbrechungsgründe erkennt der Entwurf, abgesehen von der für Ansprüche aus vollstreckbaren Schuldtiteln geltenden Vorschrift des § 204, **209** Abs. 2 Nr. 5, grundsätzlich nur solche Handlungen des Berechtigten an, die, wie insbesondere die Klageerhebung, auf eine gerichtliche oder eine dieser gleichstehende Feststellung des Anspruchs abzielen (vergl. § 204, **209** Abs. 1, Abs. 2 Nr. 1, 2, §§ 205, **210**, 215, **220**). Darüber hinaus läßt er aber aus Gründen der Billigkeit und der Zweckmäßigkeit auch dann eine Unterbrechung eintreten, wenn der Berechtigte die Aufrechnung des Anspruchs in einem Rechtsstreite geltend macht oder dem Verpflichteten in dem Rechtsstreite, von dessen Ausgange der Anspruch abhängt, den Streit verkündet (§ 204, **209** Abs. 2 Nr. 3, 4); jedoch soll die so bewirkte Unterbrechung hinfällig werden, wenn der Berechtigte nicht binnen sechs Monaten nach der Beendigung des Rechtsstreits Klage auf Befriedigung oder Feststellung des Anspruchs erhebt (§ 210, **215** Abs. 2). Auch im Uebrigen ist der Bestand und die Dauer der Unterbrechung dadurch bedingt, daß der Berechtigte den Anspruch in geeigneter Weise weiter verfolgt (vergl. im Einzelnen die §§ 205, **210** bis 211, **216**).

Die durch Klageerhebung bewirkte Unterbrechung endigt mit der rechtskräftigen Entscheidung des Rechtsstreits; es beginnt daher alsdann eine neue Verjährung. Da jedoch durch die rechtskräftige Feststellung eine Verdunkelung des Sachverhältnisses auf lange Zeit ausgeschlossen ist, so fällt mit dieser Feststellung auch bezüglich der einer abgekürzten Verjährung unterworfenen Ansprüche der wesentliche Grund für die Verkürzung der Frist fort. Der Entwurf bestimmt deshalb im Anschluß an das im größten Theile Deutschlands geltende Recht für die rechtskräftig und ebenso für die durch andere vollstreckbare Schuldtitel festgestellten Ansprüche allgemein eine dreißigjährige Verjährung (§§ 213, **218**, 214, **219**).

Wirkung der Verjährung.

Mit der Vollendung der Verjährung erlangt der Verpflichtete die Befugniß, die Leistung zu verweigern (§ 217, **222** Abs. 1). Der Zweck der Verjährung erfordert nicht, daß der Anspruch unmittelbar erlischt; es genügt, wenn dem Verpflichteten ein Schutzmittel gegen die Behelligung mit dem verjährten Anspruche zur Verfügung gestellt wird. Dieses Mittel liegt in der Gewährung der bezeichneten Einrede. Aus dem Begriffe der Einrede im Sinne des Entwurfes folgt, daß die Vollendung der Verjährung von dem Richter nicht von Amtswegen, sondern nur dann berücksichtigt werden darf, wenn sich der Verpflichtete auf sie beruft, und daß der einseitige Verzicht des letzteren auf die Wirkung der Verjährung dem Anspruche wieder volle Kraft verleiht. Diese Sätze sind ihrem sachlichen Inhalte nach fast in allen Rechten anerkannt.

Von der Regel, daß jede Geltendmachung des verjährten Anspruchs ausgeschlossen ist, macht der Entwurf im § 217, **222** Abs. 2, entsprechend der Mehrzahl der geltenden Gesetze, eine (zugleich die Vorschrift des § 798, **814** Abs. 1 durchbrechende) Ausnahme, und zwar dahin, daß das zur Befriedigung eines verjährten Anspruchs Geleistete nicht zurückgefordert werden kann, auch wenn die Leistung in Unkenntniß der Verjährung bewirkt worden ist. Das Gleiche wie für die Leistung soll für ein vertragsmäßiges Anerkenntniß (§ 765, **781**) sowie für eine Sicherheitsleistung des Verpflichteten gelten. Auch die Sicherung eines Anspruchs durch Pfandrecht oder Hypothek oder durch Uebertragung eines Rechtes schwächt die Wirkung der Verjährung ab (§ 218, **223**).

Eine praktisch wichtige Einschränkung erleidet die Wirkung der Verjährung ferner dadurch, daß eine verjährte Forderung noch zur Aufrechnung verwendet werden kann, wenn sie zu der Zeit, in welcher sie gegen die andere Forderung aufgerechnet werden konnte, noch nicht verjährt war (§ 384, **390** Satz 2). Diese Bestimmung, welche sich gleichfalls an das im weitaus größten Theile Deutschlands bestehende Recht (vergl. insbesondere Preuß. A.L.R. I, 16 § 377; Code civil Art. 1290) anschließt, ist durch die Billigkeit geboten. Der Gläubiger, dessen Forderung eine zur Aufrechnung geeignete (§ 381, **387**) Gegenforderung entgegensteht, unterläßt mit gutem Grunde die Klageerhebung, da er durch den von ihm geschuldeten Betrag für seine Forderung gedeckt ist und seine Klage in Folge einer von dem Gegner erklärten Aufrechnung abgewiesen werden würde. Er hat aber auch so lange keine Veranlassung, die zur Aufrechnung erforderliche Erklärung (§ 382, **388**) gegenüber dem Schuldner abzugeben, als dieser nicht mit seiner Gegenforderung hervortritt; er darf vielmehr darauf vertrauen, daß der Schuldner gleichfalls seine Gegenforderung bis zum Betrage der Forderung als getilgt ansieht. Namentlich bei einer in kurzer Frist verjährenden Forderung, der eine in längerer Frist verjährende Gegenforderung gegenübersteht, würde der Verlust der Aufrechnungsmöglichkeit mit der Vollendung der Verjährung eine Härte in sich schließen.

Abweichende Vereinbarungen.

Endlich stellt der Entwurf die Grenzen der Privatwillkür gegenüber den Verjährungsvorschriften fest (§ 220, **225**). Mit Rücksicht auf das durch diese Vorschriften zu wahrende öffentliche Interesse kann rechtsgeschäftliche Ausschließung oder Erschwerung der Verjährung grundsätzlich nicht zugelassen werden, wohl aber eine den Verjährungszweck fördernde Erleichterung.

VII. Selbstvertheidigung. Selbsthülfe.

Die Vorschriften des sechsten Abschnitts bestimmen, inwieweit eine an sich widerrechtliche Handlung erlaubt ist, wenn sie zum Zwecke der Selbstvertheidigung oder der Selbsthülfe vorgenommen wird. Solche Vorschriften sind auf dem Gebiete des bürgerlichen Rechtes von besonderer Bedeutung für die Schadensersatzpflicht wegen unerlaubter Handlungen, sofern diese Pflicht ein widerrechtliches Handeln voraussetzt (§ 807, **823** Abs. 1, §§ 815, **831**, 816, **832**). Ihre Bedeutung reicht aber weiter; sie erstreckt sich insbesondere auch auf die besitzrechtliche Frage, ob eine Handlung, durch die dem Besitzer einer Sache ohne dessen Willen der Besitz entzogen oder durch die er im Besitze gestört wird, verbotene Eigenmacht ist (vergl. § 842, **858** Abs. 1, § 1012, **1029**). Diese allgemeine Tragweite rechtfertigt die Aufnahme der Vorschriften in das erste Buch (vergl. auch Sächs. Gesetzbuch §§ 178 ff.).

Was die Handlungen zum Zwecke der Selbstvertheidigung betrifft, so erklärt der Entwurf zunächst eine durch Nothwehr gebotene Handlung für nicht widerrechtlich; den Begriff der Nothwehr bestimmt er im wörtlichen Anschluß an den § 53 Abs. 2 des Strafgesetzbuchs (§ 221, **227**). Aus der Straflosigkeit der Nothwehrhandlung folgt zwar an sich weder unmittelbar die privatrechtliche Erlaubtheit einer solchen Handlung, noch ergiebt sich aus ihr mittelbar die gesetzgeberische Nothwendigkeit, die Grenzen der privatrechtlich erlaubten Nothwehr ebenso zu bestimmen, wie die der straflosen Nothwehr. Wenn der Entwurf sich dennoch dem Strafgesetzbuch anschließt, so hat dies vor Allem den Vorzug, daß alle Einzelfragen, welche sich erheben, für das bürgerliche Recht und das Strafrecht einheitliche Erledigung finden. — Besonders geregelt sind die Voraussetzungen und die Grenzen der Nothwehr in Bezug auf den Besitz (vergl. §§ 842, **858** bis 844, **860**, 849, **865**, 1012, **1029**, 1073, **1090** Abs. 2). Selbstvertheidigung.

Nothwehr setzt einen rechtswidrigen Angriff voraus. Ob sie als solche auch gegenüber Thieren begründet sei, ist in der Strafrechtswissenschaft bestritten. Unstreitig trifft der Nothwehrbegriff nicht zu bei der Gefährdung durch fremde leblose Sachen. Selbstschutz muß aber sowohl gegenüber solchen wie gegen Thiere privatrechtlich erlaubt sein. Der Entwurf (§ 222, **228**) erklärt demgemäß im Anschluß an die §§ 182, 183 des Sächsischen Gesetzbuchs die Beschädigung oder Zerstörung einer fremden gefahrdrohenden Sache für nicht widerrechtlich, wenn die Handlung zur Abwendung der Gefahr erforderlich ist und der Schaden nicht außer Verhältniß zu der Gefahr steht. Ebenso wie Nothwehr ist auch die Vertheidigung gegen Sachen sowohl zum eigenen Schutze wie zum Schutze eines Anderen gestattet ohne Unterschied, ob die Person oder das Vermögen bedroht ist. Der Ausschluß der Widerrechtlichkeit hat zur Folge, daß Nothwehr gegen die Vertheidigungshandlung nicht zulässig ist, daß die Strafbarkeit nach den §§ 303 bis 305 des Strafgesetzbuchs fortfällt und daß regelmäßig der Handelnde nicht zum Schadensersatze verpflichtet wird. In letzterer Hinsicht erfordert jedoch die Billigkeit eine Ausnahme für den Fall, wenn der Handelnde die Gefahr selbst verschuldet, z. B. das ihn bedrohende Thier zuvor gereizt hat.

In Betreff der Selbsthülfe geht der Entwurf von der Auffassung aus, daß der mit einer Handlung verfolgte Selbsthülfezweck für ihre rechtliche Beurtheilung ohne Bedeutung ist. Eine an sich erlaubte oder doch nicht unerlaubte Handlung wird nicht dadurch unerlaubt, eine an sich unerlaubte Handlung nicht dadurch erlaubt, daß sie zum Zwecke der Selbsthülfe vorgenommen wird. Der Entwurf hat demgemäß davon abgesehen, die Selbst- Selbsthülfe.

hülfe als solche zu regeln. Ein Verbot der Selbsthülfe ist ohne Bedeutung für die Fälle, in welchen die Selbsthülfehandlung schon an sich unerlaubt ist, unbegründet für die Fälle, in denen die der Selbsthülfe dienende Handlung an sich erlaubt oder nicht unerlaubt ist. Auch der Satz, daß der Selbsthülfezweck eine an sich unerlaubte Handlung nicht zur erlaubten macht, bedarf keines Ausspruchs. Nur die Ausnahmen muß das Gesetz regeln. Der Entwurf sieht solche Ausnahmen, abgesehen von Sondervorschriften, wie dem § 554, **561** Abs. 1, dem § 843, **859** Abs. 2, 3 und dem § 894, **910**, namentlich im § 223, **229** vor.

Selbsthülfe mittelst an sich unerlaubter Handlungen kann im Interesse des Rechtsfriedens nur gestattet werden, wenn der Berechtigte zur Verwirklichung seines Anspruchs obrigkeitliche Hülfe nicht rechtzeitig zu erlangen vermag. Als weitere Voraussetzung stellt der Entwurf im Anschluß an den § 179 des Sächsischen Gesetzbuchs und die Vorschriften der §§ 797, **917**, 814, **935** der Civilprozeßordnung über die Voraussetzungen des Arrestes und der einstweiligen Verfügung die Forderung auf, daß der Berechtigte ohne sofortiges Eingreifen Gefahr läuft, die Verwirklichung des Anspruchs vereitelt oder wesentlich erschwert zu sehen. Unwiederbringlichkeit des drohenden Verlustes wird, abweichend vom Gemeinen und Preußischen Rechte (A.L.R. Einl. § 78), nicht erfordert, weil die Zweifelhaftigkeit der Feststellung dieser Voraussetzung den Berechtigten in eine schwierige Lage bringen würde.

Als Mittel der Selbsthülfe werden zugelassen die Wegnahme, Beschädigung oder Zerstörung einer Sache und die Festnahme des Verpflichteten sowie die Beseitigung seines Widerstandes gegen eine von ihm zu duldende Handlung, mithin solche Maßregeln, welche die Organe der Obrigkeit im Falle der Anrufung ihrer Hülfe zur Sicherung des gefährdeten Anspruchs zu treffen befugt sind. Im Interesse der Deutlichkeit empfiehlt es sich aber, die zulässigen Handlungen nicht durch bloße Aufstellung des Grundsatzes zu bestimmen, sondern die wichtigsten einzeln hervorzuheben. Die Gestattung der Festnahme ist nicht zu entbehren. Bei den gegenwärtigen Verkehrseinrichtungen und der Leichtigkeit, sich mit Hülfe derselben seinen Verbindlichkeiten zu entziehen, ist die Festnahme häufig das einzige Mittel, durch welches der Gläubiger sein Recht zu sichern vermag. Ihre Zulassung darf nicht nach dem Vorgange des § 180 des Sächsischen Gesetzbuchs auf den Fall eines Fluchtversuchs des Schuldners beschränkt werden[1]; sie muß z. B. auch statthaft sein, wenn der Berechtigte nur durch sie den Schuldner an der Beiseiteschaffung von Vermögensstücken hindern kann. Die dem Berechtigten gewährte Erlaubniß zur Beseitigung eines Widerstandes des Schuldners entspricht den §§ 777, **892**, 678, **758** Abs. 3 der Civilprozeßordnung. Daß die Selbsthülfe nicht weiter gehen darf, als zur Abwendung der Gefahr nothwendig ist, wird wegen der großen praktischen Wichtigkeit des Satzes besonders ausgesprochen (§ 224, **230** Abs. 1).

---

1) Nach dem B.G.B. § 229 ist jedoch die Festnahme nur zulässig, wenn der Verpflichtete der Flucht verdächtig ist. K.B. S. 51.

Durch den eigenmächtigen Zugriff wird der Berechtigte nicht Richter und Vollstrecker in eigener Sache. Er hat alsbald mit den geeigneten Anträgen sich an das Gericht zu wenden und sein Vorgehen dessen Prüfung zu unterstellen. Die ihm in dieser Hinsicht obliegenden Verpflichtungen sind im § 224, **230** Abs. 2 bis 4 geregelt.

Nimmt Jemand zum Zwecke der Selbsthülfe eine der im § 223, **229** bezeichneten Handlungen vor, obwohl die Voraussetzungen erlaubter Selbsthülfe nicht vorliegen, so wird er nach den Vorschriften über Schadensersatz wegen unerlaubter Handlungen (§ 807, **823**) ersatzpflichtig, wenn er in einem auf Fahrlässigkeit beruhenden Irrthume jene Voraussetzungen als vorhanden angenommen hat. Der Entwurf (§ 225, **231**) läßt jedoch eine Ersatzpflicht auch eintreten, wenn der Irrthum nicht auf Fahrlässigkeit beruhte. Wer von dem Ausnahmerechte der Selbsthülfe Gebrauch macht, thut es auf seine Gefahr und muß daher ohne Rücksicht auf Verschulden dem anderen Theile für den Schaden aufkommen.

Privatpfändungsrecht.

Einen besonderen Fall erlaubter Selbsthülfe bildet das sogenannte Privatpfändungsrecht. Die Regelung desselben soll wegen des engen Zusammenhanges mit dem Agrarrechte der einzelnen Länder den Landesgesetzen vorbehalten bleiben[1]).

1) Vergl. Art. 89 E.G. zum B.G.B.

Zweites Buch.

Recht der Schuldverhältnisse.

Anordnung des zweiten Buches.

Das zweite Buch enthält in den ersten sechs Abschnitten Vorschriften, welche für alle Schuldverhältnisse oder doch, wie die des zweiten Abschnitts, für ein größeres Gebiet der Schuldverhältnisse gelten. Im siebenten Abschnitte folgen die Bestimmungen über einzelne Schuldverhältnisse, und zwar im 1. bis 22. Titel Bestimmungen über Schuldverhältnisse aus Rechtsgeschäften; jedoch ist aus Zweckmäßigkeitsgründen im Anschluß an den Auftrag (Titel 10) die Geschäftsführung ohne Auftrag (Titel 11), im Anschluß an die Gesellschaft (Titel 14) die Gemeinschaft (Titel 15) behandelt. Der 23. Titel betrifft die Verpflichtung zur Vorlegung von Sachen. Am Schlusse des siebenten und letzten Abschnitts werden die Schuldverhältnisse aus ungerechtfertigter Bereicherung (Titel 24) und aus unerlaubten Handlungen (Titel 25) geregelt.

Ueberficht über die Abschnitte 1 bis 6.

Der erste Abschnitt hat zum Gegenstande den Inhalt der Schuldverhältnisse. In dieser Hinsicht spricht die Vorschrift, welche den von der Verpflichtung zur Leistung handelnden ersten Titel eröffnet, den allgemeinen Grundsatz aus, daß kraft des Schuldverhältnisses der Gläubiger berechtigt ist, von dem Schuldner eine Leistung zu fordern, die, wie erläuternd hinzugefügt ist, auch in Unterlassen bestehen kann (§ 235, **241**). Die Vorschrift stellt klar, daß das Schuldverhältniß nach der dem Entwurfe zu Grunde liegenden Auffassung lediglich persönliche Rechtsbeziehungen zwischen dem Gläubiger und dem Schuldner begründet. Insbesondere legt der Entwurf — abweichend von dem Preußischen Allgemeinen Landrecht, aber im Einklange mit dem Gemeinen Rechte und den neueren Gesetzbüchern — dem auf Verschaffung einer Sache gerichteten Forderungsrechte Wirkung gegen einen Dritten auch dann nicht bei, wenn dieser die Sache in Kenntniß des Forderungsrechts erworben hat.

Wie sich aus der allgemeinen Fassung des § 235, **241** ergiebt, geht der Entwurf weiter davon aus, daß Gegenstand eines Schuldverhältnisses auch solche Leistungen sein können, die für den Gläubiger ein Vermögensinteresse nicht haben. Es würde der neueren Rechtsentwickelung und den Bedürfnissen des Lebens widersprechen, wenn der Uebernahme einer Verpflichtung zu derartigen Leistungen schlechthin die rechtliche Wirksamkeit, insbesondere die

Erzwingbarkeit (§§ 774, **888**, 775, **890** der Civilprozeßordnung), versagt werden sollte.

Nach einer Vorschrift, die bezüglich der Art, wie die Leistung zu bewirken ist, auf Treu und Glauben und die Verkehrssitte verweist (§ 236, **242**), folgen allgemeine Bestimmungen über das die Leistung einer nur der Gattung nach bestimmten Sache betreffende Schuldverhältniß (§ 237, **243**), über Geldschulden (§§ 238, **244**, 239, **245**), Zinsen (§§ 240, **246** bis 242, **248**), Schadensersatz (§§ 243, **249** bis 249, **255**), über den Ersatz von Aufwendungen (§ 250, **256**, **257**) und das Recht, von einer herauszugebenden Sache eine Einrichtung wegzunehmen (§ 251, **258**), über die Verpflichtung zur Rechnungslegung und Auskunftertheilung (§§ 252, **259** bis 254, **261**) sowie über das Wahlschuldverhältniß (§§ 255, **262** bis 258, **265**). Daran schließen sich Vorschriften über die Unzulässigkeit von Theilleistungen (§ 259, **266**), über die Bewirkung der Leistung durch einen Dritten (§ 260, **267**) und das Recht eines Dritten, den Gläubiger, falls er die Zwangsvollstreckung betreibt, zu befriedigen (§ 261, **268**), über den Leistungsort (§§ 262, **269**, 263, **270**) und die Leistungszeit (§§ 264, **271** bis 266, **272**). Weiterhin wird das Recht des Schuldners, die ihm obliegende Leistung mit Rücksicht auf eine vom Gläubiger ihm geschuldete Leistung zu verweigern, das sogenannte Zurückbehaltungsrecht, nach seinen Voraussetzungen und Wirkungen geregelt (§§ 267, **273**, 268, **274**).

Die ferneren Vorschriften beschäftigen sich mit dem Einflusse von Veränderungen, welche der Inhalt des Schuldverhältnisses durch Umstände erleidet, die nach der Entstehung des Schuldverhältnisses eintreten, insbesondere durch die Unmöglichkeit der Leistung sowie durch das Unvermögen des Schuldners zur Leistung (§§ 269, **275**, 273, **279** bis 276, **282**). Im Zusammenhange damit wird der Umfang bestimmt, in welchem der Schuldner für eigenes Verschulden sowie für das Verschulden seines gesetzlichen Vertreters und der Personen haftet, deren er sich zur Erfüllung seiner Verbindlichkeit bedient (§§ 270, **276** bis 272, **278**). Weiter werden die Voraussetzungen geregelt, unter denen der Gläubiger von dem zur Leistung rechtskräftig verurtheilten Schuldner statt der Erfüllung Schadensersatz wegen Nichterfüllung verlangen kann (§ 277, **283**). Daran schließen sich Vorschriften über die Voraussetzungen und die Folgen des Verzugs des Schuldners (§§ 278, **284** bis 284, **290**) sowie über die Verpflichtung desselben zur Zahlung sogenannter Prozeßzinsen (§ 285, **291**) und über den Einfluß der Rechtshängigkeit auf den Inhalt der Verpflichtung des Schuldners aus Schuldverhältnissen, die auf Herausgabe eines bestimmten Gegenstandes gerichtet sind (§ 286, **292**).

Der zweite Titel des ersten Abschnitts ordnet die Voraussetzungen und Wirkungen des Verzugs des Gläubigers (§§ 287, **293** bis 298, **304**).

Der zweite Abschnitt enthält allgemeine Vorschriften über Schuldverhältnisse aus Verträgen. Im ersten Titel wird zunächst der Grundsatz ausgesprochen, daß zur rechtsgeschäftlichen Begründung eines Schuldverhältnisses sowie zur Aenderung des Inhalts eines solchen Vertrag der Betheiligten erforderlich ist (§ 299, **305**). Weiterhin handelt der Titel von Verträgen, die auf eine unmögliche Leistung gerichtet sind (§§ 300, **306** bis 302, **308**) oder gegen ein gesetzliches Verbot verstoßen (§ 303, **309**), ferner von Verträgen über das künftige oder das gegenwärtige Vermögen eines der Vertragschließenden (§§ 304, **310**, 305, **311**), über den Nachlaß eines noch lebenden Dritten oder den Pflichttheil oder ein Vermächtniß aus einem solchen Nachlasse (§ 306, **312**) sowie von Verträgen, durch die sich Jemand zur Uebertragung des Eigenthums an einem Grundstücke verpflichtet (§ 307, **313**). Es folgt eine Auslegungsregel über die Erstreckung der vertragsmäßigen Verpflichtung zur Veräußerung oder Belastung einer Sache auf deren Zubehör (§ 308, **314**). Daran schließen sich Vorschriften für solche Fälle, in welchen die Bestimmung der Leistung einem der Vertragschließenden (§§ 309, **315**, 310, **316**) oder einem Dritten überlassen ist (§§ 311, **317** bis 313, **319**).

Der zweite Titel trifft nähere Bestimmungen über den Inhalt des Schuldverhältnisses aus gegenseitigen Verträgen. Insbesondere regelt er die Verpflichtung zur Erfüllung Zug um Zug (§§ 314, **320** bis 316, **322**), die Wirkungen einer nach dem Abschlusse des Vertrags eintretenden Unmöglichkeit der Leistung (§§ 317, **323** bis 319, **325**, 321, **327**), sowie die Rechte, welche sich daraus, daß der eine Theil mit der ihm obliegenden Leistung in Verzug ist, für den anderen Theil ergeben (§§ 320, **326**, 321, **327**).

Die folgenden Titel (3 bis 5) enthalten Vorschriften über das Versprechen der Leistung an einen Dritten (§§ 322, **328** bis 329, **335**), über die Draufgabe (§§ 330, **336** bis 332, **338**) und die Vertragsstrafe (§§ 333, **339** bis 339, **345**) sowie über den Rücktritt vom Vertrage (§§ 340, **346** bis 355, **361**).

Im dritten Abschnitte regelt der Entwurf das Erlöschen der Schuldverhältnisse, und zwar im ersten Titel die eigentliche Erfüllung (§§ 356, **362**, 357, **363**), die Leistung an Erfüllungsstatt (§§ 358, **364**, 359, **365**), die Anrechnung der Leistung bei dem Vorhandensein mehrerer Schuldposten (§§ 360, **366**, 361, **367**), die Quittung (§§ 362, **368** bis 364, **370**) und die Rückgabe des Schuldscheins (§ 365, **371**), in den folgenden Titeln (2 bis 4) die Hinterlegung (§§ 366, **372** bis 380, **386**), die Aufrechnung (§§ 381, **387** bis 390, **396**) und den Erlaß (§ 391, **397**).

Der vierte Abschnitt betrifft die Uebertragung der Forderung (§§ 392, **398** bis 406, **412**) und anderer Rechte (§ 407, **413**), der fünfte Abschnitt die Schuldübernahme, insbesondere die Uebernahme einer durch Hypothek gesicherten Schuld durch den Erwerber des belasteten Grundstücks (§§ 408, **414** bis 410, **416**), die Wirkungen der Schuldübernahme (§§ 411, **417**, 412, **418**) und die Uebernahme eines Vermögens (§ 413, **419**).

Der sechste Abschnitt endlich enthält Vorschriften über Schuldverhältnisse mit einer Mehrheit von Schuldnern oder Gläubigern, und zwar zunächst eine Auslegungsregel für die Fälle, in denen eine theilbare Leistung von Mehreren geschuldet wird oder Mehrere eine theilbare Leistung zu fordern haben (§ 414, **420**), sodann Bestimmungen über Gesammtschuldverhältnisse mit mehreren Schuldnern (§§ 415, **421** bis 421, **427**) oder mehreren Gläubigern (§§ 422, **428** bis 424, **430**) und zum Schlusse Bestimmungen über solche Schuldverhältnisse mit einer Mehrheit von Schuldnern oder Gläubigern, die eine untheilbare Leistung zum Gegenstande haben (§§ 425, **431**, 426, **432**).

Aus dem Rechte der Schuldverhältnisse ist im Folgenden eine Reihe wichtiger Einzelfragen näher erörtert.

I. Zinsen.

In wesentlicher Uebereinstimmung mit dem bestehenden Rechte setzt der Entwurf (§ 240, 246) für den Fall, daß eine Schuld nach gesetzlicher Vorschrift zu verzinsen, der Zinssatz aber nicht besonders bestimmt ist*), die Höhe der Zinsen auf fünf vom Hundert für das Jahr fest [1]). Wenngleich das seit geraumer Zeit andauernde Sinken des Zinsfußes im geschäftlichen Verkehr eine Herabsetzung auch des gesetzlichen Zinsfußes nahe legt, so kommt doch andererseits in Betracht, daß die gesetzlichen Zinsen dem Gläubiger nicht nur den Gewinn, den er bei rechtzeitiger Befriedigung aus dem Kapital hätte erzielen können, ersetzen, sondern daß sie zugleich eine Vergütung für den sonstigen Schaden sein sollen, welchen der Gläubiger durch das Ausbleiben der von ihm erwarteten Zahlung erleidet. Insbesondere ist in dem wichtigsten Falle einer gesetzlichen Zinspflicht, dem des Verzugs des Schuldners (§ 282, 288) [2]), der Gläubiger häufiger genöthigt, sich das Geld, auf dessen Eingang er gerechnet hatte, durch Aufnahme eines Darlehens zu verschaffen; für solche Darlehen ist aber allgemein, selbst im genossenschaftlichen Verkehr zahlreicher Vorschußvereine, ein Zinsfuß von fünf vom Hundert und darüber noch jetzt üblich. Die Herabsetzung des gesetzlichen Zinsfußes würde in solchen Fällen die Folge haben, daß der Betrag der gesetzlichen Zinsen den dem Gläubiger durch das Ausbleiben der Zahlung verursachten Schaden nicht decken würde, der Gläubiger daher zum Zwecke der Geltendmachung seines weiteren Schadens (§ 282, 288 Abs. 2) den Weg des Prozesses betreten müßte. — *Höhe der Zinsen.*

Anders liegt die Sache, wenn die Verpflichtung zur Verzinsung auf Rechtsgeschäft beruht, die Höhe der Zinsen aber nicht bestimmt ist. Für diesen Fall würde die Festsetzung eines Zinssatzes von fünf vom Hundert den gegenwärtigen Verhältnissen nicht entsprechen. Bei der Seltenheit des Falles bedarf es aber einer ergänzenden Vorschrift in dieser Richtung überhaupt nicht, zumal es in erster Linie Sache der Auslegung ist, den Parteiwillen in Betreff der Höhe der Zinsen zu ermitteln [3]).

Die Höhe der vertragsmäßigen Zinsen überläßt der Entwurf (§ 241 Abs. 1) [4]) — *Zinsenfreiheit.*

*) Vergl. z. B. §§ 284, 290, 285, 291, 341, 347, 447, 453, § 631, 641 Abs. 2, §§ 655, 668, 833, 849, 1810, 1834.

1) Die Reichstagskommission hat im Hinblick auf das langjährige Fallen des Zinsfußes die Höhe der Zinsen im B.G.B. § 246 auf 4 v. H. festgesetzt. K.B. S. 53, 54.

2) Auch im B.G.B. § 288 ist der Zinsfuß auf 4 v. H. herabgesetzt. Vergl. die vorige Anmerk.

3) Nach dem B.G.B. § 246 sind 4 v. H. für den Fall zu entrichten, daß eine Schuld nach Rechtsgeschäft zu verzinsen, die Höhe der Zinsen aber nicht bestimmt ist. Man hielt es für angezeigt, dem Richter eine feste Norm an die Hand zu geben. K.B. S. 54.

4) Diese Bestimmung ist im § 247 B.G.B., weil selbstverständlich, gestrichen. K.B. S. 54, 55.

der Berechtigte nach der Natur des in Frage stehenden Rechtsverhältnisses nicht in der Lage ist, die einzelnen Gegenstände zu bezeichnen. In den hierher gehörigen Fällen hat der Verpflichtete dem Berechtigten ein Verzeichniß des Bestandes des Inbegriffs vorzulegen (§ 253, **260** Abs. 1). Entsprechend dem im größten Theile Deutschlands geltenden Rechte (vergl. Preuß. Allg. Gerichtsordnung I, 22 § 28; Art. 85 des Bayer. Gesetzes vom 23. Februar 1879; Art. 16 des Württemb. Gesetzes vom 18. August 1879; §§ 34 ff. des Bad. Gesetzes vom 3. März 1879) ist auch diese Auskunftspflicht unter Eideszwang gestellt, jedoch mit denselben Einschränkungen, wie sie gegenüber dem Rechnungspflichtigen Platz greifen (§ 253, **260** Abs. 2, 3).

Ableistung des Offenbarungseides.

Der privatrechtliche Anspruch auf Leistung des Offenbarungseides erfordert seiner Natur nach, auch wenn ihm freiwillig stattgegeben wird, die Mitwirkung des Gerichts. Die Zuständigkeit für die Abnahme des Eides muß sich aber verschieden gestalten, je nachdem der Eid freiwillig geleistet wird oder nicht. Im ersteren Falle handelt es sich lediglich um die Erfüllung einer privatrechtlichen Verpflichtung, und daraus ergiebt sich als zuständiges Gericht das Amtsgericht des Ortes, wo die Verpflichtung zur Rechnungslegung oder zur Vorlegung des Verzeichnisses zu erfüllen ist; daneben wird jedoch dem Eidespflichtigen zu seiner Erleichterung nachgelassen, sofern er seinen Wohnsitz oder seinen Aufenthalt im Inlande hat, den Eid vor dem Amtsgerichte des Wohnsitzes oder des Aufenthaltsorts zu leisten. Ist dagegen der Eid auf Grund vorgängiger Verurtheilung des Verpflichteten zu leisten, so erscheint zur Abnahme das Prozeßgericht erster Instanz vermöge seiner Vertrautheit mit dem Sachverhalt am meisten geeignet (§ 254, **261** Abs. 1).

Im einen wie im andern Falle bleibt dem Gericht überlassen, eine den Umständen entsprechende Aenderung der Eidesnorm zu beschließen (§ 254, **261** Abs. 2).

Für beide Fälle bestimmt endlich der Entwurf, daß die Kosten der Eidesabnahme von demjenigen zu tragen sind, welcher die Leistung des Eides verlangt (§ 254, **261** Abs. 3). Der Anspruch auf Leistung des Offenbarungseides ist ein dem Berechtigten für besondere Fälle zur Verfügung stehendes Mittel, sich über die Richtigkeit der Angaben des Verpflichteten Gewißheit zu verschaffen, und es entspricht der Billigkeit, daß, wer von diesem Mittel Gebrauch macht, die Kosten trägt, die sich aus der Nothwendigkeit der Mitwirkung des Gerichts ergeben.

IV. Form des auf Uebertragung des Eigenthums an einem Grundstücke gerichteten Vertrags.

Die besondere Bedeutung des Grundeigenthums fordert, daß für den Vertrag, durch welchen sich Jemand verpflichtet, das Eigenthum an einem Grundstücke zu übertragen, der Grundsatz der Formfreiheit aufgegeben und vielmehr eine Form vorgeschrieben werde, welche Schutz gegen die leichtfertige Eingehung eines solchen Vertrags gewährt sowie eine zweifelfreie und vollständige Feststellung der Parteiberedungen verbürgt.

Während die meisten neueren Gesetze (vergl. Preuß. A.L.R. I, 10 §§ 15 ff., I, 11 § 75; Sächs. Gesetzbuch § 822; Art. 1 des Württemb. Gesetzes vom 23. Juni 1853) sich mit einfacher Schriftlichkeit begnügen, verlangt der Entwurf im Anschluß an den Art. 14 des Bayerischen Notariatsgesetzes vom 10. November 1861, welcher notarielle Form, und an das Hessische Gesetz vom 4. August 1871, welches gerichtliche Protokollirung vorschreibt, die gerichtliche oder notarielle Beurkundung des Vertrags (§ 307, **313** Satz 1). Der wichtigste Zweck der Form, die minder geschäftsgewandte Bevölkerung vor übereilten Käufen und Verkäufen zu bewahren, wird erfahrungsmäßig durch das Erforderniß bloßer Schriftform nicht erreicht. Zugleich bietet die Mitwirkung des Richters oder Notars eine ungleich größere Gewähr für die Vollständigkeit, Richtigkeit und Verständlichkeit der Beurkundung als die einfache Schriftform. Eine übermäßige Erschwerung des Grundstückverkehrs ist von der strengeren Form nicht zu befürchten. Bei werthvollen Grundstücken entspricht diese Form der schon jetzt bestehenden Uebung. Bei kleinen, geringwerthigen Parzellen aber werden die Parteien unter Umständen mit Hülfe der Bestimmung des § 307, **313** Satz 2 einen Weg finden, den mit der strengeren Form verbundenen Aufwand von Zeit und Kosten zu vermeiden. Dieser Bestimmung zufolge wird ein ohne Beobachtung der vorgeschriebenen Form geschlossener Vertrag gleichwohl seinem ganzen Inhalte nach gültig, wenn die Auflassung des Grundstücks und die Eintragung in das Grundbuch erfolgt sind. Die Vorschrift schließt sich dem § 10 des Preußischen Gesetzes über den Eigenthumserwerb u. s. w. vom 5. Mai 1872 an. Es würde mit der Verkehrsauffassung und der Rücksicht auf Treu und Glauben im Widerspruche stehen, wenn trotz des Eigenthumsüberganges der unter Mitwirkung des Grundbuchbeamten vollzogene obligatorische Vertrag ungültig bliebe. Die Vorschrift ist auch für die häufigen Fälle, in denen Trennstücke schuldenfrei gegen sofortige Baarzahlung aufgelassen werden, nicht zu entbehren. Sie legt übrigens der nachfolgenden Auflassung und Eintragung nur in Betreff des Formmangels, nicht hinsichtlich sonstiger die Gültigkeit des obligatorischen Vertrags beeinflussender Mängel heilende Wirkung bei.

V. Tragung der Gefahr und Verzug bei gegenseitigen Verträgen.

1. Tragung der Gefahr.

Die Frage, bis zu welchem Zeitpunkte bei gegenseitigen Verträgen der Schuldner die Gefahr zu tragen hat, ob er den Anspruch auf die Gegenleistung verliert oder behält, wenn die ihm obliegende Leistung nach dem Abschlusse des Vertrags durch Zufall unmöglich wird, ist im geltenden Rechte verschieden geregelt. Während nach dem Gemeinen Rechte und mehreren neueren Gesetzgebungen, insbesondere dem Sächsischen Gesetzbuche (§§ 866, 867, 1013, 1091), bei den auf Veräußerung gerichteten Verträgen, abgesehen von gewissen Ausnahmen, die Gefahr mit dem Abschlusse des Vertrags auf den Gläubiger übergeht, knüpft das Preußische Allgemeine Landrecht (I, 11 §§ 95, 100, I, 5 §§ 364 bis 368) in Uebereinstimmung mit dem älteren deutschen Rechte den Uebergang erst an die Erfüllung. Der Entwurf schließt sich dem Preußischen Rechte an. Es entspricht nicht der Natur des gegenseitigen Vertrags, daß ungeachtet des durch Zufall herbeigeführten Wegfalls der Verbindlichkeit des einen Theiles die Verbindlichkeit des anderen Theiles fortbestehe.

Der Entwurf bestimmt demgemäß im § 317, **323** (vergl. auch § 440, **446**), daß der Schuldner, wenn die aus einem gegenseitigen Vertrag ihm obliegende Leistung durch einen Umstand unmöglich wird, den weder er noch der andere Theil zu vertreten hat, den Anspruch auf die Gegenleistung verliert; wird die Leistung nur theilweise unmöglich, so mindert sich die Gegenleistung nach Maßgabe der für die Minderung des Kaufpreises wegen Mängel der gekauften Sache geltenden Vorschriften der §§ 466, **472**, 467, **473** in dem Verhältniß, in welchem der Werth des noch möglichen Theiles der Leistung zum Werthe der ganzen Leistung zur Zeit der Vertragschließung gestanden hat (§ 317, **323** Abs. 1). Der Anspruch des Schuldners auf die Gegenleistung besteht jedoch fort, wenn der andere Theil nach § 275, **281** Herausgabe des Ersatzes oder Abtretung des Ersatzanspruchs verlangt, welchen der Schuldner, z. B. in Folge der unerlaubten Handlung eines Dritten oder auf Grund eines Versicherungsvertrags, für den geschuldeten Gegenstand erlangt hat. Auch in diesem Falle tritt aber eine verhältnißmäßige Minderung der Gegenleistung insoweit ein, als der Werth des Ersatzes oder des Ersatzanspruchs hinter dem Werthe der geschuldeten Leistung zurückbleibt (§ 317, **323** Abs. 2). Hatte der Schuldner vor dem Eintritte der Unmöglichkeit der ihm obliegenden Leistung die Gegenleistung bereits erhalten, so kann der andere Theil das von ihm Geleistete nach den Vorschriften über die Herausgabe einer ungerechtfertigten Bereicherung (ganz oder theilweise) zurückfordern (§ 317, **323** Abs. 3).

(Besondere Bestimmungen über die Tragung der Gefahr enthalten die §§ **441**, **447**, 609, **616**, 634, **644**).

2. Verzug.

Ist bei einem gegenseitigen Vertrage der eine Theil mit der ihm obliegenden Leistung im Verzuge (vergl. §§ 278, **284**, 279, **285**), so kann nach den allgemeinen Grundsätzen (§ 280, **286**) der andere Theil Erfüllung nebst Ersatz des durch den Verzug verursachten Schadens oder, falls die Leistung in Folge des Verzugs für ihn kein Interesse hat, statt der Erfüllung Schadensersatz wegen Nichterfüllung verlangen. In dem letzteren Falle giebt ihm außerdem der § 320, **326** Abs. 2 in Uebereinstimmung mit dem Gemeinen Rechte die wahlweise Befugniß, vom Vertrage zurückzutreten. Diese Vorschriften genügen jedoch dem Bedürfnisse noch nicht. Bei der Bedeutung, welche im heutigen Verkehre die pünktliche Erfüllung hat, darf das Recht des Gläubigers, auf Grund des Verzugs des Schuldners Schadensersatz wegen Nichterfüllung zu verlangen oder von dem Vertrage zurückzutreten, nicht von dem oft schwierigen Nachweise, daß die Erfüllung in Folge des Verzugs für ihn kein Interesse hat, oder — nach Maßgabe des § 319, **325** Abs. 2 — von der vorgängigen rechtskräftigen Verurtheilung des Schuldners abhängig gemacht werden. Im Anschluß an die Vorschriften der Art. 354 bis 356 des Handelsgesetzbuchs giebt deshalb der Entwurf dem Gläubiger weiter die Befugniß, dem im Verzuge befindlichen Schuldner eine angemessene Frist zur Bewirkung der Leistung mit der Rechtsfolge zu bestimmen, daß nach fruchtlosem Ablaufe der Frist der Gläubiger die Wahl hat zwischen dem Anspruch auf Schadensersatz wegen Nichterfüllung und dem Rücktrittsrechte, der Anspruch auf Erfüllung dagegen ausgeschlossen ist (§ 320, **326** Abs. 1 Satz 1, 2). Hat der Schuldner die Leistung bis zum Ablaufe der Frist nur theilweise bewirkt, so kann der Gläubiger, wenn die theilweise Erfüllung für ihn kein Interesse hat, unter Ablehnung des noch rückständigen Theiles der Leistung Schadensersatz wegen Nichterfüllung des ganzen Vertrags gemäß § 274, **280** Abs. 2 verlangen oder von dem ganzen Vertrage zurücktreten (§ 320, **326** Abs. 1 Satz 3).

Auf das dem Gläubiger nach § 320, **326** zustehende Rücktrittsrecht finden die für das vertragsmäßige Rücktrittsrecht geltenden Vorschriften der §§ 340, **346** bis 350, **356** entsprechende Anwendung (vergl. § 321, **327** Satz 1). Daraus erfolgt namentlich, daß das Rücktrittsrecht erlischt, wenn der Gläubiger dieses Recht nicht binnen einer ihm von dem Schuldner bestimmten angemessenen Frist ausübt (§ 349, **355**).

Eine Einschränkung erfährt das in § 320, **326** vorgesehene Rücktrittsrecht im Anschluß an den Art. 354 des Handelsgesetzbuchs bei dem Kaufe, indem das Recht dem Verkäufer versagt wird, wenn er den Vertrag erfüllt und den Kaufpreis gestundet hat (§ 448, **454**). Durch die Stundung des Kaufpreises wird der an sich im Wesen des gegenseitigen Vertrags begründete Zusammenhang zwischen Leistung und Gegenleistung beseitigt; damit fällt der innere Grund des Rücktrittsrechts weg. Auch würde in dem fraglichen Falle der Rücktritt von dem Vertrage zu einer unbilligen Härte gegen den Käufer namentlich dann führen, wenn dieser inzwischen über den Kaufgegenstand verfügt oder Veränderungen mit demselben vorgenommen hat.

VI. Versprechen der Leistung an einen Dritten.

Während die neueren Gesetzgebungen fast durchweg noch an dem römischrechtlichen Grundsatze festhalten, daß ein Vertrag, durch welchen der eine Theil dem anderen eine Leistung an einen Dritten verspricht, für diesen, ohne dessen Mitwirkung (Annahme oder Beitritt), ein selbständiges Forderungsrecht auf die Leistung nicht zu begründen vermag, kann nach dem Entwurf, entsprechend der neueren gemeinrechtlichen Wissenschaft und Praxis, ein solcher Vertrag mit der Wirkung geschlossen werden, daß der Dritte unmittelbar, ohne seinen Beitritt oder seine Annahmeerklärung, das Forderungsrecht auf die Leistung erwirbt (§ 322, **328** Abs. 1). Wenn das Bedürfniß der Zulassung einer unmittelbaren Berechtigung des Dritten sich bisher hauptsächlich nur für bestimmte Arten von Verträgen, insbesondere für die Lebensversicherungs- und Leibrentenverträge und die bäuerlichen Gutsübernahmeverträge, fühlbar gemacht hat, so hat doch der wirthschaftliche Gesichtspunkt, welcher die Praxis dazu gedrängt hat, in diesen Fällen eine unmittelbare Berechtigung des Dritten anzuerkennen, allgemeine Bedeutung. Der Entwurf kann sich daher bei der Vielgestaltigkeit der in Betracht kommenden Verhältnisse nicht auf die Regelung bestimmter Fälle beschränken, sondern muß die Möglichkeit des Versprechens der Leistung an einen Dritten mit der bezeichneten Wirkung grundsätzlich anerkennen. Die Entscheidung der Frage, ob nach dem Vertrage der Dritte das Forderungsrecht unmittelbar erwerben, ob das Recht des Dritten sofort oder erst unter gewissen Voraussetzungen entstehen und ob den Vertragschließenden die Befugniß vorbehalten sein soll, das Recht des Dritten ohne dessen Zustimmung aufzuheben oder zu ändern, bleibt in Ermangelung einer besonderen Bestimmung der Vertragschließenden der Auslegung des einzelnen Vertrags überlassen (§ 322, **328** Abs. 2). Indessen stellt der Entwurf, um in dieser Hinsicht die erforderliche Sicherheit zu schaffen, eine Reihe von Auslegungsregeln auf (§§ 323, **329** bis 326, **332**).

Einwendungen aus dem Vertrage kann der Versprechende nach § 328, **334** auch dem Anspruche des Dritten entgegensetzen: dies rechtfertigt sich dadurch, daß das Recht des Dritten auf dem Vertrage beruht. Andererseits versteht es sich von selbst, daß der Versprechende eine ihm gegen den Empfänger des Versprechens zustehende Forderung nicht gegen die Forderung des Dritten aufrechnen kann, da der letztere sein Recht nicht von dem Empfänger herleitet, sondern unmittelbar durch den Vertrag erwirbt.

Die Vorschrift des § 329, **335** bezweckt, den Zweifel zu beseitigen, ob durch den Vertrag neben dem Anspruche des Dritten zugleich ein Anspruch des Versprechensempfängers auf Leistung an den Dritten begründet wird. Im Einklange mit der regelmäßigen Parteiabsicht entscheidet der Entwurf die Frage in bejahendem Sinne. Die Vorschrift gilt jedoch nur insoweit, als nicht ein anderer Wille der Vertragschließenden anzunehmen ist; so wird z. B. bei Lebensversicherungsverträgen ein Recht der Erben des Versicherungsnehmers auf Zahlung der Versicherungssumme an den Dritten regelmäßig ausgeschlossen sein.

VII. Richterliches Ermäßigungsrecht bei Vertragsstrafen.

Nach dem Vorgange des Gemeinen Rechtes hat auch die Landesgesetzgebung, zum Theil allerdings mit gewissen Beschränkungen, die Höhe der Vertragsstrafe grundsätzlich der freien Vereinbarung der Parteien überlassen.

Auf demselben Boden stehen der Art. 284 des Handelsgesetzbuchs [1]) und § 1 des Reichsgesetzes [2]), betreffend die vertragsmäßigen Zinsen, vom 14. November 1867. Gegenüber diesem Rechtszustande hat sich neuerdings in immer weiteren Kreisen die Forderung geltend gemacht, es mögen der Vertragsfreiheit in Bezug auf die Höhe der Vertragsstrafe durch Einführung eines richterlichen Er=

1) Vergl. §§ 348, 351 H.G.B.

2) Dieses Gesetz ist durch den Art. 39 E.G. zum B.G.B. aufgehoben worden. Vergl. oben S. 46 Anm. 1.

mäßigungsrechts Schranken gezogen werden. Angesichts der Mißbräuche, zu welchen die vollständige Vertragsfreiheit auf dem fraglichen Gebiet erfahrungsmäßig geführt hat, erscheint diese Forderung berechtigt. Durchgreifende Abhülfe kann aber bei der Verschiedenheit der Verhältnisse nur in der Weise geschaffen werden, daß dem Richter in der Beurtheilung des einzelnen Falles freie Hand gelassen und die Befugniß gewährt wird, unverhältnißmäßig hohe Vertragsstrafen auf den angemessenen Betrag herabzusetzen (§ 337, **343** Abs. 1 Satz 1). Für den Fall nur theilweiser Nichterfüllung der Verbindlichkeit ist bereits im Französischen Rechte ein solches richterliches Ermäßigungsrecht anerkannt, und für das besondere Gebiet der Abzahlungsgeschäfte hat in neuester Zeit auch die Reichsgesetzgebung im Wesentlichen den gleichen Weg betreten (§ 4 Abs. 1 des Gesetzes, betreffend die Abzahlungsgeschäfte, vom 16. Mai 1894, Reichs-Gesetzbl. S. 450).

Eine Gewähr gegen den zu weitgehenden Gebrauch des richterlichen Ermäßigungsrechts liegt einerseits darin, daß dem Schuldner der Beweis der Uebermäßigkeit der Strafe auferlegt ist, andererseits in der Vorschrift, daß bei der Beurtheilung der Angemessenheit der Strafe jedes berechtigte Interesse des Gläubigers, nicht bloß das Vermögensinteresse in Betracht gezogen werden soll (§ 337, **343** Abs. 1 Satz 2).

In Uebereinstimmung mit § 4 Abs. 1 des Gesetzes, betreffend die Abzahlungsgeschäfte, vom 16. Mai 1894 schließt der Entwurf die Herabsetzung einer von dem Schuldner bereits entrichteten Strafe aus (§ 337, **343** Abs. 1 Satz 3). Diese Einschränkung empfiehlt sich im Interesse der Rechtssicherheit und ist andererseits unbedenklich, weil bei freiwillig entrichteten Strafen im Allgemeinen angenommen werden kann, daß ein unbilliges Uebermaß nicht bestanden hat.

Da Voraussetzung der Vertragsstrafe im Sinne des Entwurfes das Bestehen einer anderweitigen Verbindlichkeit ist, deren Erfüllung gesichert werden soll, so hat der Entwurf, um einer Umgehung der Vorschriften über die Ermäßigung der Strafe entgegenzutreten, im § 337, **343** Abs. 2 noch die Bestimmung aufgenommen, daß jene Vorschriften auch Anwendung finden, wenn Jemand ohne Rücksicht auf eine bestehende Verbindlichkeit eine Strafe für den Fall verspricht, daß er eine Handlung vornimmt oder unterläßt.

VIII. Rücktritt vom Vertrage.

Die allgemeinen Vorschriften der §§ 340, **346** bis 350, **356** über den vertragsmäßig vorbehaltenen Rücktritt haben insofern eine weitergehende Bedeutung, als sie auf die Fälle des gesetzlichen Rücktrittsrechts bei gegenseitigen Verträgen (§ 321, **327**) und auf gewisse verwandte Fälle, insbesondere auf das Recht der Wandelung bei dem Kaufe (§ 461, **467**) und bei dem Werkvertrag (§ 624, **634** Abs. 4)*) entsprechende Anwendung finden.

---

*) Vergl. ferner § 274, **280** Abs. 2 Satz 2, § 280, **286** Abs. 2 Satz 2, § 536, **543** Abs. 1, § 548, **555**.

Wirkung. Der Rücktritt erfolgt nach § 343, **349** durch Erklärung des Berechtigten gegenüber dem anderen Theile. Er hat nicht die Folgen, welche der § 154, **158** Abs. 2 an den Eintritt einer auflösenden Bedingung knüpft. Vielmehr legt der Entwurf, zum Theil abweichend vom geltenden Rechte, aber in Uebereinstimmung mit dem § 1 Abs. 1 des Gesetzes, betreffend die Abzahlungsgeschäfte, vom 16. Mai 1894, dem Rücktritte nur die Wirkung bei, daß jeder Theil verpflichtet ist, dem anderen Theile die empfangenen Leistungen zurückzugewähren (§ 340, **346** Satz 1). Diese Regelung, welche die Wirkung des Rücktritts auf das Verhältniß der Parteien zu einander beschränkt, verdient, namentlich im Hinblick auf die an der Wirksamkeit des Vertrags etwa betheiligten Dritten, aus Gründen der Verkehrssicherheit den Vorzug; übrigens bleibt es den Parteien unbenommen, die Wirkung des Rücktritts entsprechend den Vorschriften über die auflösende Bedingung im Vertrage dahin zu bestimmen, daß ohne Weiteres der frühere Rechtszustand wiedereintritt. Die Vorschrift, daß im Falle des Rücktritts für geleistete Dienste und für die Ueberlassung der Benutzung einer Sache der Werth zu vergüten oder, falls in dem Vertrag eine Gegenleistung in Geld bestimmt ist, diese zu entrichten ist (§ 340, **346** Satz 2), ergiebt sich ebenso, wie die Verpflichtung zur Verzinsung einer empfangenen Geldsumme von der Zeit des Empfanges an (§ 341, **347** Satz 3), aus der Grundauffassung des Entwurfes, wonach jeder Theil, obschon nur auf obligatorischem Wege, thunlichst in die gleiche Lage zurückversetzt werden soll, wie wenn der Vertrag nicht geschlossen wäre. Dieser Auffassung zufolge muß der eine wie der andere Theil von Anfang an mit der Möglichkeit rechnen, daß er in Folge des Rücktritts verpflichtet wird, die empfangenen Leistungen zurückzugewähren. Beide befinden sich mithin in ähnlicher Lage, wie der Besitzer einer fremden Sache gegenüber dem Eigenthümer während der Rechtshängigkeit des Eigenthumsanspruchs. Dieser Gesichtspunkt rechtfertigt es, in Ansehung der Verpflichtung zum Schadensersatze wegen Verschlechterung, Unterganges oder einer aus einem sonstigen Grunde eintretenden Unmöglichkeit der Herausgabe einer zurückzugewährenden Sache, zur Herausgabe oder Vergütung von Nutzungen sowie zum Ersatze von Verwendungen die Vorschriften Anwendung finden zu lassen, welche für das Verhältniß zwischen dem Eigenthümer und dem Besitzer nach den §§ 971, **987**, 973, **989**, 978, **994** ff. gelten (§ 341, **347**). Daß die aus dem Rücktritte sich ergebenden beiderseitigen Verpflichtungen nach Maßgabe der Vorschriften über die Erfüllung der Verpflichtungen aus gegenseitigen Verträgen (§§ 314, **320**, 316, **322**) Zug um Zug zu erfüllen sind (§ 342, **348**), bedarf keiner besonderen Rechtfertigung.

Ausschluß des Rücktritts. Die namentlich für die Wandlung bei dem Kaufe (§ 461, **467**) wichtige Frage, ob der Rücktritt ausgeschlossen sein soll, wenn der Gegenstand, welchen der Berechtigte empfangen hat, durch Zufall untergegangen ist, entscheidet der Entwurf nach dem Vorgange des Gemeinen Rechtes und des § 918 des Sächsischen Gesetzbuchs in verneinendem Sinne (§ 344, **350**). Diese Regelung entspricht dem wirthschaftlichen Zwecke des Rücktrittsrechts, welcher dahin geht, dem Berechtigten bei einer Aenderung der Umstände gegen etwaige nachtheilige Folgen des Vertragsschlusses, zu denen auch die Folgen des Ueberganges der Gefahr gehören, Schutz zu gewähren.

Hat der Berechtigte den Untergang des empfangenen Gegenstandes oder eines erheblichen Theiles desselben oder eine wesentliche Verschlechterung dieses Gegenstandes verschuldet, so soll im Anschluß an die Vorschriften, welche das Gemeine Recht und der § 918 des Sächsischen Gesetzbuchs für die Wandelungsklage gegeben haben, der Rücktritt unzulässig sein; dabei ist dem Verschulden des Berechtigten das nach § 272, **278** von dem Berechtigten zu vertretende Verschulden eines Anderen gleichgestellt (§ 345, **351**). Nach § 346, **352** und § 347, **353** Satz 1 ist der Rücktritt ferner ausgeschlossen, wenn der Berechtigte die empfangene Sache durch Verarbeitung oder Umbildung in eine Sache anderer Art umgestaltet oder wenn er den empfangenen Gegenstand oder einen erheblichen Theil desselben veräußert oder mit dem Rechte eines Dritten belastet hat und bei demjenigen, welcher den Gegenstand in Folge der Verfügung erlangt hat, die Voraussetzungen des § 345, **351** oder des § 346, **352** eingetreten sind. Weiter bestimmt der § 348, **354**, daß ein bereits erfolgter Rücktritt unwirksam wird, wenn der Berechtigte mit der Rückgewähr des empfangenen Gegenstandes oder eines erheblichen Theiles desselben in Verzug gekommen ist und nicht vor dem Ablauf einer ihm nach dem Eintritte des Verzugs vom anderen Theile bestimmten angemessenen Frist seine Rückgewährpflicht erfüllt.

Frist für die Ausübung des Rücktrittsrechts.

Ist für die Ausübung des Rücktrittsrechts eine Frist vereinbart, so erlischt das Recht, wenn der Berechtigte den Rücktritt nicht vor dem Ablaufe der Frist erklärt. Soweit eine solche Vereinbarung nicht getroffen ist, muß der andere Theil dagegen geschützt werden, daß die Entscheidung über den Rücktritt auf unbegrenzte Zeit in der Schwebe bleibt. Bei der Verschiedenheit der Fälle erscheint es unthunlich, eine einheitliche Frist gesetzlich vorzuschreiben. Der Entwurf giebt daher dem anderen Theile die Befugniß, dem Berechtigten eine angemessene Frist mit der Wirkung zu bestimmen, daß mit dem fruchtlosen Ablaufe der Frist das Rücktrittsrecht erlischt (§ 349, **355**). Von besonderer Bedeutung ist diese Vorschrift für die Fälle des gesetzlichen Rücktritts, sofern sie den Berechtigten hindert, auf Kosten des anderen Theiles zu spekuliren.

Untheilbarkeit des Rücktrittsrechts.

Sind bei einem unter Vorbehalt des Rücktritts geschlossenen Vertrag auf der einen oder der anderen Seite mehrere beteiligt, so ergiebt sich aus der Natur des Rücktrittsrechts, daß dasselbe nur einheitlich von Allen und gegen Alle ausgeübt werden kann (vergl. Preuß. A.L.R. I, 11 §§ 280, 281; Sächs. Gesetzbuch §§ 910, 1116) und daß es, wenn es für einen der Berechtigten erloschen ist, auch den übrigen nicht mehr zusteht (§ 350, **356**).

IX. Uebertragung der Forderung.

Der Entwurf läßt im Anschluß an die herrschende Auffassung des Gemeinen Rechtes und die neueren Gesetzgebungen die Uebertragung einer Forderung mit der Wirkung zu, daß der neue Gläubiger an die Stelle des bisherigen tritt. Die Uebertragung kann erfolgen durch Abtretung oder kraft Gesetzes oder durch gerichtliche Anordnung.

Abtretung. Nach dem Entwurfe genügt zur Uebertragung der Forderung durch Abtretung der auf die Uebertragung gerichtete Vertrag zwischen dem bisherigen und dem neuen Gläubiger (§ 392, **398**). Auch gegenüber dem Schuldner oder sonstigen Dritten sind für die Wirksamkeit der Abtretung keine weiteren Erfordernisse — besondere Form der Abtretung, Anzeige an den Schuldner, Annahme der Abtretung durch den Schuldner — aufgestellt.

Daß insbesondere den Gläubigern des Abtretenden gegenüber die Abtretung schon mit der Vollziehung des Vertrags zwischen dem bisherigen und dem neuen Gläubiger volle Wirksamkeit erlangt, entspricht dem Gemeinen sowie dem Preußischen Rechte und dem Sächsischen Gesetzbuch. Ein Bedürfniß, zum Schutze solcher Betheiligter die Wirksamkeit der Abtretung von der Voraussetzung einer Anzeige an den Schuldner abhängig zu machen, läßt sich nicht anerkennen. Andererseits würde eine derartige Regelung zu unbilliger Härte gegen den neuen Gläubiger führen, wenn vor erfolgter Anzeige der bisherige Gläubiger die Forderung nochmals abtritt und der zweite Erwerber dem ersten mit der Anzeige zuvorkommt oder wenn der bisherige Gläubiger vor der Anzeige in Konkurs geräth.

Aber auch was den Schuldner betrifft, hat sich im Gemeinen wie im Preußischen Rechte mehr und mehr die Auffassung Geltung verschafft, daß ihm gegenüber die Anzeige nicht Voraussetzung der Wirksamkeit der Abtretung, sondern nur ein Mittel sei, den guten Glauben des Schuldners auszuschließen. Dieser Auffassung folgt der Entwurf. Durch den in den §§ 400, **406** bis 402, **408** zum Ausdrucke gelangten Grundsatz, daß die Abtretung dem Schuldner gegenüber erst mit dem Zeitpunkte voll wirksam wird, in welchem er von der Abtretung Kenntniß erlangt, in Verbindung mit den Vorschriften der §§ 403, **409**, 404, **410** wird der Schuldner ausreichend gesichert. Zeigt der bisherige Gläubiger dem Schuldner an, daß die Forderung abgetreten sei, oder legt der neue Gläubiger dem Schuldner eine von dem bisherigen Gläubiger über die Abtretung ausgestellte Urkunde vor, so muß nach § 403, **409** der bisherige Gläubiger dem Schuldner gegenüber die so mitgetheilte Abtretung auch dann gegen sich gelten lassen, wenn sie in Wirklichkeit nicht erfolgt oder nicht wirksam ist. Andererseits ist nach § 404, **410** der Schuldner dem neuen Gläubiger gegenüber zur Leistung nur gegen Aushändigung einer von dem bisherigen Gläubiger über die Abtretung ausgestellten Urkunde verpflichtet, sofern ihm nicht die Abtretung von dem letzteren schriftlich angezeigt ist. In Ermangelung einer solchen Anzeige ist ferner eine Kündigung oder Mahnung des neuen Gläubigers unwirksam, wenn sie ohne Vorlegung einer von dem bisherigen Gläubiger über die Abtretung ausgestellten Urkunde erfolgt und der Schuldner sie aus diesem Grunde unverzüglich zurückweist. Vermöge dieser Vorschriften ist der Schuldner in der Lage, sich namentlich gegen die Gefahr, doppelt zahlen zu müssen, vollständig zu schützen.

Ausnahmen von der Uebertragbarkeit. Der Regel nach ist jede Forderung übertragbar. Eine gesetzliche Ausnahme tritt, von Einzelbestimmungen abgesehen, nur für Forderungen ein, die auf eine Leistung gerichtet sind, welche an einen anderen als den ursprünglichen Gläubiger nicht ohne Veränderung ihres Inhalts erfolgen kann (§ 393, **399**), sowie für unpfändbare Forderungen (§ 394, **400**). Außerdem kann die Uebertragbarkeit durch Vereinbarung zwischen dem Gläubiger und dem Schuldner sowohl bei Begründung der Forderung als auch nachher mit Wirkung gegen Dritte ausgeschlossen werden (§ 393, **399**). Wenngleich im Verkehre regelmäßig auf die Person des Gläubigers kein entscheidendes Gewicht gelegt wird, so hat doch unter Umständen der Schuldner selbst bei einer Leistung, die ihrer Natur nach ohne Aenderung des Inhalts auch an einen anderen Gläubiger bewirkt werden kann, das berechtigte Interesse, nur dem ursprünglichen Gläubiger zu haften. Insbesondere wird in Versicherungsverträgen vielfach die Abtretung der dem Versicherten zustehenden Forderung ausgeschlossen. Der Gefahr, daß auf diesem Wege ein Schuldner die ihm zustehenden Forderungen dem Zugriffe seiner Gläubiger entziehen könnte, wird die als Ergänzung der Civilprozeßordnung in Aussicht genommene Bestimmung[1]) vorbeugen, daß eine Forderung, deren Uebertragung durch Vereinbarung ausgeschlossen ist, gleichwohl insoweit gepfändet und zur Einziehung überwiesen werden kann, als der Gegenstand der Leistung der Pfändung unterliegt. Bei verbrieften Forderungen kann sich der Schuldner einem gutgläubigen Erwerber gegenüber auf den vertragsmäßigen Ausschluß der Abtretung nicht berufen (§ 399, **405**).

X. Uebernahme einer Schuld, für die eine Hypothek an einem Grundstücke besteht.

Wie eine Sondernachfolge in die Forderung, läßt der Entwurf auch eine Sondernachfolge in die Schuld — Schuldübernahme — mit der Wirkung zu, daß der Uebernehmer an die Stelle des Schuldners tritt. Er trägt damit einem Bedürfnisse des Verkehrs Rechnung. Die Schuldübernahme kann erfolgen durch einen Vertrag des Uebernehmers mit dem Gläubiger (§ 408, **414**) oder durch eine Vereinbarung des Uebernehmers mit dem Schuldner (§ 409, **415**). In dem letzteren Falle hängt die Wirksamkeit der Schuldübernahme, d. h. der Uebergang der Schuld von dem bisherigen Schuldner auf den Uebernehmer, von der Genehmigung des Gläubigers ab. Solange die Genehmigung noch nicht ertheilt ist, begründet jedoch die Schuldübernahme im Zweifel für den Uebernehmer dem Schuldner gegenüber die Verpflichtung, den Gläubiger rechtzeitig zu befriedigen. Die gleiche Wirkung ist im Zweifel mit der Schuldübernahme verbunden, wenn die Genehmigung von dem Gläubiger verweigert wird. Als Verweigerung gilt es auch, wenn der Gläubiger nicht bis zum Ablauf einer ihm bestimmten angemessenen Frist die Genehmigung erklärt.

Eine Schuldübernahme im Sinne des § 409, **415** liegt in dem praktisch wichtigen Falle vor, daß bei der Veräußerung eines Grundstücks der Erwerber mit dem Veräußerer die Uebernahme einer Schuld vereinbart, für die eine Hypothek an dem Grundstücke besteht. Die Rücksicht auf die Lage des Ver-

1) Vergl. C.P.O. § 851 Abs. 2, unten Anlage II C.P.O. § 749a.

äußerers fordert für diese Fälle einige besondere Vorschriften, wie sie der § 410, **416** enthält. Nach der Regel des § 409, **415** ist die Genehmigung der Schuldübernahme durch den Gläubiger nicht blos dann wirksam, wenn sie auf Mittheilung des Schuldners, sondern auch dann, wenn sie auf Mittheilung des Uebernehmers erfolgt ist, desgleichen kann die Genehmigung oder die Verweigerung derselben gegenüber dem einen wie gegenüber dem anderen wirksam erklärt werden. Für die Fälle des § 410, **416** kommt dagegen nur der Mittheilung, welche seitens des Schuldners (Veräußerers), sowie der Erklärung, welche gegenüber dem Schuldner (Veräußerer) erfolgt, rechtliche Bedeutung zu. In den bezeichneten Fällen hat an erster Stelle der Veräußerer Anspruch darauf, über die künftige Rechtslage nicht in Ungewißheit zu bleiben. Das Interesse des Erwerbers an der Herbeiführung der Entschließung des Gläubigers wird ausreichend durch die Vorschrift des § 410, **416** Abs. 3 gewahrt, daß der Veräußerer auf Verlangen des Erwerbers dem Gläubiger die Schuldübernahme mitzutheilen und, sobald die Ertheilung oder Verweigerung der Genehmigung des Gläubigers feststeht, den Erwerber zu benachrichtigen hat.

Der Veräußerer ist aber weiterhin dagegen zu schützen, daß, wenn er dem Gläubiger die Schuldübernahme mitgetheilt hat, die Entschließung des letzteren für unbegrenzte Zeit in der Schwebe bleibt. Die Befugniß, dem Gläubiger eine Frist zur Erklärung zu bestimmen, reicht hier nicht aus. Die Fälle, in denen der Veräußerer wider Erwarten nach langen Jahren wegen der persönlichen Schuld in Anspruch genommen wird, obwohl das Grundstück inzwischen durch weitere Hände gegangen ist, werden stets als Unbilligkeit empfunden. Da nach der Auffassung des Verkehrs bei einer durch Hypothek gesicherten Forderung der Regel nach das Hauptgewicht auf die Hypothek, nicht auf die persönliche Haftung des Schuldners gelegt wird, so ist die Annahme gerechtfertigt, daß der Gläubiger, wenn er auf die Mittheilung des Veräußerers von der Schuldübernahme längere Zeit schweigt, mit dem Eintritte des Erwerbers als Schuldner an Stelle des Veräußerers einverstanden ist. Der Entwurf bestimmt daher, daß die Genehmigung des Gläubigers zu der Schuldübernahme als ertheilt gilt, wenn der Gläubiger nicht binnen sechs Monaten nach dem Empfange der Mittheilung des Veräußerers die Genehmigung diesem gegenüber verweigert (§ 410, **416** Abs. 1 Satz 2). Da aber die Bestimmung dahin wirken soll, daß sich die persönliche Schuld mit dem Eigenthum an dem für die Schuld verhafteten Grundstück in der Person des Erwerbers vereinigt, so legt der Entwurf weiterhin der Mittheilung des Veräußerers Wirksamkeit nur dann bei, wenn der Erwerber als Eigenthümer im Grundbuch eingetragen ist (§ 410, **416** Abs. 2 Satz 1). Im Hinblick auf die Tragweite der an das Schweigen des Gläubigers geknüpften Rechtsfolge ist endlich bestimmt, daß die Mittheilung schriftlich gemacht werden und den Hinweis auf die Rechtsfolge enthalten muß (Abs. 2 Satz 2). Diese im Wesentlichen an den Art. 1 Nr. 2 des Bayerischen Gesetzes vom 29. Mai 1886 sich anschließende Regelung hat gegenüber dem auf einem ähnlichen Gedanken beruhenden § 41 des Preußischen Gesetzes über den Eigenthumserwerb u. s. w. vom 5. Mai 1872 den Vorzug, daß sie den Gläubiger, wenn er die Genehmigung verweigern will, nicht zur Kündigung und Klage nöthigt, vielmehr ihn nur zu einer Erklärung veranlaßt, und daß sie andererseits die Schuldübernahme in den zahlreichen Fällen erleichtert, in denen die Kündigung auf bestimmte Zeit ausgeschlossen oder an den Eintritt eines bestimmten Ereignisses geknüpft ist. Für die Sicherung des Veräußerers, dessen Haftung im Falle der Verweigerung der Genehmigung fortdauert, ist durch besondere Vorschriften des Hypothekenrechts Sorge getragen (vergl. §§ 1147, **1164** bis 1149, **1166**).

XI. Gesammtschuldnerische Haftung aus Verträgen.

Der Regel nach ist, wenn eine theilbare Leistung von Mehreren geschuldet wird, jeder Schuldner nur zu gleichem Antheile verpflichtet (§ 414, **420**). Hiervon abweichend trifft aber der Entwurf für die Fälle, in denen sich Mehrere durch Vertrag gemeinschaftlich zu einer theilbaren Leistung verpflichten, die Bestimmung, daß sie im Zweifel als Gesammtschuldner haften (§ 421, **427**), daß mithin gegenüber jedem die Bewirkung der ganzen Leistung verlangt werden kann, während die Leistung nur einmal zu bewirken ist (§ 415, **421**). Eine entsprechende Vorschrift findet sich bereits in Art. 280 des Handelsgesetzbuchs. Ihre Ausdehnung auf das Gebiet des allgemeinen bürgerlichen Rechtes entspricht den Bedürfnissen und Anschauungen des heutigen Verkehrs. Dem Gläubiger sichert die gesammtschuldnerische Haftung eine raschere und einfachere Verfolgung seines Rechtes. Aber auch vom Standpunkte der Schuldner erscheint diese Regelung nicht unbillig. Schon die Thatsache des gemeinsamen Eintretens für die Schuld rechtfertigt die Annahme, daß jeder der Schuldner sich nicht nur zu einer Theilleistung, sondern für das Ganze hat verpflichten wollen. In der That wäre in den häufigen Fällen, in welchen der gemeinschaftlichen Verpflichtung eine Gemeinsamkeit der Interessen zu Grunde liegt, die Theilung der Haftung nach Kopftheilen willkürlich, die Theilung nach dem Maße des Interesses des einzelnen Schuldners aber undurchführbar.

Die Verpflichtung der einzelnen Schuldner zur gesammten Leistung besteht nur gegenüber dem Gläubiger. Ihr Verhältniß zu einander regelt sich nach den Vorschriften des § 420, **426**.

XII. Kauf.

1. Gewährleistung wegen Mängel im Rechte.

Nach der dem Entwurfe zu Grunde liegenden Auffassung ist der Verkäufer dem Käufer nicht nur, wie im Gemeinen Rechte, zur Verschaffung des ungestörten Genusses des verkauften Gegenstandes, sondern unmittelbar auf Grund des Vertrags zur Verschaffung des Rechtes an dem Kaufgegenstande verpflichtet (§ 427, **433** Abs. 1). Diese Auffassung entspricht den Anschauungen des Verkehrs, sowie den meisten neueren Gesetzgebungen, insbesondere dem Preußischen Allgemeinen Landrecht (I, 11 § 1) und dem Französischen Rechte (Code civil Art. 1582, 1583). **Verpflichtung zur Verschaffung des Rechtes.**

Gegenstand der Verpflichtung ist bei dem Verkauf einer Sache die Verschaffung des Eigenthums an derselben, bei dem Verkauf eines Rechtes die Verschaffung dieses Rechtes (§ 427, **433** Abs. 1). Die Verpflichtung erstreckt sich ferner darauf, daß der Käufer den Kaufgegenstand frei von Rechten erwirbt, die von Dritten gegen ihn geltend gemacht werden können (§ 428, **434**). Zu diesen Rechten gehören nicht nur die im dritten Buche geregelten dinglichen Rechte, sondern auch beispielsweise das Recht des Miethers eines Grundstücks nach Maßgabe der §§ 564, **571** bis 572, **579**.

Der Verkäufer eines Grundstücks oder eines Rechtes an einem solchen hat hiernach dem Käufer das Grundstück oder Recht frei von eingetragenen, dem Rechte des Käufers entgegenstehenden Rechten Dritter zu verschaffen, Rechte dieser Art mithin auf seine Kosten zur Löschung zu bringen. Die gleiche Verpflichtung liegt ihm ob in Bezug auf eingetragene Rechte, welche nicht zur Entstehung gelangt sind oder nicht mehr bestehen, im Falle ihres Bestehens jedoch das Recht des Käufers beeinträchtigen würden (§ 429, **435** Abs. 1); denn auch durch eine unrichtige Eintragung wäre der Käufer gehindert, über den Kaufgegenstand seinen Zwecken entsprechend zu verfügen. Aus demselben Grunde trifft die Verpflichtung den Verkäufer eines Schiffes oder eines Rechtes an einem Schiffe in Bezug auf die in das Schiffsregister eingetragenen Rechte (§ 429, **435** Abs. 2).

Wenn der Verkäufer eines Grundstücks für die Freiheit desselben von öffentlichen Abgaben und anderen öffentlichen, zur Eintragung in das Grundbuch nicht geeigneten Lasten nicht haftet (§ 430, **436**), so stimmt dies mit dem geltenden Rechte überein und rechtfertigt sich dadurch, daß soche Lasten gewöhnlich dem Käufer bekannt sind oder doch von ihm vorausgesetzt werden müssen.

Der Verkäufer einer Forderung oder eines sonstigen Rechtes (z. B. eines Urheberrechts) ist zur Verschaffung des Rechtes verpflichtet, auch wenn das verkaufte Recht zur Zeit des Verkaufs nicht besteht. Nach einer im Gemeinen Rechte nicht selten vertretenen Ansicht wäre dieser Fall nach den Grundsätzen zu beurtheilen, welche für den Verkauf einer nicht existirenden Sache gelten, es würde mithin ein Vertrag über eine unmögliche Leistung vorliegen. Um einer solchen sachlich nicht gerechtfertigten Auffassung vorzubeugen, spricht der Entwurf besonders aus, daß der Verkäufer für den rechtlichen Bestand des Rechtes haftet (§ 431, **437** Abs. 1).

Die praktisch wichtige Frage, inwieweit der Verkäufer eines Werthpapiers dem Käufer haftet, wenn das Papier zur Zeit des Kaufes zum Zwecke der Kraftloserklärung aufgeboten war, beantwortet der Entwurf dahin, daß der Verkäufer dem Käufer in gleicher Weise einzustehen hat wie für einen Mangel im Rechte (§ 431, **437** Abs. 2). Der Käufer ist hier in ähnlicher Lage wie der Käufer eines dem Verkäufer nicht zustehenden Rechtes, sofern er Gefahr läuft, des Rechtes aus dem Papiere verlustig zu werden. Nach der Auffassung des Verkehrs ist dem Käufer eines Werthpapiers nicht zuzumuthen, daß er sich darüber vergewissere, ob gegen dasselbe ein Aufgebotsverfahren schwebt; vielmehr darf er sich darauf verlassen, daß der Verkäufer die bis zum

Vertragsschluß eingetretenen, das Papier berührenden Vorgänge seinerseits verfolgt hat. Die Haftung des Verkäufers tritt übrigens nur ein, wenn zur Zeit des Kaufes die erste gerichtliche Handlung in dem Aufgebotsverfahren bereits erfolgt war. Handelt es sich um eine vor Einleitung des Aufgebotsverfahrens verfügte Zahlungssperre, so ergiebt sich die Haftung des Verkäufers schon aus § 428, **434**, da die Zahlungssperre ein gerichtliches Veräußerungsverbot zu Gunsten desjenigen enthält, auf dessen Antrag sie erfolgt ist (vergl. § 132, **136**).

Eine gesetzliche Haftung des Verkäufers einer Forderung für die Zahlungsfähigkeit des Schuldners hat der Entwurf — abweichend von dem Preußischen Allgemeinen Landrecht (I, 11 §§ 427 ff.), aber in Uebereinstimmung mit dem Gemeinen und dem Französischen Rechte — nicht vorgesehen. Für den Fall, daß der Verkäufer eine solche Haftung übernommen hat, enthält der § 432, **438** eine Auslegungsregel, welche sich an das bestehende Recht (Preuß. A.L.R. I 11 § 431; Code civil Art. 1695) anschließt.

Die Verpflichtung des Verkäufers, einen Mangel im Rechte zu vertreten, ist nach § 433, **439** Abs. 1 ausgeschlossen, wenn der Käufer den Mangel bei dem Abschlusse des Kaufes kennt. In diesem Falle ist die Annahme begründet, daß der Käufer die aus dem Rechtsmangel drohende Gefahr übernehmen will. Der Kenntniß des Rechtsmangels ist verschuldete Unkenntniß nicht gleichgestellt. Der Verkäufer ist verpflichtet, dem Käufer über die den Kaufgegenstand betreffenden rechtlichen Verhältnisse die nöthige Auskunft zu ertheilen (§ 438, **444** Satz 1), und wenn der letztere im Vertrauen hierauf eigene Nachforschungen unterlassen hat, so darf ihm das nicht zum Nachtheile gereichen. Dies gilt auch dann, wenn ein Rechtsmangel aus dem Grundbuch ersichtlich, dem Käufer aber unbekannt gewesen ist, da die Auskunftspflicht des Verkäufers sich auch auf den Inhalt des Grundbuchs bezieht. Die Regel, daß Kenntniß des Käufers von einem Rechtsmangel die Haftung des Verkäufers ausschließt, erleidet, entsprechend der Verkehrssitte, nach dem Vorgange des Preußischen Allgemeinen Landrechts (I, 11 §§ 184 ff.) eine Ausnahme in Bezug auf Hypotheken, Grundschulden, Rentenschulden und Pfandrechte, die an dem Kaufgegenstande bestehen; die Belastung mit einem solchen Rechte hat der Verkäufer zu beseitigen, auch wenn sie dem Käufer bekannt war. Das Gleiche gilt von der zur Sicherung des Anspruchs auf Bestellung eines dieser Rechte eingetragenen Vormerkung (vergl. § 867, **883**).

Kenntniß des Rechtsmangels auf Seiten des Käufers.

Die dem Käufer wegen eines Mangels im Rechte zustehenden Befugnisse ergeben sich im Allgemeinen aus der Verpflichtung des Verkäufers zur Verschaffung des Rechtes. Der Käufer kann alle Rechte geltend machen, die bei gegenseitigen Verträgen dem einen Theile wegen Nichterfüllung der dem anderen Theile obliegenden Verpflichtungen zustehen, also, außer dem Anspruch auf Erfüllung, nach Maßgabe der §§ 314, **320** bis 321, **327** das Recht, die Zahlung des Kaufpreises zu verweigern, desgleichen den Anspruch auf Schadensersatz wegen Nichterfüllung, sowie das Rücktrittsrecht (§ 434, **440** Abs. 1). Dabei macht es, wenn der Verpflichtung zur Verschaffung des Rechtes seitens des Verkäufers nicht genügt werden kann, grundsätzlich keinen Unterschied, ob

Rechte des Käufers im Falle eines Mangels.

wobei eine unerhebliche Minderung des Werthes oder der Tauglichkeit nicht in Betracht kommt (§ 453, **459** Abs. 1). Hat der Verkäufer bestimmte Eigenschaften der Sache zugesichert, so erstreckt sich seine Haftung auch auf diese Eigenschaften (§ 453, **459** Abs. 2). Während jedoch das Gemeine und das Französische Recht die Gewährleistungspflicht auf die zur Zeit des Vertragsabschlusses vorhandenen Mängel beschränken (vergl. auch Sächs. Gesetzbuch § 900), hat der Entwurf im Interesse der Sicherheit des Verkehrs nach dem Vorgange des Preußischen Allgemeinen Landrechts (I, 11 § 192 ff.) die Bestimmung getroffen, daß für die Haftpflicht des Verkäufers sowohl hinsichtlich der verborgenen Fehler als auch hinsichtlich der zugesicherten Eigenschaften der Zeitpunkt maßgebend sein soll, in welchem nach Gesetz oder Uebereinkommen die Gefahr auf den Käufer übergeht.

Die Haftung des Verkäufers ist ausgeschlossen in Bezug auf solche Mängel, die der Käufer beim Abschlusse des Kaufes kennt (§ 454, **460** Satz 1). Für einen nach dem Gesetz an sich zu vertretenden Fehler soll ferner, entsprechend der allgemeinen Auffassung des Verkehrs, der Verkäufer auch dann nicht haften, wenn der Fehler dem Käufer in Folge grober Fahrlässigkeit unbekannt geblieben ist; hat jedoch der Verkäufer die Abwesenheit des Fehlers zugesichert oder den Fehler arglistig verschwiegen, so verlangen Treu und Glauben, daß er trotz der Offensichtlichkeit des Fehlers haftet (§ 454, **460** Satz 2). Eine Ausnahme von der Gewährleistungspflicht wegen Mängel der Sache ist endlich für den Fall des im Wege öffentlicher Versteigerung erfolgenden Pfandverkaufs vorgesehen (§ 455, **461**, vergl. § 1218, **1235** Abs. 1). Sie rechtfertigt sich durch die Rücksicht auf die besondere Lage des verkaufenden Pfandgläubigers.

Wandelung und Minderung.

Wegen eines von dem Verkäufer zu vertretenden Mangels giebt der Entwurf im Anschluß an das geltende Recht dem Käufer das Recht, Wandelung, d. h. Rückgängigmachung des Kaufes, oder Minderung, d. h. Herabsetzung des Kaufpreises, zu verlangen (§ 456, **462**). Die Wandelung oder die Minderung ist nach § 459, **465** Abs. 1 vollzogen, wenn sich der Verkäufer auf Verlangen des Käufers mit ihr einverstanden erklärt. Bis dahin steht es dem Käufer frei, die von ihm getroffene Entschließung zu ändern oder bei dem Vertrage stehen zu bleiben. Die Zulassung einer Aenderung der Entscheidung bis zu dem bezeichneten Zeitpunkt ist zum Schutze des Käufers namentlich für die Fälle erforderlich, in denen nach der dem Verkäufer gegenüber abgegebenen Erklärung des Käufers sich die Umstände geändert haben, z. B. nach der Erklärung, wandeln zu wollen, der Verkäufer in Konkurs gerathen ist (vergl. auch Preuß. A.L.R. I, 5 §§ 327, 328). Andererseits verlangt aber die billige Rücksicht auf den Verkäufer, ihm, wenn der Käufer einen Mangel der Sache behauptet, ein Mittel an die Hand zu geben, durch das er sich Gewißheit darüber verschaffen kann, ob es in Folge des Mangels zur Wandelung kommen wird oder nicht. Der § 460, **466** gewährt daher in dem bezeichneten Falle dem Verkäufer das Recht, unter dem Erbieten zur Wandelung und unter Bestimmung einer angemessenen Frist den Käufer zur Erklärung darüber, ob er Wandelung verlange, aufzufordern, und zwar mit der Wirkung, daß, wenn die Erklärung nicht vor dem Ablaufe der Frist erfolgt, das Recht der Wandelung ausgeschlossen ist.

Was die Regelung des Rechtes der Wandelung und der Minderung im Einzelnen betrifft, so schließt sie sich in der Hauptsache an das geltende Recht an (§§ 461, **467** bis 469, **475**).

Die Verbindlichkeiten des Verkäufers und des Käufers nach Vollzug der Wandelung bestimmen sich im Wesentlichen nach den Vorschriften über das vertragsmäßige Rücktrittsrecht (§§ 340, **346** bis 342, **348**, 461, **467**). Auch im Uebrigen hat der Entwurf das Recht der Wandelung in Gemäßheit dieser Vorschriften geregelt, namentlich bezüglich der praktisch wichtigen Frage, inwieweit die Wandelung durch Untergang oder Verschlechterung, durch Umgestaltung der verkauften Sache oder durch eine rechtliche Verfügung des Käufers über die Sache ausgeschlossen wird (§§ 344, **350** bis 348, **354**, 461, **467**). Eine Abweichung erschien jedoch insofern geboten, als in dem Falle, daß der Käufer die Sache durch Verarbeitung oder Umbildung in eine Sache anderer Art umgestaltet hat, wegen eines Mangels, der sich erst bei der Umgestaltung zeigte, die Wandelung zuzulassen war (§ 461, **467** vergl. mit § 346, **352**).

In Betreff der Minderung ist die Frage, wie dieselbe zu berechnen sei, für das Gemeine Recht streitig und auch von den neueren Gesetzgebungen (vergl. Preuß. A.L.R. I, 5 § 328; Code civil Art. 1644; Sächs. Gesetzbuch §§ 919, 921) verschieden beantwortet. Der Entwurf entscheidet diese Frage dahin, daß der Kaufpreis in dem Verhältnisse herabzusetzen ist, in welchem zur Zeit des Verkaufs der Werth der Sache in mangelfreiem Zustande zu dem wirklichen Werthe gestanden haben würde (§ 466, **472**). Den Schwierigkeiten, welche die Durchführung des Grundsatzes bereiten kann, wenn neben dem in Geld festgesetzten Kaufpreis andere nicht auf vertretbare Sachen gerichtete Leistungen, z. B. Dienste, bedungen sind, begegnet der Entwurf durch die besonderen Vorschriften des § 467, **473**.

Schadensersatz wegen Nichterfüllung.

Statt der Wandelung oder der Minderung kann nach § 457, **463** der Käufer Schadensersatz wegen Nichterfüllung verlangen, wenn der verkauften Sache zur Zeit des Verkaufs eine zugesicherte Eigenschaft fehlt oder wenn der Verkäufer einen gesetzlich von ihm zu vertretenden Fehler arglistig verschwiegen hat. Wenn im ersten Falle der Verkäufer für Schadensersatz zu haften hat, ohne daß ihn ein Verschulden trifft, so rechtfertigt sich dies dadurch, daß die Zusicherung einer Eigenschaft nach der Auffassung des Verkehrs regelmäßig die Uebernahme einer Garantie für das Vorhandensein der Eigenschaft enthält. In gleichem Sinne ist die Frage, entsprechend einer im Gemeinen Rechte vielfach vertretenen Ansicht, auch durch § 922 des Sächsischen Gesetzbuchs geregelt.

Verlust der Ansprüche durch vorbehaltlose Annahme der Sache.

Der Käufer wird seiner Ansprüche auf Wandelung oder Minderung sowie auf Schadensersatz verlustig, wenn er die mangelhafte Sache mit Kenntniß des Mangels angenommen hat, ohne sich seine Rechte wegen desselben vorzubehalten (§ 458, **464**). In einem solchen Falle darf davon ausgegangen werden, daß der Käufer auf seine Ansprüche verzichte; jedenfalls würde die nachträgliche Geltendmachung derselben gegen Treu und Glauben verstoßen.

Verjährung der Ansprüche des Käufers.

Da die Feststellung, ob ein von dem Käufer behaupteter Mangel der Sache in dem entscheidenden Zeitpunkte vorhanden war, nach dem Ablauf eines längeren Zeitraums mit Schwierigkeiten verbunden, auch für den Verkehr in hohem Grade hemmend ist, so unterwirft der § 471, **477** die Ansprüche des Käufers auf Wandelung oder auf Minderung sowie den Anspruch auf Schadensersatz wegen Mangels einer zugesicherten Eigenschaft in Uebereinstimmung mit dem geltenden Rechte einer kurzen Verjährung. Für alle drei Ansprüche greift jedoch, nach dem Vorgange des Art. 350 des Handelsgesetzbuchs [1]), die regelmäßige Verjährung Platz, wenn der Verkäufer einen gesetzlich zu vertretenden Mangel oder das Fehlen einer zugesicherten Eigenschaft arglistig verschwiegen hat. Auch ist mit Rücksicht auf die im Verkehre häufig vorkommenden Zusagen einer „Garantie" für längere Zeiträume hier, abweichend von der Regel des § 220, **225** Satz 1, die vertragsmäßige Erweiterung der Verjährungsfrist zugelassen (§ 471, **477** Abs. 1).

Die Frist für die kurze Verjährung beträgt bei Grundstücken ein Jahr, bei beweglichen Sachen sechs Monate. Der Zeitpunkt für den Beginn der Verjährung ist bei Grundstücken die Uebergabe. Dagegen bestimmt sich bei beweglichen Sachen, entsprechend dem Art. 349 des Handelsgesetzbuchs, der Beginn der Verjährung nach dem Zeitpunkte der Ablieferung, namentlich im Hinblick darauf, daß in den Fällen, wo die Uebergabe durch einen anderen Akt ersetzt wird, z. B. in den Fällen der §§ 914, **930**, 915, **931** und bei der Uebergabe durch Konnossement oder Lagerschein, der Käufer erst mit der Ablieferung in den Stand gesetzt ist, die Sache zu untersuchen. Zur Verminderung von Rechtsstreitigkeiten über Ansprüche wegen eines Mangels der Sache schreibt § 471, **477** Abs. 2 vor, daß die Verjährung auch unterbrochen wird, wenn der Käufer gerichtliche Beweisaufnahme zur Sicherung des Beweises nach Maßgabe der §§ 447, **485** ff. der Civilprozeßordnung beantragt. Eine besondere Erleichterung ist dem Käufer noch insofern gewährt, als nach § 471, **477** Abs. 3 die Hemmung oder Unterbrechung der Verjährung eines der Ansprüche auch die Hemmung oder Unterbrechung der Verjährung für die übrigen Ansprüche bewirkt. Die Vorschrift findet ihre sachliche Rechtfertigung darin, daß die verschiedenen Ansprüche einem und demselben Zwecke dienen.

In Ermangelung einer ausdrücklichen Bestimmung würde der Käufer seine Ansprüche auf Wandelung oder auf Minderung nach der Verjährung auch nicht mehr einredeweise gegen den Anspruch des Verkäufers auf Zahlung des Kaufpreises geltend machen können (vergl. § 217, **222**). Dies würde aber häufig zu einer unbilligen Härte gegen den Käufer führen; denn solange der Verkäufer nicht den Kaufpreis verlangt, hat der Käufer der Regel nach keinen Anlaß, seinerseits zur Klage zu schreiten und dadurch die Verjährung seiner Ansprüche zu unterbrechen. Im Anschluß an Art. 349 Abs. 3 des

1) Vergl. H.G.B. § 377 Abs. 5.

Handelsgesetzbuchs gewährt daher der Entwurf (§ 472, **478** Abs. 1 Satz 1) dem Käufer, sofern dieser vor dem Ablaufe der Verjährung eine Anzeige des Mangels an den Verkäufer abgesendet hat, die Befugniß, auch nach der Verjährung die Zahlung des Kaufpreises insoweit zu verweigern, als er auf Grund der Wandelung oder der Minderung dazu berechtigt sein würde. Der Verkäufer wird dadurch nicht beschwert; denn die Anzeige setzt ihn in die Lage, gerichtliche Beweisaufnahme zur Sicherung des Beweises — nach Maßgabe einer in Aussicht genommenen Zusatzbestimmung zur Civilprozeßordnung [1]) — zu beantragen, geeigneten Falls auch nach § 460, **466** den Käufer zu einer Entschließung darüber zu veranlassen, ob er Wandelung verlangen will. Der Absendung der Anzeige durch den Käufer steht es gleich, wenn der Käufer gerichtliche Beweisaufnahme zur Sicherung des Beweises beantragt oder wenn er in einem zwischen ihm und einem späteren Erwerber der Sache wegen des Mangels anhängigen Rechtsstreite dem Käufer den Streit verkündet. Was den Anspruch des Käufers auf Schadensersatz betrifft, so würde an sich der Käufer auch nach der Verjährung berechtigt sein, diesen Anspruch gegen die Forderung des Verkäufers auf Zahlung des Kaufpreises aufzurechnen. Im Interesse des Verkäufers ist jedoch hier die Einschränkung vorgesehen, daß die Aufrechnung nur zulässig ist, wenn der Käufer vor der Verjährung eine Anzeige des Mangels an den Verkäufer abgesendet oder eine sonstige der Anzeige gleichgestellte Handlung vorgenommen hat (§ 473, **479**).

Ist von dem Verkäufer der Mangel arglistig verschwiegen, so soll, entsprechend dem Art. 350 des Handelsgesetzbuchs [2]), der Käufer auch nach der Verjährung seiner Ansprüche befugt sein, die Zahlung des Kaufpreises zu verweigern oder seinen Schadensersatzanspruch aufzurechnen, ohne daß es der Anzeige des Käufers oder einer ihr gleichstehenden Handlung bedarf (§ 472, **478** Abs. 2, § 473, **479**).

Kauf einer nur der Gattung nach bestimmten Sache.

Die Vorschriften der §§ 453, **459** bis 473, **479** gelten mit einigen Abweichungen auch für den Fall des Kaufes einer nur der Gattung nach bestimmten Sache. Die Streitfrage, ob dem Käufer in diesem Falle die Rechte auf Wandelung und auf Minderung gleichfalls zustehen, entscheidet der Entwurf übereinstimmend mit der in der Praxis des Gemeinen, des Preußischen und des Französischen Rechtes herrschenden Auffassung in bejahendem Sinne. Statt der Wandelung oder der Minderung soll aber der Käufer die Lieferung einer mangelfreien Sache an Stelle der mangelhaften verlangen können (§ 474, **480** Abs. 1). In der Versagung dieses sich aus dem Vertrag ergebenden Rechtes würde unter Umständen eine erhebliche Härte gegen den Käufer liegen.

Eine weitere Abweichung von den allgemeinen Vorschriften über die Gewährleistungspflicht war bei dem Kaufe einer nur der Gattung nach bestimmten Sache insofern erforderlich, als für den nach § 457, **463** dem Käufer zustehenden Schadensersatzanspruch an Stelle des Zeitpunkts des Vertragsabschlusses der Zeitpunkt maßgebend sein muß, in welchem die Gefahr auf den Käufer übergeht (§ 474, **480** Abs. 2).

---

1) Vergl. C.P.O. § 488, unten Anlage II C.P.O. § 449a.

2) Vergl. H.G.B. § 377 Abs. 5.

B. Gewährleistung wegen Viehmängel.

Geltendes Recht.

Für den Handel mit Hausthieren gelten im größten Theile Deutschlands besondere Vorschriften hinsichtlich der Gewährleistung wegen Mängel. Diese Vorschriften weichen jedoch im Einzelnen erheblich von einander ab. Es lassen sich drei verschiedene Systeme unterscheiden.

Nach dem römischrechtlichen System unterliegt der Handel mit Hausthieren den gleichen Bestimmungen wie der Kaufvertrag über andere Sachen. Die Haftung des Verkäufers erstreckt sich auf alle verborgenen Mängel, die zu der für die Haftung entscheidenden Zeit erweislich vorhanden gewesen sind, und der Käufer hat die Wahl zwischen dem Rechte auf Wandelung und dem auf Minderung. Nach dem deutschrechtlichen Systeme haftet dagegen der Verkäufer kraft Gesetzes nur für gewisse gesetzlich bestimmte Mängel, und im Allgemeinen auch für diese nur dann, wenn sie sich innerhalb einer gesetzlich bestimmten Gewährfrist offenbaren. Trifft letztere Voraussetzung zu, so wird bis zum Beweise des Gegentheils angenommen, daß die Mängel schon zur entscheidenden Zeit vorhanden gewesen sind. Dem Käufer steht regelmäßig nur die Wandelungsklage zu. Beide Systeme finden sich zum Theil in der Art mit einander verbunden, daß die Gewährleistung bei einzelnen Thiergattungen, insbesondere bei Pferden und Rindvieh, nach deutschrechtlichen, bei den übrigen nach römischrechtlichen Grundsätzen geregelt ist. Ein drittes, das gemischte System, hält im Allgemeinen an den Vorschriften des Römischen Rechtes fest, stellt aber für die sogenannten Nachtkrankheiten, d. h. solche Krankheiten, die innerhalb vierundzwanzig Stunden hervortreten, sowie für gewisse Mängel bestimmter Hausthiere, falls sie sich innerhalb einer gewissen Frist offenbaren, die Vermuthung auf, daß sie bereits zu der entscheidenden Zeit vorhanden gewesen sind.

Das römischrechtliche System hat allgemeine Geltung in Mecklenburg-Schwerin, Sachsen-Weimar, Mecklenburg-Strelitz, Oldenburg, Braunschweig, Schwarzburg-Rudolstadt, Schaumburg-Lippe, Lippe-Detmold, in den preußischen Bezirken des vormaligen Appellationsgerichts Köln und des vormaligen Justizsenats Ehrenbreitstein sowie im größten Theile der Provinz Schleswig-Holstein. In Altenburg, Gotha, Anhalt, Lübeck, Bremen, Hamburg und im größeren Theile der Provinz Hannover gilt, während die Gewährleistung beim Pferdehandel nach deutschrechtlichen Grundsätzen geregelt ist, das römischrechtliche System für den Handel mit anderen Hausthieren. Dem gemischten System folgt das Preußische Allgemeine Landrecht, welchem sich im Wesentlichen eine Waldeckische Verordnung angeschlossen hat. Im Königreiche Sachsen, im Großherzogthume Hessen und in der vormaligen Landgrafschaft Hessen-Homburg ist das gemischte System mit dem deutschrechtlichen derart verbunden, daß letzteres für den Handel mit Pferden und Rindvieh, in Hessen und in der Landgrafschaft auch für den Handel mit weiteren Gattungen von Hausthieren gilt, während im Uebrigen das erstere Platz greift. Das deutschrechtliche System ist durchgeführt in Bayern, Württemberg, Baden, Sachsen-Koburg, Sachsen-Meiningen (hier für den Handel mit Pferden und Rindvieh), Hohenzollern, den ehemals nassauischen und Kurfürstlich hessischen Theilen der Provinz Hessen-Nassau, Frankfurt a. M. und Elsaß-Lothringen.

Der Entwurf folgt dem deutschrechtlichen Systeme, für welches sich auch die Kreise der Betheiligten überwiegend ausgesprochen haben. Ein Hauptvorzug dieses Systems liegt darin, daß es die Rechtssicherheit erhöht und zur Abschneidung von Prozessen dient. Nach dem römischrechtlichen Systeme muß in jedem einzelnen Streitfalle auf der Grundlage von Sachverständigengutachten, die sich häufig widersprechen, darüber entschieden werden, ob der von dem Käufer gerügte Mangel als ein verborgener und nach Lage der Sache erheblicher anzusehen ist und ob er schon zu der für die Haftung entscheidenden Zeit vorhanden war. Dagegen beschränkt sich nach dem Systeme des Entwurfes die Beweispflicht des Käufers auf die ungleich leichter festzustellende Thatsache, daß ein Hauptmangel innerhalb der Gewährfrist hervorgetreten ist. Das deutschrechtliche System trägt ferner den Bedürfnissen des Viehhandels besser Rechnung. Der Verkäufer ist von vornherein sicher, daß er nur bestimmte Mängel zu vertreten hat und auch sie nur, wenn sie innerhalb der Gewährfrist sich gezeigt haben. Dies kommt namentlich der landwirthschaftlichen Bevölkerung zu Statten, welche an dem Viehhandel vorzugsweise durch Verkauf betheiligt ist. Eine erhebliche Benachtheiligung des Käufers ist andererseits von der Beschränkung der gesetzlichen Haftung nicht zu befürchten. Auch ihm ist in der Regel mit beschränkten, aber leichter durchführbaren Gewährleistungsansprüchen mehr gedient, als mit einer ausgedehnten Haftung des Verkäufers, deren praktische Geltendmachung durch die Schwierigkeit des Beweises beeinträchtigt wird. Soweit erforderlich, kann er sich im einzelnen Falle immer noch durch eine vertragsmäßige Erweiterung der Haftung schützen. Standpunkt des Entwurfes.

Aus den vorstehenden Erwägungen ergiebt sich zugleich die Ablehnung des gemischten Systems. Indem dasselbe, was den Umfang der Haftung betrifft, den römischrechtlichen Grundsätzen folgt, läßt es zu Ungunsten des Verkäufers die damit verbundene Rechtsunsicherheit bestehen; daneben aber wird dem Käufer durch Aufstellung von Vermuthungen für einzelne Hauptmängel die Rechtsverfolgung erleichtert und er so in einseitiger Weise begünstigt.

Ein Bedürfniß für Sondervorschriften über die Gewährleistungspflicht bei dem Viehhandel besteht übrigens nur bezüglich solcher Thiergattungen, die für die Landwirthschaft von hervorragender Wichtigkeit sind und in ausgedehntem Maße den Gegenstand des Handelsverkehrs bilden. Dahin gehören vor Allem Pferde, Rindvieh, Schafe und Schweine, die auch von den meisten neueren Währschaftsgesetzen berücksichtigt sind. Der Entwurf erstreckt aber, nach dem Vorgange mehrerer geltenden Gesetze, seine Bestimmungen noch auf Esel, Maulesel und Maulthiere, da diese Thiergattungen jedenfalls für einzelne Theile Deutschlands von Bedeutung sind.

Dem Grundgedanken des deutschrechtlichen Systems entsprechend, schreibt der § 476, **482** Abs. 1 vor, daß der Verkäufer kraft Gesetzes nur bestimmte Fehler, sogenannte Hauptmängel, und diese nur dann zu vertreten hat, wenn sie sich innerhalb bestimmter Fristen, der sogenannten Gewährfristen, gezeigt haben. Regelung im Einzelnen. Bestimmung der Hauptmängel und der Gewährfristen.

Die Hauptmängel und die Gewährfristen sind in den einzelnen Währschaftsgesetzen sehr verschieden bestimmt. Die Festsetzung kann nur an der Hand des heutigen Standes der Thierheilkunde erfolgen. Bei weiterem Fortschreiten dieser Wissenschaft wird jedoch eine derartige Festsetzung nach kürzerer oder längerer Zeit der Berichtigung bedürfen. Mit Rücksicht hierauf erscheint es angezeigt, die Bestimmung der Hauptmängel und der Gewährfristen wie auch die spätere Ergänzung oder Abänderung der Bestimmung einer mit Zustimmung des Bundesraths zu erlassenden Kaiserlichen Verordnung vorzubehalten (§ 476, **482** Abs. 2). Die Verordnung wird auch in der Weise ergehen können, daß die Hauptmängel für eine und dieselbe Gattung von Thieren mit Rücksicht auf die bei dem Kaufe beabsichtigte Art der Verwendung verschieden bestimmt, namentlich für Schlachtvieh besondere Hauptmängel aufgestellt werden [1]).

Bedeutung der Gewährfristen.

Da der Verkäufer dafür haftet, daß das Thier im Zeitpunkte des Ueberganges der Gefahr frei von Mängeln ist, so muß die Gewährfrist gemäß der Regel des § 183, **187** Abs. 1 mit dem Ablaufe des Tages beginnen, in welchen dieser Zeitpunkt fällt (§ 477, **483**). Zeigt sich ein Hauptmangel innerhalb der Gewährfrist, so gilt in Uebereinstimmung mit allen auf dem deutschrechtlichen Systeme beruhenden Gesetzen die Vermuthung, daß der Mangel schon zu der Zeit vorhanden gewesen sei, zu welcher die Gefahr auf den Käufer überging (§ 478, **484**). Unter diesen Umständen hat der Verkäufer ein dringendes Interesse daran, daß er von der Entdeckung alsbald Kenntniß erhält, um sich durch sofortige Besichtigung und Untersuchung den Gegenbeweis gegen die für den Käufer streitende Vermuthung sichern zu können. Der Entwurf legt daher dem Käufer die Verpflichtung auf, den entdeckten Mangel dem Verkäufer schleunig anzuzeigen (§ 479, **485**). In Betreff der an die Unterlassung der Anzeige geknüpften Rechtsfolge gehen die bestehenden Gesetze auseinander. Der Entwurf schließt sich denjenigen an, welche als Rechtsfolge den Verlust der dem Käufer wegen des Mangels zustehenden Rechte bestimmen (§ 479, **485** Satz 1). Die Sicherheit des Verkehrs fordert eine derartige durchgreifende Regelung. Der Rechtsverlust soll jedoch, entsprechend der allgemeinen Regel des § 472, **478** Abs. 2, nicht eintreten, wenn der Verkäufer den Mangel arglistig verschwiegen hat. Was die Zeit der Anzeige betrifft, so empfiehlt es sich nicht, dem Käufer die Pflicht aufzuerlegen, daß die Anzeige sofort nach Entdeckung des Mangels zu erfolgen habe; da die Feststellung der Zeit der Entdeckung häufig mit Schwierigkeiten verbunden ist, so würden sich hieraus zahlreiche Rechtsstreitigkeiten ergeben. Der Entwurf bestimmt daher, daß die Anzeige spätestens innerhalb zweier Tage nach dem Ablaufe der Gewährfrist zu machen ist. Diese zweitägige Nachfrist wird namentlich mit Rücksicht auf solche Fälle gewährt, in denen sich der Mangel erst am Schlusse der Gewährfrist zeigt und der Käufer nicht sofort die Untersuchung des Thieres durch einen Thierarzt herbeiführen kann. Verendet das Thier vor dem Ablaufe der Gewährfrist, so muß die Anzeige binnen zweier Tage nach dem Tode erfolgen. Die Anzeige ist rechtzeitig erfolgt, wenn sie innerhalb der vorgeschriebenen Frist *abgesendet* ist. Der Absendung der Anzeige sind auch hier die im § 472, **478** bezeichneten Handlungen des Käufers gleichgestellt, außerdem noch die Erhebung der Klage gegen den Verkäufer.

---

1) Vergl. die Kaiserl. Verordnung vom 27. März 1899 (R.G.Bl. S. 219).

Nach dem Vorgange fast aller Währschaftsgesetze, die auf dem Boden des älteren deutschen Rechtes stehen, bestimmt der Entwurf (§ 481, **487**), daß der Käufer nur Wandelung, nicht Minderung verlangen kann. Erfahrungsgemäß liegt beim Viehhandel die Gefahr eines Mißbrauchs des Minderungsrechts besonders nahe. Der Entwurf giebt deshalb dem Käufer hier auch für die bereits oben erörterten Fälle, in denen sonst nur der Minderungsanspruch zugelassen ist (§ 461, **467** Satz 1), als alleinigen Anspruch das Recht auf Wandelung. In den bezeichneten Fällen läßt sich die Wandelung allerdings nur so durchführen, daß an Stelle der Rückgewähr des Thieres die Vergütung seines Werthes tritt. Eine Ersatzpflicht für Nutzungen, die der Käufer hätte ziehen können, kann ihm billiger Weise nicht auferlegt werden, weil er wegen des Fehlers regelmäßig nicht in der Lage ist, einen zweckmäßigen Gebrauch von dem Thiere zu machen. Der Entwurf (§ 481, **487** Abs. 4) beschränkt daher die Ersatzpflicht des Käufers auf die wirklich gezogenen Nutzungen. Andererseits gewährt der Entwurf (§ 482, **488**) im Anschluß an verschiedene neuere Währschaftsgesetze dem Käufer einen Anspruch auf Ersatz der von der Uebergabe an aufgewendeten Kosten der Fütterung und der Pflege des Thieres. Da diese Kosten schnell zu bedeutender Höhe anwachsen und sich bei kranken Thieren eine Ausgleichung durch den von ihnen zu ziehenden Nutzen selten erzielen läßt, so gewinnt das Recht der Wandelung für den Käufer erst durch den bezeichneten Ersatzanspruch vollen Werth. Außerdem sind dem Käufer die Kosten einer thierärztlichen Untersuchung und Behandlung sowie die Kosten einer nothwendig gewordenen Tödtung und Wegschaffung des Thieres zu ersetzen. Dem Interesse, welches beide Theile an der Verhütung übermäßigen Anwachsens der Unterhaltungskosten haben, trägt die Vorschrift des § 483, **489** Rechnung, wonach in dem Rechtsstreit über den Anspruch auf Wandelung auf Antrag der einen oder der anderen Partei, auch ohne daß die Voraussetzungen des § 814, **935** der Civilprozeßordnung vorliegen, die öffentliche Versteigerung des Thieres und die Hinterlegung des Erlöses durch einstweilige Verfügung angeordnet werden soll, sobald die Besichtigung des Thieres nicht mehr erforderlich ist. Ausschluß der Minderungsklage. Wandelung.

Die besonderen Verhältnisse beim Viehhandel, namentlich die Rücksicht auf die Veränderlichkeit des Kaufgegenstandes und auf das Interesse des Verkäufers, vor übermäßigem Anwachsen der zu erstattenden Unterhaltungskosten geschützt zu werden, haben den meisten neueren Währschaftsgesetzen Anlaß gegeben, eine besonders kurze Verjährungsfrist festzusetzen und damit den Käufer zur sofortigen gerichtlichen Geltendmachung seiner Ansprüche zu nöthigen. Nach diesem Vorgange hat auch der Entwurf an Stelle der im § 471, **477** für den Anspruch auf Wandelung und für den Anspruch auf Schadensersatz bestimmten Verjährungsfrist von sechs Monaten eine vom Ende der Gewährfrist an laufende sechswöchige Frist vorgesehen (§ 484, **490** Abs. 1). Der Zweck der Fristverkürzung erfordert zugleich eine ebenmäßige Herabsetzung der in den §§ 205, **210**, 207, **212**, 210, **215** bestimmten drei- und sechsmonatigen Fristen (§ 484, **490** Abs. 2). Verjährung der Ansprüche des Käufers.

Das Recht, die Zahlung des Kaufpreises zu verweigern, und die Befugniß zur Aufrechnung des Anspruchs auf Schadensersatz bleiben dem Käufer auch nach der Vollendung der kurzen Verjährung (§ 484, **490** Abs. 3); dabei ist selbstverständlich vorausgesetzt, daß er rechtzeitig eine der im § 479, **485** bezeichneten Handlungen vorgenommen hat.

Verkauf eines der Gattung nach bestimmten Thieres. Dem Käufer eines nur der Gattung nach bestimmten Thieres ist, entsprechend dem § 474, **480**, das Recht gewährt,! statt der Wandelung zu verlangen, daß ihm an Stelle des mangelhaften Thieres ein mangelfreies geliefert werde (§ 485, **491**). Auch bei Geltendmachung dieses Anspruchs kann der Käufer Ersatz der im § 482, **488** bezeichneten Kosten verlangen; es kann ferner die Versteigerung des Thieres nach § 483, **489** erfolgen, und es finden endlich bezüglich der Verjährung die Vorschriften des § 484, **490** entsprechende Anwendung.

Erweiterung der Haftung durch Vertrag. Die Gründe, welche bei dem Viehhandel eine Beschränkung der gesetzlichen Haftung des Verkäufers rechtfertigen, können nicht dahin führen, zugleich die vertragsmäßige Ausdehnung dieser Haftung ohne Weiteres auszuschließen. Soweit geht auch keines der bestehenden Gesetze. In denselben wird jedoch vielfach die Gültigkeit einer vertragsmäßigen Erweiterung der Haftung davon abhängig gemacht, daß die Fehler, auf welche die Haftung über die Hauptmängel hinaus erstreckt werden soll, ausdrücklich und besonders bezeichnet werden. Eine derartige Vorschrift ist indessen mit den Grundsätzen von Treu und Glauben nicht wohl vereinbar und wird häufig gerade dem schwächeren oder geschäftsungewandten Käufer zum Nachtheile gereichen. Der Entwurf sieht deshalb von der Aufnahme einer ähnlichen Bestimmung ab und begnügt sich damit, für die Fälle, in denen der Verkäufer durch ein allgemeines Versprechen die Gewährleistung wegen aller Fehler übernimmt, eine gesetzliche Auslegungsregel zu geben. Da dieses allgemeine Versprechen häufig lediglich die Bedeutung einer Anpreisung hat, so schreibt der Entwurf vor, daß es im Zweifel nur auf die Hauptmängel zu beziehen ist (§ 487)[1]. Durch die Auslegungsregel werden die Parteien, falls sie wirklich beabsichtigen, daß der Verkäufer die Haftung für alle erheblichen und nicht offensichtlichen Fehler übernehme, genöthigt sein, diese ihre Absicht bestimmt zum Ausdrucke zu bringen.

XIII. Miethe und Pacht.

1. Zulässigkeit der Untermiethe und der Unterpacht.

Untermiethe. Ueber die Berechtigung des Miethers, die gemiethete Sache ohne Erlaubniß des Vermiethers weiter zu vermiethen, entscheidet in erster Linie die Vereinbarung der Parteien. Bei der Wichtigkeit der Frage sind aber gesetzliche Vorschriften, die in Ermangelung einer Vereinbarung ergänzend eingreifen, nicht zu entbehren. Von den geltenden Rechten erkennen das Gemeine Recht

1) **Dieser Paragraph ist gestrichen, weil er dem Wortlaute der Vereinbarung und der vermuthlichen Absicht der Parteien direkt zuwiderlaufe und weil es richtiger sei, dem Richter die Auslegung eines solchen Versprechens zu überlassen. K.B. S. 65, 66, St.B. S. 288 bis 291.**

und die meisten neueren Gesetzgebungen (Code civil Art. 1717; Sächs. Gesetzbuch § 1194) die fragliche Berechtigung des Miethers als Regel an, während das Preußische Recht (A.L.R. I, 21 §§ 309 bis 312) auf dem entgegengesetzten Standpunkte steht. Der Entwurf folgt dem Preußischen Rechte (§ 542, **549** Satz 1).

In der Mehrzahl der Fälle ist die Person des Miethers, sein Beruf, seine Lebensweise u. s. w. für den Abschluß und die Bedingungen des Miethvertrags von entscheidender Bedeutung; das Miethverhältniß beruht auf dem gegenseitigen persönlichen Vertrauen der Parteien. Die Art, wie von der Sache Gebrauch gemacht wird, kann auch innerhalb der vertragsmäßigen Grenzen des Gebrauchsrechts je nach der in Frage kommenden Persönlichkeit so verschieden sein, daß der Vermiether ein erhebliches Interesse daran hat, nicht die Ueberlassung des Gebrauchs an einen Anderen gegen seinen Willen dulden zu müssen.

Andererseits kommen allerdings auch Fälle vor, in denen das Verlangen des Miethers, daß ihm die Untervermiethung gestattet werde, als durchaus berechtigt, die Verweigerung der Erlaubniß als Schikane erscheint. Nähere Bestimmungen hierüber lassen sich im Gesetze nicht geben. Es muß vielmehr der richterlichen Beurtheilung des einzelnen Falles überlassen bleiben, festzustellen, ob in der Person des Untermiethers ein wichtiger Grund zur Weigerung vorliegt. Fehlt es an einem solchen, so darf zwar dem Vermiether der Untermiether nicht aufgedrängt werden; dem Miether wird aber im Anschluß an das Preußische Recht die Befugniß gegeben, das Miethverhältniß unter Einhaltung der gesetzlichen Kündigungsfrist (vergl. § 558, **565** Abs. 4) zu kündigen (§ 542, **549** Abs. 1 Satz 2).

Für die Fälle, in denen der Miether auf Grund des Vertrags oder in Folge besonderer Erlaubniß des Vermiethers die Sache weiter vermiethet hat, giebt der Entwurf — abweichend von dem Gemeinen Rechte und dem § 1193 des Sächsischen Gesetzbuchs, aber in Uebereinstimmung mit dem Französischen Rechte (Code civil Art. 1735) — dem Vermiether das Recht, sich wegen eines dem Untermiether bei dem Gebrauche der Sache zur Last fallenden Verschuldens an den Miether zu halten (§ 542, **549** Abs. 2). Macht der Untermiether von der Sache einen vertragswidrigen Gebrauch, so stehen dem Vermiether gegen den Miether die gesetzlichen Schutzmittel gerade so zu, wie wenn dieser selbst die Sache in der bezeichneten Weise gebraucht hätte. Er kann insbesondere, wenn der Untermiether ungeachtet einer Abmahnung des Vermiethers den vertragswidrigen Gebrauch[1]) fortsetzt, ohne Einhaltung einer Kündigungsfrist das Miethverhältniß kündigen (§ 546, **553**). Ist durch solche Kündigung oder anderweit das Miethverhältniß beendigt, so hat der Vermiether aus seinem Vertrag einen unmittelbaren Anspruch auf Rückgabe der Sache auch gegen den Untermiether (§ 549, **556** Abs. 3). Im Falle unbefugter Untervermiethung

---

1) Der Reichstag hat, um Schikanen des Vermiethers entgegenzutreten, die Bestimmung hinzugefügt, daß der vertragswidrige Gebrauch der Sache die Rechte des Vermiethers in erheblichem Maße verletzen müsse. St.B. S. 292—294.

kann der Vermiether das Miethverhältniß ohne Einhaltung einer Kündigungsfrist kündigen, wenn der Miether ungeachtet einer Abmahnung des Vermiethers dem Untermiether den Gebrauch der Sache beläßt (§ 546, **553**).

Unterpacht. Bei der Pacht ist die Persönlichkeit des Pächters von noch größerer Bedeutung als die des Miethers bei der Miethe. Mag den Gegenstand der Pacht ein landwirthschaftliches Grundstück, ein gewerbliches Unternehmen oder was sonst bilden, immer liegt in der persönlichen Tüchtigkeit, Leistungsfähigkeit und Zuverlässigkeit des Pächters die hauptsächliche Gewähr für ordnungsmäßige Behandlung des Pachtgegenstandes. Demgemäß stellt der Entwurf (§ 574, **581** Abs. 2) auch für die Pacht die Unzulässigkeit der Unterverpachtung als gesetzliche Regel auf, und zwar ohne dem Pächter ein Kündigungsrecht wegen grundloser Verweigerung der Erlaubniß zur Unterverpachtung einzuräumen (§ 589, **596** Abs. 1).

2. Zurückbehaltungsrecht des Miethers und des Pächters.

Vermöge der allgemeinen Vorschriften des § 267, **273** würde der Miether oder Pächter, welcher bei Beendigung des Mieth- oder Pachtverhältnisses aus demselben einen fälligen Anspruch gegen den Vermiether oder Verpächter hat, befugt sein, die Rückgabe der Sache bis zur Befriedigung seines Anspruchs zu verweigern. Der Entwurf versagt jedoch ein solches Zurückbehaltungsrecht dem Miether eines Grundstücks sowie dem Pächter eines solchen (§ 549, **556** Abs. 2, § 574, **581** Abs. 2). Die durch die Zurückbehaltung des Grundstücks gewährte Sicherheit würde der Regel nach in keinem Verhältnisse stehen zu dem Betrage der zu sichernden Gegenansprüche des Miethers oder des Pächters. Vor Allem aber kann das Zurückbehaltungsrecht hier leicht dazu mißbraucht werden, den Vermiether oder den Verpächter zur Befriedigung ungerechtfertigter Ansprüche zu nöthigen. Bei der Pacht kommt hinzu, daß die Ausübung des Rechtes geeignet ist, die rechtzeitige Bestellung des Grundstücks zu gefährden.

3. Pfandrecht des Vermiethers und des Verpächters an den eingebrachten Sachen.

Pfandrecht des Vermiethers. Die in Deutschland bestehenden Rechte gewähren meist dem Vermiether eines Grundstücks zur Sicherung wegen seiner Forderung aus dem Miethverhältniß ein besonderes Recht an den von dem Miether eingebrachten Sachen, wobei übrigens die Regelung im Einzelnen vielfache Verschiedenheiten zeigt. Ebenso räumt die Konkursordnung (§ 41 Nr. 4, **49** Nr. 2) dem Vermiether ein Absonderungsrecht in Ansehung der eingebrachten Sachen ein. Auch der Entwurf hält diesen Standpunkt fest. Die völlige Beseitigung des fraglichen Rechtes würde voraussichtlich eine Vertheuerung der Miethwohnungen, insbesondere für die weniger bemittelten Kreise der Bevölkerung, herbeiführen. Andererseits sucht der Entwurf den Mißständen, zu welchen das Sicherungsrecht des Vermiethers in seiner gegenwärtigen Gestalt vielfach geführt hat, durch eine angemessene Begrenzung desselben entgegenzutreten. Diesen Weg hat die Reichsgesetzgebung bereits bei dem Gesetze, betreffend die Abänderung des § 41 der Konkursordnung, vom 9. Mai 1894 (Reichs-Gesetzbl. S. 439) eingeschlagen.

Was die rechtliche Gestaltung betrifft, so gewährt der Entwurf im Anschluß an die im größten Theile Deutschlands zur Zeit bestehenden Vorschriften dem Vermiether ein gesetzliches Pfandrecht (§ 552, **559**). Auf dieses Pfandrecht finden nach § 1240, **1257** die Bestimmungen entsprechende Anwendung, welche für das durch Rechtsgeschäft bestellte Pfandrecht gelten.

Den Umfang des Pfandrechts schränkt der Entwurf nach verschiedenen Richtungen ein. **Umfang des Pfandrechts.**

Zunächst sollen dem Pfandrechte nur die eingebrachten Sachen des Miethers unterliegen. Das Gleiche gilt für Sachen der Ehefrau des Miethers insoweit, als zwischen den Ehegatten allgemeine Gütergemeinschaft, Errungenschaftsgemeinschaft oder Fahrnißgemeinschaft besteht und die Sachen in das Gesammtgut fallen. Im Uebrigen erstreckt sich — abweichend von dem Preußischen Rechte (Deklaration vom 21. Juli 1846 zum A.L.R. I, 21 § 395) — das Pfandrecht auf Sachen der Ehefrau und der Kinder des Miethers auch dann nicht, wenn sie mit dem Miether in häuslicher Gemeinschaft leben. Zwar nehmen im letzteren Falle die Ehefrau und die Kinder an den Vortheilen der Wohnung Theil. Indessen leisten sie nach den Vorschriften des Familienrechts in der einen oder anderen Form auch ihrerseits zur Bestreitung der Kosten des Haushalts einen Beitrag, der mittelbar zugleich dem Vermiether zu Gute kommt. Unter diesen Umständen liegt kein zureichender Grund vor, der Frau und den Kindern durch Erstreckung des Pfandrechts auf ihre Sachen eine unmittelbare Haftung für die Miethschuld des Ehemanns aufzuerlegen und den Vermiether in dieser Weise vor anderen Gläubigern zu bevorzugen, gegen die der Ehemann und Vater zur Beschaffung nothwendiger Bedürfnisse des gemeinschaftlichen Haushalts Verbindlichkeiten übernommen hat. **Beschränkung auf die Sachen des Miethers.**

Auch die Sachen eines Untermiethers werden vom Entwurf, in Uebereinstimmung mit dem Preußischen Rechte und fast allen übrigen Gesetzen, dem Pfandrechte des Hauptvermiethers nicht unterworfen. Den Vermiether in dieser Hinsicht gesetzlich zu sichern, liegt umsoweniger ein Anlaß vor, als derselbe bei der Ertheilung seiner nach § 542, **549** erforderlichen Erlaubniß in der Lage ist, sich eine vertragsmäßige Sicherung zu verschaffen.

Von der Regel, daß die eingebrachten Sachen des Miethers dem Pfandrechte des Vermiethers unterliegen, macht der Entwurf (§ 552, **559** Satz 3) im Anschluß an verschiedene neuere Landesgesetze (Preuß. Gesetz vom 12. Juni 1894; Art. 1 des Bayer. Gesetzes vom 18. Dezember 1887; § 1 Abs. 3 des Lübeck. Gesetzes vom 18. April 1887) eine Ausnahme in Ansehung derjenigen Sachen, welche der Pfändung nicht unterworfen sind. Das Gesetz würde mit sich selbst in Widerspruch kommen, wenn es ein Pfandrecht an Sachen zulassen wollte, die es aus Gründen der öffentlichen Wohlfahrt für unpfändbar erklärt hat. **Unpfändbare Sachen.**

Umfang der Haftung in Ansehung der Forderung.

Auch in Betreff der Forderung, für welche das Pfandrecht geltend gemacht werden kann, zieht der Entwurf dem Rechte des Vermiethers engere Grenzen als die Mehrzahl der bestehenden Gesetze. Nach dem Vorgange des Reichsgesetzes, betreffend die Abänderung des § 41 der Konkursordnung, vom 9. Mai 1894 schließt er die Geltendmachung des Pfandrechts hinsichtlich künftiger Entschädigungsforderungen überhaupt aus und läßt ein solche bezüglich der noch nicht fälligen Miethzinsforderungen nur für den Miethzins des laufenden und des folgenden Miethjahres zu (§ 552, **559** Satz 2). Was die rückständigen Miethzinsforderungen betrifft, so wäre es im Verhältnisse zwischen Vermiether und Miether nicht gerechtfertigt, das Pfandrecht auch wegen dieser Forderungen zu beschränken. Eine derartige Beschränkung wäre dem Miether selbst nachtheilig, weil sie den Vermiether nöthigen würde, nur auf kurze Zeit oder mit dem Vorbehalte jederzeitiger Kündigung oder gegen Vorausbezahlung zu vermiethen, rückständige Miethzinsen unnachsichtlich beizutreiben und gegebenenfalls das Miethverhältniß nach § 547, **554** zu kündigen. Im Verhältnisse des Vermiethers zu anderen Gläubigern des Miethers, welche die dem Pfandrecht unterliegenden Sachen für sich haben pfänden lassen, gestattet dagegen der Entwurf (§ 556, **563**) im Anschluß an den § 41 Nr. 4, **49** Nr. **2** der Konkursordnung, die Geltendmachung des Pfandrechts nur hinsichtlich des für das letzte Jahr vor der Pfändung rückständigen Miethzinses.

Die Vorschriften der Konkursordnung über das Absonderungsrecht des Vermiethers werden durch entsprechende Aenderungen mit den Vorschriften des Entwurfes über das gesetzliche Pfandrecht des Vermiethers in Einklang zu bringen sein [1]).

Erlöschen des Pfandrechts.

Ein Theil der geltenden Gesetze macht den Fortbestand des Pfandrechts schlechthin von dem Verbleiben der Sachen auf dem Grundstück abhängig. Diese Regelung schwächt jedoch die Wirksamkeit des Pfandrechts zum Nachtheile des Vermiethers ab und schafft für den Miether einen Anreiz, die Sachen heimlich von dem Grundstück zu entfernen. Auf der anderen Seite wäre es aber eine unbillige Erschwerung der Lage des Miethers, wenn Gegenstände, welche er ohne Einwilligung des Vermiethers vom Grundstück entfernt, unter allen Umständen dem Pfandrecht unterworfen blieben. Der Entwurf giebt daher dem Miether das Recht, eingebrachte Sachen mit der Wirkung, daß sie von der Pfandhaftung frei werden, auch ohne Wissen des Vermiethers und selbst gegen dessen Willen dann von dem Grundstücke zu entfernen, wenn die Entfernung im regelmäßigen Betriebe seines Geschäfts oder den gewöhnlichen Lebensverhältnissen entsprechend erfolgt oder wenn die zurückbleibenden Sachen zur Sicherung des Vermiethers offenbar ausreichen. Hiervon abgesehen bleibt falls Sachen ohne Wissen oder unter Widerspruch des Vermiethers entfernt worden sind, das Pfandrecht bestehen. Daß die Entfernung in dieser Weise erfolgt sei, hat aber der Vermiether zu beweisen (§ 553, **560**).

Um den Miether in seiner Bewegungsfreiheit möglichst wenig zu beeinträchtigen, bestimmt der Entwurf (§ 555, **562**) weiter, daß derselbe die Geltend-

1) Vergl. K.O. § 49 Nr. 2, unten Anlage II K.O. § 41 Nr. 2.

machung des Pfandrechts durch Sicherheitsleistung abwenden und jede einzelne Sache durch Sicherheitsleistung in Höhe ihres Werthes von dem Pfandrechte befreien kann. Für die Art der Sicherheitsleistung sind die Vorschriften der §§ 226, **232** bis 234, **240** maßgebend.

Das Fortbestehen des Pfandrechts an den von dem Grundstück entfernten Sachen hat für den Vermiether unter Umständen nur geringen praktischen Werth. Ein ungleich wirksameres Schutzmittel liegt in der nach dem Vorgange des Preußischen Rechtes und anderer Gesetze ihm gewährten Befugniß, die Wegschaffung der seinem Pfandrecht unterliegenden Sachen, soweit er ihrer Entfernung zu widersprechen berechtigt ist, auch ohne Anrufung des Gerichts im Wege der Selbsthülfe zu verhindern und, wenn der Miether auszieht, die Sachen in seinen Besitz zu nehmen (§ 554, **561** Abs. 1). Sind solche Sachen von dem Grundstücke bereits entfernt, so steht dem Vermiether ein Selbsthülferecht nur in den Grenzen der §§ 223, **229**, 224, **230** zu. Im Uebrigen kann er, entsprechend den Vorschriften über den Schutz des durch Rechtsgeschäft bestellten Pfandrechts (§ 1210, **1227**), von dem Miether oder auch von dem dritten Besitzer, soweit dieser nicht als redlicher Erwerber nach § 920, **936** geschützt ist, Herausgabe der Sachen zum Zwecke der Zurückschaffung in das Grundstück und, wenn der Miether ausgezogen ist, die Ueberlassung des Besitzes verlangen (§ 554, **561** Abs. 2 Satz 1). Jedoch ist, nach dem Vorgange des Französischen Rechtes (Code civil Art. 2102 Nr. 1; zu vergl. auch Art. 200 des Bayer. Gesetzes vom 23. Februar 1879, § 21 des Bad. Gesetzes vom 3. März 1879, Art. 102 des Hess. Gesetzes vom 4. Juni 1879, § 22 des Elsaß-Lothring. Gesetzes vom 8. Juli 1879) bestimmt, daß das Pfandrecht erlischt, wenn der Vermiether nicht vor dem Ablauf eines Monats, nachdem er von der Entfernung der Sachen Kenntniß erhalten hat, seinen Anspruch auf Herausgabe oder Ueberlassung der Sachen gerichtlich geltend macht (§ 554, **561** Abs. 2 Satz 2). Diese Beschränkung erscheint im Interesse der Sicherheit des Verkehrs geboten; insbesondere kommen hier die Rechte desjenigen in Betracht, auf dessen Grundstück inzwischen die Sachen zufolge eines neuen Miethvertrags verbracht sind. Inhalt des Pfandrechts

Ein gleiches Pfandrecht wie dem Vermiether ist dem Verpächter eines Grundstücks eingeräumt (§ 574, **581** Abs. 2). Bei der Pacht eines landwirthschaftlichen Grundstücks wird das Pfandrecht des Verpächters noch nach verschiedenen Richtungen erweitert. Gegenstand dieses Pfandrechts sind auch diejenigen eingebrachten Sachen, welche nach § 715 Nr. 5, **811** Nr. **4** der Civilprozeßordnung der Pfändung nicht unterliegen, also das zum Wirthschaftsbetriebe unentbehrliche Geräth, Vieh- und Feldinventar nebst dem nöthigen Dünger sowie die landwirthschaftlichen Erzeugnisse, welche zur Fortsetzung der Wirthschaft bis zur nächsten Ernte unentbehrlich sind (§ 578, **585** Satz 2). Hinsichtlich dieser Gegenstände treffen die Gründe, aus welchen die unpfändbaren Sachen des Miethers dem Pfandrechte des Vermiethers entzogen sind, nicht zu. Sie haben der Regel nach einen Werth, der das Maß desjenigen, was für den nothdürftigen Unterhalt zunächst unentbehrlich ist, weit übersteigt. Das bezüglich ihrer aufgestellte Pfändungsverbot bezweckt auch nicht, den Schuldner Pfandrecht des Verpächters.

vor der äußersten Noth zu schützen, sondern es dient dem Interesse einer ungestörten Fortführung des landwirthschaftlichen Betriebs. Dieses Interesse bedarf aber keines Schutzes mehr, wenn das Pachtverhältniß, sei es durch Ablauf der für dasselbe bestimmten Zeit, sei es in Folge der Entsetzung des Pächters, beendigt ist und daher eine weitere Verwendung jener Gegenstände zum Betriebe der Wirthschaft auf dem Pachtgute nicht mehr stattfindet. Es kommt hinzu, daß bei Ausschluß dieser Gegenstände von dem Pfandrechte des Verpächters diesem regelmäßig nur eine unzulängliche Sicherheit bleiben, hierdurch aber mittelbar auch das Interesse des Pächters beeinträchtigt werden würde; denn der Verpächter wäre alsdann genöthigt, entweder sich höhere Pachtsicherheiten bestellen zu lassen oder den Pächter gegebenenfalls sofort gemäß § 547, **554** zu entsetzen. Außer den eingebrachten Sachen des Pächters werden bei der Pacht eines landwirthschaftlichen Grundstücks in Uebereinstimmung mit der großen Mehrzahl der geltenden Rechte auch die Früchte des Grundstücks dem Pfandrechte des Verpächters unterworfen (§ 578, **585** Satz 2).

Anlangend die durch das Pfandrecht gesicherten Forderungen kann, abweichend von der im § 556, **563** für die Miethe vorgesehenen Beschränkung, aber im Einklange mit dem § 41, **49** Nr. 2 der Konkursordnung, der Verpächter eines landwirthschaftlichen Grundstücks sein Pfandrecht nicht nur gegenüber dem Pächter, sondern auch gegenüber dessen anderen Gläubigern für den gesammten erst künftig fällig werdenden Pachtzins geltend machen (§ 578, **585** Satz 1). Nur durch eine solche Ausdehnung seiner Sicherheit wird der Verpächter in Stand gesetzt, bei Mißernten und sonstigen Nothständen dem Pächter Nachsicht zu gewähren und von alsbaldiger Entsetzung desselben abzusehen.

4. Form der Mieth- und Pachtverträge.

Miethe. Bei Miethverträgen über bewegliche Sachen besteht kein Anlaß zu einer Abweichung von dem Grundsatze der Formfreiheit. Hierbei würde es auch für Miethverträge über Grundstücke bewenden können, wenn deren Wirkungen sich, wie die anderer Schuldverträge, auf das Verhältniß der Vertragschließenden unter einander beschränkten. Nach dem Entwurfe tritt jedoch, wenn der Vermiether das Grundstück nach der Ueberlassung an den Miether veräußert, der Erwerber kraft des Gesetzes in die aus dem Miethverhältnisse sich ergebenden Rechte und Pflichten ein. Dadurch wird eine Formvorschrift nothwendig. Bei einem mündlich geschlossenen Miethvertrage würde dem Erwerber die Möglichkeit fehlen, sich über den Umfang und Inhalt der auf ihn übergehenden Verpflichtungen mit Zuverlässigkeit zu unterrichten. Diese Rücksicht würde allerdings zunächst es nur rechtfertigen, die volle Wirksamkeit eines Miethvertrags gegenüber dem Erwerber davon abhängig zu machen, daß der Vertrag schriftlich geschlossen oder dem Erwerber zur Zeit des Erwerbs bekannt war. Aus einer solchen Regelung würden sich jedoch nothwendig sehr verwickelte Verhältnisse ergeben. Zur Vermeidung von Unzuträglichkeiten erscheint es daher als das Zweckmäßigste, in Anlehnung an das Preußische Recht (A.L.R. I, 21 § 269) die Wirksamkeit mündlich geschlossener Miethverträge über Grundstücke auch im Verhältnisse des Miethers zum Vermiether derart zeitlich zu begrenzen, daß der Erwerber unter allen Umständen es auf sich nehmen kann, in das Miethverhältniß für die ganze Dauer einzutreten. Demgemäß schreibt der Entwurf (§ 559, **566**) für Miethverträge über Grundstücke schriftliche Form vor, wenn sie für längere Zeit als ein Jahr geschlossen werden. Die Versäumung dieser Form hat aber, abweichend von dem Grundsatze des § 121, **125** Satz 1, nicht die Nichtigkeit des Vertrags zur Folge; vielmehr gilt der ohne Beobachtung der Formvorschrift geschlossene Vertrag als auf unbestimmte Zeit eingegangen. Der Vermiether und der an seine Stelle tretende Erwerber kann ihn daher nach § 557, **564** Abs. 2, § 558, **565** Abs. 1 kündigen; die Kündigung ist jedoch nicht für eine frühere Zeit als für den Schluß des ersten Jahres zulässig.

Auf Pachtverträge über Grundstücke finden diese Vorschriften entsprechende Anwendung (§ 574, **581** Abs. 2). Pacht

5. Kauf bricht nicht Miethe.

Die Rechtsstellung des Miethers gegenüber einem Dritten, an den der Vermiether die Sache veräußert, ist in den geltenden Rechten verschieden geregelt. Geltendes Recht. Nach Gemeinem Rechte ist der Miether dem Erwerber gegenüber nicht geschützt; dieser kann jederzeit sofortige Herausgabe der Sache von ihm verlangen. Dagegen stimmen das Preußische Allgemeine Landrecht (I, 21 §§ 2 bis 5, 358 bis 360), das Französische Recht (Code civil Art. 1743 ff.) und das ihm folgende Badische Landrecht (Satz 1743 ff.) darin im Allgemeinen überein, daß sie den Miether für die vertragsmäßige Dauer des Miethverhältnisses dem Erwerber gegenüber in seinem Rechte schützen, das Preußische Recht (A.L.R. I, 21 §§ 350 ff.) jedoch mit Ausnahme des Falles einer nothwendigen gerichtlichen Veräußerung der Sache. Eine dritte Gruppe von Gesetzgebungen (Sächs. Gesetzbuch §§ 1222, 1225, 1226; § 21 des Bayer. Gesetzes vom 18. Februar 1871) hat einen Mittelweg eingeschlagen. Die betreffenden Gesetze folgen im Wesentlichen dem Gemeinen Rechte, bestimmen aber weiterhin, daß der Miether einer unbeweglichen Sache erst nach Kündigung des Erwerbers und Ablauf einer bestimmten Frist zur Räumung verpflichtet sei. Außerdem kann gemäß § 1224 des Sächsischen Gesetzbuchs und ebenso in einigen gemeinrechtlichen Gebieten (in den Großherzoglich hessischen Provinzen Starkenburg und Oberhessen, in Neuvorpommern und Rügen und in einzelnen Theilen der preußischen Provinzen Hessen-Nassau und Schleswig-Holstein) das Miethverhältniß mit der Wirkung, daß der Erwerber an dasselbe gebunden ist, in das Grundbuch eingetragen werden; nach dem Sächsischen Gesetzbuche wirkt jedoch die Eintragung nicht im Falle der Zwangsversteigerung des Grundstücks gegenüber dem Ersteher.

Die Frage, ob und inwieweit sich der Entwurf dem Grundsatze „Kauf bricht Miethe“ oder umgekehrt dem Grundsatze „Kauf bricht nicht Miethe“ anschließen solle, ist Gegenstand lebhafter Erörterung gewesen. Standpunkt des Entwurfes. Dabei hat sich die weit überwiegende Mehrheit der Stimmen für die Annahme des letzteren

Grundsatzes ausgesprochen. Vor Allem würde in den großen Rechtsgebieten, wo der Grundsatz „Kauf bricht nicht Miethe" schon jetzt zu Recht besteht, die Beseitigung desselben von der Bevölkerung als Verletzung des Rechtsgefühls und als entschiedener Rückschritt empfunden werden. In der That hat namentlich der Miether von Geschäftsräumen und der Pächter eines Landguts oder eines gewerblichen Unternehmens ein großes und berechtigtes Interesse, für die ganze Dauer der Vertragszeit gegen Austreibung thunlichst gesichert zu sein. Hiernach konnte nicht zweifelhaft sein, daß der Entwurf sich für den Grundsatz „Kauf bricht nicht Miethe" zu entscheiden habe.

Regelung im Einzelnen. Beschränkung auf Grundstücke. Eines derartigen Schutzes bedarf aber nur der Miether eines Grundstücks. Der Miether einer beweglichen Sache ist, sobald ihm der Besitz der Sache eingeräumt ist, durch die Vorschriften des Sachenrechts zur Genüge gesichert. Der Vermiether kann zwar ohne seine Einwilligung das Eigenthum an der Sache einem Anderen übertragen (§§ 915, **931**, 918, **934** Abs. 2), der Miether ist jedoch diesem gegenüber für die Dauer des Miethverhältnisses im Besitze geschützt (§ 970, **986** Abs. 2).

Erforderniß des Besitzes auf Seiten des Miethers. Auch dem Miether eines Grundstücks wird der gesetzliche Schutz gegenüber dem Erwerber lediglich unter der Voraussetzung gewährt, daß ihm zur Zeit der Veräußerung das Grundstück bereits überlassen war (§ 564, **571** Abs. 1). Mit der Rücksicht auf die Verkehrssicherheit wäre es unvereinbar, wenn dem Erwerber die Pflicht auferlegt werden würde, einen Miethvertrag auszuhalten, dessen Bestehen ihm nicht erkennbar ist. Die Erkennbarkeit ist aber nicht gesichert, bevor der Miether sich im Besitze des Grundstücks befindet. Auf der anderen Seite ist die Benachtheiligung, die ein noch nicht im Besitze befindlicher Miether dadurch erleidet, daß in Folge der Veräußerung des Grundstücks der Vertrag nicht zur Erfüllung gelangt, in der Regel minder erheblich. Hat der Miether an der Erfüllung im einzelnen Falle ein besonderes Interesse, so kann er sich durch die Vereinbarung einer Vertragsstrafe oder durch die Eintragung einer Sicherungshypothek für seinen Anspruch auf Schadensersatz wegen Nichterfüllung genügende Sicherheit schaffen.

Eintritt des Erwerbers in den Miethvertrag. Der Grundsatz „Kauf bricht nicht Miethe" hat zur Folge, daß der Erwerber an Stelle des Vermiethers in alle während der Dauer seines Eigenthums aus dem Miethverhältnisse sich ergebenden Verpflichtungen eintritt (§ 564, **571** Abs. 1). Der Erwerber ist gegen übermäßige Belastung mit Verpflichtungen, die er zur Zeit des Erwerbs nicht gekannt hat, dadurch geschützt, daß Miethverträge von längerer als einjähriger Dauer der schriftlichen Form bedürfen und daß der Vermiether verpflichtet ist, ihm über die bestehenden Miethverträge Auskunft zu geben, sowie die etwaigen Vertragsurkunden ihm mitzutheilen (vergl. § 438, **444**). Andererseits tritt der Erwerber an Stelle des Vermiethers auch in die während der Dauer seines Eigenthums sich aus dem Miethverhältniß ergebenden Rechte ein. Es wäre keine angemessene Regelung, wenn die Rechte nur nach den Grundsätzen über die Abtretung von Forderungen auf den Erwerber übergehen würden. Die nicht in Forderungen bestehenden Rechte des Vermiethers, wie das Recht zur Kündigung oder zur Genehmigung einer Untervermiethung, würden alsdann ohne jeden Grund bei dem Vermiether bleiben, auch müßte der Erwerber Vorausverfügungen des Vermiethers über die Miethzinsforderungen schlechthin gegen sich gelten lassen und somit dem Miether den Gebrauch des Grundstücks ohne entsprechendes Entgelt gewähren.

Mit dem Eintritte des Erwerbers an Stelle des Vermiethers endigen die Rechte des letzteren aus dem Miethverhältniß, und seine Verpflichtungen gehen insofern auf den Erwerber über, als der Miether Erfüllung nur noch von diesem, nicht mehr von dem Vermiether verlangen kann. Dagegen darf der Vermiether nicht durch die Veräußerung von jeder Haftung gegenüber dem Miether frei werden, so daß dieser unter Umständen einen zahlungsunfähigen Erwerber als alleinigen Schuldner erhielte. Der Entwurf (§ 564, **571** Abs. 2) bestimmt daher, daß, soweit der Miether von dem Erwerber Schadensersatz wegen Nichterfüllung der auf diesen übergegangenen Verpflichtungen zu fordern berechtigt ist, der Vermiether für den Schadensersatz in gleicher Weise haftet wie ein Bürge, der auf die Einrede der Vorausklage verzichtet hat. Der Vermiether wird jedoch von der Haftung befreit, wenn der Miether, nachdem er von dem Uebergang des Eigenthums durch Mittheilung des Vermiethers Kenntniß erlangt hat, das Miethverhältniß nicht für den ersten zulässigen Termin kündigt. In diesem Falle darf davon ausgegangen werden, daß er den Erwerber an Stelle des Vermiethers als alleinigen Schuldner annehmen wolle.

Vorausverfügungen des Vermiethers.

Der Grundsatz, daß der Erwerber in die während der Dauer seines Eigenthums aus dem Miethverhältnisse sich ergebenden Rechte eintritt, bedarf gewisser Einschränkungen. Würde er streng durchgeführt, so könnte der Erwerber es unbedingt ablehnen, Verfügungen, die der Vermiether vor dem Eigenthumsübergang über den in die Zeit der Berechtigung des Erwerbers fallenden Theil der Miethzinsforderung getroffen hat, namentlich also die Abtretung oder Einziehung dieses Theiles, gegen sich gelten zu lassen. Für den Vermiether sind jedoch Verfügungen über einen Miethzins, dessen Fälligkeit nahe bevorsteht, oft wirthschaftlich nothwendig. Der Entwurf (§ 566, **573**) bestimmt daher im Einklange mit den für die Hypothek geltenden Vorschriften des § 1107, **1124**, daß derartige von dem Vermiether vor dem Uebergange des Eigenthums getroffene Verfügungen dem Erwerber gegenüber insoweit wirksam sind, als sie sich auf den Miethzins für das zur Zeit des Eigenthumswechsels laufende und das folgende Kalendervierteljahr beziehen. Weitergehende Vorausverfügungen des Vermiethers über den Miethzins muß der Erwerber dann gegen sich gelten lassen, wenn er sie zur Zeit des Eigenthumsüberganges gekannt hat. Der Erwerber ist meist in der Lage, schon bevor er mit dem Vermiether abschließt, sich durch Erkundigung bei dem Miether darüber zu vergewissern, ob eine Vorausverfügung der bezeichneten Art getroffen ist; hat er aber erst nach dem Abschlusse von der Verfügung Kenntniß erlangt, so kann er von dem Vermiether Schadloshaltung verlangen. Eine wesentliche Gefährdung des Erwerbers ist daher von der Vorschrift des § 566, **573** nicht zu besorgen.

Schutz des Miethers bei Unkenntniß von der Veräußerung.

Auf der anderen Seite kann dem Miether hinsichtlich solcher Rechtsgeschäfte, die nach dem Eigenthumswechsel zwischen ihm und dem Vermiether in Bezug auf die Miethzinsforderung vorgenommen sind, ein Schutz insoweit nicht versagt werden, als er von dem Uebergange des Eigenthums keine Kenntniß hatte. Er befindet sich in ähnlicher Lage wie im Falle der Abtretung einer Forderung der Schuldner, der von dieser Abtretung noch keine Kenntniß erlangt hat. Der Entwurf (§§ 567, **574**, 568, **575**) überträgt daher den Inhalt der für diesen Fall geltenden Vorschriften des § 400, **406** und des § 401, **407** Abs. 1 auf das hier in Frage stehende Verhältniß des Miethers zum Erwerber. Umgekehrt sichert, entsprechend der Vorschrift des § 403, **409** Abs. 1 Satz 1, Abs. 2, der § 569, **576** den Miether gegen die Gefahr doppelter Leistung für den Fall, daß er vom Vermiether eine Anzeige erhalten hat, wonach das Eigenthum an dem vermietheten Grundstück auf einen Dritten übertragen ist: der Vermiether muß in Ansehung der Miethzinsforderung die Uebertragung gegen sich gelten lassen, ohne Rücksicht darauf, ob eine solche wirksam erfolgt ist oder nicht. Das Gleiche gilt gemäß § 877, **893** dann, wenn die Uebertragung des Eigenthums zwar nicht angezeigt, aber im Grundbuch eingetragen ist.

Stellung des Miethers im Falle der Zwangsversteigerung.

Die Frage, inwieweit der Grundsatz „Kauf bricht nicht Miethe" für den Fall der Zwangsversteigerung des vermietheten Grundstücks einer Einschränkung bedarf, wird in dem Gesetze, betreffend die Zwangsvollstreckung in das unbewegliche Vermögen, zu regeln sein [1]).

XIV. Dienstvertrag.

1. Gegenstand des Dienstvertrags.

Die Vorschriften des Entwurfes über den Dienstvertrag (§§ 604, **611** bis 620, **630**) gelten für alle Verträge, durch die sich der eine Theil zur Leistung von Diensten, der andere zur Gewährung einer Vergütung verpflichtet, soweit solche Verträge nicht durch besondere, neben dem Bürgerlichen Gesetzbuch in Kraft bleibende Reichs- oder Landesgesetze geregelt sind. Für die Anwendbarkeit der Vorschriften des Entwurfes ist es unerheblich, welcher Art die zugesagten Dienste sind (§ 604, **611** Abs. 2). Die Unterscheidungen, welche das Römische Recht in dieser Hinsicht aufstellte, haben für die heutigen gesellschaftlichen Verhältnisse keine Bedeutung mehr.

2. Fürsorgepflicht des Dienstberechtigten.

Nach dem Vorgange des § 120a Abs. 1 der Gewerbeordnung legt der Entwurf dem Dienstberechtigten die Fürsorge für den Schutz des zur Dienstleistung Verpflichteten gegen Gefährdung von Leben und Gesundheit insoweit auf, als die Natur der Dienstleistung es gestattet. Die Pflicht der Fürsorge erstreckt sich auf die Räume, Vorrichtungen oder Geräthschaften, die der Dienstberechtigte zur Verrichtung der Dienste zu beschaffen hat, sowie auf die Regelung der Dienstleistungen, die unter seiner Anordnung oder Leitung vorzunehmen sind (§ 610 Abs. 1 Satz 1, **618** Abs. 1). Eine Verletzung dieser Pflicht begründet für den Dienstberechtigten die Verbindlichkeit zum Schadensersatze,

1) Vergl. Zw.V.G. § 57.

wenn ihm ein Verschulden zur Last fällt (§ 610 Abs. 1 Satz 2)[1]), d. h. (nach § 270, **276** Abs. 1) wenn die Verletzung auf Vorsatz oder auf der Außerachtlassung der im Verkehr erforderlichen Sorgfalt beruht. Umfang und Art der Ersatzleistung bestimmen sich nach den Vorschriften, welche für den Schadensersatz wegen unerlaubter Handlungen gelten (§ 610 Abs. 1 Satz 3, **618** Abs. 3). Inwieweit der Dienstberechtigte auch dann ersatzpflichtig bleibt, wenn dem Beschädigten in Folge eines Unfalls aus einer auf Grund gesetzlicher Verpflichtung bestehenden Kranken- oder Unfallversicherung etwas zukommt, entscheidet sich nach den bezüglichen Gesetzen (vergl. § 57 des Gesetzes, betreffend die Krankenversicherung der Arbeiter, vom 15. Juni 1883, Reichs-Gesetzbl. S. 73; §§ 95 ff. des Unfallversicherungsgesetzes vom 6. Juli 1884, Reichs-Gesetzbl. S. 69).

Soll die in dieser Weise gesetzlich geordnete Fürsorgepflicht ihren Zweck erfüllen, so muß sie auch gegenüber der Vertragsfreiheit der Betheiligten sichergestellt werden. In dem Entwurfe wird daher jeder die Pflicht im Voraus ausschließenden oder beschränkenden Vereinbarung die Wirksamkeit versagt (§ 610 Abs. 2, **619**).

3. Kündigungsrecht und Kündigungsfrist.

Dienstverhältniß von bestimmter Dauer.

Bei Dienstverhältnissen, die auf bestimmte Zeit eingegangen sind oder deren Dauer sich aus dem Zwecke der übernommenen Dienste ergiebt, steht der Zeitpunkt der Beendigung von vornherein fest (§ 611, **620** Abs. 1). Beide Theile sind daran gebunden. Diese Gebundenheit darf indessen nicht dahin führen, daß die wirthschaftliche Freiheit des zur Leistung der Dienste Verpflichteten in unzulässiger Weise beschränkt wird. Im Anschluß an die neuere Rechtsentwicklung (vergl. § 17 des Preuß. Edikts vom 14. September 1811; Code civil Art. 1780; Sächs. Gesetzbuch § 1234) wird daher bei Dienstverhältnissen, die für die Lebenszeit einer Person oder für längere Zeit als fünf Jahre eingegangen sind, dem Verpflichteten vom Entwurfe das Recht gewährt, das Verhältniß nach dem Ablaufe von fünf Jahren unter Einhaltung einer sechsmonatigen Frist zu kündigen (§ 615, **624** Satz 1, 2). Wenn der Verpflichtete ausnahmsweise befugt ist, die Dienste durch einen Anderen leisten zu lassen, bedarf er dieses Schutzes nicht, und die Vorschrift findet daher in diesem Falle keine Anwendung (§ 615 Satz 3)[2]).

Dienstverhältniß von nicht bestimmter Dauer.

Ist die Dauer des Dienstverhältnisses nicht bestimmt, so muß es jedem Theile freistehen, dasselbe durch Kündigung zu beendigen. Die Voraussetzungen für die Zulässigkeit der Kündigung, namentlich die einzuhaltende Frist, bestimmen sich in erster Linie nach dem Inhalte des Vertrags, für dessen Auslegung die Verkehrssitte (§ 153, **157**) von weittragender Bedeutung ist. Bei einer Reihe von Dienstverhältnissen, wie bei denen des Gesindes, der Handelsgehülfen, der

---

1) Diese Vorschrift entspricht dem redaktionell geänderten § 618 Abs. 3 B.G.B. (K.B. S. 80).

2) Der Satz ist gestrichen, weil er zu einer Beschränkung der persönlichen Freiheit in den Fällen führen könne, in denen der Verpflichtete nicht in der Lage sei, einen Vertreter zu beschaffen. K.B. S. 82.

Schiffsmannschaft, der gewerblichen Arbeiter, ist die Kündigung durch besondere Vorschriften geordnet. Soweit es hiernach an Bestimmungen fehlt, greift der Entwurf mit ergänzenden Vorschriften ein. Ist die für die Dienste vereinbarte Vergütung nach Zeitabschnitten (Tagen, Wochen, Monaten u. s. w.) bemessen, so entspricht es den Anschauungen des Verkehrs, daß bei der Kündigung eine Frist einzuhalten ist, welche der Länge jenes Zeitabschnitts entspricht (§ 612, **621**).

Dienstverhältnisse höherer Art.

Eine Abweichung hiervon ist jedoch geboten für das Dienstverhältniß derjenigen mit festen Bezügen zur Leistung von Diensten höherer Art angestellten Personen, deren Erwerbsthätigkeit durch das Dienstverhältniß vollständig oder hauptsächlich in Anspruch genommen wird, wie insbesondere der Lehrer, Erzieher, Privatbeamten, Gesellschafterinnen. Nach der Natur der bezeichneten Dienste bedürfen solche Angestellte, wenn sie durch Kündigung genöthigt werden, eine neue Stellung zu suchen, hierzu einer längeren Zeit. Im Anschluß an die Vorschriften, welche aus Rücksichten ähnlicher Art schon jetzt zu Gunsten der Handelsgehülfen sowie der gewerblichen Betriebsbeamten und höheren technischen Bediensteten gelten (Art. 61 des Handelsgesetzbuchs[1]; § 133a der Gewerbeordnung), bestimmt deshalb der Entwurf (§ 613, **622**), daß jene Dienstverhältnisse nur für den Schluß eines Kalendervierteljahres und nur unter Einhaltung einer Kündigungsfrist von sechs Wochen gekündigt werden können, auch wenn die Vergütung nach kürzeren Zeitabschnitten als Vierteljahren bemessen ist.

Ist bei einem Dienstverhältnisse von nicht bestimmter Dauer die Vergütung nicht nach Zeitabschnitten bemessen, so liegt keinerlei Anhalt für die Absicht, ein Dienstverhältniß von Bestand zu begründen, vor, und es muß daher beiden Theilen die Kündigung jederzeit freistehen. Nur dann, wenn das Dienstverhältniß die Erwerbsthätigkeit des Bediensteten vollständig oder hauptsächlich in Anspruch nimmt, erfordert die Rücksicht auf die Lage des Bediensteten, daß bei der Kündigung eine Frist eingehalten wird: der Entwurf bemißt dieselbe auf zwei Wochen (§ 614, **623**).

Außerordentliches Kündigungsrecht.

Schließlich gewährt der Entwurf, nach dem Vorgange der gemeinrechtlichen Praxis und der neueren Gesetzgebungen (vergl. Preuß. A.L.R. I, 5 §§ 377 ff.; Sächs. Gesetzbuch §§ 1241, 1242), sowohl für Dienstverhältnisse von bestimmter Dauer als auch für solche Dienstverhältnisse von unbestimmter Dauer, die nur unter Einhaltung einer Kündigungsfrist gekündigt werden können, jedem Theile das Recht, ohne Einhaltung einer Frist zu kündigen, wenn ein wichtiger Grund vorliegt (§ 617, **626**). Eine nähere gesetzliche Feststellung der die Kündigung rechtfertigenden Umstände ist bei der Mannigfaltigkeit der Verhältnisse, für welche die Vorschrift gelten soll, ausgeschlossen. Die Berechtigung des im einzelnen Falle geltend gemachten Kündigungsgrundes muß der richterlichen Beurtheilung überlassen werden. Ein Verschulden des anderen Theiles ist zur Begründung dieses außerordentlichen Kündigungsrechts nicht erforderlich. Einer Erweiterung bedarf dasselbe für gewisse Dienstverhältnisse, deren gemeinsame Eigenthümlichkeit darin besteht, daß sie Dienste höherer Art zum Gegenstande haben, die auf Grund besonderen Vertrauens

1) Vergl. H.G.B. §§ 66 bis 68, 77.

übertragen zu werden pflegen, wie dies namentlich bei den Diensten der Aerzte, Lehrer und Rechtsanwälte zutrifft. Nach der Natur solcher Vertragsverhältnisse kann keinem der beiden Theile die Fortsetzung zugemuthet werden, wenn das persönliche Vertrauen zwischen ihnen erschüttert ist. Auch ohne das Vorhandensein eines nachweisbaren wichtigen Grundes muß daher dem einen wie dem anderen Theile die Kündigung jeder Zeit gestattet sein, vorausgesetzt, daß es sich nicht um ein dauerndes Dienstverhältniß mit festen Bezügen handelt, wie z. B. bei einem Leibarzte, Hofmeister, Syndikus (§ 618, **627** Abs. 1). Die gegenseitigen Ansprüche in den Fällen einer nach den §§ 617, **626**, 618, **627** erfolgenden Kündigung sind im § 619, **628** geregelt.

4. Verpflichtung zur Ausstellung eines Dienstzeugnisses.

Eine Verpflichtung des Dienstberechtigten, bei Beendigung des Dienstverhältnisses dem Dienstleistenden ein schriftliches Zeugniß über das Dienstverhältniß und dessen Dauer zu ertheilen, ist schon gegenwärtig für das Arbeitsverhältniß der gewerblichen Arbeiter durch den § 113 der Gewerbeordnung und für das Gesindeverhältniß durch viele Gesindeordnungen anerkannt. Der Dienstpflichtige hat aber auch bei allen dauernden Dienstverhältnissen anderer Art ein berechtigtes Interesse an der Erlangung eines solchen Zeugnisses. Dabei ist es für sein weiteres Fortkommen häufig von Wichtigkeit, daß das Zeugniß sich auch über seine Leistungen und seine Führung im Dienste ausläßt. Der Entwurf hat daher das Recht des zur Dienstleistung Verpflichteten auf ein schriftliches Zeugniß in dem vorstehenden Sinne geregelt (§ 620, **630**).

XV. Werkvertrag.

1. Begriff.

Ein Werkvertrag im Sinne des Entwurfes ist der Vertrag, durch den sich der eine Theil zur Herstellung eines Werkes, der andere Theil zur Entrichtung einer Vergütung verpflichtet (§ 621, **631** Abs. 1). Während für den Dienstvertrag die Dienste oder die Arbeit als solche in Betracht kommen, ist bei dem Werkvertrage das Werk, also das Erzeugniß der Dienste oder der Arbeit, Gegenstand der Verpflichtung.

Das Werk kann nach dem Entwurfe nicht nur in der Herstellung oder Veränderung einer Sache, sondern, entsprechend dem Gemeinen Rechte und dem § 1243 des Sächsischen Gesetzbuchs, auch in einem sonstigen durch Arbeit oder Dienstleistung herbeizuführenden Erfolge bestehen (§ 621, **631** Abs. 2). Den Vorschriften über den Werkvertrag unterliegen hiernach insbesondere auch entgeltliche Verträge über die Beförderung von Personen und Sachen, soweit sie nicht durch das Handelsgesetzbuch oder andere Reichsgesetze geregelt sind, sowie über wissenschaftliche und künstlerische Leistungen.

2. Gewährleistung wegen Mängel des Werkes.

Inhalt der Gewährleistungspflicht.

Der Werkvertrag verpflichtet den Unternehmer zur vertragsmäßigen Herstellung des Werkes. Die von dem Unternehmer zu vertretende Beschaffenheit des Werkes wird in Uebereinstimmung mit der für die Haftung des Verkäufers geltenden Vorschrift des § 453, **459** Abs. 1 näher dahin bestimmt, daß das Werk die zugesicherten Eigenschaften haben muß und nicht mit solchen Fehlern behaftet sein darf, die den Werth oder die Tauglichkeit zu dem gewöhnlichen oder dem nach dem Vertrage vorausgesetzten Gebrauch aufheben oder mindern (§ 623, **633** Abs. 1). Durch Vereinbarung kann die Gewährleistungspflicht des Unternehmers erweitert, beschränkt oder erlassen werden; eine vertragsmäßige Ausschließung oder Beschränkung ist jedoch, entsprechend der für den Kauf geltenden Vorschrift des § 470, **476**, nichtig, wenn der Unternehmer den Mangel arglistig verschweigt (§ 627, **637**).

Rechte des Bestellers wegen Mängel.

Die Rechtsfolgen, welche sich aus dem Mangel der vertragsmäßigen Beschaffenheit ergeben, hat der Entwurf ebenso wie die meisten neueren Gesetzgebungen (vergl. Preuß. A.L.R. I, 5 §§ 318 ff., I, 11 §§ 947 ff.; Sächs. Gesetzbuch § 1247) für den Werkvertrag mit Rücksicht auf die bei demselben obwaltenden besonderen Verhältnisse selbständig geregelt.

Recht auf Beseitigung des Mangels.

Im Anschluß an das Gemeine Recht und den § 1247 des Sächsischen Gesetzbuchs wird dem Besteller zunächst das Recht gewährt, die Beseitigung des Mangels zu verlangen (§ 623, **633** Abs. 2 Satz 1). Erfordert jedoch die Beseitigung des Mangels einen unverhältnißmäßigen Aufwand — wie dies namentlich bei Bauwerken der Fall sein kann —, so gestattet der Entwurf (§ 623, **633** Abs. 2 Satz 2) aus Rücksichten der Billigkeit dem Unternehmer, die Beseitigung zu verweigern. Ist der Unternehmer mit der Beseitigung eines Mangels im Verzuge (vergl. §§ 278, **284**, 279, **285**), so kann nach § 623, **633** Abs. 3 der Besteller den Mangel selbst beseitigen und Ersatz der erforderlich gewesenen Aufwendungen verlangen (vergl. § 531, **538** Abs. 2).

Recht auf Wandelung oder Minderung

Ein Recht, statt der Beseitigung des Mangels die Rückgängigmachung des Vertrags (Wandelung) oder die Herabsetzung der Vergütung (Minderung) zu verlangen, steht dem Besteller nach dem Entwurfe nicht von vornherein zu. Für eine derartige Begünstigung des Bestellers liegt kein Bedürfniß vor, und sie könnte, namentlich wo es sich um leicht zu beseitigende Mängel handelt, auch zu Mißbrauch Anlaß geben. Dagegen fordert es, wenn der Mangel nicht innerhalb einer dem Unternehmer von dem Besteller bestimmten angemessenen Frist beseitigt ist, die Rücksicht auf die Lage des letzteren, daß er ohne Unterschied, ob dem Unternehmer ein Verschulden zur Last fällt oder nicht, nunmehr das Recht erhält, Wandelung oder Minderung zu verlangen (§ 624, **634** Abs. 1). Der vorgängigen Bestimmung einer Frist bedarf es nach dem Entwurfe dann nicht, wenn die sofortige Geltendmachung des Anspruchs auf Wandelung oder auf Minderung durch ein besonderes Interesse des Bestellers gerechtfertigt wird; dasselbe gilt, wenn die Beseitigung des Mangels unmöglich ist oder von dem Unternehmer, sei es gemäß § 623, **633** Abs. 2 Satz 2, sei es ohne Grund, verweigert wird (§ 624, **634** Abs. 2).

Uebrigens wird der Anspruch auf Wandelung im Hinblick auf die eingreifenden Folgen desselben dem Besteller für alle die Fälle versagt, in denen es sich um einen Mangel handelt, der den Werth oder die Tauglichkeit des Werkes nur unerheblich beeinträchtigt (§ 624, **634** Abs. 3).

Anspruch auf Schadensersatz.

Beruht der Mangel auf einem von dem Unternehmer zu vertretenden Umstande, insbesondere auf einem Verschulden des Unternehmers selbst (§ 270, **276**) oder auf dem Verschulden von Personen, deren er sich zur Erfüllung seiner Verbindlichkeit bedient hat (§ 272, **278**), so gewährt der Entwurf (§ 625, **635**) im Einklange mit dem Gemeinen und dem Preußischen Rechte (A.L.R. I, 5 §§ 318, 320, I, 11 §§ 947, 951) dem Besteller die Befugniß, statt der Wandelung oder der Minderung Schadensersatz wegen Nichterfüllung zu verlangen.

Verjährung der Ansprüche des Bestellers.

Die Gründe, aus denen die Ansprüche des Käufers wegen Mängel der Sache einer kurzen Verjährung unterworfen sind, treffen auch für die Ansprüche des Bestellers wegen eines Mangels des Werkes zu. Der Entwurf (§§ 628, **638**, 629, **639**) überträgt daher nach dem Vorgange des Preußischen Allgemeinen Landrechts (I, 5 §§ 318, 343 ff.) die für die kurze Verjährung der Ansprüche des Käufers geltenden Vorschriften der §§ 471, **477** bis 473, **479** auf die hier fraglichen Ansprüche, jedoch mit einigen Aenderungen; insbesondere ist, soweit die Herstellung eines Bauwerks in Frage steht, die Verjährungsfrist im Anschluß an neuere Gesetzgebungen (Preuß. A.L.R. I, 11 §§ 968, 969; Code civil Art. 1792, 2270) verlängert, und zwar auf fünf Jahre. Innerhalb dieses Zeitraums treten erfahrungsmäßig bei Bauwerken Mängel des Materials oder der Ausführung in der Regel zu Tage.

3. Tragung der Gefahr.

Die gemeinrechtlich bestrittene und auch in den neueren Gesetzgebungen (vergl. Preuß. A.L.R. I, 11 §§ 960, 967; Code civil Art. 1790; Sächs. Gesetzbuch § 1249) verschieden beantwortete Frage, bis zu welchem Zeitpunkte den Unternehmer die Gefahr des zufälligen Unterganges oder der zufälligen Verschlechterung des Werkes trifft, entscheidet der Entwurf im Einklange mit dem Preußischen Rechte dahin, daß der Unternehmer die Gefahr bis zur Abnahme, sofern aber eine Abnahme durch die Beschaffenheit des Werkes ausgeschlossen ist, bis zur Vollendung des Werkes trägt (§ 634, **644** Abs. 1 Satz 1, § 636, **646**). Diese Regel entspricht dem Wesen des Werkvertrags, bei welchem die Vergütung nicht für die Arbeit als solche, sondern für das Erzeugniß der Arbeit zugesagt ist, und rechtfertigt sich auch durch die Erwägung, daß dem Besteller nicht zugemuthet werden darf, die Gefahr zu übernehmen, solange er nicht in der Lage gewesen ist, die Vertragsmäßigkeit des Werkes zu prüfen. Die Tragung der Gefahr kann übrigens, entsprechend der Vorschrift des § 317, **323**, für den Unternehmer lediglich die Folge haben, daß er des Anspruchs auf die Gegenleistung verlustig wird. Für den zufälligen Untergang oder eine zufällige Verschlechterung des vom Besteller gelieferten Stoffes ist der Unternehmer nicht verantwortlich (§ 634, **644** Abs. 1 Satz 3).

Die Regel, daß die Gefahr erst mit der Abnahme übergeht, erleidet jedoch eine Ausnahme, wenn der Besteller in Verzug der Annahme kommt. In diesem Falle soll, in Uebereinstimmung mit dem bestehenden Rechte, die Gefahr mit dem Eintritte des Verzugs auf den Besteller übergehen (§ 634, **644** Abs. 1 Satz 2). Eine weitere Ausnahme enthält die Vorschrift des § 634, **644** Abs. 2. Danach hat, wenn das Werk auf Verlangen des Bestellers von dem Unternehmer nach einem anderen Orte als dem Erfüllungsorte versendet wird, entsprechend den für den Kauf geltenden Vorschriften (§ 441, **447**), der Besteller die Gefahr der Versendung zu tragen.

4. Abgrenzung des Werkvertrags vom Kaufe.

Der Vertrag, durch den sich der eine Theil verpflichtet, gegen Vergütung ein Werk aus einem von ihm selbst zu beschaffenden Stoffe herzustellen und dem anderen Theile zu liefern, wird von den geltenden Rechten verschieden behandelt.

Ist der Vertrag auf Lieferung einer vom Unternehmer herzustellenden vertretbaren Sache (§ 87, **91**) gerichtet, so tritt im Verkehre des täglichen Lebens die Auffassung, daß der Unternehmer eine Arbeit zu leisten habe, durchaus zurück. Sachen dieser Art haben regelmäßig einen größeren Abnehmerkreis und werden daher vielfach auf Vorrath angefertigt. Eben deshalb begründet es nach der allgemeinen Anschauung der Betheiligten keinen Unterschied, ob der Unternehmer dem Besteller eine für diesen erst hergestellte oder eine schon vorhandene Sache liefert. Demgemäß läßt der Entwurf in Uebereinstimmung mit dem Art. 338 des Handelsgesetzbuchs auf die bezeichneten Fälle ausschließlich die Vorschriften über den Kauf Anwendung finden (§ 641, **651** Abs. 1 Satz 1, 2).

Aber auch der Vertrag, durch den der Unternehmer sich verpflichtet, eine nicht vertretbare Sache aus einem von ihm zu beschaffenden Stoffe herzustellen, unterscheidet sich wesentlich von dem Vertrage, welcher auf Verarbeitung eines vom Besteller gelieferten Stoffes gerichtet ist. Im letzteren Falle kommt die Arbeit des Unternehmers unmittelbar dem Vermögen des Bestellers zu Gute. Liefert dagegen der Unternehmer den Stoff, so bleibt das Werk zunächst sein Eigenthum und seiner Verfügung unterworfen; wie bei dem Kaufe, ist er aber verpflichtet, dem Besteller die vertragsmäßig hergestellte Sache zu übergeben und ihm das Eigenthum an derselben zu verschaffen. Auf der anderen Seite ist der Vertrag insofern nicht dem Kaufe, sondern dem Werkvertrage verwandt, als die Verpflichtung des Unternehmers zur Lieferung der Sache mittelbar auch die Verpflichtung in sich schließt, die Sache für den Besteller herzustellen. Mit Rücksicht hierauf hat der Entwurf (§ 641, **651** Abs. 1 Satz 2) die fraglichen Fälle in der Weise geregelt, daß er die Vorschriften über den Kauf grundsätzlich für anwendbar erklärt, dieselben aber durch Bezugnahme auf eine Anzahl der für den Werkvertrag geltenden Bestimmungen abändert. Insbesondere soll der Besteller wegen eines Mangels der gelieferten Sache regelmäßig nicht nach Maßgabe des § 456, **462** sofortige Wandelung oder Minderung, sondern nach §§ 623, **633** ff. zunächst nur Beseitigung des Mangels verlangen können.

XVI. Haftung der Gastwirthe für eingebrachte Sachen der Gäste.

Standpunkt des Entwurfes.

In der gesammten neueren Gesetzgebung finden sich besondere Vorschriften, durch welche die Haftung der Gastwirthe für die von den Gästen eingebrachten Sachen über das Maß hinaus erweitert wird, das an sich den allgemeinen Grundsätzen entsprechen würde (vergl. Preuß. A.L.R. II, 8 §§ 444 ff.; Code civil Art. 1952 ff.; Sächs. Gesetzbuch §§ 1280 ff.). In der That reichen die gewöhnlichen Vorschriften über die Verbindlichkeit zum Schadensersatze wegen Verletzung einer Vertragspflicht oder wegen unerlaubter Handlungen zum Schutze des reisenden Publikums nicht aus; denn nach diesen Vorschriften würde die Ersatzpflicht regelmäßig von dem nach Lage der Verhältnisse selten möglichen Nachweise abhängen, daß der Verlust oder die Beschädigung eingebrachter Sachen durch schuldhafte Verletzung der vertragsmäßigen Verpflichtung des Wirthes verursacht sei. Hiernach hat der Entwurf die fragliche Haftung der Gastwirthe beibehalten, sie aber so geregelt, daß einerseits den Gästen ein wirksamer Schutz gewährt, andererseits eine unbillige Belastung der Wirthe vermieden wird.

Voraussetzungen der Haftung.

Den Vorschriften des Entwurfes unterliegen nur Gastwirthe, die gewerbsmäßig Fremde zur Beherbergung aufnehmen, und nur in Ansehung der Sachen, die von einem im Betriebe dieses Gewerbes aufgenommenen Gaste eingebracht sind (§ 688, **701** Abs. 1 Satz 1, Abs. 2). Die Ausdehnung der Haftung auf bloße Stallwirthe in Betreff der bei ihnen eingestellten Wagen und Thiere würde den heutigen Verhältnissen nicht entsprechen und ist den meisten neueren Gesetzgebungen fremd.

Die Haftung des Gastwirths tritt nach § 688, **701** Abs. 1 Satz 2 nicht ein, wenn der Schaden von dem Gaste, einem Begleiter des Gastes oder einer Person, die er bei sich aufgenommen hat, verursacht wird oder durch die Beschaffenheit der Sachen oder durch höhere Gewalt entsteht. Diese Ausnahmen schließen sich dem geltenden Rechte an (vergl. Preuß. A.L.R. II, 8 §§ 447, 451; Sächs. Gesetzbuch § 1285), zum Theil übrigens in erweiterter Gestalt.

Die strenge Haftung kann nach Maßgabe der allgemeinen Grundsätze (vergl. § 270, **276** Abs. 2) durch Vereinbarung ermäßigt oder erlassen werden, insbesondere in der Weise, daß eine hierauf gerichtete Erklärung des Gastwirths vom Gaste stillschweigend angenommen wird. Jedoch soll, wie der Entwurf zur Beseitigung der gegenwärtig in der Rechtsprechung bestehenden Zweifel ausdrücklich bestimmt (§ 688, **701** Abs. 3), ein Anschlag, durch welchen der Gastwirth die Haftung ablehnt, keine Wirkung haben.

Umfang der Haftung.

Die Haftung des Gastwirths erstreckt sich im Allgemeinen auf allen Schaden, welchen der Gast, sei es durch die Leute des Gastwirths oder durch andere Gäste oder durch Dritte oder durch einen nicht als höhere Gewalt anzusehenden Zufall, bezüglich der eingebrachten Sachen erleidet. Jedoch ist die Haftung für Geld, Werthpapiere und Kostbarkeiten mit Rücksicht auf die sich hieraus für den Gastwirth ergebenden besonderen Gefahren dem geltenden

Rechte gegenüber wesentlich gemildert, und zwar im Anschluß an verwandte Bestimmungen, wie sie das Handelsgesetzbuch (Art. 395, 608) [1]) für den Land- und Seefrachtverkehr enthält. Der Entwurf (§ 689, **702**) läßt eine dem Betrage nach unbeschränkte Haftung bezüglich der Werthsachen nur dann eintreten, wenn der Wirth die Werthsachen in Kenntniß ihrer Eigenschaft als solcher zur Aufbewahrung übernimmt oder die Aufbewahrung ablehnt oder wenn der Schaden von ihm oder seinen Leuten verschuldet wird. Liegt keiner der drei angeführten Fälle vor, so soll sich die Haftung der Gastwirthe für Werthsachen auf einen Höchstbetrag beschränken, für den der Entwurf die Summe von eintausend Mark festsetzt. Ein solcher Höchstbetrag findet sich auch in neueren Gesetzen des Auslandes, z. B. in einem französischen Gesetze vom 18. April 1889.

Anzeigepflicht des Gastes.

Das Interesse des Gastwirths erfordert, daß er von einem Schaden, wegen dessen er in Anspruch genommen werden soll, so bald als möglich Kenntniß erhält. Nur hierdurch wird er in den Stand gesetzt, die Angaben des Gastes auf ihre Richtigkeit zu prüfen und gegebenenfalls noch Schritte zur Abwendung des Schadens zu thun. Die geltenden Gesetze tragen diesem Interesse des Gastwirths keine Rechnung. Dagegen hat der Entwurf dasselbe berücksichtigt, indem er (§ 690, **703**) bestimmt, daß der Ersatzanspruch des Gastes erlischt, wenn der Gast nicht unverzüglich, nachdem er von dem Verlust oder der Beschädigung Kenntniß erlangt hat, dem Gastwirth Anzeige macht. Trotz des Unterlassens der Anzeige bleibt jedoch dem Gaste der Ersatzanspruch erhalten, wenn die Sachen dem Gastwirthe zur Aufbewahrung übergeben waren. In diesem Falle bedarf der Wirth einer Anzeige nicht, da er, wenn er die Sachen aufbewahrt hat, auch nach dem Ablaufe längerer Zeit in der Lage sein muß, die Angaben des Gastes auf ihre Richtigkeit zu prüfen.

XVII. Gesellschaft.

Geltendes Recht.

Nach dem Römischen Rechte, welchem das Gemeine Recht und das Sächsische Gesetzbuch folgen, begründet der Gesellschaftsvertrag nur Verbindlichkeiten der Gesellschafter unter einander. In ihrer gegenseitigen Pflicht, zur Erreichung des gemeinsamen Zweckes vertragsgemäß beizutragen, liegt die einzige Gewähr für die Erreichung dieses Zweckes. Ein wirkliches Gesellschaftsvermögen ist nicht vorhanden; vielmehr kommen die Vermögensgegenstände, die in Folge des Vertrags oder in Folge gemeinsamen Erwerbes den Gesellschaftern gemeinschaftlich geworden sind, den Einzelnen zu bestimmten Antheilen zu. Jeder Gesellschafter kann über seinen Antheil an den einzelnen Gegenständen verfügen, und seine Gläubiger können die Zwangsvollstreckung in diesen Antheil betreiben. Nach der deutschrechtlichen Auffassung, der im Grundgedanken das Preußische und das Französische Recht (Preuß. A.L.R. I, 17 §§ 198, 263 bis 268, 63, 67 bis 74) sowie bei der Regelung der

---

1) Vergl. H.G.B. §§ 429, 607.

offenen Handelsgesellschaft das Handelsgesetzbuch gefolgt sind, werden dagegen die gemeinschaftlichen Gegenstände dem Gesellschaftszwecke unmittelbar dienstbar gemacht und zu einem selbständigen, den Grundsätzen der sogenannten Rechtsgemeinschaft zur gesammten Hand unterliegenden Gesellschaftsvermögen vereinigt. Die Verfügung über die einzelnen zu dem Gesellschaftsvermögen gehörenden Gegenstände steht nur den Gesellschaftern gemeinschaftlich zu, die Zwangsvollstreckung in diese Gegenstände erfordert einen gegen alle Gesellschafter vollstreckbaren Titel. Gegen eine Gesellschaftsforderung kann der Schuldner eine ihm gegen einen einzelnen Gesellschafter zustehende Forderung nicht aufrechnen. Die Gläubiger eines einzelnen Gesellschafters dürfen sich nur an dasjenige halten, was ihm als Gewinnantheil oder bei der Auseinandersetzung zukommt.

Der Entwurf (§§ 705, **718** bis 707, **720**) schließt sich der deutschrechtlichen Gestaltung an, welche dem Zwecke und dem inneren Verhältnisse der Gesellschaft wie auch der regelmäßigen Absicht der Parteien mehr entspricht als die römischrechtliche Regelung. Insbesondere gewährt der Grundsatz der gesammten Hand Schutz gegen die Gefahr, daß durch Verfügungen einzelner Gesellschafter oder ihrer Gläubiger das Gesellschaftsvermögen seiner Bestimmung beliebig entzogen und damit die Erreichung des gemeinschaftlichen Zweckes vereitelt wird. Standpunkt des Entwurfes.

Der Entwurf bringt den Grundsatz der gesammten Hand nicht unmittelbar zum Ausdrucke, faßt aber in den §§ 705, **718** bis 707, **720** die leitenden Rechtssätze zusammen, welche sich aus demselben ergeben. Zunächst wird bestimmt, daß ein Gesellschafter über seinen Antheil an dem Gesellschaftsvermögen, welches aus den Beiträgen der Gesellschafter und den durch die Geschäftsführung für die Gesellschaft erworbenen Gegenständen besteht, und über seinen Antheil an den einzelnen dazu gehörenden Gegenständen nicht verfügen kann und nicht berechtigt ist, Theilung zu verlangen. Sodann wird bezüglich einer zum Gesellschaftsvermögen gehörenden Forderung dem Schuldner die Befugniß versagt, gegen diese Forderung eine ihm gegen einen einzelnen Gesellschafter zustehende Forderung aufzurechnen; dabei wird jedoch der gute Glauben des Schuldners geschützt, welcher die Zugehörigkeit einer Forderung zum Gesellschaftsvermögen nicht gekannt hat. Endlich ist eine Ergänzung der Civilprozeßordnung [1]) dahin in Aussicht genommen, daß zur Zwangsvollstreckung in das Gesellschaftsvermögen ein gegen alle Gesellschafter vollstreckbarer Schuldtitel erforderlich ist. Auf Grund eines solchen Titels findet der Zugriff gegen das Gesellschaftsvermögen nicht nur wegen Gesellschaftsschulden, sondern auch wegen anderer Verbindlichkeiten, für die alle Gesellschafter haften, statt.

Der Gläubiger eines einzelnen Gesellschafters kann aus dem Gesellschaftsvermögen oder dem Antheile seines Schuldners an diesem Vermögen keine unmittelbare Befriedigung suchen. Er kann sich vielmehr nur an die Ansprüche des betreffenden Gesellschafters halten, welche nach § 704, **717** Satz 2 über-

---

1) **Vergl. C.P.O. § 736, unten Anlage II C.P.O. § 670b.**

tragbar sind, d. h. an die demselben aus seiner Geschäftsführung zustehenden Ansprüche, soweit deren Befriedigung vor der Auseinandersetzung verlangt werden kann, ferner an den Anspruch auf einen Gewinnantheil und an den Anspruch auf dasjenige, was dem Gesellschafter bei der Auseinandersetzung zukommt. Hat der Gläubiger den Antheil seines Schuldners an dem Gesellschaftsvermögen pfänden lassen, so erhält er damit, falls sein Schuldtitel nicht bloß vorläufig vollstreckbar ist, das Recht, die Gesellschaft ohne Einhaltung einer Kündigungsfrist zu kündigen und auf diese Weise die sofortige Auseinandersetzung der Gesellschafter herbeizuführen (§ 712, **725**). Die bezeichnete Regelung entspricht im Wesentlichen dem Art. 126 des Handelsgesetzbuchs und dem § 64 des Gesetzes, betreffend die Erwerbs- und Wirthschaftsgenossenschaften, vom 1. Mai 1889 [1]).

Mit der Gestaltung des Gesellschaftsverhältnisses auf der Grundlage der gesammten Hand steht auch die Bestimmung des § 725, **738** Satz 1 im Zusammenhange, wonach, wenn ein Gesellschafter aus der Gesellschaft ausscheidet oder ausgeschlossen wird, sein Antheil am Gesellschaftsvermögen den übrigen Gesellschaftern unmittelbar, ohne daß es eines Uebertragungsaktes bedarf, zuwächst. Auch diese Bestimmung dient dazu, eine ungestörte Verfolgung des Gesellschaftszwecks sicher zu stellen.

XVIII. Gemeinschaft.

1. Wirksamkeit von Vereinbarungen der Theilhaber für und gegen ihre Sondernachfolger.

Die Vorschriften der §§ 729, **742** bis 745, **758** über die Schuldverhältnisse aus einer Gemeinschaft gelten, sofern sich nicht aus dem Gesetz ein Anderes ergiebt, für alle Fälle, in denen ein Recht, z. B. das Eigenthum an einer Sache, Mehreren gemeinschaftlich zusteht (§ 728, **741**). Besonders geregelt sind im Entwurfe die Gesellschaft (oben unter XVII) und die Erwerbsgesellschaft, die allgemeine Gütergemeinschaft unter Ehegatten (§§ 1421, **1438** ff.), die fortgesetzte Gütergemeinschaft zwischen dem überlebenden Ehegatten und den gemeinschaftlichen Abkömmlingen (§§ 1466, **1483** ff.), die Errungenschaftsgemeinschaft (§§ 1502, **1519** ff.) und die Fahrnißgemeinschaft (§§ 1532, **1549**) unter Ehegatten sowie die Gemeinschaft der Miterben (§§ 2007, **2032** ff.). Während bei allen diesen Gemeinschaften der deutschrechtliche Gedanke der gesammten Hand durchgeführt ist, hat der Entwurf die gewöhnliche Gemeinschaft im Anschluß an die geltenden Gesetze auf der Grundlage des Römischen Rechtes geregelt, wenngleich nach verschiedenen Richtungen hin auch hier der Gedanke der gesammten Hand berücksichtigt wird. Letzteres gilt namentlich von den Vorschriften des § 733, **746** und des § 738, **751** Satz 1, wonach Vereinbarungen, die von den Theilhabern über die Verwaltung und Benutzung des gemeinschaftlichen Gegenstandes oder gemäß § 737, **750** Abs. 2 über die

---

1) Jetzt § 135 H.G.B. und § 66 des Reichsges. v. 1. Mai 1889 (R.G.Bl. v. J. 1898 S. 825).

Dauer der Gemeinschaft getroffen worden sind, auch für und gegen die Sondernachfolger der Theilhaber wirksam sein sollen. Das praktische Bedürfniß erfordert, daß ein Theilhaber solche Vereinbarungen nicht durch die nach § 734, **747** Satz 1 zulässige Veräußerung seines Antheils an einen Dritten vereitele. Soweit es sich um eine Vereinbarung über die Dauer der Gemeinschaft handelt, wird indessen, entsprecheud der für die Gesellschaft geltenden Vorschrift des § 712, **725**, bestimmt, daß der Gläubiger eines Theilhabers ohne Rücksicht auf die Vereinbarung die Aufhebung der Gemeinschaft verlangen kann, wenn er auf Grund eines nicht bloß vorläufig vollstreckbaren Schuldtitels die Pfändung des Antheils seines Schuldners erwirkt hat (§ 738, **751** Satz 2).

Der Grundsatz, daß eine Vereinbarung der in § 733, **746** und § 738, **751** Satz 1 bezeichneten Art auch gegen die Sondernachfolger wirkt, erleidet eine Beschränkung, falls die Vereinbarung von den Miteigenthümern eines Grundstücks getroffen ist. Mit der von dem Entwurf angenommenen Grundbucheinrichtung ist es nicht vereinbar, daß derjenige, welcher den Antheil eines Miteigenthümers des Grundstücks erwirbt, der Gefahr ausgesetzt wird, eine so erhebliche Beeinträchtigung seines Rechtes, wie sie durch eine derartige Vereinbarung herbeigeführt werden kann, auch dann gegen sich gelten lassen zu müssen, wenn die Vereinbarung aus dem Grundbuche nicht ersichtlich ist. Der Entwurf (§ 994, **1010** Abs. 1) macht deshalb die Wirksamkeit der Vereinbarung gegen den Sondernachfolger eines Miteigenthümers davon abhängig, daß die Vereinbarung als Belastung des Antheils im Grundbuch eingetragen ist.

2. Art der Theilung.

Soll die Gemeinschaft aufgehoben werden, so unterliegt die Art der Theilung des gemeinschaftlichen Gegenstandes in erster Linie der Vereinbarung der Theilhaber. In Ermangelung einer Einigung muß richterliche Entscheidung eintreten. Das Römische und Gemeine Recht gewährt dem Richter bezüglich der Theilung eine besonders freie Stellung. Nicht nur die Art der Theilung ist seinem Ermessen überlassen, sondern es ist ihm auch die Befugniß eingeräumt, zum Vollzuge der von ihm gewählten Art unmittelbar durch seinen Spruch Rechte der Theilhaber zu übertragen, aufzuheben und zu schaffen. Die Theilung erfolgt durch sogenanntes konstitutives Theilungsurtheil. Von den neueren Gesetzgebungen steht das Sächsische Gesetzbuch (§§ 257, 341 bis 344, 953, 2347) auf dem Boden des Römischen Rechtes. Der Code civil (Art. 815 ff., 826, 831 ff., 1686 ff., 1872) folgt dem Römischen Rechte mit der Abweichung, daß er grundsätzlich Theilung in Natur, soweit diese aber nicht möglich oder angemessen ist, Versteigerung und Theilung des Erlöses vorschreibt. Das Preußische Recht (A.L.R. I, 17 §§ 87 bis 90) hat dagegen mit dem Grundsatze des Römischen Rechtes gebrochen. Ein konstitutives Theilungsurtheil findet nicht statt. Es besteht aber auch kein erzwingbarer Anspruch auf Theilung in Natur, selbst wenn diese an sich möglich und ohne Verletzung des Interesses der Betheiligten durchführbar ist. Soweit es sich nicht um Forderungen handelt, ist nach Preußischem Rechte nur eine erzwing bare Art der Theilung zugelassen, der öffentliche Verkauf des gemeinschaftlichen Gegenstandes und Theilung des Erlöses.

Auch der Entwurf (§§ 739, **752** ff.) steht auf diesem Standpunkte. Das Römische Recht setzt dem Theilungsrichter eine Aufgabe, deren befriedigende Lösung fast nur zufällig gelingen kann. Es führt in vielen Fällen zu einer ungleichmäßigen Behandlung der Theilhaber und zur Begünstigung des einen vor dem anderen. Die hierin liegende Rechtsunsicherheit wird nur vermieden, wenn das Gesetz selbst die Art der Theilung, die jeder Theilhaber verlangen kann, fest bestimmt.

Sind die Gegenstände der Gemeinschaft so beschaffen, daß sie sich ohne Minderung des Werthes in gleichartige, den Antheilen der Theilhaber entsprechende Theile zerlegen lassen, so giebt der Entwurf einen Anspruch auf Theilung in Natur (§ 739, **752**). Bei dieser Art der Theilung wird stets eine gleiche Behandlung der Theilhaber eintreten und zugleich die Umgestaltung ihrer Rechte sich auf das geringste Maß beschränken.

Sind die Voraussetzungen für die Theilung in Natur nicht gegeben, so werden die verschiedenen Interessen am besten gewahrt durch Verkauf des gemeinschaftlichen Gegenstandes nach den Vorschriften über die Zwangsvollstreckung und Theilung des Erlöses (§ 740, **753** Abs. 1 Satz 1). Bei Gegenständen, deren Veräußerung an Dritte unstatthaft ist, bleibt allein die Versteigerung unter den Theilhabern übrig (§ 740, **753** Abs. 1 Satz 2). Bildet eine Forderung den Gegenstand der Gemeinschaft, so ist der Verkauf nur zulässig, wenn sie noch nicht eingezogen werden kann; anderenfalls kann jeder Theilhaber gemeinschaftliche Einziehung verlangen (§ 741, **754**). Der eingezogene Gegenstand der Leistung ist sodann in Natur oder durch Verkauf zu theilen.

Die Vorschriften der §§ 739, **752** bis 741, **754** über die Theilung finden mit gewissen Aenderungen auch bei den besonders geregelten Gemeinschaftsverhältnissen Anwendung (vergl. § 718, **731**, § 1460, **1477** Abs. 1, § 1481, **1498** Satz 1, § 1529, **1546** Abs. 1 Satz 2, § 1532, **1549**, § 2017, **2042** Abs. 2).

3. Berichtigung von Schulden der Theilhaber bei der Theilung.

Auf Grund der Gemeinschaft können in verschiedener Weise Forderungen eines Theilhabers gegen den anderen entstehen, insbesondere dadurch, daß der eine die Lasten des gemeinschaftlichen Gegenstandes oder die Kosten der Erhaltung, der Verwaltung oder der gemeinschaftlichen Benutzung auch insoweit berichtigt, als sie nach § 735, **748** der andere Theilhaber zu tragen hat. Besteht eine solche Forderung noch zur Zeit der Aufhebung der Gemeinschaft, so erfordert die Gerechtigkeit, daß sie bei der Theilung mitberücksichtigt wird, der betreffende Schuldner also nicht mehr erhält, als ihm bei der Abrechnung seiner Schuld aus der Gemeinschaft gebührt. Der auf den Schuldner fallende Theil des gemeinschaftlichen Gegenstandes (oder des Verkaufserlöses) ist unter Umständen das einzige Befriedigungsmittel für den Gläubiger. Der Entwurf giebt deshalb dem forderungsberechtigten Theilhaber die Befugniß, bei der Aufhebung der Gemeinschaft die Berichtigung seiner Forderung aus dem auf den Schuldner fallenden Theile des gemeinschaftlichen Gegenstandes zu verlangen (§ 743, **756** Satz 1). In ähnlicher Lage wie der Theilhaber, welcher eine solche Forderung hat, befindet sich jeder Theilhaber, falls zur Zeit der Theilung eine gesammtschuldnerische Verbindlichkeit besteht, welche die Theilhaber gemäß § 735, **748** nach Verhältniß ihrer Antheile zu erfüllen haben oder die sie zum Zwecke der Erfüllung einer derartigen Verbindlichkeit eingegangen sind. Hätte der eine Theilhaber vor der Theilung die ganze Verbindlichkeit erfüllt, so könnte er nach der Vorschrift des § 743, **756** Satz 1 und nach § 420, **426** Abs. 1 bei der Theilung Berichtigung der ihm gegen die anderen Theilhaber zustehenden Ersatzforderungen verlangen. Wird andererseits die Gesammtschuld der Theilhaber bei der Theilung nicht berichtigt, so bleibt jeder Theilhaber dem Gläubiger zur Zahlung des ganzen Schuldbetrags verpflichtet, ohne im Falle der Zahlung für die Befriedigung seines Ersatzanspruchs gegen den anderen Theilhaber noch die Sicherheit zu besitzen, welche ihm vor der Theilung der auf diesen Theilhaber fallende Theil des gemeinschaftlichen Gegenstandes bietet. Es entspricht daher der Billigkeit, daß jeder Theilhaber bei der Aufhebung der Gemeinschaft die Berichtigung einer solchen Gesammtschuld aus dem gemeinschaftlichen Gegenstande verlangen kann (§ 742, **755** Abs. 1).

Die genannten Ansprüche auf Berichtigung einer Schuld bei der Theilung läßt der Entwurf auch gegenüber dem Sondernachfolger eines Theilhabers zu (§ 742, **755** Abs. 2, § 743, **756** Satz 2). Diese Erweiterung ist durch die Natur der Gemeinschaft geboten und steht im Einklange mit der neueren Rechtsentwickelung, wie sie auch im § 44, **51** der Konkursordnung hervortritt. Ohne eine solche Erstreckung würde der einzelne Theilhaber den Zweck der ganzen Vorschrift jederzeit durch Veräußerung seines Antheils vereiteln können. Die Wirksamkeit der Ansprüche gegen die Sondernachfolger erleidet übrigens bei dem Miteigenthum an einem Grundstück insofern eine Beschränkung, als sie hier von der Eintragung abhängig gemacht wird (§ 994, **1010** Abs. 2). Die Gründe hierfür sind bereits oben S. 95 angedeutet.

Erfolgt die Aufhebung der Gemeinschaft durch Verkauf des gemeinschaftlichen Gegenstandes, so bietet die Durchführung des Anspruchs auf Berichtigung einer Schuld aus dem Gegenstande keine Schwierigkeiten. Dagegen könnten sich Zweifel für den Fall ergeben, daß die Theilung in Natur zu erfolgen hat. Der Entwurf löst diese Frage dahin, daß der Gegenstand nur insoweit zu verkaufen ist, als es des Erlöses zur Berichtigung der Schuld bedarf (§ 742, **755** Abs. 3, § 743, **756** Satz 2), während es im Uebrigen bei der Theilung in Natur verbleibt.

XIX. Bürgschaft.

1. Bürgschaftsfähigkeit der Frauen.

Der Entwurf hat davon abgesehen, für die Uebernahme von Bürgschaften durch Frauen besondere Vorschriften zu geben. Die bezüglichen Beschränkungen des Gemeinen Rechtes sind für das Handels- und Gewerberecht durch die Reichsgesetzgebung allgemein beseitigt, haben aber auch auf dem Gebiete des bürgerlichen Rechtes nur noch in einzelnen Theilen Deutschlands Geltung.

2. Einreden des Bürgen.

Einreden aus der Person des Hauptschuldners.

Die Verpflichtung des Bürgen ist ihrem Wesen nach von dem Rechtsbestande der Hauptverbindlichkeit, für deren Erfüllung die Bürgschaft übernommen ist, abhängig. Diese Eigenthümlichkeit der Bürgschaftsverpflichtung bringt es mit sich, daß der Bürge die Erfüllung auf Grund von Einreden verweigern kann, die dem Hauptschuldner zustehen. Eine Ausnahme findet nur statt bezüglich der Einrede, durch welche der Erbe des Hauptschuldners geltend macht, daß seine Haftung sich auf den Nachlaß beschränke; denn die bezeichnete Einrede gründet sich auf die Unzulänglichkeit des Vermögens des Hauptschuldners, gegen welche der Gläubiger gerade durch die Bürgschaft gesichert werden soll (§ 752, **768** Abs. 1).

Stand dem Hauptschuldner zur Zeit der Bürgschaftsübernahme eine Einrede gegen die Forderung des Gläubigers zu, so ist die Forderung nur in dieser Gestalt Gegenstand der Bürgschaft geworden. Hiernach darf es dem Bürgen auch nicht zum Nachtheile gereichen, wenn der Hauptschuldner nachträglich auf die Einrede verzichtet. Demgemäß bestimmt der Entwurf (§ 752, **768** Abs. 2), daß dem Bürgen ungeachtet eines solchen Verzichts die Geltendmachung der Einrede frei steht.

Wenn der Hauptschuldner berechtigt ist, das seiner Verbindlichkeit zu Grunde liegende Rechtsgeschäft anzufechten, insbesondere wegen Irrthums, arglistischer Täuschung oder Drohung, so erlischt mit der Erklärung der Anfechtung seine Verbindlichkeit und damit auch die des Bürgen. Nur der Hauptschuldner selbst hat aber darüber zu befinden, ob er von diesem Rechte Gebrauch machen will. Andererseits kann, solange das Anfechtungsrecht besteht, dem Bürgen billigerweise nicht zugemuthet werden, die Hauptverbindlichkeit zu erfüllen, da er im Falle nachträglicher Anfechtung berechtigt sein würde, das Geleistete nach den Vorschriften über die Herausgabe einer ungerechtfertigten Bereicherung zurückzufordern. Der Entwurf giebt ihm deshalb bis zum Erlöschen des Anfechtungsrechts die Befugniß, die Befriedigung des Gläubigers zu verweigern (§ 754, **770** Abs. 1).

Der Bürge kann ferner die Befriedigung des Gläubigers verweigern, solange dieser sich durch Aufrechnung gegen eine fällige Forderung des Hauptschuldners befriedigen kann (§ 754, **770** Abs. 2). Die Zulassung dieser Einrede entspricht den bestehenden Gesetzen.

Einrede der Vorausklage.

Auch darin folgt der Entwurf dem geltenden Rechte, daß er als Regel dem Bürgen die Einrede der Vorausklage giebt, d. h. das Recht, die Befriedigung des Gläubigers zu verweigern, solange er nicht eine Zwangsvollstreckung gegen den Hauptschuldner erfolglos versucht hat (§ 755, **771**). Auf dem Gebiete des Handelsrechts ist zwar die Einrede beseitigt. Allein für das allgemeine bürgerliche Recht haben die meisten neueren Gesetzgebungen sie beibehalten (Preuß. A.L.R. I, 14 § 283; Code civil Art. 2021 ff., Sächs. Gesetzbuch § 1461), und im Verkehr ist auch jetzt noch die Auffassung vorherrschend, daß der Bürge, der in der Mehrzahl der Fälle die Bürgschaft aus Gefälligkeit übernimmt, in Ermangelung einer abweichenden Vereinbarung erst dann in Anspruch genommen werden kann, wenn die Rechtsverfolgung gegen den Hauptschuldner ohne Erfolg geblieben ist.

XX. Schuldversprechen. Schuldanerkenntniß.

Der Entwurf legt dem Schuldversprechen, d. h. dem Vertrage, durch welchen eine Leistung in der Weise versprochen wird, daß das Versprechen die Verpflichtung selbständig begründen soll, sowie dem Schuldanerkenntnisse, d. h. dem Vertrage, durch welchen das Bestehen eines Schuldverhältnisses anerkannt wird, unter der Voraussetzung verbindliche Kraft bei, daß das Versprechen oder die Anerkennungserklärung schriftlich ertheilt ist (§§ 764, **780**, 765, **781** Satz 1). Beide Geschäftsformen sind aus den Bedürfnissen des Verkehrs hervorgegangen. Indem die Rechtsentwickelung den bezeichneten Formen die Bedeutung eines selbständigen Verpflichtungsgrundes verlieh, erhielt der Gläubiger ein Mittel, das ihn von der Nothwendigkeit befreite, bei der Rechtsverfolgung auf den ursprünglichen Schuldgrund zurückzugreifen und demgemäß hinsichtlich der für diesen Schuldgrund erheblichen Thatsachen im Falle des Bestreitens des Schuldners die Beweislast zu übernehmen. Die Entwickelung ist im Gebiete des Gemeinen Rechtes unter allmählicher Ueberwindung der entgegen stehenden Vorschriften des Römischen Rechtes erfolgt, und ebenso haben die Preußische und die Französische Rechtsprechung ihr sich nicht entziehen können. Schließlich ist auch die neuere Gesetzgebung gefolgt (Sächs. Gesetzbuch §§ 1397 ff.). Damit ist für den Entwurf die Stellung zur Frage gegeben. Die Besorgniß, daß die Zulassung des Schuldversprechens und des Schuldanerkenntnisses für den Schuldner mit besonderen Gefahren verbunden sei, erscheint nach den bisherigen Erfahrungen nicht gerechtfertigt.

Wenn der Entwurf die Wirksamkeit der fraglichen Rechtsgeschäfte davon abhängig macht, daß die verpflichtende Erklärung schriftlich ertheilt ist, so war hierfür die Rücksicht auf die Sicherheit des Verkehrs maßgebend. Der Wille des Schuldners, sich unabhängig von dem ursprünglichen Schuldgrunde zu verpflichten, läßt sich aus einer bloß mündlichen Erklärung nicht mit hinreichender Gewißheit entnehmen, und die Zulassung solcher Erklärungen würde daher voraussichtlich zu zahlreichen Rechtsstreitigkeiten führen.

Eine Ausnahme erscheint nur für den Fall gerechtfertigt, daß ein Schuldversprechen oder Schuldanerkenntniß auf Grund einer Abrechnung oder im Wege des Vergleichs ertheilt wird (§ 766, **782**). In diesen Fällen erhellt der Verpflichtungswille ohne Weiteres aus dem Zwecke der Erklärung, und hier ist denn auch eine schriftliche Beurkundung schon jetzt im Verkehre nicht gebräuchlich.

Auf der anderen Seite erscheint die einfache Schriftform da nicht als ausreichend, wo wegen des Gegenstandes der versprochenen Leistung oder aus sonstigen Rücksichten eine strengere Form vorgeschrieben ist (vergl. namentlich § 307, **313**, § 513, **518** Abs. 1 Satz 2). Für diese Fälle werden daher vom Entwurfe (§§ 764, **780**, 765, **781** Satz 2), um eine Umgehung der betreffenden Vorschriften zu verhüten, das Schuldversprechen und der Anerkennungsvertrag an die strengere Form gebunden.

Nach dem Wesen und Zwecke des Schuldversprechens und Schuldanerkenntnisses darf der Schuldner aus dem ursprünglichen Verpflichtungsgrunde Einwendungen gegen den Anspruch des Gläubigers nicht herleiten. Gleichwohl ist es nicht ohne rechtliche Bedeutung, wenn dieser Verpflichtungsgrund an einem Mangel leidet. Vielmehr verbleibt dem Schuldner das Recht, wegen eines solchen Mangels die Erfüllung nach den Vorschriften über ungerechtfertigte Bereicherung zu verweigern; auch ergiebt sich für ihn aus den fraglichen Vorschriften unter Umständen ein Anspruch auf Befreiung von der Verbindlichkeit (vergl. § 796, **812** Abs. 2).

XXI. Anweisung.

Wesen der Anweisung.

Der Entwurf hat, der neueren Rechtsprechung und dem Handelsgesetzbuche folgend, die Anweisung nicht im Anschluß an die Vorschriften über den Auftrag, sondern selbständig gestaltet. Grund und Zweck der Anweisung sind je nach Lage des Falles verschieden. Sie kann, was das Verhältniß des Anweisenden zum Anweisungsempfänger angeht, entweder die Erfüllung einer dem ersteren gegenüber dem letzteren obliegenden Verbindlichkeit vermitteln oder, wie bei dem sogenannten Kreditbriefe, zur Begründung einer Verbindlichkeit des Anweisungsempfängers gegen den Anweisenden führen; in anderen Fällen erfolgt die Anweisung zum Zwecke einer Schenkung an den Anweisungsempfänger oder in der Absicht, daß dieser das auf Grund der Anweisung Erhobene im Interesse des Anweisenden verwende oder ihm abliefere. Was ferner das Verhältniß des Anweisenden zum Angewiesenen betrifft, so kann die Anweisung bezwecken, eine Forderung des ersteren gegen den letzteren zur Einziehung zu bringen (Anweisung auf Schuld); sie kann aber auch erfolgen, ohne daß eine solche Forderung besteht (Anweisung auf Kredit). Die Anweisung ist erwachsen aus dem Bedürfnisse des Verkehrs nach Erleichterung von Auszahlungen. Diesem Bedürfnisse dient aber lediglich die s c h r i f t l i c h e Anweisung, und nur sie ist im Entwurfe Gegenstand besonderer Regelung.

Die eigenthümliche Wirkung der dem Anweisungsempfänger ausgehändigten Anweisung besteht, unabhängig von dem ihrer Ertheilung zu Grunde liegenden Rechtsverhältniß, in der Ermächtigung des Anweisungsempfängers, die den Gegenstand der Anweisung bildende Leistung bei dem Angewiesenen im eigenen Namen zu erheben, und in der Ermächtigung des Angewiesenen, diese Leistung für Rechnung des Anweisenden an den Anweisungsempfänger zu bewirken (§ 767, **783**).

Gegenstand.

Als Gegenstand der Anweisung läßt der Entwurf, abweichend von dem Art. 300 des Handelsgesetzbuchs, nicht Leistungen jeder Art, sondern nur Geld, Werthpapiere oder vertretbare Sachen zu. Anweisungen auf nicht vertretbare

Leistungen kommen im allgemeinen bürgerlichen Verkehre sehr selten vor, und es besteht daher kein Anlaß, auf sie besondere Rücksicht zu nehmen.

Annahme der Anweisung.

Der Annahme der Anweisung durch den Angewiesenen legt der Entwurf, entsprechend den Anschauungen des Verkehrs und in Uebereinstimmung mit dem Preußischen Allgemeinen Landrechte, dem Sächsischen Gesetzbuch und dem Handelsgesetzbuche die Wirkung bei, daß sie den Angewiesenen, unabhängig von dem Rechtsgrunde, auf welchem sie beruht, dem Anweisungsempfänger gegenüber zur Leistung verpflichtet (§ 768, **784** Abs. 1 Satz 1). Die selbständige Bedeutung der aus der Annahme entspringenden Verpflichtung äußert sich insbesondere in der Beschränkung der Einwendungen, die dem Angewiesenen gegen den Anspruch des Anweisungsempfängers gewährt werden (§ 768, **784** Abs. 1 Satz 2). In dieser Hinsicht wird durch die Annahmeerklärung eine noch strengere Haftung begründet als durch das Schuldversprechen des § 764, **780**; denn der Annahme liegt regelmäßig ein zwischen dem Angewiesenen und dem Anweisenden, nicht ein zwischen jenem und dem Anweisungsempfänger bestehendes Rechtsverhältniß zu Grunde, und es kann deshalb der Angewiesene aus diesem Rechtsverhältnisse dem Anweisungsempfänger gegenüber Einwendungen nicht herleiten. Hierdurch rechtfertigt es sich, für die Annahme der Anweisung nicht nur, wie für das Schuldversprechen, die Schriftform vorzuschreiben, sondern diese Form dahin zu verschärfen, daß die Annahme durch einen schriftlichen Vermerk auf der Anweisung zu erfolgen hat (§ 768, **784** Abs. 2 Satz 1). Die bezeichnete Regelung entspricht der Sitte des bürgerlichen Verkehrs.

Der Anspruch des Anweisungsempfängers gegen den Angewiesenen aus der Annahme wird einer kurzen Verjährung von drei Jahren unterworfen (§ 770, **786**). Wesen und Zweck der Anweisung erfordern eine rasche Abwickelung der aus ihr entstehenden Rechtsbeziehungen. Gegen die Gefahr, auf Grund der Annahmeerklärung doppelt leisten zu müssen, wird der Angewiesene durch die Vorschrift (§ 769, **785**) geschützt, daß er nur gegen Aushändigung der Anweisung zur Leistung verpflichtet ist.

Der § 772, **788** bringt den allgemein anerkannten Satz: „Anweisung ist keine Zahlung" auch für den Fall zum Ausdrucke, daß der Angewiesene die Anweisung annimmt.

Rechtsverhältniß des Angewiesenen zum Anweisenden.

Die Anweisung als solche begründet für den Angewiesenen gegenüber dem Anweisenden keine Verpflichtung zur Annahme oder zur Leistung an den Anweisungsempfänger. Eine solche Verpflichtung ergiebt sich auch nicht daraus, daß der Angewiesene Schuldner des Anweisenden und das von ihm Geschuldete der Gegenstand der Anweisung ist (§ 771, **787** Abs. 2). Vielmehr ist in dieser Hinsicht sowie bezüglich der weiteren Frage, welche rechtlichen Folgen für den Angewiesenen eintreten, wenn er die Leistung in Gemäßheit der Anweisung bewirkt hat, lediglich das zwischen ihm und dem Anweisenden bestehende besondere Rechtsverhältniß maßgebend. Für den Fall der Anweisung auf Schuld bestimmt jedoch der Entwurf im Einklange mit dem geltenden Rechte ausdrücklich, daß der Angewiesene durch die Leistung in Höhe derselben von der Schuld befreit wird (§ 771, **787** Abs. 1).

Rechtsverhältniß des Anweisungsempfängers zum Anweisenden.

Inwieweit der Anweisungsempfänger dem Anweisenden gegenüber verpflichtet ist, die Anweisung geltend zu machen, bestimmt sich gleichfalls nach dem zwischen den Betheiligten bestehenden Rechtsverhältnisse. Unabhängig davon fordert aber die Rücksicht auf Treu und Glauben, daß der Anweisungsempfänger, vorbehaltlich anderweiter Vereinbarung, verpflichtet wird, dem Anweisenden unverzüglich Anzeige zu machen, wenn der Angewiesene die Leistung oder vor dem Eintritte der Leistungszeit die Annahme verweigert oder wenn er selbst die Anweisung nicht geltend machen kann oder will (§ 773, **789**).

Erlöschen der Anweisung.

Im Einklange mit dem bestehenden Rechte spricht der Entwurf (§ 774, **790**) die Widerruflichkeit der Anweisung aus; jedoch läßt er nach dem Vorgange der neueren Gesetze (Preuß. A.L.R. I, 16 § 275; Bad. Landrecht Satz 2010f; Sächs. Gesetzbuch § 1330) einen Widerruf nicht mehr zu, wenn der Angewiesene die Anweisung dem Anweisungsempfänger gegenüber (§ 768, **784**) angenommen hat, da der Anweisende das seiner Absicht gemäß durch die Annahme begründete selbständige Schuldverhältniß gegen sich gelten lassen muß. Dagegen ist ein Widerruf der Anweisung nicht deshalb unwirksam, weil der Anweisende dem Anweisungsempfänger gegenüber verpflichtet ist, nicht zu widerrufen. Die Verletzung dieser Verpflichtung kann für den Anweisungsempfänger nur einen Anspruch auf Schadensersatz gegen den Anweisenden begründen.

Die Vorschrift, daß durch den Tod eines Betheiligten oder den Eintritt seiner Geschäftsunfähigkeit die Anweisung nicht erlischt (§ 775, **791**), entspricht dem Art. 297 des Handelsgesetzbuchs wie auch der Bestimmung des § 149, **153** über den Vertragsantrag.

Uebertragung der Anweisung.

Daß der Anweisungsempfänger n a c h erfolgter Annahme sein Recht aus derselben abtreten kann, unterliegt keinem Zweifel. Dagegen ist bestritten, ob und mit welchen Wirkungen eine noch nicht angenommene Anweisung übertragen werden kann. Der Entwurf bejaht die Uebertragbarkeit auch für diesen Fall (§ 776, **792**). Das Interesse des Anweisenden wird durch den Eintritt eines Dritten an Stelle des Anweisungsempfängers in der Regel überhaupt nicht berührt, das des Angewiesenen nur mittelbar, sofern er, wenn für ihn durch die spätere Annahme der Anweisung eine selbständige Verpflichtung zur Leistung entsteht, dem Anweisungsempfänger gegenüber möglicherweise andere Einwendungen haben würde als dem Dritten gegenüber. Zur Wirksamkeit der Uebertragung erfordert aber der Entwurf Schriftlichkeit der betreffenden Erklärung und Aushändigung der Anweisung an den Dritten. Beide Erfordernisse entsprechen der Uebung des Verkehrs.

Die Uebertragbarkeit der noch nicht angenommenen Anweisung gilt nur als Regel. Wie der Anweisende berechtigt ist, die Anweisung bis zu ihrer Annahme zu widerrufen, so kann er auch ihre Uebertragung ausschließen. Zum Schutze des Angewiesenen macht jedoch der Entwurf ihm gegenüber die Wirksamkeit einer solchen Ausschließung davon abhängig, daß die Ausschließung entweder aus der Anweisung zu entnehmen ist oder von dem Anweisenden dem Angewiesenen mitgetheilt wird, bevor dieser die Anweisung annimmt oder die Leistung vollzieht.

XXII. Schuldverschreibung auf den Inhaber.

1. Einwendungen des Ausstellers.

Wenn in der Schuldverschreibung auf den Inhaber der Aussteller dem Inhaber der Urkunde eine Leistung verspricht, so geschieht dies doch nicht in dem Sinne, daß das Gläubigerrecht einfach dem Inhaber, d. h. nach dem sonstigen Sprachgebrauche des Entwurfes dem Besitzer, der Urkunde zustehen soll. Eine solche Gestaltung würde dahin führen, daß nicht nur derjenige, welcher die Urkunde als Verwahrer oder Beauftragter u. s. w. inne hat, sondern im Widerspruche mit dem allgemeinen Rechtsbewußtsein selbst der Dieb das Gläubigerrecht erlangen würde. Der Entwurf geht vielmehr grundsätzlich davon aus, daß das Gläubigerrecht dem Eigenthümer des Papiers zusteht. Der Zweck des Instituts erfordert freilich, daß der Inhaber die Leistung verlangen kann, ohne darzulegen, wie er das Papier erworben hat, und daß der Aussteller an den Inhaber mit befreiender Wirkung leisten kann, ohne dessen Recht am Papiere zu prüfen. Indessen läßt sich der bezeichnete Zweck auch durch eine Regelung erreichen, welche dem Inhaber die Ausübung der Gläubigerrechte zu Gunsten des Ausstellers schlechthin, zu seinem eigenen Gunsten aber nur in dem Sinne gestattet, daß der Aussteller, wenn er das Verfügungsrecht des Inhabers über die Urkunde bestreitet und aus diesem Grunde die Leistung verweigert, seinerseits den Mangel des Verfügungsrechts nachweisen muß. Demgemäß bestimmt der Entwurf, daß zur Begründung des Anspruchs aus der Schuldverschreibung die Inhabung der Urkunde genügt, daß jedoch der Aussteller die Leistung verweigern kann, wenn der Inhaber zur Verfügung über die Urkunde nicht berechtigt ist (§ 777, **793** Abs. 1 Satz 1). Das Verfügungsrecht über die Urkunde steht dem Eigenthümer zu. Ein abgeleitetes Verfügungsrecht kann aber auch durch Rechtsgeschäft oder Gesetz für einen Anderen, z. B. den Nießbraucher, Pfandgläubiger, Bevollmächtigten, begründet sein. Die Einrede des mangelnden Verfügungsrechts ist nach den für den Eigenthumserwerb geltenden Vorschriften (vergl. §§ 916, **932** bis 918, **934**) namentlich dann gegeben, wenn der Inhaber die Schuldverschreibung von einem Nichteigenthümer erworben und dabei den Mangel des Eigenthums des Veräußerers gekannt oder nur in Folge grober Fahrlässigkeit nicht gekannt hat. Eine Pflicht zur Geltendmachung der Einrede wird dem Aussteller nicht auferlegt. Sie wäre mit der Natur der Inhaberklausel unvereinbar und ist andererseits durch ein praktisches Bedürfniß, insbesondere durch die Rücksicht auf das Recht des Eigenthümers, nicht geboten; der letztere findet ausreichenden Schutz in der Befugniß zur Erwirkung einer Zahlungssperre.

Abgesehen von der Einrede des mangelnden Verfügungsrechts, kann der Aussteller dem Inhaber nur solche Einwendungen entgegensetzen, welche die Gültigkeit der Ausstellung betreffen oder sich aus der Urkunde ergeben oder dem Aussteller unmittelbar gegen den Inhaber zustehen (§ 780, **796**).

2. Verpflichtung des Ausstellers aus einer ohne seinen Willen in den Verkehr gelangten Schuldverschreibung.

Ist eine gültig ausgestellte Schuldverschreibung auf den Inhaber ohne Willen des Ausstellers in den Verkehr gelangt, insbesondere ihm gestohlen oder verloren gegangen, so würde der redliche Erwerber in einer mit der Verkehrssicherheit nicht verträglichen Weise geschädigt werden, wenn der Aussteller ihm aus diesem Grunde die Leistung verweigern dürfte. Dem Erwerber kann nicht zugemuthet werden, zu prüfen, ob das Papier ordnungsmäßig ausgegeben worden ist. Vielmehr erscheint es billig, daß derjenige, welcher die Ausgabe von Schuldverschreibungen auf den Inhaber unternimmt, die damit verbundenen Gefahren und Nachtheile trägt. Der Entwurf bestimmt deshalb, daß auch in dem bezeichneten Falle der Aussteller aus dem Papiere verpflichtet wird (§ 778, **794** Abs. 1).

3. Kraftloserklärung.

Die Nachtheile, welche mit Rücksicht auf die eigenthümliche Natur des Inhaberpapiers dem Inhaber im Falle des Verlustes oder einer Vernichtung des Papiers drohen, haben in Deutschland schon frühzeitig das Bedürfniß hervorgerufen, durch Gewährung des Mittels der Kraftloserklärung Abhülfe zu schaffen. Nach dem Vorgange des geltenden Rechtes läßt auch der Entwurf die Kraftloserklärung abhanden gekommener oder vernichteter Schuldverschreibungen auf den Inhaber zu (§ 783, **799** Abs. 1 Satz 1). Gesetzlich ausgeschlossen werden jedoch einerseits Zins-, Renten- und Gewinnantheilscheine, andererseits auf Sicht zahlbare unverzinsliche Schuldverschreibungen (§ 783, **799** Abs. 1 Satz 2). Die letztere Ausnahme beruht auf der geldähnlichen Natur und Zweckbestimmung der fraglichen Papiere und entspricht den für die Banknoten geltenden Vorschriften (§ 4 des Bankgesetzes vom 14. März 1875, Reichs-Gesetzbl. S. 177). Was die erstgedachten Scheine betrifft, so rechtfertigt sich ihre Ausschließung durch die Besonderheit dieser meist über kleine Beträge lautenden Papiere. Auch bei anderen Schuldverschreibungen steht es dem Aussteller frei, die Kraftloserklärung auszuschließen; nur muß dies mit Rücksicht auf die Vorschrift des § 780, **796** durch eine in die Urkunde selbst aufzunehmende Bestimmung geschehen.

Die Kraftloserklärung erfolgt im Wege des Aufgebotsverfahrens. Daß derjenige, welcher in diesem Verfahren das Ausschlußurtheil erwirkt hat, den Anspruch aus der Urkunde geltend machen kann, ergiebt sich schon aus dem § 850, **1018** der Civilprozeßordnung. Daneben wird ihm durch den Entwurf nach dem Vorbilde zahlreicher Landesgesetze das Recht gewährt, auf seine Kosten von dem Aussteller die Ertheilung einer neuen Schuldverschreibung an Stelle der für kraftlos erklärten zu verlangen (§ 784, **800**).

4. Erlöschen der Ansprüche aus Schuldverschreibungen auf den Inhaber durch Zeitablauf.

Hinsichtlich der Frage, in welcher Weise die Ansprüche aus Schuldverschreibungen auf den Inhaber durch Zeitablauf erlöschen, weichen die geltenden Gesetze vielfach unter einander ab. Was die Regelung der Frage im Entwurfe betrifft, so hat es derselbe nicht als angängig erachtet, die Vorschriften über die Verjährung einfach auf die bezeichneten Ansprüche zu übertragen; aus der besonderen Natur der Inhaberpapiere würden sich hier, namentlich in Ansehung des Beginns, der Hemmung und der Unterbrechung der Verjährung, erhebliche Schwierigkeiten und Zweifel ergeben. Um einen möglichst sicheren Rechtszustand zu schaffen, setzt der Entwurf (§ 785, **801**) zunächst Ausschlußfristen fest, innerhalb deren die Schuldverschreibung dem Aussteller zur Einlösung vorgelegt werden muß, widrigenfalls der Anspruch aus der Urkunde erlischt. Hinsichtlich des Beginns der Vorlegungsfrist soll die für die Leistung bestimmte Zeit maßgebend sein. Die Dauer der betreffenden Fristen ist ebenso wie bei der Verjährung geordnet (§ 785, **801** Abs. 1 Satz 1, Abs. 2 vergl. mit den §§ 190, **195**, 192, **197**, 196, **201**). Dem Aussteller bleibt vorbehalten, die Dauer und den Beginn der Vorlegungsfrist anders zu bestimmen; jedoch muß die Bestimmung gemäß § 780, **796** in der Urkunde enthalten sein (§ 785, **801** Abs. 3). Dagegen ist der Aussteller nicht in der Lage, die Vorlegungsfrist überhaupt auszuschließen und damit jede zeitliche Schranke für den Anspruch aus der Urkunde zu beseitigen.

Ist innerhalb der Ausschlußfrist die Schuldverschreibung dem Aussteller zur Einlösung vorgelegt, so kann der Anspruch aus derselben durch Ablauf der Frist nicht mehr erlöschen. Es bedarf daher, wenn der Anspruch trotz der Vorlegung fortbesteht, weil die Leistung nicht oder nur theilweise bewirkt wird, einer anderweiten zeitlichen Begrenzung desselben. Der Entwurf sieht zu diesem Zwecke eine mit dem Ende der Vorlegungsfrist beginnende zweijährige Verjährung vor (§ 785, **801** Abs. 1 Satz 2). Mit Rücksicht darauf, daß unter Umständen die Vorlegung der Urkunde unmöglich ist oder als aussichtslos dem Gläubiger nicht zugemuthet werden kann, wird der Vorlegung die gerichtliche Geltendmachung des Anspruchs aus der Urkunde gleichgestellt (§ 785, **801** Abs. 1 Satz 3).

5. Unabhängigkeit der Zinsscheine von der Hauptforderung.

Die Frage, welche Bedeutung den zu einer Schuldverschreibung auf den Inhaber ausgegebenen Zinsscheinen nach dem Erlöschen der Hauptforderung zukommt, ist bestritten. Der Entwurf (§ 787, **803**) schließt sich der im Verkehre vorherrschenden Auffassung an, derzufolge solche Zinsscheine trotz des Erlöschens der Hauptforderung in Kraft bleiben. Die entgegengesetzte Vorschrift würde den Aussteller nöthigen, bei der Einlösung jedes einzelnen Zinsscheins zu prüfen, ob die Hauptforderung noch besteht. Daß eine derartige, oft schwierige und zeitraubende Prüfung in der Absicht des Ausstellers liege, ist nicht zu vermuthen, und die gesetzliche Regel muß dem Rechnung tragen. Dem Aussteller ist unbenommen, in der Urkunde das Gegentheil zu bestimmen.

Bleiben die Zinsscheine jener Regel gemäß in Kraft, so ist der Aussteller berechtigt, bei der Einlösung der Hauptschuldverschreibung den Betrag zurückzubehalten, der zur Einlösung nicht zurückgegebener Zinsscheine erforderlich ist (§ 787, **803** Abs. 2).

6. Umschreibung auf Namen.

Der Verlust einer Schuldverschreibung auf den Inhaber bringt für den Berechtigten erhebliche Gefahren mit sich. Dieselben ergeben sich theils aus dem Grundsatze, daß der jeweilige Inhaber zur Geltendmachung der Gläubigerrechte befugt ist, theils aus den Beschränkungen, welchen die Eigenthumsverfolgung in Bezug auf Inhaberpapiere unterliegt (vergl. § 919, **935** Abs. 2). Andererseits liegen für den Besitzer solcher Schuldverschreibungen die Verhältnisse häufig so, daß eine Weiterbegebung und folgeweise auch der mit der Inhaberklausel verknüpfte Vortheil erleichterter Weiterbegebung vorerst nicht in Betracht kommt. Mit Rücksicht auf solche Verhältnisse finden sich in den geltenden Gesetzen zahlreiche Vorschriften, welche darauf abzielen, durch eine mehr oder weniger weitgehende Aenderung der rechtlichen Natur des Papiers die mit derselben verbundenen Gefahren zu beseitigen.

Der Entwurf (§ 790, **806**) läßt zu dem bezeichneten Zwecke die Umschreibung der Schuldverschreibung auf den Namen eines bestimmten Berechtigten durch den Aussteller zu. Durch die Umschreibung wird die Urkunde aus einem Inhaberpapiere zu einem Namenpapiere, welches fortan den für die Schuldverschreibungen auf den Inhaber geltenden Vorschriften nicht unterliegt, bis es durch den Aussteller wieder in ein Inhaberpapier umgewandelt ist. Eine Umwandlung der Schuldverschreibung in ein Namenpapier ohne den Willen des Ausstellers läßt sich im Hinblick auf die Natur und die Zwecke des Inhaberpapiers nicht rechtfertigen. Ebensowenig kann dem Aussteller eine gesetzliche Verpflichtung auferlegt werden, auf Verlangen des Gläubigers die Umschreibung vorzunehmen. Wohl aber wird eine solche Verpflichtung für den Aussteller dadurch begründet, daß er die Umwandlung in der Urkunde verspricht.

XXIII. Unerlaubte Handlungen.

1. Haftung für eigene Handlungen.

Regelung im Allgemeinen.

Nach dem Vorbilde der meisten neueren Gesetzgebungen (vergl. Preuß. A.L.R. I, 6 §§ 10 ff.; Code civil Art. 1382, 1383; Sächs. Gesetzbuch §§ 116, 117, 773 ff., 1483 ff.) erkennt der Entwurf nicht, wie das Römische Recht, eine Schadensersatzpflicht nur für bestimmte unerlaubte Handlungen an, sondern er regelt die Voraussetzungen der Haftung aus solchen Handlungen auf allgemeiner Grundlage. Andererseits begnügt er sich aber auch nicht nach dem Vorgange des Französischen Rechtes mit der Aufstellung des unbestimmten Grundsatzes, daß, wer widerrechtlich aus Vorsatz oder Fahrlässigkeit einem

Anderen Schaden zufügt, diesem zum Ersatze des Schadens verpflichtet ist. Vielmehr begrenzt er die Voraussetzungen der Schadensersatzpflicht schärfer, um dadurch eine feste gesetzliche Grundlage für die richterliche Enscheidung zu schaffen.

Die Vorschriften über unerlaubte Handlungen bezwecken, den Rechtskreis des Einzelnen gegen widerrechtliche Eingriffe Anderer zu sichern. Der Rechtskreis des Einzelnen wird aber bestimmt theils durch die in seiner Person begründeten Rechte, theils durch allgemeine, vorwiegend dem Gebiete des Strafrechts angehörende Vorschriften, welche zum Schutze des Einen eine Handlung des Andern verbieten oder gebieten. Dementsprechend macht der § 807, **823** die Schadensersatzpflicht davon abhängig, daß die schädigende Handlung entweder das Recht eines Anderen, insbesondere dessen Leben, Gesundheit, Freiheit, Eigenthum, verletzt oder gegen ein den Schutz eines Anderen bezweckendes Gesetz verstößt.

Weitere Voraussetzung der Ersatzpflicht ist ein Verschulden des Thäters. Steht das Recht eines Anderen in Frage, so muß durch die Handlung dieses Recht vorsätzlich oder fahrlässig verletzt sein. Verstößt dagegen die Handlung wider ein den Schutz eines Anderen bezweckendes Gesetz, so bestimmt sich zunächst nach dem Inhalte dieses Gesetzes, ob nur ein vorsätzliches oder auch ein fahrlässiges Verhalten die Ersatzpflicht begründet. Ist ausnahmsweise ein Verstoß wider das Gesetz auch ohne Verschulden möglich, so tritt gleichwohl die Ersatzpflicht nur im Falle des Verschuldens ein (§ 807, **823** Abs. 2 Satz 2). Dieser grundsätzliche Standpunkt des Entwurfes schließt indessen nicht aus, daß unter besonderen Voraussetzungen auch an eine unverschuldete Schadenszufügung eine Ersatzpflicht sich knüpft.

Eine wichtige, durch die Bedürfnisse des Verkehrs gebotene Erweiterung erfährt der Kreis der unerlaubten Handlungen durch den § 810, **826**, demzufolge auch derjenige ersatzpflichtig ist, welcher in einer gegen die guten Sitten verstoßenden Weise einem Anderen vorsätzlich Schaden zufügt, sofern [1]) er die schädigende Handlung nicht in Ausübung eines ihm zustehenden Rechtes vornimmt (vergl. dazu § 887 Abs. 2) [2]). **Illoyale Handlungen.**

Entsprechend der Auffassung des Entwurfes, daß in der Regel nur schuldhafte Schadenszufügung zum Ersatze verpflichtet, wird im Einklange mit dem geltenden Rechte die Ersatzpflicht ausgeschlossen für Personen, die wegen ihres geistigen Zustandes oder wegen jugendlichen Alters der rechtlichen Zurechnungsfähigkeit ermangeln. **Unzurechnungsfähigkeit.**

Die Voraussetzungen der Unzurechnungsfähigkeit wegen Störung des Geisteszustandes sind im Einklange mit dem § 51 des Strafgesetzbuchs bestimmt (§ 811, **827** Satz 1). Ausnahmsweise schließt jedoch eine vorübergehende Störung die Verantwortlichkeit für einen in diesem Zustande verursachten Schaden nicht aus, wenn der Thäter sich durch geistige Getränke oder ähnliche berauschende oder betäubende Mittel in den Zustand versetzt hat. In Fällen dieser Art kann sich der Thäter von der Haftung nur befreien,

1) Diese Beschränkung wurde, weil unbillig, gestrichen. K.B. S. 99.

2) Dieser Absatz 2 fehlt im § 903 B.G.B., er ist mit Rücksicht auf den neu aufgenommenen § 226 gestrichen. K.B. S. 121.

wenn er seinerseits den Nachweis führt, daß er ohne eigenes Verschulden in einen solchen Zustand gerathen ist (§ 811, **827** Satz 2).

Was die Unzurechnungsfähigkeit wegen jugendlichen Alters betrifft, so grenzt der Entwurf (§ 812, **828**) eine Altersstufe ab, auf der die Zurechnungsfähigkeit schlechthin ausgeschlossen ist, und reiht hieran eine weitere, auf die die Zurechnungsfähigkeit nach den Umständen des einzelnen Falles verneint werden kann. Die erste Stufe reicht im Einklange mit dem bestehenden Rechte bis zum vollendeten siebenten, die zweite bis zum vollendeten achtzehnten Jahre. Den Jugendlichen der letzteren Stufe werden Taubstumme gleichgestellt (vergl. § 58 des Strafgesetzbuchs).

Ersatzpflicht ohne Verschulden.

Die Befreiung der Unzurechnungsfähigen von der Ersatzpflicht erleidet nach mehreren neueren Gesetzgebungen (vergl. Preuß. A.L.R. I, 6 §§ 41, 44; Oesterr. Gesetzbuch §§ 1309, 1310) Ausnahmen. Die Billigkeitsrücksichten, auf welchen diese Bestimmungen beruhen, erscheinen durchaus berechtigt. Auch der Entwurf (§ 813, **829**) sieht daher eine beschränkte Haftpflicht der Unzurechnungsfähigen vor.

2. Haftung für fremde Handlungen.

Haftung des Geschäftsherrn für die Angestellten.

Im Französischen Rechte (Code civil Art. 1384) ist eine weitgehende Haftung des Geschäftsherrn für die unerlaubten Handlungen der Angestellten anerkannt. Der Entwurf (§ 815, **831**) geht mit dem Gemeinen und dem Preußischen Rechte (A.L.R. I, 6 §§ 53, 64, 65, I, 13 § 36; vergl. auch Sächs. Gesetzbuch § 779) von der Auffassung aus, daß nur ein Verschulden des Geschäftsherrn es rechtfertigt, ihn für die Handlungen seiner Angestellten haftbar zu machen. Dabei erleichtert er jedoch die Lage des Verletzten insofern erheblich, als er nicht ihm den Beweis eines Verschuldens des Geschäftsherrn, sondern dem letzteren den Entlastungsbeweis auferlegt. Der Geschäftsherr wird diesen Beweis gegebenenfalls unschwer erbringen können, während bei umgekehrter Vertheilung der Beweislast der Anspruch des Beschädigten häufig scheitern würde. Der Geschäftsherr wird hiernach an sich verpflichtet, dem Beschädigten den Schaden zu ersetzen, welchen der Angestellte in Ausführung der ihm übertragenen Verrichtung, nicht nur bei Gelegenheit der Ausführung, demselben widerrechtlich zufügt. Diese Ersatzpflicht tritt aber nicht ein, wenn der Geschäftsherr beweist, daß er bei der Auswahl der bestellten Person und, sofern er Vorrichtungen oder Geräthschaften zu beschaffen oder die Ausführung der Verrichtung zu leiten hat, bei der Beschaffung oder der Leitung die im Verkehr erforderliche Sorgfalt beobachtet hat oder daß der Schaden auch bei Anwendung solcher Sorgfalt entstanden sein würde. Die gleiche Verantwortlichkeit wie dem Geschäftsherrn wird demjenigen auferlegt, der für ihn die Auswahl der Person, die Beschaffung der Vorrichtungen oder Geräthschaften oder die Leitung der Verrichtung übernommen hat[1]).

---

1) Und zwar durch Vertrag übernommen hat, wie im § 831 Abs. 2 B.G.B. ausdrücklich ausgesprochen ist. Man wollte außer Zweifel stellen, daß diejenigen von der Haftbarkeit ausgeschlossen sind, welche sich nur thatsächlich der Beaufsichtigung unterzogen haben. K.B. S. 103.

Eine Haftung für fremde Handlungen wird ferner im Anschluß an das Gemeine Recht und an die neueren Gesetzgebungen (Preuß. A.L.R. I, 6 § 57; Code civil Art. 1384; Sächs. Gesetzbuch § 779) durch Verletzung einer gesetzlichen Aufsichtspflicht begründet (§ 816, **832** Abs. 1). Eine solche Haftung ist jedoch nur dann gerechtfertigt, wenn die Aufsichtspflicht den Zweck hat, Beschädigungen Dritter durch die der Aufsicht unterworfenen Personen zu verhüten. Diese Voraussetzung trifft zu bei der gesetzlichen Pflicht zur Beaufsichtigung von Personen, die wegen Minderjährigkeit oder wegen ihres geistigen oder körperlichen Zustandes der Beaufsichtigung bedürfen (vergl. §§ 1609, **1631**, 1662, **1686**; 1776, **1800**, 1873, **1897**, 1891, **1915**). Die Beweislast ist ebenso wie bezüglich der Haftung des Geschäftsherrn dahin geregelt, daß dem Aufsichtspflichtigen der Entlastungsbeweis obliegt. Wie der kraft Gesetzes Verpflichtete haftet auch derjenige, welcher für ihn die Führung der Aufsicht übernommen hat (§ 816, **832** Abs. 2) [1]). Haftung wegen versäumter Aufsicht.

Für den Fall, daß neben dem Geschäftsherrn oder dem Aufsichtspflichtigen auch der Angestellte oder der zu Beaufsichtigende haftet, bestimmt sich ihr Verhältniß zu dem Beschädigten sowie ihr Verhältniß unter einander nach § 825, **840** Abs. 1, 2.

3. Haftung für den durch Thiere verursachten Schaden.

Wie das geltende Recht stellt auch der Entwurf (§ 817, **833**) besondere Vorschriften über die Haftung für Beschädigungen durch Thiere auf. Die allgemeinen Bestimmungen über die Ersatzpflicht wegen unerlaubter Handlungen gewähren keinen genügenden Schutz gegen die von Thieren drohenden Gefahren. Die Haftung wird von dem Entwurfe verschieden bestimmt bei Beschädigungen durch Hausthiere und bei Beschädigungen durch andere Thiere [2]). Beschädigung durch Thiere im Allgemeinen.

Das Halten von Hausthieren ist durch die Bedürfnisse des Lebens geboten, und der Verkehr hat sich demgemäß daran gewöhnt. Zum Schutze gegen die damit verknüpften Gefahren genügt es, wenn derjenige, welcher das Thier hält, verpflichtet wird, es mit der im Verkehr erforderlichen Sorgfalt zu beaufsichtigen (vergl. Preuß. A.L.R. I, 6 § 73). Daß ein durch das Thier verursachter Schaden nicht in Folge Verletzung dieser Aufsichtspflicht entstanden ist, hat übrigens der Pflichtige zu beweisen. Bei dem Halten anderer Thiere ergeben sich außergewöhnliche Gefahren, gegen welche auch eine sorgfältige Beaufsichtigung nicht immer schützt. Wer sich mit dem Halten

1) Der § 816 Abs. 2 E. lautete: „Die gleiche Verantwortlichkeit trifft denjenigen, welcher die Führung der Aufsicht für den kraft Gesetzes Verpflichteten übernimmt.“ Man strich die Worte: „für den kraft Gesetzes Verpflichteten“, um den vertragsmäßig zur Beaufsichtigung Verpflichteten auch dann haften zu lassen, wenn es an einem gesetzlich Verpflichteten fehlt. Ferner wurden die Worte: „durch Vertrag“ aus dem in der vorigen Anmerkung angegebenen Grunde eingefügt. Vergl. § 832 Abs. 2 B.G.B. und K.B. S. 103.

2) Diese Verschiedenheit ist durch Streichung des E. § 817 Satz 2 beseitigt; man wollte im Interesse der öffentlichen Sicherheit auch denjenigen, der ein Hausthier hält, schlechthin für den angerichteten Schaden einstehen lassen. K.B. S. 103, St.B. S. 833—841, 886, 887.

solcher Thiere befaßt, muß für den Schaden, welcher Anderen aus demselben erwächst, schlechthin einstehen, auch wenn ihm ein Verschulden nicht zur Last fällt (vergl. Preuß. A.L.R. I, 6 §§ 70 ff.; Sächs. Gesetzbuch § 1560).

Wer für denjenigen, welcher ein Thier hält, die Führung der Aufsicht über dasselbe übernommen hat [1]), unterliegt ohne Unterschied der Thiergattungen stets nur der beschränkten Haftung (§ 818, **834**).

Wildschaden. Im § 819, **835** trifft der Entwurf Bestimmungen über den Ersatz von Wildschaden.

Der gesetzliche Ausschluß eines Wildschadenersatzes ist dann unbedenklich, wenn der Eigenthümer des beschädigten Grundstücks rechtlich in der Lage ist, sich gegen die von dem Wilde drohenden Gefahren mit allen Mitteln, namentlich durch Ausübung der Jagd, zu schützen. Diese Voraussetzung trifft jedoch nach dem in Deutschland geltenden Jagdrecht in zahlreichen Fällen nicht zu. In einigen Gebieten kommen noch in verschiedenem Umfange Jagdgerechtigkeiten an fremdem Grund und Boden vor. Ungleich häufiger und wichtiger sind die Fälle der gemeinschaftlichen Jagdbezirke und der Jagd-Einschlüsse und -Anschlüsse; zwar steht hier den Eigenthümern kleiner oder mittlerer Grundstücke gesetzlich das Jagdrecht zu, aber die Ausübung ist ihnen zu Gunsten größerer Verbände oder der Eigenthümer anliegender größerer Grundstücke entzogen. Namentlich für diese Fälle erscheint die gesetzliche Anerkennung eines Ersatzanspruchs zu Gunsten des geschädigten Eigenthümers, dem die Jagdausübung im öffentlichen Interesse entzogen ist, geboten.

Hiernach beschränken sich die Bestimmungen des Entwurfes auf die Fälle, in denen dem Eigenthümer eines Grundstücks entweder an demselben das Jagdrecht nicht zusteht oder die Ausübung des ihm zustehenden Jagdrechts durch das Gesetz entzogen ist.

Im Einklange mit dem im größten Theile Deutschlands geltenden Rechte erstreckt der Entwurf die Ersatzpflicht nur auf den durch bestimmte Arten von Wild verursachten Schaden. Als Schadenwild werden nach dem Vorgange des Bayerischen Gesetzes vom 15. Juni 1850 und des Preußischen Gesetzes vom 11. Juli 1891 Schwarz-, Roth-, Elch-, Dam- und Rehwild anerkannt [2]). Der gesetzliche Schutz wird nicht nur land- und forstwirthschaftlichen, sondern allen Grundstücken zu Theil, desgleichen den getrennten, aber noch nicht eingeernteten Erzeugnissen.

Der Ersatzanspruch steht jedem durch Schadenwild Beschädigten zu, also gegebenenfalls auch dem Pächter.

Ersatzpflichtig ist bei Jagdgerechtigkeiten an fremden Grundstücken der Jagdberechtigte. Was die Fälle der Jagd-Einschlüsse und -Anschlüsse betrifft, so ist nach bestehendem Rechte vielfach entweder der Eigenthümer des umschließenden oder anschließenden Grundstücks gesetzlich zur Ausübung der Jagd

---

1) Im B.G.B. § 834 ist wie in den §§ 831, 832 (s. die früheren Anm.) bestimmt, daß die Aufsicht „durch Vertrag" übernommen sein muß. K.B. S. 103.

2) Auch der Fasan ist im B.G.B. § 835 als Schadenwild anerkannt, da er namentlich an der Aussaat erheblichen Schaden anrichten könne. K.B. S. 104, 105, St.B. S. 368, 379, 380.

auf dem anderen Grundstücke berechtigt oder der Eigenthümer dieses anderen Grundstücks gesetzlich verpflichtet, jenem die Ausübung pachtweise zu überlassen; endlich kommt es auch vor, daß der Eigenthümer des anderen Grundstücks die Wahl hat, die Jagd ruhen zu lassen oder ihre Ausübung dem benachbarten Eigenthümer zu überlassen. Der § 819, **835** Abs. 2 trägt den bezeichneten Vorschriften der Landesgesetze gleichmäßig Rechnung. Ersatzpflichtig ist, wenn dem Eigenthümer die Ausübung des ihm zustehenden Jagdrechts durch das Gesetz entzogen ist, der zur Ausübung des Jagdrechts nach dem Gesetze Berechtigte. Hat der Eigenthümer eines Grundstücks, auf welchem das Jagdrecht wegen der Lage des Grundstücks nur gemeinschaftlich mit dem Jagdrecht an einem anderen Grundstück ausgeübt werden kann, das Jagdrecht dem Eigenthümer dieses Grundstücks verpachtet, so ist der letztere für den Schaden verantwortlich.

Das Rechtsverhältniß der gemeinschaftlichen Jagdbezirke ist in den geltenden Gesetzen ebenfalls verschiedenartig geregelt. Theils bilden die zu einem solchen gehörigen Grundeigenthümer eine Jagdgemeinschaft, theils werden sie durch die politische Gemeinde bei der Jagdverpachtung vertreten, theils ist die Gemeinde selbst zur Ausübung der Jagd berechtigt. Auch für diese Fälle wird durch die Vorschrift des § 819, **835** Abs. 2 Satz 1 der Ersatzpflichtige mit hinreichender Sicherheit bestimmt. Die Organisation des Jagdverbandes und die Vertheilung des Schadensersatzes unter die Mitglieder desselben bleibt durchaus den Landesgesetzen überlassen. Besondere Vorsorge trifft jedoch der Entwurf für den Fall, daß das Landesgesetz den Verband als bloße Gesellschaft nach den Vorschriften des Bürgerlichen Gesetzbuchs gestaltet, ohne über die Haftung der Genossen etwas zu bestimmen. Hier würde aus den gedachten Vorschriften sich eine gesammtschuldnerische Haftung ergeben; dieselbe wäre jedoch nicht sachgemäß, und der Entwurf sieht daher (§ 819, **835** Abs. 3) eine Haftung nach Verhältniß der Größe der Grundstücke vor.

Keiner besonderen Vorschrift bedarf es hinsichtlich der Frage, welche Bedeutung einem bei der Entstehung des Schadens mitwirkenden Verschulden des Beschädigten zukommt. Die allgemeine Bestimmung des § 248, **254** bietet namentlich auch Schutz gegen die Gefahr, daß Bodenerzeugnisse in der Absicht, Schadensersatz zu erzielen, gezogen oder über die gewöhnliche Erntezeit hinaus auf dem Felde belassen werden.

4. Haftung für den Einsturz eines Gebäudes.

Nach dem Vorgange der meisten neueren Gesetze (vergl. Preuß. A.L.R. I, 8 §§ 36, 37, 60, verb. mit I, 6 §§ 10ff., 26; Code civil Art. 1386; Sächs. Gesetzbuch § 351) trifft auch der Entwurf (§§ 820, **836** bis 822, **838**) über die Haftung für Beschädigungen durch Einsturz eines Gebäudes oder eines sonstigen, mit einem Grundstücke verbundenen Werkes besondere Bestimmungen.

Voraussetzung der Haftung ist zunächst, daß durch fehlerhafte Errichtung oder mangelhafte Unterhaltung der Einsturz oder die Ablösung von Theilen herbeigeführt und hiernach ein Schaden (Tödtung, Körperverletzung, Sach- **Voraussetzungen der Haftung.**

Drittes Buch.

Sachenrecht.

Allgemeine Uebersicht. Der erste Abschnitt des dritten Buches (§§ 838, **854** bis 856, **872**) handelt vom Besitze. Hieran schließen sich im zweiten Abschnitte allgemeine Vorschriften über Rechte an Grundstücken. Diese Vorschriften ergeben sich daraus, daß der Entwurf die Rechte an Grundstücken einheitlich im Sinne der Grundbucheinrichtung regelt. Dabei kommen zunächst die Erfordernisse der rechtsgeschäftlichen Erwerbung, Belastung, Aufhebung und Aenderung von Rechten an Grundstücken in Betracht (§§ 857, **873** bis 862, **878**). Sodann regelt der Entwurf das Rangverhältniß unter mehreren, ein Grundstück belastenden Rechten (§§ 863, **879** bis 865, **881**), den Höchstbetrag, bis zu welchem für ein solches Recht, falls es durch die Zwangsversteigerung erlischt, Werthersatz verlangt werden kann (§ 866, **882**), und die Vormerkung zur Sicherung des Anspruchs auf Einräumung oder Aufhebung eines Rechtes an einem Grundstück oder einem das Grundstück belastenden Rechte (§§ 867, **883** bis 872, **888**). Weitere Vorschriften haben die Frage zum Gegenstande, welche Bedeutung dem Inhalte des Grundbuchs zukommt, und zwar betrifft der § 875, **891** die Vermuthungen, welche sich aus der Eintragung oder Löschung eines Rechtes für sein Bestehen oder Nichtbestehen ergeben, während in den §§ 876, **892**, 877, **893** der wichtige Satz von dem öffentlichen Glauben des Grundbuchs aufgestellt und näher ausgeführt wird. Zum Schutze desjenigen, dessen Recht durch eine der wirklichen Rechtslage nicht entsprechende Eintragung oder Löschung in Folge des öffentlichen Glaubens des Grundbuchs gefährdet wird, dienen der Anspruch auf Berichtigung des Grundbuchs (§§ 878, **894** bis 882, **898**) und die Eintragung eines Widerspruchs gegen die Richtigkeit des Grundbuchs (§ 883, **889**). Im § 884, **900** wird die Ersitzung des Eigenthums oder eines anderen Rechtes an einem Grundstücke zu Gunsten desjenigen, der, ohne Berechtigter zu sein, als solcher im Grundbuch eingetragen ist, geordnet, im § 885, **901** das Erlöschen eines zu Unrecht gelöschten Rechtes an einem fremden Grundstücke durch Zeitablauf. Den Schluß bildet eine Vorschrift über die Unverjährbarkeit der Ansprüche aus eingetragenen oder durch Eintragung eines Widerspruchs gewahrten Rechten (§ 886, **902**).

Der Entwurf wendet sich nunmehr zu den einzelnen Rechten an Sachen. Diese Rechte richten sich im Gegensatze zu den Forderungsrechten regelmäßig nicht gegen eine bestimmte Person, sondern gegen Jeden, dessen Verhalten dem Rechte widerstreitet. Entsprechend der neueren Rechtsentwickelung steht der Entwurf auf dem Standpunkte, daß die dinglichen Rechte nach ihren Voraussetzungen und ihrem Inhalt ausschließlich durch das Gesetz bestimmt werden. Neben den vom Entwurf anerkannten Rechten an Sachen können daher künftig nur noch solche dingliche Rechte begründet werden, welche die Reichsgesetzgebung und, auf den der Landesgesetzgebung vorbehaltenen Gebieten, diese zuläßt.

Unter den einzelnen Rechten an Sachen wird vorab das umfassendste dieser Rechte, das Eigenthum, im dritten Abschnitte behandelt. Im ersten Titel wird der Inhalt des Eigenthums im Allgemeinen bestimmt (§ 887, **903**), die darin an sich enthaltene Befugniß, Einwirkungen Anderer auf die Sache zu verbieten, in Bezug auf Einwirkungen, die im Nothstande vorgenommen werden, eingeschränkt (§ 888, **904**) und die räumliche Erstreckung des Eigenthums an einem Grundstücke abgegrenzt (§ 889, **905**). Es folgen Vorschriften über nachbarrechtliche Beschränkungen des Grundeigenthums; sie betreffen die Duldung gewisser von Nachbargrundstücken ausgehender Einwirkungen (§ 890, **906**), den Schutz gegen Beeinträchtigung durch Anlagen auf dem Nachbargrundstücke (§§ 891, **907** bis 893, **909**), das Ueberhangs- und Ueberfallsrecht (§§ 894, **910**, 895, **911**), das Bauen über die Grenze (§§ 896, **912** bis 900, **916**) und den Nothweg (§§ 901, **917**, 902, **918**). Weiter werden die gegenseitige Verpflichtung der Grenznachbarn zur Mitwirkung bei der Abmarkung der Grenze (§ 903, **919**), der Fall der Grenzverwirrung (§ 904, **920**), das Rechtsverhältniß hinsichtlich der zum Vortheile beider Grundstücke dienenden Grenzeinrichtungen sowie hinsichtlich der Bäume auf der Grenze (§§ 905, **921** bis 907, **923**) geregelt.

Der zweite Titel behandelt den Erwerb und Verlust des Eigenthums an Grundstücken durch Uebertragung (§§ 909, **925**, 910, **926**), zufolge eines Aufgebots des Eigenthümers (§ 911, **927**) und durch Aneignung eines herrenlos gewordenen Grundstücks (§ 912, **928**), der dritte Titel den Erwerb und Verlust des Eigenthums an beweglichen Sachen durch Uebertragung (§§ 913, **929** bis 920, **936**), durch Ersitzung (§§ 921, **937** bis 929, **945**), Verbindung, Vermischung, Verarbeitung (§§ 930, **946** bis 936, **952**), ferner den Erwerb von Erzeugnissen und sonstigen Bestandtheilen einer Sache (§§ 937, **953** bis 941, **957**), die Aneignung (§§ 942, **958** bis 948, **964**) und den Fund (§§ 949, **965** bis 968, **984**). Im vierten Titel werden die Ansprüche aus dem Eigenthum im Falle der Entziehung oder Vorenthaltung des Besitzes (§§ 969, **985** bis 987, **1003**) und im Falle sonstiger Beeinträchtigung (§§ 988, **1004**, 989, **1005**) geregelt. Der fünfte Titel (§§ 992, **1008** bis 995, **1011**) enthält die auf das Miteigenthum bezüglichen Vorschriften.

Im vierten Abschnitte (§§ 996, **1012** bis 1001, **1017**) behandelt der Entwurf das Erbbaurecht, d. h. die Belastung eines Grundstücks mit dem veräußerlichen und vererblichen Rechte, auf demselben ein Bauwerk zu haben.

Der fünfte Abschnitt betrifft die Dienstbarkeiten, und zwar im ersten Titel die Grunddienstbarkeiten (§§ 1002, **1018** bis 1012, **1029**), im zweiten den Nießbrauch (§§ 1013, **1030** bis 1072, **1089**), im dritten die beschränkten persönlichen Dienstbarkeiten (§§ 1073, **1090** bis 1076, **1093**).

Im sechsten Abschnitte folgen die Vorschriften über das dingliche Vorkaufsrecht an Grundstücken (§§ 1077, **1094** bis 1087, **1104**), im siebenten die Bestimmungen über Reallasten (§§ 1088, **1105** bis 1095, **1112**). In den beiden letzten Abschnitten endlich sind die dem Realkredite dienenden Rechte geregelt, und zwar im achten Abschnitte (§§ 1096, **1113** bis 1186, **1203**) die Hypothek, Grundschuld und Rentenschuld, im neunten Abschnitte (§§ 1187, **1204** bis 1279, **1296**) das Pfandrecht an beweglichen Sachen und an Rechten.

Die wichtigeren Fragen des Sachenrechts finden im Folgenden eine nähere Würdigung.

I. Besitz.

Der dem Besitze gewidmete Abschnitt (§§ 838, **854** bis 856, **872**) beschränkt sich auf den Sachbesitz und regelt hierbei im Wesentlichen nur den Besitzschutz.

Die Vorschriften des Entwurfes beruhen auf dem Gedanken, daß der Besitzschutz dazu bestimmt ist, den Rechtsfrieden durch Aufrechterhaltung des äußeren Herrschaftsverhältnisses der Person zur Sache zu bewahren. Indem der Entwurf diesen Schutz gewährt, ohne Unterschied, ob der Besitz auf einem dinglichen oder einem obligatorischen Rechtsverhältnisse beruht, ob der Besitzer die Sache als ihm gehörend besitzt oder nicht, folgt er der neueren Rechtsentwickelung (vergl. Preuß. A.L.R. I, 7 §§ 6, 9, 141, 144 bis 147, 150; Sächs. Gesetzbuch § 208).

Besitzerwerb. Nach § 838, **854** Abs. 1 wird der Besitz einer Sache erworben durch die Erlangung der thatsächlichen Gewalt über die Sache. Ob diese Gewalt erlangt ist, bestimmt sich nach den Umständen des einzelnen Falles. Einen auf die Erlangung gerichteten Willen des Erwerbers verlangt der Entwurf nicht. Denn es sind auch solche Fälle zu berücksichtigen, in denen eine Sache in den äußeren Machtbereich einer Person unter Umständen gelangt ist, unter welchen ein Erwerbswille nicht angenommen werden kann, gleichwohl aber das Bedürfniß des Besitzschutzes besteht. Insbesondere trifft dies für willensunfähige Personen (Kinder, Geisteskranke) zu, welche anderenfalls zum Erwerbe eines rechtlich geschützten Besitzes schlechthin unfähig wären.

Die erläuternde Bestimmung des § 838, **854** Abs. 2, derzufolge zum Besitzerwerbe die Einigung des bisherigen Besitzers und des Erwerbers genügt, wenn der Erwerber in der Lage ist, die Gewalt über die Sache auszuüben, ist wegen der praktischen Wichtigkeit, die sie namentlich für den Erwerb des Besitzes von Grundstücken hat, aufgenommen.

Der Grundsatz, daß Besitz und Besitzschutz in der Person desjenigen begründet sind, der die thatsächliche Gewalt über die Sache hat, bedarf einer

Einschränkung mit Rücksicht auf die Fälle, in denen Jemand die Gewalt für einen Anderen in dessen Haushalt oder Erwerbsgeschäft oder in einem ähnlichen Verhältniß ausübt, das ihn verpflichtet, den sich auf die Sache beziehenden Weisungen des Anderen Folge zu leisten. In Fällen dieser Art würde es den Lebensverhältnissen nicht entsprechen, demjenigen den Besitzschutz zu gewähren, welcher die thatsächliche Gewalt über die Sache für den Anderen ausübt. Der § 839, **855** bestimmt deshalb, daß in den bezeichneten Fällen nur der Letztere Besitzer der Sache ist.

Verlust des Besitzes. Der Besitz wird nach § 840, **856** Abs. 1 dadurch beendigt, daß der Besitzer die thatsächliche Gewalt über die Sache aufgiebt oder in anderer Weise verliert. Ob die einmal erlangte thatsächliche Gewalt als verloren anzusehen ist, hängt von den Umständen des einzelnen Falles ab. Einem hier naheliegenden Mißverständnisse beugt die Bestimmung des § 840, **856** Abs. 2 vor, wonach eine ihrer Natur nach nur vorübergehende Behinderung in der Ausübung der Gewalt den Besitz nicht beendigt.

Vererblichkeit des Besitzes. Die im geltenden Rechte verschieden beantwortete Frage, ob der Besitz vererblich ist, d. h. ob der Erbe den Besitz des Erblassers überkommt, auch wenn er selbst die thatsächliche Gewalt über die Sache noch nicht erlangt hat, entscheidet der Entwurf (§ 841, **857**) im Anschluß an die Auffassung des deutschen Rechtes im bejahenden Sinne. Nur durch die Anerkennung des deutschrechtlichen Grundsatzes wird eine einfache, den Bedürfnissen des Lebens und der Rechtssicherheit entsprechende Gestaltung des Besitzverhältnisses und des Besitzschutzes nach dem Tode des Besitzers erreicht. Insbesondere bedarf es dann keiner Sonderbestimmungen, um den Nachlaß in der Zeit zwischen dem Tode des Besitzers und der Besitzergreifung der zu dem Nachlasse gehörenden Sachen durch den Erben gegen Eingriffe Dritter sicherzustellen.

Verbotene Eigenmacht. Der dem Besitzer gewährte Schutz richtet sich gegen Jeden, welcher dem Besitzer ohne dessen Willen den Besitz entzieht oder ihn im Besitze stört, sofern nicht das Gesetz (vergl. namentlich §§ 221, **227**, 223, **229**, 843, **859** Abs. 2, 3) eine solche Handlung gestattet. Die widerrechtliche Entziehung oder Störung bezeichnet der Entwurf als verbotene Eigenmacht (§ 842, **858** Abs. 1). Zum Begriffe derselben gehört nicht, daß der Besitz vorsätzlich oder fahrlässig entzogen oder gestört wird. Wohl aber ist nach § 807, **823** die Schadensersatzpflicht von einem schuldhaften Zuwiderhandeln gegen das Verbot abhängig.

Ist der Besitz durch verbotene Eigenmacht erlangt, so muß die dadurch begründete Fehlerhaftigkeit des Besitzes mit den aus ihr sich ergebenden Folgen auch der Nachfolger im Besitze gegen sich gelten lassen, wenn er Erbe des Besitzers ist oder die Fehlerhaftigkeit des Besitzes seines Vorgängers bei dem Erwerbe kennt (§ 842, **858** Abs. 2). Zwar ist diese Wirkung, soweit sie den Sondernachfolger im Besitze betrifft, dem Preußischen und dem Französischen Rechte unbekannt; sie entspricht aber dem Gemeinen Rechte sowie dem § 206 des Sächsischen Gesetzbuchs und rechtfertigt sich durch den Zweck, eine Vereitelung und Umgehung des Verbots der Eigenmacht zu verhüten.

Inhalt des Besitzschutzes. Zum Zwecke des Selbstschutzes gewährt der § 843, **859** Abs. 1 dem Besitzer, solange dessen Besitz fortdauert, im Anschluß an die geltenden Gesetze (Preuß. A.L.R. I, 7 §§ 141 ff., Sächs. Gesetzbuch § 181) und in Verfolg der Vorschrift des § 221, **227** über die Nothwehr das Recht, sich verbotener Eigenmacht mit Gewalt zu erwehren. Ist dem Besitzer durch verbotene Eigenmacht der Besitz entzogen, so wird ihm behufs Wiedererlangung in weiterem Umfange als nach der Vorschrift des § 223, **229** Selbsthülfe gestattet, handelt es sich um eine bewegliche Sache, so darf er sie nach dem § 843, **859** Abs. 2, der sich in der Fassung dem § 127 der Strafprozeßordnung anschließt, dem auf frischer That betroffenen oder verfolgten Thäter mit Gewalt wieder abnehmen (vergl. Sächs. Gesetzbuch § 181). Der Besitzer eines Grundstücks aber darf sofort nach der Entziehung sich des Besitzes durch Entsetzung des Thäters wieder bemächtigen (§ 843, **859** Abs. 3). Das Gemeine Recht geht insofern weiter, als es den Besitzer ermächtigt, sofort nach erlangter Kenntniß von der Entziehung sich im Wege der Selbsthülfe den Besitz wiederzuverschaffen (vergl. auch Sächs. Gesetzbuch §§ 181, 214). Danach kann aber zwischen der Entziehung des Besitzes und der auf Entsetzung des Thäters gerichteten Handlung unter Umständen ein erheblicher Zeitraum liegen, und in solchen Fällen wird die Selbsthülfe leicht zu schweren Verwickelungen und Störungen des Rechtsfriedens führen. Auf der anderen Seite ist unter den heutigen Verhältnissen gegen eigenmächtige Eingriffe in den Besitz eines Grundstückes mit Leichtigkeit schleunige gerichtliche Hülfe zu erlangen. Wie gegenüber dem Thäter selbst stehen die erwähnten Selbsthülfebefugnisse dem verdrängten Besitzer auch gegenüber demjenigen zu, welcher nach § 842, **858** Abs. 2 die Fehlerhaftigkeit des Besitzes des Thäters gegen sich gelten lassen muß (§ 843, **859** Abs. 4).

In dem Falle, daß nach § 839, **855** ein Anderer für den Besitzer die thatsächliche Gewalt ausübt, hat neben dem Besitzer auch jener das Recht des Selbstschutzes (§ 844, **860**). Die Vorschrift trägt einem praktischen Bedürfnisse Rechnung und findet im Preußischen Rechte (A.L.R. I, 7 §§ 144, 145) sowie im § 181 des Sächsischen Gesetzbuchs einen Vorgang.

Für Fälle, in denen der Besitzer nicht in der Lage oder nicht gewillt ist, von dem, immerhin mit Schwierigkeiten verbundenen, Rechte der Selbsthülfe Gebrauch zu machen, tritt als nothwendige Ergänzung der gerichtliche Besitzschutz ein. Dem Besitzer, gegen den verbotene Eigenmacht verübt worden ist, ist damit die Möglichkeit gewährt, durch einfache Berufung auf diese Eigenmacht im gerichtlichen Wege die Wiederherstellung des früheren Besitzstandes zu erlangen. Ein solches sachlich als einstweilige Verfügung sich darstellendes Schutzmittel ist dem Besitzer auch von den geltenden Rechten, wenigstens in Bezug auf Grundstücke, durchweg gewährt. Abweichend von dem Gemeinen Rechte und den §§ 205, 206 des Sächsischen Gesetzbuchs, aber in Uebereinstimmung mit dem Preußischen Rechte, läßt der Entwurf die Verfolgung von Schadensansprüchen im Besitzprozesse nicht zu.

Gleichfalls in Uebereinstimmung mit dem geltenden Rechte unterscheidet der Entwurf zwischen den Fällen der Besitzentziehung und der Besitzstörung.

Im Falle der Besitzentziehung kann nach § 845, **861** Abs. 1 der verdrängte Besitzer die Wiedereinräumung des Besitzes verlangen. Der Anspruch geht gegen denjenigen, der die verbotene Eigenmacht verübt hat, sofern er noch im Besitze der Sache ist, sowie — unter den im § 842, **858** Abs. 2 Satz 2 (vergl. oben S. 117) bezeichneten Voraussetzungen — gegen seinen Nachfolger im Besitze. Nach § 845, **861** Abs. 2 ist jedoch der Anspruch ausgeschlossen, wenn der entzogene Besitz dem gegenwärtigen Besitzer oder dessen Rechtsvorgänger gegenüber fehlerhaft war und in dem letzten Jahre vor der Entziehung erlangt worden ist. War der gegenwärtige Besitzer oder dessen Vorgänger im Besitze vor der von ihm verübten Eigenmacht seinerseits aus dem Besitze der Sache durch verbotene Eigenmacht verdrängt worden und hat er darauf demjenigen, der ihm gegenüber fehlerhaft besaß, durch seine Eigenmacht den Besitz wieder entzogen, so ist in Folge dieser letzten eigenmächtigen Handlung lediglich der Besitzstand wiederhergestellt, welcher bestehen würde, wenn von keiner Seite eigenmächtig verfahren worden wäre. Damit entfällt aber der Grund des Anspruchs auf Wiedereinräumung des Besitzes. Die Zulassung der Einrede des fehlerhaften Besitzes enthält allerdings eine Abweichung von dem Gemeinen Rechte und den ihm folgenden §§ 207, 209 des Sächsischen Gesetzbuchs. Dagegen führen die Bestimmungen des Preußischen Rechtes, nach welchen durch verbotene Eigenmacht zum Nachtheile des Verletzten kein Besitz erworben wird (vergl. A.L.R. I, 7 §§ 96, 98, 106), zu einem ähnlichen Ergebnisse wie der Entwurf. Aus Rücksichten des Rechtsfriedens darf jedoch die aus der Zulassung der Einrede des fehlerhaften Besitzes mittelbar sich ergebende Erweiterung der Selbsthülfe nicht ohne zeitliche Schranke zugelassen werden. Die Einrede wird deshalb nur wegen einer Eigenmacht gestattet, die in das letzte Jahr vor der Besitzentziehung fällt, auf welche der Anspruch gegründet wird. **Anspruch wegen Besitzentziehung.**

Der Anspruch wegen Störung des Besitzes (§ 846, **862**) setzt, dem auf Wiederherstellung des früheren Besitzstandes gerichteten Zwecke der Besitzklagen entsprechend, voraus, daß durch verbotene Eigenmacht ein thatsächlicher Zustand geschaffen ist, welcher fortwirkend den Besitz beeinträchtigt. Die lediglich in der Vergangenheit liegende Handlung verbotener Eigenmacht ist als solche, wenn sie nicht auf einem Verschulden beruht, rechtlich überhaupt bedeutungslos; liegt dagegen ein Verschulden vor, so erzeugt sie nach § 807, **823** einen Anspruch auf Schadensersatz, dessen Verfolgung nur außerhalb des Besitzprozesses zulässig ist. **Anspruch wegen Besitzstörung.**

Der thatsächliche Zustand, gegen den sich die Besitzstörungsklage richtet, kann entweder in einer körperlich fortdauernden Störung beruhen, z. B. in einer auf das Grundstück hinübergreifenden Anlage, oder in der Rechtsunsicherheit, die sich aus der Besorgniß weiterer Störungen ergiebt. Diese Besorgniß muß durch die Umstände des Einzelfalles besonders begründet werden. Bei körperlich fortdauernden Störungen kann der Besitzer von dem Störer Beseitigung verlangen. Sind weitere Störungen zu besorgen, so kann er auf deren Unterlassung klagen. In gleicher Weise wie gegenüber dem Anspruch auf Wiedereinräumung des entzogenen Besitzes wird auch der Besitzstörungsklage gegenüber die Einrede des fehlerhaften Besitzes gestattet (§ 846, **862** Abs. 2).

Einwendungen aus dem Rechte zum Besitz u.s.w.

Die Besitzansprüche gründen sich lediglich auf die durch verbotene Eigenmacht herbeigeführte Veränderung des Besitzstandes. Sie können daher nicht durch die Berufung auf ein Recht zum Besitz oder zur Vornahme der störenden Handlung abgewehrt werden. Dieser mit dem Gemeinen Rechte und den meisten neueren Gesetzgebungen im Einklange stehende, im § 847, **863** des Entwurfes zum Ausdrucke gelangte Satz bedarf jedoch einer Beschränkung. Einwendungen der bezeichneten Art müssen auch im Besitzprozeß insoweit zulässig sein, als sie lediglich zur Begründung der Behauptung geltend gemacht werden, daß wegen des Vorhandenseins der Voraussetzungen erlaubter Selbsthülfe (vergl. § 223, **229**) die Entziehung oder Störung des Besitzes nicht verbotene Eigenmacht sei; denn in dieser Gestalt sind sie geeignet, den Rechtsgrund des Besitzanspruches zu beseitigen.

Erlöschen der Ansprüche.

Das praktische Bedürfniß fordert, daß der Geltendmachung der Besitzansprüche enge zeitliche Schranken gesetzt werden. Die Frage, auf wessen Seite in den Fällen einer Entziehung oder Störung des Besitzes die Eigenmacht war, unterliegt leicht der Verdunkelung; in der Regel wird, wenn der angeblich Verletzte nicht binnen kurzer Frist gerichtlichen Beistand sucht, dem anderen Theile durch die Verzögerung der Gegenbeweis erschwert. Der Entwurf (§ 848, **864** Abs. 1) bestimmt deshalb, im Grundgedanken übereinstimmend mit der neueren Gesetzgebung (vergl. insbes. Code de proc. civ. Art. 23; Sächs. Gesetzbuch § 210), daß Besitzansprüche erlöschen, wenn sie nicht innerhalb eines Jahres nach der Verübung der verbotenen Eigenmacht im Wege der Klage geltend gemacht werden.

Wird nach der Verübung der verbotenen Eigenmacht durch rechtskräftiges Urtheil festgestellt, daß dem Thäter ein Recht an der Sache zusteht, vermöge dessen er die Herstellung eines seiner Handlungsweise entsprechenden Besitzstandes verlangen kann, so wäre es eine zwecklose Weiterung, dem anderen Theile die Verfolgung seines Besitzanspruchs noch ferner zu ermöglichen; denn der Thäter würde auf Grund seines rechtskräftig festgestellten Rechtes in der Lage sein, das Ergebniß jener Verfolgung sofort wieder rückgängig zu machen. Im Anschluß an die Praxis des Gemeinen und des Preußischen Rechtes empfiehlt es sich daher, unter der bezeichneten Voraussetzung die Besitzansprüche erlöschen zu lassen (§ 848, **864** Abs. 2).

Die bloße Erhebung der Klage aus dem Rechte hindert dagegen die Geltendmachung der Besitzansprüche ebensowenig wie umgekehrt die Erhebung der Besitzklage die der Klage aus dem Rechte. Dies ergiebt sich ohne Weiteres aus der selbständigen Natur der Besitzansprüche und bedarf deshalb keines besonderen gesetzlichen Anspruchs.

Schutz des Besitzers eines Theiles einer Sache.

Mit Rücksicht auf die praktische Wichtigkeit der in Betracht kommenden Fälle stellt der § 849, **865** klar, daß auch derjenige, welcher nur einen Theil einer Sache, insbesondere abgesonderte Wohnräume oder andere Räume, besitzt, z. B. der Miether einer Wohnung, sowohl gegenüber dem Besitzer der anderen Theile der Sache als auch gegenüber Dritten nach Maßgabe der §§ 842, **858** bis 848, **864** Besitzschutz genießt.

Schutz des Mitbesitzers einer Sache.

Wird eine Sache von Mehreren, z. B. von Miteigenthümern, gemeinschaftlich besessen, so versteht es sich von selbst, daß jedem Mitbesitzer gegen Dritte die gleichen Besitzschutzrechte zustehen wie dem Alleinbesitzer einer Sache. Ebensowenig bedarf es eines besonderen Ausdrucks, daß ein Mitbesitzer den Besitzschutz auch gegen einen anderen Mitbesitzer genießt, sofern dieser ihm den Mitbesitz entzogen hat. Dagegen würden sich in Ermangelung einer besonderen Bestimmung Zweifel darüber ergeben, ob nicht ein Mitbesitzer dem anderen gegenüber auch zur Wahrung der von ihm thatsächlich ausgeübten Gebrauchsrechte den Besitzschutz für sich geltend machen kann. Die Erstreckung des Besitzschutzes auf diesen Fall empfiehlt sich indessen nicht, da der thatsächlich geübte Mitgebrauch eine genügend sichere Grundlage für die Gewährung des Rechtes der Selbsthülfe und der Besitzansprüche nicht bietet. Der Entwurf (§ 850, **866**) schließt deshalb bei einem Streite der Mitbesitzer über die Grenzen des dem Einzelnen zustehenden Gebrauchs den Besitzschutz aus und verweist folglich die Betheiligten auf die Mittel, die ihnen vermöge des Rechtes zum Gebrauche zustehen.

Schutz des Besitzes einer auf ein fremdes Grundstück gelangten Sache.

Die allgemeinen dem Schutze des Besitzes dienenden Vorschriften bedürfen einer Ergänzung für den Fall, daß eine Sache aus der Gewalt des Besitzers auf ein im Besitz eines Anderen befindliches Grundstück gelangt ist. Nach allgemeinen Grundsätzen kann sich der Besitzer die Gewalt über die Sache nur mit Zulassung des Besitzers des Grundstücks wiederverschaffen; das Betreten des Grundstücks ohne diese Zulassung wäre verbotene Eigenmacht. Selbst auf Grund eines ihm an der Sache zustehenden dinglichen Rechtes (Eigenthum, Nießbrauch, Pfandrecht) ist er, solange nicht der Besitzer des Grundstücks die Sache in Besitz genommen hat, nicht in der Lage, von ihm die Herausgabe der Sache zu verlangen (§§ 969, **985**, 1048, **1065**, 1210, **1227**). Um in einem solchen Falle die Wiedererlangung der Sache zu ermöglichen, legt der Entwurf (§ 851, **867**) dem Besitzer des Grundstücks die Verpflichtung auf, dem Besitzer der Sache die Aufsuchung und die Wegschaffung derselben zu gestatten. Die Verpflichtung ist jedoch ausgeschlossen, wenn inzwischen der Grundstücksbesitzer oder ein Dritter die Sache in Besitz genommen hat. Ist dies der Fall, so tritt dem früheren Besitzer der Sache ein gegenwärtiger Besitzer gegenüber, der den Besitz ohne verbotene Eigenmacht erworben und deshalb dem früheren Besitzer nur nach Maßgabe der allgemeinen Grundsätze vermöge eines diesem etwa zustehenden Rechtes an der Sache zu weichen hat. Da dem Grundstücksbesitzer die besondere Verpflichtung nur im Interesse des Besitzers der Sache auferlegt wird, so erscheint es billig, daß dieser ihm den durch die Aufsuchung und die Wegschaffung der Sache entstehenden Schaden zu ersetzen sowie, falls die Entstehung eines Schadens zu besorgen und nicht mit dem Aufschube der Gestattung Gefahr verbunden ist, auf Verlangen vorher für den Ersatz Sicherheit zu leisten hat.

Ausdehnung des Besitzschutzes auf den mittelbaren Besitzer.

Besitzt Jemand eine Sache als Nießbraucher, Pfandgläubiger, Pächter, Miether, Verwahrer oder in einem ähnlichen Verhältnisse, vermöge dessen er einem Anderen gegenüber auf Zeit zum Besitze berechtigt oder verpflichtet ist, so verlangt das praktische Bedürfniß, daß neben dem Besitzer auch dem

Anderen, welcher seine thatsächlichen Beziehungen zur Sache immerhin nicht vollständig aufgegeben hat und den deshalb der Entwurf als mittelbaren Besitzer bezeichnet, in gewissem Umfange Besitzschutz zugestanden werde (§ 852, **868**). Die Gewährung der in § 843, **859** bestimmten Selbstschutzbefugnisse ist allerdings entbehrlich, da die allgemeinen Vorschriften der §§ 221, **227** ff. über Selbstvertheidigung und Selbsthülfe dem mittelbaren Besitzer hinreichende Freiheit zur Wahrung seiner Rechte lassen. Ebensowenig bedarf er der Besitzansprüche im Verhältnisse zu dem unmittelbaren Besitzer: gegen Uebergriffe des letzteren bietet ihm der Anspruch aus dem zwischen beiden bestehenden Rechtsverhältnisse genügenden Schutz. Wohl aber muß ihm gerichtlicher Schutz gegenüber Dritten zu Theil werden. Da der mittelbare Besitzer vermöge des zwischen ihm und dem Besitzer bestehenden Verhältnisses nach dessen Beendigung die Wiedereinräumung des Besitzes verlangen kann, hat er ein berechtigtes Interesse daran, daß dem Besitzer der ungestörte Fortbestand des Besitzes gesichert bleibe. Dieses Interesse ist ohne Rücksicht auf das dem mittelbaren Besitzer etwa zustehende Recht an der Sache lediglich als Folge des mittelbaren Besitzes zu schützen, und zwar unabhängig davon, ob der Besitzer, der in erster Linie zur Vertheidigung seines Besitzes berufen ist, diese zu führen verhindert oder nicht gewillt ist. Nur insofern ist nach dem Entwurfe der Schutz des mittelbaren Besitzers von dem Besitzer abhängig, als die Voraussetzungen der Besitzansprüche in der Person des letzteren gegeben sein müssen. Ansprüche wegen verbotener Eigenmacht sind demnach auch für den mittelbaren Besitzer nur begründet, wenn ohne den Willen des Besitzers dieser aus dem Besitze verdrängt oder im Besitze gestört worden ist.

Im Falle der Besitzstörung hat der Anspruch des mittelbaren Besitzers den gleichen Inhalt wie der des Besitzers. Im Falle der Besitzentziehung richtet sich dagegen der Anspruch, da er lediglich das Interesse des mittelbaren Besitzers an der Herstellung des bisherigen Besitzstandes schützen soll, regelmäßig nur auf Wiedereinräumung des Besitzes an den unmittelbaren Besitzer. Das Recht, die Einräumung des Besitzes für sich selbst zu fordern, kann dem mittelbaren Besitzer nur unter der Voraussetzung gegeben werden, daß der bisherige Besitzer den Besitz nicht wieder übernehmen kann oder will (§ 853, **869**). Die hiermit vorgesehenen Beschränkungen beziehen sich übrigens nur auf den dem mittelbaren Besitzer als solchem gewährten Besitzschutz. Hat z. B. der Vermiether eines Grundstücks sich die Mitbenutzung bestimmter Theile des Grundstücks vorbehalten, so versteht es sich von selbst, daß er, falls die Eigenmacht sich gegen diese Theile des Grundstücks richtet, die Besitzschutzrechte unbeschränkt genießt, da er insoweit eine unmittelbare Gewalt über das Grundstück ausübt und als unmittelbarer Besitzer anzusehen ist.

Uebertragung des mittelbaren Besitzes.

Die Uebertragung des mittelbaren Besitzes kann nach § 854, **870** durch Abtretung des Anspruchs auf Herausgabe der Sache erfolgen: einer Mitwirkung des unmittelbaren Besitzers bedarf es nicht, da dessen Rechtslage durch die Uebertragung nicht berührt wird (vergl. § 970, **986** Abs. 2). Die Vorschrift geht in ihrer Tragweite über den Besitzschutz hinaus und ist namentlich für den Erwerb dinglicher Rechte an beweglichen Sachen (vergl. §§ 915, **931**, 918, **934**, 1015, **1032**, 1188, **1205** Abs. 2) von Bedeutung.

Die den Eigenbesitz betreffende Schlußbestimmung des ganzen Abschnitts (§ 856, **872**) steht mit den Vorschriften über den Besitzschutz in keinem inneren Zusammenhange; für die als „Eigenbesitz" bezeichnete Unterart des Besitzes gelten hinsichtlich des Besitzschutzes Besonderheiten nicht. Das wesentliche Merkmal jener Unterart liegt in dem Willen des Besitzers, die Sache als ihm gehörend zu besitzen. Von Bedeutung ist ein so beschaffener Besitz namentlich für den Eigenthumserwerb (vergl. §§ 884, **900**, 911, **927**, 921, **937** ff., 939, **955**, 942, **958**), aber auch in anderen Beziehungen (vergl. z. B. § 820, **836** Abs. 3). Da nach dem Sprachgebrauche des Entwurfes (vergl. insbesondere § 852, **868**) unter „Besitz" im Allgemeinen nicht nur der unmittelbare, sondern auch der mittelbare Besitz zu verstehen ist, so umfaßt der Ausdruck „Eigenbesitz" gleichfalls sowohl den unmittelbaren als den mittelbaren Besitz. Eigenbesitz.

II. Allgemeine Vorschriften über Rechte an Grundstücken.

Vorbemerkung.

Bucheinrichtung.

In dem größten Theile Deutschlands ist das Liegenschaftsrecht auf der Grundlage öffentlicher Bücher geregelt. Die Bucheinrichtung soll für den auf Grundstücke bezüglichen Verkehr eine zuverlässige Grundlage schaffen, indem sie die Erkennbarkeit des Rechtsstandes der Grundstücke sichert. Demjenigen, der ein auf die Erwerbung eines Rechtes an einem Grundstücke gerichtetes Rechtsgeschäft im Vertrauen auf den Inhalt des Buches vornimmt, wird dieser Inhalt als richtig und vollständig gewährleistet; dem Buche wird öffentlicher Glaube beigelegt. Daraus ergiebt sich freilich, wenn der Buchinhalt der wirklichen Rechtslage nicht entspricht, die Folge, daß für den durch den öffentlichen Glauben des Buches Geschützten ein anderer Rechtsstand des Grundstücks gilt wie für die sonstigen Betheiligten. Diese Unzuträglichkeit wird aber wesentlich gemindert, wenn und soweit der Eintritt von Aenderungen in der wirklichen Rechtslage an eine entsprechende Eintragung in das Grundbuch gebunden wird. Dabei läßt sich ein Schutz wohl erworbener Rechte gegenüber dem öffentlichen Glauben des Grundbuchs weiterhin dadurch erreichen, daß für die Eintragung bestimmte, einem Widerspruche zwischen dem Buche und der wirklichen Rechtslage vorbeugende Voraussetzungen aufgestellt und die Buchbehörden angehalten werden, die Eintragung nur bei dem Vorhandensein der gesetzlichen Voraussetzungen vorzunehmen.

Die Landesgesetze, welche das Liegenschaftsrecht in dieser Weise regeln, scheiden sich in zwei Gruppen: die eine verwerthet die Bucheinrichtung nur für die Sicherung des Hypothekenverkehrs, folgt mithin dem sogenannten Pfandbuchsysteme, während die andere auch die Erwerbung des Eigenthums und sonstiger Rechte an Grundstücken auf der Grundlage der Bucheinrichtung geordnet hat und demgemäß zur Annahme des sogenannten Grundbuchsystems gelangt ist.

Wesentlich abweichend von den bezeichneten Gesetzen ist das Liegenschaftsrecht der französischrechtlichen Gebietstheile. Doch hat das Transkriptions- und Inskriptionssystem der Französischen Gesetzgebung auch hier vielfach eine mehr oder weniger weitgehende Aenderung im Sinne der deutschrechtlichen Auffassung erfahren.

Nach dem Stande des geltenden Rechtes kann auch für das Bürgerliche Gesetzbuch nur eine Regelung im Sinne dieser Auffassung, und zwar nach Maßgabe des Grundbuchsystems, in Frage kommen. Die dem Pfandbuchsysteme folgenden Landesgesetze gehören einer Zeit an, in welcher die Hebung und Förderung des Realkredits als die dringendste Aufgabe der Gesetzgebung angesehen und demgemäß eine Reform des Hypothekenrechts auf der Grundlage des Pfandbuchsystems für ausreichend gehalten wurde. Für die Gegenwart unterliegt es keinem Zweifel, daß auch andere Rechte an Grundstücken, vor allem das Eigenthum, des gleichen Schutzes werth und bedürftig sind. Nach dem Grundbuchsystem besteht die erste Aufgabe der Bucheinrichtung in dem Nachweise der einzelnen Grundstücke, die zweite in der Sicherung des Eigenthums und erst die dritte in der Feststellung der Belastungen desselben, insbesondere der Hypotheken. Indem das Grundbuchsystem die Erfüllung dieser Aufgaben ermöglicht, unterscheidet es sich von dem Pfandbuchsysteme vornehmlich dadurch, daß nach ihm das Eigenthum um seiner selbst willen, nicht bloß der Hypothek wegen, veröffentlicht wird: die Uebertragung des Eigenthums auf Grund eines Rechtsgeschäfts hängt daher ebenso wie die der Hypothek von der Eintragung ab. Hiermit ist der große Vortheil verbunden, daß ein Gegensatz zwischen Bucheigenthum und wirklichem Eigenthume nur in den wenigen Fällen eintritt, in welchen der amtlichen Prüfung ungeachtet ein ungültiges Uebertragungsgeschäft zur Eintragung gelangt ist. Ein weiterer Vortheil ist der, daß nicht bloß die mit Hypotheken belasteten Liegenschaften, sondern alle Grundstücke, soweit nicht aus besonderen Gründen von ihrer Buchung abzusehen ist, durch das Grundbuch nachgewiesen werden.

Das sich hieraus ergebende Liegenschaftsrecht findet seine nothwendige Ergänzung in der Grundbuchordnung, durch die das Grundbuchwesen und das Verfahren der mit der Führung der Grundbücher betrauten Behörden geregelt wird.

1. Erfordernisse der rechtsgeschäftlichen Erwerbung, Belastung, Aufhebung oder Aenderung von Rechten an Grundstücken.

Zur Uebertragung des Eigenthums an einem Grundstücke, zur Belastung des Grundstücks mit einem Rechte sowie zur Uebertragung oder Belastung eines solchen Rechtes erfordert der Entwurf (§ 857, **873** Abs. 1) der Regel nach zweierlei: die Einigung des Berechtigten und des anderen Theiles über den Eintritt der Rechtsänderung und die Eintragung der Rechtsänderung in das Grundbuch. Die Regel des § 857, **873** Abs. 1 gilt nur für die auf Rechtsgeschäft, nicht aber für die auf anderen Gründen (z. B. Erbfolge, Zwangsvollstreckung, Enteignung) beruhenden Rechtsänderungen.

Eintragung. Das Erforderniß der Eintragung ergiebt sich aus dem Zwecke der Grundbucheinrichtung. Soll das Buch dem Verkehr eine sichere Grundlage schaffen, so muß ihm öffentlicher Glaube beigelegt werden. Dies kann aber ohne Nachtheil nur geschehen, wenn, soweit thunlich, dafür Sorge getragen wird, daß der Inhalt des Buches mit der wirklichen Rechtslage übereinstimmt. Bezüglich der auf dem Willen der Betheiligten beruhenden Aenderungen ist daher geboten, daß ihr Eintritt von der Eintragung der Rechtsänderung in das Grundbuch abhängig gemacht wird. Hinsichtlich der rechtsgeschäftlichen Uebertragung des Eigenthums ist dieses Erforderniß schon gegenwärtig nahezu von allen Landesgesetzen anerkannt, die auf dem Grundbuchsysteme beruhen. Für die Bestellung einer Hypothek gilt es sowohl nach den dem Grundbuchsysteme als auch nach den dem Pfandbuchsysteme folgenden Landesgesetzen. In Betreff der übrigen Rechte an Grundstücken macht ein Theil der erst genannten Gesetze nur die Wirksamkeit gegen Dritte, nicht aber die Entstehung von der Eintragung abhängig, so namentlich der § 12 des Preußischen Gesetzes über den Eigenthumserwerb u. s. w. vom 5. Mai 1872 und die ihm nachgebildeten Gesetze. Indessen führt diese Gestaltung insofern zu Schwierigkeiten, als danach das dingliche Recht bald als bestehend, bald als nicht bestehend angesehen wird. Der Entwurf schließt sich deshalb denjenigen Gesetzen an, welche die Eintragung zur Voraussetzung für den Eintritt der Rechtsänderung erheben.

Der Eintragung wird in den geltenden Rechten verschiedene Bedeutung beigelegt. Nach einzelnen dieser Rechte ist die Eintragung nicht nur eine nothwendige Voraussetzung der Rechtsänderung, sondern sie hat die Kraft, für sich allein diese Aenderung zu bewirken. Der durch eine mit Unrecht erfolgte Eintragung Verletzte hat daher hier nur einen persönlichen Anspruch auf Beseitigung der Eintragung, und daraus ergiebt sich insbesondere, daß dieser Anspruch im Konkurse lediglich als Konkursforderung geltend gemacht werden kann. Dagegen ist nach dem Preußischen Gesetze vom 5. Mai 1872 und nach den ihm nachgebildeten Gesetzen die Eintragung nur ein Erforderniß der dinglichen Rechtsänderung. Fehlt es an einer sonstigen Voraussetzung, so ist die Aenderung wirkungslos, und der Verletzte hat gegen denjenigen, zu dessen Gunsten sie erfolgte, einen dinglichen Anspruch auf Berichtigung des Grundbuchs.

Der Entwurf stellt neben der Eintragung als gleich wesentliches Erforderniß die Einigung des Berechtigten und des anderen Theiles über den Eintritt der Rechtsänderungen auf und entscheidet sich damit für die dem Preußischen Gesetze zu Grunde liegende Auffassung. An sich entspricht es der Natur der Sache, daß die Verfügung über ein Recht dem Berechtigten zusteht und daß derjenige, zu dessen Gunsten verfügt wird, hierdurch nicht ohne seinen Willen berechtigt werden kann. Ein praktisches Bedürfniß, von diesem Grundsatze hier abzugehen, läßt sich nicht nachweisen. Einigung der Betheiligten.

Erforderlich, aber auch genügend ist nach dem Entwurfe die Einigung der Betheiligten darüber, daß die Rechtsänderung eintreten soll. Von den persönlichen Rechtsbeziehungen der Betheiligten bleibt sonach der Eintritt der Aenderung unabhängig. Ist beispielsweise zwischen dem Eigenthümer eines Grundstücks und einem Anderen die Einigung über die Uebertragung des Eigenthums, die Auflassung (§ 909, **925**), gültig zu Stande gekommen und ist sie in das Grundbuch eingetragen, so erwirbt der Andere das Eigenthum, auch wenn der Kaufvertrag, auf Grund dessen der bisherige Eigenthümer sich zur Auflassungserklärung für verpflichtet hielt, nichtig oder anfechtbar war. Der Veräußerer hat in diesem Falle lediglich einen persönlichen Anspruch gegen den Erwerber auf Rückgängigmachung des Eigenthumsüberganges nach den Vorschriften über die Herausgabe einer ungerechtfertigten Bereicherung. Der Entwurf schließt sich hiermit der neueren Rechtsentwickelung an. Der Grundstücksverkehr würde der nöthigen Sicherheit entbehren, falls wegen eines Mangels in den obligatorischen Beziehungen der Betheiligten eine Anfechtung des Bucheigenthums und der auf dieses gestützten Rechte Dritten gegenüber zugelassen wäre. Eine Prüfung dieser Beziehungen durch die Buchbehörde würde hierin nichts Wesentliches ändern, wohl aber den weiteren Nachtheil mit sich bringen, das Verfahren der Buchbehörde in hohem Grade zu erschweren und zu verlangsamen.

Gebundenheit der Betheiligten. Für die Wirksamkeit der dinglichen Rechtsänderung macht es keinen Unterschied, ob die erforderliche Einigung der Betheiligten schon vor der Eintragung zu Stande gekommen ist oder dieser erst nachfolgt. In dem regelmäßigen Falle, daß die Erklärungen der Betheiligten der Eintragung vorhergehen, bedarf die praktisch wichtige Frage der Entscheidung, unter welchen Voraussetzungen die Betheiligten an diese Erklärungen gebunden sind, d. h. der einseitige Widerruf ausgeschlossen ist. Eine die Gültigkeit der Erklärungen bedingende Form schreibt der Entwurf nur für die Uebertragung des Eigenthums sowie für die Bestellung und die Uebertragung des Erbbaurechts vor (§§ 909, **925**, 999, **1015**, 1001, **1017** Abs. 2), nämlich Abgabe der Erklärungen vor dem Grundbuchamte. Für die übrigen Fälle bestimmt der § 857, **873** Abs. 2 mit Rücksicht auf die Wichtigkeit der in Betracht kommenden Rechtsgeschäfte, daß die Betheiligten an die Einigung nur gebunden sind, wenn die Erklärungen gerichtlich oder notariell beurkundet oder vor dem Grundbuchamt abgegeben oder bei diesem eingereicht sind oder wenn der Berechtigte dem anderen Theile eine den Vorschriften der Grundbuchordnung entsprechende Eintragungsbewilligung ausgehändigt hat.

Aufhebung von Rechten an Grundstücken. Die §§ 859, **875**, 860, **876** regeln die rechtsgeschäftliche Aufhebung der Rechte an Grundstücken. Entsprechend den Grundsätzen, welche für die Erwerbung von Rechten gelten, fordert der Entwurf auch hier neben einer rechtsgeschäftlichen Erklärung die Feststellung im Grundbuch, also die Löschung des Rechtes. Dagegen ist zur Aufhebung nicht die Einigung des Berechtigten und des anderen Betheiligten nothwendig, vielmehr kann, im Interesse der Erleichterung des Verkehrs, die einseitige Erklärung des Berechtigten, daß er das Recht aufgebe, für genügend erachtet werden (§ 859, **875** Abs. 1 Satz 1). Die Verzichtserklärung ist wirksam und bindend, wenn sie dem Grundbuchamte gegenüber abgegeben wird. Auch demjenigen gegenüber, zu dessen Gunsten die Erklärung erfolgt, mag dies der Eigenthümer oder ein dem Verzichtenden nachstehender Berechtigter sein, kann dieselbe wirksam abgegeben werden. Bindende Kraft hat jedoch in einem solchen Falle die Erklärung nur, wenn demjenigen, zu dessen Gunsten sie erfolgt, eine den Vorschriften der Grundbuchordnung entsprechende Löschungsbewilligung ausgehändigt worden ist (§ 859, **875** Abs. 2).

Ist das aufzuhebende Recht mit dem Rechte eines Dritten belastet, so befindet sich der Berechtigte nach allgemeinen Grundsätzen nicht in der Lage, durch seinen Verzicht einfach die Aufhebung des Rechtes herbeizuführen. Vielmehr könnte die Aufhebung nur mit Vorbehalt des belastenden Rechtes erfolgen. Hieraus würde sich jedoch ein verwickelter und unsicherer Rechtszustand ergeben. Der Entwurf (§ 860, **876** Satz 1) macht deshalb die Aufhebung des belasteten Rechtes von der Zustimmung des Dritten abhängig, welchem das belastende Recht zusteht. Die Zustimmung kann wirksam nur dem Grundbuchamt oder demjenigen gegenüber erklärt werden, zu dessen Gunsten sie erfolgt.

In gleicher Weise wird zur Aufhebung eines dem jeweiligen Eigenthümer eines anderen Grundstücks zustehenden Rechtes (einer Grunddienstbarkeit, einer Reallast oder eines Vorkaufsrechts), für den Fall, daß dieses Grundstück mit dem Rechte eines Dritten belastet ist, die Zustimmung des letzteren erfordert (§ 860, **876** Satz 2). Diese Vorschrift erscheint um deswillen geboten, weil die Belastung des Grundstücks sich nach § 92, **96** auf die mit dem Eigenthum an dem Grundstücke verbundenen Rechte erstreckt. Unter Umständen läßt jedoch die Aufhebung das Recht des Dritten unberührt. In derartigen Fällen soll es der Zustimmung des Dritten nicht bedürfen: beispielsweise kann also der Nießbraucher eines Grundstücks die Aufhebung eines dem Eigenthümer dieses Grundstücks zustehenden Vorkaufsrechts nicht hindern.

Einfluß einer Verfügungsbeschränkung.

Das Erforderniß der Eintragung hat zur Folge, daß es von der Thätigkeit der Buchbehörde abhängt, zu welchem Zeitpunkte die seitens der Betheiligten gewollte Rechtsänderung sich verwirklicht. Daraus ergiebt sich aber eine Gefährdung der Betheiligten für den Fall, daß der Berechtigte während der Zeit zwischen der Stellung des Antrags auf Eintragung und der Eintragung selbst in der Verfügung beschränkt, insbesondere Konkurs über sein Vermögen eröffnet wird. Der Entwurf gewährt gegen diese Gefahr durch die Bestimmung Schutz, daß eine Verfügungsbeschränkung, die den Berechtigten trifft, nachdem seine Erklärung für ihn bindend geworden und der Antrag auf Eintragung bei dem Grundbuchamte gestellt worden ist, die Wirksamkeit der Erklärung nicht berührt (§ 862, **878**).

2. Rangverhältniß unter mehreren ein Grundstück belastenden Rechten.

Rangordnung.

Soll das Grundbuch seinen Zweck erfüllen, so muß aus demselben nicht nur das Bestehen von Rechten an einem Grundstücke erkennbar sein, sondern auch das Rangverhältniß unter den Rechten. Daß das Eigenthum an dem Grundstück allen Rechten nachsteht, mit denen das Grundstück belastet ist, bedarf keiner besonderen Hervorhebung. Was aber die letzteren Rechte betrifft, so muß nach dem Satze, daß Niemand mehr Recht übertragen kann, als er selbst hat, in der Regel das ältere Recht dem jüngeren vorgehen. Das Alter der Rechte aber bestimmt sich, sofern zu deren Entstehung Eintragung erforderlich ist, nach der Eintragung.

Der § 863, **879** Abs. 1 sieht in dieser Richtung zunächst vor, daß sich das Rangverhältniß unter Rechten, die in derselben Abtheilung des Grundbuchs eingetragen sind, nach der Reihenfolge der Eintragungen bestimmt.

Handelt es sich um Rechte, die in verschiedenen Abtheilungen eingetragen sind, so hat das unter Angabe eines früheren Tages eingetragene Recht den Vorrang, während Rechten, die unter Angabe desselben Tages eingetragen sind, gleicher Rang zusteht. Die Betheiligten sind befugt, bei der Begründung der Rechte deren Rangverhältniß anders zu bestimmen; eine solche Bestimmung bedarf jedoch zu ihrer Wirksamkeit der Eintragung (§ 863, **879** Abs. 3).

Zur Vermeidung von Zweifeln stellt der Entwurf (§ 863, **879** Abs. 2) ausdrücklich klar, daß die Eintragung, d. h. je nach Verschiedenheit der Fälle die Stelle der Eintragung, der angegebene Tag derselben oder der ihr beigefügte besondere Vermerk, für das Rangverhältniß auch dann maßgebend ist, wenn die gemäß § 857, **873** zum Erwerbe des Rechtes erforderliche Einigung erst nach der Eintragung zu Stande kommt und inzwischen bereits ein anderes Recht durch Eintragung zur Entstehung gelangt ist.

Aenderung der Rangordnung. Das praktische Bedürfniß verlangt, daß der nach den Vorschriften des § 863, **879** begründete Rang zu Gunsten eines später eingetragenen oder einzutragenden Rechtes nachträglich geändert werden kann (§ 864, **880** Abs. 1).

Erfordernisse. Um die Rangänderung möglichst zu erleichtern, fordert der Entwurf im Anschluß an das geltende Recht neben der Eintragung der Aenderung in das Grundbuch nur die Einigung des zurücktretenden und des vortretenden Berechtigten (§ 864, **880** Abs. 2 Satz 1). Diese Art der Regelung bringt es allerdings mit sich, daß eine Rangänderung jede Wirksamkeit zum Nachtheile der zwischenstehenden Rechte versagt bleiben muß.

Der Eigenthümer des Grundstücks wird durch die Rangänderung an sich nicht beeinträchtigt. Die Möglichkeit einer Schädigung ergiebt sich jedoch für ihn dann, wenn eine Hypothek, eine Grundschuld oder eine Rentenschuld zurücktreten soll, da nach dem Entwurfe, falls das Recht des Gläubigers, sei es durch dessen Befriedigung, sei es in anderer Weise, erlischt, regelmäßig der Eigenthümer das Recht erwirbt. In dem bezeichneten Falle verlangt daher der Entwurf für die Rangänderung die Zustimmung des Eigenthümers (§ 864, **880** Abs. 2 Satz 2).

Ist das zurücktretende Recht mit dem Rechte eines Dritten belastet, so wird auch das Letztere durch die Rangänderung berührt. Entsprechend den für die Aufhebung eines belasteten Rechtes geltenden Vorschriften (§ 860, **876**) erfordert deshalb der Entwurf (§ 864, **880** Abs. 3) für eine derartige Rangänderung noch die Zustimmung des Dritten.

Wirkung. Die Rangänderung muß für den vortretenden Berechtigten eine von der Verfügung des Zurücktretenden unabhängige, auch Dritten gegenüber wirksame Rechtsstellung begründen. Eine bloß persönliche Verpflichtung des zurücktretenden Berechtigten gegenüber dem vortretenden würde, wie die Erfahrung gezeigt hat, den Bedürfnissen des Verkehrs nicht genügen. Dem Grundsatze, daß die Rangänderung dem vortretenden Berechtigten eine dinglich gesicherte Stellung gewährt, giebt der Entwurf durch die Vorschrift des § 864, **880** Abs. 4 Ausdruck, wonach der dem vortretenden Rechte eingeräumte Rang nicht verloren geht, wenn das zurücktretende Recht durch Rechtsgeschäft aufgehoben wird. Andererseits ergiebt sich aus dieser Vorschrift, daß der durch die Rangänderung begründete Vorrang von dem Schicksal des zurücktretenden Rechtes insofern abhängig bleibt, als eine nicht auf Rechtsgeschäft beruhende Aufhebung des zurücktretenden Rechtes die Einräumung des Vorranges gegenstandslos macht; dies ist z. B. der Fall, wenn der Vorrang vor einem Nießbrauch eingeräumt und der Nießbrauch durch den Tod des Nießbrauchers beendigt wird.

Vermag eine Rangänderung die zwischenstehenden Rechte nicht zu beeinträchtigen, so darf sie andererseits ebensowenig dahin führen, jene Rechte in ihrer Stellung zu verbessern. Demgemäß muß, wenn das vortretende Recht später wegfällt, das zurücktretende Recht an der nunmehr freien Stelle dem zwischenstehenden Rechte gegenüber dieselbe Wirksamkeit äußern, wie wenn die Rangänderung nicht stattgefunden hätte. In diesem Sinne bestimmt der § 864, **880** Abs. 5, daß Rechte, welche den Rang zwischen dem zurücktretenden und dem vortretenden Rechte haben, durch die Rangänderung nicht berührt werden.

Wie durch die nachträgliche Rangänderung kann eine von den Vorschriften des § 863, **879** abweichende Rangordnung auch dadurch begründet werden, daß der Eigenthümer sich bei der Belastung des Grundstücks mit einem Rechte die Befugniß vorbehält, ein anderes, dem Umfange nach bestimmtes Recht mit dem Range vor jenem Rechte eintragen zu lassen (§ 865, **881** Abs. 1). Zur dinglichen Wirksamkeit des Vorbehalts ist die Eintragung bei dem Rechte, welches zurücktreten soll, erforderlich (§ 865, **881** Abs. 2). Macht der Eigenthümer demnächst von der vorbehaltenen Befugniß Gebrauch, so muß bei dem Rechte, welches den Vorrang erhalten soll, das entsprechende Rangverhältniß gemäß § 863, **881** Abs. 3 eingetragen werden. Rangvorbehalt.

Besonderer Regelung bedarf der Fall, daß nach dem mit dem Vorbehalt eingetragenen Rechte zunächst ein Recht ohne einen entsprechenden Vorbehalt vom Eigenthümer bestellt ist und nunmehr erst das Recht, welchem der Vorrang beigelegt wird, zur Eintragung gelangt. Auch hier darf das zwischenstehende Recht durch den für das nacheingetragene Recht begründeten Vorrang nicht berührt werden. Andererseits würde aber das Recht, welches in Folge des Vorbehalts zurückzutreten hat, eine unbillige Schmälerung erfahren, wenn ihm das Zwischenrecht und das nacheingetragene Recht vorgingen. Der Entwurf (§ 865, **881** Abs. 4) versagt deshalb dem Vorrange die Wirkung insoweit, als das mit dem Vorbehalt eingetragene Recht in Folge der Belastung des Grundstücks mit dem Zwischenrecht eine über den Umfang des Vorbehalts hinausgehende Beeinträchtigung erleiden würde. Ist z. B. an erster Stelle eine Hypothek von 10000 Mark mit dem Vorbehalte des Vorranges für eine später einzutragende Hypothek von 10000 Mark, an zweiter Stelle eine Hypothek von 100 Mark ohne Vorbehalt, an dritter Stelle die vorbehaltene Hypothek von 10000 Mark eingetragen und sind bei der Zwangsversteigerung des Grundstücks 20000 Mark auf die drei Hypotheken zu vertheilen, so erhält der dritte Gläubiger vermöge seines Vorranges vor dem ersten die auf diesen fallenden 10000 Mark unter Abzug der dem zweiten Gläubiger gebührenden 100 Mark, also 9900 Mark, der zweite Gläubiger erhält 100 Mark, der erste 10000 Mark.

3. Vormerkung.

Zulässigkeit. Die geltenden Gesetze lassen in ihrer Mehrzahl vorläufige Eintragungen in das Grund- oder Hypothekenbuch zu, durch welche die endgültige Eintragung für den Fall der Erfüllung ihrer Voraussetzungen sichergestellt wird. Die fraglichen Eintragungen dienen theils zum Schutze bestehender dinglicher Rechte gegen die Gefahren, welchen sie durch den öffentlichen Glauben des Grundbuchs insolange ausgesetzt sind, als der Inhalt des Buches der wirklichen Rechtslage nicht entspricht; theils bezwecken sie die Sicherung persönlicher Ansprüche auf Einräumung oder Aufhebung eines dinglichen Rechtes. Der Entwurf kennt gleichfalls diese beiden Arten vorläufiger Eintragungen. Die erste Art bezeichnet er als Widerspruch (§ 883, **899**), die zweite als Vormerkung (§ 867, **883**).

Die Eintragung einer Vormerkung findet nach § 867, **883** Abs. 1 Satz 1 statt behufs Sicherung des Anspruchs auf Einräumung oder Aufhebung eines Rechtes an einem Grundstück oder an einem ein Grundstück belastenden Rechte oder auf Aenderung des Inhalts oder des Ranges eines solchen Rechtes. Zur Vermeidung von Zweifeln wird weiterhin ausdrücklich bestimmt, daß auch zur Sicherung eines künftigen oder eines bedingten Anspruchs eine Vormerkung eingetragen werden kann. Die Zulässigkeit einer Vormerkung in diesen Fällen ist namentlich deshalb von Bedeutung, weil der Entwurf eine bedingte oder betagte Uebertragung des Eigenthums an einem Grundstück ausschließt (§ 909, **925** Abs. 2).

Voraussetzungen der Eintragung. Die Eintragung einer Vormerkung kann entweder auf Grund der Bewilligung desjenigen, dessen Grundstück oder dessen Recht von der Vormerkung betroffen wird, oder auf Grund einer einstweiligen Verfügung erfolgen (§ 869, **885** Abs. 1 Satz 1). Für die Anordnung der einstweiligen Verfügung und das weitere Verfahren sind die Vorschriften der Civilprozeßordnung maßgebend; von dem Erfordernisse, daß eine Gefährdung des zu sichernden Anspruchs glaubhaft zu machen sei, muß jedoch abgesehen werden, weil sonst die Vormerkung an praktischer Bedeutung wesentlich verlieren würde.

Wirkung. Die wichtigste Wirkung der Vormerkung besteht in der Beschränkung, welche die Verfügungsmacht desjenigen erfährt, gegen den die Vormerkung sich richtet. Eine Verfügung, die nach der Eintragung der Vormerkung über das Grundstück oder das Recht getroffen wird, ist insoweit unwirksam, als sie den durch die Vormerkung gesicherten Anspruch vereiteln oder beeinträchtigen würde (§ 867, **883** Abs. 2). Demgemäß bestimmt sich, wenn die Vormerkung zur Sicherung des Anspruchs auf Einräumung eines das Grundstück belastenden Rechtes, z. B. einer Hypothek, eingetragen ist, der Rang dieses Rechtes nach der Eintragung der Vormerkung (§ 867, **883** Abs. 3).

Für gewisse Fälle bedarf es noch einer besonderen Vorschrift, um die Durchführung des durch die Vormerkung gesicherten Anspruchs zu erleichtern. Ist beispielsweise eine Vormerkung zur Sicherung eines Anspruchs auf Uebertragung des Eigenthums an einem Grundstück eingetragen und hat der verpflichtete Eigenthümer das Eigenthum nachher einem Dritten übertragen, so ist zwar diese Verfügung dem durch die Vormerkung gesicherten Anspruche gegenüber unwirksam; allein, wenn der Dritte als Eigenthümer im Grundbuch eingetragen ist, kann der Verpflichtete ohne dessen Mitwirkung dem Berechtigten das Eigenthum nicht übertragen. Der § 872, **888** bestimmt deshalb, daß, soweit der Erwerb eines Rechtes dem durch die Vormerkung geschützten Berechtigten gegenüber unwirksam ist, dieser von dem Erwerber die Zustimmung zu der Eintragung oder der Löschung verlangen kann, welche zur Verwirklichung des geschützten Anspruchs erforderlich ist.

Der Zweck der Vormerkung bringt es weiter mit sich, daß sie auch im Konkurse über das Vermögen des Verpflichteten sich gegen dessen Gläubiger wirksam erweisen muß. Dem Berechtigten wird daher die Befugniß beizulegen sein, von dem Konkursverwalter die Einräumung, Aufhebung oder Aenderung des Rechtes, welche Gegenstand des durch die Vormerkung gesicherten Anspruchs ist, zu verlangen. Eine solche Vorschrift ist für die Konkursordnung in Aussicht zu nehmen [1]). Der Entwurf selbst gewährt schließlich dem Berechtigten Schutz gegen die Unzulänglichkeit des Nachlasses des Verpflichteten, indem er durch die Bestimmung des § 868, **884** dem Erben die sonst zulässige Berufung auf seine beschränkte Haftung insoweit versagt, als der Anspruch des Berechtigten durch eine Vormerkung gesichert ist.

Im Uebrigen wird durch die Eintragung der Vormerkung das Rechtsverhältniß zwischen dem Berechtigten und dem Verpflichteten nicht verändert. Dieser behält insbesondere die gegen den Anspruch begründeten Einwendungen. Steht ihm gegen den Anspruch eine Einrede zu, durch die dessen Geltendmachung dauernd ausgeschlossen wird, z. B. die Einrede der Verjährung, so giebt ihm der Entwurf das Recht, von dem Gläubiger die Beseitigung der Vormerkung zu verlangen (§ 870, **886**).

Erlöschen in Folge Aufgebots.

Da die Eintragung einer Vormerkung dem Verpflichteten weitere Verfügungen über das von der Vormerkung betroffene Grundstück oder Recht erschwert, so muß ihm, wenn der Gläubiger unbekannt und in Folge dessen die Vormerkung zwecklos geworden ist, die Möglichkeit gegeben werden, die Vormerkung durch Ausschluß des Gläubigers im Wege des Aufgebotsverfahrens zum Erlöschen zu bringen (§ 871, **887**). Die Voraussetzungen für die Zulässigkeit des Aufgebots und das Verfahren sind übereinstimmend mit den Vorschriften geregelt, die für die Ausschließung eines unbekannten Hypothekengläubigers nach § 1153, **1170** gelten.

4. Oeffentlicher Glaube des Grundbuchs.

Vermöge des öffentlichen Glaubens, welcher dem Grundbuche beigelegt wird, gilt ein der wirklichen Rechtslage widersprechender Buchinhalt zu Gunsten desjenigen, der dem Glauben des Buches gefolgt ist, als richtig.

Rechtsgeschäftlicher Erwerb.

Die wesentliche Bedeutung des öffentlichen Glaubens liegt in dem Schutze, den er für den Erwerb von Rechten an einem Grundstück oder von Rechten an einem solchen Rechte gewährt. Geschützt wird nur der Erwerb durch

---

1) Vergl. K.O. § 24, unten Anlage II K.O. § 19b.

Rechtsgeschäft (§ 876, **892**). Auf diesen Erwerb erstreckt sich aber der Schutz ohne Unterschied, ob zu dem Erwerb Einigung der Betheiligten und Eintragung in das Grundbuch erforderlich ist oder ob einer der Ausnahmefälle vorliegt, für welche diese Erfordernisse nicht gelten: er wird insbesondere auch demjenigen zu Theil, welcher eine Hypothek, eine Grundschuld oder eine Rentenschuld von dem eingetragenen Berechtigten ohne Eintragung (gemäß dem § 1137, **1154** Abs. 1 und den §§ 1175, **1192**, 1182, **1199**) erwirbt.

In Uebereinstimmung mit den §§ 278, 429 des Sächsischen Gesetzbuchs und anderen Gesetzen gewährt der Entwurf dem rechtsgeschäftlichen Erwerb auch dann den Schutz des öffentlichen Glaubens, wenn dieser Erwerb unentgeltlich erfolgt. Auf der anderen Seite findet aber die Lage desjenigen, der durch den Schutz des unentgeltlichen Erwerbes einen Rechtsverlust erleidet, insofern die erforderliche Berücksichtigung, als er gegen den Erwerber einen persönlichen Anspruch auf Herausgabe des Erlangten nach Maßgabe der Vorschriften über Herausgabe einer ungerechtfertigten Bereicherung erhält (§ 800, **816** Abs. 1 Satz 2).

Wirkungen des Schutzes. Der öffentliche Glaube des Grundbuchs hat für den Erwerber die Wirkung, daß er das den Gegenstand des Rechtsgeschäfts bildende Recht, falls den übrigen Erfordernissen genügt ist, ebenso erwirbt, wie wenn der Buchinhalt richtig wäre. Die im Grundbuch eingetragenen Rechte gelten zu seinen Gunsten als bestehend, Rechte, zu deren Erwerb Eintragung erforderlich ist, die aber gelöscht sind, als nicht mehr bestehend. Beide Folgen treten jedoch nicht ein, wenn gegen die Richtigkeit einer Eintragung oder einer Löschung nach der Vorschrift des § 883, **899** ein Widerspruch in das Grundbuch eingetragen ist. Der öffentliche Glaube bethätigt sich ferner, falls der Berechtigte hinsichtlich der Verfügung über ein im Grundbuch eingetragenes Recht zu Gunsten einer bestimmten Person beschränkt ist, dadurch, daß die Beschränkung dem Erwerber gegenüber nur wirksam wird, wenn sie aus dem Grundbuch erhellt (§ 876, **892** Abs. 1 Satz 2). Dies ist namentlich von Bedeutung für die an die Eröffnung des Konkursverfahrens geknüpfte Beschränkung des Verfügungsrechts des Gemeinschuldners (§ 5, **6** der Konkursordnung).

Versagung des Schutzes. Nach dem Vorgange des geltenden Rechtes schließt der Entwurf die Wirkungen des öffentlichen Glaubens des Grundbuchs aus, wenn der Erwerber die Unrichtigkeit des Buchinhalts oder das Bestehen einer aus dem Buche nicht ersichtlichen Verfügungsbeschränkung gekannt hat (§ 876, **892** Abs. 1). Eine Kenntniß der Unrichtigkeit des Buchinhalts kann unter Umständen vorliegen, auch ohne daß der Erwerber die Thatsache kennt, aus welcher die Unrichtigkeit des Buchinhalts sich ergiebt. Umgekehrt entzieht die bloße Kenntniß einer solchen Thatsache dem Erwerber den Schutz nicht, wenn er in Folge Rechtsirrthums aus der Thatsache nicht die Unrichtigkeit des Buches entnommen hat; denn es kann dem Erwerber nicht zugemuthet werden, seinerseits nachzuprüfen, ob die in einer Eintragung oder Löschung enthaltene amtliche Feststellung, daß die thatsächlichen Voraussetzungen für den Erwerb oder die Aufhebung eines Rechts erfüllt seien, etwa auf rechtsirrthümlichen Schlußfolgerungen der Buchbehörde beruhen. Ebensowenig ist der Erwerber zu Nachforschungen über die Richtigkeit des Grundbuchinhalts verpflichtet; deshalb schließt nur die wirkliche Kenntniß der Unrichtigkeit, nicht auch die verschuldete Unkenntniß den Schutz aus.

Hinsichtlich der Frage, welcher Zeitpunkt für die Kenntniß des Erwerbers maßgebend ist, unterscheidet der Entwurf zwischen den Fällen, in denen zum Erwerbe des Rechtes Eintragung erforderlich ist, und den Ausnahmefällen, für welche dieses Erforderniß nicht gilt. In den letzteren Fällen entscheidet der Zeitpunkt des Erwerbes. In den erstgenannten Fällen würde eine solche Regelung leicht dem Erwerber zum Nachtheile gereichen. Es kommt hierbei namentlich in Betracht, daß nach der Verkehrssitte der Erwerber die Gegenleistung vielfach schon dann zu bewirken pflegt, wenn der Eintragungsantrag bei dem Grundbuchamt eingereicht ist. Der Entwurf (§ 876, **892** Abs. 2) versagt daher für die in Frage stehenden Fälle dem Erwerber nur dann den Schutz des öffentlichen Glaubens, wenn er die den Schutz ausschließende Kenntniß schon zur Zeit der Stellung des Antrags auf Eintragung gehabt hat. Kommt ausnahmsweise die zum Erwerb erforderliche Einigung der Betheiligten erst nach der Eintragung zu Stande, so ist für die Kenntniß des Erwerbers die Zeit der Einigung maßgebend.

Ausdehnung des Schutzes über den Fall des Rechtserwerbes hinaus.

Die Erwägungen, aus denen dem Grundbuche zum Schutze des Rechtserwerbes öffentlicher Glaube beigelegt ist, treffen in gleicher Weise auch dann zu, wenn an denjenigen, für welchen ein Recht im Grundbuch eingetragen ist, auf Grund dieses Rechtes eine Leistung, z. B. eine Zinsenzahlung, bewirkt oder wenn zwischen ihm und einem Anderen in Ansehung dieses Rechtes ein nicht unter die Vorschriften des § 876, **892** fallendes Rechtsgeschäft vorgenommen wird, welches eine Verfügung über das Recht enthält, z. B. die Kündigung einer Hypothek. Der § 877, **893** des Entwurfes enthält eine Vorschrift in diesem Sinne.

Schutz des wirklichen Berechtigten.

Mit dem Schutze desjenigen, der dem Glauben des Grundbuchs gefolgt ist, ist nothwendig ein Rechtsverlust für den nicht eingetragenen wirklichen Berechtigten verbunden. Unter Umständen kann dieser von dem Nichtberechtigten, der durch seine Verfügung oder durch die Annahme der Leistung den Rechtsverlust veranlaßt hat, nach den Vorschriften über unerlaubte Handlungen Schadensersatz verlangen. In jedem Falle steht ihm aber gegen den Nichtberechtigten ein Anspruch auf Herausgabe des durch die Verfügung oder die Leistung erlangten nach Maßgabe der Vorschriften über die Herausgabe einer ungerechtfertigten Bereicherung zu (§ 800, **816** Abs. 1 Satz 1, Abs. 2).

III. Inhalt des Eigenthums.

1. Begrenzung des Grundeigenthums nach der Höhe und der Tiefe.

Nach § 887 Abs. 1, **903** kann der Eigenthümer, soweit nicht das Gesetz (vergl. insbesondere § 887 Abs. 2) [1]) oder Rechte Dritter entgegenstehen, mit

---

1) Diese Bestimmung ist mit Rücksicht auf den neu aufgenommenen § 226 gestrichen. K.B. S. 121.

seiner Sache nach Belieben verfahren und Andere von jeder Einwirkung ausschließen. Hinsichtlich der Grundstücke fügt der § 889, **905** Satz 1 die Vorschrift hinzu, daß die Befugnisse des Eigenthümers sich auf den Raum über der Oberfläche und den Erdkörper unter derselben erstrecken. Dieser Grundsatz bedarf jedoch mit Rücksicht auf die Bedürfnisse des Verkehrs einer Einschränkung dahin, daß der Eigenthümer Einwirkungen dulden muß, die in solcher Höhe oder Tiefe vorgenommen werden, daß er an der Ausschließung kein Interesse hat. (§ 889, **905** Satz 2.)

2. Zulässigkeit einer Einwirkung auf fremde Grundstücke.

Die sich aus § 887, **903** ergebende Befugniß des Grundeigenthümers, Andere von jeder Einwirkung auf den Raum über der Oberfläche des Grundstücks und auf den Erdkörper selbst auszuschließen, gilt grundsätzlich auch für diejenigen Handlungen Anderer, welche nur mittelbar auf das Grundstück einwirken. Eine strenge Durchführung dieser Befugniß ist jedoch unmöglich. Bestimmte Arten einer solchen Einwirkung sind mit der durch die Natur der Nachbargrundstücke gegebenen gewöhnlichen Benutzung, noch mehr aber mit dem Gewerbebetrieb unvermeidlich verknüpft. Dahin gehören die Zuführungen von Gasen, Dämpfen, Gerüchen, Rauch, Ruß, Wärme, Geräusch, Erschütterungen und ähnliche von einem anderen Grundstück ausgehende Einwirkungen. Bezüglich derartiger Einwirkungen kann es sich nur darum handeln, die Grenzen ihrer Zulässigkeit in einer den Bedürfnissen des Lebens entsprechenden Weise näher zu bestimmen. Nach dem Entwurfe (§ 890, **906**) sollen die bezeichneten Einwirkungen, sofern nicht die Zuführung durch eine besondere Leitung erfolgt, statthaft sein, wenn sie den Eigenthümer in der Benutzung seines Grundstücks nicht oder nur unwesentlich beeinträchtigen oder wenn sie durch eine Benutzung des anderen Grundstücks herbeigeführt werden, die nach den örtlichen Verhältnissen bei Grundstücken dieser Lage gewöhnlich ist. Durch die Ausschließung des Verbietungsrechts in den zuletzt bezeichneten Fällen wird im Einklange mit der neueren Rechtsentwickelung der Verschiedenheit der Verhältnisse, und zwar auch, soweit sie sich innerhalb eines und desselben Ortes geltend macht, die gebührende Rücksicht zu Theil.

Da die Vorschrift des § 890, **906** Satz 1, wie schon die Fassung ergiebt, eine Ausnahme von der Regel des § 887, **903** enthält, so hat nach allgemeinen Grundsätzen derjenige, welcher sich auf die Zulässigkeit der Einwirkung beruft, das Vorhandensein der im § 890, **906** Satz 1 bezeichneten Voraussetzungen zu beweisen. Andererseits trifft den Eigenthümer die Beweislast, falls er behauptet, daß die Zuführung durch eine besondere Leitung erfolgt sei.

Durch die Ausschließung des Verbietungsrechts in den Fällen des § 890, **906** Satz 1 wird übrigens der Eigenthümer in der thatsächlichen Abwehr der fraglichen Einwirkungen, soweit eine solche möglich ist, nicht behindert.

3. Anlagen an der Grenze.

Schutz gegen gefährdende Anlagen.

Die Vorschriften der §§ 887, **903**, 889, **905**, 890, **906** reichen zum Schutze des Grundeigenthümers nicht aus, wenn auf einem Nachbargrundstück

Anlagen hergestellt oder gehalten werden, von denen mit Sicherheit vorauszusehen ist, daß ihr Bestand oder ihre Benutzung eine unzulässige Einwirkung auf sein Grundstück zur Folge hat. Nach der Bestimmung des § 988, **1004** könnte der Eigenthümer gegenüber einer solchen Anlage erst vorgehen, wenn bereits eine nach den §§ 887, **903**, 889, **905**, 890, **906** unzulässige Einwirkung auf sein Grundstück eingetreten wäre, und auch unter dieser Voraussetzung hätte er nur das Recht, Beseitigung der Einwirkung zu verlangen und gegebenenfalls auf Unterlassung weiterer Einwirkungen zu klagen. Der § 891, **907** giebt deshalb dem Eigenthümer eines Grundstücks das Recht, zu verlangen, daß auf den Nachbargrundstücken Anlagen der bezeichneten Art überhaupt nicht hergestellt oder gehalten werden. Vermöge dieses, nach § 908, **924** der Verjährung nicht unterworfenen, Anspruchs kann der Eigenthümer sowohl die Herstellung solcher Anlagen verhindern als auch ihre Beseitigung herbeiführen.

Das fragliche Recht des Eigenthümers bedarf jedoch einer Einschränkung insoweit, als neben dem Bürgerlichen Gesetzbuch landesgesetzliche Bestimmungen in Kraft bleiben, welche für Anlagen, von denen eine unzulässige Einwirkung auf das Nachbargrundstück zu erwarten ist, einen bestimmten Abstand von der Grenze oder sonstige Schutzmaßregeln vorschreiben. In diesen Fällen soll die Beseitigung einer Anlage, welche den gedachten Bestimmungen genügt, erst dann verlangt werden können, wenn eine unzulässige Einwirkung der Anlage auf das Nachbargrundstück thatsächlich hervortritt [1]). Solange dies nicht der Fall ist, darf angenommen werden, daß eine Gefährdung des Nachbargrundstücks durch die Anlage ausgeschlossen ist.

Zur Vermeidung von Zweifeln schließt der § 891, **907** Abs. 2 die Anwendung der Vorschriften des Abs. 1 auf Bäume und Sträucher ausdrücklich aus.

Schutz gegen die Gefahr des Einsturzes eines Gebäudes u. s. w.

Die Voraussetzungen des § 891, **907** treffen nicht zu, wenn einem Grundstücke die Gefahr droht, durch den Einsturz eines auf einem Nachbargrundstücke befindlichen Gebäudes oder eines sonstigen mit diesem Grundstücke verbundenen Werkes oder durch die Ablösung von Theilen des Gebäudes oder des Werkes beschädigt zu werden. Nach dem Eintritt der Beschädigung würde allerdings der Eigenthümer auf Grund der §§ 820, **836** bis 822, **838** (vergl. oben S. 111) Ersatz fordern können. Indessen verlangt sein Interesse, daß ihm auch hier die Möglichkeit gegeben wird, der Beschädigung vorzubeugen. Der Entwurf (§ 892, **908**) gewährt ihm daher das, nach § 908, **924** unverjährbare, Recht, von demjenigen, welcher nach den angeführten Vorschriften für den eintretenden Schaden verantwortlich sein würde, zu verlangen, daß er die zur Abwendung der Gefahr erforderlichen Maßregeln trifft.

4. Ueberhangs- und Ueberfallsrecht.

Ueberhangsrecht.

Wie die bestehenden Rechte, so trifft auch der Entwurf besondere Bestimmungen über die Befugnisse, welche dem Grundeigenthümer hinsichtlich der

1) Vergl. E.G. zum B.G.B. Art. 124.

über seine Grenze ragenden Wurzeln und Zweige eines auf dem Nachbargrundstücke befindlichen Baumes oder Strauches zustehen (§ 894, **910**). Mangels einer Sondervorschrift wäre der Eigenthümer darauf angewiesen, nach Maßgabe des § 988, **1004** von dem Nachbarn Beseitigung der Wurzeln und der Zweige zu verlangen. Damit würde jedoch einerseits der Eigenthümer nicht genügend geschützt, andererseits unter Umständen der Nachbar in ungeeigneter Weise belästigt. Dem Interesse beider Betheiligten entspricht es mehr, wenn dem beeinträchtigten Eigenthümer unter Ausschluß des bezeichneten Anspruchs das Recht gegeben wird, die Wurzeln und die Zweige abzuschneiden und zu behalten; die letztere Befugniß rechtfertigt sich als Ausgleich für die Mühe und die Kosten des Abschneidens. In Bezug auf Zweige macht der Entwurf die Ausübung des Rechtes davon abhängig, daß der Eigenthümer dem Besitzer des Nachbargrundstücks eine angemessene Frist zur Beseitigung bestimmt hat und die Beseitigung nicht innerhalb der Frist erfolgt ist. Der Nachbar erhält damit Gelegenheit, das Ausästen selbst vorzunehmen, wo es für ihn erwünscht ist, wie etwa bei werthvollen Bäumen.

Das Recht zur Beseitigung wird dem Eigenthümer versagt, wenn die Wurzeln und die Zweige die Benutzung seines Grundstücks nicht beeinträchtigen. In einem solchen Falle wäre die Beseitigung der Wurzeln oder der Zweige lediglich eine Chikane, der umsomehr entgegengetreten werden muß, als dadurch unter Umständen erhebliche Werthe nutzlos zerstört werden könnten.

Ueberfallsrecht.

Der § 895, **911** regelt das Ueberfallsrecht. Früchte, die von einem Baume oder einem Strauche auf ein Nachbargrundstück hinüber fallen, gelten danach als Früchte dieses Grundstücks. Das Eigenthum an denselben erwirbt daher nach den Vorschriften der §§ 937, **953** bis 941, **957** der Eigenthümer oder der Besitzer des Nachbargrundstücks oder derjenige, welcher kraft dinglichen oder persönlichen Rechtes befugt ist, sich Früchte dieses Grundstücks anzueignen. Ein solches Recht auf den Ueberfall entspricht dem im größten Theile Deutschlands geltenden Rechte (Preuß. A.L.R. I, 9 § 289; Sächs. Gesetzbuch § 363). Es dient dazu, nachbarlichen Streitigkeiten über die Befugniß zum Betreten des Nachbargrundstücks und Einsammeln der Früchte vorzubeugen. Dieser Grund trifft aber nicht zu, wenn das Nachbargrundstück dem öffentlichen Gebrauche dient, z. B. ein öffentlicher Weg oder Platz ist. Der Entwurf schließt deshalb insoweit das Recht auf den Ueberfall aus.

5. Ueberbau.

Hat der Eigenthümer eines Grundstücks bei der Errichtung eines Gebäudes über die Grenze gebaut, so kann in Ermangelung besonderer Vorschriften der Eigenthümer des Grundstücks, dessen Grenze überschritten worden ist, die Beseitigung des über die Grenze reichenden Gebäudetheils verlangen. Die mit der Beseitigung verbundene Zerstörung des Gebäudes widerstreitet aber wirthschaftlichen Grundsätzen und bringt für den Eigenthümer des Gebäudes häufig große Härten mit sich. Nach dem Vorgange neuerer Gesetzgebungen (Preuß. A.L.R. I, 9 §§ 340, 341; Art. 72 der Württemb. Bauordnung vom 6. Oktober

1872) regelt deshalb der Entwurf (§§ 896, **912** bis 900, **916**) den Fall der Grenzüberschreitung beim Bauen durch besondere Bestimmungen, welche unter Berücksichtigung der verschiedenen in Betracht kommenden Interessen die Erhaltung des Gebäudes bezwecken.

Duldungspflicht des Eigenthümers.

Zur Erreichung dieses Zweckes bedarf es nicht einer Zwangsveräußerung der überbauten Fläche an den Gebäudeeigenthümer. Es genügt vielmehr eine gesetzliche Beschränkung des Nachbars dahin, daß er den Ueberbau gegen Entschädigung dulden muß. Die hieraus sich ergebende Belastung des Nachbars ist jedoch nur unter der gegebenenfalls vom Eigenthümer des Gebäudes zu beweisenden Voraussetzung gerechtfertigt, daß dem letzteren bei der Grenzüberschreitung Vorsatz oder grobe Fahrlässigkeit nicht zur Last fällt. Aber selbst wenn diese Voraussetzung zutrifft, verlangt die Rücksicht auf den Nachbar, daß die Pflicht zur Duldung wegfällt, wenn er, was im Streitfalle von ihm zu beweisen ist, gegen den Ueberbau vor oder sofort nach der Grenzüberschreitung Widerspruch erhoben hat (§ 896, **912** Abs. 1).

Entschädigungsrente.

Solange der Nachbar den Ueberbau dulden muß, wird ihm als Entschädigung ein gesetzliches Recht auf eine jährlich im voraus zu entrichtende Geldrente gewährt. Für die Höhe der Rente soll, um fortgesetzte nachbarliche Streitigkeiten über den jeweiligen Werth der überbauten Fläche abzuschneiden, ein für alle Mal die Zeit der Grenzüberschreitung maßgebend sein (§ 896, **912** Abs. 2, § 897, **913** Abs. 2, § 898, **914** Abs. 1 Satz 2).

Wie die Pflicht der Duldung des Ueberbaues dem jeweiligen Eigenthümer des Nachbargrundstücks trifft, so muß andererseits, dem Zwecke der Vorschriften entsprechend, das Rentenrecht ihm gegen den jeweiligen Eigenthümer des anderen Grundstücks zustehen (§ 897, **913** Abs. 1). Das Rentenrecht wird hierdurch zu einer der Reallast ähnlichen Belastung des letzteren Grundstücks. Die Eintragung des Rechtes in das Grundbuch ist zur Entstehung desselben nicht erforderlich (§ 898, **914** Abs. 2 Satz 1). Soll die Rente für die entzogene Benutzung der überbauten Fläche einen ausreichenden Ersatz bilden, so muß sie allen Rechten an dem belasteten Grundstück, auch den älteren, vorgehen (§ 898, **914** Abs. 1 Satz 1). Der Vorrang kann aber der Rente nur insoweit beigelegt werden, als ihre Höhe den gesetzlichen Vorschriften entspricht. Eine vertragsmäßige Feststellung der Höhe wirkt an sich nur unter den am Vertrage Betheiligten. Wirksamkeit gegen den künftigen Erwerber eines Rechtes an einem der beiden Grundstücke kann sie nur durch Eintragung erlangen (§ 898, **914** Abs. 2 Satz 2).

Ueberlassung des Baugrundes.

Der Rentenberechtigte kann nach § 899, **915** Abs. 1 Satz 1 jederzeit verlangen, daß der Rentenpflichtige ihm gegen Uebertragung des Eigenthums an dem überbauten Theile des Grundstücks den Werth ersetzt, welchen der Theil zur Zeit der Grenzüberschreitung gehabt hat. Der Zweck des Gesetzes wird auch auf diesem Wege erreicht, der andererseits dem Eigenthümer der überbauten Fläche die Möglichkeit eröffnet, den mit der Beschränkung seines Eigenthums verbundenen Schwierigkeiten ohne Weiteres zu entgehen. Macht der Eigenthümer von der bezeichneten Befugniß Gebrauch, so bestimmen sich die Rechte und Verpflichtungen beider Theile nach den Vorschriften über den kauf (§ 899, **915** Abs. 1 Satz 2). Der Eigenthümer ist daher insbesondere verpflichtet, die Baufläche frei von Lasten zu verschaffen. Bis zur Uebertragung des Eigenthums dauert ebenso wie die Pflicht des Eigenthümers zur Duldung des Ueberbaues auch sein Rentenrecht fort (§ 899, **915** Abs. 2). Der fragliche Anspruch des Eigenthümers unterliegt nach § 908, **924** nicht der Verjährung.

6. Nothweg.

Voraussetzungen des Nothwegerechts.

Dem Eigenthümer eines Grundstücks, welches der Verbindung mit einem öffentlichen Wege entbehrt, räumen die geltenden Gesetze, freilich unter verschiedenen Voraussetzungen und in verschiedener Weise, das Recht auf einen Nothweg ein. Der Entwurf macht die Gewährung des Nothwegs davon abhängig, daß einem Grundstücke die zur ordnungsmäßigen Benutzung nothwendige Verbindung mit einem öffentlichen Wege fehlt (§ 901, **917** Abs. 1). Nicht zu Gunsten jeder vom Eigenthümer nach seinem Ermessen gewählten Benutzung darf den Nachbarn die Last des Nothwegs aufgebürdet werden. Andererseits ist es aber nicht gerechtfertigt, den Nothweg deshalb zu versagen, weil das abgeschnittene Grundstück bisher nicht oder in anderer Weise ordnungsmäßig benutzt worden ist. Ebensowenig verlangt der Entwurf von dem Eigenthümer des Grundstücks den Nachweis, daß die Nothlage ohne sein Verschulden eingetreten ist. Wohl aber gestattet er den in Anspruch genommenen Nachbarn, die Duldung des Weges zu verweigern, wenn die bisherige Verbindung des Grundstücks mit dem öffentlichen Wege durch eine willkürliche Handlung des Eigenthümers, z. B. durch Abbruch einer den Zugang vermittelnden Brücke, aufgehoben ist (§ 902, **918** Abs. 1).

Duldungspflicht der Nachbarn.

Liegen die Voraussetzungen für die Gewährung des Nothwegs vor, so tritt für die Nachbargrundstücke die gesetzliche Beschränkung ein, daß deren Eigenthümer bis zur Hebung des Mangels die Benutzung der Grundstücke zur Herstellung der erforderlichen Verbindung dulden müssen. Diese Pflicht trifft alle Nachbarn, deren Grundstücke der Verbindung mit dem öffentlichen Wege entgegenstehen, unter Umständen also auch die mittelbaren Nachbarn. Eine Einschränkung erfährt jedoch der Kreis der Pflichtigen in den Fällen, in denen in Folge der Veräußerung eines Grundstückstheils der veräußerte oder der zurückbehaltene Theil von der Verbindung mit dem öffentlichen Wege abgeschnitten ist. Hier wird ein Anspruch gegen die bisherigen Nachbarn dem abgeschnittenen Eigenthümer nicht gewährt, da lediglich durch dessen eigene Entschließung die vorhandene Verbindung aufgehoben ist. Jedoch darf in einem solchen Falle der Eigenthümer, welcher versäumt hat, sich ein Wegerecht bestellen zu lassen, nicht ohne Schutz bleiben. Der Entwurf legt deshalb dem Eigenthümer desjenigen Theiles, über welchen die Verbindung bisher stattgefunden hat, die Pflicht zur Duldung des Nothwegs auf. In entsprechender Weise wird für den Fall Vorsorge getroffen, daß durch die Veräußerung eines von mehreren demselben Eigenthümer gehörenden Grundstücken das veräußerte oder das zurückbehaltene Grundstück von der Verbindung mit dem öffentlichen Wege abgeschnitten ist (§ 902, **918** Abs. 2).

Das Recht des Wegebedürftigen auf die Gewährung des Nothwegs kann, wenn die Betheiligten sich nicht über die Art seiner Verwirklichung einigen, seinen Inhalt nur dadurch erhalten, daß die Richtung des Weges und der Umfang des Benutzungsrechts durch Urtheil bestimmt werden (§ 901, **917** Abs. 1 Satz 2).

Wie im Falle des Ueberbaus muß auch in dem hier fraglichen Falle mit der Pflicht ein Recht auf Entschädigung in Rente verbunden werden. Hinsichtlich dieses Rechtes finden die für den Ueberbau geltenden Vorschriften entsprechende Anwendung (§ 901, **917** Abs. 2). Entschädigung.

IV. Erwerb und Verlust des Eigenthums an Grundstücken.

Die allgemeinen Vorschriften über den rechtsgeschäftlichen Erwerb von Rechten an Grundstücken bedürfen in Bezug auf die rechtsgeschäftliche Uebertragung des Eigenthums nach einigen Richtungen der Ergänzung.

In Gemäßheit der allgemeinen Vorschriften würde es zur Eigenthumsübertragung genügen, daß die nach § 857, **873** Abs. 1 erforderliche Einigung des Veräußerers und des Erwerbers mündlich erfolgte und der Erwerber als Eigenthümer eingetragen würde. Wenn aber der Entwurf im § 307, **313** Satz 1 für den Vertrag, durch den sich der eine Theil verpflichtet, das Eigenthum an einem Grundstücke zu übertragen, eine bestimmte Form vorschreibt, so ist die auf den Eintritt der Eigenthumsübertragung selbst gerichtete Einigung des Veräußerers und des Erwerbers nicht minder an eine sichernde Form zu binden.

Der Entwurf (§ 909, **925** Abs. 1) bestimmt daher nach dem Vorgange des § 2 des Preußischen Gesetzes über den Eigenthumserwerb u. s. w. vom 5. Mai 1872, daß diese Einigung, die Auflassung, bei gleichzeitiger Anwesenheit beider Theile vor dem Grundbuchamt erklärt werden muß. Diese Form ist besonders geeignet, den Betheiligten den Eigenthumswechsel als unmittelbare Folge ihrer Erklärungen zum Bewußtsein zu bringen und sie daher gegen Uebereilung zu schützen. Sie schließt ferner die Gefahr aus, daß die Auflassung im Widerspruche mit dem Inhalte des Grundbuchs erfolgt. Auch gewährt allein die Auflassung vor dem Grundbuchamte den Betheiligten die Möglichkeit, mit voller Sicherheit Zug um Zug zu erfüllen. Uebrigens soll im Einführungsgesetze[1]) mit Rücksicht auf die Bedürfnisse und Gewohnheiten derjenigen Gebiete, in denen eine weitgehende Zersplitterung des Grundbesitzes und demzufolge ein lebhafter Verkehr in Liegenschaften besteht, der Landesgesetzgebung vorbehalten werden, die Auflassung auch vor anderen Behörden und Beamten als vor dem Grundbuchamte, sowie vor einem Notare zuzulassen.

Die Frage ferner, ob eine Auflassung unter einer Bedingung oder einer Zeitbestimmung wirksam erfolgen kann, entscheidet der Entwurf in verneinendem Sinne (§ 909, **925** Abs. 2). Zwar erfordert das praktische Bedürfniß, daß es dem Eigenthümer eines Grundstücks ermöglicht wird, für einen ungewissen

1) Vergl. dort Art. 143 Abs. 1.

künftigen Fall oder von einem künftigen Zeitpunkt ab einem Anderen den Eigenthumserwerb oder sich selbst im Falle der Uebertragung des Eigenthums auf einen Anderen die Wiedererlangung des Eigenthums dinglich zu sichern. Diesem Bedürfnisse geschieht jedoch dadurch Genüge, daß der Entwurf die Eintragung einer Vormerkung zur Sicherung eines bedingten oder betagten Anspruchs auf Uebertragung oder Rückübertragung des Eigenthums zuläßt (vergl. § 867, **883** Abs. 1 Satz 2).

V. Erwerb und Verlust des Eigenthums an beweglichen Sachen.

1. Erwerb in gutem Glauben.

Schutz des gutgläubigen Erwerbes beweglicher Sachen.

Der Entwurf bestimmt in den §§ 913, **929** bis 915, **931** die Voraussetzungen, unter denen das Eigenthum an einer beweglichen Sache durch Veräußerung seitens des Eigenthümers auf einen Anderen übertragen wird. Im Allgemeinen verlangt der Entwurf Uebergabe der Sache durch den Eigenthümer an den Erwerber und Einigung beider Theile über den Uebergang des Eigenthums; daneben kennt er indessen eine Anzahl von Fällen, in denen die Uebergabe der Sache nicht Platz greift oder durch eine andere Rechtshandlung ersetzt werden kann.

Von dem Erfordernisse, daß der Veräußerer Eigenthümer der Sache sein muß, sieht der Entwurf mit Rücksicht auf die Sicherheit des Verkehrs insofern ab, als es sich darum handelt, dem redlichen Erwerber Schutz zu gewähren. Er folgt hierbei der Auffassung des deutschen Rechtes, wie sie namentlich auch im Art. 306 des Handelsgesetzbuchs [1]) Anerkennung gefunden hat.

Voraussetzungen.

Der gute Glaube des Erwerbers ist nach dem Entwurf ausgeschlossen nicht nur, wenn dem Erwerber bekannt, sondern auch, wenn ihm nur in Folge grober Fahrlässigkeit unbekannt ist, daß die Sache nicht dem Veräußerer gehört (§ 916, **932** Abs. 2). Wie aus der Fassung der einzelnen Vorschriften sich ergiebt, hat nicht der Erwerber das Vorhandensein des guten Glaubens, sondern der Eigenthümer den Mangel desselben zu beweisen.

In allen Fällen bleibt Voraussetzung für den Eigenthumserwerb die Einigung des Veräußerers mit dem Erwerber über den Uebergang des Eigenthums. Im Uebrigen gestalten sich die Voraussetzungen des Schutzes je nach der Art, wie sich die Veräußerung vollzieht, verschieden.

Erfolgt die Veräußerung gemäß § 913, **929** Satz 1 unter Uebergabe der Sache, so genügt zum Eigenthumserwerbe guter Glaube des Erwerbers zur Zeit der Uebergabe (§ 916, **932** Abs. 1 Satz 1). Ist der Erwerber schon im Besitze der Sache und vollzieht sich die Uebertragung daher nach § 913, **929** Satz 2 durch die bloße Einigung der Betheiligten über den Eigenthumsübergang, so wird der Erwerber, auch wenn er zu der Zeit, zu welcher die Einigung zu Stande kommt, in gutem Glauben ist, nur geschützt, sofern

---

1) Vergl. H.G.B. § 366.

er den Besitz von dem Veräußerer, z. B. als dessen Miether, erlangt hatte (§ 916, **932** Abs. 1 Satz 2). Vereinbart der im Besitze der Sache befindliche Veräußerer mit dem Erwerber ein Rechtsverhältniß, vermöge dessen dieser den mittelbaren Besitz erlangt (§ 914, **930**), so bleibt dem Erwerber, entsprechend der Vorschrift des Handelsgesetzbuchs, zunächst der Schutz des guten Glaubens im Hinblick darauf versagt, daß eine solche Veräußerung sich der Wahrnehmung Dritter völlig entzieht. Wird aber nachträglich dem Erwerber die Sache von dem Veräußerer übergeben, so erlangt er das Eigenthum, sofern er zur Zeit der Uebergabe in gutem Glauben ist (§ 917, **933**).

Wird eine im Besitz eines Dritten befindliche Sache gemäß § 915, **931** durch Abtretung des Anspruchs auf Herausgabe der Sache veräußert, so unterscheidet der Entwurf (§ 918, **934**), ob der veräußernde Nichteigenthümer mittelbarer Besitzer der Sache ist oder nicht. Im ersteren Falle erscheint der gute Glaube des Erwerbers ebenso berechtigt, wie wenn der Veräußerer unmittelbar Besitzer wäre, und der Entwurf bestimmt daher, daß der Erwerber schon mit dem Zeitpunkte der Abtretung des Anspruchs Eigenthümer der Sache wird. Ist dagegen der Veräußerer nicht mittelbarer Besitzer, so gewährt die bloße Abtretung des Anspruchs keine ausreichende Grundlage für das Vertrauen des Erwerbers, daß dem Veräußerer in Wirklichkeit das Eigenthum zustehe. Erst wenn der Dritte dem Verlangen des Erwerbers, ihm den Besitz der Sache einzuräumen, entspricht, erscheint dieses Vertrauen begründet. Mit der Erlangung des Besitzes von dem Dritten wird daher der Erwerber nach dem Entwurfe des gesetzlichen Schutzes theilhaftig, sofern er zu diesem Zeitpunkt in gutem Glauben ist.

Ausnahme für Sachen, welche gestohlen oder verloren gegangen sind.

Nach dem Vorgange des Art. 306 Abs. 4 des Handelsgesetzbuchs [1]) versagt der Entwurf dem gutgläubigen Erwerber einer beweglichen Sache den Schutz in der Regel für den Fall, daß die Sache dem Eigenthümer oder, sofern dieser bloß den mittelbaren Besitz hatte, dem unmittelbaren Besitzer gestohlen, verloren gegangen oder sonst abhanden gekommen war (§ 919, **935** Abs. 1). Nur wenn durch den Willen des Eigenthümers selbst ein Anderer in die Lage versetzt worden ist, Dritten gegenüber thatsächlich über die Sache zu verfügen, ist es an sich gerechtfertigt, den Eigenthümer im Verhältnisse zu dem gutgläubigen Erwerber die Gefahr einer solchen Verfügung tragen zu lassen. Aus Gründen der Verkehrssicherheit geht allerdings der Entwurf, soweit es sich um Geld, Inhaberpapiere oder um Sachen handelt, die im Wege öffentlicher Versteigerung veräußert werden, über diese Schranke hinweg, indem er den redlichen Erwerber auch dann schützt, wenn jene Gegenstände dem Eigenthümer ohne sein Zuthun abhanden gekommen sind (§ 919, **935** Abs. 2).

2. Fund.

Allgemeine Vorschriften.

In den allgemeinen Bestimmungen über den Fund werden im Zusammenhange mit der sachenrechtlichen Frage der Erwerbung des Eigenthums an der

---

1) Vergl. H.G.B. § 366.

gefundenen Sache die Verpflichtungen und Rechte des Finders gegenüber dem Verlierer oder den sonstigen Empfangsberechtigten selbständig geordnet.

Verpflichtungen des Finders. Bei der Regelung der Obliegenheiten des Finders darf nicht außer Acht bleiben, daß eine übermäßige Erschwerung jener Obliegenheiten geeignet ist, Andere zum Schaden des Verlierers von der Fürsorge für die verlorene Sache abzuhalten. Der Entwurf verpflichtet den Finder zunächst, dem Verlierer oder dem Eigenthümer oder einem sonstigen Empfangsberechtigten unverzüglich Anzeige zu machen (§ 949, **965** Abs. 1). Durch die Benachrichtigung eines Empfangsberechtigten genügt der Finder seiner Verpflichtung gegenüber allen. Kennt der Finder die Empfangsberechtigten nicht oder ist ihm ihr Aufenthalt unbekannt, so hat er zur Ermittelung der Empfangsberechtigten dadurch mitzuwirken, daß er unverzüglich bei einer beliebigen Polizeibehörde Anzeige erstattet. Diese Anzeigepflicht tritt jedoch, entsprechend der Vorschrift des § 240 des Sächsischen Gesetzbuchs, nicht ein, wenn die gefundene Sache nicht mehr als drei Mark werth ist (§ 949, **965** Abs. 2).

Der Finder ist, wenn er die Sache in seinem Besitze behalten will, zur Verwahrung derselben verpflichtet (§ 950, **966** Abs. 1). Bei drohendem Verderb oder unverhältnißmäßiger Kostspieligkeit der Aufbewahrung hat er jedoch die Sache gemäß § 377, **383** Abs. 3 Satz 1 öffentlich versteigern zu lassen und den Erlös, welcher an die Stelle der Sache tritt, aufzubewahren. Vor der Versteigerung ist der Polizeibehörde Anzeige zu machen (§ 950, **966** Abs. 2); im Uebrigen wird eine Mitwirkung der Polizeibehörde bei der Versteigerung nicht erfordert. Will der Finder sich der Verwahrung nicht unterziehen, so ist er jederzeit berechtigt, die Sache oder den Versteigerungserlös an eine beliebige Polizeibehörde abzuliefern (§ 951, **967**). Andererseits giebt der Entwurf zum Schutze des Eigenthums des Verlierers auch der Polizeibehörde die Befugniß, die Ablieferung der Sache oder des Erlöses an sie, sei es im Wege einer allgemeinen Anordnung, sei es für den einzelnen Fall, vorzuschreiben (§ 951, **967**).

Die Verantwortlichkeit des Finders für die Erfüllung der ihm obliegenden Verpflichtungen ist dadurch wesentlich erleichtert, daß er nur Vorsatz und grobe Fahrlässigkeit zu vertreten hat (§ 952, **968**) und daß er durch die Herausgabe der Sache an den Verlierer auch den sonstigen Empfangsberechtigten gegenüber befreit wird (§ 953, **969**).

Ansprüche des Finders. Was die Gegenansprüche des Finders gegen den Empfangsberechtigten betrifft, so kann er nach § 954, **970** für Aufwendungen, die er, seiner gesetzlichen Pflicht gemäß, zum Zwecke der Verwahrung oder Erhaltung der Sache oder zum Zwecke der Ermittelung eines Empfangsberechtigten gemacht hat, Ersatz verlangen, wenn er sie nach den Umständen für erforderlich halten durfte (vergl. Preuß. A.L.R. I, 9 § 61; Sächs. Gesetzbuch § 242). Daneben hat nach dem Entwurf, in Uebereinstimmung mit dem Preußischen Allgemeinen Landrecht (I, 9 §§ 62 ff.), dem Sächsischen Gesetzbuch (§ 242) und anderen neueren Gesetzen, der Finder Anspruch auf Finderlohn in Höhe eines gesetzlich bestimmten Bruchtheils des Werthes der gefundenen Sache (§ 955, **971** Abs. 1). Bezüglich der Höhe des Finderlohns läßt der Entwurf nach dem

Vorgange des Preußischen Allgemeinen Landrechts (I, 9 § 66) mit Rücksicht auf die ländlichen Verhältnisse für Thiere eine Ermäßigung eintreten. Bei Sachen, die nur für den Empfangsberechtigten einen Werth haben, muß die Bestimmung des Finderlohns dem richterlichen Ermessen überlassen werden. Die in dem Anspruch auf Finderlohn liegende Begünstigung wird dem Finder versagt, wenn er sich ihrer dadurch unwürdig macht, daß er die Anzeigepflicht verletzt oder den Fund auf Nachfrage verheimlicht (§ 955, **971** Abs. 2).

Eigenthumserwerb des Finders.

Das Bedürfniß des Verkehrs fordert, daß, wenn nach Ablauf einer längeren Zeit kein Empfangsberechtigter ermittelt ist, der Zustand thatsächlicher Herrenlosigkeit der Sache beseitigt und das Recht an der Sache neu geregelt wird. Nach der Mehrzahl der geltenden Rechte (vergl. insbesondere § 23 des Preuß. Gesetzes vom 24. März 1879 und § 239 des Sächs. Gesetzbuchs) hängt der Eintritt dieser Regelung davon ab, daß die Empfangsberechtigten öffentlich zur Anmeldung ihrer Rechte aufgefordert sind. Nach dem Entwurfe (§ 957, **973** Abs. 1) tritt dagegen der fragliche Erfolg von selbst ein, wenn nach der Anzeige des Finders bei der Polizeibehörde ein Jahr abgelaufen ist, ohne daß vorher ein Empfangsberechtigter dem Finder bekannt geworden ist oder sein Recht bei der Polizeibehörde angemeldet hat. Mit dem bezeichneten Zeitpunkt erwirbt der Finder das Eigenthum an der Sache oder dem Versteigerungserlöse und erlöschen die sonstigen Rechte an der Sache. Für Sachen, deren Werth drei Mark nicht übersteigt, beginnt die einjährige Frist mit dem Funde, da eine Anzeigepflicht hier nicht besteht. Die Rücksicht, von der Polizeibehörde derartige unbedeutende Fundangelegenheiten fern zu halten, rechtfertigt weiterhin die Bestimmung, daß in den fraglichen Fällen die Anmeldung eines Rechtes bei der Polizeibehörde dem Erwerbe des Eigenthums durch den Finder nicht entgegensteht. Andererseits schließt aber der Entwurf, um den Empfangsberechtigten nicht über Gebühr zu gefährden, bei Sachen im Werthe von nicht mehr als drei Mark in Uebereinstimmung mit dem § 243 des Sächsischen Gesetzbuchs den Eigenthumserwerb des Finders aus, wenn dieser den Fund auf Nachfrage verheimlicht (§ 957, **973** Abs. 2).

Der § 958, **974** betrifft den Fall, daß innerhalb der einjährigen Frist Empfangsberechtigte dem Finder bekannt geworden sind oder bei einer Sache im Werthe von mehr als drei Mark ihre Rechte bei der Polizeibehörde rechtzeitig angemeldet haben, gleichwohl aber die Angelegenheit nicht durch Zurücknahme der Sache gegen Befriedigung der Ansprüche des Finders ihre Erledigung findet. Der Finder kann in diesem Falle die Empfangsberechtigten unter Angabe der Höhe seiner Ansprüche auffordern, sich innerhalb einer von ihm bestimmten angemessenen Frist darüber zu erklären, ob sie die Ansprüche befriedigen wollen. Erfolgt vor Ablauf der Frist keine Erklärung, so erwirbt der Finder das Eigenthum. Bestreiten die Empfangsberechtigten innerhalb der Frist die Ansprüche des Finders, so muß dieser die rechtskräftige Feststellung der Ansprüche herbeiführen und demnächst die Berechtigten nochmals unter Bestimmung einer angemessenen Frist zur Erklärung auffordern. Wird die Erklärung nicht rechtzeitig abgegeben, so tritt nunmehr die Neuregelung des Rechtsverhältnisses zu Gunsten des Finders ein.

Hat gemäß § 951, **967** eine Ablieferung der Sache oder des Versteigerungserlöses an die Polizeibehörde stattgefunden, so werden dadurch die Rechte des Finders nicht berührt (§ 959, **975** Satz 1). Läßt die Polizeibehörde ihrerseits die Sache versteigern, so tritt der Erlös an die Stelle der Sache (§ 959, **975** Satz 2). Damit aber dem Finder das Zurückbehaltungsrecht wegen seiner Ansprüche gewahrt bleibt, darf die Polizeibehörde ohne seine Zustimmung die Sache oder den Erlös einem Empfangsberechtigten nicht herausgeben (§ 959, **975** Satz 3).

Uebergang der Rechte auf die Gemeinde.

Der Finder kann auf sein Recht zum Erwerbe des Eigenthums verzichten. Im Falle eines solchen Verzichts soll nach dem Entwurfe sein Recht auf die Gemeinde des Fundorts übergehen (§ 960, **976** Abs. 1). In gleicher Weise wird der Zustand der Ungewißheit beseitigt, der sich ergiebt, wenn der Finder nach Ablieferung der Sache oder des Versteigerungserlöses an die Polizeibehörde auf Grund der Vorschriften der §§ 957, **973**, 958, **974** Eigenthümer geworden ist, aber die Sache oder den Erlös nicht abfordert: auch hier geht das Eigenthum auf die Gemeinde über, wenn nicht der Finder vor Ablauf einer ihm von der Polizeibehörde bestimmten Frist die Herausgabe der Sache verlangt (§ 960, **976** Abs. 2).

Ausgleichung des Rechtsverlustes.

Den Betheiligten, welche an den Finder oder die Gemeinde ihre Rechte verloren haben, gewährt der Entwurf (§ 961, **977**) einen Ersatzanspruch nach Maßgabe der Vorschriften über die Herausgabe einer ungerechtfertigten Bereicherung; jedoch ist, um auch in dieser Hinsicht dem Zustande der Ungewißheit möglichst ein Ziel zu setzen, die Geltendmachung dieses Anspruchs nur innerhalb eines Zeitraums von drei Jahren zulässig.

Fund in den Räumen einer öffentlichen Behörde oder Verkehrsanstalt.

Die allgemeinen Vorschriften des Fundrechts würden an sich auch anwendbar sein, wenn Jemand eine Sache in den Geschäftsräumen oder den Beförderungsmitteln einer öffentlichen Behörde oder einer dem öffentlichen Verkehre dienenden Verkehrsanstalt findet und an sich nimmt. Da indessen die bezeichneten Oertlichkeiten einer besonderen Aufsicht und die in ihnen befindlichen Sachen einer besonderen Fürsorge unterstellt sind, so rechtfertigt sich eine abweichende Behandlung dieses Falles. Der Entwurf schließt daher die Anwendung der allgemeinen Vorschriften aus. Die Verpflichtung des Finders beschränkt sich auf die Ablieferung der Sache an die Behörde oder die Verkehrsanstalt oder an einen Angestellten derselben (§ 962, **978**). Rechte des Finders werden nicht anerkannt. Die Behörde oder Anstalt ist unter bestimmten Voraussetzungen befugt, die Sache öffentlich versteigern zu lassen (§§ 963, **979**, 964, **980**, 966, **982**). Für den Anspruch des Empfangsberechtigten auf Herausgabe des Erlöses, abzüglich der aufgewendeten Kosten, ist eine kurze Ausschlußfrist festgesetzt; nach dem Ablaufe der Frist wird das Eigenthum am Erlöse demjenigen zugewiesen, welcher die Kosten der Aufsicht über den Fundort und der Fürsorge für die gefundene Sache zu bestreiten hat (§§ 965, **981**, 966, **982**).

VI. Ansprüche aus dem Eigenthume.

1. Haftung des Besitzers für Nutzungen und Schäden.

Im unmittelbaren Zusammenhange mit dem Anspruche, welcher dem Eigenthümer gegen den Besitzer auf Herausgabe der Sache gewährt ist (§§ 969, **985**, 970, **986**), wird vom Entwurfe (§§ 971, **987** bis 977, **993**) die Haftung näher geregelt, welche dabei den Besitzer trifft. Es handelt sich einerseits um eine Erweiterung des Eigenthumsschutzes, andererseits kommt eine Einschränkung desselben, namentlich zu Gunsten des redlichen Besitzers, in Betracht.

Nach dem Eintritte der Rechtshängigkeit des Anspruchs auf Herausgabe der Sache muß der Besitzer, auch wenn er in dem guten Glauben ist, zum Besitze berechtigt zu sein, mit der Möglichkeit eines ihm ungünstigen Ausganges des Rechtsstreits rechnen und sich deshalb gewissermaßen als Verwalter einer fremden Sache betrachten. Demgemäß bestimmt der § 971, **987**, daß der Besitzer verpflichtet ist, dem Eigenthümer die nach dem Eintritte der Rechtshängigkeit gezogenen Nutzungen herauszugeben und für Nutzungen Ersatz zu leisten, die er nach den Regeln einer ordnungsmäßigen Wirthschaft hätte ziehen können, aber schuldhafter Weise nicht gezogen hat. Auf derselben Erwägung beruht die Vorschrift des § 973, **989**, derzufolge der Besitzer von dem Eintritte der Rechtshängigkeit an für den Schaden verantwortlich ist, welcher dadurch entsteht, daß in Folge seines Verschuldens die Sache verschlechtert wird, untergeht oder aus einem sonstigen Grunde, z. B. weil er sie veräußert hat, von ihm nicht herausgegeben werden kann. Haftung nach Eintritt der Rechtshängigkeit.

In gleicher Weise wie nach dem Eintritte der Rechtshängigkeit des Eigenthumsanspruchs soll, wie der Entwurf weiter bestimmt, der Besitzer schon von der Zeit des Besitzerwerbes an haften, wenn er bei dem Erwerbe nicht in gutem Glauben war, d. h. sowohl dann, wenn ihm der Mangel seines Rechtes zum Besitze bekannt, als auch dann, wenn ihm der Mangel lediglich in Folge grober Fahrlässigkeit unbekannt geblieben war (§ 974, **990** Abs. 1 Satz 1 verb. mit § 916, **932** Abs. 2). Erfährt der Besitzer erst später, daß er nicht zum Besitze berechtigt ist, so wird er von der Zeit der Erlangung der Kenntniß an dem Eigenthümer in der bezeichneten Weise verantwortlich (§ 974, **990** Abs. 1 Satz 2). Eine weitergehende Haftung kann sich in den Fällen des § 974, **990** aus den allgemeinen Vorschriften ergeben, wenn der Besitzer mit der Befriedigung des Eigenthumsanspruchs auf Herausgabe der Sache im Verzug ist (§§ 278, **284** ff.). Haftung des unredlichen Besitzers.

Abgesehen von den Fällen des § 974, **990**, ist der Besitzer vor dem Eintritte der Rechtshängigkeit dem Eigenthümer der Regel nach weder für Nutzungen noch für Schäden verantwortlich (§ 977, **993** Abs. 1)[1]). Diese Befreiung des redlichen Besitzers von der Haftpflicht ist durch die Billigkeit Haftung des redlichen Besitzers.

1) In der Reichstagskommission ist dieser Abs. 1 einer wesentlich redaktionellen Aenderung unterworfen worden. K.B. S. 128.

und das Bedürfniß des Verkehrs geboten und entspricht im Wesentlichen auch dem geltenden Rechte (vergl. Preuß. A.L.R. I, 7 §§ 189, 190; Code civil Art. 549, 550; Sächs. Gesetzbuch §§ 244, 308).

Haftung aus unerlaubter Handlung.

Eine Haftung des Besitzers nach den Vorschriften über den Schadensersatz wegen unerlaubter Handlungen (§ 807, **823**) tritt nach § 976, **992** nur unter besonderen Voraussetzungen, nämlich nur dann ein, wenn sich der Besitzer durch verbotene Eigenmacht oder durch eine strafbare Handlung den Besitz verschafft hat. Zum Schutze des Eigenthümers gegen den unredlichen Besitzer genügen im Uebrigen die Bestimmungen des § 974, **990**. Der redliche Besitzer aber kann nicht für Handlungen verantwortlich gemacht werden, welche er vorgenommen hat, so lange er glauben durfte, zu Verfügungen über die Sache berechtigt zu sein.

2. Rechte des Besitzers wegen Verwendungen.

Ersatzanspruch.

Bezüglich des Rechtes des Besitzers auf Erstattung der von ihm auf die Sache gemachten Verwendungen unterscheidet der Entwurf (§ 978, **994**) ebenso wie die Mehrzahl der geltenden Rechte (vergl. Preuß. A.L.R. I, 7 §§ 240 ff.; Sächs. Gesetzbuch §§ 312 ff.) zwischen dem redlichen und dem unredlichen Besitzer sowie zwischen nothwendigen und anderen Verwendungen. Der redliche Besitzer kann für nothwendige Verwendungen, die er vor dem Eintritte der Rechtshängigkeit gemacht hat, vom Eigenthümer stets Ersatz verlangen. Aus Gründen der Billigkeit und Zweckmäßigkeit wird ihm jedoch der Ersatz der gewöhnlichen Erhaltungskosten für die Zeit versagt, für welche ihm die Nutzungen verbleiben (§ 978, **994** Abs. 1 Satz 2). Was andere als nothwendige Verwendungen betrifft, so gewährt der Entwurf dem redlichen Besitzer bis zum Eintritte der Rechtshängigkeit einen Ersatzanspruch insoweit, als durch die Verwendungen der Werth der Sache noch zu der Zeit erhöht ist, zu welcher der Eigenthümer sie wiedererlangt (§ 980, **996**). Dem unredlichen Besitzer, welchem nach dem Eintritte der Rechtshängigkeit der redliche Besitzer gleichsteht, wird dagegen lediglich für die von ihm gemachten nothwendigen Verwendungen ein Ersatzanspruch eingeräumt, und auch für diese nur nach den Vorschriften über die Geschäftsführung ohne Auftrag (§ 978, **994** Abs. 2). Er kann daher Ersatz für eine nothwendige Verwendung nur dann verlangen, wenn sie dem Interesse und dem wirklichen oder muthmaßlichen Willen des Eigenthümers entsprochen hat oder von diesem genehmigt wird; anderenfalls ist der Eigenthümer nur verpflichtet, dasjenige, was er in Folge der Verwendung erlangt hat, dem Besitzer nach den Vorschriften über die Herausgabe einer ungerechtfertigten Bereicherung herauszugeben (vergl. §§ 670, **683**, 671, **684**).

Der Besitzer kann nicht nur für die von ihm selbst gemachten Verwendungen Ersatz verlangen, sondern auch für Verwendungen eines Vorbesitzers, dessen Rechtsnachfolger er geworden ist, und zwar in demselben Umfang, in welchem der Vorbesitzer Ersatz fordern könnte, wenn er die Sache herauszugeben hätte (§ 983, **999** Abs. 1). Sind die Voraussetzungen gegeben, unter welchen der Besitzer von dem Vorbesitzer das Eigenthum erworben haben würde, wenn dieser selbst Eigenthümer gewesen wäre, so erscheint es gerechtfertigt, daß wenigstens der Ersatzanspruch des Vorbesitzers auf den Besitzer übergeht. Auf der anderen Seite erstreckt der Entwurf (§ 983, **999** Abs. 2) zu Gunsten des Besitzers die Erstattungspflicht des Eigenthümers auf die Verwendungen, welche gemacht worden sind, bevor er das Eigenthum erworben hat.

Die Rücksicht auf den Eigenthümer verlangt, daß dem Besitzer die Geltendmachung seines Anspruchs auf Ersatz von Verwendungen nur gestattet wird, wenn der Eigenthümer die Sache wiedererlangt oder die Verwendungen genehmigt (§ 985, **1001** Satz 1). Aber auch nach der Wiedererlangung der Sache würde die unbedingte Verpflichtung zum Ersatze, namentlich in Ansehung der nothwendigen Verwendungen, die ohne Rücksicht auf eine noch vorhandene Wertherhöhung zu erstatten sind, den Eigenthümer unter Umständen über Gebühr beschweren. Gerechtfertigt ist eine solche unbedingte Verpflichtung nur, falls der Eigenthümer die ihm vom Besitzer unter Vorbehalt des Ersatzanspruchs angebotene Sache angenommen oder in anderer Art die Verwendungen genehmigt hat. Wenn dagegen der Besitzer die Sache ohne den Vorbehalt herausgegeben oder der Eigenthümer sie auf sonstige Weise wiedererlangt hat, entspricht es der Billigkeit, daß dem Eigenthümer bis zur etwaigen Genehmigung der Verwendungen die Befugniß gewährt wird, sich von dem, ihm vielleicht unbekannt gebliebenen, Ersatzanspruche durch Rückgabe der Sache zu befreien (§ 985, **1001** Satz 2, 3). Im Interesse des Eigenthümers wird ferner dem Besitzer für den Fall, daß er die Sache herausgegeben hat, die Geltendmachung des Ersatzanspruchs nur während einer kurzen Ausschlußfrist gestattet, sofern nicht der Eigenthümer durch Annahme der unter Vorbehalt des Anspruchs angebotenen Sache oder anderweit die Verwendungen genehmigt hat (§ 986, **1002**). Geltendmachung des Ersatzanspruchs.

3. Eigenthumsvermuthung zu Gunsten des Besitzers.

Der Anspruch des Eigenthümers auf Herausgabe einer beweglichen Sache wird nach allgemeinen Grundsätzen durch den Nachweis gerechtfertigt, daß der Kläger das Eigenthum erworben habe; der beklagte Besitzer muß alsdann zur Abwehr des Anspruchs darthun, daß das Eigenthum des Klägers erloschen sei. Damit wäre aber der gegenwärtige Eigenthümer einer beweglichen Sache der Gefahr ausgesetzt, die Sache einem früheren Eigenthümer herausgeben zu müssen, wenn ihm der unter Umständen schwierige Beweis seines Eigenthumserwerbes nicht gelänge. Behufs Abwendung dieser Gefahr stellt der Entwurf zu Gunsten des Besitzers einer beweglichen Sache die Vermuthung auf, daß derselbe Eigenthümer der Sache sei (§ 990, **1006** Abs. 1 Satz 1). Die Vermuthung entspricht dem älteren deutschen und dem Französischen Rechte (Code civil Art. 2279).

Die Vermuthung greift nicht Platz gegenüber einem früheren Besitzer, dem die Sache gestohlen, verloren gegangen oder sonst abhanden gekommen ist, es sei denn, daß es sich um Geld oder um Inhaberpapiere handelt (§ 990, **1006** Abs. 1 Satz 2).

Hat der frühere Besitzer als Kläger die für den gegenwärtigen Besitzer streitende Vermuthung durch Gegenbeweis widerlegt oder durch den Nachweis beseitigt, daß ihm die Sache gestohlen worden, verloren gegangen oder sonst abhanden gekommen ist, so kommt nunmehr ihm selbst für die Begründung des Anspruchs auf Herausgabe die Vermuthung zu Statten, daß er während der Dauer seines Besitzes Eigenthümer der Sache gewesen sei (§ 990, **1006** Abs. 2).

Falls an der Sache ein mittelbarer Besitz bestanden hat oder besteht, so entspricht es dem Verhältnisse zwischen dem mittelbaren und dem unmittelbaren Besitzer, daß die Eigenthumsvermuthung zu Gunsten des ersteren gilt (§ 990, **1006** Abs. 3).

Die Vermuthung ist übrigens nicht allein für die Geltendmachung des dinglichen Anspruchs aus dem Eigenthume von Bedeutung. Vielmehr erleichtert sie dem Besitzer auch die Geltendmachung persönlicher Ansprüche nach Maßgabe der Vorschriften über den Schadensersatz wegen unerlaubter Handlungen und über die Herausgabe einer ungerechtfertigten Bereicherung.

4. Anspruch aus früherem Besitze.

Durch die Vorschriften des § 991, **1007** giebt der Entwurf im Anschluß an ähnliche Vorschriften des Preußischen und des Französischen Rechts (Preuß. A.L.R. I, 7 §§ 161 ff., I, 15 § 34; Code civil Art. 2279 Abs. 2) dem früheren Besitzer einer beweglichen Sache die Möglichkeit, sein Eigenthum oder sein sonstiges Recht zum Besitze unter Umständen lediglich auf Grund der Thatsache seines früheren Besitzes gegen den jetzigen Besitzer zu verfolgen.

Diese Erleichterung der Rechtsverfolgung wird von dem Entwurfe jedem früheren Besitzer, ohne Unterschied, ob er die Sache als Eigenbesitzer oder z. B. als Miether, Finder u. s. w. besessen hat, unter der Voraussetzung gewährt, daß der gegenwärtige Besitzer bei dem Erwerbe des Besitzes nicht in gutem Glauben war. Dasselbe gilt, wenn die Sache dem früheren Besitzer gestohlen, verloren gegangen oder sonst abhanden gekommen ist; hierbei tritt jedoch eine Ausnahme ein für Geld und Inhaberpapiere, da in Ansehung dieser Sachen der Eigenthumserwerb desjenigen, der sich in gutem Glauben befindet, nicht dadurch ausgeschlossen wird, daß der frühere Besitzer den Besitz ohne sein Zuthun verloren hat (vergl. § 919, **935**). Außerdem versagt der auf den unfreiwilligen Verlust der Sache gegründete Anspruch gegenüber dem Eigenthümer und gegenüber demjenigen Besitzer, welchem die Sache vor der Besitzzeit des früheren Besitzers abhanden gekommen war. Der Anspruch aus dem früheren Besitz ist in jedem Falle ausgeschlossen, wenn der frühere Besitzer bei dem Erwerbe des Besitzes nicht in gutem Glauben war, ebenso, wenn er den Besitz aufgegeben hat. Durch eine solche Aufgabe des Besitzes wird das Verhältniß zur Sache gelöst; es kann daher dem früheren Besitzer auch gegen den bösgläubigen Besitzer ein besseres Recht zum Besitze nicht zuerkannt werden.

Im Uebrigen finden auf den Anspruch aus dem früheren Besitze bezüglich der dem gegenwärtigen Besitzer zustehenden Einwendungen, seiner Haftung für Nutzungen und Schäden sowie seiner Rechte wegen Verwendungen die für den Anspruch des Eigenthümers auf Herausgabe geltenden Vorschriften entsprechende Anwendung.

VII. Grunddienstbarkeiten.

Die allgemeinen Vorschriften über die rechtsgeschäftliche Begründung von Rechten an einem Grundstücke (§§ 857, 873 ff.) gelten auch für die Grunddienstbarkeiten. Zur Begründung ist somit auch hier die Eintragung in das Grundbuch erforderlich. Der Entwurf geht damit von dem geltenden Rechte ab. Nach den meisten Gesetzen, und zwar auch nach denen, welche dem Grundbuchsysteme folgen, bedürfen Grunddienstbarkeiten zu ihrer Entstehung der Eintragung nicht, so namentlich in Preußen, Bayern, Sachsen. Eintragung.

Indessen treffen die Gründe, aus denen der Entwurf den rechtsgeschäftlichen Erwerb des Eigenthums und anderer Rechte an Grundstücken von der Eintragung abhängig macht, nicht minder für Grunddienstbarkeiten zu. Auch diese müssen im Interesse der Sicherheit des Grundstücksverkehrs aus dem Grundbuch erkennbar sein, da sie nicht selten den Werth des belasteten Grundstücks erheblich vermindern. Das Erforderniß der Eintragung hat überdies, indem es die Zulässigkeit einer Ersitzung ausschließt, die für die Verhältnisse des Grundbesitzes günstige Folge, daß in Zukunft Grunddienstbarkeiten nicht mehr durch fortgesetzten Mißbrauch nachbarlicher Duldung erworben werden können. Endlich wird die Eintragung zu einer erheblichen Verminderung der Rechtsstreitigkeiten auf diesem Gebiete führen; denn unter allen Umständen wird durch die Eintragung das Bestehen, regelmäßig aber auch der Inhalt der Dienstbarkeit außer Zweifel gestellt.

Daß mit der Eintragung von Grunddienstbarkeiten der Umfang der Grundbücher unverhältnißmäßig zunehmen werde, ist um so weniger zu besorgen, als sich das Bedürfniß der Bestellung solcher Dienstbarkeiten in neuerer Zeit für den ländlichen Grundbesitz durch die Auseinandersetzungen und Flurbereinigungen, in den Städten durch Bauordnungen gegen früher wesentlich vermindert hat.

Die zur Zeit des Inkrafttretens des Bürgerlichen Gesetzbuchs bestehenden Grunddienstbarkeiten dürfen allerdings dem Eintragungszwange nicht schlechthin unterworfen werden. Aus einer derartigen Maßregel würden sich voraussichtlich zahlreiche Rechtsstreitigkeiten und erhebliche Rechtsverluste ergeben. Für das Einführungsgesetz [1]) ist deshalb die Bestimmung in Aussicht genommen, daß Grunddienstbarkeiten, die zu der Zeit bestehen, zu welcher das Grundbuch im Sinne des Entwurfes als angelegt anzusehen ist, zur Erhaltung ihrer Wirksamkeit gegenüber dem öffentlichen Glauben des Grundbuchs nicht der Eintragung bedürfen, die Eintragung jedoch zu erfolgen hat, wenn sie von dem Berechtigten oder von dem Eigenthümer des belasteten Grundstücks verlangt wird. Mit Rücksicht auf die Verschiedenheit der örtlichen Verhältnisse soll außerdem der Landesgesetzgebung die Befugniß vorbehalten werden, für das ganze Landesgebiet oder einzelne Grundbuchbezirke zu bestimmen, daß die bestehenden Grunddienstbarkeiten oder einzelne Arten derselben zur Erhaltung ihrer Wirksamkeit gegenüber dem öffentlichen Glauben des Grundbuchs bei der Anlegung des letzteren oder später eingetragen werden müssen [2]).

---

1) Vergl. dort Art. 187 Abs. 1.

2) Vergl. E.G. zum B.G.B. Art. 187 Abs. 2.

VIII. Nießbrauch.

1. Unübertragbarkeit.

Abweichend von der für Vermögensrechte geltenden Regel der Uebertragbarkeit schließt der Entwurf (§ 1042, **1059**) bei dem Nießbrauch eine Uebertragung aus und gestattet nur die Ueberlassung der Ausübung an einen Anderen. Da der Entwurf gesetzliche Nießbrauchsrechte, abgesehen von der selbständig geregelten ehemännlichen und elterlichen Nutznießung, nicht kennt, kommt hier nur der durch Rechtsgeschäft begründete Nießbrauch in Betracht. Unter den Fällen eines solchen Nießbrauchs sind die häufigsten und praktisch wichtigsten der testamentarisch angeordnete Nießbrauch, insbesondere des überlebenden Ehegatten, und die in Gutsübergabeverträgen bedungene Leibzucht. Für diese Fälle paßt die Uebertragbarkeit des Nießbrauchs nicht. Das Verhältniß eines solchen Nießbrauchers zum Eigenthümer ist ein persönliches Vertrauensverhältniß. Dem Wesen desselben entspräche es nicht, wenn der Nießbraucher in der Lage wäre, durch Veräußerung seines Rechtes einen Anderen oder bei dem Nießbrauch an einem Vermögen vielleicht sogar eine große Anzahl anderer Personen an seine Stelle zu setzen. Noch bedenklicher wäre die aus der Uebertragbarkeit sich ergebende Folge, daß der Nießbrauch auch im Wege der Zwangsvollstreckung veräußert werden könnte. Dem praktischen Bedürfnisse geschieht dadurch Genüge, daß die Ueberlassung der Ausübung des Nießbrauchs an einen Anderen im Wege eines obligatorischen Vertrags, z. B. eines Pachtvertrags, gestattet und der Nießbrauch in Ansehung der Ausübung auch der Zwangsvollstreckung nach Maßgabe des § 754 Abs. 3, **857** Abs. 4 der Civilprozeßordnung unterworfen wird.

2. Schuldenhaftung bei dem Nießbrauch an einem Vermögen.

Rechte der Gläubiger.

Der Nießbrauch an einem Vermögen kann nach dem Entwurfe (§ 1068, **1085**) wie nach geltendem Rechte nur in der Weise begründet werden, daß der Berechtigte den Nießbrauch an den einzelnen zu dem Vermögen gehörenden Gegenständen (Sachen und Rechten) erlangt. Der so bestellte Nießbrauch würde während seiner Dauer in Ermangelung einer besonderen Bestimmung die Gläubiger des Bestellers, d. h. desjenigen, dem die belasteten Sachen gehören und die belasteten Rechte zustehen, an dem Zugriff auf die belasteten Gegenstände hindern, sofern sie nicht etwa berechtigt wären, die Bestellung des Nießbrauchs anzufechten. Sie würden sich vielmehr nur an die noch nicht mit dem Nießbrauche belasteten Gegenstände und, falls der Besteller von dem Nießbraucher nach dem zwischen ihnen obwaltenden Verhältnisse die Befriedigung der Gläubiger fordern dürfte, an diesen Anspruch des Bestellers halten können. Um den sich hieraus ergebenden Nachtheilen vorzubeugen, gewährt der Entwurf den Gläubigern des Bestellers, soweit ihre Forderungen vor der Bestellung des Nießbrauchs entstanden sind, das Recht, ohne Rücksicht auf den Nießbrauch Befriedigung aus den dem Nießbrauch unterliegenden Gegenständen zu verlangen (§ 1069, **1086** Satz 1). Auch dieses Recht reicht indessen nicht aus, wenn zu dem Vermögen verbrauchbare Sachen gehören; an solchen Sachen erlangt der Nießbraucher gemäß § 1050, **1067** das Eigenthum unter der Verpflichtung, dem Besteller nach der Beendigung des Nießbrauchs den Werth zu ersetzen, und sie sind daher dem Zugriffe der Gläubiger entzogen. Mit Rücksicht hierauf gestattet der Entwurf den Gläubigern, sich aus dem Ersatzanspruche des Bestellers zu befriedigen, und sieht zu dem Behufe vor, daß den Gläubigern gegenüber der Anspruch sofort fällig ist (§ 1069, **1086** Satz 2).

Eine persönliche Haftung des Nießbrauchers für die Schulden des Bestellers findet den Gläubigern gegenüber im Allgemeinen nicht statt. Jedoch tritt nach § 1071, **1088** Abs. 1 eine Ausnahme ein hinsichtlich der Ansprüche auf Zinsen von Forderungen, die schon zur Zeit der Bestellung des Nießbrauchs verzinslich waren, sowie auf andere wiederkehrende Leistungen (z. B. Renten, Leibrenten, Altentheilsleistungen), die bei ordnungsmäßiger Verwaltung aus den Einkünften bestritten werden: derartige Ansprüche können die Gläubiger für die Zeit des Nießbrauchs auch gegen den Nießbraucher geltend machen. Die Berichtigung derselben ist nach den Regeln ordnungsmäßiger Wirthschaft eine auf den Nutzungen des Vermögens ruhende Last. Demgemäß wird auch einer diese Haftung beschränkenden oder ausschließenden Vereinbarung zwischen dem Nießbraucher und dem Besteller die Wirkung versagt (§ 1071, **1088** Abs. 2).

Rechtsverhältniß zwischen dem Nießbraucher und dem Besteller.

Der § 1070, **1087** und der § 1071, **1088** Abs. 3 regeln die gegenseitigen Rechte und Verpflichtungen des Bestellers und des Nießbrauchers hinsichtlich der Berichtigung der Schulden. Der Entwurf geht davon aus, daß zur Vereinigung des Vermögens durch Tilgung der vor der Bestellung des Nießbrauchs entstandenen Schulden der Besteller dem Nießbraucher gegenüber berechtigt und verpflichtet bleibt. Dem Besteller wird deshalb das Recht beigelegt, nach dem Eintritte der Fälligkeit einer derartigen Schuld von dem Nießbraucher Rückgabe der zur Befriedigung des Gläubigers erforderlichen Gegenstände zu verlangen (§ 1070, **1087** Abs. 1 Satz 1). Dabei ist ihm die Auswahl der zurückzugebenden Gegenstände überlassen, jedoch mit der im Interesse des Nießbrauchers getroffenen Beschränkung, daß er nur die zur Befriedigung des Gläubigers vorzugsweise geeigneten Gegenstände auswählen kann (§ 1070, **1087** Abs. 1 Satz 2). Andererseits hat der Besteller, soweit die zurückgegebenen Gegenstände ausreichen, dem Nießbraucher gegenüber die Pflicht, den Gläubiger zu befriedigen (§ 1070, **1087** Abs. 1 Satz 3).

In gewissem Umfange muß aber auch der Nießbraucher berechtigt sein, zum Zwecke der Vereinigung des Vermögens selbständig vorzugehen. Zunächst ist ihm die Befugniß beigelegt, solche Verbindlichkeiten des Bestellers, die auf Leistung eines dem Nießbrauch unterliegenden Gegenstandes gerichtet sind, durch die Leistung des Gegenstandes zu erfüllen (§ 1070, **1087** Abs. 2 Satz 1). Weiterhin ermächtigt der Entwurf den Nießbraucher, zum Zwecke der Befriedigung eines Gläubigers des Bestellers einen dem Nießbrauch unterliegenden Gegenstand zu veräußern, wenn die Befriedigung durch den Besteller nicht ohne Gefahr abgewartet werden kann (§ 1070, **1087** Abs. 2 Satz 2). Dem Nießbraucher kann in einem solchen Falle nicht zugemuthet werden, es darauf ankommen zu lassen, daß der Gläubiger aus einem beliebigen Gegenstande seine Befriedigung sucht. Im Interesse des Bestellers ist übrigens der Nießbraucher gehalten, einen vorzugsweise geeigneten Gegenstand auszuwählen; auch darf er, soweit er zum Ersatze des Werthes verbrauchbarer Sachen verpflichtet ist, eine Veräußerung nicht vornehmen (§ 1070, **1087** Abs. 2 Satz 3, 4).

Eine Verpflichtung des Nießbrauchers, die Gläubiger des Bestellers zu befriedigen, besteht diesem gegenüber im Allgemeinen nur, wenn sie besonders übernommen ist. In Betreff der auf wiederkehrende Leistungen gerichteten Ansprüche, für deren Befriedigung der Nießbraucher nach § 1071, **1088** Abs. 1 den Gläubigern persönlich haftet, rechtfertigt sich jedoch die weitere gesetzliche Bestimmung, daß der Nießbraucher auch dem Besteller zur Befriedigung der Gläubiger verpflichtet ist (§ 1071, **1088** Abs. 3 Satz 1). Damit ist der Besteller im Wesentlichen gesichert: nur wenn der Nießbraucher mit der Erfüllung dieser Verpflichtung in Verzug kommt, kann der Besteller die Rückgabe von Gegenständen zum Zwecke der Befriedigung der Gläubiger verlangen (§ 1071, **1088** Abs. 3 Satz 2).

IX. Hypothek. Grundschuld. Rentenschuld.

Vorbemerkungen.

Formen des Grundkredits nach dem Entwurfe. Die im achten Abschnitte geregelten, den Bedürfnissen des Grundkredits dienenden Arten der Belastung eines Grundstücks, die Hypothek, die Grundschuld und die Rentenschuld, stimmen ihrem Inhalte nach darin überein, daß an den Berechtigten eine bestimmte Geldsumme aus dem Grundstücke, d. h. aus dem im Wege der Zwangsvollstreckung zu erzielenden Ertrag oder Erlöse des Grundstücks, zu zahlen ist. Während jedoch bei der Hypothek und der Grundschuld der Berechtigte, wenn die Voraussetzungen für die Geltendmachung seines Rechtes gegeben sind, eine einmalige Kapitalzahlung verlangen kann, hat er bei der Rentenschuld grundsätzlich nur auf eine in regelmäßig wiederkehrenden Terminen zahlbare Geldrente Anspruch.

Hypothek und Grundschuld unterscheiden sich im Wesentlichen dadurch, daß bei der Hypothek das dingliche Recht des Gläubigers auf Befriedigung aus dem Grundstücke der Regel nach von dem Bestande einer persönlichen Forderung des Gläubigers abhängt, während bei der Grundschuld eine solche Abhängigkeit ausgeschlossen ist. Das Recht des Grundschuldgläubigers wird, auch wenn die Grundschuld zur Sicherung einer Forderung bestellt war, in keiner Weise dadurch berührt, daß die Forderung nicht zur Entstehung gelangt ist oder erlischt. Vielmehr hat der Eigenthümer gegebenenfalls nur einen persönlichen Anspruch auf Rückgewähr gegen den Grundschuldgläubiger.

Der Grundsatz, daß das Recht des Gläubigers aus der Hypothek von einer Forderung abhängt, erfährt dadurch eine Ausnahme, daß zu Gunsten desjenigen Erwerbers, der im Uebrigen nach Maßgabe der Vorschriften über den öffentlichen Glauben des Grundbuchs geschützt ist, auch die Forderung so, wie sie aus dem Grundbuch ersichtlich ist, als bestehend gilt (§ **1121**, **1138**).

Nur wenn eine Hypothek in der Weise bestellt ist, daß das Recht des Gläubigers aus der Hypothek sich lediglich nach der Forderung bestimmt und der Gläubiger sich zum Beweise der Forderung nicht auf die Eintragung berufen kann (Sicherungshypothek), wird der aus dem öffentlichen Glauben des Grundbuchs sich ergebende Schutz des Erwerbers nicht auf die Forderung erstreckt (§ 1167, **1184**, § 1168, **1185** Abs. 2).

Ueber die Hypothek wird ein Hypothekenbrief ertheilt. Mit dem Briefe ist das Recht aus der Hypothek in der Art verbunden, daß die Geltendmachung der Hypothek durch die Vorlegung des Briefes bedingt ist (§§ 1143, **1160** bis 1145, **1162**) und die Uebertragung des Rechtes durch die Uebergabe des Briefes vermittelt wird (§ 1137, **1154**). Die Ertheilung des Briefes kann von den Betheiligten, auch nachträglich, ausgeschlossen werden. Bei der Sicherungshypothek ist sie überhaupt unzulässig (§ 1168, **1185** Abs. 1).

Der Entwurf stellt hiernach für die Belastung eines Grundstücks mit einer Kapitalschuld vier verschiedene Rechtsformen zur Verfügung: eine Verkehrshypothek mit Hypothekenbrief (sogenannte Briefhypothek), eine Verkehrshypothek ohne Hypothekenbrief (sogenannte Buchhypothek), die Sicherungshypothek und die Grundschuld. Diese Art der Regelung trägt der Verschiedenheit des geltenden Rechtes und der Verkehrsgewohnheiten Rechnung und ermöglicht es dem Betheiligten, die den Verhältnissen des einzelnen Falles entsprechende Form der Belastung zu wählen.

Briefhypothek und Buchhypothek.

Die Briefhypothek und die Buchhypothek dienen dem mit Personalkredit verbundenen Grundkredite. Die eine wie die andere Form hat schon gegenwärtig ein weites Geltungsgebiet, die Briefhypothek namentlich in Preußen, Oldenburg, Braunschweig, Sachsen-Koburg-Gotha, Anhalt, Schwarzburg-Sondershausen, Waldeck, Schaumburg-Lippe, Lippe, die Buchhypothek in Bayern, Sachsen, Württemberg, Sachsen-Weimar, Sachsen-Altenburg, Reuß jüngerer und Reuß älterer Linie. Jede von ihnen hat ihre besonderen Vorzüge und Nachtheile. Die Briefhypothek erleichtert den Hypothekenverkehr. Sie bietet dem Besteller stärkeren Schutz gegen die Gefahr, daß der Gläubiger die Hypothek vor Zahlung des Gegenwerths oder nach Rückzahlung desselben an einen durch den öffentlichen Glauben des Grundbuchs geschützten Dritten abtritt und dem Besteller auf diese Weise die bezüglichen Einwendungen abschneidet. Nur bei der Briefhypothek ist eine Uebertragung Zug um Zug gegen Zahlung des Gegenwerths möglich (vergl. §§ 1100, **1117**, 1121, **1138**, 1127, **1144**, 1128, **1145**, 1137, **1154**). Die Buchhypothek dagegen erspart dem Gläubiger die Aufbewahrung der Urkunde und die mit dem Verluste derselben verbundenen Unzuträglichkeiten. Auch gewährt sie ihm die Sicherheit, daß er von der Einleitung einer Zwangsversteigerung oder Zwangsverwaltung Nachricht erhält.

Sicherungshypothek.

Neben der Verkehrshypothek in ihren beiden Formen ist die Sicherungshypothek, welche das dingliche Recht des Gläubigers schlechthin von der Forderung abhängig macht, für die Fälle unentbehrlich, denen die sogenannte Kautionshypothek des geltenden Rechtes dient (§ 1173, **1190**), sowie für die Fälle, in welchen die Forderung aus einer Schuldverschreibung auf den Inhaber oder aus einem Orderpapiere durch Hypothek gesichert werden soll (§ 1170, **1187**). Es erscheint aber überhaupt gerechtfertigt, daß dem Betheiligten auch in solchen Fällen, in denen eine ihrem Grunde und Betrage nach bestimmte Forderung hypothekarisch gesichert werden soll, die Möglichkeit gegeben wird, statt einer verkehrsfähigen Hypothek eine Sicherungshypothek zu begründen.

Grundschuld. Die Grundschuld ist die Rechtsform für den reinen Realkredit. Eine entsprechende Form ist im geltenden Rechte schon jetzt anerkannt, und zwar als einzige Art der Kapitalbelastung in Mecklenburg, Lübeck und Hamburg, neben der Hypothek namentlich in Preußen und Oldenburg. Die Besorgniß, daß die Grundschuld der Verschuldung des Grundbesitzes Vorschub leisten werde, ist nach den gemachten Erfahrungen nicht gerechtfertigt.

1. Hypothek.

a) Verhältniß der Hypothek zur Forderung.

Im Laufe der Entwickelung des neueren Hypothekenrechts hat die römischrechtliche Auffassung der Hypothek als eines unbedingt von der zu sichernden Forderung abhängigen Rechtes nach verschiedenen Richtungen eine Abschwächung erfahren.

Eigenthümerhypothek. In dieser Hinsicht kommt, abgesehen von der Wirkung, welche der öffentliche Glaube des Grundbuchs auch hinsichtlich der Forderung äußert (§ 1121, 1138), vor Allem die sogenannte Eigenthümerhypothek des geltenden Rechtes in Betracht (vergl. namentlich §§ 63 bis 66 des Preuß. Gesetzes über den Eigenthumserwerb u. s. w. vom 5. Mai 1872). Danach wird für gewisse Fälle, in denen nach den Grundsätzen des Rechtes der Schuldverhältnisse die durch die Hypothek gesicherte Forderung erlischt, gleichwohl die Hypothek zu Gunsten des Eigenthümers aufrecht erhalten. Insbesondere bleibt nach den geltenden Gesetzen die Hypothek bestehen, wenn der Eigenthümer des belasteten Grundstücks, der zugleich der persönliche Schuldner ist, den Gläubiger befriedigt oder wenn sich die Forderung und die Schuld in der Person des Eigenthümers des belasteten Grundstücks vereinigen. Diese dem Wesen der Hypothek an sich nicht entsprechende Vorschrift erleichtert es dem Eigenthümer, den Realkredit in einer seinen Bedürfnissen angemessenen Weise auszunutzen. Die Sicherheit, die ein mit mehreren Hypotheken belastetes Grundstück dem einzelnen Gläubiger bietet, ist hauptsächlich durch den Rang seiner Hypothek bedingt. Bei der Beleihung eines Grundstücks auf eine zweite oder spätere Hypothek werden daher die Beleihungsbedingungen hinsichtlich des Zinssatzes, der Kündigung u. s. w. auf Grund der Voraussetzung bestimmt, daß der Gläubiger nur die dem Range seiner Hypothek entsprechende geringere Sicherheit erlangt. Würde die nachstehende Hypothek, wenn die ihr vorgehende in Folge der Befriedigung des Gläubigers oder in Folge der Vereinigung der Forderung und der Schuld in der Person des Eigenthümers erlischt, in die frei gewordene bessere Rangstelle aufrücken, so wäre dies für den betreffenden Gläubiger ein bei der Begründung seiner Hypothek nicht in Rechnung gezogener Vortheil. Der Eigenthümer andererseits könnte ein weiteres Kreditbedürfniß nicht unter den der frei gewordenen besseren Stelle entsprechenden, sondern nur unter den ungünstigeren Bedingungen einer allen eingetragenen Hypotheken nachstehenden Hypothek befriedigen. Ihn träfe somit durch das Vorrücken der Nachhypotheken eine ungerechtfertigte Schädigung. Die Billigkeit erfordert, daß ihm die Möglichkeit gewährt wird, die Sicherheit, welche die vorstehende Hypothek dem Gläubiger bot, bei einem neuen Gläubiger zu verwerthen. Diese Möglichkeit wird durch die Aufrechterhaltung der Hypothek zu seinen Gunsten geschaffen.

Der Gedanke, auf welchem die Eigenthümerhypothek des geltenden Rechtes beruht, muß aber dahin führen, daß zu Gunsten des Eigenthümers die Hypothek nicht nur in den bezeichneten Fällen, sondern in allen Fällen aufrecht erhalten bleibt, in denen die dadurch gesicherte Forderung erlischt, und daß auch die Entstehung der Hypothek von der Entstehung der Forderung unabhängig gemacht wird. In diesem Sinne hat der Entwurf die Frage geregelt (§ 1146, **1163** Abs. 1).

Nach dem Entwurfe hat übrigens die Befriedigung des Gläubigers in einer Reihe von Fällen nicht die Folge, daß die Forderung erlischt und demgemäß der Eigenthümer die Hypothek erwirbt, sondern es ist damit die Wirkung verbunden, daß die Forderung auf denjenigen übertragen wird, welcher den Gläubiger befriedigt. Eine solche Uebertragung tritt kraft Gesetzes ein, wenn die Befriedigung des Gläubigers erfolgt durch einen Gesammtschuldner, der von den übrigen Schuldnern Ausgleichung verlangen kann (§ 420, **426** Abs. 2), durch einen Bürgen (§ 758, **774**), durch den Eigenthümer, der nicht der persönliche Schuldner ist (§ 1126, **1143** Abs. 1), oder durch einen nach § 1133, **1150** zur Befriedigung des Gläubigers Berechtigten. Unter bestimmten Voraussetzungen geht ferner, wenn der Gläubiger durch den persönlichen Schuldner, der nicht der Eigenthümer ist, befriedigt wird, oder wenn sich Forderung und Schuld in einer Person vereinigen, die Hypothek auf den Schuldner über.

Dagegen entsteht eine Eigenthümerhypothek weiterhin in dem Falle, daß der Gläubiger auf die Hypothek verzichtet (§ 1151, **1168**). Ein solcher Verzicht kann insbesondere in Frage kommen, wenn der Schuldner dem Gläubiger eine andere Sicherheit gewährt oder wenn der Gläubiger nach theilweiser Tilgung einer auf mehrere Grundstücke eingetragenen Schuld sich mit der Hypothek an einem der Grundstücke begnügen will. Im Anschlusse daran regelt der Entwurf zugleich den Fall, daß dem Eigenthümer eine Einrede zusteht, durch welche die Geltendmachung der Hypothek dauernd ausgeschlossen wird. Das buchmäßige Fortbestehen des Rechtes des Gläubigers aus der Hypothek ist hier für den Gläubiger ohne Interesse; den Eigenthümer aber hindert es an der Ausnutzung seines Realkredits. Der Entwurf giebt daher dem Eigenthümer das Recht, vom Gläubiger zu verlangen, daß er auf die Hypothek verzichtet (§ 1152, **1169**). Dem Verzichte des Gläubigers auf die Hypothek steht es gleich, wenn in Folge einer Schuldübernahme das Recht des Gläubigers aus der für die Forderung bestehenden Hypothek erlischt (§ 412, **418**). Ebenso erwirbt der Eigenthümer die Hypothek, falls der unbekannte Gläubiger nach Maßgabe des § 1153, **1170** im Aufgebotsverfahren mit seinem Rechte ausgeschlossen wird.

Die Vorschriften über den Erwerb der Hypothek durch den Eigenthümer gelten auch für die Sicherungshypothek. Diese Regelung entspricht zwar nicht dem geltenden Rechte, hat sich aber im Verkehr mehr und mehr als Bedürfniß fühlbar gemacht.

Einen besonderen Fall der Eigenthümerhypothek kennt der Entwurf bei der Briefhypothek. Damit der Eigenthümer in der Lage ist, diese Hypothek Zug um Zug bei Empfang des Gegenwerths zu bestellen, hat der Entwurf bestimmt, daß der Gläubiger die Hypothek erwirbt, wenn ihm der Brief von dem Eigenthümer des Grundstücks übergeben wird. Der Uebergabe ist die Vereinbarung gleichgestellt, daß der Gläubiger berechtigt sein soll, sich den Brief von dem Grundbuchamt aushändigen zu lassen (§ 1100, **1117**). Dementsprechend sieht der Entwurf (§ 1146, **1163** Abs. 2) weiter vor, daß bis zu dem für den Erwerb des Gläubigers maßgebenden Zeitpunkte die Briefhypothek dem Eigenthümer zusteht.

Inalt der igenthüerhyphek.

In den Fällen der Eigenthümerhypothek verwandelt sich die Hypothek, da sie von einer Forderung nicht abhängt, in eine Grundschuld; dabei bleiben in Ansehung der Verzinslichkeit, des Zinssatzes, der Zahlungszeit, der Kündigung und des Zahlungsorts die für die Forderung getroffenen Bestimmungen maßgebend (§ 1160, **1177** Abs. 1). Der Eigenthümer kann demgemäß die ihm zugefallene Hypothek in eine Grundschuld umschreiben lassen. Solange die Grundschuld mit dem Eigenthum in seiner Person vereinigt ist, gelten für ihn die Beschränkungen, denen bei der Grundschuld nach § 1180, **1197** der Gläubiger unterliegt, welcher zugleich Eigenthümer ist. Er kann also zwar sein Recht in dem von einem Anderen betriebenen Zwangsversteigerungs- oder Zwangsverwaltungsverfahren geltend machen, er kann aber nicht selbst die Zwangsvollstreckung zum Zwecke seiner Befriedigung betreiben. Weiterhin gebühren ihm Zinsen nur, wenn das Grundstück auf Antrag eines Anderen zum Zwecke der Zwangsverwaltung in Beschlag genommen ist, und nur für die Dauer der Zwangsverwaltung.

Sichrung des iufrücker von Nhhypoeken.

In Ergänzung der Vorschriften über die Eigenthümerhypothek bestimmt der § 1162, **1179**, wie sich das Rechtsverhältniß der Betheiligten gestaltet, wenn, abweichend von der regelmäßigen Auffassung des Verkehrs, die Absicht dahin geht, daß eine vorstehende Hypothek nicht dem Eigenthümer verbleiben, sondern eintretendenfalls zum Vortheil einer Nachhypothek gelöscht werden soll. Die Verwirklichung dieser Absicht bleibt der Natur der Sache nach ungewiß, wenn der Eigenthümer für den Fall, daß er die Hypothek erwirbt, dem Nachhypothekar oder einem Anderen gegenüber nur persönlich verpflichtet ist, die Hypothek löschen zu lassen. Es muß daher die Möglichkeit eröffnet werden, den Anspruch auf Löschung der Hypothek dinglich zu sichern. Als Mittel hierfür bietet sich die Eintragung einer Vormerkung. Zur Ausschließung von Zweifeln wird die Zulässigkeit einer solchen Vormerkung im § 1162, **1179** ausdrücklich vorgesehen.

Vereigung von Hothek und Genthumn der Perso des Gläubers.

Entsprechend den neueren Gesetzen bleibt nach dem Entwurfe die Hypothek auch dann bestehen, wenn sie sich mit dem Eigenthum in der Person des Gläubigers vereinigt, insbesondere, wenn der Eigenthümer, der nicht der persönliche Schuldner ist, den Gläubiger befriedigt (vergl. § 1126, **1143**). Für den Entwurf ergiebt sich die Fortdauer der Hypothek in diesen Fällen aus der allgemeinen Bestimmung des § 873, **889**, derzufolge ein Recht an einem Grundstücke nicht dadurch erlischt, daß der Eigenthümer des Grundstücks das Recht oder der Berechtigte das Eigenthum an dem Grundstück erwirbt. Von der Eigenthümerhypothek im engeren Sinne unterscheidet sich diese Hypothek dadurch, daß sie sich nicht in eine Grundschuld verwandelt, daß vielmehr trotz der Vereinigung von Hypothek und Eigenthum in der Person des Gläubigers die bisherige Verbindung zwischen der Forderung und der Hypothek aufrecht erhalten und so der Eigenthümer in die Lage versetzt wird, die Forderung mit der Hypothek in unveränderter Gestalt auf einen Dritten weiter zu übertragen. Solange aber die Forderung dem Eigenthümer zusteht, ist die Hypothek nach Maßgabe der für die Grundschuld geltenden Vorschriften des § 1180, **1197** denselben Beschränkungen unterworfen wie die Eigenthümerhypothek (§ 1160, **1177** Abs. 2); insbesondere kann der Eigenthümer auf Grund der Hypothek nicht selbst die Zwangsvollstreckung in das belastete Grundstück zum Zwecke seiner Befriedigung betreiben.

Uebertragung der Hypothek auf eine andere Forderung.

In engem Zusammenhange mit den Vorschriften über die Eigenthümerhypothek steht die Vorschrift des § 1163, **1180**, derzufolge an die Stelle der Forderung, für welche die Hypothek besteht, eine andere Forderung gesetzt werden kann. Die Betheiligten können dieses Ergebniß auch in der Weise erreichen, daß der Gläubiger auf die Hypothek verzichtet und der Eigenthümer die für ihn dadurch nach § 1151, **1168** entstehende Eigenthümergrundschuld gemäß § 1181, **1198** in eine Hypothek für eine andere Forderung umwandelt. Die Vorschrift des § 1163, **1180** erspart ihnen aber einen solchen Umweg. Entsprechend den allgemeinen Vorschriften über die Aenderung des Inhalts eines Rechtes an einem Grundstück (§ 861, **877**) ist zu der Uebertragung der Hypothek auf eine andere Forderung die Einigung des Gläubigers und des Eigenthümers sowie die Eintragung in das Grundbuch erforderlich. Steht die Forderung, welche an die Stelle der früheren Forderung treten soll, nicht dem bisherigen Hypothekengläubiger zu, so bedarf es außerdem der Zustimmung des letzteren. Auf Grund des § 1163, **1180** können übrigens auch an die Stelle einer Forderung mehrere, an die Stelle mehrerer Forderungen eine oder mehrere andere Forderungen gesetzt werden.

b) Einreden des Eigenthümers gegen die Hypothek.

Einreden gegen die Forderung.

Die Natur der Hypothek bringt es mit sich, daß der Eigenthümer des belasteten Grundstücks gegen die Hypothek, abgesehen von solchen Einwendungen, die sich unmittelbar gegen den Bestand oder die Wirksamkeit des dinglichen Rechtes richten, auch die dem persönlichen Schuldner gegen die Forderung zustehenden Einreden geltend machen kann (§ 1120, **1137** Abs. 1 Satz 1). Eine Ausnahme gilt bezüglich der Einrede der Verjährung (§ 218, **223**). Eine weitere Ausnahme enthält die Vorschrift des § 1120, **1137** Abs. 1 Satz 2, derzufolge, wenn der persönliche Schuldner stirbt, der Eigenthümer sich nicht darauf berufen kann, daß der Erbe für die Schuld nur beschränkt haftet. Die Vorschrift beruht auf der gleichen Erwägung, wie die für den Bürgen geltende Vorschrift des § 752, **768** Abs. 1 Satz 2 (vergl. oben S. 98).

Ist der Eigenthümer nicht der persönliche Schuldner, sei es, daß er die Hypothek für die Schuld eines Dritten bestellt oder das mit der Hypothek belastete Grundstück erworben hat, ohne die Schuld, für welche die Hypothek besteht, zu übernehmen, so befindet er sich in ähnlicher Lage wie ein Bürge. Demgemäß gestattet der Entwurf hier dem Eigenthümer, auch die nach § 754, **770** einem Bürgen zustehenden Einreden gegen die Hypothek geltend zu machen (§ 1120, **1137** Abs. 1 Satz 1). Aus dem gleichen Grunde rechtfertigt sich die dem § 752, **768** Abs. 2 entsprechende Vorschrift des § 1120, **1137** Abs. 2, wonach der Eigenthümer, wenn er nicht der persönliche Schuldner ist, eine Einrede nicht dadurch verliert, daß dieser auf sie verzichtet.

Beschränkung der Einreden durch den öffentlichen Glauben des Grundbuchs. Die Geltendmachung der hiernach dem Eigenthümer gewährten Einreden erleidet bei der Brief- und der Buchhypothek dadurch eine Einschränkung, daß gegenüber dem Erwerber einer eingetragenen Hypothek der öffentliche Glaube des Grundbuchs auf die Forderung erstreckt wird. Die Einreden sind einem solchen Erwerber gegenüber nur zulässig, wenn sie zu dem für den Schutz durch den öffentlichen Glauben maßgebenden Zeitpunkt aus dem Grundbuch ersichtlich oder dem Erwerber bekannt waren (§§ 1121, **1138**, 876, **892**). Der Eigenthümer darf aber gegen die hiermit verbundene Gefahr des Verlustes von Einreden nicht schutzlos bleiben. Der Entwurf gewährt ihm deshalb einen Anspruch gegen den Gläubiger darauf, daß dieser die Eintragung einer solchen Einrede nach § 878, **894** bewillige, und giebt ihm außerdem das Recht, zur Wahrung der Einrede gemäß § 883, **899** einen Widerspruch in das Grundbuch eintragen zu lassen (§ 1121, **1138**). Handelt es sich um eine Buchhypothek für ein Darlehen, so ist noch zu berücksichtigen, daß der Darleiher regelmäßig erst nach der Eintragung der Hypothek das Darlehen zahlt und daß daher der Eigenthümer Gefahr läuft, durch eine vor der Zahlung erfolgte Abtretung der Hypothekenforderung den Einwand des nicht gezahlten Gegenwerths im Verhältnisse zu dem Erwerber zu verlieren. Gegen diese Gefahr bieten die allgemeinen Bestimmungen des § 883, **899**, insbesondere der im Abs. 2 desselben vorgesehene Weg einer einstweiligen Verfügung, keinen ausreichenden Schutz. Der Entwurf bestimmt daher nach dem Vorbilde des Bayerischen und Sächsischen Rechtes, daß zur Eintragung des Widerspruches in dem bezeichneten Falle der an das Grundbuchamt gerichtete Antrag des Eigenthümers genügt, sofern er vor dem Ablauf eines Monats nach der Eintragung der Hypothek gestellt wird; erfolgt die Eintragung des Widerspruches innerhalb des Monats, so hat sie die gleiche Wirkung, wie wenn der Widerspruch zugleich mit der Hypothek eingetragen worden wäre (§ 1122, **1139**). Der so gewahrte Einwand kann also auch demjenigen entgegengesetzt werden, welcher die Hypothek vor der Eintragung des Widerspruches in Unkenntniß des Einwandes erworben hat. Bei der Briefhypothek bedarf der Eigenthümer eines derartigen Schutzes nicht, weil er nach § 1100, **1117** in der Lage ist, dem Gläubiger die Hypothek nur Zug um Zug gegen die Zahlung des Darlehens zu verschaffen.

Wie die in das Grundbuch eingetragenen oder durch Eintragung eines Widerspruchs in das Grundbuch gewahrten Einreden, so muß der Erwerber einer Briefhypothek auch solche Einreden gegen sich gelten lassen, die aus dem Hypothekenbrief oder einem Vermerk auf dem Briefe hervorgehen oder durch einen aus dem Briefe oder einem solchen Vermerke hervorgehenden Widerspruch gewahrt sind (§ 1123, **1140**).

Dem Eigenthümer können Einreden gegen die Geltendmachung der Hypothek auch aus einem zwischen ihm und dem Gläubiger bestehenden besonderen Rechtsverhältnisse erwachsen, z. B. wenn der Gläubiger sich dem Eigenthümer gegenüber verpflichtet hat, von der Hypothek keinen oder nur einen beschränkten Gebrauch zu machen oder die Hypothek löschen zu lassen. Macht der betreffende Gläubiger selbst die Hypothek gegen den Eigenthümer geltend, so kann der letztere dem dinglichen Anspruch eine Einrede aus dem Rechtsverhältniß ohne Weiteres entgegensetzen. Dagegen würde in dem Falle, daß die Hypothekenforderung auf einen anderen Gläubiger übertragen ist, diesem nach allgemeinen Grundsätzen die Einrede nur dann entgegengehalten werden dürfen, wenn er sich durch den Erwerb der Hypothekenforderung einer unerlaubten Handlung schuldig gemacht hätte. Damit würde aber der Eigenthümer in unbilliger Weise benachtheiligt. Der Entwurf (§ 1140, **1157**) gestattet ihm daher im Anschluß an § 38 des Preußischen Gesetzes über den Eigenthumserwerb u. s. w. vom 5. Mai 1872 und an das Mecklenburgische Recht, die Einrede auch dem neuen Gläubiger entgegenzusetzen, jedoch mit den Einschränkungen, die sich aus den Vorschriften über den öffentlichen Glauben des Grundbuchs ergeben. Die Bestimmung ist von besonderer Bedeutung für die Grundschuld (§ 1175, **1192**), da diese von einer Forderung überhaupt unabhängig ist. **Einreden aus einem Rechtsverhältnisse zwischen dem Eigenthümer und dem Gläubiger**

c) Schutz des persönlichen Schuldners.

Dem persönlichen Schuldner, welcher nicht Eigenthümer des mit der Hypothek belasteten Grundstücks ist, kann gegen den Eigenthümer ein Anspruch darauf zustehen, daß dieser den Gläubiger befriedige. Ein solcher Fall ist namentlich gegeben, wenn bei der Veräußerung eines Grundstücks, das mit einer Hypothek für eine Schuld des Veräußerers belastet ist, die Uebernahme der Schuld durch den Erwerber vereinbart war, die persönliche Haftung des Veräußerers jedoch fortbesteht, weil die Schuldübernahme nicht zu Stande gekommen ist (§ 410, **416**). Ist hier der persönliche Schuldner genöthigt, den Gläubiger zu befriedigen, so erlangt er mit der Befriedigung einen persönlichen Ersatzanspruch gegen den Eigenthümer, der ihm gegenüber zur Befriedigung des Gläubigers verpflichtet war. Durch die Befriedigung des Gläubigers würde aber zugleich der derzeitige Eigenthümer nach § 1146, **1163** Abs. 1 Satz 2 die Hypothek erwerben. Ihm würde also trotz des ihm selbst oder seinem Rechtsvorgänger zur Last fallenden pflichtwidrigen Verhaltens aus der Leistung des Schuldners ein Vortheil erwachsen. Die Billigkeit erfordert aber, daß die durch diese Leistung frei gewordene Hypothek dem Schuldner zur Sicherung seines Ersatzanspruchs zufällt. Der Entwurf läßt daher in Anlehnung an das Sächsische Recht (§ 99 des Gesetzes vom 6. November 1843; § 441 des Bürgerlichen Gesetzbuchs) die Hypothek auf den Schuldner insoweit übergehen, als dieser von dem Eigenthümer oder einem Rechtsvorgänger desselben Ersatz verlangen **Uebergang der Hypothek auf den Schuldner.**

kann (§ 1147, **1164** Abs. 1 Satz 1). Geht die Hypothek hiernach zum Theil auf den Schuldner, zum Theil auf den Eigenthümer über, so darf, wie der Entwurf (§ 1147, **1164** Abs. 1 Satz 2) im Interesse des Schuldners ausdrücklich vorsieht, der Eigenthümer seine Hypothek nicht zum Nachtheile des ersteren geltend machen. Eine Erweiterung erfährt der Schutz des persönlichen Schuldners noch durch die Vorschrift des § 1147, **1164** Abs. 2, wonach es der Befriedigung des Gläubigers durch diesen Schuldner gleichsteht, wenn sich Forderung und Schuld in einer Person vereinigen.

Befreiung des persönlichen Schuldners.

Die dem Schuldner gewährte Sicherung darf nicht dadurch vereitelt oder abgeschwächt werden, daß der Gläubiger auf die Hypothek verzichtet, sie nach § 1166, **1183** aufhebt oder einem anderen Rechte den Vorrang einräumt. Der § 1148, **1165** bestimmt daher im Einklange mit der für den Bürgen geltenden Vorschrift des § 760, **776**, daß, wenn der Gläubiger in der angegebenen Art die Realsicherheit aufgiebt oder vermindert, der Schuldner insoweit von der Haftung frei wird, als er ohne die Verfügung des Gläubigers aus der Hypothek hätte Ersatz erlangen können.

Schließlich sind die Fälle zu berücksichtigen, in denen der Gläubiger bei der von ihm betriebenen Zwangsversteigerung des Grundstücks einen Ausfall erleidet und sodann wegen dieses Ausfalls den persönlichen Schuldner in Anspruch nimmt. Die Billigkeit erfordert es hier, daß der Gläubiger, wenn er die Zwangsversteigerung des Grundstücks betreibt, den Schuldner unverzüglich benachrichtigt, um ihm Gelegenheit zu geben, durch eigenes Mitbieten oder Herbeischaffung anderer Bieter den Ausfall der Hypothek zu verhindern. Der Entwurf bestimmt deshalb, daß der Schuldner, wenn eine solche Benachrichtigung unterblieben ist, dem Gläubiger die Befriedigung wegen eines Ausfalls insoweit verweigern kann, als er in Folge der Unterlassung einen Schaden erleidet (§ 1149, **1166**).

d) Gesammthypothek.

Besteht für die zu sichernde Forderung eine Hypothek an mehreren Grundstücken, so haftet nach dem Entwurfe jedes der belasteten Grundstücke für die ganze Forderung und kann der Gläubiger die Befriedigung nach seinem Belieben aus jedem ganz oder zu einem Theile suchen (§ 1115, **1132** Abs. 1). Diese Regelung entspricht dem Zwecke der Gesammthypothek, dem Gläubiger die Rechtsverfolgung zu erleichtern, und steht im Einklange mit der Mehrzahl der bestehenden Rechte, insbesondere mit dem Preußischen und dem Bayerischen Rechte (vergl. § 42 des Preuß. Gesetzes über den Eigenthumserwerb u. s. w. vom 5. Mai 1872, § 204 des Gesetzes vom 13. Juli 1883; Art. 235 des Bayer. Gesetzes vom 23. Februar 1879). Der Entwurf giebt übrigens dem Gläubiger auch das Recht, den Betrag der Forderung auf die einzelnen Grundstücke dergestalt zu vertheilen, daß jedes Grundstück nur für den zugetheilten Betrag haftet (§ 1115, **1132** Abs. 2).

Wird der Gläubiger aus einem der belasteten Grundstücke befriedigt, so erlischt die Hypothek nicht nur an diesem Grundstücke, sondern, entsprechend dem § 42 des Preußischen Gesetzes vom 5. Mai 1872, auch an den übrigen mitbelasteten Grundstücken (§ 1164, **1181** Abs. 2). Die Aufrechterhaltung der Hypothek an diesen Grundstücken würde dem Zwecke der Gesammthypothek widerstreiten und insbesondere die nachstehenden Gläubiger in unbilliger Weise schädigen. Dieser Grundsatz erleidet jedoch eine Einschränkung in dem Falle, daß die belasteten Grundstücke nicht einem und demselben Eigenthümer gehören und der Eigenthümer des Grundstücks, aus welchem der Gläubiger befriedigt wird, von dem Eigenthümer eines der anderen Grundstücke oder einem Rechtsvorgänger desselben Ersatz verlangen kann. Der zuletzt bezeichnete Eigenthümer würde durch die Befreiung seines Grundstücks von der Hypothek einen unbilligen Vortheil erlangen. Im Anschluß an die Vorschriften, die für das verwandte Rechtsverhältniß zwischen Gesammtschuldnern gelten (§ 420, **426** Abs. 2, § 395, **401**, Abs. 1), bestimmt daher der Entwurf (§ 1165, **1182**), daß die Hypothek an dem dem Ersatzpflichtigen oder einem Rechtsnachfolger desselben gehörenden Grundstücke auf den Ersatzberechtigten kraft Gesetzes übergeht. Verbleibt dem Gläubiger, weil er nur theilweise befriedigt ist, ein Theil der Hypothek, so kann die Hypothek des Ersatzberechtigten nicht zum Nachtheile der Hypothek des Gläubigers geltend gemacht werden. Der gleichen Beschränkung muß die Hypothek des Ersatzberechtigten, falls das Grundstück mit anderen im Range gleich- oder nachstehenden Rechten belastet ist, im Verhältnisse zu diesen Rechten unterliegen. Denn bei der Begründung der letzteren durften die Betheiligten darauf rechnen, daß die gleich- oder vorstehende Gesammthypothek erlöschen werde, falls der Gläubiger aus einem anderen mithaftenden Grundstücke Befriedigung erlange; sie würden daher benachtheiligt sein, wenn die Hypothek des Ersatzberechtigten neben oder vor ihrem Rechte geltend gemacht werden könnte.

Die Vorschriften über die Eigenthümerhypothek gelten grundsätzlich auch bei der Gesammthypothek; jedoch ergeben sich aus der besonderen Natur der letzteren mehrfache Abweichungen.

Ist die durch die Gesammthypothek zu sichernde Forderung nicht zur Entstehung gelangt oder erloschen und gehören die belasteten Grundstücke verschiedenen Eigenthümern, so soll nach § 1155, **1172** Abs. 1 die Gesammthypothek den Eigenthümern der belasteten Grundstücke gemeinschaftlich zustehen. Das Gleiche gilt für den Fall, daß eine Briefhypothek als Gesammthypothek eingetragen, der Brief aber dem Gläubiger von den Eigenthümern der belasteten Grundstücke noch nicht übergeben ist (vergl. § 1100, **1117**, § 1146, **1163** Abs. 2). Im Anschlusse hieran gewährt der Entwurf (§ 1155, **1172** Abs. 2) jedem der betheiligten Eigenthümer das Recht, eine angemessene Auseinandersetzung der entstandenen Gemeinschaft herbeizuführen.

Eine Abweichung von den Vorschriften des § 1155, **1172** Abs. 1 tritt ein, wenn der Eigenthümer eines der belasteten Grundstücke den Gläubiger befriedigt und in Folge dessen die Forderung erlischt (§ 1156, **1173** Abs. 1 Satz 1). Es liegt kein Grund vor, aus der von dem einen Eigenthümer bewirkten Befriedigung die anderen Eigenthümer Vortheil ziehen zu lassen. Andererseits wäre es mit dem Wesen der Gesammthypothek nicht vereinbar und den anderen Eigenthümern gegenüber unbillig, wenn in dem bezeichneten

Falle der den Gläubiger befriedigende Eigenthümer nicht nur die Hypothek an seinem Grundstücke, sondern auch die Hypothek an den ihm nicht gehörenden Grundstücken erwerben und dadurch in die Lage kommen würde, die Hypothek an seinem Grundstücke löschen zu lassen, die Hypothek an einem der anderen Grundstücke aber geltend zu machen. Eine derartige Regelung muß insbesondere für den Fall abgelehnt werden, daß vermöge des zwischen den Eigenthümern der belasteten Grundstücke bestehenden Rechtsverhältnisses der Eigenthümer, welcher den Gläubiger befriedigt hat, den anderen Eigenthümern gegenüber zur Befriedigung des Gläubigers verpflichtet war. Nach dem Entwurfe soll deshalb der Eigenthümer, welcher den Gläubiger befriedigt, die Hypothek an seinem Grundstück erwerben, während die Hypothek an den übrigen Grundstücken erlischt. Nur dann, wenn der Eigenthümer von einem der anderen Eigenthümer oder einem Rechtsvorgänger desselben Ersatz verlangen kann, soll, entsprechend der Vorschrift des § 1165, **1182** (vergl. oben S. 161) in Höhe des Ersatzanspruchs auch die Hypothek an dem Grundstücke des anderen Eigenthümers auf ihn übergehen, jedoch mit der aus dem Zwecke der Gesammthypothek sich ergebenden und zum Schutze gleich- oder nachstehender Rechte gebotenen Beschränkung, daß die Hypothek mit der Hypothek an seinem eigenen Grundstücke Gesammthypothek bleibt (§ 1156, **1173** Abs. 2).

Mit Rücksicht auf die Gewohnheiten des Verkehrs trifft der Entwurf (§ 1156, **1173** Abs. 1 Satz 2) außerdem die Bestimmung, daß es der Befriedigung des Gläubigers durch den Eigenthümer gleichsteht, wenn das Gläubigerrecht auf den Eigenthümer übertragen wird. Ebenso stellt er einer solchen Befriedigung den Fall gleich, daß sich Forderung und Schuld in der Person des Eigenthümers eines der belasteten Grundstücke vereinigen.

Der § 1157, **1174** ergänzt für den Fall der Gesammthypothek die dem Schutze des persönlichen Schuldners dienenden Vorschriften des § 1147, **1164**. Stand dem von dem persönlichen Schuldner befriedigten Gläubiger eine Gesammthypothek zu, so geht nach § 1157, **1174**, wenn der Schuldner nur von dem Eigenthümer eines der Grundstücke oder von einem Rechtsvorgänger Ersatz verlangen kann, die Hypothek an diesem Grundstück auf den Schuldner über, während die Hypothek an den übrigen Grundstücken erlischt. Diese Art der Regelung rechtfertigt sich aus den Erwägungen, auf welchen die Bestimmungen des § 1156, **1173** beruhen.

Die Vorschrift des § 1158, **1175** Abs. 1 Satz 1, derzufolge die Gesammthypothek den Eigenthümern der belasteten Grundstücke gemeinschaftlich zufällt, wenn der Gläubiger auf sie verzichtet, entspricht der für die Einzelhypothek geltenden Regel des § 1151, **1168** Abs. 1 sowie dem in § 1155, **1172** für die Gesammthypothek ausgesprochenen Grundsatze. Dagegen kann die Regel, daß der Eigenthümer die Hypothek erwirbt, wenn der Gläubiger auf sie verzichtet, keine Anwendung finden, falls der Verzicht sich auf die Hypothek an einem der belasteten Grundstücke beschränkt; denn hier würde der Erwerb der aus der Gesammthaft losgelösten Hypothek durch den Eigenthümer die Rechte gleich- oder nachstehender Gläubiger beeinträchtigen. Der Entwurf (§ 1158, **1175** Abs. 1 Satz 2) bestimmt daher, daß in dem letzteren Falle die Hypothek an dem Grundstück erlischt. Das Gleiche wie im Falle des Verzichts gilt nach § 1158, **1175** Abs. 2, wenn der Gläubiger nach § 1153, **1170** im Aufgebotsverfahren mit seinem Rechte ausgeschlossen wird, sowie nach § 412, **418** Abs. 1 Satz 2, wenn in Folge einer Schuldübernahme das Recht des Gläubigers aus der Hypothek erlischt.

e) Hypothek für die Forderung aus einer Schuldverschreibung auf den Inhaber oder aus einem indossabelen Papiere.

Die Möglichkeit einer hypothekarischen Sicherstellung von Forderungen aus Schuldverschreibungen auf den Inhaber hat sich mehr und mehr als ein Bedürfniß des Rechtsverkehrs geltend gemacht. Zum Theil hat deshalb in neuerer Zeit die Landesgesetzgebung Anlaß genommen, in dieser Richtung vorzugehen (§ 13 des Bad. Gesetzes vom 12. April 1892; vergl. auch Art. 15 des Hess. Gesetzes vom 19. Januar 1859). Dementsprechend läßt der Entwurf (§ 1170, **1187**) die Bestellung einer Hypothek für die Forderung aus einer Schuldverschreibung auf den Inhaber ebenfalls zu. Indessen gewährt er zu diesem Zwecke nur die Form der Sicherungshypothek; die bestellte Hypothek gilt auch dann als Sicherungshypothek, wenn sie im Grundbuche nicht als solche bezeichnet ist. Die Vorschriften, welche der Brief- und der Buchhypothek eigenthümlich sind, passen auf die hier fragliche Hypothek nicht. Für die Ertheilung eines Hypothekenbriefs ist neben der Schuldverschreibung auf den Inhaber kein Raum; der Erwerb der Forderung aus der Schuldverschreibung sowie die dem Eigenthümer zustehenden Einwendungen müssen sich ausschließlich nach den für die Forderung geltenden Vorschriften bestimmen. Der Entwurf schließt deshalb, abweichend von der sonst für die Sicherungshypothek geltenden Regel, hier die Anwendung der Vorschrift des § 1137, **1154** Abs. 3 aus, derzufolge zur Abtretung der Forderung Eintragung in das Grundbuch erforderlich ist. Hypothek für Inhaberpapiere.

Zur Bestellung der Hypothek muß der Natur der Sache nach die einseitige Erklärung des Eigenthümers gegenüber dem Grundbuchamte, daß er die Hypothek bestelle, und die Eintragung in das Grundbuch genügen (§ 1171, **1188** Abs. 1).

Von praktischer Bedeutung ist diese Hypothek vorzugsweise für größere Anleihen, die mittelst Ausgabe einer entsprechenden Anzahl von Schuldverschreibungen aufgenommen werden. Bei solchen Anleihen liegt es im Interesse des Eigenthümers des belasteten Grundstücks, daß er, wenn eine Verfügung über die Hypothek, z. B. die Befreiung eines Trennstücks von der Haftung, nothwendig wird, nicht genöthigt ist, sich an die Inhaber der Schuldverschreibungen zu wenden. Der Entwurf bestimmt deshalb, daß bei einer solchen Hypothek für den jeweiligen Gläubiger ein Vertreter mit der Befugniß bestellt werden kann, mit Wirkung für und gegen jeden späteren Gläubiger bestimmte Verfügungen über die Hypothek zu treffen sowie den Gläubiger bei der Geltendmachung der Hypothek zu vertreten (§ 1172, **1189** Abs. 1 Satz 1). Als eine Verfügung über die Hypothek ist im Sinne des Entwurfes (vergl. § 877, **893**) auch die Kündigung anzusehen. Aus der Befugniß des Vertreters, seinerseits zu kündigen, ergiebt sich zugleich die Befugniß, eine Kündigung des Eigenthümers entgegenzunehmen. Zur Bestellung des Vertreters wird wegen der mit ihr verbundenen Wirkung die Eintragung in das Grundbuch erfordert (§ 1172, **1189** Abs. 1 Satz 2).

Ist ein Vertreter bestellt, so kann der Eigenthümer in allen Fällen, in welchen er berechtigt ist, von dem Gläubiger eine Verfügung zu verlangen, die Vornahme der Verfügung von dem Vertreter fordern, sofern dieser hierzu befugt ist (§ 1172, **1189** Abs. 2).

Hypothek für die Forderung aus einem indossabelen Papiere.

Auch in Betreff der Forderungen aus Wechseln oder anderen Papieren, die durch Indossament übertragen werden können, insbesondere aus kaufmännischen Verpflichtungsscheinen (vergl. Art. 301, 302, 304 des Handelsgesetzbuchs) [1]), fordert das Bedürfniß des Verkehrs, daß eine Sicherung derselben durch Bestellung einer Hypothek ermöglicht werde. Der Entwurf trägt dem Bedürfnisse dadurch Rechnung, daß er in Ansehung dieser Forderungen in gleicher Weise wie hinsichtlich der Schuldverschreibungen auf den Inhaber die Bestellung einer Sicherungshypothek zuläßt und auch die Vorschriften über die Bestellung eines Vertreters für die jeweiligen Gläubiger auf diese Hypothek erstreckt (§§ 1170, **1187**, 1172, **1189**).

2. Grundschuldbrief auf den Inhaber.

Wie für die Hypothek ein Hypothekenbrief wird über die Grundschuld ein Grundschuldbrief ertheilt, sofern nicht die Ertheilung durch Vereinbarung der Betheiligten ausgeschlossen ist (§ 1099, **1116**, § 1175, **1192** Abs. 1). Nach dem § 1178, **1195** kann aber, abweichend von der Briefhypothek, eine Grundschuld auch in der Weise bestellt werden, daß der Grundschuldbrief auf den Inhaber ausgestellt wird. Diese Bestimmung dient ähnlichen Zwecken wie die Zulassung einer Hypothek zur Sicherung von Schuldverschreibungen auf den Inhaber und ergänzt die Vorschriften des § 1170, **1187** für solche Fälle, in denen der Eigenthümer nicht mit seinem ganzen Vermögen, sondern nur mit dem belasteten Grundstücke haften will. Die Natur und der Zweck des Grundschuldbriefs auf den Inhaber bringen es mit sich, daß auf einen solchen Brief die Vorschriften über Schuldverschreibungen auf den Inhaber entsprechende Anwendung zu finden haben (§ 1178, **1195** Satz 2).

3. Rentenschuld.

Durch die Zulassung der Rentenschuld, die nach den bestehenden Rechten als Realkreditform nur ein kleines Geltungsgebiet hat (Lübeck, Hamburg, München), trägt der Entwurf einem vielfach, namentlich in den Kreisen der Landwirthschaft, geäußerten Wunsche Rechnung.

Art der Regelung.

Der Entwurf regelt die Rentenschuld selbständig, und zwar mit Rücksicht darauf, daß für die dem Berechtigten gebührende Leistung nur das belastete Grundstück haften soll, als eine Unterart der Grundschuld. Von der gewöhnlichen Grundschuld unterscheidet sich die Rentenschuld dadurch, daß sie ein

1) Vergl. H.G.B. § 363.

dingliches Recht begründet, welches nicht auf Zahlung eines Kapitals, sondern auf Zahlung einer Geldrente in regelmäßig wiederkehrenden Terminen gerichtet ist (§ 1182, **1199** Abs. 1). Da im Uebrigen die Rentenschuld unter den Begriff der Grundschuld fällt, so finden auf sie die für die gewöhnliche Grundschuld geltenden Vorschriften Anwendung, soweit sich nicht aus den besonderen Bestimmungen über die Rentenschuld ein Anderes ergiebt. Hiernach gilt namentlich in Betreff der Ertheilung eines Briefes über die Rentenschuld das Gleiche wie für die gewöhnliche Grundschuld. Auch bei der Rentenschuld kann daher der Brief auf den Inhaber ausgestellt werden (§ 1178, **1195**). Die Vorschrift des § 1183, **1200** Abs. 1, wonach auf die einzelnen Rentenleistungen die für Hypothekenzinsen geltenden Vorschriften entsprechende Anwendung finden, steht im Einklange mit der Bestimmung des § 1175, **1192** Abs. 2, derzufolge auch für die Zinsen einer Grundschuld jene Vorschriften gelten.

Bei der Bestellung der Rentenschuld ist zugleich der Betrag zu bestimmen, durch dessen Zahlung die Schuld abgelöst werden kann; die Ablösungssumme muß im Grundbuch angegeben werden (§ 1182, **1199** Abs. 2). Auf die Ablösungssumme finden die für ein Grundschuldkapital geltenden Vorschriften entsprechende Anwendung (§ 1183, **1200** Abs. 1). Die Zahlung der Ablösungssumme an den Gläubiger hat die gleiche Wirkung wie die Zahlung des Kapitals einer Grundschuld (§ 1183, **1200** Abs. 2). Ablösung.

Entsprechend dem wirthschaftlichen Bedürfnisse, das zur Anerkennung der Rentenschuld als einer besonderen Realkreditform führt, ist bei ihr im Gegensatze zu den verschiedenen Formen der Kapitalverschuldung eine Kündigung von Seiten des Gläubigers grundsätzlich ausgeschlossen, und zwar derart, daß ihm das Recht, die Ablösung der Rente zu verlangen, auch nicht durch Vertrag eingeräumt werden kann (§ 1184, **1201** Abs. 2 Satz 1). Nur für den Fall, daß in Folge einer Verschlechterung des Grundstücks die Sicherheit des Gläubigers gefährdet und diese Gefährdung nicht innerhalb einer dem Eigenthümer bestimmten angemessenen Frist beseitigt wird (vergl. §§ 1116, **1133**, 1118, **1135**), kann dem Gläubiger das Recht, die Zahlung der Ablösungssumme aus dem Grundstücke zu verlangen, nicht versagt werden (§ 1184, **1201** Abs. 2 Satz 2).

Andererseits ist dem Eigenthümer das Recht zur Ablösung eingeräumt, jedoch in billiger Rücksicht auf den Gläubiger mit der Beschränkung, daß das Ablösungsrecht erst nach vorgängiger Kündigung und nach Ablauf der durch Vertrag oder Gesetz bestimmten Kündigungsfrist ausgeübt werden kann (§ 1184, **1201** Abs. 1, § 1185, **1202** Abs. 1). Mit dem Ablaufe der Kündigungsfrist ist der Gläubiger berechtigt, die Zahlung der Ablösungssumme zu verlangen (§ 1185, **1202** Abs. 3). Eine Beschränkung des Ablösungsrechts des Eigenthümers ist nur soweit zulässig, daß dieser nach dreißig Jahren unter Einhaltung einer sechsmonatigen Frist kündigen kann (§ 1185, **1202** Abs. 2).

Zufolge der Vorschrift des § 1186, **1203** kann eine Rentenschuld in eine gewöhnliche Grundschuld, eine gewöhnliche Grundschuld in eine Rentenschuld umgewandelt werden. Die Zulassung einer solchen Umwandlung wird durch das Bedürfniß des Verkehrs und das Interesse des Eigenthümers erfordert. Umwandlung.

Der Zustimmung der im Range gleich- oder nachstehenden Berechtigten bedarf es nicht (vergl. § 1181, **1198**). Selbstverständlich muß sich aber die neue Belastung innerhalb des Umfanges der bisherigen Belastung oder doch innerhalb der Grenze halten, bis zu welcher diese Belastung nach § 1102, **1119** (vergl. § 1175, **1192** Abs. 1, § 1183, **1200** Abs. 1) ohne Zustimmung der im Range gleich- oder nachstehenden Berechtigten erweitert werden kann.

Für die Umwandlung gelten im Uebrigen die allgemeinen Vorschriften der §§ 861, **877**, 862, **878**.

X. Pfandrecht an beweglichen Sachen und an Rechten.

1. Voraussetzungen und Art des Pfandverkaufs.

Das Pfandrecht an einer beweglichen Sache gewährt dem Pfandgläubiger die Befugniß, wegen der Forderung, zu deren Sicherung das Pfandrecht besteht, Befriedigung aus der Sache zu suchen (§ 1187, **1204** Abs. 1). Die Befriedigung aus dem Pfande erfolgt durch Verkauf (§ 1211, **1228** Abs. 1). Aus der Natur des Pfandrechts ergiebt sich ferner, daß der Pfandverkauf erst erfolgen darf, wenn die Forderung ganz oder zum Theile fällig geworden ist.

Was die Voraussetzungen des Pfandverkaufs und die Art seines Vollzugs betrifft, so weichen die bestehenden Rechte von einander ab. Nach dem Preußischen Rechte (A.L.R. I, 20 §§ 197 bis 199) und anderen neueren Gesetzen setzt der Pfandverkauf das Vorhandensein eines vollstreckbaren Titels voraus und geschieht im Wege der Zwangsvollstreckung. Das Französische Recht (Code civil Art. 2078) erfordert eine gerichtliche Ermächtigung zum Pfandverkauf. Auf demselben Standpunkte steht der Art. 310 des Handelsgesetzbuchs; jedoch kann nach Art. 311 die Nothwendigkeit eines gerichtlichen Verfahrens durch schriftliche Vereinbarung der Betheiligten ausgeschlossen werden[1]). Der § 480 des Sächsischen Gesetzbuchs und andere Landesgesetze sehen dagegen nach dem Vorgange des Gemeinen Rechtes sowohl von dem Erforderniß eines vollstreckbaren Titels als auch von demjenigen einer gerichtlichen Verkaufsermächtigung ab.

Privatverkauf. Der Entwurf schließt sich den zuletzt genannten Gesetzen an. Ein vollstreckbarer Titel, durch den das Verkaufsrecht des Pfandgläubigers gegenüber dem Eigenthümer des Pfandes festgestellt wird, hat nach § 1216, **1233** Abs. 2 nur noch die Bedeutung, daß der Pfandgläubiger befugt ist, den Pfandverkauf nach den für den Verkauf einer gepfändeten Sache geltenden Vorschriften bewirken zu lassen. Dagegen hängt die Berechtigung des Pfandgläubigers zum Verkaufe des Pfandes weder von der Erlangung eines solchen Titels noch von einer gerichtlichen Ermächtigung, sondern allein davon ab, daß die Forderung ganz oder zum Theil fällig geworden und, wenn sie ursprünglich nicht eine Geldforderung war, in eine solche übergegangen ist (§ 1211, **1228** Abs. 2).

1) Vergl. H.G.B. § 368.

Die Zulassung des Pfandverkaufs ohne vorausgehende richterliche Prüfung des Verkaufsrechts entspricht, wie die neuere Rechtsentwicklung zeigt, dem Bedürfnisse des Verkehrs. Nach den Erfahrungen in denjenigen Gebieten, in welchen der Privatverkauf schon jetzt Rechtens ist, hat sich dabei eine Gefährdung des Pfandschuldners nicht ergeben. Für den Schutz des letzteren trägt der Entwurf dadurch Sorge, daß er dem Pfandgläubiger ein bestimmtes Verfahren bei dem Pfandverkaufe vorschreibt.

Anlangend dieses Verfahren, muß der Pfandgläubiger den Verkauf nach dem Eintritte der Verkaufsberechtigung dem Eigenthümer unter Bezeichnung des Geldbetrags, wegen dessen der Verkauf stattfinden soll, androhen und nach der Androhung oder, falls diese unthunlich ist, nach dem Eintritte der Verkaufsberechtigung noch einen Monat mit dem Verkaufe warten (§ 1217, **1234**); schuldhafte Verletzung dieser Vorschriften verpflichtet den Gläubiger dem Eigenthümer gegenüber zum Schadensersatze (§ 1226, **1243** Abs. 2). Der Eigenthümer erhält auf diese Weise Gelegenheit, Einwendungen gegen das Verkaufsrecht des Pfandgläubigers geltend zu machen oder den Verkauf durch Befriedigung des Gläubigers abzuwenden (vergl. § 1232, **1249**). **Verfahren beim Pfandverkaufe.**

Der Pfandverkauf selbst ist gleichfalls unter besonderer Berücksichtigung der Lage des Eigenthümers geregelt. Die für den Verkauf geltenden Vorschriften haben zum Theil die Bedeutung, daß von ihrer Beobachtung die Rechtmäßigkeit der Veräußerung und demgemäß auch der Uebergang des Rechtes an der Sache auf den Erwerber (§ 1225, **1242**) abhängt; zum Theil begründet ihre Verletzung nur eine Schadensersatzpflicht des Pfandgläubigers, sofern ihm zugleich ein Verschulden zur Last fällt. Zu den Vorschriften der ersteren Art gehören nach § 1226, **1243** Abs. 1 die Bestimmungen über den Eintritt der Verkaufsberechtigung (§ 1211, **1228** Abs. 2), ferner die Vorschriften, daß bei einer Mehrzahl von Pfändern nur so viele zum Verkaufe gebracht werden dürfen, als zur Befriedigung des Pfandgläubigers nothwendig sind (§ 1213, **1230** Satz 2), daß der Verkauf im Wege der öffentlichen Versteigerung (vergl. § 377, **383** Abs. 3 Satz 1) und, wenn das Pfand einen Börsen- oder Marktpreis hat, entweder auf diesem Wege oder aus freier Hand durch einen zu solchen Verkäufen öffentlich ermächtigten Handelsmäkler oder durch eine zur öffentlichen Versteigerung befugte Person zum laufenden Preise zu bewirken ist (§ 1218, **1235**, vergl. Art. 311 Satz 2 des Handelsgesetzbuchs) [1]), daß Zeit und Ort der Versteigerung unter allgemeiner Bezeichnung des Pfandes öffentlich bekannt zu machen sind (§ 1220, **1237** Satz 1, vergl. § 717, **816** Abs. 3 der Civilprozeßordnung), sowie daß Gold- und Silbersachen nicht unter dem Gold- oder Silberwerthe zugeschlagen und erst nach einem fruchtlosen Versteigerungsversuche durch eine zur öffentlichen Versteigerung befugte Person aus freier Hand zu einem jenen Werth erreichenden Preise verkauft werden dürfen (§ 1223, **1240**, vergl. § 721, **820** der Civilprozeßordnung). Die Vorschriften, deren Verletzung lediglich eine Ersatzpflicht zur Folge hat, betreffen die Wahl des Versteigerungsorts (§ 1219,

1) Vergl. H.G.B. § 368.

1236), die besondere Benachrichtigung des Eigenthümers und Dritter, denen Rechte am Pfande zustehen, über Zeit und Ort der Versteigerung (§ 1220, **1237** Satz 2), die Verkaufsbedingungen (§ 1221, **1238**), die Zulässigkeit der Zurückweisung eines Gebots des Eigenthümers oder des Schuldners, wenn der Betrag nicht baar erlegt wird (§ 1222, **1239** Abs. 2), sowie die Benachrichtigung des Eigenthümers von dem erfolgten Pfandverkauf und dessen Ergebniß (§ 1224, **1241**).

Die Bestimmungen über den Pfandverkauf sind übrigens nicht schlechthin zwingender Natur. Der Entwurf (§ 1228, **1245**) gestattet vielmehr dem Eigenthümer und dem Pfandgläubiger, eine von den Vorschriften der §§ 1217, **1234** bis 1223, **1240** abweichende Art des Pfandverkaufs zu vereinbaren. Zur Wirksamkeit einer solchen Vereinbarung ist aber, wenn einem Dritten an dem Pfande ein Recht zusteht, das durch eine Veräußerung des Pfandes nach § 1225, **1242** Abs. 2 erlischt, die Zustimmung des Dritten erforderlich. Zum Schutze des Pfandeigenthümers wird ferner einem vor dem Eintritte der Verkaufsberechtigung erklärten Verzichte desselben auf die Beobachtung der Vorschriften des § 1218, **1235**, des § 1220, **1237** Satz 1 und des § 1223, **1240** die Wirkung versagt.

Der § 1229, **1246** eröffnet schließlich jedem der Betheiligten (dem Eigenthümer, dem Pfandgläubiger und einem Dritten, dessen Recht durch den Verkauf berührt wird), die Möglichkeit, durch Vermittelung des Gerichts eine von den Vorschriften der §§ 1218, **1235** bis 1223, **1240** abweichende Art des Pfandverkaufs herbeizuführen, wenn diese nach billigem Ermessen ihren Interessen entspricht. Eine Abweichung von der Vorschrift des § 1217, **1234** über die Androhung des Verkaufs und die vor diesem einzuhaltende Frist kann von dem Gerichte nicht angeordnet werden, weil dadurch das Einlösungsrecht des Eigenthümers beeinträchtigt werden würde.

2. Schiffspfandrecht.

Pfandrecht am Schiffe

Das Handelsgesetzbuch hat, von den Bestimmungen über die Bodmerei und einigen einzelnen Vorschriften abgesehen, mit Rücksicht auf die Verschiedenheit des bürgerlichen Rechtes die Regelung des Pfandrechts an Seeschiffen der Landesgesetzgebung vorbehalten (vergl. Art. 780 Abs. 3). Die geltenden Gesetze der deutschen Seestaaten stimmen darin überein, daß sie die durch das Handelsgesetzbuch (Art. 432 ff.) geschaffene und durch spätere Gesetze*) weiter ausgebildete Einrichtung des Schiffsregisters für die Verpfändung der in das Register eingetragenen Seeschiffe verwerthen und demgemäß als Form der Verpfändung die Eintragung des Pfandrechts in das Schiffsregister vorsehen. Für Binnenschiffe ist diese Verpfändungsart im Zusammenhange mit der Ein-

*) Bundesgesetz, betreffend die Nationalität der Kauffahrteischiffe und ihre Befugniß zur Führung der Bundesflagge, vom 25. Oktober 1867, Bundes-Gesetzbl. S. 35; Reichsgesetz, betreffend die Registrirung und die Bezeichnung der Kauffahrteischiffe, vom 28. Juni 1873, Reichs-Gesetzbl. S. 184; Reichsgesetz, betreffend die Befugniß von Seefahrzeugen, welche der Gattung der Kauffahrteischiffe nicht angehören, zur Führung der Reichsflagge, vom 15. April 1885, Reichs-Gesetzbl. S. 89.

richtung von Schiffsregistern für Hamburg und Bremen durch Landesgesetz, für das übrige Reichsgebiet durch die §§ 120 ff., 131 ff. des Reichsgesetzes, betreffend die privatrechtlichen Verhältnisse der Binnenschiffahrt, vom 15. Juni 1895 (Reichs-Gesetzbl. S. 301) eingeführt worden [1]).

Mit der einheitlichen Gestaltung, welche das Sachenrecht durch das Bürgerliche Gesetzbuch erfährt, ist das Hinderniß beseitigt, welches bisher einer erschöpfenden reichsgesetzlichen Regelung des Pfandrechts an Seeschiffen und Binnenschiffen entgegenstand. Demgemäß hat der Entwurf in den §§ 1242, **1259** bis 1255, **1272** Bestimmungen über das Pfandrecht an einem in das Schiffsregister eingetragenen Schiffe getroffen, welche für Seeschiffe und Binnenfahrzeuge gemeinschaftlich sind.

Zur Bestellung eines solchen Pfandrechts erfordert der Entwurf neben der Einigung des Eigenthümers des Schiffes und des Gläubigers darüber, daß dem Gläubiger das Pfandrecht zustehen soll, die Eintragung des Pfandrechts in das Schiffsregister. In der Eintragung müssen der Gläubiger, der Geldbetrag der Forderung und, wenn die Forderung verzinslich ist, der Zinssatz angegeben werden; zur näheren Bezeichnung der Forderung kann jedoch auf die Eintragungsbewilligung Bezug genommen werden (§ 1243, **1260**). Diese Regelung entspricht den Vorschriften des § 857, **873** Abs. 1 über die rechtsgeschäftliche Begründung von Rechten an Grundstücken und den für die Eintragung einer Hypothek in das Grundbuch geltenden Bestimmungen des § 1098, **1115** Abs. 1. Durch das Erforderniß der Eintragung schließt der Entwurf in Uebereinstimmung mit dem in Neuvorpommern und Rügen, Schleswig-Holstein, Hannover, Mecklenburg-Schwerin, Oldenburg und Lübeck geltenden Rechte für registrirte Schiffe jede andere Form der Verpfändung aus. Für die übrigen in Betracht kommenden Gebiete sind gegenwärtig neben der Pfandbestellung durch Registereintragung noch andere Formen der Verpfändung, insbesondere die Verpfändung durch Uebergabe des Schiffes, zugelassen. Die Stellung des Entwurfes zu dieser Frage ergab sich aber ohne Weiteres aus dem Vorgange des § 131 Abs. 1 Satz 1 des Reichsgesetzes vom 15. Juni 1895, wonach die Verpfändung eines für die Binnenschiffahrt bestimmten registrirten Schiffes nur durch Eintragung in das Schiffsregister erfolgen kann.

Abweichend von den Bestimmungen des Grundbuchrechts ist die Wirksamkeit der Pfandbestellung schlechthin davon abhängig, daß dem Verpfänder das Eigenthum an dem Schiffe zusteht. Hiernach kann, wenn der Verpfänder mit Unrecht als Eigenthümer im Schiffsregister eingetragen ist, dieser Mangel nicht durch den guten Glauben des Erwerbers gedeckt werden. Die Angabe des Schiffseigenthümers im Register dient im Wesentlichen dem öffentlichrechtlichen Zwecke, für den internationalen Verkehr über das Eigenthumsverhältniß Auskunft zu geben, da von der Nationalität des Eigenthümers die Nationalität des Schiffes, d. h. das Recht, die Reichsflagge zu führen, ab-

1) Die im obigen Absatze angezogenen reichsgesetzlichen Bestimmungen sind durch die §§ 1259—1272 B.G.B. ersetzt. Aehnliche Vorschriften finden sich daher im neuen H.G.B. nicht, und die §§ 131—137 des Reichsges. über Binnenschiffahrt sind im Art. 12 XXI des E.G. zum H.G.B. aufgehoben worden.

hängt. Sie ist dagegen nicht bestimmt, das Eigenthum mit Rücksicht auf die privatrechtlichen Verhältnisse des Schiffes festzustellen, und bietet demgemäß in dieser Hinsicht auch nicht das Maß von Zuverlässigkeit, welches dem Grundbuche beiwohnt.

Immerhin ergiebt sich daraus, daß das Schiffspfandrecht durch die Eintragung in ein öffentliches Buch begründet wird, eine gewisse Verwandtschaft des Schiffspfandrechts mit der Hypothek. Durch diese Verwandtschaft rechtfertigt sich insbesondere die Vorschrift des § 1244, **1261**, derzufolge sich das Rangverhältniß der an dem Schiffe bestellten Pfandrechte nach den für das Rangverhältniß von Hypotheken geltenden Bestimmungen der §§ 863, **879** bis 865, **881**, 1134, **1151** bestimmen soll.

Der bezeichneten Bedeutung des Schiffsregisters entspricht ferner die mit dem § 133 des Reichsgesetzes vom 15. Juni 1895 im Einklange stehende Vorschrift des § 1245, **1262** Abs. 1, daß das Schiffspfandrecht, solange die Eintragung desselben besteht, im Falle der Veräußerung oder Belastung des Schiffes seine Kraft behält, auch wenn der Erwerber des Schiffes oder des Rechtes an dem Schiffe in gutem Glauben ist. Andererseits soll das Pfandrecht, falls es mit Unrecht im Register gelöscht ist, abweichend von den allgemeinen Vorschriften (§ 920, **936**), zu Gunsten eines gutgläubigen Erwerbers des Schiffes auch dann erlöschen, wenn der Erwerber, wie dies bei Seeschiffen nach Art. 439 des Handelsgesetzbuchs geschehen kann, das Eigenthum ohne Uebergabe erlangt (§ 1245, **1262** Abs. 2 Satz 1). Desgleichen soll, falls ein Dritter in gutem Glauben durch Uebertragung ein Pfandrecht erwirbt, das dem mit Unrecht gelöschten Pfandrecht im Range nachsteht, jenes Pfandrecht, entsprechend der Vorschrift des § 1191, **1208** Satz 1, dem gelöschten Rechte vorgehen (§ 1245, **1262** Abs. 2 Satz 2). Einen Schutz gegen die hieraus sich ergebenden Gefahren bietet die Vorschrift des § 1246, **1263** Abs. 1, wonach, wenn der Inhalt des Schiffsregisters in Ansehung eines Pfandrechts mit der wirklichen Rechtslage nicht im Einklange steht, der dadurch Beeinträchtigte nach Maßgabe der für die Berichtigung des Grundbuchs geltenden Bestimmungen der §§ 878, **894**, 879, **895**, 881, **897**, 882, **898** die Berichtigung des Schiffsregisters verlangen kann. Von Bedeutung ist diese Vorschrift übrigens auch für andere Fälle, insbesondere wenn die Forderung übertragen oder das Pfandrecht erloschen ist (vergl. § 132, Abs. 1, 2 des Reichsgesetzes vom 15. Juni 1895). Ist ein Pfandrecht mit Unrecht gelöscht, so giebt der § 1246, **1263** Abs. 2 dem Pfandgläubiger außerdem die Möglichkeit, einen Widerspruch gegen die Richtigkeit des Schiffsregisters nach § 884, **900** Abs. 2 eintragen zu lassen und sich dadurch gegen die bezeichneten Gefahren zu schützen.

In Uebereinstimmung mit entsprechenden Vorschriften des Hypothekenrechts regelt der Entwurf ferner die Frage, wie weit die Haftung des Schiffes für die Forderung reicht (§ 1247, **1264** vergl. mit § 1096, **1113** Abs. 1, § 1101, **1118**, § 1102, **1119** Abs. 1), ebenso die Erstreckung des Pfandrechts auf das Zubehör des Schiffes (§ 1248, **1265** vergl. mit §§ 1103, **1120** bis 1105, **1122**), den Anspruch des den Gläubiger befriedigenden Verpfänders oder persönlichen

Schuldners auf Aushändigung der zur Löschung des Pfandrechts erforderlichen Urkunden (§ 1250, **1267** vergl. mit §§ 1127, **1144**, 1150, **1167**), die Ausschließung des unbekannten Gläubigers im Wege des Aufgebotsverfahrens (§ 1252, **1269**), die Bestellung eines der Kautionshypothek entsprechenden Pfandrechts an einem Schiffe (§ 1254, **1271** vergl. mit § 1173, **1190**) sowie die Bestellung eines Schiffspfandrechts für eine Forderung aus einer Schuldverschreibung auf den Inhaber oder aus einem indossabelen Papiere (§ 1253, **1270**). Die Unzulässigkeit der Bestellung eines Schiffspfandrechts für solche Forderungen ist im geltenden Rechte vielfach als Mangel empfunden worden, namentlich mit Bezug auf die Anleihen der großen Schiffahrtsgesellschaften.

Für die Regelung des Schiffspfandrechts kommt übrigens noch in Betracht, daß sein Gegenstand eine bewegliche Sache ist. Demgemäß finden auf dieses Pfandrecht an sich auch die für das Pfandrecht an beweglichen Sachen geltenden Vorschriften der §§ 1188, **1205** bis 1240, **1257** Anwendung; die Anwendung ist jedoch insoweit ausgeschlossen, als sich daraus, daß der Pfandgläubiger den Besitz des Schiffes nicht erlangt, Abweichungen ergeben (§ 1249, **1266**). Eine Abweichung von den Vorschriften über das Pfandrecht an beweglichen Sachen (vergl. §§ 1216, **1233** ff.) enthält auch die Bestimmung des § 1251, **1268**, daß der Pfandgläubiger seine Befriedigung aus dem Schiffe und dem Zubehöre nur auf Grund eines vollstreckbaren Titels nach den für die Zwangsvollstreckung geltenden Vorschriften suchen kann.

Pfandrecht an einer Schiffspart.

In Mecklenburg-Schwerin, in Lübeck, Bremen und Hamburg ist die Eintragung einer Verpfändung von Schiffsparten (vergl. Art. 439 des Handelsgesetzbuchs)[1]) in das Schiffsregister unzulässig. Die Verpfändung einer Schiffspart erfolgt in Mecklenburg-Schwerin und in Bremen durch Uebergabe einer über die Schiffspart ausgestellten Eigenthumsakte, während in Lübeck und Hamburg besondere Bestimmungen, welche die Verpfändung einer Schiffspart ermöglichen, nicht vorgesehen sind. In den landrechtlichen Theilen Preußens und in Oldenburg vollzieht sich dagegen die Verpfändung einer Part ebenso wie die eines ganzen Schiffes durch Eintragung in das Schiffsregister (Preuß. A.L.R. I, 20 § 327; Art. 1 des Oldenburg. Gesetzes vom 3. April 1876). Der Entwurf (§ 1255, **1272**) schließt sich der letzteren Regelung an. Sie hat in ihrem bisherigen Geltungsgebiete zu Mißständen nicht geführt und besitzt andererseits den Vorzug der Einfachheit.

3. Pfandrecht an Werthpapieren.

Auf das Pfandrecht an Rechten finden nach dem Entwurfe (§ 1256, **1273** Abs. 2 Satz 1) die Vorschriften über das Pfandrecht an beweglichen Sachen entsprechende Anwendung, soweit sich nicht aus den §§ 1257, **1274** bis 1279, **1296** ein Anderes ergiebt. Die Bestimmungen der §§ 1257, **1274** bis 1261, **1278** sind allgemeiner Natur. Durch Vorschriften der §§ 1262, **1279** ff. werden sie theils eingeschränkt, theils ergänzt in Betreff des Pfandrechts an einer Forderung (§§ 1262, **1279** bis 1273, **1290**), an einer Grundschuld oder

---

1) Vergl. H.G.B. § 474.

Rentenschuld (§ 1274, **1291**) sowie an einem Werthpapiere (§§ 1275, **1292** bis 1279, **1296**).

Pndrecht an Wechseln oder anderen indossabelen Pieren.

Anlangend insbesondere das Pfandrecht an Werthpapieren, genügt nach § 1275, **1292** in Uebereinstimmung mit dem Art. 309 Abs. 2 Nr. 2 des Handelsgesetzbuchs zur Verpfändung eines Wechsels oder eines anderen Papiers, das durch Indossament übertragen werden kann, die Einigung des Gläubigers und des Pfandgläubigers und die Uebergabe des indossirten Papiers. Durch die Natur dieser Papiere rechtfertigt sich ferner die Vorschrift, daß, auch wenn die durch das Pfandrecht gesicherte Forderung noch nicht fällig ist, dem Pfandgläubiger die Befugniß zur Einziehung sowie gegebenenfalls zur Kündigung der Forderung aus dem Papiere eingeräumt wird und daß dementsprechend der Schuldner nur an ihn leisten kann (§ 1277, **1294**). Ist hiernach der Pfandgläubiger berechtigt, die Forderung aus dem Papiere ohne Mitwirkung des Pfandschuldners einzuziehen, so hat er auch für die ordnungsmäßige Einziehung zu sorgen und von der Einziehung den Pfandschuldner, wenn thunlich, unverzüglich zu benachrichtigen (§ 1268, **1285** Abs. 2). Erfolgt die Einziehung nach Eintritt der Fälligkeit der durch das Pfandrecht gesicherten Forderung, so gilt diese, soweit dem Pfandgläubiger der eingezogene Betrag zu seiner Befriedigung gebührt, als von dem Pfandschuldner berichtigt. Anderenfalls ist der eingezogene Betrag unter Mitwirkung des Pfandschuldners nach den für die Anlegung von Mündelgeld geltenden Vorschriften verzinslich anzulegen (vergl. § 1271, **1288**).

Zufolge der Vorschrift des § 1278, **1295** ist der Pfandgläubiger berechtigt, die Papiere, sofern sie einen Börsen- oder Marktpreis haben, nach Eintritt der Fälligkeit der Forderung gemäß § 1204, **1221** durch einen öffentlich ermächtigten Handelsmäkler oder durch eine zur öffentlichen Versteigerung befugte Person zum laufenden Preise aus freier Hand verkaufen zu lassen. Diese Regelung trägt den Bedürfnissen des Verkehrs Rechnung und schließt sich dem Art. 311 des Handelsgesetzbuchs an, der dem Pfandgläubiger die gleiche Befugniß für den Fall giebt, daß derselbe berechtigt ist, sich ohne gerichtliches Verfahren aus dem Pfande zu befriedigen.

Pndrecht an Inhaberpieren.

Für das Pfandrecht an einem Inhaberpapiere, d. h. einer Schuldverschreibung oder einer Aktie auf den Inhaber, gelten nach § 1276, **1293**, der Natur dieser Papiere entsprechend, die Vorschriften über das Pfandrecht an beweglichen Sachen. Demgemäß erfolgt die Verpfändung des Papiers im Einklange mit dem Art. 309 Abs. 2 Nr. 2 des Handelsgesetzbuchs nach Maßgabe der §§ 1188, **1205**, 1189, **1206** durch die Einigung des Gläubigers und des Pfandgläubigers und die Uebergabe des Papiers. Nach § 1204, **1221** ist ferner der Pfandgläubiger befugt, die Papiere in gleicher Weise wie indossabele Papiere aus freier Hand verkaufen zu lassen, wenn sie einen Börsen- oder Marktpreis haben und die durch das Pfandrecht gesicherte Forderung fällig ist (vergl. Art. 311 des Handelsgesetzbuchs). Daneben gilt bezüglich des Rechtes und der Verpflichtung des Pfandgläubigers, die Forderung aus dem Papiere einzuziehen oder zu kündigen, sowie hinsichtlich der Verpflichtung des Schuldners nur an den Pfandgläubiger zu zahlen, und der Gestaltung des Verhältnisses nach erfolgter Einziehung das Gleiche wie bei dem Pfandrecht an einem indossabelen Papiere (§ 1277, **1294** vergl. mit § 1271, **1288**).

Erstreckung des Pfandrechts auf Zinsscheine.

Der § 1279, **1296** entscheidet die namentlich für das Lombardgeschäft wichtige Frage, inwiefern sich das Pfandrecht an einem Werthpapier auf die zu diesem gehörenden Zins-, Renten- oder Gewinnantheilscheine erstreckt, nach dem Vorbilde des Art. 216 Abs. 3 des Schweizerischen Obligationenrechts dahin, daß solche Scheine dem Pfandgläubiger nur dann haften, wenn sie ihm übergeben sind (§ 1279, **1296** Satz 1). Der Verpfänder kann aber, sofern nicht ein Anderes bestimmt ist, die Herausgabe der von ihm übergebenen Scheine verlangen, soweit sie vor der Fälligkeit der durch das Pfandrecht gesicherten Forderung fällig werden (§ 1279, **1296** Satz 2).

Viertes Buch.

Familienrecht.

Ueberficht und Anordnung. Das vierte Buch des Entwurfes, welches das Familienrecht regelt, zerfällt in die drei Abschnitte: Ehe[1]), Verwandtschaft, Vormundschaft.

Der erste Titel des ersten Abschnitts (§§ 1280, **1297** bis 1285, **1302**) hat das Verlöbniß zum Gegenstande. Der zweite Titel (§§ 1286, **1303** bis 1305, **1322**) handelt von der Eingehung der Ehe, und zwar zunächst von den Ehehindernissen (§§ 1286, **1303** bis 1298, **1315**), sodann von der Form der Eheschließung (§§ 1299, **1316** bis 1304, **1321**). Der dritte Titel (§§ 1306, **1323** bis 1330, **1347**) regelt die Folgen, welche eintreten, wenn den Erfordernissen, die der zweite Titel hinsichtlich der Eingehung der Ehe aufstellt, nicht genügt ist, und zwar betreffen die §§ 1306, **1323** bis 1312, **1329** die Nichtigkeit, die §§ 1313, **1330** bis 1326, **1343** die Anfechtbarkeit der Ehe. Im vierten Titel „Wiederverheirathung im Falle der Todeserklärung" (§§ 1331, **1348** bis 1335, **1352**) sind Bestimmungen über den Einfluß getroffen, welchen die Todeserklärung des einen Ehegatten im Falle der Wiederverheirathung des anderen Ehegatten auf den Bestand der bisherigen und die Gültigkeit der neuen Ehe hat.

Der fünfte Titel „Wirkungen der Ehe im Allgemeinen" (§§ 1336, **1353** bis 1345, **1362**) enthält Vorschriften über das persönliche Rechtsverhältniß der Ehegatten sowie einzelne vermögensrechtliche Folgen der Ehe, die unabhängig von dem ehelichen Güterrechte Platz greifen.

Der sechste Titel regelt das eheliche Güterrecht (§§ 1346, **1363** bis 1546, **1563**). Er hat die drei Unterabschnitte: Gesetzliches Güterrecht (§§ 1346, **1363** bis 1414, **1431**), vertragsmäßiges Güterrecht (§§ 1415, **1432** bis 1540, **1557**), Güterrechtsregister (§§ 1541, **1558** bis 1546, **1563**).

Das gesetzliche Güterrecht ist auf der Grundlage der sogenannten Verwaltungsgemeinschaft geregelt. Das Vermögen der Frau wird hiernach durch die Eheschließung der Verwaltung und Nutznießung des Mannes unter-

---

1) Der 1. Abschnitt ist im B.G.B. „Bürgerliche Ehe" überschrieben, um außer Zweifel zu stellen, daß die Ehe des B.G.B. die kirchliche weder ist noch sein will. K.B. S. 176, 181.

worfen (§§ 1346, **1363**, 1347, **1364**). Von dieser Regel werden aber gewisse zum Vermögen der Frau gehörende Gegenstände ausgenommen, die der Entwurf zur Unterscheidung von dem übrigen, der Verwaltung und Nutznießung des Mannes unterliegenden Vermögen der Frau, dem eingebrachten Gute, als Vorbehaltsgut bezeichnet (§§ 1348, **1365** bis 1353, **1371**). In den folgenden Bestimmungen (§§ 1356, **1373** bis 1392, **1409**) werden die Stellung des Mannes und die Stellung der Frau bezüglich des eingebrachten Gutes im Einzelnen geordnet, insbesondere das dem Manne gewährte Recht der Verwaltung und Nutznießung und die für ihn damit verbundenen Lasten (§§ 1356, **1373** bis 1373, **1390**), andererseits die der Frau zur Sicherung des eingebrachten Gutes dem Manne gegenüber zustehenden Befugnisse (§§ 1374, **1391** bis 1377, **1394**) sowie der Einfluß der Verwaltung und Nutznießung des Mannes auf die Verfügungsfähigkeit der Frau hinsichtlich des eingebrachten Gutes (§§ 1378, **1395** bis 1390, **1407**). Daran reihen sich Vorschriften über die Haftung des eingebrachten Gutes für die Schulden des Mannes (§ 1393, **1410**) und die Schulden der Frau (§§ 1394, **1411** bis 1397, **1414**) sowie über die wegen der Schulden der Frau im Verhältnisse der Ehegatten zu einander eintretende Ausgleichungspflicht zwischen dem eingebrachten Gute und dem Vorbehaltsgute (§§ 1398, **1415** bis 1400, **1417**). Weiterhin wird die Beendigung der Verwaltung und Nutznießung (§§ 1401, **1418** bis 1408, **1425**) und schließlich, als eine Unterart des gesetzlichen Güterrechts, die in gewissen Fällen kraft Gesetzes eintretende Gütertrennung geregelt (§§ 1409, **1426** bis 1414, **1431**).

Der auf das vertragsmäßige Güterrecht bezügliche Unterabschnitt enthält zunächst allgemeine, für alle vertragsmäßigen Güterstände geltende Vorschriften über Eingehung und Wirksamkeit der Eheverträge (§§ 1415, **1432** bis 1419, **1436**), sodann besondere Bestimmungen über die allgemeine Gütergemeinschaft und die sogenannte fortgesetzte Gütergemeinschaft (§§ 1420, **1437** bis 1501, **1518**), über die Errungenschaftsgemeinschaft (§§ 1502, **1519** bis 1531, **1548**) und über die Fahrnißgemeinschaft (§§ 1532, **1549** bis 1540, **1557**).

In dem dritten Unterabschnitte des ehelichen Güterrechts (§§ 1541, **1558** bis 1546, **1563**) trifft der Entwurf Bestimmungen über die Führung des Güterrechtsregisters, in welches gewisse Thatsachen, insbesondere Eheverträge, eingetragen werden müssen, um Dritten gegenüber Wirksamkeit zu erlangen.

Der siebente Titel (§§ 1547, **1564** bis 1566, **1587**) regelt die Scheidung der Ehe. An der Spitze steht die Vorschrift, daß die Ehe nur durch gerichtliches Urtheil und nur aus den in den §§ 1548, **1565** bis 1552, **1569** bestimmten Gründen geschieden werden kann (§ 1547, **1564**). Daran reihen sich die Bestimmungen über die einzelnen Scheidungsgründe (§§ 1548, **1565** bis 1552, **1569**), über die Gründe, aus welchen das Scheidungsrecht verloren geht (§§ 1553, **1570** bis 1556, **1573**), sowie über die Wirkungen der Scheidung auf die persönlichen und die vermögensrechtlichen Beziehungen der Ehegatten zu einander (§§ 1558, **1577** bis 1566, **1585**)[1].

1) Als 8. Titel ist der § 1588 im B.G.B. hinzugefügt.

Der zweite Abschnitt „Verwandtschaft“ trifft im ersten Titel (§§ 1567, **1589**, 1568, **1590**) allgemeine Vorschriften über die Verwandtschaft und Schwägerschaft. Im zweiten Titel ist die eheliche Abstammung (§§ 1569, **1591** bis 1578, **1600**), im dritten Titel die auf der Verwandtschaft beruhende Unterhaltspflicht (§§ 1579, **1601** bis 1593, **1615**) und im vierten Titel die rechtliche Stellung der ehelichen Kinder (§§ 1594, **1616** bis 1674, **1698**) geordnet. Der letztere Titel regelt in seinem ersten Theile das Rechtsverhältniß zwischen den Eltern und dem Kinde im Allgemeinen (§§ 1594, **1616** bis 1603, **1625**) und reiht hieran (§§ 1604, **1626** bis 1674, **1698**) Bestimmungen über die elterliche Gewalt. Zunächst wird ausgesprochen, daß das Kind während seiner Minderjährigkeit unter elterlicher Gewalt steht (§ 1604, **1626**). Hierauf folgen die Vorschriften über die elterliche Gewalt des Vaters (§§ 1605, **1627** bis 1659, **1683**), insbesondere hinsichtlich der Sorge für die Person und das Vermögen des Kindes (§§ 1605, **1627** bis 1625, **1648**), der elterlichen Nutznießung (§§ 1626, **1649** bis 1640, **1663**), der Aufsicht des Vormundschaftsgerichts (§§ 1642, **1665** bis 1650, **1674**) und der Mitwirkung des Gemeindewaisenraths (§ 1651, **1675**) sowie in Betreff des Ruhens und der Beendigung der elterlichen Gewalt (§§ 1652, **1676** bis 1659, **1683**). Nach dem Tode des Vaters und in gewissen Fällen auch bei Lebzeiten des Vaters steht der Mutter die elterliche Gewalt zu. Die darauf bezüglichen Bestimmungen sind in den §§ 1660, **1684** bis 1674, **1698** zusammengefaßt. Grundsätzlich finden auf die elterliche Gewalt der Mutter die für die elterliche Gewalt des Vaters geltenden Vorschriften Anwendung (§ 1662, **1686**); unter gewissen Voraussetzungen kann jedoch dadurch, daß der Mutter ein Beistand bestellt wird, ihre elterliche Gewalt beschränkt werden (§§ 1663, **1687** bis 1671, **1695**).

Der fünfte Titel (§§ 1675, **1699** bis 1680, **1704**) betrifft die rechtliche Stellung der Kinder aus nichtigen Ehen.

Im sechsten Titel (§§ 1681, **1705** bis 1694, **1718**) wird die rechtliche Stellung der unehelichen Kinder geregelt, und zwar zunächst ihre rechtliche Stellung gegenüber der mütterlichen Familie (§§ 1681, **1705** bis 1683, **1707**), sodann die Unterhaltungspflicht des unehelichen Vaters (§§ 1684, **1708** bis 1694, **1718**).

Daran schließen sich im siebenten Titel die Vorschriften über die Legitimation unehelicher Kinder durch nachfolgende Ehe (§§ 1695, **1719** bis 1698, **1722**) und durch Ehelichkeitserklärung (§§ 1699, **1723** bis 1716, **1740**).

Im achten Titel ist die Annahme an Kindesstatt geordnet (§§ 1717, **1741** bis 1748, **1772**).

Der dritte und letzte Abschnitt „Vormundschaft“ (§§ 1749, **1773** bis 1897, **1921**) behandelt im ersten Titel die Vormundschaft über Minderjährige (§§ 1749, **1773** bis 1871, **1895**). Dieser Titel ist in sieben Unterabschnitte eingetheilt. Der erste betrifft die Anordnung der Vormundschaft (§§ 1749, **1773** bis 1768, **1792**), der zweite die Führung der Vormundschaft (§§ 1769, **1793** bis 1812, **1836**), der dritte die Fürsorge und Aufsicht des Vormundschaftsgerichts (§§ 1813, **1837** bis 1824, **1848**), der vierte die Mitwirkung des Gemeindewaisenraths (§§ 1825, **1849** bis 1827, **1851**), der fünfte die befreite Vormundschaft (§§ 1828, **1852** bis 1833, **1857**), der sechste den Familienrath (§§ 1834, **1858** bis 1857, **1881**) und endlich der siebente die Beendigung der Vormundschaft (§§ 1858, **1882** bis 1871, **1895**).

Der zweite Titel des dritten Abschnitts hat die Vormundschaft über Volljährige (§§ 1872, **1896** bis 1884, **1908**), der dritte Titel hat die Pflegschaft (§§ 1885, **1909** bis 1897, **1921**) zum Gegenstande.

Im Folgenden sollen einzelne besonders wichtige Fragen näher erörtert werden.

I. Verlöbniß.

Ausschluß der Klagbarkeit.

Nach Gemeinem und Preußischem Rechte (A.L.R. II, 1 §§ 82, 99, 112, 116, verb. mit Allg. Gerichtsordnung I, 40 §§ 1, 10) sowie nach einzelnen neueren Gesetzen (§ 3 Nr. 1, 3 der Mecklenb. Verordnung vom 18. Februar 1846; §§ 4, 5 des Lübeck. Gesetzes vom 26. Oktober 1863) wird durch das Verlöbniß ein klagbarer Anspruch auf Eingehung der Ehe begründet. Die Mehrzahl der neueren Gesetze schließt einen solchen Anspruch aus und gewährt im Falle eines ungerechtfertigten Bruches des Verlöbnisses dem verletzten Theile lediglich einen Anspruch auf Schadensersatz, und zwar vorwiegend nur auf Ersatz der erlittenen Vermögenseinbuße, nicht aber auf Vergütung der Vortheile, welche ihm durch die Nichterfüllung des Eheversprechens entgehen (vergl. insbes. Sächs. Gesetzbuch §§ 1579, 1581; Art. 4 des Württemb. Gesetzes vom 8. August 1875; Art. 4 des Hess. Gesetzes vom 18. April 1877; §§ 9, 10 des Weimar. Gesetzes vom 2. November 1848). Nach einer dritten Gruppe von Rechten (§ 13 des Bad. Gesetzes vom 9. Dezember 1875; § 2 des Brem. Gesetzes vom 31. Oktober 1875) ist dem Verlöbniß als solchem jede rechtliche Wirksamkeit versagt; namentlich kann wegen Verlöbnißbruchs auch kein Schadensersatz verlangt werden.

Praktische Bedeutung hat eine Klage auf Eingehung der Ehe schon jetzt nicht mehr, da nach der Civilprozeßordnung (§ 774, **888** Abs. 2, § 779, **894** Abs. 2) dem Urtheile die Zwangsvollstreckung versagt bleibt. Zu dem ist durch den § 39 [1]) des Reichsgesetzes über die Beurkundung des Personenstandes und die Eheschließung vom 6. Februar 1875 (Reichs-Gesetzbl. S. 23) dem Verlöbnisse die Wirkung eines aufschiebenden Ehehindernisses, das zum Einspruche gegen eine anderweit beabsichtigte Eheschließung berechtigen würde, entzogen. Der Entwurf bestimmt daher, daß aus dem Verlöbnisse nicht auf Eingehung der Ehe geklagt werden kann (§ 1280, **1297** Abs. 1).

Schadensersatz wegen Verlöbnißbruchs. Vertragsstrafe.

Im Einklange mit den meisten neueren Gesetzen geht der Entwurf aber weiter davon aus, daß im Falle eines ungerechtfertigten Verlöbnißbruchs dem verletzten Theile auch nicht ein Anspruch auf das Erfüllungsinteresse oder auf eine Abfindung, sei es als Ersatz für die ihm entgehenden Vortheile der Ehe, sei es als Genugthuung, gewährt werden darf. Ein solcher Anspruch verträgt sich nicht mit dem sittlichen Wesen der Ehe; er würde doch wieder als Zwangs-

---

1) Aufgehoben durch Art. 46 I des E.G. zum B.G.B. Vergl. §§ 1303—1313, 1349 B.G.B., wo die Ehehindernisse erschöpfend aufgeführt sind.

mittel wirken und die Freiheit der Willensbestimmung bei der Eheschließung beeinträchtigen.

Aus dem gleichen Gesichtspunkte rechtfertigt sich auch die von dem Entwurf (§ 1280, **1297** Abs. 2) im Anschluß an den § 1580 des Sächsischen Gesetzbuchs getroffene Bestimmung, wonach das Versprechen einer Strafe für den Fall, daß die Eingehung der Ehe unterbleibt, nichtig ist. Auf der anderen Seite entspricht es indessen einer Forderung der Billigkeit sowie der Rücksicht auf das geltende Recht, wenn gegen den Verlobten, der ohne einen wichtigen Grund von dem Verlöbnisse zurücktritt, dem anderen Verlobten und — nach dem Vorgange des § 1581 des Sächsischen Gesetzbuchs und des § 3 des Altenburgischen Gesetzes vom 13. Januar 1869 — auch den Eltern desselben[1]) insoweit ein Anspruch auf Schadensersatz gewährt wird, als der Schaden dadurch entstanden ist, daß sie in Erwartung der Ehe Aufwendungen gemacht haben oder Verbindlichkeiten eingegangen sind. Hat der andere Verlobte in Erwartung der Ehe sonstige sein Vermögen oder seine Erwerbsstellung berührende Maßnahmen getroffen, z. B. seinen bisherigen Beruf aufgegeben, so soll sich die Ersatzpflicht auch auf den hierdurch entstandenen Schaden erstrecken (§ 1281, **1298** Abs. 1, 3). Der Geltendmachung übermäßiger Ersatzansprüche beugt die Bestimmung des § 1281, **1298** Abs. 2 vor, der zufolge der Schaden nur insoweit zu ersetzen ist, als die Aufwendungen, Verbindlichkeiten und die sonstigen Maßnahmen den Umständen nach angemessen waren.

Durch die Vorschriften des § 1281, **1298** ist die verletzte Verlobte selbstverständlich nicht gehindert, die Ansprüche geltend zu machen, welche etwa durch unerlaubte Handlungen, z. B. durch Betrug begründet sind.

Ebenso wie der Verlobte, welcher ohne Grund zurücktritt, wird nach dem Vorgange des Preußischen Rechtes (A.L.R. II, 1 § 120), des § 1581 des Sächsischen Gesetzbuchs und anderer neuerer Gesetze der Verlobte behandelt, der durch sein Verschulden dem anderen Verlobten gerechtfertigten Grund zum Rücktritte giebt (§ 1282, **1299**).

Einen weitergehenden Anspruch auf Schadensersatz gewährt der Entwurf (§ 1283, **1300**), wenn eine unbescholtene Verlobte ihrem Verlobten die Beiwohnung gestattet hat, der Verlobte aber gleichwohl demnächst ohne wichtigen Grund von dem Verlöbnisse zurücktritt oder durch sein Verschulden der Verlobten gerechtfertigten Grund zum Rücktritte giebt. In diesem Falle soll die Verlobte neben den in den §§ 1281, **1298**, 1282, **1299** vorgesehenen Ersatzforderungen noch den Anspruch auf eine billige Entschädigung in Geld haben, auch wenn sie einen Vermögensschaden nicht erleidet. Diese an ähnliche Vorschriften des Preußischen Rechtes (§§ 2 bis 4 des Preuß. Gesetzes vom 24. April 1854) sich anschließende Bestimmung findet ihre sachliche Begründung in der Lage der Braut, die sich nur im Vertrauen auf die nachfolgende Eheschließung dem Verlobten hingegeben hat und in Folge des Rücktritts vom Verlöbnisse nunmehr der Aussicht auf eine Versorgung beraubt ist. Andererseits besteht

---

1) Die Reichstagskommission hat einen gleichen Anspruch auch dritten Personen gewährt, die an Stelle der Eltern gehandelt haben. K.B. S. 138.

in dem bezeichneten Falle für den Verlobten eine so dringende sittliche Pflicht, sein Eheversprechen zu erfüllen, daß dieser Pflicht gegenüber der in der erweiterten Ersatzpflicht liegende mittelbare Zwang zur Eingehung der Ehe nicht in Betracht kommen kann.

Unterbleibt die Eheschließung, gleichviel aus welchem Grunde, so hat nach § 1284, **1301** Satz 1 in Uebereinstimmung mit dem Gemeinen Rechte und der Mehrzahl der neueren Gesetzgebungen (Preuß. A.L.R. II, 1 § 122; Sächsisches Gesetzbuch § 1583) jeder Verlobte das Recht, von dem anderen Verlobten dasjenige, was er ihm geschenkt oder zum Zeichen des Verlöbnisses gegeben hat, nach den Vorschriften über die Herausgabe einer ungerechtfertigten Bereicherung zurückzufordern. Wird jedoch das Verlöbniß durch den Tod eines der Verlobten aufgelöst, so entspricht es im Zweifel dem Willen des Gebers, daß der Beschenkte oder dessen Erben die Geschenke als Andenken behalten sollen, und der § 1284, **1301** Satz 2 enthält daher, übereinstimmend mit dem § 1586 des Sächsischen Gesetzbuchs und dem Württembergischen Rechte, eine dahingehende Auslegungsregel. **Rückgabe der Geschenke.**

Im eigenen Interesse der Betheiligten ist es wünschenswerth, daß die in den §§ 1281, **1298** bis 1284, **1301** bezeichneten Ansprüche eine möglichst rasche Erledigung finden. Der § 1285, **1302** sieht daher für diese Ansprüche im Anschluß an die meisten neueren Gesetze (Preuß. A.L.R. II, 1 §§ 128 bis 132; Sächsisches Gesetzbuch § 1587; § 9 des Altenburg. Gesetzes vom 13. Januar 1869) eine Verjährung von einem[1]) Jahre vor. **Verjährung.**

II. Eingehung der Ehe.

Die Vorschriften des Entwurfs über die Eingehung der Ehe (§§ 1286, **1303** bis 1305, **1322**) sind im Wesentlichen den §§ 28 bis 53 des Gesetzes über die Beurkundung des Personenstandes und die Eheschließung vom 6. Februar 1875 (Reichs-Gesetzbl. S. 23) nachgebildet. Doch waren im Zusammenhange mit sonstigen Bestimmungen des Entwurfs auch mehrfache Abänderungen geboten. **Ehehindernisse.**

Dies trifft insbesondere zu bei den Ehehindernissen (§§ 1286, **1303** bis 1298, **1315**). Der § 28 des Gesetzes vom 6. Februar 1875 bestimmt, daß bei dem männlichen Geschlechte die Ehemündigkeit mit dem vollendeten 20. Lebensjahr eintritt und daß in dieser Hinsicht Befreiung zulässig ist. Nach § 1286, **1303** des Entwurfs darf dagegen der Mann nicht vor erlangter Volljährigkeit eine Ehe eingehen; auch kann ihm Befreiung von dieser Vorschrift nicht bewilligt werden. Diese Abweichungen beruhen auf der Erwägung, daß der Mann bis zur Volljährigkeit in der Regel auch der sittlichen und

---

1) Die Reichstagskommission hat die Verjährungsfrist auf 2 Jahre bemessen, um eine Uebereinstimmung mit der im § 196 B.G.B. festgesetzten Frist herbeizuführen und um den überlebenden Verlobten nicht zu zwingen, die Verhandlungen mit einer gewissen Rücksichtslosigkeit schnell zu führen. K.B. S. 140.

wirthschaftlichen Selbständigkeit entbehrt, welche durch die Ehe erfordert wird, und daß es mit der Stellung eines Ehemannes nicht vereinbar ist, wenn er noch unter elterlicher Gewalt oder Altersvormundschaft steht. Für die vereinzelten Fälle, in welchen ein minderjähriger Mann das berechtigte Interesse hat, eine Ehe zu schließen, gewährt die Volljährigkeitserklärung, die schon nach vollendetem achtzehnten Lebensjahre zulässig ist (§ 3 des Entwurfes), ein ausreichendes Mittel.

Wer in der Geschäftsfähigkeit beschränkt ist (vergl. §§ 102, **106**, 110, **114**), bedarf zur Eingehung einer Ehe der Einwilligung seines gesetzlichen Vertreters (§ 1287, **1304** Abs. 1). Ob der in der Geschäftsfähigkeit Beschränkte minderjährig oder volljährig ist, macht nach dem Entwurfe keinen Unterschied, während zufolge § 29 des Gesetzes vom 6. Februar 1875 ein unter Vormundschaft stehender Volljähriger zur Eheschließung der Einwilligung des gesetzlichen Vertreters nicht bedarf. Die Regelung des Entwurfes steht im Einklange mit dem Grundsatze des § 110, **114**, wonach die in der Geschäftsfähigkeit beschränkten Volljährigen d. h. die wegen Geistesschwäche, Verschwendung oder Trunksucht Entmündigten und nach § 1882, **1906** unter vorläufige Vormundschaft Gestellten, in Ansehung der Geschäftsfähigkeit allgemein, also auch hinsichtlich der Geschäfte, welche nicht vermögensrechtlicher Natur sind, den Minderjährigen, welche das siebente Lebensjahr zurückgelegt haben, gleich stehen. Es fehlt an einem hinreichenden Anlaß, von diesem Grundsatze für die Eheschließung eine Ausnahme zu machen, vielmehr liegt es im Interesse der bezeichneten Personen selbst wie auch im öffentlichen Interesse, ihnen durch das Erforderniß der Einwilligung des gesetzlichen Vertreters einen Schutz gegen unüberlegte Eheschließung zu gewähren.

Die Vorschriften des Entwurfes über das Erforderniß der elterlichen Einwilligung (§§ 1288, **1305** bis 1291, **1308**) weichen von den §§ 29 bis 31 des Gesetzes vom 6. Februar 1875 hauptsächlich darin ab, daß die elterliche Einwilligung auch bei Töchtern bis zum vollendeten fünfundzwanzigsten, nicht nur bis zum vollendeten vierundzwanzigsten Lebensjahr erforderlich ist[1]), und daß, wenn das Kind in der Geschäftsfähigkeit beschränkt ist, dem Vater aber die Vertretung in den persönlichen Angelegenheiten des Kindes nicht zusteht, die Einwilligung des Vaters zur Eheschließung nicht genügt, sondern daneben nach § 1287, **1304** die Einwilligung des gesetzlichen Vertreters des Kindes, insbesondere des Vormundes, erforderlich ist. Die letztere Bestimmung dient namentlich in den Fällen, in welchen der Vater wegen Verschwendung oder Trunksucht entmündigt ist oder die elterliche Gewalt verwirkt hat (vergl. §§ 1652, **1676**, 1656, **1680**), zum Schutze des minderjährigen Kindes. Die Einwilligung des gesetzlichen Vertreters sowie die elterliche Einwilligung kann nach dem Entwurf auf Antrag des Kindes durch das Vormundschaftsgericht ersetzt werden, und zwar die Einwilligung des gesetzlichen Vertreters dann, wenn

1) Der Reichstag beschloß, die elterliche Genehmigung nur bis zum vollendeten 21. Lebensjahre zu fordern, um sittlichen Gefahren (Vermehrung der Konkubinate) vorzubeugen und weil das Kind auch sonst mit dem 21. Jahre wirthschaftlich selbständig ist. St.B. S. 526—529, 855—874.

die Vertretung einem Vormunde zusteht und die Eingehung der Ehe im Interesse des Mündels liegt (§ 1287, **1304** Abs. 2), die Einwilligung der Eltern dann, wenn sie einem volljährigen Kinde ohne wichtigen Grund verweigert worden ist (§ 1291, **1308**). Die Regelung schließt sich im Wesentlichen dem § 32 des Gesetzes vom 6. Februar 1875 (vergl. § 29 Abs. 3 desselben) an. Wenn der Entwurf die Entscheidung durchweg dem Vormundschaftsrichter, nicht dem Prozeßgerichte zuweist, so rechtfertigt sich das durch die Erwägung, daß der Vormundschaftsrichter nach seiner gesammten amtlichen Thätigkeit und vermöge der freieren Gestaltung des für ihn maßgebenden Verfahrens sich für die Erledigung derartiger Streitigkeiten zwischen Eltern und Kindern besser eignet als das Prozeßgericht. Vor der Entscheidung soll das Vormundschaftsgericht Verwandte oder Verschwägerte des Kindes hören, wenn es ohne erhebliche Verzögerung und ohne unverhältnißmäßige Kosten geschehen kann (§ 1291, **1308** Abs. 2, § 1823, **1847**).

Die Vorschrift des § 1292, **1309** Abs. 1 Satz 1, wonach niemand eine Ehe eingehen darf, bevor seine frühere Ehe aufgelöst oder für nichtig erklärt worden ist, steht im Einklange mit dem § 34 des Gesetzes vom 6. Februar 1875 (vergl. auch § 171 des Strafgesetzbuchs). Neu ist die Bestimmung, daß, wenn Ehegatten die Eheschließung wiederholen wollen, die vorgängige Nichtigkeitserklärung nicht erforderlich ist (§ 1292, **1309** Abs. 1 Satz 2). Sie hat insbesondere für solche Fälle Bedeutung, in denen die frühere Eheschließung wegen eines Formmangels nichtig ist (vergl. § 1307, **1324**). Zugleich ermöglicht sie es aber den Ehegatten, die Gültigkeit ihrer Ehe für die Zukunft zu sichern, wenn zwar die Nichtigkeit der früheren Eheschließung nicht feststeht, aber berechtigte Zweifel hinsichtlich der Gültigkeit obwalten.

Wird gegen ein Urtheil, durch das die frühere Ehe aufgelöst oder für nichtig erklärt worden ist, die Nichtigkeitsklage oder die Restitutionsklage erhoben, so dürfen die Ehegatten nicht vor der Erledigung des Rechtsstreits eine neue Ehe eingehen (§ 1292, **1309** Abs. 2). Dieses dem Gesetze vom 6. Februar 1875 unbekannte Eheverbot ist dadurch veranlaßt, daß das die Auflösung oder die Nichtigkeit der Ehe aussprechende Urtheil seine Kraft verliert, wenn es in Folge der Nichtigkeitsklage oder der Restitutionsklage aufgehoben wird und daher die neue Ehe nichtig ist. Das Eheverbot fällt weg, wenn die Nichtigkeitsklage oder die Restitutionsklage erst nach dem Ablaufe der für diese Klagen vorgeschriebenen fünfjährigen Frist erhoben worden ist.

In der Regelung des Ehehindernisses der Verwandtschaft oder Schwägerschaft folgt der Entwurf (§§ 1293, **1310**, 1294, **1311**) der Hauptsache nach dem § 33 Nr. 1 bis 4 des Reichsgesetzes vom 6. Februar 1875. Eine Erweiterung des Ehehindernisses findet sich jedoch in der Bestimmung des § 1293, **1310** Abs. 2, der zufolge eine Ehe nicht geschlossen werden darf zwischen Personen, von denen die eine mit Verwandten der anderen in auf- oder absteigender Linie Geschlechtsgemeinschaft gepflogen hat. Eine Ehe zwischen den bezeichneten Personen verletzt das Sittlichkeitsgefühl in so hohem Grade, daß ihre Zulassung zum öffentlichen Aergernisse gereichen würde. Uebrigens hat dieses Eheverbot nur aufschiebende Wirkung; die Gültigkeit der einmal geschlossenen Ehe wird durch einen Verstoß gegen dasselbe nicht berührt. Das Ehehinderniß der durch die Annahme an Kindesstatt begründeten Verwandtschaft besteht nach dem § 33 Nr. 4 des Gesetzes vom 6. Februar 1875 nur zwischen dem Annehmenden und den Angenommenen. Der Entwurf (§ 1294, **1311**) bringt dagegen im Interesse eines gedeihlichen Familienlebens dieses Ehehinderniß auch gegenüber den Abkömmlingen des Angenommenen zur Geltung, gleichviel ob sich die Wirkungen der Annahme an Kindesstatt auf sie erstrecken oder nicht (vergl. § 1738, **1762**). Das Ehehinderniß dauert übrigens nur so lange, als das durch die Annahme an Kindesstatt begründete Rechtsverhältniß besteht (vergl. § 1747, **1771**).

Das Eheverbot des Ehebruchs hat der Entwurf (§ 1295 **1312** Abs. 1) aus dem § 33 Nr. 5 des Gesetzes vom 6. Februar 1875 übernommen. Dabei bestimmt er jedoch, daß der Ehebruch zwischen dem geschiedenen Ehegatten und demjenigen, mit welchem dieser den Ehebruch begangen hat, die Eheschließung zwischen beiden nur hindert, wenn er im Scheidungsurtheil als Grund der Scheidung festgestellt ist. Die Rücksicht auf die Geschäftsführung der Standesbeamten erfordert es, das Vorhandensein des Ehehindernisses in dieser Weise erkennbar zu machen. Die Zulassung der Befreiung von dem Eheverbot (§ 1295, **1312** Abs. 2) entspricht dem Gesetze vom 6. Februar 1875.

Das im § 37 dieses Gesetzes aufgestellte Verbot der Eheschließung eines Pflegebefohlenen mit seinem Vormund oder dessen Kindern ist für den Entwurf durch die Vorschriften des § 177, **181** und des § 1771, **1795** Nr. 1 ersetzt, wonach ein Vormund den Mündel nicht vertreten kann bei einem Rechtsgeschäfte, das zwischen ihm selbst oder einem seiner Verwandten in gerader Linie einerseits und zwischen dem Mündel andererseits vorgenommen wird.

Form der Eheschließung. Die Form der Eheschließung ist bereits durch die §§ 41 ff. des Reichsgesetzes vom 6. Februar 1875 einheitlich geregelt. Der Entwurf (§§ 1299, **1316** bis 1304, **1321**) schließt sich diesen Vorschriften im Wesentlichen an. Neu ist insbesondere die Vorschrift des § 1302, **1319**, wonach als Standesbeamter im Sinne des § 1300, **1317** auch derjenige gilt, welcher, ohne Standesbeamter zu sein, das Amt eines solchen öffentlich ausübt, es sei denn, daß die Verlobten den Mangel der amtlichen Befugniß bei der Eheschließung kennen. Fälle dieser Art sind mehrfach vorgekommen. Nach dem geltenden Rechte ist stets Nichtigkeit der Ehe die Folge; es handelt sich darum, die Betheiligten gegen diese Gefahr zu schützen.

Durch die Vorschriften des Bürgerlichen Gesetzbuchs über die Eheschließung werden selbstverständlich die kirchlichen Verpflichtungen in Beziehung auf die Trauung nicht berührt. Um dies außer Zweifel zu stellen, soll der § 82 des Gesetzes vom 6. Februar 1875 im Einführungsgesetz eine anderweite Fassung erhalten [1]).

---

1) Dieser § 82 ist nicht geändert worden. Dafür ist in das B.G.B. der § 1588 neu aufgenommen worden.

III. Nichtigkeit und Anfechtbarkeit der Ehe.

Die in den §§ 1286, **1303** bis 1298, **1315** vorgesehenen Ehehindernisse sind theils aufschiebende, d. h. solche, welche nur der Zulassung der Eheschließung entgegenstehen, auf die Gültigkeit der gleichwohl geschlossenen Ehe aber ohne Einfluß sind, theils trennende, d. h. solche, welche die Nichtigkeit oder Anfechtbarkeit der Ehe zur Folge haben. Wie sich aus den §§ 1306, **1323**, 1313, **1330** ergiebt, tritt Nichtigkeit der Ehe nur in den Fällen der §§ 1307, **1324** bis 1311, **1328**, Anfechtbarkeit der Ehe nur in den Fällen der §§ 1314, **1331** bis 1318, **1335** und des § 1333, **1350** ein. In allen anderen Fällen haben mithin die Eheverbote des Entwurfes lediglich aufschiebende Wirkung. Dies gilt insbesondere auch von dem Mangel der Ehemündigkeit (§ 1286, **1303**). Nach der Mehrzahl der geltenden Rechte ist dieser Mangel allerdings ein trennendes Ehehinderniß. Allein überwiegende Gründe sprechen dafür, die Ehe eines Eheunmündigen, sofern sie mit Einwilligung seines gesetzlichen Vertreters geschlossen ist (vergl. § 1288, **1305**), aufrecht zu erhalten. In den meisten Fällen wird hier ein Irrthum über das Alter zu Grunde liegen, die Nichtigkeitserklärung daher große Härten mit sich bringen können. Hat der Eheunmündige die Ehe ohne die Einwilligung seines gesetzlichen Vertreters geschlossen, so ist die Ehe nach § 1314, **1331** anfechtbar.

Die Unterscheidung zwischen Nichtigkeit und Anfechtbarkeit der Ehe entspricht den allgemeinen Grundsätzen, welche der Entwurf über Nichtigkeit und Anfechtbarkeit der Rechtsgeschäfte aufgestellt hat. Die Rücksicht auf das Wesen der Ehe macht jedoch nach verschiedenen Richtungen Abweichungen von jenen Grundsätzen erforderlich. **Bedeutung des Unterschieds von Nichtigkeit und Anfechtbarkeit der Ehe.**

Die Nichtigkeit der Ehe bewirkt, daß die Ehe als nicht geschlossen anzusehen ist. Diese Wirkung tritt jedoch ohne Weiteres nur dann ein, wenn die im § 1300, **1317** vorgeschriebene Form nicht beobachtet und die Ehe nicht in das Heirathsregister eingetragen worden ist. Beruht dagegen die Nichtigkeit der Ehe nicht auf einem Formmangel, oder ist eine wegen Formmangels nichtige Ehe in das Heirathsregister eingetragen und dadurch der Schein einer gültigen Ehe hervorgerufen worden, so kann die Nichtigkeit, solange nicht die Ehe aufgelöst ist, nur im Wege der Nichtigkeitsklage geltend gemacht werden (§ 1312, **1329**). Für die Civilprozeßordnung (§ 586) wird eine Bestimmung in Aussicht zu nehmen sein [1]), wonach die Nichtigkeitsklage nicht nur von jedem der Ehegatten und von dem Staatsanwalte, sondern auch von jedem Dritten, für welchen von der Nichtigkeit der Ehe ein Anspruch oder von der Gültigkeit der Ehe eine Verbindlichkeit abhängt, sowie im Falle eines Verstoßes gegen das Verbot der Doppelehe von demjenigen erhoben werden kann, mit welchem die frühere Ehe geschlossen war.

---

1) Vergl. C.P.O. § 632, unten Anlage II C.P.O. § 586.

und § 4 des Sächs. Gesetzes vom 5. November 1875) kann, wenn einer der Ehegatten zur Zeit der Eheschließung geschäftsunfähig war, dieser Mangel nur von dem betreffenden Ehegatten geltend gemacht werden, er begründet also nur die Anfechtbarkeit der Ehe. Eine solche Regelung entspricht jedoch weder den allgemeinen Grundsätzen des Entwurfes, wonach die Willenserklärung eines Geschäftsunfähigen nichtig ist (§ 101, **105** Abs. 1), noch dem Wesen der Ehe. Im Anschluß an das französische Recht (Code civil Art. 146) bestimmt deshalb der Entwurf (§ 1308, **1325** Abs. 1), daß in dem bezeichneten Falle wie auch in dem Falle, in welchem einer der Ehegatten sich zur Zeit der Eheschließung im Zustande der Bewußtlosigkeit oder vorübergehender Störung der Geistesthätigkeit (vergl. § 101, **105** Abs. 2) befand, die Ehe nichtig ist. Den praktischen Rücksichten, auf welchen die abweichende Regelung der eben angeführten Gesetze beruht, wird in ausreichendem Maße durch die Vorschrift des § 1308, **1325** Abs. 2 Rechnung getragen, der zufolge die Ehe als von Anfang an gültig anzusehen ist, wenn der betreffende Ehegatte sie nach dem Wegfalle der Geschäftsunfähigkeit, der Bewußtlosigkeit oder der Störung der Geistesthätigkeit bestätigt, bevor sie aufgelöst oder für nichtig erklärt worden ist.

Doppelehe. Die Nichtigkeit einer gegen das Verbot der Doppelehe (§ 1292, **1309** Abs. 1) verstoßenden Ehe (§ 1309, **1326**) wird für den Fall, daß die frühere Ehe gültig ist, von allen Rechten anerkannt. Dagegen nehmen die geltenden Rechte für den Fall, daß die erste Ehe ungültig, aber noch nicht für nichtig erklärt ist, einen verschiedenen Standpunkt ein. Nach dem katholischen und dem protestantischen Eherechte, sowie nach dem Französischen und Badischen Rechte (Code civil Art. 189; Bad. L.R. Satz 189 und § 2c des Bad. Gesetzes vom 9. Dezember 1875) begründet in diesem Falle die frühere Ehe, bis sie für nichtig erklärt ist, nur ein aufschiebendes Ehehinderniß; die vor erfolgter Nichtigkeitserklärung gleichwohl eingegangene neue Ehe bleibt gültig. Dagegen ist nach § 3 des Sächsischen Gesetzes vom 5. November 1875 die neue Ehe auch in einem solchen Falle nichtig. Der Entwurf (§ 1309, **1326**) schließt sich den erstgenannten Rechten an; die neue Ehe soll nur dann nichtig sein, wenn einer der Ehegatten zur Zeit der Eheschließung mit einem Dritten in einer gültigen Ehe lebte. Nach dem § 171 des Strafgesetzbuchs ist allerdings die Eingehung einer Doppelehe auch dann strafbar, wenn die frühere Ehe nichtig oder ungültig, zur Zeit der Schließung der neuen Ehe aber noch nicht für nichtig oder ungültig erklärt ist. Diese Strafandrohung bezweckt jedoch wesentlich nur, im Interesse der öffentlichen Ordnung die Schließung einer neuen Ehe zu verhindern, solange eine frühere Ehe der Form nach noch besteht. Vom Standpunkte des Privatrechts liegt aber, sofern die neue Ehe einmal geschlossen ist, kein genügender Grund vor, dieselbe für nichtig zu erklären, wenn die frühere Ehe nichtig oder wenn sie anfechtbar und angefochten, mithin nach erfolgter Nichtigkeitserklärung als nicht geschlossen anzusehen ist; vielmehr sprechen Rücksichten der Billigkeit für die Aufrechterhaltung der neuen Ehe.

Die Vorschrift des § 1310, **1327**, daß eine Ehe nichtig ist, welche Verwandte oder Verschwägerte dem Verbote des § 1293, **1310** Abs. 1 zuwider unter sich geschlossen haben, stimmt mit allen geltenden Rechten überein. Dagegen bildet nach dem Entwurf (§ 1294, **1311**), entsprechend der Französischen Gesetzgebung, das durch Annahme an Kindesstatt begründete Rechtsverhältniß nur ein aufschiebendes Ehehinderniß. Unzuträglichkeiten können sich hieraus nicht ergeben, da der Entwurf weiterhin (§ 1747, **1771**) vorsieht, daß mit der Schließung der Ehe die Aufhebung des durch die Annahme an Kindesstatt zwischen den Eheschließenden begründeten Rechtsverhältnisses kraft Gesetzes eintritt. **Verwandtschaft. Schwägerschaft.**

Im Einklange mit dem katholischen und dem protestantischen Eherechte sowie mit verschiedenen neueren Gesetzgebungen (Preuß. A.L.R. II, 1 § 937; § 2i des Bad. Gesetzes vom 9. Dezember 1875) bestimmt schließlich der § 1311, **1328** Abs. 1, daß eine Ehe nichtig ist, wenn sie wegen Ehebruchs nach § 1295, **1312** verboten war. Nach anderen Gesetzen, insbesondere nach § 7 des Sächsischen Gesetzes vom 5. November 1875, kommt diesem Eheverbot allerdings nur aufschiebende Wirkung zu, es wird jedoch eine derartige Regelung dem hier in Frage stehenden öffentlichen Interesse nicht gerecht. Dem praktischen Bedürfnisse genügt es, wenn auch noch nach der Eheschließung Befreiung von dem Eheverbote mit der Wirkung zugelassen wird, daß in einem solchen Falle die Ehe als von Anfang an gültig anzusehen ist (§§ 1311, **1328** Abs. 2). **Ehebruch.**

Die Gründe, aus denen eine Ehe anfechtbar ist, sind in den §§ 1314, **1331** bis 1318, **1335** und im § 1333, **1350** bestimmt. Die Ehe kann angefochten werden wegen Mangels der Einwilligung des gesetzlichen Vertreters eines der Eheschließenden (§ 1314, **1331**), wegen des auf Irrthum beruhenden Mangels der Uebereinstimmung des wirklichen Willens mit dem erklärten Willen (§ 1315, **1332**), wegen Irrthums über die Person oder über gewisse persönliche Eigenschaften oder Verhältnisse des anderen Theiles (§ 1316, **1333**), wegen arglistiger Täuschung (§ 1317, **1334**), wegen Drohung (§ 1318, **1335**) und wegen Irrthums über das Leben des für todt erklärten Ehegatten (§ 1333, **1350**, vergl. unten S. 192). **Anfechtungsgründe.**

Die Anfechtbarkeit wegen Mangels der Einwilligung des gesetzlichen Vertreters (§ 1314, **1331**) findet ihre Rechtfertigung darin, daß dem in der Geschäftsfähigkeit Beschränkten bei einer so wichtigen, das ganze Leben bestimmenden Handlung, wie es die Eheschließung oder im Falle des § 1308, **1325** die Bestätigung der Ehe ist, der Schutz nicht entzogen werden darf, welcher ihm selbst bei minder wichtigen Rechtsgeschäften nach den §§ 104, **108** ff., wenn auch in anderer Art, gewährt wird. Mit dem Entwurfe stimmen die meisten neueren Gesetzgebungen, wenigstens dem Grundgedanken nach, überein (vergl. Preuß. A.L.R. II, 1 §§ 978 ff., 994 ff., Code civil Art. 182, 183; Bad. L.R. Satz 182 und § 2b des Bad. Gesetzes vom 9. Dezember 1875; § 6 des Sächs. Gesetzes vom 5. November 1875). **Mangelnde Einwilligung des gesetzlichen Vertreters.**

Der Mangel der erforderlichen Einwilligung der Eltern (§§ 1288, **1305**, 1289, **1306**) bildet als solcher keinen Anfechtungsgrund. Zur Wahrung des Ansehens der Eltern genügt es, daß dieser Mangel als aufschiebendes Ehehinderniß anerkannt ist, sowie daß die Verletzung der betreffenden Vorschrift für das Kind anderweite Nachtheile zur Folge hat (vergl. § 1599, **1621** Abs. 1, § 1638, **1661** Satz 2). Andererseits wird das Kind, solange es minderjährig oder sonst in der Geschäftsfähigkeit beschränkt ist, dadurch ausreichend geschützt, daß die Einwilligung des gesetzlichen Vertreters erforderlich ist.

Irrthum. Nach dem § 1315, **1332** kann die Ehe von dem Ehegatten angefochten werden, welcher bei der Eheschließung nicht gewußt hat, daß es sich um eine Eheschließung handle, oder dies zwar gewußt hat, aber eine Erklärung, die Ehe eingehen zu wollen, nicht hat abgeben wollen.

Ungleich wichtiger ist die Vorschrift des § 1316, **1333**, wonach eine Ehe von dem Ehegatten angefochten werden kann, der sich bei der Eheschließung in der Person des anderen Ehegatten oder über solche persönliche Eigenschaften oder solche persönliche Verhältnisse[1]) des anderen Ehegatten geirrt hat, die ihn bei Kenntniß der Sachlage und bei verständiger Würdigung des Wesens der Ehe von der Eheschließung abgehalten haben würden. Der Irrthum in der Person ist von allen geltenden Rechten als Anfechtungsgrund anerkannt (vergl. Preuß. A.L.R. II, 1 § 40; Code civil Art. 180; Sächs. Gesetzbuch § 1595). Dagegen wird die Frage, ob und inwieweit auch der Irrthum eines Ehegatten über persönliche Eigenschaften oder persönliche Verhältnisse des anderen Ehegatten auf die Gültigkeit der Ehe von Einfluß ist, in den bestehenden Rechten verschieden beantwortet. Der Entwurf hat sich hier dem Preußischen und dem Sächsischen Rechte angeschlossen (Preuß. A.L.R. II, 1 § 40, verb. mit I, 4 §§ 75 ff. und Sächsisches Gesetzbuch §§ 1595, 1596). In den bezeichneten Fällen fehlt es an einer wesentlichen Voraussetzung für die dauernde völlige Lebensgemeinschaft, wie sie durch die sittliche Natur der Ehe gefordert wird, und es kann eben deshalb dem Ehegatten, der sich in solcher Art geirrt hat, gegen seinen Willen die Fortsetzung der Ehe nicht zugemuthet werden.

Arglistige Täuschung. Nach dem Vorgange des Preußischen Allgemeinen Landrechts II, 1 § 39 und des § 1597 des Sächsischen Gesetzbuchs gestattet ferner der Entwurf (§ 1317, **1334** Satz 1) die Anfechtung, wenn ein Ehegatte zur Eingehung der Ehe durch arglistige Täuschung über solche Umstände bestimmt worden ist, die geeignet waren, ihn bei Kenntniß der Sachlage und bei verständiger Ueberlegung[2]) von der Eingehung der Ehe abzuhalten. Ist jedoch die Täuschung nicht von dem anderen Ehegatten verübt, so ist die Ehe nur dann anfechtbar, wenn dieser die Täuschung bei der Eheschließung gekannt hat (§ 1317, **1334** Satz 2). Die Zulassung der Anfechtbarkeit wegen arglistiger Täuschung ist für solche Fälle von praktischer Bedeutung, in denen ein Ehegatte über Um-

---

1) Die Worte „oder solche persönliche Verhältnisse“ sind gestrichen worden, weil der aus dem Irrthume hierüber hergeleitete Anfechtungsgrund im Gegensatze zum evangelischen und katholischen Kirchenrechte stehe und weil unter persönlichen Verhältnissen auch Vermögensverhältnisse verstanden werden könnten. K.B. S. 187—190.

2) Statt bei „verständiger Ueberlegung“ ist im B.G.B. § 1334 gesagt: „bei verständiger Würdigung des Wesens der Ehe“ und Abs. 2 hinzugefügt. Ueber die Gründe vergl. die vorige Anm. und K.B. S. 188—190.

stände getäuscht worden ist, die mit den persönlichen Eigenschaften oder Verhältnissen des anderen Ehegatten nicht zusammenhängen, aber gleichwohl für ihn bestimmend waren und nach der Auffassung des Lebens für seine Entschließung, mit dem anderen Theile eine Ehe einzugehen, auch bestimmend sein durften. Hat beispielsweise die Frau die Eingehung der Ehe ausdrücklich von der Zustimmung ihrer Eltern abhängig gemacht und der Mann sie in diesem Punkte arglistig getäuscht, so würde es unbillig sein, sie an der so erschlichenen Ehe festzuhalten.

Die Zulässigkeit der Anfechtung in dem Falle, daß einer der Ehegatten, sei es von dem anderen Ehegatten, sei es von einem Dritten zur Eheschließung durch Drohung widerrechtlich bestimmt worden ist (§ 1318, **1335**), entspricht den allgemeinen Grundsätzen des Entwurfs (§ 119, **123** Abs. 1) und steht mit dem geltenden Rechte sachlich im Einklange. Drohung.

Zur Anfechtung berechtigt ist der Ehegatte, in dessen Person der Grund der Anfechtung gegeben ist, mithin im Falle der Anfechtung wegen Mangels der Einwilligung des gesetzlichen Vertreters der Ehegatte, welcher zu dem maßgebenden Zeitpunkt in der Geschäftsfähigkeit beschränkt war, im Falle der Anfechtung wegen Mangels der Uebereinstimmung des wirklichen Willens mit dem erklärten und im Falle der Anfechtung wegen eines sonstigen Irrthums der Ehegatte, welcher geirrt hat, endlich im Falle der Anfechtung wegen Betrugs oder wegen Drohung der durch die arglistige Täuschung oder durch die Drohung zur Eingehung der Ehe bestimmte Ehegatte. Mit Rücksicht auf das Wesen der Ehe darf die Anfechtung nicht durch einen Vertreter, und zwar in der Regel auch nicht durch den gesetzlichen Vertreter, erfolgen. Aus dem gleichen Grunde läßt sich, wenn der anfechtungsberechtigte Ehegatte in der Geschäftsfähigkeit beschränkt ist, die Wirksamkeit der Anfechtung nicht von der Zustimmung des gesetzlichen Vertreters abhängig machen (§ 1319, **1336** Abs. 1). Handelt es sich jedoch um eine Anfechtung wegen Mangels der Einwilligung des gesetzlichen Vertreters, so kann für die Zeit, während welcher der anfechtungsberechtigte Ehegatte noch in der Geschäftsfähigkeit beschränkt ist, die Entscheidung darüber, ob die Fortdauer der Ehe seinem Interesse entspricht, der Natur der Sache nach nur in die Hand seines gesetzlichen Vertreters gelegt werden (§ 1319, **1336** Abs. 2 Satz 2). Des Weiteren hat nach dem Entwurfe (§ 1319, **1336** Abs. 2 Satz 1), wenn der anfechtungsberechtigte Ehegatte geschäftsunfähig ist, der gesetzliche Vertreter die Befugniß, mit Genehmigung des Vormundschaftsgerichts die Ehe anzufechten. Die Geschäftsunfähigkeit ist häufig eine dauernde, während andererseits sich unter Umständen von vornherein übersehen läßt, daß die Anfechtung durch das Interesse des geschäftsunfähigen Ehegatten dringend geboten ist und deshalb seinem muthmaßlichen Willen entspricht. Auch die Rücksicht auf den anderen Ehegatten erfordert es, in solchen Fällen die Entscheidung der Frage, ob die Ehe angefochten werden soll, nicht auf unbestimmte Zeit hinauszuschieben. Anfechtungsberechtigte Personen.

Von dem Grundsatze, daß eine nichtige Ehe im Falle der Nichtigkeitserklärung oder nach der Auflösung als nicht geschlossen anzusehen ist (vergl. §§ 1312, **1329**, 1326, **1343**), macht der Entwurf im Anschluß an das Preußische Schutz gutgläubiger Dritter.

Allgemeine Landrecht II, 1 §§ 960, 961 zu Gunsten der Sicherheit des Verkehrs eine Ausnahme. Einem Dritten gegenüber können Einwendungen aus der Nichtigkeit der Ehe gegen ein zwischen ihm und einem Ehegatten vorgenommenes Rechtsgeschäft oder gegen ein zwischen ihnen ergangenes rechtskräftiges Urtheil nur hergeleitet werden, wenn zur Zeit der Vornahme des Rechtsgeschäfts oder zur Zeit des Eintritts der Rechtshängigkeit die Ehe für nichtig erklärt oder die Nichtigkeit dem Dritten bekannt war (§ 1327, **1344** Abs. 1). Beruht jedoch die Nichtigkeit der Ehe auf einem Formmangel, so wird dem Dritten der Schutz nur unter der Voraussetzung zu Theil, daß die Ehe in das Heirathsregister eingetragen worden war, mithin äußerlich als solche besteht (§ 1327, **1344** Abs. 2).

Schutz eines gutgläubigen Ehegatten.

Eine weitere Ausnahme erleidet der bezeichnete Grundsatz bezüglich des Verhältnisses der Ehegatten unter einander (§ 1328, **1345**).

Nach der Mehrzahl der Rechte, insbesondere dem Gemeinen Rechte, den Art. 201, 202 des Code civil und den §§ 1628, 2054 des Sächsischen Gesetzbuchs hat eine nichtige Ehe, wenn beide Ehegatten zur Zeit der Eheschließung in gutem Glauben sind, für beide, wenn nur einer der Ehegatten in gutem Glauben ist, für den gutgläubigen Ehegatten alle Wirkungen einer gültigen Ehe. Durch eine solche Regelung werden indessen leicht Rechte Dritter, insbesondere Erbrechte, verletzt sowie im Falle einer Doppelehe bedenkliche Verwickelungen herbeigeführt. Auch ist es für den gutgläubigen Ehegatten in vermögensrechtlicher Hinsicht unter Umständen vortheilhafter, wenn er die ihm auf Grund der Nichtigkeit der Ehe zustehenden Rechte geltend machen kann, als wenn für ihn die Wirkungen einer gültigen Ehe eintreten. Nach anderen Gesetzgebungen, insbesondere dem Preußischen Allgemeinen Landrechte II, 1 §§ 952 bis 959, treten in den bezeichneten Fällen auch bezüglich des Verhältnisses der Ehegatten unter einander die allgemeinen sich aus der Nichtigkeit ergebenden Folgen ein; nur ist nach dem Preußischen Allgemeinen Landrecht II, 1 §§ 963 bis 965, 967 der bösgläubige Ehegatte unter gewissen Voraussetzungen verpflichtet, den gutgläubigen Ehegatten schadlos zu halten. Damit ist indessen den Rücksichten der Billigkeit nicht genügend Rechnung getragen. Der Entwurf nimmt deshalb einen vermittelnden Standpunkt ein. Er läßt es für den Fall, daß beide Ehegatten sich in gutem Glauben befinden, bei den Folgen der Nichtigkeit, namentlich auch in erbrechtlicher Hinsicht, bewenden. Für den Fall dagegen, daß einer der Ehegatten die Nichtigkeit der Ehe bei der Eheschließung kannte, soll der andere Ehegatte, sofern nicht auch ihm die Nichtigkeit bekannt war, nach der Auflösung oder Nichtigkeitserklärung der Ehe die Wahl haben, ob es in vermögensrechtlicher Beziehung zwischen ihnen bei den Folgen der Nichtigkeit verbleiben oder ob das Verhältniß, insbesondere auch in Ansehung der Unterhaltspflicht (vergl. §§ 1559, **1578** ff.), so behandelt werden soll, wie wenn die Ehe geschieden und der bösgläubige Ehegatte für schuldig erklärt worden wäre (§ 1328, **1345** Abs. 1). Bei einer Ehe, deren Nichtigkeit auf einem Formmangel beruht, findet dieses Wahlrecht nur dann statt, wenn die Ehe in das Heirathsregister eingetragen worden ist (§ 1328, **1345** Abs. 2).

Diese Vorschriften gelten auch für eine Ehe, die anfechtbar und angefochten ist, jedoch nach § 1329, **1346** mit der Maßgabe, daß das im § 1328, **1345** Abs. 1 vorgesehene Wahlrecht im Falle der Anfechtung wegen Drohung dem anfechtungsberechtigten Ehegatten, im Falle der Anfechtung wegen Irrthums dem zur Anfechtung nicht berechtigten Ehegatten zusteht, sofern dieser nicht den Irrthum bei der Eingehung der Ehe kannte oder kennen mußte (vergl. § 118, **122**).

IV. Wiederverheirathung im Falle der Todeserklärung.

Im Einklange mit der Mehrzahl der geltenden Rechte (Preuß. A.L.R. II, 1 § 666; § 16 des Hannov. Gesetzes vom 23. Mai 1848; Art. 118, 121 des Bayer. Gesetzes vom 23. Februar 1879; §§ 21, 29 der Brem. Verordnung vom 28. Juni 1826; § 16 der Lübeck. Verordnung vom 30. Dezember 1829; Art. 14 der Hamb. Verordnung vom 14. Juli 1879) geht der Entwurf davon aus, daß, wenn ein Ehegatte für todt erklärt ist, der andere Ehegatte zufolge der nach § 18 an die Todeserklärung geknüpften Vermuthung des Todes ohne Weiteres eine neue Ehe eingehen darf. Diese Regel erleidet jedoch eine Ausnahme, wenn das Urtheil, welches die Todeserklärung ausgesprochen hat, im Wege der Klage angefochten ist (§ 1332, **1349**). Da die Todeserklärung ihre Kraft verlieren würde, falls das Urtheil in Folge der Anfechtungsklage aufgehoben werden sollte, so darf hier der andere Ehegatte nicht vor der Erledigung des Rechtsstreits eine neue Ehe eingehen. Nach Ablauf von zehn Jahren, von dem Tage der Verkündung des Urtheils an gerechnet, ist die Anfechtungsklage unstatthaft (§ 835, **958** Abs. 2 der Civilprozeßordnung) und daher auch nicht mehr geeignet, die Wiederverheirathung zu hindern.

Die neu eingegangene Ehe ist, wenn der für todt erklärte Ehegatte zur Zeit der Eheschließung noch lebt, nach dem katholischen und dem gemeinen protestantischen Eherechte, sowie nach Art. 118, 121 des Bayerischen Gesetzes vom 23. Februar 1879 nichtig. Auf dem gleichen Standpunkte steht auch das Französische Recht (Code civil Art. 139); doch kann hier die Nichtigkeit nur von dem Ehegatten geltend gemacht werden, der als verschollen angesehen worden war. Die meisten neueren Gesetze bestimmen dagegen als Regel, daß mit der Schließung der neuen Ehe die frühere Ehe aufgelöst wird (Preuß. A.L.R. II, 1 § 666; § 16 des Hannov. Gesetzes vom 23. Mai 1848; § 1710 des Sächs. Gesetzbuchs; §§ 14, 18 der Oldenb. Verordnung vom 16. Februar 1844; § 16 der Lübeck. Verordnung vom 30. Dezember 1829; Art. 14 der Hamb. Verordnung vom 14. Oktober 1819).

Der Entwurf (§ 1331, **1348**) folgt der neueren Rechtsentwickelung. Soll dem Ehegatten des für todt Erklärten die Wiederverheirathung ermöglicht werden, so muß er auch gegen die Gefahr geschützt sein, daß, wenn der Verschollene noch lebt, die neue Ehe als nichtig behandelt wird oder von diesem als nichtig angefochten werden kann. Die Härten, welche sich aus der Nichtigkeit der neuen Ehe für die Ehegatten und Kinder der letzteren ergeben würden, wären in der Regel weit größer als die Härten, welche die Auflösung der früheren Ehe für den Verschollenen mit sich bringt. In den Fällen der Todeserklärung ist zudem die Sachlage häufig so, daß die Voraussetzungen der böslichen Verlassung begründet, wenn auch nicht beweisbar sind, oder daß wenigstens dem Verschollenen insofern ein Verschulden zur Last fällt, als er keine Nachricht von sich gegeben hat.

Der Grundsatz, daß mit der Schließung der neuen Ehe die frühere Ehe aufgelöst wird, erleidet nach dem Entwurf, entsprechend dem § 16 des Hannov. Gesetzes vom 23. Mai 1848, eine Ausnahme, falls beide Ehegatten bei der Eheschließung wissen, daß der Verschollene die Todeserklärung überlebt hat (§ 1331, **1348** Abs. 1).

Im Uebrigen bleibt die frühere Ehe auch dann aufgelöst, wenn die Todeserklärung in Folge einer Anfechtungsklage aufgehoben wird (§ 1331, **1348** Abs. 2 Satz 2). Der Bestand der früheren wie der neuen Ehe darf nicht von dem Ermessen eines Dritten und von dem Ausgang eines zwischen anderen Personen geführten Rechtsstreits abhängig gemacht werden. Dies wäre aber der Fall, wenn die Aufhebung der Todeserklärung die Wirkung hätte, daß die Auflösung der früheren Ehe als nicht geschehen gelten müßte; denn die Anfechtung des die Todeserklärung aussprechenden Urtheils steht Jedem zu, der an der Aufhebung ein rechtliches Interesse hat.

Wenn dadurch, daß der für todt erklärte Ehegatte lebt, der Bestand der neuen Ehe in der Regel nicht berührt wird, so kann aus der Rückkehr jenes Ehegatten sich immerhin eine Lage ergeben, welche für die Ehegatten der neuen Ehe schwere Gewissensbedenken mit sich bringt. Der Entwurf giebt daher, im Anschluß an den § 1710 des Sächsischen Gesetzbuchs, jedem der Ehegatten der neuen Ehe das Recht, die neue Ehe anzufechten, es sei denn, daß er bei der Eheschließung von dem Leben des Verschollenen Kenntniß hatte (§ 1333, **1350** Abs. 1 Satz 1). Die Anfechtung muß binnen sechs Monaten von dem Zeitpunkt an erfolgen, in welchem der anfechtende Ehegatte erfahren hat, daß der für todt Erklärte noch lebt (§ 1333, **1350** Abs. 1 Satz 2). Die Anfechtung ist ausgeschlossen, wenn der anfechtungsberechtigte Ehegatte die neue Ehe bestätigt, nachdem er von dem Leben des für todt erklärten Ehegatten Kenntniß erlangt hat, oder wenn die neue Ehe durch den Tod eines der Ehegatten aufgelöst worden ist (§ 1333, **1350** Abs. 2).

Wird die Ehe nach § 1333, **1350** von dem Ehegatten der früheren Ehe angefochten, so entspricht es der Billigkeit, daß dieser dem anderen Ehegatten nach den für die Scheidung geltenden Vorschriften der §§ 1559, **1578** bis 1563, **1582** Unterhalt zu gewähren hat, wenn nicht der andere Ehegatte bei der Eheschließung wußte, daß der für todt erklärte Ehegatte die Todeserklärung überlebt hat (§ 1334, **1351**). Dagegen steht dem Ehegatten der früheren Ehe, wenn die neue Ehe nach § 1333, **1350** von dem anderen Ehegatten angefochten wird, ein gleicher Anspruch gegen diesen nicht zu, da in Folge der Anfechtung die frühere Ehe und mit ihr der Anspruch auf Unterhalt gegen den für todt erklärten Ehegatten wieder auflebt.

V. Wirkungen der Ehe im Allgemeinen.

Persönliches Verhältniß der Ehegatten zu einander.

Das persönliche Rechtsverhältniß zwischen den Ehegatten bestimmt sich nach dem aus dem Wesen der Ehe folgenden allgemeinen Satze, daß die Ehegatten einander zur ehelichen Lebensgemeinschaft verpflichtet sind (§ 1336, **1353** Abs. 1). Dieser Satz ist bei Anwendung aller einzelnen die Ehe betreffenden Vorschriften von maßgebender Bedeutung; namentlich aber kommt die Verletzung der aus ihm sich ergebenden Rechte und Pflichten bei dem Anspruch auf Herstellung des ehelichen Lebens sowie bei dem Rechte auf Scheidung (vergl. §§ 1550, **1567**, 1551, **1568**) in Betracht.

Wenn die Ehegatten einander zu einer dem Wesen der Ehe entsprechenden Lebensgemeinschaft verpflichtet sind, so liegt hierin zugleich, daß, soweit sich das Verlangen eines Ehegatten nach Herstellung der Gemeinschaft als Mißbrauch seines Rechtes darstellt, der andere Ehegatte nicht verpflichtet ist, dem Verlangen Folge zu leisten. Der § 1336, **1353** Abs. 2 spricht diese Folgerung mit Rücksicht auf ihre praktische Wichtigkeit noch besonders aus.

Stellung des Mannes.

Die Stellung des Mannes in der ehelichen Gemeinschaft wird vom Entwurf im Anschluß an das geltende Recht (Preuß. A.L.R. II, 1 § 184; Code civil Art. 213; Sächs. Gesetzbuch § 1631) geregelt. Es entspricht der natürlichen Ordnung des Verhältnisses, daß die Entscheidung in allen das gemeinschaftliche eheliche Leben betreffenden Angelegenheiten, wenn die beiderseitigen Meinungen auseinandergehen, dem Manne als dem Haupte der Familie zusteht. Daraus folgt insbesondere, daß der Mann Wohnort und Wohnung zu bestimmen hat (§ 1337, **1354** Abs. 1). Die letztere Folgerung ist auch in den neueren Gesetzgebungen ausdrücklich hervorgehoben (Preuß. A.L.R. II, 1 § 679; Code civil Art. 214; Sächs. Gesetzbuch § 1633). Das Entscheidungsrecht des Mannes findet jedoch, in Gemäßheit des Grundsatzes des § 1336, **1353** Abs. 2, seine Begrenzung im Wesen der Ehe. Daher braucht die Frau, wenn die Entscheidung des Mannes sich als Mißbrauch seines Rechtes darstellt, ihr nicht Folge zu leisten (§ 1337, **1354** Abs. 2). Hiermit beantwortet sich auch die Frage, inwieweit die Frau dem Manne bei einer Verlegung des Wohnsitzes zu folgen verpflichtet ist. Verschiedene neuere Gesetzgebungen haben versucht, die hierher gehörigen Fälle näher zu bestimmen. Indessen bleibt eine solche Regelung immer lückenhaft und sie ist andererseits mit der Gefahr verbunden, daß die Umstände des einzelnen Falles nicht die genügende Berücksichtigung finden.

Die Einheit der Ehegatten wird nach außen dadurch bezeichnet, daß beide denselben Namen führen, und zwar erhält (§ 1338, **1355**), entsprechend der Stellung des Mannes, die Frau den Familiennamen des Mannes (vergl. auch Preuß. A.L.R. II, 1 §§ 192, 193; Sächs. Gesetzbuch § 1632).

Stellung der Frau.

Der deutschen Auffassung und Sitte gemäß ist die Frau nach dem Entwurfe (§ 1339, **1356** Abs. 1) nicht nur verpflichtet, sondern auch berechtigt, dem gemeinschaftlichen Hauswesen vorzustehen. Sie hat Arbeiten im Hauswesen insoweit zu verrichten, als eine solche Thätigkeit nach den Verhältnissen der Ehegatten üblich ist. Nicht minder wird aber das Geschäfts- und Berufsleben des Mannes von der ehelichen Gemeinschaft ergriffen. Die Frau darf sich auch in dieser Richtung der Hülfeleistung nicht entziehen, soweit eine solche nach den Verhältnissen der Ehegatten üblich ist (§ 1339, **1356** Abs. 2).

Schlüsselgewalt der Frau.

Wenn die Frau nach § 1339, **1356** Abs. 1 dem gemeinschaftlichen Hauswesen vorzustehen hat, so ist sie damit zugleich berechtigt, die zur Erfüllung jenes Berufs erforderlichen Verfügungen und Rechtsgeschäfte vorzunehmen, und zwar ohne Rücksicht auf die Art des ehelichen Güterstandes (vergl. Preuß. A.L.R. II, 1 §§ 321 bis 324, 328, 329; Sächs. Gesetzbuch §§ 1645, 1699; Art. 4 des Oldenb. Gesetzes vom 24. April 1873). Da der Mann die ehelichen Lasten zu tragen hat, muß der Frau aber weiter die Befugniß beigelegt werden, innerhalb ihres häuslichen Wirkungskreises nicht nur für Rechnung des Mannes, sondern auch in dessen Namen zu handeln, derart, daß er aus solchen Geschäften unmittelbar berechtigt und verpflichtet wird (§ 1340, **1357** Abs. 1 Satz 1). Außerdem stellt der Entwurf zum Schutze der Frau die Regel auf, daß Rechtsgeschäfte, welche die Frau innnerhalb des bezeichneten Wirkungskreises vornimmt, als im Namen des Mannes vorgenommen gelten, wenn nicht aus den Umständen sich ein Anderes ergiebt (§ 1340, **1357** Abs. 1 Satz 2). Da dem Manne auch bezüglich der Angelegenheiten, welche sich auf das gemeinsame Hauswesen beziehen, nach § 1337, **1354** Abs. 1 bei einer Meinungsverschiedenheit unter den Ehegatten die Entscheidung zusteht, und da der Mann aus den von der Frau innerhalb ihres häuslichen Wirkungskreises vorgenommenen Rechtsgeschäften unmittelbar verpflichtet wird, so erscheint es billig, wenn ihm der Entwurf (§ 1340, **1357** Abs. 2 Satz 1) auf der anderen Seite das Recht gewährt, die Schlüsselgewalt der Frau zu beschränken oder auszuschließen (vergl. Preuß. A.L.R. II, 1 § 323; Sächs. Gesetzbuch § 1645; Art. 4 des Oldenb. Gesetzes vom 24. April 1873). Gegen Willkür des Mannes wird die Frau durch die dem § 1337, **1354** Abs. 2 entsprechende Vorschrift des § 1340, **1357** Abs. 2 Satz 2 geschützt, der zufolge die Beschränkung oder Ausschließung auf Antrag der Frau durch das Vormundschaftsgericht aufgehoben werden kann, wenn sie sich als Mißbrauch des Rechtes des Mannes darstellt. Einem Dritten gegenüber wird übrigens die Beschränkung oder die Ausschließung nur dann wirksam, wenn sie zur Zeit der Vornahme des mit der Frau abgeschlossenen Rechtsgeschäfts im Güterrechtsregister eingetragen oder dem Dritten bekannt war (§ 1340, **1357** Abs. 2 Satz 3, verb. mit § 1418, **1435**).

Uebernahme persönlicher Leistungen durch die Frau.

Der Entwurf beruht auf dem Grundsatze, daß die Ehefrau als solche in der Geschäftsfähigkeit nicht beschränkt ist. Dieser Grundsatz darf indessen nicht dahin führen, daß die Frau in Folge von Rechtsgeschäften, durch die sie sich einem Dritten gegenüber zu einer von ihr in Person zu bewirkenden Leistung verpflichtet, ihren aus der ehelichen Gemeinschaft sich ergebenden persönlichen Pflichten entzogen werde. Der Entwurf (§ 1341, **1358**) gewährt deshalb, in Anlehnung an eine ähnliche Bestimmung des Preußischen Allgemeinen Landrechts II, 1 § 196, dem Manne bezüglich der bezeichneten Rechtsgeschäfte der Frau, sofern sie ohne seine Zustimmung eingegangen sind, die Befugniß, das Rechtsverhältniß ohne Einhaltung einer Kündigungsfrist zu kündigen und es damit für die Zukunft aufzuheben [1]). Durch diese Vorschrift können allerdings der Frau auch in Fällen, in welchen die Eingehung eines solchen Rechtsverhältnisses durch ihr eigenes Interesse oder durch das der Familie, z. B. zur Beschaffung des nothwendigen Unterhalts, geboten ist, Schwierigkeiten bereitet werden. Um sie hiergegen zu schützen, bestimmt der Entwurf (§ 1341, **1358** Abs. 2), daß das Vormundschaftsgericht auf Antrag der Frau die Zustimmung des Mannes ersetzen kann, wenn dieser durch Krankheit oder durch Abwesenheit an der Abgabe einer Erklärung verhindert und mit dem Aufschube Gefahr verbunden ist, oder wenn die Verweigerung der Zustimmung sich als Mißbrauch seines Rechtes darstellt. Da ferner das Kündigungsrecht des Mannes lediglich dazu bestimmt ist, die Thätigkeit der Frau dem gemeinschaftlichen Hauswesen zu erhalten, so muß es wegfallen, solange die häusliche Gemeinschaft aufgehoben ist (§ 1341 Abs. 4, **1358** Abs. **2** Satz 3). Daß die Zustimmung des Mannes, sowie die Kündigung nicht durch einen Vertreter erfolgen kann und daß der Mann, wenn er in der Geschäftsfähigkeit beschränkt ist, nicht der Zustimmung seines gesetzlichen Vertreters bedarf (§ 1341, **1358** Abs. 3), ergiebt sich aus der höchstpersönlichen Natur des dem Manne eingeräumten Rechtes.

Gegenseitige Unterhaltungspflicht der Ehegatten.

Die im § 1343, **1360** Abs. 1 vorgesehene Verpflichtung des Mannes, nach Maßgabe seiner Lebensstellung, seines Vermögens und seiner Erwerbsfähigkeit der Frau Unterhalt zu gewähren, entspricht dem Wesen des ehelichen Verhältnisses, insbesondere dem von dem Entwurfe festgehaltenen Standpunkte, daß der Mann, wenn auch unter Beihülfe der Frau, die ehelichen Lasten zu tragen hat. Die gleiche Auffassung liegt schon dem geltenden Rechte zu Grunde (Preuß. A.L.R. II, 1 §§ 185, 186; Code civil Art. 214; Sächs. Gesetzbuch § 1634; Art. 3 des Oldenburg. Gesetzes vom 24. April 1873). Andererseits fordert die eheliche Lebensgemeinschaft, daß, nach dem Vorgange des § 1637 des Sächsischen Gesetzbuchs und des Art. 33 des Oldenburg. Gesetzes vom 24. April 1873, der Frau die Verpflichtung auferlegt wird, dem Manne, der sich nicht selbst unterhalten kann, den seiner Lebensstellung entsprechenden Unterhalt nach Maßgabe ihres Vermögens und ihrer Erwerbsfähigkeit zu gewähren (§ 1343, **1360** Abs. 2). Im Einzelnen ist die Unterhaltspflicht der Ehegatten in Anlehnung an die für die Unterhaltspflicht der Verwandten geltenden Vorschriften geregelt.

Vermuthung bezüglich des Eigenthums der im Besitze der Ehegatten befindlichen Sachen.

In Folge der Ehe findet der Regel nach thatsächlich eine Vermischung der den Ehegatten gehörenden beweglichen Sachen statt. Zum Schutze gegen die daraus für die Gläubiger des Mannes sowie für den Mann selbst und dessen Erben sich ergebende Gefahr der Benachtheiligung reichen die allgemeinen Grundsätze nicht aus. In wesentlicher Uebereinstimmung mit der Mehrzahl der geltenden Rechte (Preuß. A.L.R. II, 1 § 544; Sächs. Gesetzbuch § 1656; vergl. auch § 37, **45** der Konkursordnung) stellt deshalb der Entwurf die, regelmäßig auch den thatsächlichen Verhältnissen entsprechende, Vermuthung

---

1) Die Reichstagskommission hat dies Kündigungsrecht des Mannes in allen Fällen von der Ermächtigung durch das Vormundschaftsgericht abhängig gemacht, um einem Mißbrauche dieses Rechtes vorzubeugen (B.G.B. § 1358 Abs. 1 Satz 1). K.B. S. 226—228. Vergl. auch St.B. S. 553—555.

auf, daß die im Besitze beider Ehegatten oder eines derselben befindlichen beweglichen Sachen, insbesondere auch die Inhaberpapiere und solche Orderpapiere, die mit Blankoindossament versehen sind, dem Manne gehören (§ 1345, **1362** Abs. 1)[1]). Das Bedürfniß, die Vermuthung auch für das Verhältniß der Ehegatten untereinander zur Geltung zu bringen, ist namentlich für die Fälle nicht abzuweisen, in denen die Frau unter Mitnahme von Sachen aus der gemeinschaftlichen Wohnung sich von dem Manne thatsächlich trennt, oder in denen sie, z. B. in Folge des selbständigen Betriebs eines Erwerbsgeschäfts, besondere, nicht zu der gemeinschaftlichen Wohnung gehörende Räume besitzt. Auch gereicht die Vermuthung den Kindern des Mannes in den nicht selten eintretenden Fällen zum Vortheil, in denen die Frau bald nach dem Tode des Mannes wieder heirathet und zum Nachlasse desselben gehörende, in ihren Besitz gelangte Sachen als ihr Eigenthum in Anspruch nimmt. Wenn nach § 1345, **1362** Abs. 2 die Vermuthung nicht gilt[2]) für die ausschließlich zum persönlichen Gebrauch der Frau bestimmten Sachen, insbesondere nicht für Kleider und Schmucksachen, so steht dies im Einklange mit dem § 1656 des Sächsischen Gesetzbuchs und findet seine sachliche Rechtfertigung darin, daß diese Sachen sich vermöge ihrer Beschaffenheit und Bestimmung ohne Weiteres als Frauengut darstellen.

VI. Gesetzliches eheliches Güterrecht.

Einheitliche Regelung.

Auf keinem Rechtsgebiete zeigt sich in Deutschland eine solche Verschiedenheit wie auf dem des ehelichen Güterrechts. Gegenwärtig bestehen weit über hundert eheliche Güterrechte, und es handelt sich dabei nicht etwa um Abarten eines und desselben Systemes. Die Hauptgruppen bilden die allgemeine Gütergemeinschaft, die partikuläre Gütergemeinschaft (Errungenschaftsgemeinschaft und Fahrnißgemeinschaft), die deutschrechtliche Trennung der Güter (Verwaltungsgemeinschaft u. s. w.) und das römische Totalrecht. Innerhalb einer jeder dieser Gruppen kommen aber wieder die erheblichsten Abweichungen vor, und zahlreiche Uebergangsformen stehen auf den Grenzen der verschiedenen Systeme. Daß dieser Rechtszustand der Vereinfachung bedarf, ist allerseits anerkannt. Nach der Auffassung des Entwurfes kann aber, namentlich mit Rücksicht auf die heutige Gestaltung der Verkehrsverhältnisse in Deutschland, die Vereinfachung nur in der Weise erfolgen, daß das eheliche Güterrecht für das Reichsgebiet einheitlich geregelt wird. Allerdings ist geltend gemacht worden, daß eine solche Regelung wegen der großen grundsätzlichen Verschiedenheit der bestehenden Rechte unthunlich sei und zu tief in die bisherigen Gewohnheiten

---

1) Der § 1362 Abs. 1 B.G.B. stellt die Vermuthung nur zu Gunsten der Gläubiger des Mannes auf, da eine solche für den Mann selbst und seine Erben unnöthig und ungerechtfertigt sei. K.B. S. 231, 232. Die im Texte folgende Begründung trifft also auf den Wortlaut des Gesetzes nicht zu.

2) Im B.G.B. § 1362 Abs. 2 ist zum größeren Schutze der Frau positiv gesagt, daß für die ausschließlich zum persönlichen Gebrauche der Frau bestimmten Sachen die Vermuthung gelte, daß sie der Frau gehören. K.B. S. 232.

und Anschauungen eingreife. Indessen liegen allen ehelichen Güterrechten Deutschlands gewisse gemeinsame Anschauungen zu Grunde. Die räumliche Verbreitung dieser Rechte, wie sie sich als Ergebniß der geschichtlichen Entwickelung festgestellt hat, beweist, daß es nicht auf den eigenthümlichen Verhältnissen der einzelnen deutschen Gebiete, insbesondere nicht auf der Eigenart der deutschen Volksstämme oder der Verschiedenheit der wirthschaftlichen Verhältnisse, sondern häufig nur auf Zufall beruht, wenn jene Anschauungen hier in der einen, dort in der anderen Form zur Verwirklichung gelangt sind. Andererseits pflegt sich, wie eine Reihe von Vorgängen zeigt, der Ersatz des alten Güterrechts durch das neue verhältnißmäßig leicht und ohne Schwierigkeit zu vollziehen. Insbesondere ist diese Wahrnehmung gemacht worden, als in Frankreich durch die Einführung des Code civil, in Oesterreich durch die des bürgerlichen Gesetzbuchs ein einheitliches Güterrecht an die Stelle der früheren Mannigfaltigkeit trat. Dasselbe gilt für Schlesien, wo in Folge des Gesetzes vom 11. Juli 1845 mehr als sechzig verschiedene eheliche Güterrechte durch die Einführung der Verwaltungsgemeinschaft des Preußischen Rechtes, und für Oldenburg, wo in den Jahren 1873 und 1879 die bisherigen, den verschiedensten Systemen angehörenden Ortsrechte durch die Einführung der deutschrechtlichen Verwaltungsgemeinschaft beseitigt wurden. Ein Gleiches kann bei der einheitlichen Regelung des ehelichen Güterrechts im Reiche erwartet werden, um so mehr, als der Entwurf nach dem Vorgange der Art. 1391 ff. des Code civil durch eingehende Regelung der vertragsmäßigen Güterstände, der allgemeinen Gütergemeinschaft, der Errungenschaftsgemeinschaft und der Fahrnißgemeinschaft, den Ehegatten die Möglichkeit eröffnet, im Wege eines Ehevertrags einen dem bisherigen Rechte der Sache nach im Wesentlichen entsprechenden Zustand zu schaffen.

Anlangend die weitere Frage, welches Güterrecht sich am besten zur Einführung im gesammten Reichsgebiet eignet, hat sich der Entwurf für die Verwaltungsgemeinschaft entschieden. Gesetzlicher Güterstand.

Der dem Dotalrechte zu Grunde liegende Gedanke, daß die Ehe an und für sich auf die vermögensrechtlichen Verhältnisse der Ehegatten einen Einfluß nicht ausübt, ist zwar mit dem Wesen der Ehe nicht unvereinbar; auch ist die rechtliche Stellung der Frau bei keinem anderen Güterrecht eine so gesicherte und selbständige. Allein der deutschen Auffassung von der Ehe und den Beziehungen der Ehegatten zu einander entspricht das Dotalrecht nicht. Die geschichtliche Entwickelung zeigt, daß das deutsche Recht dem römischen Rechte nirgends einen so nachhaltigen und erfolgreichen Widerstand geleistet hat als auf dem Gebiete des ehelichen Güterrechts. Das Dotalrecht hat deshalb auch nur in einem sehr geringen Theile Deutschlands Geltung und, selbst wo es gilt, besteht die weit verbreitete Sitte, daß die Frau ihr Vermögen thatsächlich dem Manne zur Verwaltung und Nutzung für die Zwecke der Ehe überläßt.

Die in vielen Gebieten Nord- und Süddeutschlands herrschende allgemeine Gütergemeinschaft bietet nach verschiedenen Richtungen hin Vortheile. Andererseits aber ist sie der Erhaltung des Grundbesitzes in der Familie nicht förderlich und die durch ihr Wesen bedingte Theilung des Gesammtguts nach Hälften, wie sie bei Auflösung der Gemeinschaft eintritt, enthält unter Umständen eine große Härte gegen den überlebenden Ehegatten. Vor Allem spricht gegen die allgemeine Gütergemeinschaft die Gefährdung der Ehefrau, die sich hier unvermeidlich ergiebt, wenn dem Manne die durch das praktische Bedürfniß gebotene freie Bewegung gelassen, wenn namentlich in Uebereinstimmung mit dem geltenden Rechte die Haftung des Gesammtguts für alle Schulden des Mannes anerkannt wird.

Bei der vorzugsweise in den Gebieten des Französischen und Badischen Rechtes geltenden Fahrnißgemeinschaft werden manche Unzuträglichkeiten der allgemeinen Gütergemeinschaft vermieden. Auf der anderen Seite ist aber mit diesem Güterrecht der Nachtheil verbunden, daß es den Umfang des den Ehegatten gemeinsamen Vermögens von dem zufälligen Umstand abhängig macht, inwieweit die Ehegatten bewegliches oder unbewegliches Vermögen besitzen. Hat der eine Ehegatte nur unbewegliches, der andere nur bewegliches Vermögen, so fällt von Seiten des ersteren nichts, von Seiten des letzteren das ganze Vermögen in die Gemeinschaft, bei Beendigung derselben aber behält der eine Ehegatte sein ganzes Vermögen und bekommt noch das halbe Vermögen des anderen hinzu, während dieser die Hälfte verliert, ohne etwas dafür zu erhalten. Gegenüber der Bedeutung, welche das bewegliche Vermögen in der Gegenwart erlangt hat, muß sich diese Unbilligkeit besonders fühlbar machen.

Die Errungenschaftsgemeinschaft, welche hauptsächlich in Süddeutschland ihren Sitz hat, aber auch in verschiedenen Theilen von Nord- und Mitteldeutschland das gesetzliche Güterrecht bildet, hat den Vorzug, daß bei ihr alles, was die Ehegatten durch ihre Erwerbsthätigkeit erwerben, sowie die Einkünfte des beiderseitigen Vermögens gemeinsames Vermögen, dementsprechend aber auch die ehelichen Lasten gemeinsam von ihnen getragen werden. Auf der anderen Seite ist unter solchen Umständen das Verwaltungsrecht des Ehemanns geeignet, das Vermögen der Frau in ähnlicher Weise zu gefährden wie bei der allgemeinen Gütergemeinschaft. In großen Gebieten der Errungenschaftsgemeinschaft ist mit Rücksicht hierauf die Frau von der Theilnahme an der Einbuße befreit. Allein darin liegt hinwiederum eine Unbilligkeit gegen den Mann. Was das Verhältniß nach außen betrifft, so ergeben sich Schwierigkeiten namentlich daraus, daß es für die Unterscheidung zwischen Sonderschulden und Eheschulden häufig an sicheren Merkmalen fehlt. Als die bedenklichste Seite der Errungenschaftsgemeinschaft ist aber von jeher anerkannt, daß im Falle der Beendigung eine verwickelte Auseinandersetzung und Berechnung der einzelnen Vermögensmassen nothwendig wird.

Die Verwaltungsgemeinschaft, welche insbesondere im Preußischen Allgemeinen Landrechte, dem Sächsischen Gesetzbuch, in den Gebieten des gemeinen Sachsenrechts, sowie in dem Oldenburgischen Gesetze vom 24. April 1873 als gesetzliches Güterrecht anerkannt ist, steht der Errungenschaftsgemeinschaft nahe. Sie beruht wie die Errungenschaftsgemeinschaft auf dem Gedanken, daß die Erträgnisse des Vermögens beider Ehegatten den Zwecken der Ehe zu dienen bestimmt sind und daß zur Erreichung dieses Zieles die Verwaltung des beiderseitigen Vermögens in die Hand des Mannes gelegt wird. Die weitere Ausführung dieses Grundsatzes erfolgt aber, abweichend von der Errungenschaftsgemeinschaft, in der Art, daß die Erträgnisse des beiderseitigen Vermögens und vorbehaltlich der Ausnahme hinsichtlich des selbständigen Erwerbes, den die Frau durch ihre Arbeit macht, die Erträgnisse der beiderseitigen Arbeit dem Manne überlassen werden, andererseits aber der Mann verpflichtet wird, die ehelichen Lasten zu tragen. Es liegt hierin eine sachgemäße Vermittelung zwischen den beiden Hauptformen der Errungenschaftsgemeinschaft, von denen die eine der Frau die Theilnahme an dem nach Bestreitung der ehelichen Lasten verbleibenden Ueberschusse der Errungenschaft gewährt, während die andere sie auch zur Einbuße heranzieht. Die Bedenken, welche in der Ausschließung der Frau von der Errungenschaft an sich gefunden werden könnten, verlieren wesentlich an Gewicht, wenn, wie dies nach dem Entwurfe der Fall ist, den Ehegatten unter einander ein weitgehendes Erb- und Pflichttheilsrecht eingeräumt wird. Gegenüber der Errungenschaftsgemeinschaft hat aber die Verwaltungsgemeinschaft den Vorzug, daß sie einfacher und eben deshalb praktisch leichter zu handhaben ist.

Der Entwurf hat deshalb als gesetzliches Güterrecht die Verwaltungsgemeinschaft gewählt.

Als Regel gilt hierbei, daß das Vermögen der Frau der Verwaltung und Nutznießung des Mannes unterliegt (§ 1346, **1363**). Von dieser Regel ist das Vorbehaltsgut der Frau ausgenommen (§ 1348, **1365**). **Vorbehaltsgut. Umfang.**

Nach § 1349, **1367** ist kraft Gesetzes Vorbehaltsgut der Frau, was sie durch ihre Arbeit oder durch den selbständigen Betrieb eines Erwerbsgeschäfts erwirbt. Gegenüber dem geltenden Rechte ist diese Vorschrift eine Neuerung, insbesondere auch gegenüber dem Preußischen und dem Sächsischen Rechte (Preuß. A.L.R. II, 1 § 211; Sächs. Gesetzbuch § 1668). Nach diesen Rechten fällt ein solcher Erwerb der Frau zwar nicht in das Vermögen des Mannes, er wird aber dessen Verwaltung und Nutznießung unterworfen. Der Standpunkt des Entwurfs rechtfertigt sich durch die Erwägung, daß es gegen die Frau, die über ihre rechtliche Verpflichtung hinaus arbeitet (vergl. § 1339, **1356**), unbillig sein würde, wenn für die Verwendung des durch solche Arbeit Erworbenen nicht ihr Wille, sondern der des Mannes maßgebend sein sollte. Auch hat das deutsche Recht der Frau insoweit, als sie ein kaufmännisches oder sonstiges Gewerbe betreibt, von jeher die gleiche freie Verfügung über das betreffende Vermögen eingeräumt, wie sie ihr bezüglich des Vorbehaltsguts zusteht.

Kraft rechtsgeschäftlicher Bestimmung ist Vorbehaltsgut, was durch Ehevertrag als Vorbehaltsgut erklärt ist oder was die Frau von Todeswegen erwirbt oder was ihr unter Lebenden von einem Dritten unentgeltlich zugewendet wird, sofern der Erblasser durch letztwillige Verfügung, der Dritte bei der Zuwendung bestimmt hat, daß die Verwaltung und Nutznießung des Mannes ausgeschlossen sein soll (§§ 1350, **1368**, 1351, **1369**). Die Zulassung eines solchen Vorbehaltsguts entspricht dem Gemeinen Rechte wie den neueren Gesetzgebungen (vergl. Preuß. A.L.R. II, 1 §§ 208, 209, 214; Sächs. Gesetzbuch §§ 1693, 1694; Art. 16, 17 § 2c des Oldenburg. Gesetzes vom 24. April 1873) und ist durch das Interesse der Ehefrau geboten.

Nach § 1352, **1370** ist Vorbehaltsgut auch das, was die Frau auf Grund eines zu ihrem Vorbehaltsgute gehörenden Rechtes oder als Ersatz für einen zu dem Vorbehaltsgute gehörenden Gegenstand oder durch ein Rechtsgeschäft erwirbt, das sich auf Vorbehaltsgut bezieht. Diese Vorschrift rechtfertigt sich dadurch, daß der Frau nach der Bestimmung des Vorbehaltsguts dessen Bestand und Verwaltung dauernd gesichert sein soll (vergl. auch Preuß. A.L.R. II, 1 §§ 217, 218; Sächs. Gesetzbuch § 1693; Art. 17 § 2a des Oldenb. Gesetzes vom 24. April 1873)[1].

Rechtliche Stellung des Mannes und der Frau zum Vorbehaltsgute.

Aus dem Begriffe des Vorbehaltsguts (§ 1348, **1365**) und dem Grundsatze des Entwurfes, wonach die Frau weder durch die Ehe als solche noch durch das eheliche Güterrecht in der Geschäftsfähigkeit beschränkt ist, ergiebt sich von selbst, daß die Frau dem Vorbehaltsgute gegenüber die gleiche selbständige Stellung hat, wie im Falle der Gütertrennung gegenüber ihrem gesammten Vermögen. Sie hat insbesondere das Recht, ohne Mitwirkung des Mannes das Vorbehaltsgut zu verwalten, darüber zu verfügen, es mit Schulden zu belasten, die Nutzungen desselben für sich zu ziehen und zu verwenden (vergl. Preuß. A.L.R. II, 1 §§ 221 ff., 318, 319, 619, 620; Sächs. Gesetzbuch §§ 1640, 1693). Jedoch hat, entsprechend den für den Güterstand der Gütertrennung geltenden Vorschriften (§§ 1410, **1427** ff.), welche auf das Vorbehaltsgut auch sonst im Wesentlichen Anwendung finden, die Frau dem Manne zu den ehelichen Lasten aus den Einkünften des Vorbehaltsguts sowie aus dem Ertrag ihrer Arbeit oder eines von ihr selbständig betriebenen Erwerbsgeschäfts einen angemessenen Beitrag zu leisten. Hierdurch wird die Verbindlichkeit des Mannes, die ehelichen Lasten zu tragen, in billiger Weise erleichtert. Die Beitragspflicht der Frau tritt jedoch nur insoweit ein, als der Mann nicht schon durch die Nutzungen des seiner Verwaltung und Nutznießung unterliegenden Vermögens der Frau, des eingebrachten Gutes, einen angemessenen Beitrag erhält (§ 1353, **1371**).

Die Ausschließung des Vorbehaltsguts von der Verwaltung und Nutznießung des Mannes ist gutgläubigen Dritten gegenüber nur nach Maßgabe der für Eheverträge geltenden Vorschriften des § 1418, **1435** wirksam (§ 1353, **1371** verb. mit § 1414, **1431**).

Eingebrachtes Gut. Verwaltung.

An dem eingebrachten Gute steht dem Manne die Verwaltung zu; er ist in Folge dessen auch zum Besitze der zu diesem Gute gehörenden Sachen berechtigt (§ 1356, **1373**).

Der bezeichneten Befugniß des Mannes entspricht die Verpflichtung, das eingebrachte Gut ordnungsmäßig zu verwalten und über den Stand der Verwaltung der Frau auf Verlangen Auskunft zu ertheilen (§ 1357, **1374**). Soweit der Mann bei der Erfüllung dieser Obliegenheit es an derjenigen Sorgfalt fehlen läßt, welche er in eigenen Angelegenheiten anzuwenden pflegt, ist er der Frau ersatzpflichtig (vergl. § 1342, **1359**); doch kann die Frau die sich hieraus

---

1) Vorbehaltsgut sind schließlich nach § 1366 B.G.B. die ausschließlich zum persönlichen Gebrauche der Frau bestimmten Sachen. Diese Vorschrift ist an Stelle des gestrichenen § 1354 des E. aufgenommen worden. K.B. S. 243, 244.

ergebenden Ansprüche in der Regel erst nach der Beendigung der Verwaltung und Nutznießung gerichtlich geltend machen (§ 1377, **1394**). Andererseits ist die Frau dem Manne, wenn er zum Zwecke der Verwaltung des eingebrachten Gutes Aufwendungen gemacht hat, die er den Umständen nach für erforderlich halten durfte, zum Ersatze verpflichtet. Nicht minder ist sie, sofern der Mann zu dem gedachten Zwecke eine Verbindlichkeit eingeht, die er den Umständen nach für erforderlich halten darf, verpflichtet, ihn von der Verbindlichkeit zu befreien oder, wenn diese noch nicht fällig ist, ihm wegen derselben Sicherheit zu leisten. Soweit jedoch der Mann gegenüber der Frau verpflichtet ist, die Aufwendungen und die Verbindlichkeiten zu tragen (vergl. insbesondere die §§ 1368, **1385** ff.), tritt die Pflicht zum Ersatze oder zur Befreiung nicht ein (§§ 250, **257**, 1373, **1390**).

Wenn der Mann auch das eingebrachte Gut für Rechnung der Frau zu verwalten hat, so ist er doch nicht berechtigt, im Namen der Frau die zur Verwaltung erforderlichen Verbindlichkeiten einzugehen. Ueberhaupt umfaßt sein Verwaltungsrecht nicht die Befugniß, die Frau durch Rechtsgeschäfte zu verpflichten (§ 1358, **1375**). Diese Einschränkung des Verwaltungsrechts ist durch die Rücksicht auf die Sicherheit der Frau geboten und steht im Einklange mit dem Grundsatze des Entwurfes, daß die Frau nicht mit dem eingebrachten Gute für die Schulden des Mannes haftet (§ 1393, **1410**). Aus dem gleichen Grunde versagt der Entwurf dem Manne im Allgemeinen das Recht, über eingebrachtes Gut ohne Zustimmung der Frau zu verfügen (§ 1358, **1375**). Jedoch ist dem Manne die freie Verfügung eingeräumt, soweit es sich um Gegenstände handelt, die zum Umsatze bestimmt sind, also um Geld und andere verbrauchbare Sachen (§ 1359, **1376** Nr. 1). Die geltenden Gesetze gehen meist weiter und erstrecken das freie Verfügungsrecht des Mannes auf alle zum eingebrachten Gute gehörenden beweglichen Sachen (Preuß. A.L.R. II, 1 § 247; Art. 5, 7 des Oldenburg. Gesetzes vom 24. April 1873). Eine solche Ausdehnung des Rechtes erscheint indessen nicht geboten; denn die hierbei in Betracht kommenden beweglichen Sachen sind regelmäßig nicht zum Umsatze, sondern zum dauernden Gebrauche bestimmt, und in den Fällen, in welchen ausnahmsweise die ordnungsmäßige Verwaltung eine Veräußerung der Sachen erfordert, genügt das dem Manne nach § 1362, **1379** zustehende Recht, bei dem Vormundschaftsgerichte zu beantragen, daß dieses die Zustimmung der Frau ersetzt. Andererseits würde es eine große Härte gegen die Frau enthalten, wenn sie sich gefallen lassen müßte, daß der Mann solche Sachen, die für sie einen besonderen persönlichen Werth haben, oder etwa die zu ihrer Aussteuer gehörenden Sachen ohne Noth veräußert. Der Standpunkt des Entwurfes stimmt im Wesentlichen mit dem des Sächsischen Gesetzbuchs (§§ 623, 660, 1655, 1674, 1675) überein. Weiterhin kann der Mann ohne Zustimmung der Frau solche Forderungen einziehen, die nicht auf Zinsen ausstehen (§ 1359 Nr. 2) [1]. Diese Ausnahme von dem allgemeinen Grundsatz ist zwar dem

1) **Diese Bestimmung ist im § 1376 B.G.B. gestrichen, weil kein Grund vorliege, Forderungen der Frau, die unverzinslich seien, anders zu behandeln als solche, die auf Zinsen ausstehen. K.B. S. 246.**

vorhandenen oder werthlos gewordenen Stücke anschafft, eingebrachtes Gut werden, ohne Unterschied, ob die Anschaffung mit Mitteln des eingebrachten Gutes oder mit Mitteln des Mannes und ob sie für seine Rechnung oder für Rechnung der Frau erfolgt. Durch diese einer ähnlichen Bestimmung des Preußischen Rechtes (A.L.R. II, 1 § 560) sich anschließende Vorschrift wird die Auseinandersetzung nach Beendigung des Güterstandes wesentlich vereinfacht.

Nutznießung. Mit dem Rechte des Mannes, das eingebrachte Gut zu verwalten, ist das Recht der Nutznießung verbunden. Dasselbe erstreckt sich jedoch nicht auf die ausschließlich zum persönlichen Gebrauch der Frau bestimmten Sachen, insbesondere nicht auf Kleider und Schmucksachen (§ 1354)[1]. Im Einzelnen ist die Nutznießung im Anschluß an die neueren Gesetze geregelt (vergl. Preuß. A.L.R. II, 1 §§ 231 ff.; Sächs. Gesetzbuch §§ 1655 ff.; Art. 5 des Oldenburg. Gesetzes vom 24. April 1873). Nach dem § 1366, **1383** erwirbt der Mann die Nutzungen des eingebrachten Gutes in derselben Weise und in demselben Umfange wie ein Nießbraucher. Bezüglich der Verwendung der Einkünfte ist er der Frau gegenüber an sich nicht verantwortlich; dem Zwecke der Nutznießung entsprechend sollen aber die Einkünfte an erster Stelle zur Bestreitung des ehelichen Aufwandes verwendet werden (§ 1372, **1389** Abs. 1). Demgemäß giebt der Entwurf (§ 1372, **1389** Abs. 2) der Frau das Recht, von dem Manne zu verlangen, daß er den Reinertrag des eingebrachten Gutes, soweit dieser zur Bestreitung des eigenen und des der Frau und den gemeinschaftlichen Abkömmlingen zu gewährenden Unterhalts erforderlich ist, zu dem gedachten Zwecke ohne Rücksicht auf seine anderweitigen Verbindlichkeiten verwende. Den Anspruch kann die Frau nach § 1377, **1394** Satz 2 auch schon während der Dauer der Verwaltung und Nutznießung gerichtlich geltend machen. Auch ist sie, wenn der Mann die fragliche Verpflichtung verletzt, unter Umständen berechtigt, auf Aufhebung der Verwaltung und Nutznießung zu klagen (§ 1401, **1418** Nr. 2).

Mit der Verwaltung und Nutznießung sind für den Mann gewisse Lasten verbunden. Die betreffenden Bestimmungen (§§ 1367, **1384** bis 1370, **1387**) beruhen sämmtlich auf dem Gedanken, daß der Mann im Verhältniß zur Frau alle Verbindlichkeiten zu tragen hat, welche bei ordnungsmäßiger Wirthschaft aus den laufenden Einnahmen bestritten werden. In Uebereinstimmung mit dem geltenden Rechte geht der Entwurf ferner davon aus, daß der Mann die Lasten unabhängig von dem jeweiligen Ertrage des eingebrachten Gutes zu bestreiten verpflichtet ist. Da die Verwaltung in seiner Hand liegt und ihm der Ueberschuß verbleibt, so muß er billigerweise auch für die Einbuße aufkommen.

Sicherung der Frau. Durch die Art und Weise, wie der Entwurf das Verwaltungsrecht, insbesondere das Verfügungsrecht des Mannes, gestaltet hat, ist die Frau gegen die Gefahren, welche sich immerhin auch aus der Verwaltungsgemeinschaft für sie ergeben können, unter gewöhnlichen Verhältnissen ausreichend gesichert. Eines weitergehenden Schutzes bedarf sie aber dann, wenn durch das Ver-

---

1) Dieser Paragraph ist gestrichen. Vergl. die Anmerkung S. 200.

halten des Mannes die Besorgniß begründet wird, daß ihre Rechte in einer das eingebrachte Gut erheblich gefährdenden Weise verletzt werden, oder wenn die der Frau aus der Verwaltung und Nutznießung des Mannes zustehenden Ansprüche auf Ersatz des Werthes verbrauchbarer Sachen (vergl. § 1360, **1377** Abs. 3) erheblich gefährdet sind. Im Anschluß an das Preußische Allgemeine Landrecht II, 1 § 255 gewährt der Entwurf daher (§ 1374, **1391**) der Frau das Recht, in einem solchen Falle von dem Manne Sicherheitsleistung zu verlangen. Unter den bezeichneten Voraussetzungen kann außerdem die Frau fordern, daß der Mann die Inhaberpapiere und die mit Blankoindossament versehenen Orderpapiere, welche zum eingebrachten Gute gehören, hinterlege (§ 1375, **1392**). Die Hinterlegung der Inhaberpapiere vermag jedoch der Mann dadurch abzuwenden, daß er dieselben auf den Namen der Frau umschreiben oder in Buchforderungen gegen das Reich oder einen Bundesstaat umwandeln läßt (§ 1376, **1393**).

Wie das geltende Recht steht auch der Entwurf (§ 1377, **1394**) auf dem Standpunkte, daß es der Frau im Interesse der Erhaltung des ehelichen Friedens und zur Wahrung der für die Stellung des Mannes nothwendigen Selbständigkeit regelmäßig nicht gestattet werden kann, schon während der Dauer der Verwaltung und Nutznießung wegen der ihr hieraus gegen den Mann zustehenden Ansprüche den Weg der Klage zu beschreiten. Die gerichtliche Geltendmachung ihres Anspruchs auf Sicherheitsleistung (§ 1374, **1391**) kann der Frau selbstverständlich nicht versagt werden. Mit Rücksicht hierauf wird ihr, wenn die Voraussetzungen vorliegen, unter denen sie Sicherheit verlangen kann, von dem Entwurfe weiterhin die Befugniß gewährt, auch ihre sonstigen Ansprüche gerichtlich zu verfolgen. Endlich aber darf die Frau den Anspruch, daß der Reinertrag des eingebrachten Gutes zum Unterhalte der Familie verwendet werde, während des Güterstandes ohne jede Beschränkung geltend machen, da anderenfalls der Zweck dieses Anspruchs vereitelt werden würde.

Beschränkung der Frau in der Verfügung über eingebrachtes Gut.

Nach der Mehrzahl der auf dem Boden der Verwaltungsgemeinschaft stehenden Gesetze ist mit dem Verwaltungsrechte des Mannes zugleich eine Beschränkung der Geschäftsfähigkeit der Frau in der Art verbunden, daß die von der Frau ohne Einwilligung des Mannes vorgenommenen Rechtsgeschäfte nichtig sind oder daß doch ihre Wirksamkeit von der Genehmigung des Mannes abhängt (vergl. Preuß. A.L.R. II, 1 §§ 188, 189, 320; Sächs. Gesetzbuch §§ 1638, 1641). Von dieser Regel werden Ausnahmen zugelassen hinsichtlich solcher Rechtsgeschäfte, welche die Frau mit Bezug auf ihr Vorbehaltsgut oder innerhalb ihres häuslichen Wirkungskreises oder im Bereich eines mit Einwilligung des Mannes von ihr selbständig betriebenen Erwerbsgeschäfts vornimmt (vergl. Preuß. A.L.R. II, 1 §§ 318 ff., 619, 620; Sächs. Gesetzbuch §§ 1640, 1645). Die landesgesetzlichen Vorschriften über die Beschränkung der Geschäftsfähigkeit der Frau sind aber in weitem Umfange beseitigt durch die Bestimmungen der Art. 7 bis 9 des Handelsgesetzbuchs über die Handelsfrau, des § 11 der Gewerbeordnung[1]) über die Stellung der Frau,

---

1) Vergl. E.G. zum B.G.B. Art. 36 I.

die selbständig ein Gewerbe betreibt, sowie durch die Bestimmungen des § 51, **52** Abs. 2 der Civilprozeßordnung über die Prozeßfähigkeit der Frau. Der hiermit eingeleiteten Rechtsentwickelung, welche dahin geht, dem ehelichen Güterrechte keinen Einfluß auf die Geschäftsfähigkeit der Frau einzuräumen, ist der Entwurf gefolgt. Der Mann bedarf bei dem gesetzlichen Güterstande nur einer Sicherung gegen die Gefahren, die ihm erwachsen würden, wenn die Frau ohne seine Einwilligung über eingebrachtes Gut unmittelbar oder mittelbar verfügen könnte. Diesem Bedürfnisse wird aber in ausreichender Weise Rechnung getragen, wenn nach dem Vorgange des gemeinen deutschen Rechtes das Verfügungsrecht der Frau hinsichtlich des eingebrachten Gutes in geeigneter Weise beschränkt wird (§§ 1378, **1395** bis 1382, **1399**, 1386, **1403**, 1387, **1404**). Bezüglich der Führung eines Rechtsstreits beläßt es der Entwurf bei der Bestimmung des § 51, **52** Abs. 2 der Civilprozeßordnung, wonach die Prozeßfähigkeit einer Frau dadurch, daß sie Ehefrau ist, nicht beschränkt wird. Da jedoch das rechtskräftige Urtheil unter Umständen wie eine Verfügung wirkt, sieht er zugleich vor, daß, wenn die Frau einen Rechtsstreit ohne Zustimmung des Mannes führt, das Urtheil diesem gegenüber in Ansehung des eingebrachten Gutes unwirksam ist und daß die Frau ein zum eingebrachten Gute gehöriges Recht im Wege der Klage nur mit Zustimmung des Mannes geltend machen kann (§ 1383, **1400**).

Uebrigens ist nach dem Entwurfe (§ 1384, **1401**) die Zustimmung des Mannes zur Vornahme von Rechtsgeschäften oder zur Führung von Rechtsstreitigkeiten für die Frau dann nicht erforderlich, wenn der Mann durch Krankheit oder durch Abwesenheit an der Abgabe einer Erklärung verhindert und mit dem Aufschube Gefahr verbunden ist. Diese Vorschrift, welche sich ähnlichen Bestimmungen der neueren Gesetze (vergl. Preuß. A.L.R. II, 1 §§ 202 bis 204, 324 bis 328; Sächs. Gesetzbuch §§ 1643, 1679) anschließt, erleichtert es der Frau, eine ordnungsmäßige Verwaltung des eingebrachten Gutes herbeizuführen. Unter dem gleichen Gesichtspunkt ist der Frau auch für den Fall Schutz zu gewähren, daß der Mann ohne ausreichenden Grund seine Zustimmung zu einem Rechtsgeschäfte verweigert, das zur ordnungsmäßigen Besorgung ihrer persönlichen Angelegenheiten erforderlich ist. Der Entwurf (§ 1385, **1402**) bestimmt daher, daß hier die Zustimmung des Mannes auf Antrag der Frau durch das Vormundschaftsgericht ersetzt werden kann.

In gewissen Fällen bedarf die Frau nach dem Entwurfe (§§ 1388, **1405** bis 1390, **1407**) zur Vornahme von Rechtsgeschäften oder zur Führung von Rechtsstreitigkeiten, die das eingebrachte Gut betreffen, der Einwilligung des Mannes überhaupt nicht; alsdann ist das Rechtsgeschäft oder das in dem Rechtsstreit ergangene Urtheil in Ansehung des eingebrachten Gutes auch dem Manne gegenüber unbedingt wirksam. Von besonderer Wichtigkeit sind in dieser Hinsicht die Bestimmungen des § 1388, **1405**, welche nach dem Vorgange der Art. 7 bis 9 des Handelsgesetzbuchs und des § 11 der Gewerbeordnung sowie neuerer Landesgesetze (vergl. Preuß. A.L.R. II, 1 §§ 335 f.; Art. 8 § 2, Art. 9 Nr. 6 des Oldenburg. Gesetzes vom 24. April 1873) der

Frau, wenn sie ein Erwerbsgeschäft mit Einwilligung des Mannes selbständig betreibt, eine freiere Stellung einräumen.

Veräußerlichkeit des Verwaltungs- und Nutznießungsrechts des Mannes.

Die familienrechtliche Gewalt, vermöge deren dem Manne das Recht der Verwaltung und Nutznießung am eingebrachten Gute zusteht, ist ihrem Grunde und ihrer Bestimmung nach an die Person des Mannes gebunden. Zu dem Manne darf die Frau das Vertrauen haben, daß er sein Recht in der durch den Zweck desselben gebotenen Weise ausüben werde. Die in der Person des Mannes liegende Gewähr würde aber wegfallen, wenn dem Manne die Veräußerung des Rechtes gestattet wäre. Demgemäß bestimmt der Entwurf (§ 1391, **1408**), daß dieses Recht nicht veräußerlich ist. Dagegen bleibt es dem Manne unbenommen, die zum eingebrachten Gute gehörenden Gegenstände Anderen zu überlassen, beispielsweise im Wege eines Mieths- oder Pachtvertrags (vergl. § 1406, **1423**).

Haftung des eingebrachten Gutes für die beiderseitigen Schulden.

In Uebereinstimmung mit dem gemeinen deutschen Rechte und der Mehrzahl der neueren Gesetze (Preuß. A.L.R. II, 1 §§ 257 bis 260; Sächs. Gesetzbuch §§ 1678, 1685; Oldenb. Gesetz vom 24. April 1873) hält der Entwurf (§ 1393, **1410**) den Grundsatz fest, daß den Gläubigern des Mannes das eingebrachte Gut nicht haftet. Wenn die Frau an dem Vermögen des Mannes oder der Errungenschaft keinen Antheil hat und der Mann in keiner Weise für die Schulden der Frau haftet, so ist es eine einfache Forderung der Gerechtigkeit, daß die Frau, wie sie an dem Gewinne nicht Theil nimmt, so auch nicht die Gefahr des Verlustes trägt.

Andererseits entspricht es dem Grundgedanken der Verwaltungsgemeinschaft und dem bestehenden Rechte (vergl. Preuß. A.L.R. II, 1 §§ 320, 335, 336, 338; Sächs. Gesetzbuch § 1679), daß die Gläubiger der Frau ohne Rücksicht auf die Verwaltung und Nutznießung des Mannes Befriedigung aus dem eingebrachten Gute verlangen können (§ 1394, **1411**). Diese Vorschrift gilt allgemein bezüglich derjenigen Verbindlichkeiten der Frau, welche vor Eintritt der Verwaltung und Nutznießung des Mannes entstanden sind. Hinsichtlich der später entstandenen Verbindlichkeiten ist dagegen eine Anzahl von Ausnahmen erforderlich, da der Frau nicht gestattet werden kann, ohne Zustimmung des Mannes das eingebrachte Gut durch Rechtsgeschäfte mit Schulden zu belasten und dadurch mittelbar über dasselbe zu verfügen (§ 1395, **1412** bis 1397, **1414**).

Ausgleichung wegen der Schulden der Frau im Verhältnisse der Ehegatten zu einander.

Wenn die Frau neben dem eingebrachten Gute Vorbehaltsgut besitzt, so haben diejenigen ihrer Gläubiger, denen das eingebrachte Gut haftet, die Wahl, ob sie aus diesem oder aus dem Vorbehaltsgute Befriedigung suchen wollen.

Eine andere Frage ist es, inwieweit im Verhältnisse der Ehegatten zu einander die Verbindlichkeiten, für welche das eingebrachte Gut haftet, dem eingebrachten Gute oder dem Vorbehaltsgute zur Last fallen und demgemäß eine Verpflichtung zur Ausgleichung einzutreten hat. Da gewöhnlich alles Vermögen der Frau eingebrachtes Gut ist, so muß als Regel gelten, daß die Verbindlichkeiten, deren Erfüllung die Gläubiger aus dem eingebrachten Gute fordern können, auch im Verhältnisse der Ehegatten zu einander dem eingebrachten Gute zur Last fallen. Von dieser Regel sind jedoch aus Rücksichten der Billigkeit gegen den Mann, sowie wegen des wirthschaftlichen Zusammenhanges gewisser Schulden mit dem Vorbehaltsgut in den §§ 1398, **1415**, 1399, **1416** Ausnahmen gemacht, die übrigens theilweise schon in den geltenden Rechten Anerkennung gefunden haben (vergl. Sächs. Gesetzbuch § 1680; Art. 19 § 1 des Oldenb. Gesetzes vom 24. April 1873).

Aus der Regel, wonach Verbindlichkeiten, für welche das eingebrachte Gut haftet, auch im Verhältnisse der Ehegatten zu einander dem eingebrachten Gute zur Last fallen, ergiebt sich, daß, wenn eine vom Vorbehaltsgute zu tragende Verbindlichkeit aus dem eingebrachten Gute oder eine das eingebrachte Gut treffende Verbindlichkeit aus dem Vorbehaltsgute berichtigt wird, von dem Vorbehaltsgute zum eingebrachten Gute oder umgekehrt von diesem zu dem Vorbehaltsgut Ersatz zu leisten ist (§ 1400, **1417**). Es handelt sich hiernach um eine Ausgleichungspflicht bezüglich der beiden Vermögensmassen.

Beendigung der Verwaltung und Nutznießung. Liegen die Voraussetzungen vor, unter welchen die Frau nach § 1374, **1391** Sicherheitsleistung von dem Manne verlangen kann, so darf der Frau nicht zugemuthet werden, ihr Vermögen der Verwaltung und Nutznießung des Mannes noch weiterhin zu überlassen, da die für das Recht des Mannes maßgebende Voraussetzung, daß er das Vermögen der Frau ordnungsmäßig verwalten und die Einkünfte in zweckentsprechender Weise verwenden werde, sich nicht erfüllt hat. Das Gleiche gilt, wenn der Mann seine Verpflichtung, der Frau und den gemeinschaftlichen Abkömmlingen den Unterhalt zu gewähren, verletzt hat und für die Zukunft eine erhebliche Gefährdung des Unterhalts zu besorgen ist. Der Entwurf (§ 1401, **1418** Nr. 1, 2) bestimmt daher im Anschluß an ähnliche Vorschriften des geltenden Rechtes (vergl. Preuß. A.L.R. II, 1 §§ 256, 258; Art. 11 des Oldenb. Gesetzes vom 24. April 1873), daß in den bezeichneten Fällen die Frau berechtigt ist, auf Aufhebung der Verwaltung und Nutznießung zu klagen. Dieselbe Befugniß steht der Frau zufolge § 1401, **1418** Nr. 3 bis 5 zu, wenn der Mann entmündigt ist oder wegen Gebrechlichkeit einen mit der Besorgung der gesammten Vermögensangelegenheiten betrauten Pfleger (§ 1886, **1910**) erhalten hat, oder wenn für ihn ein Abwesenheitspfleger bestellt ist und eine baldige Aufhebung der Pflegschaft nicht in Aussicht steht. Nach der gemeinrechtlichen Praxis und dem Art. 12 des Oldenburgischen Gesetzes vom 24. April 1873 endigt, falls der Mann unfähig geworden ist, die Verwaltung selbst fortzuführen, sein Recht kraft Gesetzes. Auch dem Entwurfe liegt die Auffassung zu Grunde, daß mit Rücksicht auf die persönliche Natur der dem Manne eingeräumten Rechte der Frau nicht gegen ihren Willen statt des Mannes dessen gesetzlicher Vertreter (vergl. § 1392, **1409**) als Verwalter ihres Vermögens aufgenöthigt werden darf. Andererseits erschien es aber nicht angemessen, in den bezeichneten Fällen die Verwaltung und Nutznießung kraft Gesetzes endigen zu lassen; denn die Frau kann unter Umständen ein Interesse daran haben, daß die mit der Beendigung des Güterstandes verbundene Auseinandersetzung vermieden und ihr Vermögen von dem gesetzlichen Vertreter des Mannes verwaltet wird. Da in den Fällen des § 1401, **1418** Nr. 3 bis 5 die Befugniß der Frau, auf Aufhebung der Verwaltung und Nutznießung zu klagen, lediglich in der Unfähigkeit des Mannes, seine Rechte selbst auszuüben, ihren Grund hat, so erfordert es die Billigkeit, daß der Mann, wenn die Entmündigung oder Pflegschaft wieder aufgehoben ist, in die Lage gebracht werde, auf Wiederherstellung seiner Rechte zu klagen (§ 1408, **1425** Abs. 1 Satz 1).

Zufolge § 1402, **1419** endigt die Verwaltung und Nutznießung mit der Rechtskraft des Beschlusses, durch welchen der Konkurs über das Vermögen des Mannes eröffnet wird. Die Vorschrift rechtfertigt sich durch die Erwägung, daß der Konkurs in der wirthschaftlichen Lage des Mannes eine eingreifende Aenderung bewirkt und vor allem geeignet ist, das persönliche Vertrauen, auf welchem die Verwaltung und Nutznießung des Mannes beruht, zu erschüttern. Mit dem Entwurfe stimmen die Oldenburgischen Gesetze vom 24. April 1873 (Art. 35) und vom 10. Januar 1879 (Art. 52) überein. Auch die Vorschriften des Preußischen Allgemeinen Landrechts II, 1 §§ 258, 261 bis 263 führen praktisch im Wesentlichen zu demselben Ergebnisse.

Nach dem § 1403, **1420** endigt ferner die Verwaltung und Nutznießung, wenn der Mann für todt erklärt wird. In Ermangelung einer besonderen Bestimmung würde die Todeserklärung gemäß § 18 nur die Vermuthung begründen, daß der Mann gestorben und durch seinen Tod die Verwaltung und Nutznießung beendigt sei. Hieraus könnten sich im Falle der Rückkehr des Mannes praktische Schwierigkeiten ergeben. Dagegen wird das Verhältniß der Ehegatten zu einander wie auch Dritten gegenüber erheblich vereinfacht, wenn der Todeserklärung hier die weitergehende Wirkung beigelegt wird, daß mit ihr die Verwaltung und Nutznießung endigt. Dem Interesse des Mannes trägt der Entwurf in ausreichendem Maße durch die Vorschrift Rechnung, daß der Mann, sofern er noch lebt, auf Wiederherstellung seiner Rechte klagen kann (§ 1408, **1425** Abs. 1 Satz 2).

Nach der Beendigung der Verwaltung und Nutznießung hat der Mann das eingebrachte Gut der Frau herauszugeben und ihr über die Verwaltung Rechenschaft abzulegen (§ 1404, **1421** Satz 1).

Wird die Verwaltung und Nutznießung nach Maßgabe des § 1401, **1418** durch Urtheil aufgehoben oder endigt sie auf Grund des § 1402, **1419** durch die Eröffnung des Konkurses über das Vermögen des Mannes, so tritt Gütertrennung ein; das Gleiche gilt, wenn der für todt erklärte Mann noch lebt (§ 1409, **1426** Abs. 1). Ausnahmsweise tritt ferner schon mit der Eheschließung kraft Gesetzes Gütertrennung ein, wenn der Mann die Ehe mit einer minderjährigen oder sonst in der Geschäftsfähigkeit beschränkten Frau ohne Einwilligung ihres gesetzlichen Vertreters schließt (§ 1409, **1426** verb. mit § 1347, **1364**). Gütertrennung.

Bei der Gütertrennung hat der Mann den ehelichen Aufwand zu tragen, die Frau aber zur Bestreitung dieses Aufwandes einen Beitrag zu leisten (§§ 1410, **1427**, 1411, **1428**).

Nach § 1412, **1429** ist, wenn die Frau zur Bestreitung des ehelichen Aufwandes freiwillig aus ihrem Vermögen etwas verwendet oder dem Manne überlassen hat, im Zweifel anzunehmen, daß die Absicht, Ersatz zu verlangen, gefehlt habe (vergl. Preuß. A.L.R. II, 1 §§ 218 bis 220; Sächs. Gesetzbuch § 1668). Ueberläßt die Frau ihr Vermögen ganz oder theilweise der Verwaltung des Mannes, so kann dieser die während seiner Verwaltung bezogenen Einkünfte nach freiem Ermessen verwenden, soweit sie nicht zur Bestreitung der Kosten der ordnungsmäßigen Verwaltung und zur Erfüllung solcher Verpflichtungen der Frau erforderlich sind, die bei ordnungsmäßiger Verwaltung aus den Einkünften des Vermögens bestritten werden (§ 1413, **1430**).

Dritten gegenüber ist nach § 1414, **1431** die Gütertrennung nur nach Maßgabe der für Eheverträge geltenden Vorschriften des § 1418, **1435** wirksam.

VII. Vertragsmäßiges Güterrecht.

1. Allgemeine Vorschriften.

Zulässigkeit von Eheverträgen.

Abweichend von dem Französischen und Badischen Rechte (Code civil Art. 1394, 1395; Bad. L.R. Satz 1394, 1395), aber in Uebereinstimmung mit dem Gemeinen Rechte und den meisten neueren Gesetzen (vergl. Preuß. A.L.R. II, 1 §§ 215, 251, 252, 354, 355, 412 ff.; Bayer. L.R. I, 6 § 29; Sächs. Gesetzbuch § 1691; Württemb. L.R. III, 8 § 2, 3) gestattet der Entwurf (§ 1415, **1432**) den Ehegatten die Schließung von Eheverträgen nicht nur vor, sondern auch nach Eingehung der Ehe. Die Ehegatten können noch während der Ehe, namentlich bei Eintritt unvorhergesehener Aenderungen in ihren äußeren Verhältnissen, ein dringendes und berechtigtes Interesse haben, ihre vermögensrechtlichen Beziehungen abweichend von dem gesetzlichen oder dem vor Eingehung der Ehe vereinbarten Güterrechte zu ordnen. Demgegenüber kann die Gefahr, daß der eine Ehegatte behufs Herbeiführung eines solchen Vertrags den anderen in unlauterer Weise beeinflußt, nicht entscheidend ins Gewicht fallen, namentlich vom Standpunkte des Entwurfes, der auch Schenkungen unter Ehegatten zuläßt.

Dagegen wird durch den Entwurf (§ 1416, **1433** Abs. 1) nach dem Vorgange des Art. 1390 des Code civil, sowie der Oldenburgischen Gesetze vom 24. April 1873 (Art. 23) und vom 10. Januar 1879 (Art. 22) die Vertragsfreiheit der Ehegatten aus Gründen der Rechtssicherheit in der Weise beschränkt, daß der Güterstand nicht durch Verweisung auf ein nicht mehr geltendes oder auf ein ausländisches Gesetz bestimmt werden kann. Doch soll, wenn der Mann zur Zeit der Eingehung der Ehe oder, falls der Vertrag später geschlossen wird, zur Zeit des Vertragsabschlusses seinen Wohnsitz im Auslande hat, die Verweisung auf ein an diesem Wohnsitze geltendes Güterrecht auch für deutsche Ehegatten zulässig sein (§ 1416, **1433** Abs. 2).

Form der Eheverträge.

Der Ehevertrag muß bei gleichzeitiger Anwesenheit beider Theile vor Gericht oder vor einem Notar geschlossen werden (§ 1417, **1434**). Diese Form rechtfertigt sich durch die Wichtigkeit der fraglichen Rechtsgeschäfte, welche auf lange Dauer berechnet und nicht nur für die Verhältnisse der Ehegatten unter einander, sondern in der Regel auch für das Verhältniß derselben zu Dritten von weitgehender Bedeutung sind; entsprechende Vorschriften finden sich auch in der Mehrzahl der geltenden Rechte (vergl. Preuß. A.L.R. II, 1 §§ 209, 215, 218 ff., 298 ff., 356, 419; Art. 1 des Bayer. Gesetzes vom 5. Mai 1890; Code civil Art. 1394).

2. Allgemeine Gütergemeinschaft.

Grundgedanke der allgemeinen Gütergemeinschaft.

Die allgemeine Gütergemeinschaft bezweckt, die vollständige Lebensgemeinschaft, welche die Ehe unter den Ehegatten begründet, auch in vermögensrechtlicher Hinsicht zur Geltung zu bringen. Beide Ehegatten haben hier nur ein Vermögen. Dieser Gesichtspunkt ist auch für die Gestaltung maßgebend, welche der Entwurf der allgemeinen Gütergemeinschaft giebt. Bei der Regelung im Einzelnen kommt jedoch in Betracht, daß nach dem Entwurfe die allgemeine Gütergemeinschaft nicht das gesetzliche Güterrecht bildet, sondern nur kraft Ehevertrags eintritt. Dies ist namentlich von Einfluß, soweit es sich um die Verhältnisse der Ehegatten nach außen handelt. Wo die allgemeine Gütergemeinschaft das gesetzliche Güterrecht ist, verfolgt sie zugleich den Zweck, die vermögensrechtlichen Verhältnisse der Ehegatten in einer dem allgemeinen Interesse möglichst entsprechenden Weise zu gestalten, den Kredit der Ehegatten zu heben und ihren Gläubigern eine größere Sicherheit zu gewähren. Bei der vertragsmäßigen allgemeinen Gütergemeinschaft tritt dieser Zweck, wenngleich er nicht unbeachtet bleiben darf, doch gegenüber der Rücksicht auf das Interesse der Ehegatten und auf ihr Verhältniß zu einander mehr in den Hintergrund und es kann sich hier, was das Verhältniß nach außen betrifft, nur darum handeln, die Regelung möglichst einfach und so zu gestalten, daß die Rechte Dritter, insbesondere der Gläubiger, mindestens in gleichem Maße geschützt sind, wie wenn das gesetzliche Güterrecht Anwendung fände.

Einzelheiten. Gesammtgut.

Durch die allgemeine Gütergemeinschaft wird das Vermögen des Mannes und das Vermögen der Frau gemeinschaftliches Vermögen beider Ehegatten, ohne daß es einer Uebertragung der einzelnen Vermögensgegenstände bedarf (§ 1421, **1438**). In Uebereinstimmung mit den das Gesellschaftsvermögen betreffenden Vorschriften der §§ 705, **718** bis 707, **720** (vergl. oben S. 92 f.) hat der Entwurf auch das Rechtsverhältniß bezüglich des gemeinschaftlichen Vermögens der Ehegatten, des Gesammtguts, nach den deutschrechtlichen Grundsätzen der Gemeinschaft zur gesammten Hand gestaltet. Zum Ausdrucke gelangt dies insbesondere in der Vorschrift des § 1425, **1442** Abs. 1, derzufolge ein Ehegatte über seinen Antheil am Gesammtgut und den dazu gehörenden Gegenständen nicht verfügen, auch die Theilung nicht verlangen kann.

Von der Regel, daß das Vermögen des Mannes und das Vermögen der Frau Gesammtgut wird, macht der Entwurf einige Ausnahmen. Gegenstände, die nicht durch Rechtsgeschäfte übertragen werden können, z. B. Lehen, Fideikommisse, bleiben mit Rücksicht auf diese Eigenschaft von dem Gesammtgut ausgeschlossen (§ 1422, **1439** Satz 1). Der Unübertragbarkeit steht jedoch nicht im Wege, daß diese Gegenstände in derselben Weise, wie bei der Errungenschaftsgemeinschaft das eingebrachte Gut des einen oder anderen Ehegatten, für Rechnung des Gesammtguts verwaltet werden und daß demgemäß die Nutzungen in das Gesammtgut fallen, andererseits die Lasten von dem Gesammtgute zu tragen sind. Der Entwurf (§ 1422, **1439** Satz 2) bestimmt daher, daß auf die bezeichneten Gegenstände die bei der Errungenschaftsgemeinschaft für das eingebrachte Gut geltenden Vorschriften entsprechende Anwendung finden sollen.

Ausgeschlossen von dem Gesammtgut ist ferner nach näherer Bestimmung des § 1423, **1440** das Vorbehaltsgut des Mannes oder der Frau. Für das Vorbehaltsgut der Frau gelten dieselben Vorschriften, wie bei dem gesetzlichen Güterrechte (§ 1424, **1441** vergl. mit § 1353, **1371**).

Verwaltungsrecht des Mannes. In Uebereinstimmung mit der großen Mehrzahl der geltenden Rechte überträgt der Entwurf (§ 1426, **1443** Abs. 1) dem Manne, als dem Haupte der Ehe, die Verwaltung des Gesammtguts. Kraft seines Verwaltungsrechts ist der Mann insbesondere zum Besitze der zum Gesammtgut gehörenden Sachen berechtigt und befugt, über das Gesammtgut zu verfügen, sowie Rechtsstreitigkeiten, die sich auf das Gesammtgut beziehen, im eigenen Namen zu führen. Die Frau wird durch die Verwaltungshandlungen des Mannes weder Dritten noch dem Manne gegenüber persönlich verpflichtet (§ 1426, **1443** Abs. 2); überhaupt ist nach dem Entwurf eine persönliche Haftung der Frau für die Schulden des Mannes ausgeschlossen (vergl. § 1442, **1459**).

Ein Theil der geltenden Rechte legt dem Manne hinsichtlich der Verwaltung des Gesammtguts keinerlei Beschränkungen auf (vergl. insbesondere § 3 des Preuß. Gesetzes, betreffend das eheliche Güterrecht in der Provinz Westfalen u. s. w., vom 16. April 1860; Code civil Art. 1409 Nr. 2, Art. 1421). Andere binden ihn dagegen nach den Grundsätzen der Gemeinschaft zur gesammten Hand bei der Ausübung seines Verwaltungsrechts in größerem oder geringerem Umfang, insbesondere bei Verfügungen über Grundstücke, an die Mitwirkung der Frau. Zu dieser Gruppe von Rechten gehören namentlich das Preußische Allgemeine Landrecht II, 1 §§ 377 ff. und verschiedene in Bayern geltende Rechte. Der Entwurf folgt den Rechten der zweiten Gruppe insofern, als er die Wirksamkeit gewisser Rechtsgeschäfte, welche das Gesammtgut im Ganzen oder ein zu dem Gesammtgute gehörendes Grundstück betreffen, ferner die Wirksamkeit einer Schenkung aus dem Gesammtgut und die Wirksamkeit eines Schenkungsversprechens von der Zustimmung der Frau abhängig macht (§§ 1427, **1444** bis 1429, **1446**, 1431, **1448**). Die fraglichen Rechtsgeschäfte liegen theils außerhalb des Rahmens einer ordnungsmäßigen Verwaltung, theils sind sie für die Lebensverhältnisse der Familie von eingreifender Bedeutung. Schenkungen werden jedoch von der gedachten Beschränkung insoweit nicht betroffen, als durch sie einer sittlichen Pflicht oder einer auf den Anstand zu nehmenden Rücksicht entsprochen wird (§ 1429, **1446** Abs. 2).

Das Erforderniß der Einwilligung der Frau darf andererseits nicht dahin führen, daß die ordnungsmäßige Verwaltung des Gesammtguts gehemmt wird. Der Entwurf (§ 1430, **1447**) sieht deshalb vor, daß die Zustimmung der Frau auf Antrag des Mannes durch das Vormundschaftsgericht ersetzt werden kann, wenn sie von ihr ohne ausreichenden Grund verweigert wird oder wenn die

Frau durch Krankheit oder Abwesenheit an der Abgabe einer Erklärung verhindert und mit dem Aufschube Gefahr verbunden ist.

Verantwortlichkeit des Mannes.

Für die Verwaltung des Gesammtguts ist der Mann der Frau nicht verantwortlich (§ 1439, **1456** Satz 1). Dieser Grundsatz entspricht dem geltenden Rechte und rechtfertigt sich durch die Erwägung, daß eine Verantwortlichkeit des Mannes dem Wesen der allgemeinen Gütergemeinschaft, bei welcher das beiderseitige Vermögen auf gemeinsamen Gedeih und Verderb vereinigt wird, widerstreiten, die Stellung des Mannes zu einer unhaltbaren und die allgemeine Gütergemeinschaft zu einer Quelle von Streitigkeiten machen würde. Hat jedoch der Mann in der Absicht, die Frau zu benachtheiligen, oder durch ein ohne die erforderliche Zustimmung der Frau vorgenommenes Rechtsgeschäft eine Verminderung des Gesammtguts herbeigeführt, so ist er verpflichtet, für diese Verminderung zu dem Gesammtgut Ersatz zu leisten (§ 1439, **1456** Satz 2).

Rechtliche Stellung der Frau.

Wie bei dem gesetzlichen Güterrecht ist die Frau auch bei der allgemeinen Gütergemeinschaft nicht in der Geschäftsfähigkeit beschränkt. Da sie aber von der Verwaltung des Gesammtguts ausgeschlossen ist, so kann sie, vorbehaltlich ihrer Schlüsselgewalt (§ 1340, **1357**) ohne Zustimmung des Mannes nicht mit Wirkung für das Gesammtgut ein auf dasselbe bezügliches Rechtsgeschäft vornehmen oder einen dasselbe betreffenden Rechtsstreit führen. Uebrigens erleidet dieser Grundsatz eine Reihe von Ausnahmen (§§ 1432, **1449** bis 1437, **1454**). Insbesondere bestimmt der § 1433, **1450** im Anschluß an geltende Gesetze (vergl. Preuß. A.L.R. II, 1 §§ 202 bis 205; §§ 4, 5 des Preuß. Gesetzes vom 16. April 1860 für Westfalen; Code civil Art. 1427), daß die Frau im eigenen Namen oder im Namen des Mannes Rechtsgeschäfte vornehmen und Rechtsstreitigkeiten führen kann, wenn der Mann durch Krankheit oder Abwesenheit verhindert und mit dem Aufschube Gefahr verbunden ist. Nach § 1434, **1451** darf ferner, wenn zur ordnungsmäßigen Besorgung der persönlichen Angelegenheiten der Frau ein Rechtsgeschäft erforderlich ist, welches die Frau mit Wirkung für das Gesammtgut nicht ohne Zustimmung des Mannes vornehmen kann, diese Zustimmung im Falle einer nicht ausreichend begründeten Weigerung des Mannes auf Antrag der Frau durch das Vormundschaftsgericht ersetzt werden. Endlich ist, falls der Mann der Frau die Einwilligung zum selbstständigen Betrieb eines Erwerbsgeschäfts ertheilt, seine Zustimmung zu Rechtsgeschäften und Rechtsstreitigkeiten, die der Geschäftsbetrieb mit sich bringt, auch dann nicht erforderlich, wenn das Erwerbsgeschäft zum Gesammtgute gehört (§ 1435, **1452**).

Haftung für die Schulden.

Was die Haftung für die Schulden betrifft, so bestimmt der Entwurf (§ 1442, **1459** Abs. 1), daß die Gläubiger des Mannes und im Allgemeinen auch die Gläubiger der Frau Befriedigung aus dem Gesammtgute verlangen können. Dies ergiebt sich aus dem Wesen der allgemeinen Gütergemeinschaft, wonach das gemeinschaftliche Vermögen den wirthschaftlichen Bedürfnissen des einen wie des anderen Ehegatten dienen soll, und stimmt auch mit der Mehrzahl der geltenden Rechte überein. Für die nach dem Eintritte der Gütergemeinschaft entstehenden Verbindlichkeiten der Frau erfährt die Regel des § 1442,

1459 Abs. 1 einige Ausnahmen (§§ 1443, **1460** bis 1445, **1462**). Insbesondere vermag die Frau, soweit sie ohne Zustimmung des Mannes über das Gesammtgut nicht verfügen kann, das Gesammtgut auch nicht durch rechtsgeschäftliche Handlungen mit Schulden zu belasten. Dagegen verbleibt es, im Einklange mit der Praxis des Gemeinen und des Preußischen Rechtes, hinsichtlich der Verbindlichkeiten der Frau aus unerlaubten Handlungen bei der Regel. Das Gleiche gilt, der Hauptsache nach, bezüglich der unmittelbar auf Gesetz beruhenden Verbindlichkeiten der Frau.

Für Verbindlichkeiten der Frau, welche Gesammtgutsverbindlichkeiten sind, haftet der Mann auch persönlich (§ 1442, **1459** Abs. 2 Satz 1). Diese Haftung des Mannes, welche schon dem geltenden Rechte nicht fremd ist (vergl. Code civil Art. 1409, 1431), folgt zwar nicht unmittelbar aus dem Wesen der allgemeinen Gütergemeinschaft, ist aber gegenüber dem weitreichenden Verfügungsrechte des Mannes zum Schutze der Frau geboten. Der Mangel einer solchen Vorschrift könnte für den Mann einen Anreiz bilden, seine eigenen Schulden aus dem Gesammtgute zu bezahlen, die Schulden der Frau aber unberichtigt zu lassen. Die persönliche Haftung des Mannes für die Verbindlichkeiten der Frau kann allerdings zu Härten führen; namentlich wird dies bei solchen Gesammtgutsverbindlichkeiten der Fall sein, welche, wie die Verbindlichkeit der Frau aus einer von ihr nach dem Eintritte der Gütergemeinschaft begangenen unerlaubten Handlung (vergl. § 1446, **1463** Nr. 1), im Verhältnisse der Ehegatten zu einander nicht dem Gesammtgute zur Last fallen. Mit Rücksicht hierauf und, um der Vorschrift des § 1452, **1469** praktischen Werth zu verleihen, bestimmt der Entwurf (§ 1442, **1459** Abs. 2 Satz 2), daß die persönliche Haftung des Mannes für solche Verbindlichkeiten der Frau mit der Beendigung der Gütergemeinschaft erlischt. Eine weitere Sicherung bietet dem Manne das durch § 1452, **1469** gewährte Recht, auf Aufhebung der Gütergemeinschaft zu klagen, wenn das Gesammtgut in Folge derartiger Verbindlichkeiten der Frau in dem Maße überschuldet ist, daß ein späterer Erwerb des Mannes erheblich gefährdet wird.

Die Frau ihrerseits haftet in Uebereinstimmung mit dem geltenden Rechte für die Verbindlichkeiten des Mannes, auch wenn sie im Verhältnisse der Ehegatten unter einander dem Gesammtgute zur Last fallen, nicht persönlich, sondern nur mit dem Gesammtgute. Die Schranke, welche hiermit ihrer Haftung gezogen ist, entspricht der Stellung, welche die Frau während der Dauer der Gütergemeinschaft einnimmt.

Die Verbindlichkeiten, wegen deren die Gläubiger Befriedigung aus dem Gesammtgute verlangen können, fallen, der Natur der allgemeinen Gütergemeinschaft gemäß, auch im Verhältniß der Ehegatten zu einander in der Regel dem Gesammtgute zur Last. Daher kann bei der Auseinandersetzung nach Beendigung der Gemeinschaft jeder der Ehegatten verlangen, daß diese Verbindlichkeiten zunächst aus dem Gesammtgute berichtigt werden (§ 1458, **1475** Abs. 1). Gewisse Gesammtgutsverbindlichkeiten, insbesondere die Verbindlichkeiten eines Ehegatten aus einer von ihm nach dem Eintritte der Gütergemeinschaft begangenen unerlaubten Handlung, fallen jedoch im Verhältnisse der Ehegatten zu einander nicht dem Gesammtgute, sondern demjenigen zur Last, in dessen Person sie entstanden sind (§§ 1446, **1463**, 1447, **1464**). Ist eine solche Verbindlichkeit aus dem Gesammtgute getilgt, so muß der Ehegatte, dem sie zur Last fällt, nach Maßgabe des § 1450, **1467** zu dem Gesammtgut Ersatz leisten oder, soweit die Ersatzleistung nicht während der Dauer der Gütergemeinschaft erfolgt, sich nach Beendigung derselben den Betrag bei der Auseinandersetzung auf seinen Theil anrechnen lassen (§ 1459, **1476** Abs. 2). Andererseits kann er bei der Auseinandersetzung die Berichtigung aus dem Gesammtgute nicht verlangen (§ 1458, **1475** Abs. 2).

Aufhebung der Gütergemeinschaft auf einseitigen Antrag der Frau.

Die Frau, welche mit dem Manne die allgemeine Gütergemeinschaft eingeht, handelt hierbei in der Voraussetzung, daß der Mann die ihm durch die Gütergemeinschaft übertragene Macht in einer dem Zwecke des Rechtsverhältnisses entsprechenden Weise gebrauchen werde. Erfüllt sich diese Voraussetzung nicht, so muß sie in der Lage sein, das Verhältniß für die Zukunft aufzuheben. Jedoch kann ihr im Hinblick auf das Wesen der allgemeinen Gütergemeinschaft und die eingreifenden Wirkungen, die, namentlich in erbrechtlicher Hinsicht, mit einer während bestehender Ehe erfolgenden Aufhebung verbunden sind, das Recht der Aufhebung nur für solche Fälle gegeben werden, in denen eine erhebliche, auf die Verhältnisse des Mannes zurückzuführende Gefährdung für sie vorliegt. Von diesem Gesichtspunkt aus bestimmt der § 1451, **1468** die einzelnen Fälle, in denen die Frau berechtigt sein soll, auf Aufhebung der Gütergemeinschaft zu klagen. Insbesondere steht ihr dieses Recht dann zu, wenn der Mann seine Verpflichtung, ihr und den gemeinschaftlichen Abkömmlingen den Unterhalt zu gewähren, verletzt und für die Zukunft eine erhebliche Gefährdung des Unterhalts zu besorgen ist (§ 1451, **1468** Nr. 3), wenn der Mann wegen Verschwendung entmündigt ist oder das Gesammtgut durch Verschwendung erheblich gefährdet (§ 1451, **1468** Nr. 4), endlich wenn in Folge von Verbindlichkeiten, die in der Person des Mannes entstanden sind, das Gesammtgut in solchem Maße überschuldet ist, daß ein späterer Erwerb der Frau erheblich gefährdet wird (§ 1451, **1468** Nr. 5).

Ist die Gütergemeinschaft durch Urtheil aufgehoben, so gilt für die Zukunft Gütertrennung (§ 1453, **1470** Abs. 1).

Auseinandersetzung.

Nach der Beendigung der Gütergemeinschaft findet, sofern nicht etwa der Fall der fortgesetzten Gütergemeinschaft (§§ 1466, **1483** ff.) gegeben ist, die Auseinandersetzung in Ansehung des Gesammtguts statt (§ 1454, **1471** Abs. 1).

Bis zur Auseinandersetzung dauert das bisherige Rechtsverhältniß der Ehegatten zu dem Gesammtgute fort (§ 1454, **1471** Abs. 2), jedoch mit einigen aus der Aufhebung der Gütergemeinschaft sich ergebenden Abweichungen. Insbesondere steht in der Zwischenzeit die Verwaltung des Gesammtguts beiden Ehegatten gemeinschaftlich zu. Dabei ist jeder Ehegatte dem anderen verpflichtet, zu Maßregeln mitzuwirken, die zur ordnungsmäßigen Verwaltung erforderlich sind; die zur Erhaltung nothwendigen Maßnahmen kann jeder Ehegatte ohne Mitwirkung des anderen treffen (§ 1455, **1472**).

Die Auseinandersetzung erfolgt, soweit nicht eine andere Vereinbarung getroffen ist (§ 1457, **1474**), in der Art, daß aus dem Gesammtgute zunächst die Gesammtgutsverbindlichkeiten zu berichtigen sind (§ 1458, **1475** Abs. 1). Fällt jedoch eine Gesammtgutsverbindlichkeit im Verhältnisse der Ehegatten zu einander einem der Ehegatten allein zur Last, so kann er die Berichtigung aus dem Gesammtgute nicht verlangen (§ 1458, **1475** Abs. 2). Der nach der Berichtigung der Gesammtgutsverbindlichkeiten verbleibende Ueberschuß wird unter die Ehegatten gleichmäßig vertheilt. Jeder Ehegatte muß sich aber auf seinen Antheil anrechnen lassen, was er zu dem Gesammtgute zu ersetzen verpflichtet ist; soweit die Ersatzleistung nicht durch Anrechnung geschieht, bleibt er dem anderen Ehegatten verhaftet (§ 1459, **1476**). Die Theilung des Ueberschusses erfolgt im Uebrigen nach den Vorschriften über die Gemeinschaft. Aus Rücksichten der Billigkeit giebt indessen der Entwurf im Anschluß an geltende Gesetze (vergl. Preuß. A.L.R. II, 1 §§ 640, 641, 648, 649; Bad. L.R. Satz 1474 a) jedem Ehegatten das Recht, die von ihm herrührenden Gegenstände und die ausschließlich zu seinem persönlichen Gebrauche bestimmten Sachen gegen Ersatz des Werthes zu übernehmen (§ 1460, **1477**).

Der Grundsatz, daß der Ueberschuß unter die Ehegatten gleichmäßig vertheilt wird, erleidet eine Einschränkung, wenn die Ehe durch Scheidung aufgelöst und nur einer der Ehegatten für schuldig erklärt ist. In diesem Falle kann der unschuldige Ehegatte verlangen, daß jedem von beiden zunächst der Werth desjenigen zurückerstattet wird, was er in die Gütergemeinschaft eingebracht hat: reicht der Werth des Gesammtguts zur Rückerstattung nicht aus, so hat jeder Ehegatte die Hälfte des Fehlbetrags zu tragen (§ 1461, **1478** Abs. 1, 2). Das gleiche Recht steht, wenn die Ehe wegen Geisteskrankheit eines Ehegatten geschieden worden ist, diesem Ehegatten zu (§ 1461, **1478** Abs. 3). Aehnliche Vorschriften finden sich schon in den bestehenden Gesetzen (Preuß. A.L.R. II, 1 §§ 755, 761, 811, 812; § 20 des Bad. Gesetzes vom 6. März 1845).

Haftung der Ehegatten nach der Theilung.

Anlangend das Rechtsverhältniß der Ehegatten zu den Gläubigern, so dauert nach der Theilung des Gesammtguts die persönliche Haftung jedes Ehegatten selbstverständlich für diejenigen Gesammtgutsverbindlichkeiten fort, die in seiner Person entstanden und vorher nicht berichtigt sind. Was den andern Ehegatten betrifft, so würden sich die Gläubiger an ihn überhaupt nicht oder, sofern er etwa bei der Theilung des Gesammtguts zu viel bekommen haben sollte, nur in der Weise halten können, daß sie sich den Anspruch überweisen ließen, welcher wegen einer solchen ungerechtfertigten Bereicherung dem ihnen persönlich verhafteten Ehegatten zusteht. Hierdurch würden aber unter Umständen die Gläubiger benachtheiligt. Der Entwurf (§ 1463, **1480**) bestimmt daher, daß, wenn bei der Theilung eine Gesammtgutsverbindlichkeit nicht berichtigt wird, dem Gläubiger auch derjenige Ehegatte persönlich haftet, für welchen zur Zeit der Theilung eine solche Haftung nicht bestanden hat; die Haftung dieses Ehegatten beschränkt sich jedoch auf die ihm zugetheilten Gegenstände.

Das Französische Recht (Code civil Art. 1453, 1471, 1472, 1482 ff., 1492 ff.), das Preußische Gesetz für die Provinz Westfalen vom 16. April

1860 (§ 12) und andere Gesetze enthalten Bestimmungen, durch welche die Frau nicht nur den Gesammtgutsgläubigern gegenüber, sondern auch im Verhältnisse zu dem Manne vor einer über den Bestand des Gesammtguts hinausgehenden Haftung geschützt werden soll. In der That ist es, wenn der Mann während der Dauer der Gemeinschaft das Gesammtgut selbständig verwaltet und namentlich über das Maß des ehelichen Aufwandes entscheidet, nicht mehr als billig, daß ihn allein auch eine etwaige Einbuße trifft. Hierdurch rechtfertigt sich die Vorschrift im § 1464, **1481** Satz 1 des Entwurfes. Danach hat, wenn bei der Theilung des Gesammtguts die Berichtigung einer Gesammtgutsverbindlichkeit unterblieben ist, die im Verhältnisse der Ehegatten zu einander dem Gesammtgut oder dem Manne zur Last fällt, der Mann dafür einzustehen, daß die Frau von dem Gläubiger nicht in Anspruch genommen wird. Andererseits verlangt aber die Rücksicht auf den Mann, daß der Frau ihm gegenüber die gleiche Verpflichtung auferlegt wird, wenn die Berichtigung einer Gesammtgutsverbindlichkeit unterblieben ist, die im Verhältnisse der Ehegatten zu einander der Frau zur Last fällt (§ 1464, **1481** Satz 2).

Auflösung der Gütergemeinschaft durch den Tod.

Wird die allgemeine Gütergemeinschaft durch den Tod eines der Ehegatten aufgelöst, so gehört der Antheil des verstorbenen Ehegatten am Gesammtgute zum Nachlasse. Die Beerbung des Ehegatten erfolgt nach den allgemeinen erbrechtlichen Vorschriften (§ 1465, **1482**). Diese Regelung stimmt grundsätzlich mit der Mehrzahl der geltenden Rechte überein (vergl. insbesondere Preuß. A.L.R. II, 1 § 640 ff.; § 7 des Preuß. Gesetzes für Westfalen vom 16. April 1860; Code civil Art. 1467 ff.). Nach anderen Gesetzen erhält, vorbehaltlich des einem nicht gemeinschaftlichen Abkömmlinge des verstorbenen Ehegatten zustehenden Erbrechts, der überlebende Ehegatte das ganze Gesammtgut. Dadurch werden indessen die Rechte der Verwandten des verstorbenen Ehegatten über Gebühr beeinträchtigt. Wie die Erfahrung zeigt, wird deshalb in den Gebieten jener Gesetze vielfach durch Ehevertrag ein Rückfall zu Gunsten der Verwandten des verstorbenen Ehegatten vereinbart. Vom Standpunkte des Entwurfes ist das Bedürfniß zu einer Abweichung von den allgemeinen erbrechtlichen Vorschriften um so weniger anzuerkennen, als durch diese Vorschriften für den überlebenden Ehegatten bereits in ausreichender Weise gesorgt wird. Aus dem gleichen Grunde empfiehlt es sich auch nicht, nach dem Vorgange des Preußischen Rechtes (A.L.R. II, 1 § 645; § 7 des Gesetzes für die Provinz Westfalen vom 16. April 1860) dem überlebenden Ehegatten den Nießbrauch an den Erbtheilen der Miterben einzuräumen.

Fortgesetzte Gütergemeinschaft.

Sind bei dem Tode eines Ehegatten gemeinschaftliche Abkömmlinge vorhanden, die zur gesetzlichen Erbfolge berufen sind, so wird nach dem Entwurfe (§§ 1466, **1483** bis 1501, **1518**) die Gütergemeinschaft zwischen ihnen und dem überlebenden Ehegatten fortgesetzt.

Im geltenden Rechte ist das für den Fall der beerbten Ehe eintretende Rechtsverhältniß verschieden geordnet. Nach dem Preußischen und dem Französischen Rechte (Preuß. A.L.R. II, 1 §§ 637 bis 639, 645; Code civil

Art. 1467 ff.) wird das Gesammtgut zwischen dem überlebenden Ehegatten einerseits und den Erben andererseits zu gleichen Theilen getheilt; die Erbfolge bezüglich des Antheils des verstorbenen Ehegatten bestimmt sich, im Gebiete des Preußischen Rechtes jedoch nur mit gewissen Abweichungen, nach den allgemeinen erbrechtlichen Vorschriften. Dagegen hat in den meisten Gebieten, in welchen die allgemeine Gütergemeinschaft als gesetzlicher Güterstand Geltung hat, die Rechtsentwickelung dahin geführt, daß dieser Güterstand im Falle der beerbten Ehe zu Gunsten des überlebenden Ehegatten Nachwirkungen äußert, die über die allgemeinen Grundsätze, insbesondere des Erbrechts, hinausgehen. Nach dem Systeme der Konsolidation oder des Alleinerbrechts des überlebenden Ehegatten fällt das Gesammtgut diesem ausschließlich zu: die gemeinschaftlichen Abkömmlinge haben ihm gegenüber nur ein unentziehbares Erbrecht sowie, unter gewissen Voraussetzungen, den Anspruch auf sofortige Abfindung wegen dieses Erbrechts. Nach einem zweiten Systeme (der fortgesetzten Gütergemeinschaft im engeren Sinne) treten die gemeinschaftlichen Abkömmlinge unmittelbar an Stelle des verstorbenen Ehegatten neben dem überlebenden als Theilhaber der Gemeinschaft ein, und zwar in der Art, daß der überlebende Ehegatte bezüglich des Gesammtguts im Wesentlichen die Befugnisse hat, die während des Bestehens der ehelichen Gütergemeinschaft dem Manne zukommen, und daß bei der demnächstigen Auseinandersetzung der Vermögensbestand zur Zeit der Auseinandersetzung maßgebend ist. Zufolge einer dritten Gruppe von Rechten wird das Gesammtgut nach dem Stande, den es bei Auflösung der Ehe hat, zwischen dem überlebenden Ehegatten und den gemeinschaftlichen Abkömmlingen getheilt; doch erfolgt die Theilung nicht sofort nach Auflösung der Ehe, vielmehr steht dem überlebenden Ehegatten an den Erbtheilen der Abkömmlinge das Recht des Beisitzes zu. Schon diese Uebersicht zeigt, daß es dem Wesen und Zwecke der allgemeinen Gütergemeinschaft nicht entspricht, das durch sie begründete Band im Falle des Todes eines der Ehegatten auch dann vollständig zu lösen, wenn gemeinschaftliche Abkömmlinge vorhanden sind. Das einheitliche Vermögen, welches durch die Begründung der allgemeinen Gütergemeinschaft entsteht, soll den wirthschaftlichen Bedürfnissen des einen wie des anderen Ehegatten gleichmäßig dienen und verliert diese Bestimmung erst mit dem Tode beider. Die Stellung des überlebenden Ehegatten wird regelmäßig erschüttert, wenn er gezwungen ist, den gemeinschaftlichen Abkömmlingen ihren Antheil am Gesammtgute nach Maßgabe der allgemeinen Grundsätze herauszugeben, und dies erscheint besonders unbillig in solchen Fällen, in denen das gemeinschaftliche Vermögen allein oder doch überwiegend von ihm herrührt.

Von den verschiedenen Systemen, welche das Ziel verfolgen, dem überlebenden Ehegatten den Besitz und Genuß des Gesammtguts zu erhalten, entspricht das System der Konsolidation oder des Alleinerbrechts des überlebenden Ehegatten dem Wesen der allgemeinen Gütergemeinschaft vielleicht am meisten. Allein gegen dieses System fällt entscheidend ins Gewicht, daß es zu tief in das Erb- und Pflichttheilsrecht der Abkömmlinge eingreift und dieselben über Gebühr benachtheiligt. Was das System des Beisitzes betrifft, so ist hier die Rechtslage des überlebenden Ehegatten, namentlich im Verhältnisse zu den Gläubigern, vielfach eine schwierige und dasselbe hat deshalb in den Gebieten der allgemeinen Gütergemeinschaft nur eine geringe Verbreitung gefunden.

Der Entwurf entscheidet sich unter diesen Umständen für die fortgesetzte Gütergemeinschaft im engeren Sinne. Bei der Regelung derselben geht er von dem Grundsatz aus, daß der Antheil des verstorbenen Ehegatten am Gesammtgute nicht zum Nachlasse gehört, daß vielmehr die gemeinschaftlichen Abkömmlinge an Stelle des verstorbenen Ehegatten in die bisherige eheliche Gütergemeinschaft eintreten, damit also zwischen ihnen und dem überlebenden Ehegatten in Ansehung des Gesammtguts ein ähnliches Verhältniß begründet wird, wie es während der Dauer der Ehe zwischen den Ehegatten bestand (§ 1466, **1483** Abs. 1). Der überlebende Ehegatte nimmt im Wesentlichen die rechtliche Stellung ein, welche in der ehelichen Gütergemeinschaft dem Manne zukommt, während die Stellung der antheilsberechtigten Abkömmlinge derjenigen entspricht, welche bis zur Auflösung der Ehe die Frau hatte (vergl. § 1468, **1485** Abs. 1, 3, §§ 1470, **1487** bis 1472, **1489**). Dabei besteht jedoch zu Gunsten der antheilsberechtigten Abkömmlinge, im Einklange mit dem geltenden Rechte, die Abweichung, daß das Vermögen, welches ein gemeinschaftlicher Abkömmling zur Zeit des Eintritts der fortgesetzten Gütergemeinschaft hat oder später erwirbt, nicht in das Gesammtgut fällt (§ 1468, **1485** Abs. 2).

Die fortgesetzte Gütergemeinschaft wird im Wesentlichen nur durch die Rücksicht auf den überlebenden Ehegatten gefordert. Diesem muß daher das Recht zustehen, sie abzulehnen (§ 1467, **1484**), wie auch, sie jederzeit durch einseitige Erklärung aufzuheben (§ 1475, **1492**). Auf dem gleichen Standpunkte steht schon die Mehrzahl der geltenden Gesetze. In Uebereinstimmung mit diesen Gesetzen gewährt aber andererseits der Entwurf (§ 1478, **1495**) den antheilsberechtigten Abkömmlingen das Recht, aus wichtigen Gründen gegen den überlebenden Ehegatten auf Aufhebung der fortgesetzten Gütergemeinschaft zu klagen. Die nähere Regelung des fraglichen Rechtes schließt sich in der Hauptsache den Vorschriften an, welche für die entsprechende Befugniß der Frau während der Dauer der Ehe nach § 1451, **1468** gelten.

Kraft Gesetzes endigt die fortgesetzte Gütergemeinschaft mit dem Tode oder der Todeserklärung des überlebenden Ehegatten (§ 1477, **1494**). Dasselbe tritt, entsprechend der Mehrzahl der geltenden Rechte, im Falle der Wiederverheirathung des überlebenden Ehegatten ein (§ 1476, **1493**). Die fortgesetzte Gütergemeinschaft ist eine Nachwirkung des durch die frühere Ehe hergestellten vermögensrechtlichen Bandes und sie verliert daher ihre Grundlage, wenn dieser Zusammenhang durch die Schließung einer neuen Ehe gelöst wird. Auch das Interesse der Kinder fordert hier dringend die Aufhebung des Verhältnisses. Durch die vorstehenden Erwägungen rechtfertigt es sich zugleich, daß der Entwurf nach dem Vorgange des Bayerischen Landrechts I, 5 § 12, des Französischen und des Badischen Rechtes (vergl. Code civil Art. 1389; Bad. Verordnung vom 27 Januar 1810) der Einkindschaft, welche die Auflösung der fortgesetzten Gütergemeinschaft im Falle der Wiederverheirathung des überlebenden Ehegatten abzuwenden bezweckt, die Anerkennung versagt hat.

Die Rechtsfolgen, welche sich bei Beendigung der fortgesetzten Gütergemeinschaft ergeben, insbesondere die Auseinandersetzung bezüglich des Gesammtguts, sind mit einigen Abweichungen im Anschluß an die für den Fall der Beendigung der ehelichen Gütergemeinschaft geltenden Vorschriften geordnet (§§ 1480, **1497** bis 1485, **1502**). Die besondere Bestimmung des § 1485, **1502** Abs. 1, wonach der überlebende Ehegatte berechtigt ist, das Gesammtgut oder einzelne dazu gehörende Gegenstände gegen Ersatz des Werthes zu übernehmen, findet sich schon im bestehenden Rechte. Sie gewährt dem überlebenden Ehegatten namentlich auch im Falle der Wiederverheirathung die Möglichkeit, sich den Besitz des Gesammtguts und damit die wirthschaftliche Grundlage seiner Lebensverhältnisse in der bisherigen Weise zu erhalten.

Wenn die fortgesetzte Gütergemeinschaft hauptsächlich dem Interesse des überlebenden Ehegatten zu dienen bestimmt ist, so darf es den Ehegatten nicht verboten sein, sie durch Ehevertrag von vornherein auszuschließen (§ 1491, **1508**). Sodann aber kann jeder Ehegatte für den Fall, daß die Ehe durch seinen Tod aufgelöst wird, die Fortsetzung der Gütergemeinschaft durch letztwillige Verfügung ausschließen, wenn er berechtigt sein würde, dem anderen Ehegatten wegen eines Scheidungsgrundes den Pflichttheil zu entziehen oder auf Aufhebung der Gütergemeinschaft zu klagen (§ 1492, **1509**). Damit wird ein Ehegatte, der im Interesse der Kinder oder aus anderen Gründen Anstand nimmt, von dem Rechte der Scheidung Gebrauch zu machen, oder der um des ehelichen Friedens willen nicht auf Aufhebung der ehelichen Gütergemeinschaft klagen will, in die Lage gebracht, wenigstens hinsichtlich der Fortsetzung der Gütergemeinschaft den Erfolg herbeizuführen, der sich ergeben hätte, wenn die Ehe geschieden oder die Aufhebung der ehelichen Gütergemeinschaft durch Urtheil herbeigeführt worden wäre (vergl. auch Preuß. A.L.R. II, 1 § 499).

Durch die fortgesetzte Gütergemeinschaft werden die gemeinschaftlichen Abkömmlinge immerhin in ihrem Erbrechte gegenüber dem verstorbenen Ehegatten beeinträchtigt. Mit Rücksicht hierauf versagt der Entwurf den Ehegatten grundsätzlich die Befugniß, durch Vertrag oder durch letztwillige Verfügung in die mit der fortgesetzten Gütergemeinschaft für die Abkömmlinge kraft Gesetzes verbundenen Rechte einzugreifen (§ 1501, **1518**). Auf der anderen Seite stellen sich die Antheile der Abkömmlinge an dem Gesammtgute der fortgesetzten Gütergemeinschaft, wenn auch nicht ihrer rechtlichen Gestaltung, so doch der Sache nach im Wesentlichen als Erbtheile dar. Der Entwurf gewährt deshalb jedem der beiden Ehegatten die Befugniß, einen Abkömmling, vorbehaltlich seines Pflichttheilrechts, von der fortgesetzten Gütergemeinschaft auszuschließen, desgleichen einem Abkömmlinge den ihm nach der Beendigung der fortgesetzten Gütergemeinschaft gebührenden Antheil am Gesammtgute nach Maßgabe der für das Pflichttheilsrecht geltenden Vorschriften zu mindern oder zu entziehen (§§ 1494, **1511** bis 1497, **1514**). Zu einer derartigen

Verfügung ist jedoch die Zustimmung des anderen Ehegatten erforderlich, da auch dessen Interesse dadurch berührt wird (§ 1499, **1516**).

Unter dem zuvor bezeichneten Gesichtspunkte müssen schließlich auch die erbrechtlichen Vorschriften über die Ergänzung des Pflichttheils (§ 1488, **1505**), die Erbunwürdigkeit (§ 1489, **1506**) und den Erbverzicht (§ 1500, **1517**) hier sinngemäße Anwendung finden.

3. Errungenschaftsgemeinschaft.

Das Wesen der Errungenschaftsgemeinschaft besteht darin, daß Alles, was die Ehegatten während der Ehe durch ihre Thätigkeit oder als Ertrag ihres eingebrachten Vermögens erwerben, gemeinsam ist, daß aber das Gleiche auch hinsichtlich der für diesen Erwerb erforderlichen Ausgaben sowie hinsichtlich der ehelichen Lasten gilt. Das bestehende Recht hat diesen Grundsatz in zwei Hauptformen durchgeführt. Zufolge der einen wird erst bei Auflösung der Gemeinschaft durch Abrechnung ermittelt, ob nach Ersatz des eingebrachten Vermögens und nach Berichtigung der der Gemeinschaft zur Last fallenden Verbindlichkeiten ein Ueberschuß vorhanden ist, und dieser Ueberschuß sodann unter die Ehegatten vertheilt. Nach der anderen bildet dagegen der in die Gemeinschaft fallende Erwerb schon während bestehender Gemeinschaft einen besonderen Vermögensinbegriff. Der Mehrzahl der geltenden Rechte, namentlich dem Bayerischen und dem Württembergischen Landrechte liegt die letztere Gestaltung zu Grunde. Auch der Entwurf hat sich ihr angeschlossen. Sie entspricht der geschichtlichen Entwickelung des deutschen ehelichen Güterrechts am meisten und das Gesetz gewinnt an Einfachheit, wenn die Errungenschaftsgemeinschaft auf derselben Grundlage gestaltet wird, wie die allgemeine Gütergemeinschaft. Gestaltung im Allgemeinen.

Die geltenden Rechte führen in der Mehrzahl die Bestandtheile der Errungenschaft und des eingebrachten Vermögens einzeln auf. Dabei entstehen aber nicht selten Zweifel, ob ein Erwerb der Errungenschaft oder dem eingebrachten Gute angehört. Der Entwurf (§ 1502, **1519** Abs. 1) stellt deshalb die Regel voran, daß, was der Mann oder die Frau während der Errungenschaftsgemeinschaft erwirbt, gemeinschaftliches Vermögen beider Ehegatten, Gesammtgut, wird, und bestimmt sodann in den §§ 1504, **1521** und 1505, **1522** die aus dem Wesen der Errungenschaft sich ergebenden Ausnahmen (vergl. auch Preuß. A.L.R. II, 1 §§ 396, 402, 403). Gesammtgut. Eingebrachtes Gut.

Eingebrachtes Gut ist hiernach, abgesehen von dem Vermögen, welches einem Ehegatten bei dem Eintritte der Errungenschaftsgemeinschaft gehört (§ 1503, **1520**), namentlich, was ein Ehegatte von Todeswegen oder mit Rücksicht auf ein künftiges Erbrecht, durch Schenkung oder als Ausstattung erwirbt, jedoch mit Ausnahme eines Erwerbes, der den Umständen nach zu den Einkünften zu rechnen ist (§ 1504, **1521**). Weiterhin müssen als eingebrachtes Gut die während des Bestehens der Errungenschaftsgemeinschaft erworbenen Gegenstände, welche nicht durch Rechtsgeschäft übertragen werden können, sowie solche Rechte behandelt werden, die mit dem Tode eines der Ehegatten erlöschen oder deren Erwerb durch den Tod eines der Ehegatten bedingt ist (§ 1505, **1522**); denn die fraglichen Vermögensbestandtheile sind nach ihrer wirthschaftlichen Natur nicht geeignet, den Zwecken der Gemeinschaft zu dienen. Außerdem ist eingebrachtes Gut eines Ehegatten, was durch Ehevertrag für eingebrachtes Gut erklärt ist (§ 1506, **1523**). Endlich fällt auch dasjenige dem eingebrachten Gute zu, was ein Ehegatte auf Grund eines zu seinem eingebrachten Gute gehörenden Rechtes oder als Ersatz für die Zerstörung, Beschädigung oder Entziehung eines zum eingebrachten Gute gehörenden Gegenstandes oder durch ein Rechtsgeschäft erwirbt, das sich auf das eingebrachte Gut bezieht (§ 1507, **1524** Abs. 1 Satz 1). Die Vorschrift bezweckt, den Ehegatten, und namentlich der Frau, ihr eingebrachtes Gut möglichst unverkürzt zu erhalten. Auf den Erwerb aus dem Betrieb eines Erwerbgeschäfts kann sie, dem Wesen der Errungenschaftsgemeinschaft entsprechend, nicht erstreckt werden (§ 1507, **1524** Abs. 1 Satz 2).

Für die rechtliche Gestaltung des Gesammtguts waren, wie bei der allgemeinen Gütergemeinschaft, so auch hier die Grundsätze der Gemeinschaft zur gesammten Hand maßgebend (§ 1502, **1519** Abs. 2 vergl. mit § 1421, **1438** Abs. 2, 3, § 1425, **1442**). Ebenso schließen sich die Bestimmungen über die Verwaltung des Gesammtguts den für die allgemeine Gütergemeinschaft geltenden Vorschriften an (§ 1502, **1519** Abs. 2 vergl. mit §§ 1426, **1443** bis 1436, **1453**, 1440, **1457**). Das Gesammtgut unterliegt mithin regelmäßig der Verwaltung des Mannes und der Mann ist der Frau für die Verwaltung an sich nicht verantwortlich.

Was das eingebrachte Gut betrifft, so ist die rechtliche Stellung der Ehegatten und ihrer Gläubiger die gleiche, wie bei dem gesetzlichen Güterrechte. Doch fallen, wie sich aus dem Zwecke der Errungenschaftsgemeinschaft von selbst ergiebt, die Nutzungen des eingebrachten Gutes beider Ehegatten nicht dem Manne, sondern dem Gesammtgute zu (§ 1508, **1525**). Andererseits aber hat das Gesammtgut den ehelichen Aufwand und die Lasten des eingebrachten Gutes beider Ehegatten zu tragen; der Umfang der Lasten bestimmt sich nach den bei dem gesetzlichen Güterrechte für das eingebrachte Gut der Frau geltenden Vorschriften (§ 1512, **1529**).

Feststellung der verschiedenen Vermögensmassen.

Da sowohl das Gesammtgut als auch das eingebrachte Gut beider Ehegatten regelmäßig in der Hand des Mannes vereinigt ist, so kann sich im Laufe der Zeit leicht Ungewißheit darüber ergeben, ob ein Gegenstand zu der einen oder der anderen Vermögensmasse, insbesondere zum Gesammtgute, gehört. Um Streitigkeiten hierüber thunlichst abzuschneiden, namentlich aber gegenüber der Verwaltung des Mannes die Rechte der Frau bezüglich des Gesammtgutes zu sichern, stellt der Entwurf (§ 1510, **1527**) im Anschluß an das geltende Recht die Vermuthung auf, daß das vorhandene Vermögen Gesammtgut sei. Außerdem kann jeder Ehegatte, um etwaigen bei der Auseinandersetzung sich ergebenden Schwierigkeiten von vornherein zu begegnen, verlangen, daß der Bestand seines und des dem anderen Ehegatten gehörenden eingebrachten Gutes durch Aufnahme eines Verzeichnisses unter Mitwirkung des anderen Ehegatten festgestellt wird; ebenso ist jeder Ehegatte befugt, den Zustand der zum eingebrachten Gute gehörenden Sachen durch Sachverständige feststellen zu lassen (§ 1511, **1528**).

Gesammtgutsverbindlichkeiten.

Anlangend die Rechtsstellung der Gläubiger des einen oder des anderen Ehegatten zu dem Gesammtgute, hat sich der Entwurf im Wesentlichen den für die allgemeine Gütergemeinschaft geltenden Vorschriften angeschlossen, jedoch mit der Abweichung, daß nur gewisse Verbindlichkeiten der Frau als Gesammtgutsverbindlichkeiten anerkannt sind (§ 1513, **1530** Abs. 1, §§ 1514, **1531** bis 1517, **1534**). Insbesondere haftet das Gesammtgut nicht für die vor dem Eintritte der Errungenschaftsgemeinschaft entstandenen Verbindlichkeiten der Frau, ebensowenig für Verbindlichkeiten derselben aus einer von ihr nach dem Eintritte der Errungenschaftsgemeinschaft begangenen unerlaubten Handlung. Die Berücksichtigung solcher Verbindlichkeiten der Frau würde, da das Gesammtgut bei der Errungenschaftsgemeinschaft nur einen beschränkten Umfang hat, der Mann aber nach § 1513, **1530** Abs. 2 für Gesammtgutsverbindlichkeiten auch persönlich haftet, unter Umständen zu großen Härten gegen den Mann führen. Der Entwurf erkennt daher in der Hauptsache nur solche nach dem Eintritte der Errungenschaftsgemeinschaft entstandene Verbindlichkeiten der Frau als Gesammtgutsverbindlichkeiten an, die entweder vermöge des Zweckes der Errungenschaftsgemeinschaft dem Gesammtgute zur Last fallen (§§ 1514, **1531**, 1516, **1533**, 1517, **1534**) oder aus einem Rechtsgeschäfte der Frau entstanden sind, das mit Zustimmung des Mannes vorgenommen oder ohne seine Zustimmung für das Gesammtgut wirksam ist (§ 1515, **1532**).

Im Verhältnisse der Ehegatten zu einander fallen diejenigen Gesammtgutsverbindlichkeiten dem Gesammtgute zur Last, welche von einem Ehegatten innerhalb der Grenzen seines Verwaltungsrechts für die bestimmungsmäßigen Zwecke der Errungenschaftsgemeinschaft, also namentlich zum Zwecke der Bestreitung des ehelichen Aufwandes und der von dem Gesammtgute zu tragenden Lasten des eingebrachten Gutes, eingegangen oder welche kraft Gesetzes von dem Gesammtgute zu tragen sind. Die Gesammtgutsverbindlichkeiten, welche zufolge dieses Grundsatzes im Verhältnisse der Ehegatten zu einander ausnahmsweise nur dem einen oder dem anderen zur Last fallen, sind in den §§ 1518, **1535** bis 1520, **1537** einzeln aufgeführt. Die Regelung stimmt sachlich im Wesentlichen mit dem geltenden Rechte überein.

Ausgleichung unter den Ehegatten.

Von erheblicher Bedeutung ist bei der Errungenschaftsgemeinschaft die Frage, inwiefern wegen Verwendungen, die aus dem eingebrachten Gute eines Ehegatten auf das Gesammtgut oder umgekehrt gemacht sind, von dem einen Gute zu dem anderen Ersatz geleistet werden muß. Der Entwurf entscheidet diese im geltenden Rechte vielfach streitige Frage dahin, daß insoweit Ersatz zu leisten ist, als zur Zeit der Beendigung der Errungenschaftsgemeinschaft das eine Gut auf Kosten des anderen bereichert ist, daß jedoch weitergehende, auf besonderen Gründen beruhende Ansprüche unberührt bleiben (§ 1522, **1539**). Für den Fall, daß verbrauchbare Sachen, die zum eingebrachten Gute eines der Ehegatten gehört haben, nicht mehr vorhanden sind, stellt der Entwurf zu Gunsten dieses Ehegatten die den thatsächlichen Verhältnissen entsprechende Vermuthung auf, daß die Sachen in das Gesammtgut verwendet worden seien und dieses um den Werth der Sachen bereichert sei (§ 1523, **1540**). Schon das geltende Recht enthält ähnliche Bestimmungen.

Beendigung der Gemeinschaft. Die Vorschriften des Entwurfes über die Beendigung der Errungenschaftsgemeinschaft (§§ 1525, **1542** bis 1527, **1544**) beruhen auf dem Gedanken, daß in denjenigen Fällen, in welchen die Beendigung der allgemeinen Gütergemeinschaft eintritt, auch die Beendigung der Errungenschaftsgemeinschaft erfolgen muß, daß daneben aber die für den Güterstand der Verwaltung und Nutznießung geltenden Beendigungsgründe zu berücksichtigen sind. Die Frau muß bei der Errungenschaftsgemeinschaft ebenso wie bei dem gesetzlichen Güterstand in der Lage sein, das eingebrachte Gut aus dringenden Ursachen dem Manne zu entziehen; die Fortdauer der Errungenschaftsgemeinschaft selbst wird aber unmöglich, wenn die Verwaltung und Nutznießung dieses Gutes für Rechnung des Gesammtguts aufhört. Endigt die Errungenschaftsgemeinschaft während bestehender Ehe, so gilt für die Zukunft Gütertrennung (§ 1528, **1545**). Wie bei dem Güterstande der Verwaltung und Nutznießung ist aber in gewissen Fällen das Recht des einen oder anderen Ehegatten anerkannt, auf Wiederherstellung der Gemeinschaft zu klagen (§§ 1530, **1547**, 1531, **1548**).

Auseinandersetzung. Nach der Beendigung der Errungenschaftsgemeinschaft bestimmt sich das Rechtsverhältniß der Ehegatten bezüglich des Gesammtguts sowohl für die Zeit bis zur Auseinandersetzung als auch in Betreff der Auseinandersetzung selbst nach den für die allgemeine Gütergemeinschaft geltenden Vorschriften (§ 1529, **1546** Abs. 1). Zu diesen Vorschriften gehört insbesondere die des § 1464, **1481**; daraus folgt, daß bei der Errungenschaftsgemeinschaft eine etwaige Einbuße gleichfalls von dem Manne allein zu tragen ist. Diese mit der französischen Gesetzgebung und mit verschiedenen deutschen Rechten im Einklange stehende Regelung ist zur Sicherung der Frau erforderlich, da andernfalls auch das eingebrachte Gut der Frau mittelbar der Verfügung des Mannes unterworfen sein würde.

4. Fahrnißgemeinschaft.

Die im Bereiche des Französischen und des Badischen Rechtes, sowie in einigen kleineren Gebieten geltende Fahrnißgemeinschaft steht der allgemeinen Gütergemeinschaft näher als der Errungenschaftsgemeinschaft. Besitzt keiner der Ehegatten unbewegliches Vermögen, so trifft sie mit jener sogar vollständig zusammen. Demgemäß behandelt auch der Entwurf die Fahrnißgemeinschaft als allgemeine Gütergemeinschaft. Nur das unbewegliche Vermögen, welches ein Ehegatte bei dem Eintritte der Fahrnißgemeinschaft hat oder während der Gemeinschaft durch Erbfolge, durch Vermächtniß oder mit Rücksicht auf ein künftiges Erbrecht, durch Schenkung oder als Ausstattung erwirbt, fällt kraft Gesetzes nicht in die Gemeinschaft, sondern wird eingebrachtes Gut (§ 1532, **1549**, § 1533, **1550** Abs. 1, § 1534, **1551**). Daneben sind eingebrachtes Gut und deshalb von dem Gesammtgut ausgeschlossen solche Gegenstände, welche nicht durch Rechtsgeschäft übertragen werden können (§ 1535, **1552**), desgleichen, was durch Ehevertrag für eingebrachtes Gut erklärt ist oder was ein Ehegatte von Todeswegen oder unter Lebenden durch unentgeltliche Zuwendung eines

Dritten erwirbt, sofern der Erblasser oder der Dritte bestimmt hat, daß der Erwerb eingebrachtes Gut sein soll (§ 1536, **1553** vergl. mit § 1351, **1369**). Endlich wird eingebrachtes Gut regelmäßig auch, was als Ersatz für einen zu diesem gehörenden Gegenstand in der im § 1507, **1524** bezeichneten Weise erworben wird (§ 1537, **1554**).

Das eingebrachte Gut wird wie bei der Errungenschaftsgemeinschaft für Rechnung des Gesammtguts in der Art verwaltet, daß einerseits die Nutzungen desselben zu dem Gesammtgute gehören, andererseits der eheliche Aufwand und die Lasten des eingebrachten Gutes von dem Gesammtgute zu tragen sind. Auch im Uebrigen finden auf das eingebrachte Gut die bei der Errungenschaftsgemeinschaft geltenden Vorschriften Anwendung (§ 1533, **1550** Abs. 2).

Hinsichtlich der Haftung des Gesammtguts für die Schulden der Ehegatten sind wiederum die bei der allgemeinen Gütergemeinschaft geltenden Vorschriften maßgebend (§ 1532, **1549**); doch sind nach § 1533, **1550** Abs. 2 diejenigen Verbindlichkeiten der Frau, welche auf ihrem eingebrachten Gute ruhen oder in Folge eines sich auf dieses Gut beziehenden Rechtsverhältnisses entstanden sind, nur insoweit Gesammtgutsverbindlichkeiten, als dies bei der Errungenschaftsgemeinschaft der Fall ist (§§ 1514, **1531**, 1516, **1533**, 1517, **1534**). Auch die Frage, welche Gesammtgutsverbindlichkeiten im Verhältnisse der Ehegatten zu einander dem Gesammtgut oder dem einen oder dem anderen Ehegatten zur Last fallen, ist im Allgemeinen nach den für die allgemeine Gütergemeinschaft, soweit sich aber die Verbindlichkeiten auf das eingebrachte Gut eines Ehegatten beziehen, nach den für die Errungenschaftsgemeinschaft geltenden Vorschriften (§§ 1518, **1535**, 1519, **1536** Nr. 2, 4, § 1520, **1537**) zu beurtheilen. In letzterer Hinsicht enthält übrigens nach dem Vorgange des Französischen Rechtes (Code civil Art. 1411 bis 1418) der § 1539, **1556** eine besondere Bestimmung. Danach fallen, wenn ein Ehegatte während der Fahrnißgemeinschaft durch Erbfolge, durch Vermächtniß oder mit Rücksicht auf ein künftiges Erbrecht, durch Schenkung oder als Ausstattung Gegenstände erwirbt, die theils Gesammtgut, theils eingebrachtes Gut werden, die in Folge dieses Erwerbes entstehenden Verbindlichkeiten im Verhältnisse der Ehegatten zu einander dem Gesammtgute und dem Ehegatten, welcher den Erwerb macht, verhältnißmäßig zur Last.

Eine weitere Abweichung von den Vorschriften über die allgemeine Gütergemeinschaft ergiebt sich daraus, daß fortgesetzte Gütergemeinschaft bei der Fahrnißgemeinschaft kraft Gesetzes nicht eintritt. Diese Abweichung erklärt sich dadurch, daß dem Französischen Rechte eine Fortsetzung der Mobiliargemeinschaft über den Tod eines Ehegatten hinaus unbekannt, die Fahrnißgemeinschaft des Entwurfes aber wesentlich dazu bestimmt ist, die Mobiliargemeinschaft des Französischen Rechtes zu ersetzen. Immerhin erscheint es angemessen, den Ehegatten auch bei der Fahrnißgemeinschaft wenigstens die Möglichkeit zu gewähren, die Fortsetzung der Gemeinschaft in Ansehung des Gesammtguts nach Maßgabe der für die fortgesetzte allgemeine Gütergemeinschaft geltenden Vorschriften durch Ehevertrag zu vereinbaren (§ 1540, **1557**).

VIII. Scheidung der Ehe.

Für den Entwurf ist die Stellung zu der Frage der Ehescheidung bereits gegeben durch die Bestimmung des § 77 des Gesetzes über die Beurkundung des Personenstandes und die Eheschließung vom 6. Februar 1875 (Reichs-Gesetzbl. S. 23), welche dahin lautet: „Wenn nach dem bisherigen Rechte auf beständige Trennung der Ehegatten von Tisch und Bett zu erkennen sein würde, ist fortan die Auflösung des Bandes der Ehe auszusprechen" [1]).

Nach § 1547, **1564** Satz 2 erfolgt im Einklange mit der Mehrzahl der bestehenden Rechte (Preuß. A.L.R. II, 1 §§ 668, 731, 732; Sächs. Gesetzbuch § 1712) die Scheidung durch Urtheil. Dadurch wird das in einzelnen gemeinrechtlichen Gebieten noch bestehende landesherrliche Ehescheidungsrecht beseitigt.

Scheidungsgründe. Geltendes Recht.

Zu der Frage, aus welchen Gründen die Scheidung der Ehe zuzulassen sei, stellen sich die geltenden Rechte sehr verschieden. Die beständige Trennung von Tisch und Bett, die im kanonischen Rechte an die Stelle der Scheidung tritt, findet nur statt wegen Ehebruchs und der demselben gleichstehenden Fleischesverbrechen. Dagegen hat das gemeine protestantische Eherecht von jeher neben dem Ehebruch auch die bösliche Verlassung als Scheidungsgrund anerkannt. Die gemeinrechtliche Praxis hat den Gedanken, auf welchem diese beiden Scheidungsgründe beruhen, fortentwickelt und bald in größerem, bald in geringerem Umfang auch für andere Fälle schwerer sittlicher Verschuldung oder eigenmächtiger Verletzung der ehelichen Pflichten, insbesondere wegen sogenannter Quasidesertion, wegen Verweigerung der ehelichen Pflicht, wegen Lebensnachstellung und lebens- oder gesundheitsgefährlicher Mißhandlung, die Scheidung zugelassen. Von den neueren Gesetzgebungen ist das Preußische Allgemeine Landrecht II, 1 §§ 670 ff. in dieser Hinsicht am weitesten gegangen, indem es die Scheidung nicht nur in ausgedehntem Maße wegen Verschuldung, sondern auch wegen gewisser unheilbarer körperlicher Gebrechen sowie wegen Wahnsinns und Raserei des anderen Theiles, ferner unter gewissen Voraussetzungen auf Grund gegenseitiger Einwilligung und auf Grund einseitiger Abneigung gestattet. Dagegen hat sich das Sächsische Gesetzbuch (§§ 1711 bis 1745, 1769, 1770; vergl. § 9 des Sächs. Gesetzes vom 5. November 1875) im Wesentlichen der Praxis des gemeinen protestantischen Eherechts angeschlossen; nur läßt es die Scheidung auch wegen unheilbarer Geisteskrankheit zu. Erheblich enger als durch die angeführten Gesetzgebungen ist durch den Code civil (Art. 229 bis 233; vergl. Elsaß-Lothr. Gesetz vom 27. November 1873) der Kreis der Fälle gezogen, in welchen auf einseitigen Antrag eines Ehegatten die Scheidung statthaft ist. Der Code civil hat in dieser Richtung durchweg den Grundsatz festgehalten, daß denjenigen Ehegatten, gegen welche die Scheidung erwirkt werden soll, ein Verschulden treffen muß. Neben der Scheidung aus

---

1) **Durch die Reichstagskommission sind die §§ 1575, 1576, 1586, 1587 B.G.B. eingefügt, wodurch aus Rücksicht auf die Lehre der katholischen Kirche, welche die Scheidung vom Bande der Ehe niemals gestattet, die Klage auf Aufhebung der ehelichen Gemeinschaft zugelassen ist. K.B. S. 212—216, St.B. S. 887—891.**

bestimmten Ursachen gestattet er aber (Art. 233, 275 ff., 297, 305) die, an gewisse erschwerende Bedingung geknüpfte Scheidung auf Grund gegenseitiger Einwilligung der Ehegatten. Auf dem Boden des Code civil steht im Wesentlichen die Badische Gesetzgebung (Bad. L.R. Satz 229 bis 233, 275 bis 294, 297, 299, 305; Art. 14 des Gesetzes vom 23. Dezember 1871; § 1 Nr. 2 des Gesetzes vom 9. Dezember 1875; § 10 des Gesetzes vom 9. Februar 1879); doch geht sie darin weiter, daß sie dreijährige „Landflüchtigkeit" und „Wahnsinnigkeit" von gleicher Dauer als Scheidungsgründe anerkennt.

Standpunkt des Entwurfes.

Der Entwurf hat sich bei der Bestimmung der einzelnen Scheidungsgründe der in der neueren Praxis des gemeinen protestantischen Eherechts vorwiegend vertretenen, der Hauptsache nach auch im Sächsischen Gesetzbuche zur Geltung gelangten Auffassung angeschlossen, daß die Scheidung grundsätzlich nur wegen eines schweren Verschuldens des anderen Theiles verlangt werden kann. Der Staat hat ein dringendes Interesse daran, der Eingehung leichtsinniger Ehen entgegenzutreten und die Aufrechterhaltung der bestehenden Ehen, namentlich mit Rücksicht auf die Kinder, zu fördern. Zudem enthält die Scheidung auf einseitigen Antrag, sobald von einer Verschuldung des anderen Theiles abgesehen wird, in der Regel eine unbillige Härte gegen denselben. Was aber die Scheidung in Folge gegenseitiger Einwilligung betrifft, so tritt, wenn auch thatsächlich oft einer der im Gesetz anerkannten bestimmten Scheidungsgründe vorliegen wird, doch nach außen hin lediglich die Willkür der Ehegatten als Anlaß der Trennung des Bandes der Ehe hervor. Dadurch muß das Ansehen der Ehe geschädigt und namentlich im allgemeinen Rechtsbewußtsein die Auffassung erschüttert werden, daß die Ehe eine über dem Willen der Ehegatten stehende Ordnung ist. Uebrigens kann diese Art der Scheidung, selbst wenn sie, wie das namentlich nach dem Code civil der Fall ist, an gewisse erschwerende Bedingungen geknüpft wird, immerhin dazu mißbraucht werden, die Auflösung der Ehe auch in solchen Fällen herbeizuführen, in welchen die Ehe keineswegs als eine völlig zerrüttete anzusehen ist, die Ehegatten vielmehr aus anderen Gründen das Band der Ehe zu lösen wünschen.

Scheidung wegen Verschuldens.

Die Gründe, aus denen der Entwurf eine Scheidung wegen Verschuldens zuläßt, sind theils solche, welche das Recht auf Scheidung unbedingt gewähren (absolute Scheidungsgründe), theils solche, welche nur dann zur Scheidung führen, wenn durch das Verhalten des schuldigen Ehegatten im gegebenen Falle das eheliche Verhältniß so tief zerrüttet ist, daß dem anderen Ehegatten die Fortsetzung der Ehe nicht zugemuthet werden kann (relative Scheidungsgründe). Gewisse Thatbestände sind so beschaffen, daß das Gesetz aus ihrem Vorhandensein ohne Weiteres die Folgerung ziehen kann, die Fortsetzung der Ehe sei durch das schuldhafte Verhalten des einen Ehegatten dem anderen in gerechtfertigter Weise unerträglich geworden und dürfe ihm deshalb als Rechtspflicht nicht mehr auferlegt werden. In der Mehrzahl der Fälle läßt sich dagegen mit Rücksicht auf die Verschiedenheit der Bildung, der äußeren Stellung, des Charakters und der Persönlichkeit der Ehegatten nicht im Voraus ermessen, ob gewisse Handlungen, welche unter Umständen geeignet sind, das eheliche Verhältniß unhaltbar zu machen, auch im gegebenen Falle eine solche Wirkung haben werden. Dieselbe Thatsache, z. B. eine Mißhandlung, eine Ehrenkränkung, die Verurtheilung zu einer Freiheitsstrafe, kann in dem einen Falle die völlige Zerrüttung der Ehe zur Folge haben, während sie in einem anderen Falle den ehelichen Frieden vielleicht gar nicht oder doch nur vorübergehend stört. Hier muß daher die Entscheidung dem Richter überlassen werden.

Die Gründe, aus welchen ohne Weiteres die Scheidung verlangt werden kann, sind nach dem Entwurfe (§§ 1548, **1565** bis 1550, **1567**) folgende: Ehebruch und die gemäß §§ 171, 175 des Strafgesetzbuchs strafbaren Handlungen (Doppelehe, widernatürliche Unzucht), Lebensnachstellung und bösliche Verlassung. Nach dem Vorgang ähnlicher Bestimmungen des geltenden Rechtes (vergl. insbesondere Preuß. A.L.R. II, 1 § 719; Sächs. Gesetzbuch § 1718) soll das Recht eines Ehegatten, wegen Ehebruchs des anderen oder einer diesem gleichgestellten strafbaren Handlung, auf Scheidung zu klagen, ausgeschlossen sein, wenn er dem Ehebruch oder der strafbaren Handlung zustimmt oder sich der Theilnahme schuldig macht (§ 1548, **1565** Abs. 2). Was den Fall der böslichen Verlassung betrifft, so kann nach dem Preußischen Rechte und anderen neueren Gesetzgebungen auf Scheidung erkannt werden, wenn vor Erhebung der Klage auf einseitigen Antrag des verletzten Ehegatten gegen den anderen gerichtliche Rückkehrbefehle ergangen sind. Dagegen ist nach dem Entwurf, entsprechend dem Artikel 7 des Württembergischen Gesetzes vom 8. August 1875, die Scheidung in der Regel davon abhängig, daß der andere Ehegatte vorher zur Herstellung der häuslichen Gemeinschaft rechtskräftig verurtheilt war (§ 1550, **1567** Abs. 2 Nr. 1). Damit wird erreicht, daß das Scheidungsverfahren erst beginnt, wenn dem betreffenden Ehegatten die Rechtswidrigkeit seiner Handlungsweise zum Bewußtsein gebracht ist. Diese Rücksicht fällt weg, wenn der Aufenthalt des Ehegatten, welchem bösliche Verlassung zur Last gelegt wird, seit Jahresfrist unbekannt ist oder wenn seit der gleichen Zeit ein sonstiger Grund vorliegt, welcher ihm gegenüber die öffentliche Zustellung rechtfertigt (§ 186, **203** der Civilprozeßordnung). Der Entwurf läßt daher in einem solchen Falle die Klage auf Scheidung zu, auch ohne daß eine Verurtheilung zur Herstellung der häuslichen Gemeinschaft vorausgegangen ist (§ 1550, **1567** Abs. 2 Nr. 2, Abs. 3).

Die Gründe, aus denen im Uebrigen die Scheidung wegen Verschuldens verlangt werden kann (die relativen Ehescheidungsgründe), hat der Entwurf nicht im Einzelnen bezeichnet, sondern mit Rücksicht auf die Vielgestaltigkeit der hierher gehörigen Fälle in einem allgemeinen Satze zusammengefaßt (§ 1551, **1568**). Danach kann ein Ehegatte auf Scheidung klagen, wenn der andere Ehegatte durch schwere Verletzung der durch die Ehe begründeten Pflichten, z. B. durch grobe Mißhandlung oder durch ehrloses oder unsittliches Verhalten, eine so tiefe Zerrüttung des ehelichen Verhältnisses verschuldet hat, daß dem verletzten Ehegatten die Fortsetzung der Ehe nicht zugemuthet werden kann. Als Ergänzung der Civilprozeßordnung ist eine Bestimmung in Aussicht genommen[1]), derzufolge, wenn die Scheidung auf Grund des § 1551, **1568**

1) Vergl. C.P.O. § 620, unten Anlage II C.P.O. § 580.

beantragt ist und die Aussicht auf Aussöhnung der Ehegatten nicht ausgeschlossen erscheint, das Gericht auf Scheidung nicht erkennen darf, bevor die Aussetzung des Verfahrens über die Ehescheidungsklage stattgefunden hat; eine solche Aussetzung soll jedoch im Laufe des Rechtsstreits nur einmal und höchstens auf zwei Jahre angeordnet werden dürfen.

Scheidung wegen Geisteskrankheit.

Von dem Grundsatze, daß die Scheidung nur wegen Verschuldens zulässig ist, macht der Entwurf (§ 1552, **1569**) im Anschluß an die meisten neueren Gesetzgebungen (Preuß. A.L.R. II, 1 §§ 696 bis 698; Sächs. Gesetzbuch § 1743; Bad. L.R. Satz 232a; § 113 des Goth. Ehegesetzes vom 15. August 1834; § 207 der Altenburg. Eheordnung vom 13. Mai 1837; § 2 Nr. 11 des Schwarzburg-Sondersh. Ehescheidungsgesetzes vom 30. August 1845) eine Ausnahme für den Fall unheilbarer Geisteskrankheit eines Ehegatten. Hier sprechen überwiegende Gründe dafür, daß dem anderen Ehegatten durch die Zulassung der Scheidung die Möglichkeit gewährt werde, eine neue Ehe einzugehen und so die wirthschaftlichen Nachtheile und die sittlichen Gefahren abzuwenden, welche ihm und den Kindern aus der Fortsetzung der Ehe mit dem geisteskranken Ehegatten drohen. Andererseits darf aber diese Folge nur eintreten, wenn sie nach der Art der Krankheit unabweisbar ist. Das fordert die Würde der Ehe und die Rücksicht auf den erkrankten Ehegatten. Der Entwurf läßt daher die Scheidung nur zu, wenn die Krankheit während der Ehe mindestens drei Jahre gedauert und einen solchen Grad erreicht hat, daß die geistige Gemeinschaft zwischen den Ehegatten aufgehoben und jede Aussicht auf Wiederherstellung dieser Gemeinschaft ausgeschlossen ist. Außerdem trägt der Entwurf (§ 1564, **1583** vergl. auch § 1461, **1478** Abs. 3) dafür Sorge, daß dem geisteskranken Ehegatten nach der Scheidung der seiner Lebensstellung entsprechende Unterhalt von dem anderen Ehegatten gewährt wird (vergl. auch Preuß. A.L.R. II, 1 § 759; Sächs. Gesetzbuch § 1751).

Verlust des Scheidungsrechts.

In Uebereinstimmung mit dem bestehenden Rechte ist die Geltendmachung eines Scheidungsgrundes, der auf dem Verschulden des anderen Theiles beruht, ausgeschlossen, wenn Verzeihung erfolgt ist (§ 1553, **1570**). Ferner geht nach dem Vorgange neuerer Gesetze (Preuß. A.L.R. II, 1 § 721; Sächs. Gesetzbuch §§ 1720, 1739, 1744) das Scheidungsrecht durch Zeitablauf (§§ 1554, **1571**, 1555, **1572**) verloren. Die für die Erhebung der Scheidungsklage bestimmte sechsmonatige Frist (§ 1554, **1571** Abs. 1 Satz 1) beginnt mit dem Zeitpunkt, in welchem der verletzte Ehegatte von dem Scheidungsgrunde Kenntniß erlangt hat. Nicht selten kommt es vor, daß der verletzte Ehegatte sich thatsächlich von dem schuldigen Ehegatten trennt, dabei aber Anstand nimmt, die Scheidungsklage alsbald zu erheben. Mit Rücksicht auf diese Fälle bestimmt der Entwurf im Interesse der Aufrechterhaltung der Ehe, daß die sechsmonatige[1]) Frist nicht läuft, solange die häusliche Gemeinschaft aufgehoben ist (§ 1554, **1571** Abs. 2 Satz 1). Dabei muß jedoch dem schuldigen Ehegatten, falls er mit der thatsächlichen Trennung nicht einverstanden ist, ein Mittel an die Hand

---

1) Dieses Wort ist gestrichen worden, damit im B.G.B. § 1571 der Abs. 2 auch für Abs. 1 Satz 2 Gültigkeit habe. K.B. S. 212.

gegeben werden, dem Zustande der Ungewißheit ein Ende zu machen. Hierzu dient die Vorschrift im § 1554, **1571** Abs. 2 Satz 2, wonach, wenn der schuldige Ehegatte den zur Klage berechtigten Ehegatten aufgefordert hat, entweder die häusliche Gemeinschaft herzustellen oder die Klage zu erheben, die sechsmonatige[1]) Frist von dem Empfange der Aufforderung an laufen soll. Sind seit dem Eintritte des Scheidungsgrundes zehn Jahre verstrichen, so ist die Klage ohne Rücksicht auf die Kenntniß des verletzten Ehegatten von dem Scheidungsgrund ausgeschlossen (§ 1554[2]), **1571** Abs. 1 Satz 2).

Entscheidung über die Schuldfrage. Wird die Ehe aus einem anderen Grunde als wegen Geisteskrankheit geschieden, so hat das Urtheil sich zugleich darüber auszusprechen, wer der schuldige Theil sei. Eine derartige Feststellung ist nothwendig, weil die Wirkungen der Scheidung, je nachdem nur der eine der Ehegatten oder jeder von ihnen die Schuld an der Scheidung trägt, sich verschieden gestalten. Wird einfach dem Klageantrage Folge gegeben, so wird der Beklagte allein für schuldig erklärt (§ 1557, **1574** Abs. 1). Wird eine von dem Beklagten erhobene Widerklage gleichfalls für begründet erkannt, so sind beide Ehegatten für schuldig zu erklären (§ 1557, **1574** Abs. 2). Uebrigens darf ein Beklagter, welcher seinerseits die Scheidung zu verlangen berechtigt wäre, aber aus Gewissensbedenken oder anderen Gründen von diesem Rechte keinen Gebrauch machen will, nicht in die Zwangslage versetzt werden, die Nachtheile auf sich zu nehmen, welche den allein für schuldig erklärten Ehegatten treffen. Der Entwurf (§ 1557, **1574** Abs. 3) bestimmt daher im Anschluß an die gemeinrechtliche und die preußische Praxis weiter, daß in einem solchen Falle ohne Erhebung einer Widerklage auf Antrag des Beklagten auch der Kläger für schuldig zu erklären ist. Das Gleiche gilt, wenn das Recht des Beklagten auf Scheidung zwar durch Verzeihung oder durch Zeitablauf ausgeschlossen ist, aber zur Zeit des Eintritts des vom Kläger geltend gemachten Scheidungsgrundes noch bestanden hat (vergl. Preuß. A.L.R. II, 1 §§ 720, 721).

Wirkungen der Scheidung. Mit der Rechtskraft des Scheidungsurtheils tritt die Auflösung der Ehe ein (§ 1547, **1564** Satz 3).

Namensführung der Frau. Die geschiedene Frau behält den Familiennamen des Mannes (§ 1558, **1577** Abs. 1). Jedoch ist sie befugt, ihren Familiennamen oder, wenn sie vor Eingehung der geschiedenen Ehe verheirathet war, den Namen wieder anzunehmen, den sie zur Zeit der Eingehung dieser Ehe hatte. Die Befugniß, den letzteren Namen wieder anzunehmen, ist ausgeschlossen, wenn sie allein für schuldig erklärt ist. Unter der gleichen Voraussetzung kann der Mann ihr auch die Führung seines Namens untersagen (§ 1558, **1577** Abs. 3). Diese Regelung schließt sich im Wesentlichen dem Preußischen Allgemeinen Landrechte II, 1 §§ 741, 742 sowie dem Badischen Landrechte Satz 299a an.

Unterhaltspflicht des schuldigen Ehegatten. Nach dem Gemeinen Rechte und verschiedenen neueren Gesetzgebungen (vergl. insbesondere Preuß. A.L.R. II, 1 §§ 783 ff.; Bayer. L.R. I, 6 § 43; Württemb. L.R. II, 32 § 1) sind mit der Scheidung für den allein schuldigen

---

1) Vergl. die vorige Anmerkung.

2) Im amtlichen Texte steht „§ 1564" in Folge eines Druckfehlers.

Ehegatten zu Gunsten des unschuldigen Ehegatten gewisse vermögensrechtliche Nachtheile, sogenannte Ehescheidungsstrafen, verbunden. Diese Vorschriften beruhen auf der Erwägung, daß der unschuldige Ehegatte für den Verlust der ihm durch die Auflösung der Ehe entzogenen Vortheile aus dem Vermögen des schuldigen Ehegatten eine billige Entschädigung erhalten soll. Im Gegensatze zu jenen Rechten gewährten das Französische und Badische Recht (Code civil Art. 301; Bad. L.R. Satz 301) sowie das Sächsische Gesetzbuch (§ 1750) dem unschuldigen Ehegatten nur einen auf den Fall des Bedürfnisses beschränkten Unterhaltsanspruch. Daneben behält jedoch nach dem Französischen und Badischen Rechte im Falle der Scheidung aus einer bestimmten Ursache derjenige Ehegatte, welcher die Scheidung erwirkt hat, alle ihm von dem anderen Ehegatten durch Ehevertrag oder während der Ehe zugewandten Vortheile, während der andere Ehegatte die ihm zugewandten Vortheile verliert (Code civil Art. 299, 300; Bad. L.R. Satz 299, 300). Der Entwurf schließt sich im Grundgedanken den zuletzt genannten Rechten an. Eine vermögensrechtliche Abfindung des unschuldigen Ehegatten wegen alles dessen, was ihm in Folge der Scheidung entgeht, widerstreitet dem Wesen der Ehe. Dagegen ist es eine Forderung der Billigkeit, daß der unschuldige Ehegatte den ihm gegen den anderen Ehegatten während der Ehe zustehenden Anspruch auf Gewährung des Unterhalts mit den aus der veränderten Sachlage sich ergebenden Abweichungen auch nach der Auflösung der Ehe bis zu seiner etwaigen Wiederverheirathung behält (§§ 1559, **1578** bis 1562, **1581**). Da der unschuldige Ehegatte in Folge der Scheidung auch das Erbrecht verliert, welches ihm im Falle der Auflösung der Ehe durch den Tod des anderen Ehegatten die nöthige Versorgung gewährt haben würde, so bestimmt der Entwurf (§ 1563, **1582** Abs. 1) ferner, daß die Unterhaltspflicht des schuldigen Ehegatten auf dessen Erben übergeht. Zugleich trifft er jedoch Vorsorge, daß die Erben hierdurch nicht unverhältnißmäßig belastet werden (§ 1563, **1582** Abs. 2, 3).

Widerruf von Schenkungen.

Der Ehegatte, welcher allein für schuldig erklärt ist, erleidet weiterhin den Nachtheil, daß der andere Ehegatte Schenkungen, die er ihm während des Brautstandes oder während der Ehe gemacht hat, widerrufen kann (§ 1565, **1584**). Die gleiche Befugniß steht dem unschuldigen Ehegatten schon nach dem Preußischen Allgemeinen Landrechte II, 1 §§ 771 ff. zu (vergl. auch Code civil Art. 299, 300). Letztwillige Verfügungen, durch die ein Ehegatte den anderen bedacht hat, sind, wenn die Ehe geschieden worden ist, im Zweifel unwirksam, ohne Unterschied, ob der bedachte Ehegatte allein für schuldig erklärt ist oder nicht (§§ 2052, **2077**, 2241, **2268**, § 2252, **2279** Abs. 2).

Unterhalt der Kinder.

Die Unterhaltspflicht der Eltern gegenüber den Kindern wird durch die Scheidung nicht berührt, da diese Pflicht nicht auf der Ehe, sondern auf der Verwandtschaft beruht. Demgemäß haftet auch nach der Scheidung der Vater vor der Mutter für den Unterhalt der Kinder, sofern nicht etwa die elterliche Nutznießung an dem Vermögen der Kinder der Mutter zusteht (§ 1584, **1606** Abs. 2). Dabei kann jedoch nicht unberücksichtigt bleiben, daß die Unterhaltspflicht an sich eine von beiden Eltern gemeinschaftlich zu tragende Last ist und daß die Frau auch während der Ehe, sei es in Form der dem Manne an ihrem Vermögen zustehenden Nutznießung, sei es in anderer Weise (vergl. § 1410, **1427** Abs. 2), einen Beitrag zur Bestreitung der ehelichen Lasten zu leisten hat. Demgemäß legt der Entwurf (§ 1566, **1585** Abs. 1) im Anschluß an verwandte Bestimmungen des Preußischen Rechtes (A.L.R. II, 2 §§ 103 bis 107) der Frau im Falle der Scheidung, und zwar ohne Rücksicht darauf, ob sie für schuldig erklärt ist oder nicht, die Verpflichtung auf, dem Manne aus den Einkünften ihres Vermögens und dem Ertrag ihrer Arbeit oder eines von ihr selbständig betriebenen Erwerbsgeschäfts einen angemessenen Beitrag zu den Kosten des Unterhalts eines gemeinschaftlichen Kindes zu leisten. Diese Verpflichtung tritt nicht ein, soweit die fraglichen Kosten durch die dem Manne an dem Vermögen des Kindes zustehende Nutznießung gedeckt werden; denn die elterliche Nutznießung dient in erster Reihe dem Zwecke des Unterhalts des Kindes (vergl. § 1580, **1602** Abs. 2). Steht der Frau die Sorge für die Person des Kindes zu und ist eine erhebliche Gefährdung des Unterhalts des Kindes zu befürchten, so kann die Frau ihren Beitrag zur eigenen Verwendung für den Unterhalt des Kindes zurückbehalten (§ 1566, **1585** Abs. 2).

Die Frage, inwieweit die Sorge für die Person der Kinder, insbesondere für die Erziehung, nach der Scheidung dem Vater oder der Mutter zukommt, ist im Zusammenhange mit den Vorschriften über die elterliche Gewalt geregelt (§ 1613, **1635**; vergl. unten S. 239).

IX. Eheliche Abstammung.

Voraussetzungen.

In Uebereinstimmung mit den neueren Gesetzgebungen (Preuß. A.L.R. II, 2 § 1; Code civil Art. 312, 314, 331; Sächs. Gesetzbuch §§ 1771, 1776, 1780) behandelt der Entwurf ein Kind, das nach der Eingehung der Ehe geboren wird, auch dann als ehelich, wenn die Frau es vor der Ehe von dem Manne empfangen hat. Diese Regelung rechtfertigt sich dadurch, daß sie im gegebenen Falle die Eheschließung fördert und so die Zahl der unehelichen Kinder mindert und daß sie auch für die Folge den Frieden der Familie gegen Störungen sichert.

Vermuthung der Ehelichkeit.

Das nach der Eingehung der Ehe geborene Kind gilt als vom Manne erzeugt, wenn die Frau es vor oder während der Ehe empfangen und der Mann ihr innerhalb der Empfängnißzeit beigewohnt hat (§ 1569, **1591** Abs. 1 Satz 1). Demgegenüber ist daher, entsprechend der herrschenden Auffassung des Gemeinen Rechtes und dem Standpunkte der meisten neueren Gesetzgebungen (Preuß. A.L.R. II, 2 § 5), der Nachweis, daß die Frau sich innerhalb der Empfängnißzeit eines Ehebruchs schuldig gemacht habe, selbst in Verbindung mit anderen Anzeichen, welche auf die Vaterschaft eines Dritten führen, der Regel nach unerheblich. Die Rücksicht auf das Kind verlangt, daß es, wenn es von dem Ehemann erzeugt sein *kann*, auch als ehelich behandelt wird. Nur wenn die Erzeugung des Kindes durch den Mann den Umständen nach offenbar unmöglich ist, erscheint eine Ausnahme einerseits praktisch unbedenklich, andererseits zum Schutze des Mannes geboten (§ 1569, **1591** Abs. 1 Satz 2).

In § 1569, **1591** Abs. 2 Satz 1 stellt der Entwurf die nach den allgemeinen Grundsätzen dem Gegenbeweis unterliegende Vermuthung auf, daß der Mann innerhalb der Empfängnißzeit der Frau beigewohnt habe. Diese Vermuthung ergiebt sich aus den Verhältnissen des Lebens von selbst und gilt bereits im bestehenden Rechte. Sie soll jedoch, abweichend von der Praxis des Preußischen Rechtes (vergl. Preuß. A.L.R. II, 1 §§ 1, 2), regelmäßig nicht Platz greifen, soweit die Empfängnißzeit in die Zeit vor der Ehe fällt. Erfahrungsmäßig pflegt allerdings der Mann in der großen Mehrzahl der Fälle, in denen ein vor der Ehe von der Frau empfangenes Kind nach der Eheschließung geboren wird, seine Vaterschaft nicht zu bestreiten. Gleichwohl wäre es bedenklich, die Vermuthung, daß der Mann schon vor der Ehe der Frau beigewohnt habe, selbst dann festzuhalten, wenn die Ehelichkeit eines solchen Kindes von ihm rechtzeitig angefochten wird. Nur wenn der Mann gestorben ist, ohne die Ehelichkeit des Kindes angefochten zu haben, erscheint es billig, die Lage des Kindes dadurch zu erleichtern, daß nunmehr die Vermuthung ebenfalls eintritt (§ 1569, **1591** Abs. 2 Satz 2).

Mit dem geltenden Rechte geht der Entwurf davon aus, daß die Entscheidung der Frage, zu welcher Zeit ein lebend geborenes Kind frühestens oder spätestens empfangen ist, regelmäßig nicht der auf das Gutachten Sachverständiger angewiesenen richterlichen Würdigung des einzelnen Falles überlassen werden darf, daß es vielmehr aus praktischen Rücksichten geboten ist, die kürzeste und die längste Dauer der Schwangerschaft gesetzlich zu bestimmen. Nach der herrschenden Auffassung des Gemeinen Rechtes erstreckt sich die Empfängnißzeit auf die Zeit vom einhundertundzweiundachtzigsten bis zum dreihundertsten Tage vor der Geburt des Kindes, nach dem Sächsischen Gesetzbuch (§§ 1771, 1772, 1776) auf die Zeit vom einhundertundzweiundachtzigsten bis dreihundertundzweiten Tage, nach dem Französischen Rechte (Code civil Art. 312) auf die Zeit vom einhundertundachtzigsten bis dreihundertsten Tage, nach dem Preußischen Allgemeinen Landrecht auf die Zeit zwischen dem zweihundertundzehnten und dreihundertundzweiten Tage. Wenngleich die Bestimmung des Preußischen Rechtes den Ergebnissen der Wissenschaft am nächsten kommt, so hat doch der Entwurf nach dem Vorgange der meisten Gesetze mit Rücksicht auf die Ehre der Frau, die Lage des Kindes und die Ruhe der Familie der Empfängnißzeit eine Ausdehnung gegeben, welche auch die seltenen Fälle trifft, in denen ein Kind schon im Anfange des siebenten oder erst am Ende des zehnten Monats geboren wird. Demgemäß umfaßt die Empfängnißzeit die Zeit von dem einhundertundeinundachtzigsten bis zu dem dreihundertundzweiten Tage vor der Geburt des Kindes, und zwar mit Einschluß sowohl des einhundertundeinundachtzigsten als des dreihundertundzweiten Tages (§ 1570, **1592** Abs. 1). Da indessen nach den ärztlichen Erfahrungen Fälle vorgekommen sind, in denen ein Kind, welches zweifellos schon während der Ehe empfangen ist, gleichwohl später als dreihundertundzwei Tage nach der Auflösung der Ehe geboren wurde, so hat der Entwurf (§ 1570, **1592** Abs. 2) noch eine besondere Bestimmung aufgenommen, wonach, wenn feststeht, daß ein Kind innerhalb eines Zeitraums empfangen worden ist, der weiter als dreihundertundzwei Tage vor dem Tage der Geburt zurückliegt, zu Gunsten der Ehelichkeit des Kindes dieser Zeitraum als Empfängnißzeit gelten soll.

Empfängnißzeit.

Geltendmachung der Unehelichkeit.

Die Unehelichkeit eines während der Ehe oder innerhalb dreihundertundzwei Tagen nach der Auflösung der Ehe geborenen Kindes kann nach dem Entwurfe nur geltend gemacht werden, wenn der Mann die Ehelichkeit angefochten hat oder, ohne das Anfechtungsrecht verloren zu haben, gestorben ist (§ 1571, **1593**). Der Grundsatz, daß der Mann ausschließlich befugt ist, die Ehelichkeit anzufechten, entspricht dem Preußischen und dem Französischen Rechte (Preuß. A.L.R. II, 2 §§ 7 bis 20, 40, 41; Code civil Art. 312 bis 318). Auf diesem Wege wird, wenigstens in großem Umfang, eine einheitliche Gestaltung der vielfachen, durch die Ehelichkeit bedingten Rechtsverhältnisse erreicht und die Zahl schwieriger, das Familienglück gefährdender Prozesse vermindert. Als Haupt der Familie ist der Mann auch zunächst bei der Frage betheiligt, ob das Kind ehelich oder unehelich ist. Die Gefahr, daß der Mann ein Kind, obwohl er von dessen Unehelichkeit überzeugt ist, als das seinige anerkennt und dadurch die auf Grund des wahren Personenstandes dem Kinde und Dritten zustehenden Rechte beeinträchtigt, ist eine fernliegende; jedenfalls erscheint sie als das geringere Uebel gegenüber der Gefahr, der das Kind, die Frau und die Familie ausgesetzt sind, wenn, vielleicht nach langen Jahren, Dritte sich in der Lage befinden, die Unehelichkeit des Kindes geltend zu machen. Abweichend von dem Preußischen Allgemeinen Landrechte II, 2 §§ 17, 18 macht der Entwurf in dieser Hinsicht auch nicht zu Gunsten der Lehens- und Fideikommißanwärter eine Ausnahme. Vom Standpunkte des allgemeinen bürgerlichen Rechtes liegt kein genügender Grund vor, diese Personen günstiger zu stellen, als andere Dritte, deren Rechte von der Unehelichkeit des Kindes abhängen. Uebrigens ist für das Einführungsgesetz [1]) eine Bestimmung in Aussicht genommen, der zufolge die landesgesetzlichen Vorschriften über Familienfideikommisse und Lehen unberührt bleiben sollen. Danach wird die Landesgesetzgebung auch vorschreiben können, daß ein Kind von der Nachfolge in das Fideikommiß oder Lehen ausgeschlossen ist, wenn ein Dritter nachweist, daß das Kind in Wirklichkeit von dem Manne nicht erzeugt sei.

Für den Fall, daß der Mann gestorben ist, ohne das Anfechtungsrecht verloren zu haben, steht nach der Preußischen und der Französischen Gesetzgebung (Preuß. A.L.R. II, 2 §§ 15, 16, 40, 41: Code civil Art. 317) das Recht, die Ehelichkeit des Kindes anzufechten, nur den Erben des Mannes zu. Hierbei sind aber die Rechte Dritter nicht ausreichend gewahrt. Der Entwurf (§ 1571, **1593**) gewährt daher, in wesentlicher Uebereinstimmung mit der herrschenden Auffassung des Gemeinen Rechtes und mit dem Sächsischen Gesetzbuch (§§ 1774 ff.), einem Jeden, der ein rechtliches Interesse daran hat, die Befugniß, die Unehelichkeit des Kindes nach Maßgabe der allgemeinen Grundsätze geltend zu machen.

Das Recht der Anfechtung geht für den Mann verloren, wenn er dasselbe nicht binnen Jahresfrist von dem Zeitpunkt an, in welchem er die Geburt des Kindes erfährt, ausübt (§ 1572, **1594**), ferner, wenn er das Kind nach der Geburt als das seinige anerkennt (§ 1576, **1598**). Auf dem gleichen Stand-

---

1) Vergl. dort Art. 59.

punkte stehen im Wesentlichen das Preußische und das Französische Recht (vergl. Preuß. A.L.R. II, 2 §§ 7, 8, 16; Code civil Art. 316, 318).

Schließlich trifft der Entwurf (§ 1578, **1600**) nach dem Vorbilde des Preußischen Allgemeinen Landrechts II, 2 §§ 22 ff. und des § 1779 des Sächsischen Gesetzbuchs noch eine besondere Bestimmung hinsichtlich des Falles, daß von einer Frau, die sich nach der Auflösung ihrer Ehe wieder verheirathet, ein Kind geboren wird, welches nach den allgemeinen, für die eheliche Abstammung geltenden Vorschriften ein eheliches Kind sowohl des ersten als auch des zweiten Mannes sein würde. Ein solches Kind soll, wenn es innerhalb zweihundertundsiebzig Tagen nach der Auflösung der früheren Ehe geboren wird, als Kind des ersten Mannes, wenn es später geboren wird, als Kind des zweiten Mannes gelten. Wiederverheirathung der Frau nach Auflösung der Ehe.

X. Rechtliche Stellung der ehelichen Kinder.

1. Ausstattungspflicht der Eltern den Kindern gegenüber.

Während dem Französischen Rechte (Code civil Art. 204) eine rechtliche Verbindlichkeit der Eltern zur Ausstattung der Kinder überhaupt fremd ist und das Preußische Allgemeine Landrecht II, 2 §§ 232 ff. den Kindern wenigstens keinen im Wege der Klage erzwingbaren Anspruch giebt, sind nach Gemeinem Rechte und dem Sächsischen Gesetzbuche (§§ 1661 ff.) der Vater und unter gewissen Voraussetzungen die Mutter rechtlich verpflichtet, der Tochter im Falle ihrer Verheirathung zur Einrichtung des Hausstandes eine angemessene Aussteuer zu gewähren. In der That ist es eine in ganz Deutschland verbreitete Sitte, der Tochter die zur Begründung des Hausstandes erforderlichen Gegenstände in die Ehe mitzugeben, und das Gesetz hat allen Anlaß, diese die Begründung neuer Hauswesen fördernde Sitte dadurch zu erhalten, daß es dieselbe zur Rechtspflicht erhebt. Von praktischer Bedeutung ist eine solche Rechtspflicht namentlich in den Fällen, in denen auf Antrag der Tochter die elterliche Einwilligung zur Eheschließung durch das Vormundschaftsgericht ersetzt worden ist (vergl. § 1291, **1308**). Sie sichert aber auch, hiervon abgesehen, eine gleichmäßige und gerechte Behandlung der Kinder. Der Entwurf (§ 1598, **1620**) erkennt hiernach einen Anspruch der Töchter auf Aussteuer an. Hinsichtlich der Söhne besteht eine entsprechende Sitte nicht. Bei diesen ist die Verheirathung nicht der regelmäßige Weg, um zu einer wirthschaftlichen Selbständigkeit den Eltern gegenüber zu gelangen, auch sind die Söhne bei dem Verlassen des Elternhauses vermöge ihrer Ausbildung zu einem Beruf eher in der Lage, sich das zur Einrichtung ihres Hauswesens Erforderliche selbst zu erwerben. Ueberdies ist es nicht Sitte, daß den Söhnen im Falle ihrer Verheirathung zur Einrichtung des Haushalts eine Aussteuer von den Eltern gewährt wird. Aussteuer.

Die Verpflichtung zur Gewährung der Aussteuer liegt nach dem Entwurf (§ 1598, **1620** Abs. 1 Satz 1) in Uebereinstimmung mit dem Gemeinen und dem Sächsischen Rechte (Sächs. Gesetzbuch § 1661) zunächst dem Vater ob; sie besteht nur insoweit, als der Vater bei Berücksichtigung seiner sonstigen Verpflichtungen ohne Gefährdung seines standesmäßigen Unterhalts dazu im Stande ist und nicht die Tochter ein zur Beschaffung der Aussteuer ausreichendes Vermögen hat. Die gleiche Verpflichtung trifft (§ 1598, **1620** Abs. 1 Satz 2) die Mutter, wenn der Vater zur Gewährung der Aussteuer außer Stande oder wenn er gestorben ist (vergl. auch Sächs. Gesetzbuch § 1662). Der Vater und die Mutter können die Aussteuer verweigern, wenn sich die Tochter ohne die erforderliche elterliche Einwilligung verheirathet (vergl. Sächs. Gesetzbuch § 1664) oder wenn sie sich einer Verfehlung schuldig gemacht hat, die den Verpflichteten berechtigt, ihr den Pflichttheil zu entziehen (§ 1599, **1621**).

Im Einklange mit dem § 1665 des Sächsischen Gesetzbuchs bestimmt der Entwurf (§ 1600, **1622**) weiter, daß die Tochter eine Aussteuer nicht verlangen kann, wenn sie für eine frühere Ehe von dem Vater oder der Mutter eine Aussteuer erhalten hat. Auch die Vorschrift des § 1601, **1623** Satz 2, derzufolge der Anspruch auf die Aussteuer in einem Jahre von der Eingehung der Ehe an verjährt, schließt sich dem Sächsischen Gesetzbuche (§ 1666 das.) an. Der Anspruch ist, seiner Bestimmung entsprechend, nicht übertragbar (§ 1601, **1623** Satz 1). Dagegen geht er nach Maßgabe der allgemeinen Grundsätze auf die Erben der Tochter über.

Ausstattung.

Wenn der Entwurf im Uebrigen eine Rechtspflicht der Eltern, den Kindern im Falle der Absonderung von dem elterlichen Hausstand eine Ausstattung zu gewähren, nicht anerkennt, so geht er doch ebenso, wie das bestehende Recht (vergl. insbesondere Preuß. A.L.R. II, 2 §§ 232 ff.), davon aus, daß für die Eltern eine sittliche Pflicht besteht, in dem bezeichneten Falle eine ihren Verhältnissen entsprechende Beihülfe zu leisten. Damit rechtfertigt sich die Bestimmung des § 1602, **1624** Abs. 1. Vermöge derselben soll dasjenige, was einem Kinde mit Rücksicht auf seine Verheirathung oder auf die Erlangung einer selbständigen Lebensstellung zur Begründung oder zur Erhaltung der Wirthschaft oder der Lebensstellung von den Eltern zugewendet wird, ohne daß sie dazu verpflichtet wären, nur insoweit als Schenkung gelten, als die Ausstattung das den Umständen, insbesondere den Vermögensverhältnissen des Gebers, entsprechende Maß übersteigt. Demgemäß finden, wenn die Ausstattung innerhalb dieses Maßes bleibt, die gesetzlichen Beschränkungen, welchen eine Schenkung unterliegt, keine Anwendung.

2. Elterliche Gewalt.

Natur und Dauer der elterlichen Gewalt. Bestehendes Recht.

Nach der auf deutschen Anschauungen beruhenden Praxis des Gemeinen Rechtes kommt dem Vater gegenüber dem minderjährigen Kinde kraft seiner väterlichen Gewalt die Stellung eines Vormundes zu, jedoch ohne die besonderen Beschränkungen, denen der letztere bei der vormundschaftlichen Verwaltung und Vertretung unterliegt. Hiervon unabhängig gewährt aber, entsprechend den Grundsätzen des Römischen Rechtes, die väterliche Gewalt ihrem Inhaber ein selbständiges Verwaltungs- und Nutzungsrecht am Vermögen des Kindes, derart, daß dieses Recht auch nach der Volljährigkeit des Kindes fortdauert. Auch nach dieser Richtung hat indessen unter dem Einflusse der deutschrechtlichen Auffassung das Gemeine Recht eine Veränderung erfahren, indem das Verwaltungs- und Nutzungsrecht durch die Absonderung des Kindes von dem Haushalte des Vaters sowie durch Verheirathung des Kindes beendigt wird. Auf dem Boden des Gemeinen Rechtes stehen der Hauptsache nach das Preußische und das Sächsische Recht (Preuß. A.L.R. II, 2 §§ 125, 165, 166, 168, 210, 228; Sächs. Gesetzbuch §§ 1811, 1821, 1822, 1829 bis 1833). Im weiteren Umfang ist die väterliche Gewalt als väterliche Vormundschaft von dem Französischen und dem Badischen Rechte geregelt (Code civil Art. 372 bis 382, 384, 389, 390; Bad. L.R. Satz 372 bis 382, 384, 389, 390). Der Vater hat hier kraft der väterlichen Gewalt die Pflicht und das Recht der Sorge für die Person und das Vermögen des Kindes und die väterliche Gewalt endigt mit der Volljährigkeit des Kindes. Dem Inhaber der väterlichen Gewalt steht ferner als eigenes Recht am Vermögen des Kindes die Nutznießung zu, die jedoch schon mit dessen achtzehntem Lebensjahr aufhört. Schließlich hat in einzelnen deutschen Rechtsgebieten (§§ 1, 2 der Lübeck. Vormundschaftsordnung vom 11. Oktober 1820; Art. 6 der Hamb. Vormundschaftsordnung vom 14. Dezember 1883) die väterliche Gewalt durchaus die Bedeutung einer väterlichen Vormundschaft erhalten, die mit der Volljährigkeit des Kindes endigt und dem Vater auch kein Nutzungsrecht an dem Vermögen des Kindes gewährt.

Standpunkt des Entwurfes.

Der dargelegten Rechtsentwickelung folgend hat der Entwurf die elterliche Gewalt als vormundschaftliche Gewalt, d. h. als eine Schutzgewalt gestaltet, welche ihrem Inhaber das Recht und die Pflicht der Sorge für die Person und das Vermögen des Kindes giebt. Dabei stellt aber der Entwurf mit Rücksicht auf das nahe Verhältniß, wie es zwischen Eltern und Kind besteht, den Gewalthaber wesentlich freier als den Vormund. Sodann verbindet er, entsprechend dem im größten Theile Deutschlands geltenden Rechte, mit der elterlichen Gewalt auch das Recht der Nutznießung am Vermögen des Kindes. Die natürliche Abhängigkeit des Kindes von den Eltern findet in vermögensrechtlicher Hinsicht dadurch ihren richtigen Ausdruck, daß der Träger der elterlichen Gewalt die Befugniß hat, über die Einkünfte des Vermögens des Kindes nicht als Vertreter des Kindes, sondern kraft eigenen Rechtes und ohne rechtliche Verantwortlichkeit zu verfügen.

Ist die elterliche Gewalt im Wesentlichen eine vormundschaftliche Schutzgewalt, so muß sie ihr Ende erreichen, wenn das Kind volljährig wird, da dasselbe hierdurch die unbeschränkte Geschäftsfähigkeit und damit die wirthschaftliche Selbständigkeit erlangt (§ 1604, **1626**). Mit diesem Zeitpunkte verliert auch die elterliche Nutznießung am Vermögen des Kindes ihre Berechtigung; sie erlischt daher gleichfalls.

Rechtsverhältniß zwischen den Eltern und einem volljährigen Kinde.

Uebrigens ist, wenn ein volljähriges Kind in dem elterlichen Hausstande verbleibt, diese Fortdauer der häuslichen Gemeinschaft auch für die rechtlichen Beziehungen zwischen den Eltern und dem Kinde von Bedeutung. Nach § 1595, **1617** ist das Kind, solange es dem elterlichen Hausstande angehört und von den Eltern unterhalten wird, im Einklange mit dem geltenden Rechte (Preuß. A.L.R. II, 2 § 254; Sächs. Gesetzbuch § 1806) verpflichtet, in einer seinen Kräften und seiner Lebensstellung entsprechenden Weise den Eltern in ihrem Hauswesen und Geschäfte Dienste zu leisten. Zur Verhütung von Streitigkeiten wird ferner, wenn ein dem elterlichen Hausstand angehörendes volljähriges Kind zur Bestreitung der Kosten des Haushalts aus seinem Vermögen eine Aufwendung macht oder den Eltern zu diesem Zwecke etwas aus seinem Vermögen überläßt, im Zweifel angenommen, daß die Absicht fehlt, Ersatz zu verlangen (§ 1596, **1618**). Endlich berücksichtigt der Entwurf auch den häufig vorkommenden Fall, daß ein dem elterlichen Hausstand angehörendes Kind noch nach erreichter Volljährigkeit sein Vermögen ganz oder theilweise der Verwaltung des Vaters überläßt. Der Vater kann hier in Ermangelung einer abweichenden Bestimmung des Kindes die Einkünfte, die er während seiner Verwaltung bezieht, nach freiem Ermessen verwenden, soweit nicht ihre Verwendung zur Bestreitung der Kosten der ordnungsmäßigen Verwaltung und zur Erfüllung solcher Verpflichtungen des Kindes erforderlich ist, die bei ordnungsmäßiger Verwaltung aus den Einkünften des Vermögens bestritten werden (§ 1597, **1619** Abs. 1). Das gleiche Recht steht der Mutter zu, wenn das Kind ihr die Verwaltung seines Vermögens überlassen hat (§ 1597, **1619** Abs. 2). Durch diese Art der Regelung werden die mit einer Abrechnung zwischen den Eltern und dem Kinde verbundenen Unzuträglichkeiten vermieden. Zugleich nähert sich der Entwurf damit denjenigen Rechten, nach welchen das Verwaltungs- und Nutzungsrecht des Vaters am Vermögen des Kindes nicht schon mit der Volljährigkeit des Kindes endigt, sondern erst mit der Absonderung desselben von dem Hausstande des Vaters oder durch Verheirathung der Tochter.

Inhaber der elterlichen Gewalt.

Die elterliche Gewalt ist vom Standpunkte des Entwurfes ein seinem Wesen nach beiden Eltern gemeinsam zustehendes Recht. Solange beide Eltern leben, muß jedoch der Natur der Dinge nach das Recht der Mutter zurücktreten. Während der Ehe kommt deshalb die elterliche Gewalt regelmäßig dem Vater zu, vorbehaltlich des Antheils der Mutter an der Sorge für die Person des Kindes (§ 1612, **1634**). In den §§ 1605, **1627** bis 1659, **1683** regelt der Entwurf zunächst die elterliche Gewalt des Vaters, in den §§ 1660, **1684** bis 1674, **1698** sodann die elterliche Gewalt der Mutter.

a) Elterliche Gewalt des Vaters.

Der Vater hat Kraft seiner elterlichen Gewalt das Recht und die Pflicht, für die Person und das Vermögen des Kindes zu sorgen (§ 1605, **1627**). Diese Sorge umfaßt, von bestimmten Ausnahmen abgesehen, auch die Vertretung des Kindes (§ 1608, **1630**).

Sorge für die Person.

Vermöge der Sorge für die Person hat der Vater insbesondere das Recht und die Pflicht, das Kind zu erziehen, zu beaufsichtigen und seinen Aufenthalt zu bestimmen. Kraft seines Erziehungsrechts kann er angemessene Zuchtmittel gegen das Kind anwenden. Auf seinen Antrag hat das Vormundschaftsgericht ihn durch Anwendung geeigneter Zuchtmittel zu unterstützen (§ 1609, **1631**).

In Uebereinstimmung mit dem Gemeinen Rechte und der Mehrzahl der neueren Gesetze (vergl. Preuß. A.L.R. II, 2 §§ 64, 74; Sächs. Gesetzbuch § 1802) hat aber nach dem Entwurfe (§ 1612, **1634**) neben dem Vater während der Dauer der Ehe die Mutter das Recht und die Pflicht, für die Person des Kindes zu sorgen; zur Vertretung des Kindes ist sie nicht berechtigt [1]). Auch geht bei einer Meinungsverschiedenheit zwischen den Eltern der Wille des Vaters vor.

Für den Fall der Ehescheidung bestimmt im Einklange mit dem Gemeinen Rechte und den meisten neueren Gesetzgebungen (vergl. insbesondere Preuß. A.L.R. II, 2 §§ 92 ff.; Code civil Art. 302) der Entwurf (§ 1613, **1635**), daß, wenn ein Ehegatte allein für schuldig erklärt ist, die Sorge für die Person des Kindes grundsätzlich dem anderen Ehegatten zusteht. Diese Regelung ist durch die Rücksicht auf den unschuldigen Ehegatten geboten, welcher während der Ehe an der Sorge für alle Kinder Antheil hatte und in diesem Rechte bei Scheidung der Ehe nicht beeinträchtigt werden darf. Anders liegt die Sache, wenn beide Ehegatten für schuldig erklärt sind. Hier bleibt, wenn das Gesetz eine feste Regel geben soll, nur die Vertheilung der Kinder nach dem Geschlecht übrig (vergl. auch Preuß. A.L.R. II, 2 §§ 93, 95, 96). Dabei empfiehlt es sich jedoch, im Anschluß an ähnliche Vorschriften neuerer Gesetze (Preuß. A.L.R. II, 2 §§ 94, 95; Sächs. Gesetzbuch § 1749), auch die Söhne bis zum vollendeten sechsten Lebensjahre der Mutter zuzuweisen, da die Kinder vor Erreichung dieses Lebensalters vorzugsweise der Pflege und Aufsicht der Mutter im Hause bedürfen und da regelmäßig erst mit dem bezeichneten Zeitpunkte die Schulpflicht beginnt (vergl. Preuß. A.L.R. II, 2 §§ 94, 95; Sächs. Gesetzbuch § 1749). Sowohl in dem Falle, daß ein Ehegatte allein für schuldig erklärt ist, als auch in dem Falle, daß beide Ehegatten schuldig sind, giebt übrigens der Entwurf (§ 1613, **1635** Abs. 1 Satz 2) dem Vormundschaftsgerichte die Befugniß, eine abweichende Anordnung zu treffen, wenn eine solche aus besonderen Gründen im Interesse der Kinder geboten ist. Diese Vorschrift entspricht dem Gemeinen, dem Französischen und dem Sächsischen Rechte und findet ihre sachliche Rechtfertigung in der Rücksicht auf das Wohl der Kinder, das eines erhöhten Schutzes bedarf, wenn zufolge der Scheidung die in dem Zusammenwirken beider Ehegatten liegende Gewähr weggefallen ist. Sorge für die Person im Falle der Scheidung der Ehe.

Die Bestimmungen des § 1613, **1635** Abs. 1 über die Sorge für die Person der Kinder gelten nur, solange beide Ehegatten leben. Ist einer der Ehegatten gestorben, so steht dessen Recht dem überlebenden Ehegatten nicht mehr entgegen und liegt deshalb kein Grund vor, von den allgemeinen Bestimmungen über die elterliche Gewalt fernerhin abzuweichen.

Auch wenn einem Ehegatten nach § 1613, **1635** die Sorge für die Person des Kindes nicht zusteht, behält er doch die Befugniß, mit dem Kinde persönlich zu verkehren (§ 1614, **1636** Satz 1). Diese schon im Preußischen

1) Im B.G.B. § 1634 sind die Worte „unbeschadet der Vorschrift des § 1681 Abs. 1" hinzugefügt. Vergl. unten S. 243 die Anmerkung zum § 1642 des E. und K.B. S. 262–264.

Allgemeinen Landrechte II, 2 §§ 101, 102 und in anderen neueren Gesetzen anerkannte Befugniß ist ein Gebot der Billigkeit. Den hieraus für das Kind etwa erwachsenden Gefahren beugt die Bestimmung des § 1614, **1636** Satz 2 vor, wonach das Vormundschaftsgericht den Verkehr näher regeln kann.

Sorge für das Vermögen des Kindes.

Die Verwaltung des Vaters erstreckt sich auf das gesammte Vermögen des Kindes. Ausgenommen ist jedoch nach § 1616, **1638** in Uebereinstimmung mit dem geltenden Rechte das Vermögen, welches das Kind von Todeswegen erwirbt oder welches ihm unter Lebenden von einem Dritten zugewendet wird, sofern der Erblasser durch letztwillige Verfügung, der Dritte bei der Zuwendung bestimmt hat, daß der Erwerb der Verwaltung des Vaters entzogen sein soll. Auch auf solche Angelegenheiten, für die aus einem anderen Grunde ein Pfleger bestellt ist, erstreckt sich die Vermögensverwaltung des Vaters nicht (§ 1606, **1628**).

Bei der Vermögensverwaltung hat der Vater im Allgemeinen die Stellung eines Vormundes (§ 1608, **1630** vergl. mit § 1769, **1793**). Wie dieser ist auch der Vater gewissen Schranken unterworfen. Namentlich steht dem Vater die Vertretung insoweit nicht zu, als nach § 1771, **1795** ein Vormund von der Vertretung ausgeschlossen ist. Das Vormundschaftsgericht kann dem Vater ebenso, wie nach § 1772, **1796** einem Vormunde, die Vertretung für einzelne Angelegenheiten oder für einen bestimmten Kreis von Angelegenheiten entziehen (§ 1608, **1630** Abs. 2). Sodann hat der Vater, entsprechend der für den Vormund geltenden Vorschrift des § 1779, **1803**, die Anordnungen zu befolgen, welche bezüglich des dem Kinde von Todeswegen zugefallenen oder unter Lebenden unentgeltlich von einem Dritten zugewendeten Vermögens von dem Erblasser oder dem Dritten getroffen worden sind (§ 1617, **1639**). So wenig, wie der Vormund, darf der Vater in Vertretung des Kindes Schenkungen machen, mit Ausnahme solcher Schenkungen, durch die einer sittlichen Pflicht oder einer auf den Anstand zu nehmenden Rücksicht entsprochen wird (§ 1618, **1641** vergl. mit § 1780, **1804**). Von besonderer praktischer Bedeutung ist weiterhin die zur Sicherung des Vermögens des Kindes dienende Vorschrift des § 1619, **1642**, der zu Folge der Vater das seiner Verwaltung unterliegende Geld des Kindes, soweit es nicht zur Bestreitung von Ausgaben bereit zu halten ist, regelmäßig nach den für die Anlegung von Mündelgeld geltenden Vorschriften der §§ 1783, **1807**, 1784, **1808** verzinslich anzulegen hat. Der vormundschaftliche Charakter der elterlichen Vermögensverwaltung zeigt sich endlich darin, daß der Entwurf (§§ 1620, **1643** bis 1622, **1645**) die Zahl der Fälle, in welchen der Vater, insbesondere zu Rechtsgeschäften, der Genehmigung des Vormundschaftsgerichts bedarf, im Anschluß an die desfalls für den Vormund getroffenen Bestimmungen der §§ 1797, **1821** ff. dem geltenden Rechte gegenüber nicht unerheblich vermehrt hat. Eine solche Beschränkung der Vertretungsmacht des Vaters ist zum Schutze des Kindes namentlich mit Rücksicht darauf erforderlich, daß der Entwurf den Vater regelmäßig nicht zur Sicherheitsleistung verpflichtet und, abweichend von einer Reihe geltender Gesetze, dem Kinde keinen gesetzlichen Titel auf Bestellung einer Hypothek gewährt.

Auf der anderen Seite geht aber der Entwurf nicht so weit, den Vater hinsichtlich der Beschränkung seiner Vertretungsmacht einem Vormunde gleichzustellen. Insbesondere ist der Kreis derjenigen Rechtsgeschäfte, zu welchen die Genehmigung des Vormundschaftsgerichts erfordert wird, enger gezogen, als beim Vormund. Auch insofern ist die Stellung des Vaters erheblich freier gestaltet, als er nicht, wie der Vormund, der ständigen Aufsicht des Vormundschaftsgerichts und den zur Durchführung dieser Aufsicht dienenden Bestimmungen unterliegt, vor allem zur Einreichung eines Verzeichnisses des Vermögens des Kindes [1]) und während seiner Verwaltung zur Rechnungslegung für die Regel (§ 1644, **1667**) nicht verpflichtet ist.

Die Vermögensverwaltung des Vaters endigt mit der Rechtskraft des Beschlusses, durch den der Konkurs über das Vermögen des Vaters eröffnet wird (§ 1624, **1647** Abs. 1). Aehnliche Bestimmungen finden sich bereits im geltenden Rechte (vergl. Preuß. A.L.R. II, 2 §§ 206, 268; Sächs. Gesetzbuch § 1815; § 14 des Weimar. Gesetzes vom 27. März 1872). Das Vermögen des Kindes würde, wenn es während der Dauer dieses Verfahrens zur Verfügung des Vaters bliebe, mehr oder minder gefährdet sein. Dagegen erscheint es nicht gerechtfertigt, dem Vater in einem solchen Falle die Verwaltung für immer zu entziehen, und der Entwurf (§ 1624, **1647** Abs. 2) bestimmt daher, daß nach der Aufhebung des Konkurses das Vormundschaftsgericht dem Vater die Vermögensverwaltung wieder übertragen kann.

Elterliche Nutznießung.

Die dem Vater kraft der elterlichen Gewalt zustehende Nutznießung (§ 1626, **1649**) erstreckt sich grundsätzlich auf das gesammte Vermögen des Kindes. Jedoch unterliegen der Nutznießung nicht, sondern sind freies Vermögen die ausschließlich zum persönlichen Gebrauche des Kindes bestimmten Sachen, insbesondere Kleider und Schmucksachen (§ 1627, **1650**), ferner das, was das Kind durch seine selbständige Arbeit (vergl. § 1595, **1617**) oder durch den ihm nach Maßgabe des § 108, **112** gestatteten selbständigen Betrieb eines Erwerbsgeschäfts erwirbt, endlich das, was dem Kinde von Todeswegen zufällt oder unter Lebenden von einem Dritten unentgeltlich zugewendet wird, sofern der Erblasser durch letztwillige Verfügung, der Dritte bei der Zuwendung bestimmt hat, daß das Vermögen der Nutznießung entzogen sein soll (§ 1628, **1651**). Diese Ausnahmen sind der Hauptsache nach schon von dem geltenden Rechte anerkannt.

Im Einzelnen hat der Entwurf die elterliche Nutznießung nach dem Vorbilde der für die Nutznießung des Mannes an dem eingebrachten Gute der Frau geltenden Vorschriften gestaltet. Demgemäß erwirbt der Vater die Nutzungen des seiner Nutznießung unterliegenden Vermögens in derselben Weise und im gleichen Umfange wie ein Nießbraucher (§ 1629, **1652**). Auch die Haftung des Vaters für die Lasten dieses Vermögens bestimmt sich im Wesentlichen nach den für den Güterstand der Verwaltung und Nutznießung maßgebenden Vorschriften (§ 1631, **1654**). Das Gleiche gilt von der Befugniß

1) Die Reichstagskommission hat dagegen den § 1640 neu in das B.G.B. aufgenommen, um eine feste Grundlage für die Vermögensverwaltung zu schaffen sowie um das Kind und Dritte zu sichern. K.B. S. 264—267.

des Vaters, verbrauchbare Sachen des Kindes, vorbehaltlich der späteren Ersatzleistung, für sich zu veräußern und zu verbrauchen (§ 1630, **1653**). Abweichend von den Vorschriften des gesetzlichen Güterrechts erstreckt sich jene Befugniß des Vaters, den Bedürfnissen des Lebens entsprechend, auch auf das zu dem Vermögen ds Kindes gehörende Geld, jedoch nur mit der Maßgabe, daß er, um das Geld für sich zu verwenden, der Genehmigung des Vormundschaftsgerichts bedarf.

Die Nutznießung an einem zu dem Vermögen des Kindes gehörenden Erwerbsgeschäft ist durch besondere Vorschriften geregelt (§ 1632, **1655**). Der Auffassung des Verkehrs entspricht es, das Erwerbsgeschäft wirthschaftlich als ein Ganzes zu behandeln. Demgemäß bestimmt der Entwurf, daß die elterliche Nutznießung nicht die einzelnen zu dem Erwerbsgeschäfte gehörenden Gegenstände als solche ergreift, sondern nur einen Anspruch auf den sich aus dem Betrieb ergebenden jährlichen Reingewinn begründet und daß, wenn sich in einem Jahre ein Verlust herausstellt, der Gewinn späterer Jahre bis zur Ausgleichung des Verlustes dem Kinde verbleibt. Diese besonderen Bestimmungen gelten übrigens nur, wenn das Erwerbsgeschäft im Namen des Kindes betrieben wird, nicht auch für den Fall, daß der Vater das Erwerbsgeschäft etwa nach den Grundsätzen über den Nießbrauch an verbrauchbaren Sachen vertragsmäßig übernimmt und für eigene Rechnung sowie im eigenen Namen betreibt.

Besonderer Regelung bedürfen ferner die Fälle, in welchen dem Vater die Verwaltung des seiner Nutznießung unterliegenden Vermögens nicht zusteht (§ 1633, **1656**), z. B. wenn Konkurs über sein Vermögen eröffnet ist oder seine Gewalt ruht. In diesen Fällen darf dem Vater auch die eigene Ausübung der Nutznießung nicht überlassen werden, da sich hieraus Streitigkeiten zwischen ihm und dem zur Vermögensverwaltung berufenen gesetzlichen Vertreter des Kindes sowie sonstige, dem Vermögen des Kindes zum Nachtheile gereichende Störungen ergeben würden. Dagegen kann er die Herausgabe der Nutzungen insoweit verlangen, als ihre Verwendung zur ordnungsmäßigen Verwaltung des Vermögens und zur Bestreitung der Lasten der Nutznießung nicht erforderlich ist (§ 1633, **1656** Abs. 1). Ruht die elterliche Gewalt oder ist dem Vater die Sorge für die Person und das Vermögen des Kindes entzogen, so können die Kosten des Unterhalts des Kindes aus den Nutzungen insoweit vorweg entnommen werden, als sie dem Vater zur Last fallen (§ 1633, **1656** Abs. 2).

Das Recht, das dem Vater kraft seiner Nutznießung an dem Vermögen des Kindes zusteht, ist nicht übertragbar (§ 1635, **1658** Abs. 1). Auch die Ansprüche, welche dem Vater nach den §§ 1632, **1655**, 1633, **1656** auf Grund der Nutznießung an einem Erwerbsgeschäfte des Kindes sowie in dem Falle zustehen, daß ihm die Ausübung der Nutznießung versagt ist, sind nicht übertragbar, bevor ihre Fälligkeit eingetreten ist (§ 1635, **1658** Abs. 2). Diese Vorschriften beruhen auf denselben Erwägungen, wie die Bestimmung des § 1391, **1408**, wonach das Recht, das dem Manne an dem eingebrachten Gute der Frau kraft seiner Verwaltung und Nutznießung zusteht, nicht übertragbar ist.

Was die Stellung der Gläubiger des Kindes gegenüber der elterlichen Nutznießung betrifft, so bestimmt der Entwurf (§ 1636, **1659**), entsprechend dem für die Nutznießung des Mannes am eingebrachten Gute der Frau geltenden Grundsatz des § 1394, **1411**, daß die Gläubiger des Kindes ohne Rücksicht auf die elterliche Nutznießung Befriedigung aus dem Vermögen des Kindes verlangen können (vergl. auch Preuß. A.L.R. II, 2 §§ 125 bis 135, 165 bis 167, 201 bis 203; Sächs. Gesetzbuch §§ 1821 bis 1824, 1826). Ausnahmen zu Gunsten des Vaters sind hier nicht erforderlich, da derselbe schon in Folge der beschränkten Geschäftsfähigkeit des Kindes ausreichend gegen die Gefahr geschützt ist, daß sein Recht durch rechtsgeschäftliche Verbindlichkeiten des Kindes ungebührlich beeinträchtigt werde.

Die Nutznießung des Vaters endigt in Uebereinstimmung mit der Mehrzahl der Rechte, wenn sich das Kind verheirathet (§ 1638, **1661** Satz 1). Eine Ausnahme tritt jedoch nach dem Vorgange des Preußischen Allgemeinen Landrechts II, 2 § 228 sowie des Württembergischen Landrechts IV, 13 § 6 ein, wenn die Ehe ohne die erforderliche elterliche Einwilligung geschlossen wird (§ 1638, **1661** Satz 2). Dem Vater darf durch eine solche rechtswidrige Handlung des Kindes die Nutznießung nicht entzogen werden. Weiterhin wird die Nutznießung durch Verzicht des Vaters beendigt (§ 1639, **1662**).

Aufsicht und Fürsorge des Vormundschaftsgerichts.

Da die elterliche Gewalt nach dem Entwurf einen vormundschaftlichen Charakter hat, so muß ihre Ausübung auch der Aufsicht des Vormundschaftsgerichts unterliegen. Andererseits verlangt aber die Rücksicht auf das nahe Verhältniß zwischen dem Vater und dem Kinde sowie auf das väterliche Ansehen, daß die Aufsicht und Fürsorge des Vormundschaftsgerichts soweit beschränkt wird, als dies mit der Sicherung des Kindes gegen mißbräuchliche Ausübung der elterlichen Gewalt irgend vereinbar ist. Demgemäß hat der Entwurf, im Anschluß an die Mehrzahl der bestehenden Rechte, die Aufsicht und Fürsorge des Vormundschaftsgerichts in der Weise geordnet, daß sie gegenüber der väterlichen Gewalt nicht als Regel, sondern nur aus Anlaß besonderer Umstände eintritt (§§ 1642, **1665** bis 1649, **1673**). Zur Unterstützung des Vormundschaftsgerichts dient der Gemeindewaisenrath, der dem Vormundschaftsgericht Anzeige zu machen hat, wenn ein Fall zu seiner Kenntniß gelangt, in welchem das Vormundschaftsgericht zum Einschreiten berufen ist (§ 1651, **1675**). Ein solcher Fall ist nach § 1642, **1665** gegeben, wenn der Vater rechtlich oder thatsächlich verhindert ist, die mit der elterlichen Gewalt verbundenen Pflichten zu erfüllen. Das Vormundschaftsgericht hat alsdann [1]) die im Interesse des Kindes erforderlichen Maßregeln zu treffen, insbesondere, soweit nöthig, nach § 1885, **1909** eine Pflegschaft anzuordnen.

---

1) Nach dem Zusatze der Reichstagskommission (vergl. B.G.B. § 1665) jedoch ferner erst, wenn die elterliche Gewalt nicht von der Mutter nach § 1685 B.G.B. ausgeübt wird. Es erschien angezeigt, auf den § 1685 zu verweisen, da dieser im Gegensatze zum § 1661 des E. die elterliche Gewalt der Mutter erweitert (vergl. unten S. 249 Anm. 1). K.B. S. 262—264.

Gefährdung der Person des Kindes.

Weiterhin ist das Vormundschaftsgericht zum Einschreiten berufen, wenn das geistige oder leibliche Wohl des Kindes dadurch gefährdet wird, daß der Vater das Recht der Sorge für die Person des Kindes mißbraucht oder das Kind vernachlässigt. Der Entwurf (§ 1643, **1666** Abs. 1) stimmt hierin mit der großen Mehrzahl der bestehenden Rechte (vergl. Preuß. A.L.R. II, 2 §§ 90, 91, 266; Bayer. L.R. I, 5 § 7 Nr. 2; Sächs. Gesetzbuch § 1803; Württemb. L.R. IV, 11 § 2; §§ 16, 112 des Weimar. Gesetzes vom 27. März 1872) überein. Nach dem Vorgange des Gemeinen und des Württembergischen Rechtes (vergl. auch § 2 des Elsaß-Lothr. Gesetzes vom 18. Juli 1890) gewährt er aber dem Vormundschaftsgerichte die Befugniß zum Einschreiten auch dann, wenn der Vater sich eines ehrlosen oder unsittlichen Verhaltens schuldig macht. In diesem Falle handelt es sich darum, das Kind dem verderblichen Einflusse zu entziehen, welchen das schlechte Beispiel des Vaters ausübt.

Nach einer großen Zahl neuerer Landesgesetze ist das Einschreiten des Vormundschaftsgerichts ferner in dem Falle zulässig, daß das Kind sittlich verwahrlost oder der Verwahrlosung ausgesetzt ist, und zwar unabhängig davon, ob ein Verschulden der Eltern vorliegt oder nicht. Ein Theil dieser Gesetze beschränkt sich darauf, im Anschluß an den § 55 Abs. 2 des Strafgesetzbuchs [1]) Vorschriften über die Unterbringung und die Zwangserziehung solcher Kinder zu geben, die wegen einer von ihnen begangenen strafbaren Handlung nach dem § 55 Abs. 1 des Strafgesetzbuchs [2]) deshalb strafrechtlich nicht verfolgt werden können, weil sie bei Begehung der Handlung das zwölfte Lebensjahr noch nicht vollendet haben (Preuß. Gesetze vom 18. März 1878 und vom 23. Juni 1883; Mecklenburg-Schwerin. Verordnung vom 10. Oktober 1882; Altenb. Gesetz vom 20. März 1879). Andere Gesetze haben dagegen bald in weiterem, bald in geringerem Umfang auch die Fälle berücksichtigt, in denen die Verwahrlosung nicht in der Begehung einer strafbaren Handlung hervortritt. Von der Mehrzahl dieser Gesetze ist zugleich die Altersgrenze, bis zu welcher die Anordnung der Zwangserziehung zulässig sein soll, über das vollendete zwölfte Lebensjahr hinaus erstreckt (§ 5 des Sächs. Gesetzes vom 25. April 1873; Art. 12 des Württemb. Gesetzes vom 27. Dezember 1871; § 1 des Bad. Gesetzes vom 4. Mai 1886; Art. 1 Abs. 2 des Hess. Gesetzes vom 11. Juni 1887; §§ 1, 17 des Weimar. Gesetzes vom 9. Februar 1881; Art. 1, 9 des Oldenb. Gesetzes vom 12. Februar 1880; § 1 des Braunschw. Gesetzes vom 22. Dezember 1870; Art. 1 des Anhalt. Gesetzes vom 29. Dezember 1873; § 1 des Lübeck. Gesetzes vom 20. März 1884; § 1 des Hamburg. Gesetzes vom 6. April 1887; § 1 Nr. 2 des Elsaß-Lothr. Gesetzes vom 18. Juli 1890).

Der Entwurf schließt sich der zweiten Gruppe von Gesetzen an und läßt demgemäß ein Einschreiten des Vormundschaftsgerichts allgemein zu, wenn das Kind sittlich verwahrlost und nach der Persönlichkeit und den Lebensverhältnissen des Vaters anzunehmen ist, daß die elterliche Erziehungsgewalt

---

1) Vergl. E.G. zum B.G.B. Art. 34 II.
2) Vergl. die vorige Anmerkung.

zur Besserung des Kindes nicht ausreicht (§ 1643 Abs. 2)[1]. Eine derartige Erweiterung der staatlichen Fürsorge wird dazu beitragen, der zunehmenden Verwahrlosung der Kinder und der daraus sich ergebenden Vermehrung strafbarer Handlungen entgegenzuwirken.

Was die Art des Einschreitens anlangt, so überläßt der Entwurf die Wahl der Maßregeln, welche zur Abwendung der Gefährdung des Kindes erforderlich sind, dem Ermessen des Vormundschaftsgerichts (vergl. auch Preuß. A.L.R. II, 2 § 90; Sächs. Gesetzbuch § 1803; § 16 des Weimar. Gesetzes vom 27. März 1872). Als besonders wirksames Mittel, das Kind gegen den schlechten Einfluß der Eltern und weitere Verwahrlosung zu schützen, hebt der Entwurf die Unterbringung des Kindes in einer geeigneten Familie oder in einer Erziehungs- oder Besserungsanstalt hervor. Wird von dem Vormundschaftsgericht eine solche Anordnung getroffen, so entscheidet sich, wie durch das Einführungsgesetz[2] klarzustellen sein wird, die weitere Frage, ob in diesem Falle eine öffentliche Zwangserziehung eintreten soll, nach den landesgesetzlichen Vorschriften.

Das Vormundschaftsgericht kann in den Fällen des § 1643 Abs. 1, 2, **1666** Abs. 1, soweit nöthig, dem Vater die Sorge für die Person des Kindes mit Einschluß der Vertretung auch gänzlich entziehen (vergl. Preuß. A.L.R. II, 2 §§ 91, 266; Sächs. Gesetzbuch § 1803). Zu einer Entziehung der Vermögensverwaltung und der elterlichen Nutznießung liegt dagegen hier regelmäßig kein Anlaß vor. Nur wenn der Vater das Recht des Kindes auf Gewährung des Unterhalts verletzt und für die Zukunft eine erhebliche Gefährdung des Unterhalts zu besorgen ist, darf dem Vater, um dem Kinde die Mittel für seinen Unterhalt zu sichern, auch die Vermögensverwaltung sowie die Nutznießung entzogen werden (§ 1643 Abs. 3, **1666** Abs. 2).

Wenn der Entwurf nach dem Vorgange der meisten neueren Gesetze, insbesondere des Preußischen Allgemeinen Landrechts II, 2 § 91 und des § 1803 des Sächsischen Gesetzbuchs, die Entscheidung, ob und in welcher Weise gegen den Vater auf Grund des § 1643, **1666** einzuschreiten ist, dem Vormundschaftsgerichte zuweist, so rechtfertigt sich dies durch die vormundschaftliche Natur der elterlichen Gewalt sowie durch die Erwägung, daß das Vormundschaftsgericht den betreffenden Verhältnissen näher steht, als das Prozeßgericht.

Gefährdung des Vermögens des Kindes.

Dementsprechend giebt der Entwurf (§ 1644, **1667** Abs. 1) dem Vormundschaftsgerichte ferner die Befugniß, gegen den Vater einzuschreiten, wenn dieser die mit der Vermögensverwaltung oder die mit der Nutznießung verbundenen Pflichten verletzt und dadurch das Vermögen des Kindes gefährdet (vergl. auch Sächs. Gesetzbuch § 1815; §§ 14, 16 des Weimar. Gesetzes vom 27. März 1872; § 3 der Braunschw. Verordnung vom 6. Mai 1828). Weiter darf

---

1) Diese Vorschrift ist im § 1666 B.G.B. gestrichen worden, weil sie einen unerträglichen Eingriff in die Rechte der Eltern enthalte und keine Gewähr dafür gegeben sei, daß die staatliche Zwangserziehung bessere Resultate ergeben werde. K.B. S. 270—274.

2) Vergl. dort Art. 135 Abs. 2.

nach dem Vorgange des Preußischen Allgemeinen Landrechts II, 2 §§ 179, 182, 267 das Vormundschaftsgericht auch dann eingreifen, wenn die Gefährdung darauf beruht, daß der Vater, gleichviel aus welcher Ursache, in Vermögensverfall geräth. Das Kind kommt hier leicht in die Lage, in Rechtsstreitigkeiten verwickelt zu werden, indem die Gläubiger seine im Besitze des Vaters befindlichen Sachen pfänden.

Die Wahl der zur Abwendung der Gefahr erforderlichen Maßregeln überläßt der Entwurf auch hier dem Ermessen des Vormundschaftsgerichts (§ 1644, **1667** Abs. 1). Als zulässige Maßregeln bezeichnet er insbesondere die Anordnung, daß der Vater ein Verzeichniß des Vermögens des Kindes einreicht und über seine Verwaltung Rechnung legt (§ 1644, **1667** Abs. 2 Satz 1). Weiterhin kann das Vormundschaftsgericht, wenn Werthpapiere, Kostbarkeiten oder Buchforderungen gegen das Reich oder einen Bundesstaat zu dem Vermögen des Kindes gehören, dem Vater die gleichen Verpflichtungen auferlegen, welche nach den §§ 1790, **1814** bis 1792, **1816**, 1794, **1818** bezüglich solcher Gegenstände einem Vormunde zur Sicherung des Mündels obliegen (§ 1644 Abs. 2 Satz 3[1]), **1667** Abs. 2 Satz 4). Erweisen sich die bezeichneten Maßregeln als unzureichend, so kann das Vormundschaftsgericht nach dem Entwurfe (§ 1645, **1668**) dem Vater Sicherheitsleistung für das seiner Verwaltung unterliegende Vermögen auferlegen (vergl. Preuß. A.L.R. II, 2 §§ 182, 267 und § 1815 des Sächs. Gesetzbuchs). Das äußerste Mittel ist die Entziehung der Vermögensverwaltung; hierzu darf aber das Vormundschaftsgericht nur greifen, wenn der Vater die nach den §§ 1644, **1667**, 1645, **1668** getroffenen Maßregeln nicht befolgt (§ 1647, **1670**).

Wiederverheirathung des Vaters. Besonderer Fürsorge benöthigt das Kind, wenn der Vater eine neue Ehe eingehen will. Mit den bestehenden Rechten geht der Entwurf davon aus, daß die Wiederverheirathung des Vaters auf die Forderung seiner elterlichen Gewalt ohne Einfluß ist. Immerhin bringt jedoch die Wiederverheirathung des Vaters mehr oder weniger die Gefahr mit sich, daß die Vermögensverhältnisse der Kinder aus der früheren Ehe verdunkelt werden. Zur Verhütung dieser Unzuträglichkeiten soll daher (§ 1646, **1669**) der Vater seine Absicht, sich wiederzuverheirathen, dem Vormundschaftsgericht anzeigen, ein Verzeichniß des seiner Verwaltung unterliegenden Vermögens einreichen und, soweit in Ansehung dieses Vermögens eine Gemeinschaft zwischen ihm und dem Kinde besteht, die Auseinandersetzung herbeiführen; das Vormundschaftsgericht kann indessen gestatten, daß die Auseinandersetzung erst nach der Eheschließung erfolgt. Kommt der Vater den bezeichneten Verpflichtungen[2]) nicht nach, so ist das Vormundschaftsgericht befugt, ihm die Vermögensverwaltung zu entziehen (§ 1647, **1670**).

Ruhen der elterlichen Gewalt. Die §§ 1652, **1676**, 1653, **1677** treffen Vorsorge für die Fälle, in denen der Vater an der Ausübung der elterlichen Gewalt rechtlich oder thatsächlich

---

1) Im amtlichen Texte steht in Folge eines Druckfehlers „Satz 2".

2) und den Verpflichtungen, die in dem neu aufgenommenen § 1640 B.G.B. dem Vater auferlegt worden sind, wie der entsprechend geänderte § 1670 B.G.B. bestimmt. K.B. S. 276.

verhindert ist. Nach § 1652, **1676** Abs. 1 ruht die elterliche Gewalt, wenn der Vater wegen Geisteskrankheit geschäftsunfähig ist (vergl. § 100, **104** Nr. 2, 3). Das Gleiche gilt nach § 1652, **1676** Abs. 2 Satz 1, wenn er in der Geschäftsfähigkeit beschränkt, insbesondere wegen Geistesschwäche, Verschwendung oder Trunksucht entmündigt (§ 110, **114**) ist, oder wenn er nach § 1886, **1910** Abs. 1 wegen körperlicher Gebrechen einen Pfleger für seine Person und sein Vermögen erhalten hat. In diesen Fällen verbleibt jedoch dem Vater die Sorge für die Person des Kindes neben dem gesetzlichen Vertreter des Kindes, also neben der Mutter (vergl. § 1661, **1685**) oder dem Vormunde. Nur ist er zur Vertretung des Kindes nicht berechtigt und bei einer Meinungsverschiedenheit zwischen ihm und dem gesetzlichen Vertreter geht die Meinung des letzteren vor (§ 1652, **1676** Abs. 2 Satz 2). Nach § 1653, **1677** Abs. 1 ruht die elterliche Gewalt des Vaters, wenn er zwar seine Angelegenheiten zu besorgen vermag, an der Ausübung der elterlichen Gewalt aber thatsächlich verhindert ist [1]) und für die Person und das Vermögen des Kindes durch die Anordnung einer Pflegschaft (vergl. §§ 1642, **1665**, 1885, **1909**) nicht genügend gesorgt werden kann. Doch tritt mit Rücksicht auf die Sicherheit des Verkehrs, diese Folge erst ein, wenn das Vormundschaftsgericht festgestellt hat, daß die bezeichneten Voraussetzungen vorliegen. Die gleiche Rücksicht muß andererseits dahin führen, daß das Ruhen fortzudauern hat, bis von dem Vormundschaftsgerichte festgestellt wird, daß der Grund nicht mehr besteht (§ 1653, **1677** Abs. 2).

Die Nutznießung am Vermögen des Kindes geht durch das Ruhen der elterlichen Gewalt für die Regel (vergl. § 1661, **1685**) nicht verloren (§ 1654, **1678**). Die Entziehung der mit der elterlichen Nutznießung verbundenen Vermögensvortheile würde eine unbillige Härte gegen den Vater und die übrigen Familienmitglieder mit sich bringen. Das Kind selbst aber ist zur Genüge dadurch geschützt, daß der Vater, so lange seine elterliche Gewalt ruht, die Nutznießung nicht ausüben kann (§§ 1633, **1656**, 1634, **1657**). Mit dem Entwurfe stimmen in dieser Beziehung das Gemeine Recht und die meisten neueren Gesetzgebungen überein (Bayer. L.R. I, 7 § 37 Nr. 1; Code civil Art. 141, 384; Sächs. Gesetzbuch § 1834; § 19 des Weimar. Gesetzes vom 27. März 1872).

Beendigung der elterlichen Gewalt.

Vor Eintritt der Volljährigkeit des Kindes (vergl. oben S. 237) endigt die väterliche Gewalt, wenn der Vater für todt erklärt wird (§ 1655, **1679**) sowie wenn er die Gewalt dadurch verwirkt, daß er wegen einer strafbaren Handlung verurtheilt wird (§ 1656, **1680**). Nach dem Preußischen Rechte (A.L.R. II, 2 §§ 255, 259) ist in letzterer Hinsicht weder die besondere Natur der strafbaren Handlung noch der Umstand, daß die Handlung an dem Kinde verübt ist, sondern lediglich die Art und die Höhe der Strafe entscheidend. Demgegenüber geht der Entwurf davon aus, daß die Verwirkung der elterlichen Gewalt im Falle der Verurtheilung des Vaters wegen einer strafbaren

1) Die im Texte folgenden Worte sind gestrichen, um die elterliche Gewalt der Mutter zu verstärken. Vergl. § 1685 B.G.B. und K.B. S. 278.

Handlung nur dann gerechtfertigt erscheint, wenn die strafbare Handlung an dem Kinde begangen ist und sich nach den Umständen des Falles als ein schwerer Verstoß gegen die Rechtsordnung darstellt. Unter dieser Voraussetzung aber kann mit Sicherheit angenommen werden, daß die natürliche Grundlage der elterlichen Gewalt zerstört ist. Der Entwurf bestimmt deshalb, daß der Vater die elterliche Gewalt verwirkt, wenn er wegen eines an dem Kinde verübten Verbrechens oder vorsätzlich verübten Vergehens zu Zuchthausstrafe oder zu einer Gefängnißstrafe von mindestens sechs Monaten verurtheilt wird. Mit der Verwirkung der elterlichen Gewalt verliert der Vater die elterliche Nutznießung; sie ihm auch hier zu belassen, fehlt es an jedem zureichenden Grunde.

b) Elterliche Gewalt der Mutter.

Geltendes Recht.

Eine der Gewalt des Vaters entsprechende mütterliche Gewalt ist dem Gemeinen Rechte, dem Preußischen Allgemeinen Landrecht und dem Sächsischen Gesetzbuch unbekannt. Der Mutter räumen alle diese Rechte nach dem Tode des Vaters nur sehr beschränkte Befugnisse ein. An dem Erziehungsrechte hat sie einen gewissen Antheil; aber selbst in dieser Richtung ist sie mehr oder weniger unselbständig. Die Sorge für das Vermögen des Kindes, einschließlich der Vertretung, und in der Hauptsache auch das Erziehungsrecht, geht auf den Vormund und die Obervormundschaft über und nur in der Eigenschaft eines durch obrigkeitliche Bestellung berufenen Vormundes kann die Mutter mittelbar diejenigen Befugnisse ganz oder theilweise erlangen, welche dem Vater kraft Elternrechts zustehen. Ein Recht der Nutznießung an dem Vermögen des Kindes wird der Mutter als solcher, d. h. unabhängig von dem auf dem ehelichen Güterrechte beruhenden Nießbrauche des überlebenden Ehegatten, nur von einzelnen Rechten, z. B. dem Württembergischen Landrechte sowie den Oldenburgischen Gesetzen vom 24. April 1873 und vom 10. Januar 1879, gewährt.

Demgegenüber hat sich in einer Anzahl von Rechtsgebieten, namentlich da, wo vermöge des ehelichen Güterrechts der überlebende Ehegatte weitgehende Verwaltungs- und Nutznießungsbefugnisse an dem gesammten Familienvermögen besitzt, eine der väterlichen Gewalt im Wesentlichen gleichstehende, nach dem Tode des Vaters eintretende mütterliche Gewalt entwickelt, welche die Anordnung einer Vormundschaft über die Kinder nach dem Tode des Vaters ausschließt. Eine solche mütterliche Gewalt ist namentlich in einer Reihe Bayerischer Statuten sowie in dem Weimarischen Gesetze vom 27. März 1872 zur Geltung gelangt. Auch das Französische Recht (Code civil Art. 372 ff., 384, 389 bis 394) hat die rechtliche Gleichstellung der überlebenden Mutter mit dem überlebenden Vater in der Hauptsache durchgeführt.

Standpunkt des Entwurfes.

Wird auf dem Gebiete des Privatrechts die volle Geschäftsfähigkeit der Frauen anerkannt, so fällt jeder innere Grund weg, ihnen da, wo sie nach den natürlichen Verhältnissen zum Handeln berufen sind, dieses Handeln zu versagen.

Nach dem Tode des Vaters ist es aber die Mutter, welche naturgemäß die elterliche Schutzpflicht, wie sie bisher von dem Vater ausgeübt wurde, zukommt. Dieser natürlichen Pflicht entspricht es, daß der Mutter auch rechtlich eine der elterlichen Gewalt des Vaters gleichstehende Gewalt eingeräumt wird. Zudem zeigt die Erfahrung in denjenigen Gebieten, in denen schon seit langer Zeit eine mütterliche Gewalt besteht, daß die Mutter zur Ausübung der mit der elterlichen Gewalt verbundenen Rechte und Pflichten im Allgemeinen wohl befähigt ist. Für Ausnahmefälle trifft der Entwurf durch besondere Vorschriften, namentlich durch die Bestimmungen über die Zuordnung eines Beistandes, in ausreichender Weise Vorsorge. Die elterliche Gewalt der Mutter führt zu einer wesentlichen Vereinfachung der Verhältnisse, bewahrt das innere Leben der Familie in weitem Umfange vor dem Eingreifen der Vormundschaftsgerichte und vermindert andererseits die Geschäfte dieser Behörden.

Demgemäß bestimmt der Entwurf, daß der Mutter die elterliche Gewalt zusteht, wenn der Vater gestorben oder für todt erklärt ist (§ 1660, **1684** Abs. 1 Nr. 1, Abs. 2). Das Gleiche gilt bei Lebzeiten des Vaters, wenn dieser die elterliche Gewalt verwirkt hat und die Ehe aufgelöst ist (§ 1660, **1684** Abs. 1 Nr. 2). Dauert dagegen in einem solchen Falle die Ehe fort, so erscheint es mit Rücksicht auf die Stellung des Vaters zur Mutter und im Interesse der Erhaltung des Familienfriedens nicht angängig, der Mutter statt des Vaters die elterliche Gewalt zu übertragen. Aus dem gleichen Grunde tritt bei Lebzeiten des Vaters die elterliche Gewalt der Mutter auch dann nicht ein, wenn das Vormundschaftsgericht dem Vater auf Grund des § 1643 Abs. 3, **1666** Abs. **2** wegen Gefährdung der Person des Kindes die elterliche Gewalt entzogen hat. In den bezeichneten Fällen muß daher dem Kinde ein Vormund bestellt werden.

Der Gesichtspunkt, daß an sich die elterliche Gewalt beiden Eltern gemeinschaftlich zusteht, führt weiter dahin, daß, so lange die elterliche Gewalt des Vaters ruht, die elterliche Gewalt von der Mutter ausgeübt wird (§ 1661 Abs. 1 Satz 1, **1685** Abs. 1)[1]). Eine Ausnahme tritt zur Zeit der Dauer der Ehe nur ein, wenn der Vater wegen Verschwendung oder Trunksucht entmündigt ist (§ 1661 Abs. 1 Satz 2)[2]); die Gründe, welche es nicht zulassen, im Falle der Verwirkung der elterlichen Gewalt des Vaters während bestehender Ehe der Mutter die elterliche Gewalt zu übertragen, sind auch hier maßgebend.

Anders gestalten sich die Verhältnisse, wenn die Ehe aufgelöst ist. Als Regel muß hier der Grundsatz gelten, daß der Mutter die Ausübung der elterlichen Gewalt nicht zukommt. Mit dem Wegfalle des nahen persönlichen Verhältnisses zwischen den Ehegatten ist in den Fällen, in welchen die elterliche

---

1) Der § 1685 Abs. 1 B.G.B. überläßt der Mutter die Ausübung der elterlichen Gewalt ferner dann, wenn der Vater an deren Ausübung thatsächlich verhindert ist. K.B. S. 280.

2) Dieser Satz ist im § 1685 B.G.B. gestrichen worden, damit kein Vormund bestellt zu werden brauche, der über den Kopf der Mutter hinweg die elterliche Gewalt ausüben würde. K.B. S. 280.

Gewalt des Vaters nur für kürzere Zeit ruht, nicht mehr die Gewähr dafür gegeben, daß die Mutter diese Gewalt im Sinne des Vaters ausüben werde. Das bezeichnete Bedenken kann jedoch nicht maßgebend sein, wenn keine Aussicht besteht, daß der Grund, aus dem die elterliche Gewalt des Vaters ruht, wegfallen werde. Daher bestimmt der Entwurf (§ 1661, **1685** Abs. 2 Satz 1), daß in einem solchen Falle das Vormundschaftsgericht der Mutter auf ihren Antrag die Ausübung der elterlichen Gewalt trotz der Auflösung der Ehe übertragen kann. Mit der Uebertragung erlangt die Mutter auch die Nutznießung am Vermögen des Kindes (§ 1661, **1685** Abs. 2 Satz 2).

In den Fällen, in welchen die elterliche Gewalt des Vaters verwirkt ist oder ruht, entspricht es dem natürlichen Verhältnisse, daß der Mutter selbst dann, wenn ihr die elterliche Gewalt oder deren Ausübung nicht zufällt, wenigstens die Sorge für die Person des Kindes neben dem Vormund in dem Umfange verbleibt, in welchem ihr diese Sorge bis dahin neben dem Vater zustand. Das Gleiche muß gelten, wenn dem Vater die elterliche Gewalt durch das Vormundschaftsgericht entzogen ist oder wenn für die Erziehung des Kindes an Stelle des Vaters ein Pfleger bestellt wird (§ 1674, **1698**).

Bestellung eines Beistandes für die Mutter.

Wenn der Entwurf die elterliche Gewalt der Mutter grundsätzlich ebenso gestaltet, wie die elterliche Gewalt des Vaters (§ 1662, **1686**), so hat er doch mit der Möglichkeit zu rechnen, daß die Mutter ausnahmsweise ihrer Aufgabe nicht gewachsen ist. Hier muß Vorsorge getroffen werden, daß ihr ein Beistand bestellt werden kann, der innerhalb seines Wirkungskreises im Allgemeinen die Stellung eines Gegenvormundes hat (§§ 1663, **1687** bis 1671, **1695**).

Nach dem Vorbilde des Französischen Rechtes (Code civil Art. 391, 392) giebt der Entwurf zunächst dem Vater die Befugniß, durch letztwillige Verfügung nach Maßgabe des § 1753, **1777** die Bestellung eines Beistandes mit der Wirkung anzuordnen, daß das Vormundschaftsgericht die Bestellung vornehmen muß (§ 1663, **1687** Nr. 1). Es darf davon ausgegangen werden, daß der Vater in der Regel am besten zu beurtheilen im Stande ist, ob nach seinem Tode die Mutter einer solchen Stütze bedarf. Weiterhin hat aber das Vormundschaftsgericht der Mutter einen Beistand zu bestellen, wenn sie die Bestellung beantragt (§ 1663, **1687** Nr. 2) oder wenn das Vormundschaftsgericht aus besonderen Gründen, namentlich wegen des Umfanges oder der Schwierigkeit der Vermögensverwaltung, oder in den Fällen der §§ 1643, **1666**, 1644, **1667** wegen Gefährdung der Person oder des Vermögens des Kindes die Bestellung im Interesse des Kindes für nöthig erachtet (§ 1663, **1687** Nr. 3).

Der § 1664, **1688** giebt dem Vormundschaftsgerichte die Befugniß, den Umfang des Wirkungskreises des Beistandes so zu bestimmen, wie es den Bedürfnissen des einzelnen Falles entspricht. Hat jedoch der Vater die Bestellung angeordnet, so sind die von ihm nach Maßgabe des § 1753, **1777** über den Umfang des Wirkungskreises getroffenen Bestimmungen für das Vormundschaftsgericht maßgebend (vergl. Code civil Art. 391).

Die Stellung des Beistandes gegenüber der Mutter ist im Einzelnen (§§ 1665, **1689** bis 1669, **1693**) nach dem Vorbilde der Bestimmungen des

Französischen Rechtes (Code civil Art. 391, 420 ff.) über den Beistand und über den Gegenvormund geregelt. Auch wenn der Mutter ein Beistand bestellt ist, hat sie kraft der mit der elterlichen Gewalt verbundenen Sorge für die Person und für das Vermögen des Kindes allein zu handeln; sie ist die gesetzliche Vertreterin des Kindes und führt insbesondere auch die Vermögensverwaltung. Der Beistand hat aber innerhalb seines Wirkungskreises die Mutter bei der Ausübung der elterlichen Gewalt zu unterstützen und zu überwachen; er hat dem Vormundschaftsgerichte jeden Fall unverzüglich anzuzeigen, in welchem es zum Einschreiten berufen ist (§ 1665, **1689**). Außerdem ist nach § 1666, **1690** die Genehmigung des Beistandes innerhalb seines Wirkungskreises zu jedem Rechtsgeschäft erforderlich, zu welchem ein Vormund der Genehmigung des Vormundschaftsgerichts bedarf. Ausgenommen sind die Rechtsgeschäfte, welche die Mutter nach den für die elterliche Gewalt des Vaters geltenden Vorschriften nicht ohne die Genehmigung des Vormundschaftsgerichts vornehmen kann. Auch in diesen Fällen soll jedoch das Vormundschaftsgericht vor der Entscheidung über die Genehmigung regelmäßig den Beistand hören (§ 1666, **1690** Abs. 3). Soweit die Anlegung des zu dem Vermögen des Kindes gehörenden Geldes in den Wirkungskreis des Beistandes fällt, soll ferner der Beistand in gleicher Weise, wie der Gegenvormund bei der Anlegung von Mündelgeld, mitwirken (§ 1667, **1691** vergl. mit den §§ 1785, **1809**, 1786, **1810**). Ist der Mutter für die Vermögensverwaltung ein Beistand bestellt, so hat sie, damit demselben eine wirksame Aufsicht ermöglicht wird, ein Verzeichniß des ihrer Verwaltung unterliegenden Vermögens unter Zuziehung des Beistandes aufzunehmen und dem Vormundschaftsgericht einzureichen (§ 1668, **1692**) [1]).

Fühlt sich die Mutter der Vermögensverwaltung nicht gewachsen, so kann der Mutter auf ihren Antrag die Vermögensverwaltung und die damit verbundene Verantwortlichkeit abgenommen und von dem Vormundschaftsgerichte ganz oder theilweise dem Beistand übertragen werden; soweit dies geschieht, hat der Beistand nicht mehr die Stellung eines Gegenvormundes, sondern die Rechte und Pflichten eines Pflegers (§ 1669, **1693**).

Für die Berufung, Bestellung und Beaufsichtigung des Beistandes, für seine Haftung und seine Ansprüche, für die ihm zu bewilligende Vergütung und für die Beendigung seines Amtes gelten die gleichen Vorschriften wie bei dem Gegenvormunde (§ 1670, **1694** Abs. 1). Das Amt des Beistandes endigt außerdem, wenn die elterliche Gewalt der Mutter ruht (§ 1670, **1694** Abs. 2). Ist der Mutter auf ihren Antrag oder von Amtswegen ein Beistand bestellt (§ 1663, **1687** Nr. 2, 3), so kann das Vormundschaftsgericht die Bestellung des Beistandes jederzeit aufheben. Ebenso kann, wenn die Vermögensverwaltung auf Antrag der Mutter dem Beistand übertragen worden ist, die Uebertragung jederzeit von dem Vormundschaftsgericht aufgehoben werden. Das Vormundschaftsgericht soll jedoch diese Uebertragung ebenso wie die auf

---

1) Dieser Paragraph hat durch die Reichstagskommission aus Rücksicht auf den neu aufgenommenen § 1640 B.G.B. einen anderen Wortlaut erhalten. K.B. S. 281.

Antrag der Mutter erfolgte Bestellung eines Beistandes nur mit Zustimmung der Mutter aufheben (§ 1671, **1695**).

Wiederverheirathung der Mutter. Im Anschluß an diejenigen Bayerischen Statutarrechte, in welchen eine elterliche Gewalt der Mutter anerkannt ist, und an den § 15 des Weimarischen Gesetzes vom 27. März 1872 bestimmt der Entwurf (§ 1673, **1697**), daß die Mutter die elterliche Gewalt verliert, wenn sie sich wieder verheirathet. Durch die Eingehung einer neuen Ehe tritt die Mutter in ein Abhängigkeitsverhältniß zu dem jetzigen Manne und damit ist regelmäßig eine Gefährdung der Kinder aus der früheren Ehe verbunden. Mit Rücksicht hierauf erscheint es gerechtfertigt, ihr abweichend von dem Weimarischen Gesetz, auch nicht die elterliche Nutznießung zu belassen. Dagegen ist es unbedenklich und entspricht es den thatsächlichen Verhältnissen, daß der Mutter die Sorge für die Person der Kinder unter Ausschluß des Rechtes der Vertretung verbleibt. Der Vormund der Kinder hat, soweit der Mutter diese Sorge zusteht, die rechtliche Stellung eines Beistandes. Die bezeichnete Regelung schließt sich der ähnlichen Vorschrift der Preußischen Vormundschaftsordnung vom 5. Juli 1875 (§ 28) an und steht auch mit dem Weimarischen Gesetz im Einklange.

XI. Rechtliche Stellung der Kinder aus nichtigen Ehen.

Nach § 1675, **1699** Abs. 1 gilt ein Kind aus einer nichtigen Ehe, das im Falle der Gültigkeit der Ehe ehelich sein würde, als ehelich, sofern nicht beide Ehegatten die Nichtigkeit der Ehe bei der Eheschließung gekannt haben. Diese Vorschrift stimmt mit dem Gemeinen Rechte, sowie der Mehrzahl der neueren Gesetzgebungen (Bayer. L.R. I, 6 § 41; Code civil Art. 201, 202; Sächs. Gesetzbuch §§ 1771, 1809, 1843, 2039; §§ 1, 2 des Weimar. Gesetzes vom 27. März 1872) überein. Sie rechtfertigt sich durch die Rücksicht auf die Lage des gutgläubigen Ehegatten und der Kinder. Das Preußische Allgemeine Landrecht II, 2 §§ 50 bis 55 geht in der Begünstigung der Kinder noch weiter, indem es ihnen selbst dann, wenn beide Eltern bei der Eheschließung nicht in gutem Glauben waren, im Verhältnisse zu denselben alle Rechte ehelicher Kinder gewährt. Dies entspricht jedoch nicht der Würde der Ehe; das Gesetz darf, wenn die Eltern von vornherein gewußt haben, daß sie nur in einem, äußerlich durch die Form der Eheschließung verdeckten, Konkubinate leben, diesen Umstand nicht unbeachtet lassen. Die Kinder gelten daher in einem solchen Falle nicht als ehelich und ihre Stellung ist im Vergleiche mit anderen unehelichen Kindern nur insofern günstiger, als sie von dem Vater, so lange er lebt, Unterhalt wie eheliche Kinder verlangen können (§ 1679, **1703**).

Ohne Rücksicht darauf, ob die Ehegatten bei der Eheschließung in gutem Glauben waren, sind nach § 1675, **1699** Abs. 2 die Kinder unehelich, wenn die Nichtigkeit der Ehe auf einem Formmangel beruht und die Ehe nicht in das Heirathsregister eingetragen worden ist. Diese Ausnahme ist bereits im geltenden Rechte anerkannt und rechtfertigt sich dadurch, daß unter der bezeichneten Voraussetzung die Ehe als nichtig behandelt wird, ohne daß es einer Nichtigkeitserklärung bedarf (vergl. §§ 1307, **1324**, 1312, **1329**).

Das Rechtsverhältniß zwischen den Eltern und einem Kinde, das gemäß § 1675, **1699** als ehelich gilt, bestimmt sich im Allgemeinen nach den Vorschriften, die für ein Kind aus einer geschiedenen Ehe gelten, wenn beide Ehegatten für schuldig erklärt sind (§ 1676, **1700**). War jedoch dem Vater die Nichtigkeit der Ehe bei der Eheschließung bekannt, so hat er nicht die sich aus der Vaterschaft ergebenden Rechte und steht die elterliche Gewalt der Mutter zu (§ 1677, **1701**). War umgekehrt der Mutter die Nichtigkeit bekannt, so hat sie in Ansehung des Kindes lediglich diejenigen Rechte, welche im Falle der Scheidung der allein für schuldig erklärten Frau zustehen, und auch diese Rechte nur insoweit, als sie der Mutter einem unehelichen Kinde gegenüber zukommen (§ 1678, **1702** vergl. mit §§ 1681, **1705**, 1683, **1707**).

Da nach § 1326, **1343** Abs. 1 Satz 1 eine anfechtbare Ehe, wenn sie angefochten wird, als von Anfang an nichtig anzusehen und die Kenntniß der Anfechtbarkeit nach § 1326, **1343** Abs. 1 Satz 2 in Verbindung mit § 138, **142** Abs. 2 der Kenntniß der Nichtigkeit gleichgestellt ist, so finden die Vorschriften der §§ 1675, **1699** bis 1679, **1703** auch dann Anwendung, wenn eine anfechtbare Ehe angefochten ist; dabei steht, was die Anfechtbarkeit wegen Drohung betrifft, der anfechtungsberechtigte Ehegatte einem Ehegatten gleich, dem die Nichtigkeit der Ehe bei der Eheschließung unbekannt war (§ 1680, **1704**).

XII. Rechtliche Stellung unehelicher Kinder.

Stellung des unehelichen Kindes zu dem Vater und dessen Verwandten.

Im Allgemeinen gewährt nur die durch eheliche Geschlechtsverbindung vermittelte Abstammung eine gedeihliche Grundlage für familienrechtliche Beziehungen. Dem unehelichen Kinde steht der Erzeuger meist fremd gegenüber und das Kind nimmt in Folge dessen an dem Familienleben und dem Vermögen des Vaters fast niemals unmittelbaren Antheil. Im Einklange mit dem geltenden Rechte, insbesondere mit dem Gemeinen, dem Preußischen und dem Sächsischen Rechte (Preuß. A.L.R. II, 2 §§ 612 ff., 651 ff., II, 3 §§ 7, 8; Preuß. Gesetz vom 24. April 1854; Sächs. Gesetzbuch §§ 1801, 1858 bis 1874, 2019, 2025) bestimmt daher der Entwurf (§ 1567, **1589** Abs. 2), daß zwischen dem unehelichen Kinde und dessen Vater keine Verwandtschaft besteht. Nach dem Französischen Rechte wird durch die Anerkennung des unehelichen Kindes von Seiten des Vaters zwischen beiden, wenn auch in beschränktem Umfang, ein Eltern- und Kindesverhältniß begründet (Code civil Art. 158, 334 bis 342, 383, 756 ff.). Eine derartige Regelung widerspricht jedoch der Auffassung des Deutschen Rechtes und ist auch insofern nicht unbedenklich, als sie der Ehelosigkeit Vorschub leistet. Zudem bietet der Entwurf dem Vater andere Wege, dem unehelichen Kinde die rechtliche Stellung eines ehelichen zu verschaffen, insbesondere die Legitimation durch nachfolgende Ehe oder durch Ehelichkeitserklärung, sowie die Annahme an Kindesstatt. Demgemäß ist der Entwurf dem Vorgange des Französischen Rechtes nicht gefolgt.

Stellung zu der Mutter und deren Verwandten.

Im Verhältnisse zu der Mutter und der mütterlichen Familie räumt der Entwurf dem unehelichen Kinde der Hauptsache nach die rechtliche Stellung eines ehelichen Kindes ein (§ 1681, **1705**). Auf dem gleichen Standpunkte stehen das Gemeine Recht und zahlreiche neuere Gesetze, namentlich das Sächsische Gesetzbuch (§§ 1874, 2019, 2025, 2565). Dagegen versagen das Preußische und das Französische Recht, im Anschluß an das ältere Deutsche Recht, dem unehelichen Kinde auch den Eintritt in die mütterliche Familie. Indessen sprechen dringende Gründe dafür, dem unehelichen Kinde den Halt nicht zu entziehen, den die Zugehörigkeit zu einer Familie verleiht. Auch steht thatsächlich das uneheliche Kind der Mutter, auf deren Pflege es angewiesen ist, und der mütterlichen Familie so nahe, daß hier die Voraussetzungen für die Begründung familienrechtlicher Beziehungen gegeben sind.

In Folge seiner Zugehörigkeit zur mütterlichen Familie erhält das uneheliche Kind den Familiennamen der Mutter: führt die Mutter in Folge ihrer Verheirathung einen anderen Namen, so erhält das Kind den Familiennamen, den die Mutter vor der Verheirathung geführt hat (§ 1682, **1706**)[1].

Der Grundsatz, daß das uneheliche Kind im Verhältnisse zu der Mutter die rechtliche Stellung eines ehelichen Kindes hat, erleidet eine Ausnahme durch die Vorschrift des § 1683, **1707** Satz 1, derzufolge der Mutter die elterliche Gewalt über das uneheliche Kind nicht zusteht. Die Vorschrift rechtfertigt sich namentlich dadurch, daß die uneheliche Mutter häufig keinen festen Hausstand hat und demgemäß genöthigt ist, das Kind Dritten zu überlassen, sowie daß es bedenklich ist, ihr die Geltendmachung der Ansprüche des Kindes gegen den Vater zu überlassen. Dagegen hat es der Entwurf (§ 1683, **1707** Satz 2) im Anschluß an das geltende Recht für unbedenklich erachtet, der unehelichen Mutter die Sorge für die Person des Kindes unter Ausschluß der Vertretung und mit der Maßgabe anzuvertrauen, daß der Vormund, soweit ihr die Sorge zusteht, die rechtliche Stellung eines Beistandes hat.

Unterhaltspflicht des Vaters gegenüber dem unehelichen Kinde.

Das Französische Recht versagt, indem es die Erforschung der Vaterschaft verbietet, dem unehelichen Kinde, welches von dem Erzeuger nicht freiwillig anerkannt ist, jeden Unterhaltsanspruch gegen denselben. Dagegen gewähren das Gemeine Recht und ihm folgend die große Mehrzahl der neueren Gesetze (vergl. insbesondere Preuß. A.L.R. II, 2 § 612 ff.; Preuß. Gesetz vom 24. April 1854; Sächs. Gesetzbuch §§ 1858 ff.; Art. 28 Nr. 4 des Württemb. Gesetzes vom 5. September 1839; § 6 des Bad. Gesetzes vom 21. Februar 1851) dem unehelichen Kinde einen Unterhaltsanspruch gegen den Vater auch dann, wenn dieser seine Vaterschaft bestreitet.

Der Entwurf konnte nach dem Gange der Rechtsentwickelung in Deutschland kein Bedenken tragen, eine solche Rechtspflicht des unehelichen Vaters gleichfalls anzuerkennen (§§ 1684, **1708** bis 1693, **1717**).

Wird aber die Ermittelung der Vaterschaft zugelassen, so erscheint es

---

1) Dem § 1706 B.G.B. ist die Bestimmung hinzugefügt, daß der Ehemann der Mutter dem Kinde mit beider Einwilligung seinen Namen ertheilen kann. St.B. S. 687–690, 892–896.

aus praktischen Gründen, insbesondere behufs Vereinfachung der betreffenden Rechtsstreitigkeiten, erforderlich, dem Kinde den Nachweis der Vaterschaft durch besondere Bestimmungen zu erleichtern. Im Anschluß an das bestehende Recht geht der Entwurf (§ 1693, **1717**) von dem Satze aus, daß als Vater des unehelichen Kindes gilt, wer der Mutter innerhalb der Empfängnißzeit beigewohnt hat. Die Frage, ob und inwieweit diese Vermuthung durch Gegenbeweis, insbesondere durch den Nachweis entkräftet werden kann, daß auch ein Anderer der Mutter innerhalb der Empfängnißzeit beigewohnt hat, ist im bestehenden Rechte sehr verschieden beantwortet. Während ein Theil der neueren Gesetze die sogenannte Einrede der mehreren Zuhälter ausschließt (vergl. namentlich § 1872 des Sächs. Gesetzbuchs; §§ 2, 5 des Bad. Gesetzes vom 21. Februar 1851; § 1 b der Mecklenb. Verordnung vom 23. Juni 1847), lassen andere diese Einrede zu (vergl. § 9 Nr. 1 des Preuß. Gesetzes vom 24. April 1854; Art. 28 Nr. 4 des Württemb. Gesetzes vom 5. September 1839). Entsprechend der für die eheliche Abstammung geltenden Vorschrift des § 1569, **1591** Abs. 1 Satz 2 ist für die Annahme der Vaterschaft jedenfalls dann kein Raum, wenn es den Umständen nach offenbar unmöglich ist, daß die Mutter das Kind aus der Beiwohnung empfangen hat (§ 1693, **1717** Abs. 1 Satz 2). Der Entwurf läßt aber weiterhin auch die Einrede der mehreren Zuhälter zu (§ 1693, **1717** Abs. 1 Satz 1). Haben Mehrere der Mutter innerhalb der Empfängnißzeit beigewohnt, so ist der Natur der Sache nach die Vaterschaft in der Regel ungewiß. Will man gleichwohl dem Kinde das Recht geben, unter den mehreren Zuhältern den einen oder anderen als den Vater auszuwählen oder sie alle als Gesammtschuldner in Anspruch zu nehmen, so wird dadurch das Rechtsgefühl verletzt, andererseits die Unsittlichkeit gefördert und namentlich Erpressungsversuchen Vorschub geleistet. Der Einwand, daß auch ein Anderer der Mutter innerhalb der Empfängnißzeit beigewohnt habe, ist jedoch hinfällig, wenn es den Umständen nach offenbar unmöglich ist, daß die Mutter das Kind aus dieser Beiwohnung empfangen hat, z. B. wenn die Mutter zur Zeit derselben bereits schwanger war (§ 1693, **1717** Abs. 1 Satz 2). Außerdem kann, entsprechend dem § 13 Nr. 2 des Preußischen Gesetzes vom 24. April 1854, derjenige, welcher seine Vaterschaft nach der Geburt des Kindes in einer öffentlichen Urkunde anerkennt, sich nicht darauf berufen, daß ein Anderer der Mutter innerhalb der Empfängnißzeit beigewohnt habe (§ 1694, **1718**). Den Umfang der Empfängnißzeit hat der Entwurf (§ 1693, **1717** Abs. 2) hier in gleicher Weise bestimmt wie im § 1570, **1592** Abs. 1 bei ehelichen Kindern.

Um die Lage des Kindes zu erleichtern, ist die Unterhaltspflicht einerseits in wesentlicher Uebereinstimmung mit dem geltenden Rechte weder von der Bedürftigkeit des Kindes noch von der Leistungsfähigkeit des Vaters abhängig gemacht, andererseits gegenüber dem bestehenden Rechte, welches dem Kinde vorwiegend nur einen Anspruch auf nothdürftigen Unterhalt giebt, dahin erweitert, daß der Vater die Pflicht hat, dem Kinde den der Lebensstellung der Mutter entsprechenden Unterhalt zu gewähren (§ 1684, **1708** Abs. 1). Diese Erweiterung rechtfertigt sich dadurch, daß das Kind in die

Familie der Mutter und damit in deren gesellschaftliche Verhältnisse eintritt. Der Unterhalt umfaßt nach § 1684, **1708** Abs. 2, wie bei der Unterhaltspflicht der Verwandten (vergl. § 1588 Abs. 2, **1610** Satz 2), den gesammten Lebensbedarf sowie die Kosten der Erziehung und der Vorbildung zu einem Berufe.

Die meisten neueren Gesetze (vergl. insbesondere Sächs. Gesetzbuch § 1862; § 3 des Bad. Gesetzes vom 21. Februar 1851; § 4 des Weimar. Gesetzes vom 13. April 1829) haben die Unterhaltspflicht des Vaters zeitlich beschränkt. Auch das Preußische Recht kennt eine solche Zeitgrenze; jedoch dauert hier die Unterhaltspflicht nach Erreichung der fraglichen Grenze fort, wenn das Kind aus besonderen Gründen nicht im Stande ist, sich selbst zu erhalten (vergl. Preuß. A.L.R. II, 2 § 633, 634, 637; § 12 des Preuß. Gesetzes vom 24. April 1854). Die letztere Erweiterung ist, wie die Erfahrung gezeigt hat, durch ein praktisches Bedürfniß nicht geboten, wohl aber geeignet, den unehelichen Vater über Gebühr zu belasten[1]). Der Entwurf hat sich daher für eine feste Zeitgrenze entschieden. Er bestimmt als solche jedoch nicht, wie fast alle geltenden Gesetze, das vollendete vierzehnte, sondern das zurückgelegte sechszehnte Lebensjahr, da nach den heutigen wirthschaftlichen Verhältnissen vor diesem Zeitpunkt in der Regel die Erziehung des Kindes nicht abgeschlossen und seine Erwerbsfähigkeit nicht gesichert ist.

Nach § 1685, **1709** Abs. 1 ist der Vater vor der Mutter und den sonstigen Verwandten des Kindes unterhaltspflichtig. Diese Vorschrift entspricht dem bestehenden Rechte und erscheint insofern angemessen, als der Vater besser in der Lage ist, die erforderlichen Mittel aufzubringen.

Nach § 1685, **1709** Abs. 2 geht der Unterhaltsanspruch des Kindes gegen den Vater insoweit, als die Mutter oder ein unterhaltspflichtiger, mütterlicher Verwandter ihm den Unterhalt gewährt hat, auf die Mutter oder den Verwandten über. Die Fälle einer solchen Gewährung sind erfahrungsgemäß sehr zahlreich und es empfiehlt sich, die Geltendmachung der sich hieraus schon nach allgemeinen Grundsätzen ergebenden Ersatzforderung gegen den Vater thunlichst zu erleichtern.

Der Unterhalt ist durch Entrichtung einer Geldrente zu gewähren (§ 1686, **1710**); es steht mithin dem Vater nicht das Recht zu, selbst das Kind in Pflege zu nehmen. Die Einräumung dieses Rechtes würde eine Härte gegen die Mutter enthalten und häufig dem Kinde zum Nachtheil gereichen.

Entsprechend der Praxis des Preußischen Rechtes kann der Unterhalt auch für die Vergangenheit gefordert werden (§ 1687, **1711**).

Die Lage des unehelichen Kindes darf durch den Tod des Vaters nicht gefährdet werden. Der Entwurf (§ 1688, **1712** Abs. 1) bestimmt daher im Einklange mit den meisten neueren Gesetzen, daß die Unterhaltspflicht auf die Erben des Vaters übergeht. Einzelne dieser Gesetze (vergl. § 1873 des Sächs.

---

1) Im B.G.B. § 1708 ist dagegen die Vorschrift des Abs. 2 neu aufgenommen worden, weil sie der Natur des Verhältnisses zwischen dem unehelichen Kinde und seinem Vater entspreche, weil ein Grund der Bevorzugung der ehelichen Kinder vor den unehelichen nicht vorliege und um die Armenpflege zu entlasten. **K.B. S. 283–285.**

Gesetzbuchs) enthalten Vorschriften, durch welche verhütet werden soll, daß die ehelichen Kinder des Erblassers zu Gunsten der unehelichen benachtheiligt werden. In der That kann nicht unbeachtet bleiben, daß das uneheliche Kind, auch wenn es ehelich wäre, nicht mehr als den Pflichttheil verlangen könnte, und der Entwurf (§ 1688, **1712** Abs. 2) giebt demgemäß den Erben des Vaters das Recht, das Kind mit dem Betrag abzufinden, welcher ihm gebühren würde, wenn es ehelich wäre.

Ein unentgeltlicher Verzicht auf den Unterhalt für die Zukunft ist nichtig (§ 1690, **1714** Abs. 2). Hiervon abgesehen aber, läßt im Interesse des Kindes wie des Vaters der Entwurf (§ 1690, **1714** Abs. 1) eine Vereinbarung zwischen beiden über den Unterhalt für die Zukunft oder über eine an Stelle des Unterhalts zu gewährende Abfindung zu; nur bedarf eine solche Vereinbarung der Genehmigung des Vormundschaftsgerichts. Diese Regelung steht mit der Mehrzahl der geltenden Gesetze, insbesondere dem Preußischen und dem Sächsischen Rechte, im Einklange.

Anspruch der Mutter auf Entbindungs- und Unterhaltskosten.

Im Anschluß an das Gemeine Recht und die neueren Gesetze legt der Entwurf aus Gründen der Billigkeit dem unehelichen Vater die Pflicht auf, der Mutter die Kosten der Entbindung und des Unterhalts für die ersten sechs Wochen nach der Entbindung innerhalb der Grenzen der Nothdurft [1]) zu ersetzen; den gewöhnlichen Betrag dieser Kosten kann die Mutter ohne Rücksicht auf den wirklichen Aufwand verlangen (§ 1691, **1715** Abs. 1). Der Anspruch steht der Mutter auch dann zu, wenn der Vater vor der Geburt des Kindes gestorben oder wenn das Kind todt geboren ist (§ 1691, **1715** Abs. 2). Nach dem Vorgang ähnlicher Vorschriften der neueren Gesetze (vergl. Preuß. A.L.R. II, 1 §§ 1083 ff., § 10 des Preuß. Gesetzes vom 24. April 1854) bestimmt jedoch der Entwurf, daß der Anspruch der Mutter in vier Jahren verjährt (§ 1691, **1715** Abs. 3). Er will auf diese Weise verhüten, daß die Mutter noch nach längerer Zeit mit ungerechtfertigten Forderungen auftritt.

Der Unterhaltsanspruch des Kindes sowie die Ansprüche der Mutter entstehen erst mit der Geburt des Kindes und können daher nach allgemeinen Grundsätzen nicht vor der Geburt geltend gemacht werden. Andererseits sind aber Mutter und Kind unmittelbar nach der Entbindung regelmäßig der Unterstützung am dringendsten bedürftig. In Berücksichtigung dessen giebt der Entwurf (§ 1692, **1716** Abs. 1 Satz 1) dem Richter die Befugniß, schon vor der Geburt des Kindes auf Antrag der Mutter durch einstweilige Verfügung anzuordnen, daß der Vater den für die ersten drei Monate dem Kinde zu gewährenden Unterhalt alsbald nach der Geburt an die Mutter oder den Vormund zu zahlen und den erforderlichen Betrag angemessene Zeit vor der Geburt zu hinterlegen habe. In gleicher Weise kann auf Antrag der Mutter die Zahlung des gewöhnlichen Betrags der ihr nach § 1691, **1715** zu er-

1) Die Worte „innerhalb der Grenzen der Nothdurft" sind im B.G.B. § 1715 Abs. 1 gestrichen worden, um die Mutter des schwierigen Beweises für das Vorhandensein einer Nothdurft zu entheben. Auch die Tragung der Kosten für weitere Aufwendungen der Mutter ist dem Vater auferlegt worden. K.B. S. 286, 287, St.B. S. 693—695.

setzenden Entbindungs- und Unterhaltskosten und die Hinterlegung des erforderlichen Betrags angeordnet werden (§ 1692, **1716** Abs. 1 Satz 2). Zur Erlassung der einstweiligen Verfügung ist nicht erforderlich, daß eine Gefährdung des Anspruchs glaubhaft gemacht wird (§ 1692, **1716** Abs. 2).

XIII. Legitimation unehelicher Kinder.

1. Legitimation durch nachfolgende Ehe.

Nach § 1695, **1719** erlangt ein uneheliches Kind dadurch, daß sich der Vater mit der Mutter verheirathet, mit der Eheschließung die rechtliche Stellung eines ehelichen Kindes. Diese Vorschrift entspricht dem geltenden Rechte. Sie nimmt auf die thatsächlichen Verhältnisse in geeigneter Weise Rücksicht und trägt dazu bei, die Eheschließung zu fördern. Nach dem Preußischen Allgemeinen Landrecht (II, 2 § 596, II, 1 § 1077) und dem Sächsischen Gesetzbuch (§§ 1780, 1781) ist die Legitimation durch nachfolgende Ehe nicht davon abhängig, daß der Ehemann seine Vaterschaft anerkennt. Wenn das Französische Recht (Code civil Art. 331 ff.) auf einem anderen Standpunkte steht, so hängt dies mit dem allgemeinen Grundsatze dieses Rechtes zusammen, welcher die Erforschung der Vaterschaft verbietet. Der Entwurf (§ 1696, **1720** Abs. 1) folgt im Interesse des Kindes den zuerst bezeichneten Gesetzen und läßt folgeweise eine Ermittelung der Vaterschaft im Wege des Rechtsstreits zu, indem er bestimmt, daß der Ehemann der Mutter als Vater des Kindes gilt, wenn er ihr innerhalb der Empfängnißzeit (§ 1693, **1717** Abs. 2) beigewohnt hat. Wiederum im Einklange mit dem Preußischen und dem Sächsischen Gesetze schließt aber der Entwurf hier die Einrede mehrerer Zuhälter aus. Nur wenn es den Umständen nach offenbar unmöglich ist, daß der Ehemann das Kind erzeugt hat, greift die Vermuthung, wonach er als Vater gilt, nicht Platz. Die gleiche Regelung hat der Entwurf schon für den Fall getroffen, daß das Kind vor der Eheschließung empfangen, aber nach derselben geboren ist (§ 1569, **1591** Abs. 1), und die Gründe, die dort maßgebend waren, treffen im Wesentlichen auch hier zu. Erkennt der Ehemann seine Vaterschaft nach der Geburt des Kindes in einer öffentlichen Urkunde an, so wird vermuthet, daß er der Mutter innerhalb der Empfängnißzeit beigewohnt habe (§ 1696, **1720** Abs. 2).

Ist die Ehe der Eltern des unehelichen Kindes nichtig, so finden die für Kinder aus einer nichtigen Ehe geltenden Vorschriften der §§ 1675, **1699** bis 1680, **1704** entsprechende Anwendung (§ 1697, **1721**). Demgemäß gilt trotz der Nichtigkeit der Ehe das uneheliche Kind als ehelich, sofern nur einer der Ehegatten bei der Eheschließung im guten Glauben war.

Nach dem Vorgange neuerer Gesetze bestimmt schließlich der § 1698, **1722** des Entwurfes, daß die Eheschließung zwischen den Eltern für die Abkömmlinge des unehelichen Kindes die Wirkungen der Legitimation auch dann hat, wenn das Kind schon vor der Eheschließung gestorben ist.

2. Legitimation durch Ehelichkeitserklärung.

Die Legitimation durch Ehelichkeitserklärung (§§ 1699, **1723** bis 1716, **1740**) kommt vorzugsweise für solche Fälle in Betracht, in denen die Eheschließung zwischen dem Vater und der Mutter des unehelichen Kindes unmöglich geworden ist (z. B. durch Tod, Verschollenheit oder Geisteskrankheit der Mutter), oder dem Vater den Umständen nach nicht zugemuthet werden kann. Jedoch läßt der Entwurf nach dem Vorgange des Gemeinen, des Preußischen und des Sächsischen Rechtes im Interesse des Kindes die Ehelichkeitserklärung auch unabhängig von den bezeichneten Voraussetzungen zu. Einem Bedenken kann dies um so weniger unterliegen, als die Ehelichkeitserklärung stets eine Verfügung der Staatsgewalt erfordert (§ 1699, **1723**) und selbst dann versagt werden kann, wenn ihr ein gesetzliches Hinderniß nicht entgegensteht.

Die Ehelichkeitserklärung darf nur auf Antrag des Vaters erfolgen (§ 1699, **1723** Abs. 1). Der Antrag muß die Erklärung des Vaters enthalten, daß er das Kind als das seinige anerkenne (§ 1701, **1725**). Auf die Wirksamkeit der Ehelichkeitserklärung hat es jedoch keinen Einfluß, wenn der Antragsteller nicht der Vater des Kindes ist (§ 1711, **1735**).

Zur Ehelichkeitserklärung ist weiterhin die Einwilligung des Kindes und, wenn das Kind nicht das fünfundzwanzigste Lebensjahr vollendet hat, die Einwilligung der Mutter erforderlich; ist der Vater verheirathet, so bedarf es auch der Einwilligung seiner Frau (§ 1702, **1726**). Die Einwilligung der Mutter kann auf Antrag des Kindes durch das Vormundschaftsgericht ersetzt werden, wenn das Unterbleiben der Ehelichkeitserklärung dem Kinde zu unverhältnißmäßigem Nachtheile gereichen würde (§ 1703, **1727**). Ist der Vater oder das Kind in der Geschäftsfähigkeit beschränkt, so bedarf es außer der Zustimmung des gesetzlichen Vertreters der Genehmigung des Vormundschaftsgerichts (§ 1705, **1729**). Die Ehelichkeitserklärung ist nicht zulässig, wenn zur Zeit der Erzeugung des Kindes die Ehe zwischen den Eltern nach § 1293, **1310** Abs. 1 wegen Verwandtschaft oder Schwägerschaft verboten war (§ 1708, **1732**).

Durch die Ehelichkeitserklärung erlangt das Kind die rechtliche Stellung eines ehelichen Kindes (§ 1712, **1736**). Die Wirkungen der Ehelichkeitserklärung erstrecken sich jedoch, der neueren Rechtsentwickelung entsprechend (vergl. Preuß. A.L.R. II, 2 §§ 603 ff.; Sächs. Gesetzbuch §§ 1783, 1808, 1841, 2021 bis 2025), nicht auf die Verwandten des Vaters (§ 1713, **1737**). Hieran kann auch durch Vertrag mit den Verwandten nichts geändert werden. Aus einem solchen Vertrage würden sich, wenn nicht sämmtliche Verwandte des Vaters zustimmten, verwickelte Verhältnisse ergeben. Andererseits ist dem Bedürfnisse vollständig genügt, wenn zwischen dem Kinde und dem Vater das der ehelichen Verwandtschaft entsprechende Band hergestellt wird.

Die Rechte und Pflichten, die sich aus dem Verhältnisse des Kindes zu seinen Verwandten ergeben, werden durch die Ehelichkeitserklärung nur insoweit berührt, als das Gesetz es vorschreibt (§ 1713, **1737** Abs. 1). Was insbesondere die Mutter betrifft, so verliert sie mit der Ehelichkeitserklärung das Recht und die Pflicht, für die Person des Kindes zu sorgen (§ 1714, **1738** Satz 1). Hat sie jedoch dem Kinde Unterhalt zu gewähren, weil der Vater nicht dazu im Stande ist, so treten Recht und Pflicht wieder ein, wenn die elterliche Gewalt des Vaters endigt, sowie wenn sie wegen Geschäftsunfähigkeit des Vaters oder wegen Behinderung desselben (§ 1653, **1677**) ruht (§ 1714, **1738** Satz 2).

XIV. Annahme an Kindesstatt.

Aus dem Gemeinen Rechte ist die Annahme an Kindesstatt in alle neueren Gesetzgebungen übergegangen. Das Bedürfniß einer solchen Einrichtung ist, wenn auch thatsächlich kein besonders häufiger Gebrauch davon gemacht wird, nicht zu verkennen. Erfahrungsgemäß wird sie namentlich von kinderlosen Ehegatten und von Personen, denen durch irgendwelche Gründe die Eingehung einer Ehe versagt ist, benutzt.

Der Entwurf hat, der neueren Rechtsentwickelung folgend, davon abgesehen, für verschiedene Arten der Annahme an Kindesstatt Raum zu lassen. Insbesondere hatte er gegenüber der einheitlichen Gestaltung der elterlichen Gewalt keinen Anlaß mehr, die Fälle, in denen das Kind von einem Manne, und diejenigen, in denen es von einer Frau angenommen wird, zu unterscheiden. Die Annahme an Kindesstatt ist ihm allgemein ein Mittel, dem Kinde die rechtliche Stellung eines ehelichen Kindes des Annehmenden zu verschaffen (§ 1733, **1757** Abs. 1). Soweit übrigens reichs- oder landesgesetzliche Vorschriften, die nach dem Einführungsgesetze durch das Bürgerliche Gesetzbuch nicht berührt werden, von der Ehelichkeit eines Kindes besondere Wirkungen, z. B. den Anspruch auf Waisengeld, abhängig machen, versteht es sich von selbst, daß die Frage, ob dem ehelichen Kinde ein angenommenes Kind gleichzustellen sei, lediglich nach dem Sinne und Zusammenhange jener Vorschriften zu beurtheilen ist.

In Uebereinstimmung mit den neueren Gesetzbüchern (Preuß. A.L.R. II, 2 § 666; Code civil Art. 353; Sächs. Gesetzbuch § 1787) erfolgt die Annahme an Kindesstatt durch Vertrag zwischen dem Annehmenden und dem Anzunehmenden (§ 1717, **1741** Satz 1). Nach dem Vorgange des Preußischen Rechtes macht der Entwurf die Wirksamkeit des Vertrags von der Bestätigung durch das zuständige Gericht abhängig (§ 1717, **1741** Satz 2, § 1730, **1754**). Die Bestätigung hat nicht den Zweck, eine Prüfung des Vertrags unter dem Gesichtspunkte herbeizuführen, ob derselbe beiden Theilen förderlich ist. Vielmehr hat das Gericht lediglich festzustellen, ob die gesetzlichen Voraussetzungen vorliegen, und demgemäß die Bestätigung nur zu versagen, wenn eine dieser Voraussetzungen fehlt (§ 1730, **1754** Abs. 2). Ist der Annehmende oder das Kind in der Geschäftsfähigkeit beschränkt, so bedarf die Annahme an Kindesstatt außerdem der Genehmigung des Vormundschaftsgerichts (§ 1727, **1751**).

Die Wirkungen der Annahme an Kindesstatt erstrecken sich, dem Zwecke der Einrichtung entsprechend, auf die Abkömmlinge des Kindes (§ 1738, **1762** Satz 1). Da jedoch durch die Annahme nicht bloß Rechte, sondern auch Pflichten, insbesondere die gesetzliche Unterhaltspflicht, gegenüber dem An=

nehmenden begründet werden, so darf ein zur Zeit des Vertragsabschlusses vorhandener Abkömmling nicht in die Lage kommen, gegen seinen Willen in ein Verwandtschaftsverhältniß zu dem Annehmenden zu treten. Der Entwurf (§ 1738, **1762** Satz 2) bestimmt deshalb, daß sich die Wirkungen der Annahme an Kindesstatt nur dann auf einen zur Zeit des Vertragsabschlusses schon vorhandenen Abkömmling und dessen später geborene Abkömmlinge erstrecken, wenn der Vertrag auch mit dem schon vorhandenen Abkömmlinge geschlossen wird. Hat ein solcher Abkömmling das vierzehnte Lebensjahr noch nicht vollendet und steht er unter der elterlichen Gewalt des Anzunehmenden, so kann dieser kraft seiner Vertretungsmacht den Vertrag mit Genehmigung des Vormundschaftsgerichts zugleich für den Abkömmling schließen (§ 1726, **1750** Abs. 1).

Wenngleich das Kind durch die Annahme an Kindesstatt die rechtliche Stellung eines ehelichen Kindes erlangt, so tritt es doch nicht in die Familie des Annehmenden ein (§ 1739, **1763**). Die Erstreckung der Wirkungen einer Annahme an Kindesstatt auf die Verwandten des Annehmenden würde über den Zweck der Einrichtung hinausgehen (vergl. auch Preuß. A.L.R. II, 2 §§ 708 bis 710; Code civil Art. 348, 350; Sächs. Gesetzbuch §§ 1799, 2044, 2045).

Nach den §§ 1744, **1768** ff. kann das durch die Annahme an Kindesstatt begründete Rechtsverhältniß durch Vertrag wieder aufgehoben werden. Die Zulässigkeit eines solchen Vertrags ist schon von dem Preußischen und dem Sächsischen Rechte anerkannt. Mit Rücksicht auf die weittragenden Folgen des Vertrags bestimmt der Entwurf im Anschluß an das Preußische Recht, daß auch dieser Vertrag der Bestätigung durch das zuständige Gericht bedarf (§ 1746, **1770** vergl. mit § 1717, **1741** Satz 2, § 1730, **1754**).

XV. Vormundschaft.

Bei der Regelung des Vormundschaftsrechts hat sich der Entwurf den Bestimmungen der Preußischen Vormundschaftsordnung vom 5. Juli 1875 angeschlossen. Abweichungen von diesen Vorschriften ergeben sich insbesondere daraus, daß der Entwurf im Gegensatze zum Preußischen Rechte die elterliche Gewalt der Mutter anerkennt. Sodann aber hat der Entwurf die Erfahrungen verwerthet, welche inzwischen bei der Handhabung der Preußischen Vormundschaftsordnung gemacht worden sind, und demgemäß namentlich auf eine größere Sicherung des Mündelvermögens Bedacht genommen.

1. Obervormundschaft. Mitwirkung der Gemeinde und der Familie.

Nach dem Gemeinen Rechte und der überwiegenden Mehrzahl der neueren Gesetzgebungen, insbesondere nach der Preußischen Vormundschaftsordnung (§§ 1 bis 10, 51 ff.), steht die Obervormundschaft dem Staate zu. Sie wird demgemäß von den Gerichten als ein Theil der freiwilligen Gerichtsbarkeit ausgeübt. Nur in einem verhältnißmäßig kleinen Theile des Reichsgebiets ist die obervormundschaftliche Fürsorge den Gemeinden zugewiesen (so in Württemberg, in den meisten mecklenburgischen Städten und in Lübeck) oder besonderen, zum Theile mit nicht rechtsgelehrten Gemeindemitgliedern besetzten, Vormundschaftsbehörden übertragen (Bremen, Hamburg). Dagegen hat das Französische Recht die Obervormundschaft in die Hand eines Familienraths gelegt. Eine Mittelstellung nimmt die Badische Gesetzgebung ein, indem sie zwar den Familienrath des Französischen Rechts beibehalten, ihm jedoch nur die Bedeutung eines das Vormundschaftsgericht in Ausübung der Obervormundschaft unterstützenden Organs gegeben hat.

Wenn der Entwurf die Führung der Obervormundschaft den Gerichten überträgt, so schließt er sich dem Rechtszustand an, welcher von Alters her in den meisten Gebieten Deutschlands besteht und sich dort jederzeit bewährt hat. Nach dem Vorgange der neueren Gesetzgebungen sichert er aber auch der Gemeinde und der Familie eine gewisse Mitwirkung bei der Führung der Obervormundschaft. In ersterer Hinsicht ist die Einrichtung des Gemeindewaisenraths von Bedeutung. Der Gemeindewaisenrath hat zufolge § 1826, **1850** in Unterstützung des Vormundschaftsgerichts darüber zu wachen, daß die Vormünder der sich in dem Bezirk aufhaltenden Mündel für die Person der Mündel, insbesondere für ihre Erziehung und ihre körperliche Pflege pflichtmäßig Sorge tragen; er hat dem Vormundschaftsgerichte Mängel und Pflichtwidrigkeiten, die er in dieser Hinsicht wahrnimmt, anzuzeigen und auf Erfordern über das persönliche Ergehen und das Verhalten eines Mündels Auskunft zu ertheilen. Nach den im Gebiete der Preußischen Vormundschaftsordnung gemachten Erfahrungen hat diese Einrichtung namentlich in den größeren Städten sich entwickelt und wohlthätig gewirkt. Der Entwurf geht übrigens darin weiter, als die Preußische Vormundschaftsordnung, daß er die Mitwirkung des Gemeindewaisenraths nicht auf das Gebiet der persönlichen Fürsorge für die Mündel beschränkt, sondern demselben auch die Pflicht auferlegt, dem Vormundschaftsgericht Anzeige zu machen, wenn er Kenntniß von einer Gefährdung des Vermögens eines Mündels erlangt (§ 1826, **1850** Abs. 2).

Was die Betheiligung der Familie betrifft, so bestimmt der Entwurf (§§ 1834, **1858** ff.) im Anschluß an die Preußische Vormundschaftsordnung, daß unter gewissen Voraussetzungen von dem Vormundschaftsgericht ein mit den Rechten und Pflichten des Vormundschaftsgerichts ausgestatteter Familienrath gebildet werden soll. Besonderen Werth hat der Familienrath für solche Fälle, in denen es sich um die Verwaltung landwirthschaftlicher oder gewerblicher, zum Vermögen des Mündels gehöriger Betriebe von größerem Umfange handelt und Verwandte oder Verschwägerte des Mündels vorhanden sind, die sich nach ihren Verhältnissen und Kenntnissen zur Ueberwachung dieser Verwaltung eignen.

2. Selbständigkeit des Vormundes. Befreite Vormundschaft.

Nach dem Gemeinen Rechte führt der Vormund die Verwaltung nach eigenem Ermessen und auf eigene Verantwortung. Die Obervormundschaft hat im Wesentlichen nur Aufsichtsbefugnisse. Dem Gemeinen Rechte sind in der Hauptsache das Sächsische Gesetzbuch und die Preußische Vormundschaftsordnung gefolgt. Nach dem Französischen Rechte liegt zwar die Verwaltung der Vormundschaft in ihrem ganzen Umfange dem Vormund ob; allein der Vormund steht nicht nur unter der Aufsicht des Familienraths und des Gegenvormundes, sondern der Familienrath ist auch befugt, die Verwaltung durch Ertheilung von Anweisungen zu leiten und unter Umständen unmittelbar selbst handelnd einzugreifen.

Der Entwurf hält in Uebereinstimmung mit den zuerst genannten Rechten daran fest, daß das Vormundschaftsgericht nicht selbst handelnd in die Verwaltung eingreifen darf, auch nicht kraft seines Aufsichtsrechts (§ 1813, **1837**) befugt ist, in Zweckmäßigkeitsfragen dem Vormunde leitende Anweisungen zu ertheilen und seine Ansicht an die Stelle der Ansicht des Vormundes zu setzen.

Auf der anderen Seite zieht er indessen der Selbständigkeit des Vormundes gewisse Schranken. Kraft seines Aufsichtsrechts kann das Vormundschaftsgericht jederzeit über die Führung der Vormundschaft und die persönlichen Verhältnisse des Mündels von dem Vormund Auskunft verlangen (§ 1815, **1839**), auch gegen Pflichtwidrigkeiten des Vormundes durch geeignete Gebote und Verbote einschreiten sowie den Vormund zur Befolgung seiner Anordnungen durch Ordnungsstrafen anhalten (§ 1813, **1837**) und ihn nöthigenfalls wegen pflichtwidrigen Benehmens entlassen (§ 1862, **1886**).

Der Handhabung des Aufsichtsrechts dienen auch die Vorschriften über die Verpflichtung des Vormundes zur Einreichung eines Vermögensverzeichnisses (§ 1778, **1802**) und über die jährliche Rechnungslegung (§§ 1816, **1840** bis 1819, **1843**).

Weiterhin findet das freie Ermessen des Vormundes eine Schranke in den Vorschriften über die Anlegung von Mündelgeld (§§ 1782, **1806** bis 1787, **1811**) und über die Hinterlegungspflicht (§§ 1790, **1814** bis 1796, **1820**). Für gewisse Fälle ist wegen Widerstreits der Interessen des Vormundes und des Mündels die Vertretungsmacht des Vormundes kraft Gesetzes ausgeschlossen oder doch dem Vormundschaftsgericht die Befugniß beigelegt, die Vertretungsmacht dem Vormunde zu entziehen (§§ 1770, **1794**, 1772, **1796**; vergl. § 1780, **1814**). Endlich ist in einer großen Zahl von Fällen die Vertretungsmacht des Vormundes dadurch begrenzt, daß er der Genehmigung des Gegenvormundes oder Vormundschaftsgerichts bedarf (vergl. insbesondere §§ 1788, **1812**, 1789, **1813**, 1795, **1819** bis 1801, **1825**).

Von den Vorschriften, welche die Selbständigkeit des Vormundes beschränken, läßt der Entwurf Ausnahmen zu.

Im Anschluß an die Bestimmungen der Preußischen Vormundschaftsordnung wird dem Vater des Kindes das Recht eingeräumt, zu Gunsten des von ihm benannten Vormundes gewisse Befreiungen von den allgemeinen Vorschriften des Vormundschaftsrechts durch letztwillige Verfügungen anzuordnen, insbesondere die Bestellung eines Gegenvormundes auszuschließen, den Vormund von der Verpflichtung, Inhaberpapiere zu hinterlegen, sowie von der Pflicht der jährlichen Rechnungslegung zu entbinden (§§ 1828, **1852** bis 1830, **1854**). Diese Befugniß ist nach dem Entwurf (§ 1832, **1856** vergl. mit § 1753,

1777) ein Ausfluß der elterlichen Gewalt; hieraus folgt, daß die angeordneten Befreiungen ohne Rücksicht darauf eintreten, ob das der Verwaltung des Vormundes unterliegende Vermögen von dem Vater oder einem Dritten herrührt. Die gleichen Anordnungen kann auch die eheliche Mutter treffen, wenn sie einen Vormund benennt (§ 1831, **1855**). Sowohl die Anordnungen des Vaters als auch die der Mutter können jedoch von dem Vormundschaftsgericht außer Kraft gesetzt werden, wenn ihre Befolgung das Interesse des Kindes gefährden würde (§ 1833, **1857**).

Die Befreiungen, welche dem Vormunde durch elterliche Anordnung beigelegt werden können, läßt der Entwurf, ebenfalls nach dem Vorbilde der Preußischen Vormundschaftsordnung, regelmäßig dem Vater zu Theil werden, wenn er zum Vormunde seines volljährigen Kindes bestellt ist (§ 1879, **1903** Abs. 1 Satz 2), und das Gleiche gilt für die eheliche Mutter (§ 1880, **1904**). Auch hier kann aber das Vormundschaftsgericht die Befreiungen außer Kraft setzen, wenn sie das Interesse des Mündels gefährden (§ 1879, **1903** Abs. 1 Satz 3). Soweit ein minderjähriges Kind bei Lebzeiten des Vaters oder der Mutter ausnahmsweise nicht unter elterlicher Gewalt, sondern unter elterlicher Vormundschaft steht, treten die Befreiungen nicht ein (§ 1879, **1903** Abs. 2, § 1880, **1904** Satz 1).

3. Verwaltender Vormund. Gegenvormund.

Der Entwurf geht davon aus, daß es in der Mehrzahl der Fälle genügt, wenn für jede Vormundschaft nur ein verwaltender Vormund bestellt wird, und daß hierbei die Vormundschaft über mehrere minderjährige Geschwister nur als eine Vormundschaft zu behandeln ist (§ 1751, **1775**). Bei größeren und schwierigeren Verwaltungen kann sich jedoch das Bedürfniß geltend machen, die Führung der Vormundschaft einer Mehrzahl von Personen zu übertragen. Der Entwurf gestattet daher dem Vormundschaftsgericht, aus besonderen Gründen mehrere Vormünder zu bestellen (§ 1751, **1775**); das Ermessen des Gerichts ist übrigens insofern eingeschränkt, als neben einem kraft elterlicher Anordnung oder kraft Gesetzes berufenen Vormunde (vergl. § 1752, **1776**) nur mit dessen Zustimmung ein Mitvormund bestellt werden darf (§ 1754, **1778** Abs. 4). Andererseits räumt der Entwurf den Eltern das Recht ein, mehrere Vormünder mit der Wirkung zu berufen, daß dieselben von dem Gericht als Mitvormünder zu bestellen sind (§§ 1752, **1776**, 1753, **1777**, 1773, **1797** Abs. 3). Die Vormundschaft wird, wenn mehrere Vormünder vorhanden sind, von ihnen gemeinsam geführt (§ 1773, **1797** Abs. 1). Das Vormundschaftsgericht kann jedoch die Führung der Vormundschaft unter mehrere Vormünder nach bestimmten Wirkungskreisen vertheilen; innerhalb des ihm überwiesenen Wirkungskreises führt dann jeder Vormund die Vormundschaft selbständig (§ 1773, **1797** Abs. 2). Bei Vertheilung der Geschäfte unter mehrere von dem Vater oder der Mutter des Mündels benannte Vormünder hat das Vormundschaftsgericht etwaige Bestimmungen der Eltern zu befolgen, sofern nicht ihre Befolgung das Interesse des Mündels gefährden würde (§ 1773, **1797** Abs. 3).

Nahezu in allen Rechten findet sich der Ehrenvormund, der in zweiter

Linie neben dem verwaltenden Vormunde, namentlich auch zur Beaufsichtigung desselben, thätig wird, im Einzelnen aber sehr verschiedene Rechte und Pflichten hat. Die Bestellung eines Ehrenvormundes ist nach dem Gemeinen und dem Sächsischen Rechte zwar zulässig, aber nicht nothwendig. Dagegen bildet diese Einrichtung nach der Französischen Gesetzgebung einen wesentlichen Bestandtheil des Vormundschaftsrechts.

Die Preußische Vormundschaftsordnung und, ihr folgend, auch der Entwurf (§ 1768, **1792**) haben sich in der Hauptsache dem Vorgange des Französischen Rechtes angeschlossen. Der Gegenvormund dient dem Vormundschaftsgerichte vor Allem bei der Aufsicht über die Vermögensverwaltung des Vormundes zur Unterstützung (vergl. §§ 1775, **1799**, 1778, **1802**, 1818, **1842**), und darauf ist vom Standpunkte des Entwurfes insofern ein besonderer Werth zu legen, als der Regel nach für jede Vormundschaft nur ein verwaltender Vormund bestellt wird, diesem aber ein hohes Maß von Selbständigkeit zukommt. Zugleich wird durch die Einrichtung das Vormundschaftsgericht, unter voller Wahrung der Interessen des Mündels, nach verschiedenen Richtungen entlastet, namentlich was die Genehmigung von Rechtsgeschäften des Vormundes anlangt (vergl. §§ 1786, **1810**, 1788, **1812**, 1789, **1813**).

Der Entwurf läßt jedoch nicht, wie das Französische Recht, die Bestellung eines Gegenvormundes bei jeder Vormundschaft eintreten. Vielmehr soll die Bestellung, entsprechend der Preußischen Vormundschaftsordnung, nur erfolgen, wenn mit der Vormundschaft eine Vermögensverwaltung verbunden ist, und selbst in diesem Falle kann sie unterbleiben, wenn die Verwaltung nicht erheblich oder wenn die Vormundschaft von mehreren Vormündern gemeinschaftlich zu führen ist (§ 1768, **1792** Abs. 2). Der Wirkungskreis des Gegenvormundes erstreckt sich vorzugsweise auf das Vermögen des Mündels. Indessen liegt kein Grund vor, ihn hierauf zu beschränken, und der Entwurf überträgt daher, abweichend von der Preußischen Vormundschaftsordnung, dem Gegenvormund auch die Obhut über die persönlichen Verhältnisse des Mündels.

4. Bestellung des Vormundes.

Im Gegensatze zu dem Französischen Rechte, aber im Einklange mit den neueren Deutschen Gesetzgebungen (vergl. § 14 der Preuß. Vormundschaftsordnung, § 1884 des Sächs. Gesetzbuchs, § 18 des Bad. Gesetzes vom 6. Februar 1879) bestimmt der Entwurf (§§ 1750, **1774**, 1765, **1789**), daß der Vormund nicht von selbst, sondern nur kraft Bestellung des Vormundschaftsgerichts in sein Amt eintritt. Das Interesse des Mündels und die Sicherheit des Verkehrs fordern gleichmäßig eine solche Regelung. Sie muß auch für die Personen gelten, welche nach dem Entwurfe (§§ 1752, **1776**, 1753, **1777**), sei es auf Grund elterlicher Benennung, sei es auf Grund ihrer Verwandtschaft mit dem Mündel, als Vormünder berufen sind. Die Berufung hat daher nur die Bedeutung, daß der Betreffende von dem Vormundschaftsgerichte nicht ohne besondere Gründe übergangen werden darf (§ 1754, **1778**). Die Preußische Vormundschaftsordnung (§ 12 Abs. 1, § 95 Abs. 2) sieht, in Abweichung von dem bezeichneten Grundsatze, für gewisse Fälle eine kraft

Gesetzes eintretende Vormundschaft des Vaters oder der Mutter über das minderjährige Kind vor. Im Entwurf ist für eine derartige Vormundschaft kein Raum, da er dem minderjährigen Kinde den vormundschaftlichen Schutz bei Lebzeiten der Eltern regelmäßig in der Form der elterlichen Gewalt des Vaters oder der Mutter gewährt und da er die elterliche Gewalt weder durch Verheirathung noch durch getrennte Haushaltung oder Entlassung des minderjährigen Kindes endigen läßt. Ebensowenig besteht ein Grund, mit dem § 83 Abs. 1 der Preußischen Vormundschaftsordnung eine gesetzliche Vormundschaft des Vaters oder der Mutter über ein volljähriges Kind anzuerkennen. Dem Bedürfnisse geschieht Genüge durch die Bestimmung des § 1875, **1899** Abs. 1, derzufolge in erster Linie der Vater und nach ihm die eheliche Mutter des Kindes als Vormund berufen ist.

Endlich läßt der Entwurf, abweichend von dem § 12 Abs. 2 der Preußischen Vormundschaftsordnung, auch nicht die gesetzliche Vormundschaft des mütterlichen Großvaters gegenüber dem unehelichen Kinde zu. Eine solche Vormundschaft erscheint schon um deswillen bedenklich, weil sie in vielen Fällen keinerlei Sicherheit für eine gehörige Pflege und Erziehung des Kindes bietet. Es muß daher hier gleichfalls bei dem Anrechte des mütterlichen Großvaters auf Uebertragung der Vormundschaft bewenden (vergl. § 1752, **1776** Abs. 1 Nr. 4, § 1754, **1778** Abs. 3).

5. Sicherstellung des Mündels gegenüber dem Vormunde.

Das nach Gemeinem Rechte dem Mündel an dem gesammten Vermögen des Vormundes zustehende gesetzliche Pfandrecht ist durch die neuere Gesetzgebung fast überall beseitigt. Auch die gemeinrechtliche Verpflichtung des Vormundes zur Sicherheitsleistung ist von den neueren Gesetzgebungen entweder aufgegeben oder doch wesentlich beschränkt: mehrfach wird aber dem Mündel ein gesetzlicher Titel auf Bestellung einer Hypothek an dem unbeweglichen Vermögen des Vormundes gewährt. Im Gegensatze hierzu giebt das Französische Recht dem Mündel eine gesetzliche Hypothek an dem unbeweglichen Vermögen des Vormundes.

Die Zulassung eines gesetzlichen Pfandrechts ist für den Entwurf schon durch die Vorschriften des dritten Buches ausgeschlossen. Was aber die Verbindlichkeit zur Sicherheitsleistung betrifft, so erscheint es im Allgemeinen unbillig, dem Vormunde neben seinen persönlichen Diensten noch ein Opfer an seinem Vermögen oder an seinem Kredit aufzuerlegen. Nur dann liegt die Sache anders, wenn ein Vormund die Vormundschaft nicht übernimmt, um seiner staatsbürgerlichen Pflicht zu genügen, sondern die Uebertragung als sein Recht fordert, oder wenn er eine übernommene Vormundschaft aus freien Stücken beibehalten will. Demgemäß geht der Entwurf, in wesentlicher Uebereinstimmung mit der Preußischen Vormundschaftsordnung (§ 32 Abs. 6, §§ 58, 59), davon aus, daß den Vormund eine Verpflichtung zur Sicherheitsleistung regelmäßig nicht trifft. Nur aus besonderen Gründen kann das Vormundschaftsgericht den Vormund anhalten, für das seiner Verwaltung unterliegende Vermögen Sicherheit zu leisten, deren Art und Umfang durch richterliches Ermessen bestimmt wird (§ 1820, **1844**). Der Vormund ist aber in einem solchen Falle berechtigt, die Uebernahme der Vormundschaft abzulehnen oder seine Entlassung zu fordern (§ 1762, **1786** Abs. 1 Nr. 6, § 1865, **1889**).

Die fraglichen Vorschriften sind übrigens nicht die einzigen, welche die Sicherung des Mündelvermögens betreffen. Vielmehr dient diesem Zwecke noch eine Reihe sonstiger Bestimmungen des Entwurfes, insbesondere über die Anlegung von Mündelgeld (§§ 1782, **1806** bis 1787, **1811**) und die Verpflichtung des Vormundes zur Hinterlegung von Werthpapieren (§§ 1790, **1814** bis 1796, **1820**), sowie das dem Mündel im Konkurse über das Vermögen des Vormundes nach § 54, **61** Nr. 5 der Konkursordnung zustehende Vorzugsrecht.

6. Vormundschaft über Volljährige.

Der Entwurf (§ 1872, **1896**) läßt gegenüber dem Volljährigen eine Vormundschaft in der Regel nur zu, wenn derselbe entmündigt ist. Die Entmündigung kann nach § 6 lediglich wegen Geisteskrankheit, Geistesschwäche, Verschwendung oder Trunksucht erfolgen. Mit der bewirkten Entmündigung ist aber der Volljährige geschäftsunfähig oder doch in der Geschäftsfähigkeit beschränkt (§ 100, **104** Nr. 3, § 110, **114**) und bedarf daher des allgemeinen vormundschaftlichen Schutzes ebenso wie der Minderjährige.

Der Standpunkt des Entwurfes, daß eine Vormundschaft über einen Volljährigen nur angeordnet werden kann, wenn er entmündigt ist, weicht allerdings von der Mehrzahl der geltenden Rechte (vergl. insbes. § 81 Nr. 3 der Preuß. Vormundschaftsordnung; §§ 4, 5 des Sächs. Gesetzes vom 20. Februar 1882) ab, entspricht aber der Auffassung des Französischen Rechtes. Die Anordnung einer Vormundschaft enthält stets einen weitgehenden Eingriff in die gesammten persönlichen und Lebensverhältnisse des Bevormundeten. Sie ist daher nur gerechtfertigt, wenn ein dringendes Bedürfniß besteht und wenn außerdem durch ein gerichtliches Entmündigungsverfahren der Gefahr eines Mißbrauchs thunlichst vorgebeugt ist. Dem nicht entmündigten Volljährigen, der in Folge körperlicher oder geistiger Gebrechen seine Angelegenheit nicht zu besorgen vermag, kann durch Anordnung einer Pflegschaft (§ 1886, **1910**) der erforderliche Schutz gewährt werden.

Eine Ausnahme sieht jedoch der Entwurf (§ 1882, **1906**) im Anschluß an ähnliche Bestimmungen des Sächsischen Rechtes (§§ 2, 3 des Sächs. Gesetzes vom 20. Februar 1882; Sächs. Gesetzbuch § 81) für den Fall vor, daß die Entmündigung bereits beantragt ist. Hier kann der Volljährige unter vorläufige Vormundschaft gestellt werden, wenn das Vormundschaftsgericht es zur Abwendung einer erheblichen Gefährdung der Person oder des Vermögens für erforderlich erachtet. Die Stellung unter vorläufige Vormundschaft hat gemäß § 110, **114** zugleich die Wirkung, daß der Bevormundete in der Geschäftsfähigkeit beschränkt wird. Von praktischer Bedeutung ist diese vorläufige Vormundschaft hauptsächlich dann, wenn die Entmündigung wegen Verschwendung oder weden Trunksucht beantragt ist. Da zwischen der Einleitung des Entmündigungsverfahrens und der erfolgten Entmündigung regelmäßig ein längerer Zeitraum liegt, so besteht die Gefahr, daß der zu Entmündigende diese Zwischenzeit ausnützt, um den Rest seines Vermögens zu verschleudern oder seine Familie sonst zu schädigen. Hiermit wäre aber der Zweck der Entmündigung wegen Verschwendung oder wegen Trunksucht häufig vereitelt. Die vorläufige Vormundschaft endigt mit der Rücknahme oder der rechtskräftigen Abweisung des Antrags auf Entmündigung; sie soll außerdem von dem Vormundschaftsgericht aufgehoben werden, wenn der Mündel des vorläufigen vormundschaftlichen Schutzes nicht mehr bedürftig ist (§ 1884, **1908**).

Im einzelnen ist die Vormundschaft über Volljährige, namentlich was die rechtliche Stellung des Vormundes anlangt, wesentlich nach dem Vorbilde der Vormundschaft über Minderjährige gestaltet (§§ 1873, **1897** ff.).

7. Pflegschaft.

Nach dem Entwurf (§ 1885, **1909**) erhält derjenige, welcher unter elterlicher Gewalt oder unter Vormundschaft steht, einen Pfleger für solche Angelegenheiten, an deren Besorgung der Gewalthaber oder der Vormund aus thatsächlichen oder rechtlichen Gründen verhindert ist (vergl. § 86 der Preuß. Vormundschaftsordnung). Das Gleiche gilt, wenn die Voraussetzungen für die Anordnung einer Vormundschaft vorliegen, ein Vormund aber noch nicht bestellt ist. Weiterhin kennt der Entwurf, abgesehen von der im Erbrechte geregelten Nachlaßpflegschaft (§§ 1936, **1960** ff.), noch eine Reihe besonderer Fälle, in welchen, während es an einem Rechtsgrunde zur Anordnung einer Vormundschaft fehlt, doch unter bestimmt bezeichneten Voraussetzungen eine selbständige Pflegschaft zulässig sein soll (§§ 1886, **1910** bis 1890, **1914**).

Dagegen hat der Entwurf eine allgemeine Vorschrift, wie sie der § 90 der Preußischen Vormundschaftsordnung enthält, nicht aufgenommen. Durch die genannte Vorschrift wird das Vormundschaftsgericht ermächtigt, in allen Fällen eines nach seinem Ermessen vorhandenen thatsächlichen Schutzbedürfnisses eine Pflegschaft, selbst ohne die Einwilligung des Schutzbedürftigen, anzuordnen. Eine derartige Ermächtigung ist jedoch mit Rücksicht auf ihre Unbestimmtheit nicht ohne Bedenken. Die Anordnung der Pflegschaft enthält für den Pflegebefohlenen stets eine wesentliche Beschränkung seiner bürgerlichen Selbstständigkeit, da er die von dem Pfleger innerhalb des diesem zugewiesenen Wirkungskreises vorgenommenen Handlungen gegen sich gelten lassen muß, mithin insoweit einem fremden Willen untergeordnet wird. Es erscheint deshalb richtiger, von einer solchen allgemeinen Vorschrift abzusehen, dafür aber den Kreis der einzelnen Fälle, in denen eine Pflegschaft zulässig ist, zu erweitern.

Demgemäß ermöglicht der Entwurf, was insbesondere die Pflegschaft über Personen betrifft, die ihre Angelegenheiten wegen körperlicher Gebrechen nicht zu besorgen vermögen (§ 1886, **1910**), die Anordnung einer solchen Pflegschaft mit Bezug auf alle körperlichen Gebrechen, nicht bloß auf bestimmte Arten derselben. Die Pflegschaft wegen körperlicher Gebrechen darf nicht nur für einzelne Angelegenheiten oder einen bestimmten Kreis von Angelegenheiten, sondern auch für die gesammten Angelegenheiten des Gebrechlichen, ohne Unterschied, ob es sich um seine Person oder um sein Vermögen handelt, angeordnet werden. Was die geistigen Gebrechen anlangt, so ist, wenn durch solche ein Volljähriger an der Besorgung seiner gesammten Angelegenheiten gehindert wird, der Fall der Entmündigung (§ 6 Abs. 1) und die Anordnung einer Vormundschaft (§ 1872, **1896**) gegeben. Sind dagegen die geistigen Gebrechen von der Art, daß der Gebrechliche nur einzelne seiner Angelegenheiten oder nur einen bestimmten Kreis seiner Angelegenheiten nicht zu besorgen vermag, so erhält er gleichfalls einen Pfleger (§ 1886, **1910** Abs. 2).

Abweichend von dem Gemeinen, dem Preußischen und dem Sächsischen Rechte (vergl. § 81 Nr. 3, § 90 der Preuß. Vormundschaftsordnung; §§ 4, 5 des Sächs. Gesetzes vom 20. Februar 1882) darf nach dem Entwurfe die Pflegschaft wegen Gebrechlichkeit regelmäßig nur mit Einwilligung des Gebrechlichen angeordnet werden: eine Ausnahme tritt jedoch ein, wenn eine Verständigung mit dem Gebrechlichen nicht möglich ist (§ 1886, **1910** Abs. 3). Auf diese Weise bleiben die Interessen des Gebrechlichen gewahrt, ohne daß andererseits seiner freien Entschließung vorgegriffen wird. Auf der gleichen Rücksicht beruht die Vorschrift des § 1896, **1920**, derzufolge eine wegen Gebrechlichkeit angeordnete Pflegschaft von dem Vormundschaftsgericht aufzuheben ist, wenn der Pflegbefohlene die Aufhebung beantragt.

Die Vorschriften des § 1887, **1911** über die Pflegschaft für einen Abwesenden schließen sich in der Hauptsache den geltenden Gesetzen an (vergl. § 82 der Preuß. Vormundschaftsordnung; Art. 94 des Bayer. Gesetzes vom 23. Februar 1879; § 92 des Weimar. Gesetzes vom 27. März 1872), ebenso die Vorschriften des § 1888, **1912** über die Pflegschaft für eine Leibesfrucht (vergl. § 88 der Preuß. Vormundschaftsordnung; Code civil Art. 393; Sächs. Gesetzbuch §§ 1995, 1998). Nach § 1889, **1913** kann, wenn unbekannt oder ungewiß ist, wer bei einer Angelegenheit der Betheiligte ist, dem Betheiligten für diese Angelegenheit, soweit eine Fürsorge erforderlich erscheint, ein Pfleger bestellt werden. Diese Vorschrift stellt sich als eine dem praktischen Bedürfniß entsprechende Erweiterung des Grundsatzes dar, auf welchem die Nachlaßpflegschaft für den unbekannten Erben beruht.

Einem neuerdings mehrfach hervorgetretenen Bedürfnisse trägt schließlich die Vorschrift des § 1890, **1914** Rechnung. Danach kann zur Verwaltung und Verwendung eines Vermögens, das durch öffentliche Sammlung für einen vorübergehenden Zweck zusammengebracht worden ist, ein Pfleger bestellt werden, wenn die zu der Verwaltung und Verwendung berufenen Personen weggefallen sind [1]) oder wenn diesen Personen gegenüber ein wichtiger Grund für die Entziehung der Verwaltung und Verwendung vorliegt.

Der § 1891, **1915** des Entwurfes bestimmt, daß auf die Pflegschaft grundsätzlich die für die Vormundschaft geltenden Vorschriften entsprechende Anwendung finden. Die Bestimmung rechtfertigt sich dadurch, daß die Pflegschaft ihrem Wesen nach der Vormundschaft aufs Engste verwandt ist.

---

1) Die im Texte folgenden Worte sind gestrichen worden, weil ein Bedürfniß für eine solche Bestimmung nicht vorhanden sei und weil dieselbe willkürlich ausgelegt werden könne. K.B. S. 297, 298.

Fünftes Buch.

Erbrecht.

Inhaltsübersicht. Der erste Abschnitt des fünften Buches hat die **Erbfolge** zum Gegenstand. Er regelt die gesetzliche Erbfolge, und zwar zuerst die der Verwandten (§§ 1900, **1924** bis 1906, **1930**), sodann die des überlebenden Ehegatten (§§ 1907, **1931** bis 1910, **1934**), endlich die Erbfolge des Fiskus (§ 1912, **1936**). Hieran schließen sich die allgemeinen Vorschriften über die Befugniß des Erblassers, durch einseitige Verfügung von Todeswegen (Testament, letztwillige Verfügung) oder durch Vertrag (Erbvertrag) über seinen Nachlaß zu bestimmen (§§ 1913, **1937** bis 1917, **1941**).

Der zweite Abschnitt betrifft die **rechtliche Stellung des Erben**. Der erste Titel „**Annahme und Ausschlagung der Erbschaft, Fürsorge des Nachlaßgerichts**" wird durch den Grundsatz eingeleitet, daß die Erbschaft auf den berufenen Erben übergeht, unbeschadet des Rechtes, sie auszuschlagen (§ 1918, **1942** Abs. 1). Daran reihen sich die Vorschriften über die Ausschlagung und die Annahme der Erbschaft (§§ 1919, **1943** bis 1928, **1952**), über die Wirkung der Ausschlagung (§ 1929, **1953**), über die Anfechtbarkeit der Annahme oder Ausschlagung (§§ 1930, **1954** bis 1933, **1957**), über die rechtliche Stellung des Erben vor der Annahme oder der Ausschlagung der Erbschaft (§§ 1934, **1958**, 1935, **1959**), sowie über die dem Nachlaßgericht in besonderen Fällen obliegende Sorge für die Sicherung des Nachlasses (§§ 1936, **1960** bis 1942, **1966**). Im zweiten Titel (§§ 1943, **1967** bis 1992, **2017**), welcher von der **Haftung des Erben für die Nachlaßverbindlichkeiten** handelt, wird zunächst diese Haftung ausgesprochen und im Zusammenhange damit der Begriff der Nachlaßverbindlichkeiten bestimmt (§§ 1943, **1967**, 1944, **1968**). Hieran reihen sich Vorschriften über das Aufgebot der Nachlaßgläubiger (§§ 1945, **1970** bis 1949, **1974**), über die Fälle, in denen sich namentlich zufolge der Anordnung einer Nachlaßverwaltung oder zufolge der Eröffnung des Nachlaßkonkurses die Haftung des Erben auf den Nachlaß beschränkt (§§ 1950, **1975** bis 1967, **1992**), über die Fälle, in denen dem Erben wegen Versäumung der Inventarerrichtung, wegen Unvollständigkeit der in dem Inventare gemachten Angaben oder wegen Verweigerung der Leistung des Offenbarungseides die Beschränkung der Haftung ausnahmsweise versagt wird (§§ 1968, **1993** bis 1988, **2013**), endlich über die aufschiebenden Einreden, die dem Erben, welcher nur beschränkt haftet, zu Gebote stehen (§§ 1989, **2014** bis 1992, **2017**). Der dritte Titel regelt den Erbschaftsanspruch (§§ 1993, **2018** bis 2006, **2031**). Im vierten Titel wird für die Fälle, in denen eine Mehrheit von Erben vorhanden ist, das Rechtsverhältniß der Erben unter einander einschließlich der Ausgleichungspflicht (§§ 2007, **2032** bis 2032, **2057**) sowie das Rechtsverhältniß zwischen den Erben und den Nachlaßgläubigern (§§ 2033, **2058** bis 2038, **2063**) geordnet.

Der dritte Titel betrifft das Testament. Der erste Titel (§§ 2039, **2064** bis 2061, **2086**) desselben enthält allgemeine Vorschriften, namentlich über die Auslegung (§§ 2041, **2066** bis 2052, **2077**) und die Anfechtung letztwilliger Verfügungen (§§ 2053, **2078** bis 2058, **2083**). Die folgenden Titel (2 bis 8) treffen Bestimmungen über die Erbeinsetzung (§§ 2062, **2087** bis 2074, **2099**) und die Einsetzung eines Nacherben (§§ 2075, **2100** bis 2120, **2146**), über das Vermächtniß (§§ 2121, **2147** bis 2165, **2191**), die Auflage (§§ 2166, **2192** bis 2170, **2196**) und den Testamentsvollstrecker (§§ 2171, **2197** bis 2202, **2228**), ferner über die Errichtung, Aufhebung und die Eröffnung eines Testaments (§§ 2203, **2229** bis 2237, **2264**) sowie über das gemeinschaftliche Testament (§§ 2238, **2265** bis 2246, **2273**).

Der vierte Abschnitt behandelt den Erbvertrag mit Einschluß der Schenkungen von Todeswegen (§§ 2247, **2274** bis 2275, **2302**).

Im fünften Abschnitte folgen die Vorschriften über den Pflichttheil (§§ 2276, **2303** bis 2311, **2338**), im sechsten die Bestimmungen über die Erbunwürdigkeit (§§ 2312, **2339** bis 2318, **2345**). Der siebente Abschnitt enthält die Vorschriften über den Erbverzicht (§§ 2319, **2346** bis 2325, **2352**). Der achte Abschnitt regelt den Erbschein (§§ 2326, **2353** bis 2343, **2370**), der neunte und letzte Abschnitt den Erbschaftskauf (§§ 2344, **2371** bis 2359, **2385**).

Im Nachstehenden ist eine Reihe besonders wichtiger Fragen näher gewürdigt.

I. Erbfolge der Verwandten.

Im Gemeinen Rechte bestimmt sich die gesetzliche Erbfolgeordnung nach der Nähe der Verwandtschaft mit dem Erblasser, jedoch unter gleichzeitiger Berücksichtigung der Art der Verwandtschaft. In der ersten Klasse erben die Verwandten absteigender Linie jeden Grades; ein zur Zeit des Erbfalls lebender Abkömmling schließt die durch ihn mit dem Erblasser verwandten Abkömmlinge von der Erbfolge aus. In der zweiten Klasse erben die Verwandten aufsteigender Linie nach Gradesnähe zugleich mit den vollbürtigen Geschwistern und den Kindern verstorbener vollbürtiger Geschwister, in der

Erbfolgeordnung. Geltendes Recht.

dritten die halbbürtigen Geschwister und die Kinder verstorbener halbbürtiger Geschwister, in der vierten die übrigen Seitenverwandten nach Gradesnähe.

Die neueren Gesetzgebungen sind vorwiegend dem Gemeinen Rechte gefolgt. Das Preußische Allgemeine Landrecht (II, 2, §§ 493 bis 498; 3, §§ 35 bis 46, 48 ff.) beruft in der ersten Klasse die Abkömmlinge des Erblassers, in den folgenden Klassen zunächst die Eltern, sodann die vollbürtigen Geschwister und deren Abkömmlinge, darauf die entfernteren Verwandten aufsteigender Linie mit den halbbürtigen Geschwistern und deren Abkömmlingen, endlich die übrigen Seitenverwandten. Nach dem Sächsischen Gesetzbuch (§ 2036) erben in erster Linie die Abkömmlinge des Erblassers, sodann die Eltern und weiteren Voreltern, nach ihnen die Geschwister und deren Abkömmlinge mit Bevorzugung der vollbürtigen Geschwister im Erbtheil, an letzter Stelle die übrigen Seitenverwandten.

Theilweise abweichend sind die Vorschriften des Französischen Rechtes (Code civil Art. 746 bis 755). Nach den Abkömmlingen des Erblassers werden hier zunächst die Eltern mit den Geschwistern und deren Abkömmlingen berufen, hierauf die entfernteren Verwandten aufsteigender Linie nach Gradesnähe und zwar dergestalt, daß, wenn Voreltern der väterlichen und der mütterlichen Linie vorhanden sind, diese allein, wenn nur Voreltern einer Linie vorhanden sind, diese mit den Seitenverwandten der anderen Linie erben. In der letzten Klasse werden die Seitenverwandten bis zum zwölften Grade berufen, und zwar so, daß die eine Hälfte an die dem Grade nach nächsten väterlichen, die andere Hälfte an die dem Grade nach nächsten mütterlichen Verwandten fällt.

Standpunkt des Entwurfes.

Gegenüber den bezeichneten Gesetzgebungen ist in der Erbfolgeordnung des Entwurfes, entsprechend dem Oesterreichischen Gesetzbuche (§§ 731 bis 750), der Grundsatz zur Geltung gebracht, daß Verwandte, welche mit dem Erblasser die näheren Stammeseltern gemeinsam haben, solche Verwandte ausschließen, welche durch entferntere Stammeseltern mit dem Erblasser verbunden sind. In diesem Sinne stellt der Entwurf (§§ 1900, **1924** ff.) fünf Ordnungen auf [1]). Solange ein Verwandter einer vorhergehenden Ordnung vorhanden ist, wird ein Verwandter, der einer folgenden Ordnung angehört, nicht zur Erbfolge berufen (§ 1906, **1930**). Innerhalb einer Ordnung treten an die Stelle der näheren, aber zur Zeit des Erbfalls nicht mehr lebenden Verwandten die entfernteren Verwandten derselben Ordnung ein. Die letztere Regel kommt jedoch nur in den ersten drei Ordnungen zur Anwendung (§ 1900, **1924** Abs. 3, § 1901, **1925** Abs. 3, § 1902, **1926** Abs. 3); in der vierten Ordnung begründet Gradesnähe einen Vorzug (§ 1904, **1928** Abs. 3) [2]). Ueber die vierte Ordnung hinaus ist ein gesetzliches Erbrecht lediglich den Voreltern des Erb-

---

1) Im Gesetze ist die Zahl der Ordnungen unbeschränkt. Vergl. § 1929 B.G.B. und die übernächste Anmerkung.

2) Ebenso in den folgenden Ordnungen nach dem neu aufgenommenen § 1929 Abs. 2 B.G.B. Vergl. K.B. S. 304–306.

lassers, soweit sie nicht der dritten und vierten Ordnung angehören, eingeräumt (§ 1905, **1929**)[1]).

Die bezeichnete Regelung hat den Vorzug der Einfachheit und führt, was das Verhältniß der Seitenverwandten zu den Verwandten der aufsteigenden Linie anlangt, zu billigeren und sachgemäßeren Ergebnissen, als das Gemeine, das Preußische und das Sächsische Recht, sowie als die französische Gesetzgebung.

Gesetzliche Erben der ersten Ordnung sind nach dem Entwurfe (§ 1900, **1924** Abs. 1) die Abkömmlinge des Erblassers. Ein zur Zeit des Erbfalls noch lebender näherer Abkömmling schließt jedoch die durch ihn mit dem Erblasser verwandten Abkömmlinge aus (§ 1900, **1924** Abs. 2). An die Stelle eines zur Zeit des Erbfalls weggefallenen Abkömmlinges treten die durch ihn mit dem Erblasser verwandten Abkömmlinge (§ 1900, **1924** Abs. 3). Kinder erben zu gleichen Theilen (§ 1900, **1924** Abs. 4). In diesen für die erste Ordnung geltenden Vorschriften stimmt der Entwurf mit allen bestehenden Rechten überein.

In der zweiten Ordnung (§ 1901, **1925**) sind die Eltern des Erblassers und deren Ankömmlinge berufen. Leben zur Zeit des Erbfalls beide Eltern, so erben sie allein und zu gleichen Theilen. Lebt dagegen zur Zeit des Erbfalls der Vater oder die Mutter nicht mehr, so fällt, ohne daß zwischen dem von der väterlichen und dem von der mütterlichen Seite herrührenden Vermögen unterschieden wird, die eine Hälfte der Erbschaft dem überlebenden Theile, die andere den Abkömmlingen des verstorbenen Theiles zu. Sind Abkömmlinge nicht vorhanden, so erbt der überlebende Theil allein. Lebt zur Zeit des Erbfalls weder der Vater noch die Mutter, so erhalten die Abkömmlinge des Vaters die eine, die Abkömmlinge der Mutter die andere Hälfte der Erbschaft. Vollbürtige Geschwister des Erblassers nehmen mithin an der einen und der anderen Hälfte Theil, halbbürtige Geschwister immer nur an der einen oder der anderen Hälfte. Soweit Geschwister neben einander berufen sind, erben sie zu gleichen Theilen. An die Stelle verstorbener Geschwister treten deren Abkömmlinge nach Maßgabe der für die erste Ordnung geltenden Vorschriften des § 1900, **1924** Abs. 3.

Daß die Geschwister durch die noch lebenden Eltern ausgeschlossen werden, erscheint durchaus sachgemäß. Dem Erblasser stehen die Eltern regelmäßig näher als die Geschwister und nicht selten rührt sein Vermögen, namentlich in Folge der Gewährung einer Aussteuer oder Ausstattung (§§ 1598, **1620**, 1602, **1624**), von den Eltern her; den Geschwistern des Erblassers geschieht überdies durch ihre Ausschließung kein Abbruch, weil der Nachlaß demnächst von den Eltern im Wege der Erbfolge regelmäßig doch an sie gelangt. Dagegen ist es billig, die Geschwister dann als Erben zuzulassen, wenn ein

---

1) Vergl. dagegen den § 1929 B.G.B. Man hat das Verwandten-Erbrecht unbeschränkt zugelassen, weil es so im größten Theil des Reiches bisher Rechtens sei, weil dadurch das Bewußtsein der Familienzugehörigkeit wach erhalten werde und weil eine andere Regelung dem vermutheten Willen des Erblassers widerspreche. R.B. S. 304—306.

Voreltern, Geschwistern oder mit Abkömmlingen der Geschwister des Erblassers zusammen, so erhält er die Hälfte und in Ermangelung solcher Verwandten die ganze Erbschaft. Der Entwurf (§ 1907, **1931**) beruft den Ehegatten neben Verwandten der ersten Ordnung zu einem Viertel, neben Verwandten der zweiten Ordnung oder neben Großeltern zur Hälfte der Erbschaft; treffen mit Großeltern Abkömmlinge von Großeltern zusammen, so erhält der Ehegatte auch von der anderen Hälfte den Antheil, der nach den für die Beerbung in der dritten Ordnung geltenden Vorschriften des § 1902, **1926** auf die Abkömmlinge fallen würde, wenn ein überlebender Ehegatte nicht vorhanden wäre.

Uebereinstimmend mit dem Sächsischen Rechte gewährt hiernach der Entwurf dem überlebenden Ehegatten auch im Falle des Zusammentreffens mit Kindern des Verstorbenen einen festen Erbtheil. Die Beschränkung auf einen Kindestheil bei dem Vorhandensein einer größeren Anzahl von Kindern führt zu unbilliger Beeinträchtigung des überlebenden Ehegatten.

Gehört der überlebende Ehegatte zu den erbberechtigten Verwandten, so erbt er zugleich als Verwandter (§ 1910, **1934**).

Voraus. Außer dem Erbtheile gebühren dem überlebenden Ehegatten nach dem Entwurf (§ 1908, **1932** Satz 1) im Falle unbeerbter Ehe die zum ehelichen Haushalte gehörenden Gegenstände, soweit sie nicht Zubehör eines Grundstücks sind, und die Hochzeitsgeschenke als Voraus. Ein solcher Voraus ist schon im Preußischen Allgemeinen Landrechte II, 1 §§ 628 bis 630, im Bayerischen Landrechte I, 6 §§ 36, 37 und im Württembergischen Rechte anerkannt und durch die Rücksicht auf die Lage des überlebenden Ehegatten namentlich in den zahlreichen Fällen geboten, in welchen der Nachlaß sich der Hauptsache nach auf Haushaltsinventar beschränkt. Andererseits würde es aber zu weit gehen, dem Ehegatten mit Rücksicht auf solche Fälle auch dann, wenn er mit Abkömmlingen des Erblassers zusammentrifft, neben dem Viertel der Erbschaft noch den Voraus zu gewähren. Auf den Voraus finden die für Vermächtnisse geltenden Vorschriften entsprechende Anwendung (§ 1908, **1932** Satz 2).

Einfluß des Rechtes auf Ehescheidung. Das Erbrecht des überlebenden Ehegatten, sowie das Recht auf den Voraus wird an sich dadurch noch nicht ausgeschlossen, daß zur Zeit des Todes des Erblassers eine Klage auf Scheidung der Ehe erhoben war. Denn die Scheidungsklage führt zur Auflösung der Ehe erst mit der Rechtskraft des Urtheils (§ 1547, **1564** Satz 3). Eine Ausnahme läßt jedoch der Entwurf (§ 1909, **1933**), entsprechend dem Preußischen Allgemeinen Landrechte II, 1 §§ 827, 829 und dem § 2055 des Sächsischen Gesetzbuchs, dann eintreten, wenn die Scheidungsklage[1]) von dem Erblasser erhoben und auf ein Verschulden des überlebenden Gatten gegründet war. In diesem Falle fordern das Rechtsgefühl und die Rücksicht auf den muthmaßlichen Willen des verstorbenen Ehegatten, daß dem überlebenden Erbrecht und Voraus versagt bleiben.

---

1) Statt „Scheidungsklage“ ist im § 1933 B.G.B. im Hinblick auf den neu aufgenommenen § 5175 B.G.B. gesagt: „Klage auf Scheidung oder auf Aufhebung der ehelichen Gemeinschaft“. R.B. S. 308.

III. Erbrecht des Fiskus.

Nach § 1912, **1936** ist, wenn zur Zeit des Erbfalls weder ein erbberechtigter[1]) Verwandter noch ein Ehegatte des Erblassers vorhanden ist, der Fiskus gesetzlicher Erbe. Diese Vorschrift entspricht in der Hauptsache dem Gemeinen Rechte und den neueren Gesetzbüchern (Preuß. A.L.R. II, 16 §§ 4, 16 ff.; Code civil Art. 537, 811 ff.; Sächs. Gesetzbuch § 2618).

Die Frage, welchem Fiskus der erblose Nachlaß zufällt, entscheidet der Entwurf dahin, daß der Fiskus desjenigen Bundesstaats berechtigt ist, welchem der Erblasser zur Zeit des Todes angehört hat (§ 1912, **1936** Abs. 1 Satz 1). Hat der Erblasser mehreren Bundesstaaten angehört, so ist der Fiskus eines jeden dieser Staaten zu gleichen Antheilen berufen (§ 1912, **1936** Abs. 1 Satz 2). War der Erblasser ein Deutscher, der keinem Bundesstaate angehörte (vergl. § 6 des Gesetzes, betreffend die Rechtsverhältnisse der deutschen Schutzgebiete, vom 19. März 1888, Reichs-Gesetzbl. S. 75), so ist der Reichsfiskus gesetzlicher Erbe (§ 1912, **1936** Abs. 2).

Das Recht des Fiskus auf den Nachlaß ist wie nach dem Preußischen Allgemeinen Landrecht II, 16 § 25 und dem § 2620 des Sächsischen Gesetzbuchs ein wahres Erbrecht. Dabei ist dem Fiskus eine Befugniß, die Erbschaft auszuschlagen, nicht eingeräumt (§ 1918, **1942** Abs. 2). Dies rechtfertigt sich namentlich durch die Rücksicht auf die Nachlaßgläubiger, welche nicht Gefahr laufen dürfen, daß die Erbschaft dem Zugriff eines Jeden preisgegeben wird. Gegen etwaige mit dieser Regelung verbundenen Nachtheile wird der Fiskus durch besondere Vorschriften geschützt. Hierher gehört namentlich die Bestimmung des § 1942, **1966**, derzufolge gegen den Fiskus als gesetzlichen Erben ein Recht erst geltend gemacht werden kann, nachdem das Nachlaßgericht in Gemäßheit der §§ 1940, **1964**, 1941, **1965** festgestellt hat, daß ein anderer Erbe nicht vorhanden. Sodann ist dem Fiskus das Recht, nur mit dem Nachlasse zu haften, dadurch für die Dauer gesichert, daß ihm eine Inventarfrist nicht bestimmt werden kann (§ 1986, **2011**).

IV. Erwerb der Erbschaft.

Nach Gemeinem Rechte geht die Erbschaft auf den berufenen Erben nicht kraft Gesetzes, sondern erst dann über, wenn er die Erbschaft angenommen hat; eine Ausnahme tritt lediglich in dem Falle ein, daß ein Hauskind des Erblassers als Erbe berufen ist. Dem Grundsatze des Gemeinen Rechtes sind, unter Beseitigung der bezeichneten Ausnahme, auch einzelne neuere Gesetzgebungen gefolgt. Zu denselben gehört insbesondere das Sächsische Gesetzbuch (§§ 2009, 2010, 2250, 2549); jedoch gilt diesem zufolge (§ 2065) die Erb- **Geltendes Recht.**

1) Dies Wort ist in Folge der Aenderung des E. § 1905 (vergl. die Anmerkung dazu oben S. 273) hinfällig geworden. K.B. S. 309.

schaft als angenommen, wenn der Erbe sich innerhalb eines Jahres von der Zeit an, zu welcher er von dem Anfalle Kenntniß erlangt hat, über die Antretung nicht erklärt. Dagegen erwirbt nach Preußischem Rechte (Preuß. A.L.R. I, 9 §§ 367 ff.) der Erbe die Erbschaft mit dem Anfalle kraft Gesetzes, übrigens unbeschadet des Rechtes, sie auszuschlagen. Auf demselben Boden steht, was die gesetzlichen Erben und die Universallegatare betrifft, das Französische Recht (Code civil Art. 724 Abs. 1, Art. 1006).

Standpunkt des Entwurfes. Der Entwurf (§ 1918, **1942** Abs. 1) schließt sich dem Preußischen Rechte an. Für diese Regelung spricht schon der Umstand, daß erfahrungsgemäß Erbschaften verhältnißmäßig selten ausgeschlagen werden. Andererseits hat dieselbe den Vorzug der Einfachheit. Sie erspart den Nachlaßgläubigern den unter Umständen schwierigen Beweis, daß der Erbe die Erbschaft angenommen hat, und gewährt den Schuldnern des Erblassers die Möglichkeit, die Person desjenigen, der als Erbe mit ihnen gültig verhandeln kann, ohne Weiteres festzustellen.

Die Frist für die Ausschlagung setzt der Entwurf (§ 1920, **1944** Abs. 1) im Anschluß an das Preußische Allgemeine Landrecht I, 9 § 384 auf sechs Wochen fest. Hat jedoch der Erblasser seinen letzten Wohnsitz im Auslande gehabt oder hält sich der Erbe bei dem Beginne der Frist im Auslande auf, so beträgt dieselbe sechs Monate (§ 1920, **1944** Abs. 3). Die Frist beginnt, wie nach dem Preußischen Rechte mit dem Zeitpunkt, in welchem der Erbe von dem Anfall und dem Grunde der Berufung Kenntniß erlangt, falls aber der Erbe durch Verfügung von Todeswegen berufen ist, nicht vor der Verkündung der letzteren (§ 1920, **1944** Abs. 2).

Aus Gründen der Rechtssicherheit bestimmt der Entwurf (§ 1921, **1945**), daß die Ausschlagung durch eine in öffentlich beglaubigter Form dem Nachlaßgerichte gegenüber abzugebende Erklärung erfolgen muß (vergl. auch Preuß. A.L.R. I, 9 §§ 398 ff.; Code civil Art. 784).

Wird die Erbschaft ausgeschlagen, so gilt der Anfall an den Ausschlagenden als nicht erfolgt (§ 1929, **1953** Abs. 1). Aus dieser mit dem geltenden Recht übereinstimmenden Vorschrift ergiebt sich, daß der Erbe, solange er noch ausschlagen kann, die Erbschaft nur vorläufig erworben hat. Erst mit Erledigung dieses Schwebezustandes kann die Erbschaft als angenommen gelten (§ 1919, **1943**). Bis dahin bleibt daher der Erbe entsprechend einer Bestimmung des Preußischen Rechtes (A.L.R. I, 9 § 386), vor der gerichtlichen Geltendmachung eines Anspruchs, der sich gegen den Nachlaß richtet, geschützt (§ 1934, **1958**). Das Recht des betreffenden Gläubigers wird durch die Vorschrift gewährt, daß das Nachlaßgericht einen Nachlaßpfleger zu bestellen hat, wenn die Bestellung zum Zwecke der gerichtlichen Geltendmachung des Anspruchs von dem Gläubiger beantragt wird (§ 1937, **1961**).

Der Erbe ist, während die Frist für die Ausschlagung läuft, nicht gehindert, erbschaftliche Geschäfte vorzunehmen. Eine stillschweigende Annahme der Erbschaft läßt sich hieraus keineswegs ohne Weiteres ableiten. Schlägt der Erbe demnächst die Erbschaft aus, so ist er aus solchen Geschäften demjenigen gegenüber, der nunmehr Erbe wird, wie ein Geschäftsführer ohne

Auftrag berechtigt und verpflichtet (§ 1935, **1959** Abs. 1). Im Verhältnisse zu Dritten bleiben Verfügungen des vorläufigen Erben über Nachlaßgegenstände nur dann wirksam, wenn sie nicht ohne Nachtheil für den Nachlaß verschoben werden konnten (§ 1935, **1959** Abs. 2). Dagegen wird die Wirksamkeit derjenigen Rechtsgeschäfte, die gegenüber dem Erben als solchem vorgenommen werden müssen, wenn sie vor der Ausschlagung dem Ausschlagenden gegenüber vorgenommen werden, durch die Ausschlagung in keinem Falle berührt (§ 1935, **1959** Abs. 3). Diese Regelung nimmt einerseits auf das Interesse desjenigen, der nach dem Ausschlagenden als Erbe berufen ist, andererseits auf die Verkehrssicherheit die erforderliche Rücksicht.

V. Fürsorge des Nachlaßgerichts.

In wesentlicher Uebereinstimmung mit dem Gemeinen Rechte, dem Preußischen und dem Sächsischen Rechte geht der Entwurf von dem Grundsatz aus, daß die Verlassenschaftsbehandlung Sache der Betheiligten ist und ein amtliches Einschreiten des Nachlaßgerichts nur in besonderen Fällen stattfindet.

Eine amtliche Behandlung sämmtlicher Verlassenschaften, wie sie nach der Mehrzahl der in Bayern geltenden Rechte und nach dem Württembergischen Rechte (vergl. auch §§ 101, 102 der Bad. Geschäftsordnung für die Notare vom 19. Juli 1879) die Regel ist, bietet zwar eine größere Gewähr dafür, daß Nachlaßgegenstände nicht bei Seite geschafft, Nachlaßverbindlichkeiten in einer den Kräften des Nachlasses entsprechenden Weise berichtigt werden und daß die Anordnungen des Erblassers zur Ausführung gelangen. Indessen besteht in den meisten Fällen, namentlich wenn der Nachlaß zahlungsfähig ist, für eine amtliche Verlassenschaftsbehandlung kein Bedürfniß. In den Gebieten, wo gegenwärtig eine solche Einmischung des Nachlaßgerichts unbekannt ist, würde sie von den Betheiligten als ungerechtfertigte Bevormundung und Belästigung empfunden werden und für die Gerichte eine unnöthige Vermehrung der Geschäfte mit sich bringen.

Nach dem Entwurfe hat das Nachlaßgericht für die Sicherung des Nachlasses, soweit ein Bedürfniß besteht, nur dann zu sorgen, wenn der Erbe die Erbschaft noch nicht angenommen hat oder wenn er unbekannt oder wenn ungewiß ist, ob er die Erbschaft angenommen hat (§ 1936, **1960** Abs. 1).

Das Nachlaßgericht kann in diesen Fällen insbesondere die Anlegung von Siegeln, die Hinterlegung von Geld, Werthpapieren und Kostbarkeiten sowie die Aufnahme eines Nachlaßverzeichnisses anordnen und für denjenigen, welcher Erbe wird, einen Nachlaßpfleger bestellen (§ 1936, **1960** Abs. 2).

VI. Haftung des Erben für die Nachlaßverbindlichkeiten.

1. Beschränkte Haftung.

Nach Gemeinem Rechte haftet der Erbe den Nachlaßgläubigern persönlich; Geltendes Recht.
doch kann er durch rechtzeitige und gehörige Errichtung eines Inventars seine

dürfniß für die Zulassung einer Nachlaßverwaltung in solchen Fällen, in welchen zwar die gegenwärtige Zulänglichkeit des Nachlasses außer Zweifel steht, die Verhältnisse desselben aber so verwickelt sind, daß dem Erben nicht zuzumuthen ist, die Nachlaßverbindlichkeiten zunächst aus dem eigenen Vermögen zu bezahlen und die Verwaltung des Nachlasses auf seine Gefahr zu übernehmen.

Nach dem Entwurf ist übrigens die Nachlaßverwaltung auch auf Antrag eines Nachlaßgläubigers anzuordnen, wenn Grund zu der Annahme besteht, daß die Befriedigung der Nachlaßgläubiger aus dem Nachlasse durch das Verhalten oder die Vermögenslage des Erben gefährdet wird (§ 1956, **1981** Abs. 2 Satz 1). Diese Vorschrift schließt sich der Sache nach den Vorschriften des Gemeinen, des Französischen und des Sächsischen Rechtes (Code civil Art. 878; Sächs. Gesetzbuch § 2333) an, welche den Nachlaßgläubigern das Recht gewähren, zum Zwecke ihrer Befriedigung aus der Erbschaft deren Absonderung von dem übrigen Vermögen des Erben zu verlangen, falls aus der Vermischung Nachtheile für ihre Forderungen zu befürchten sind. In Uebereinstimmung mit dem geltenden Rechte ist jedoch der Antrag eines Nachlaßgläubigers auf Anordnung der Nachlaßverwaltung nicht mehr zulässig, wenn seit der Annahme der Erbschaft zwei Jahre verstrichen sind (§ 1956, **1981** Abs. 2 Satz 2). Diese Beschränkung rechtfertigt sich durch die Rücksicht auf die Lage des Erben und auf den Schutz derjenigen Gläubiger des Erben, welche nicht Nachlaßgläubiger sind.

Mit der Anordnung der Nachlaßverwaltung verliert der Erbe die Befugniß, den Nachlaß zu verwalten und über ihn zu verfügen; Zwangsvollstreckungen und Arreste in den Nachlaß zu Gunsten eines Gläubigers, der nicht Nachlaßgläubiger ist, sind ausgeschlossen (§ 1959, **1984**). Der Nachlaßverwalter ist für seine Verwaltung auch den Nachlaßgläubigern verantwortlich (§ 1960, **1985**). Er darf den Nachlaß dem Erben erst ausfolgen, wenn die bekannten Verbindlichkeiten berichtigt oder, soweit eine Befriedigung noch nicht erfolgen kann, durch Sicherheitsleistung gedeckt sind (§ 1961, **1986**).

Wird in Folge der Anordnung der Nachlaßverwaltung oder der Eröffnung des Nachlaßkonkurses die Haftung des Erben für die Nachlaßverbindlichkeiten auf den Nachlaß beschränkt, so verlangt das Interesse der Gläubiger, daß der Erbe ihnen für die bisherige Verwaltung des Nachlasses wie der Verwalter eines fremden Vermögens verantwortlich ist und daß die aus dieser Verantwortlichkeit sich ergebenden Ansprüche gegen den Erben als zum Nachlasse gehörend angesehen werden. Der Entwurf enthält, in wesentlicher Uebereinstimmung mit dem Preußischen Rechte, eine dahin gehende Bestimmung. Die so begründete Verantwortlichkeit des Erben hat insbesondere zur Folge, daß er dem Konkursverwalter wie dem Nachlaßverwalter gegenüber zur Rechenschaftsablegung und daher nach den allgemeinen Vorschriften der §§ 252, **259**, 253, **260** auch zur Leistung des Offenbarungseides verpflichtet ist (vergl. § 653, **666**, § 668, **681** Satz 2). Auf der anderen Seite sind dem Erben aus dem Nachlasse seine Aufwendungen zu ersetzen, soweit er nach den Vorschriften über den Auftrag und die Geschäftsführung ohne Auftrag

Ersatz verlangen könnte (§ 1953, **1978** Abs. 3). Zum Schutze der Nachlaßgläubiger ist weiterhin bestimmt, daß der Erbe, welcher nicht unverzüglich, nachdem er von der Ueberschuldung des Nachlasses Kenntniß erlangt hat, die Eröffnung des Nachlaßkonkurses beantragt, dem Gläubiger für den daraus entstandenen Schaden verantwortlich ist; bei der Bemessung der Zulänglichkeit des Nachlasses bleiben übrigens die Verbindlichkeiten aus Vermächtnissen und Auflagen außer Betracht (§ 1955, **1980** Abs. 1). Der Kenntniß der Ueberschuldung steht die auf Fahrlässigkeit beruhende Unkenntniß gleich und als Fahrlässigkeit ist es in der Regel namentlich anzusehen, wenn der Erbe das Aufgebot der Nachlaßgläubiger (§§ 1945, **1970** ff.) nicht beantragt, obwohl er Grund hat, das Vorhandensein unbekannter Nachlaßverbindlichkeiten anzunehmen (§ 1955, **1980** Abs. 2). Im Uebrigen müssen die Nachlaßgläubiger die Berichtigung einer Nachlaßverbindlichkeit durch den Erben als für Rechnung des Nachlasses erfolgt gelten lassen, wenn der Erbe den Umständen nach annehmen durfte, daß der Nachlaß zur Berichtigung aller Nachlaßverbindlichkeiten ausreiche (§ 1954, **1979**).

Schutz des Erben, wenn die Nachlaßverwaltung oder der Nachlaßkonkurs wegen Geringfügigkeit der Masse nicht thunlich ist.

Für den Fall, daß die Anordnung der Nachlaßverwaltung oder die Eröffnung des Nachlaßkonkurses wegen Mangels einer den Kosten entsprechenden Masse nicht thunlich ist oder daß aus diesem Grunde die Nachlaßverwaltung aufgehoben oder das Konkursverfahren eingestellt wird (§ 1957, **1982**, § 1963, **1988** Abs. 2; vergl. §§ 99, **107**, 190, **204** der Konkursordnung), muß dem Erben zur Geltendmachung der beschränkten Haftung ein anderes Mittel gewährt werden. Der Erbe hat hier das Recht, die Befriedigung eines Nachlaßgläubigers insoweit zu verweigern, als der Nachlaß nicht ausreicht, ist aber andererseits, wenn er von diesem Rechte Gebrauch macht, verpflichtet den Nachlaß zum Zwecke der Befriedigung des Gläubigers im Wege der Zwangsvollstreckung herauszugeben (§ 1965, **1990** Abs. 1). Das Recht des Erben, seine beschränkte Haftung geltend zu machen, wird auch dadurch nicht ausgeschlossen, daß der Gläubiger nach dem Eintritte des Erbfalls im Wege der Zwangsvollstreckung oder Arrestvollziehung ein Pfandrecht oder eine Hypothek oder im Wege der einstweiligen Verfügung eine Vormerkung erlangt hat (§ 1965, **1990** Abs. 2). Durch die Herausgabe des Nachlasses wird im Verhältnisse des Erben zu dem einzelnen Gläubiger die Absonderung des Nachlasses von dem übrigen Vermögen des Erben in gleicher Weise herbeigeführt, wie sie bei der Anordnung der Nachlaßverwaltung oder der Eröffnung des Konkurses allen Gläubigern gegenüber Platz greift (vergl. § 1951, **1976**). Demgemäß gelten die in Folge des Erbfalls durch Vereinigung von Recht und Verbindlichkeit oder von Recht und Belastung erloschenen Rechtsverhältnisse im Verhältnisse zwischen den Erben und dem Gläubiger als nicht erloschen (§ 1966, **1991** Abs. 2). Auch wird der Erbe in Gemäßheit der §§ 1953, **1978** bis 1955, **1980** einerseits dem betreffenden Gläubiger verantwortlich, andererseits berechtigt, den Ersatz seiner Aufwendungen von demselben zu verlangen. Dabei wirkt übrigens abweichend von der Vorschrift des § 1954, **1979**, die rechtskräftige Verurtheilung des Erben zur Befriedigung eines Nachlaßgläubigers gegenüber einem anderen Gläubiger wie die Befriedigung

(§ 1966, **1991** Abs. 3). Andererseits kann der Erbe, welcher Verbindlichkeiten aus Pflichttheilsrechten, Vermächtnissen und Auflagen berichtigt hat, sich hierauf nur dann berufen, wenn die Berichtigung so vorgenommen ist, wie sie im Falle des Konkurses zu erfolgen hätte (§ 1966, **1991** Abs. 4). Die von dem Erblasser herrührenden Schulden gehen den bezeichneten Verbindlichkeiten stets vor. Die Beobachtung dieser Reihenfolge ist eine Forderung der Billigkeit und belastet den Erben nicht über Gebühr.

Ueberschuldung des Nachlasses in Folge von Vermächtnissen und Auflagen.

Beruht die Ueberschuldung des Nachlasses lediglich auf Vermächtnissen und Auflagen, so erscheint es sachgemäß, daß die Eröffnung des Nachlaßkonkurses überhaupt vermieden bleibt. In einem solchen Falle darf angenommen werden, daß der Erblasser, wenn er diese Gefahr vorausgesehen hätte, die Vermächtnisse und Auflagen in geeigneter Weise gekürzt haben würde. Der Entwurf (§ 1967, **1992** Satz 1) giebt daher für den bezeichneten Fall dem Erben das Recht, die Berichtigung jener Verbindlichkeiten nach Maßgabe der vorher erwähnten Grundsätze der §§ 1965, **1990**, 1966, **1991** selbst dann zu bewirken, wenn eine den Kosten des Konkursverfahrens entsprechende Masse vorhanden ist. Zugleich wird hier der Erbe, dem muthmaßlichen Willen des Erblassers gemäß, in den Stand gesetzt, sich die Nachlaßgegenstände zu erhalten, indem er deren Werth zahlt (§ 1967, **1992** Satz 2).

2. Unbeschränkte Haftung.

Inventarerrichtung.

Nach dem Gemeinen und dem Französischen Rechte (Code civil Art. 793 ff.) erlangt der Erbe das Recht auf beschränkte Haftung nur, wenn er innerhalb bestimmter Frist und in bestimmter Form ein Verzeichniß des Nachlasses anfertigt. Nach dem Preußischen Rechte (A.L.R. I, 9 §§ 422 ff.) steht dem Erben das Recht auf beschränkte Haftung zwar ohne weiteres zu; er verliert es jedoch, wenn er die rechtzeitige und gehörige Aufnahme eines Inventars versäumt. Alle angeführten Rechte aber stimmen darin überein, daß dem Erben nicht von dem Gerichte die Frist für die Errichtung des Inventars bestimmt wird, sofern daß die Frist von einem gesetzlich vorgesehenen Zeitpunkt an läuft.

Zweifellos muß den Nachlaßgläubigern für den Fall, daß der Erbe sich auf die Unzulänglichkeit des Nachlasses beruft, ein Mittel an die Hand gegeben werden, den ursprünglichen Bestand in zuverlässiger Weise festzustellen. Auch der Entwurf legt daher dem Erben die Pflicht zur Inventarerrichtung auf und verbindet mit der Versäumung dieser Pflicht den Rechtsnachtheil, daß der Erbe unbeschränkt haftet (vergl. § 1988, **2013** Abs. 1 Satz 1). Im Gegensatze zu dem geltenden Rechte macht aber der Entwurf die fragliche Verpflichtung des Erben von der Voraussetzung abhängig, daß ein Nachlaßgläubiger bei dem Nachlaßgerichte den Antrag stellt, dem Erben eine Frist zur Errichtung des Inventars zu bestimmen (§ 1969, **1994** Abs. 1). In Verbindung mit dem Grundsatze, daß die Erbschaft kraft Gesetzes übergeht (§ 1918, **1942** Abs. 1), führt die Pflicht des Erben, selbst ohne Antrag binnen einer kurzen, gesetzlich bestimmten Frist das Inventar zu errichten, leicht zu großen Härten, wie namentlich die Erfahrungen im Gebiete des Preußischen Rechtes zeigen. Die Regelung im Entwurf erscheint auch vom Standpunkt der Nachlaßgläubiger nicht bedenklich, da dieselben jederzeit, also schon vor Ablauf der Frist für die Ausschlagung der Erbschaft, das Recht haben, den fraglichen Antrag zu stellen.

Berechtigt zum Antrag auf Inventarerrichtung ist jeder Nachlaßgläubiger. Der Antragsteller hat seine Forderung glaubhaft zu machen. Auf die Wirksamkeit der Fristbestimmung ist es ohne Einfluß, wenn die Forderung nicht besteht (§ 1969, **1994** Abs. 2). Auf diese Weise wird verhütet, daß die wichtigen mit der Versäumniß der Inventarerrichtung verbundenen Folgen hinterher in Frage gestellt werden. Ist eine Nachlaßverwaltung angeordnet oder der Nachlaßkonkurs eröffnet, so wird die Bestimmung einer Inventarfrist unwirksam (§ 1975, **2000** Satz 1). In diesen Fällen liegt dem Nachlaßverwalter wie dem Konkursverwalter ohnehin die Pflicht ob, ein Inventar aufzunehmen (vergl. § 1987, **2012** Abs. 1 Satz 2; §§ 113, **123** ff. der Konkursordnung). Während der Dauer der Nachlaßverwaltung oder des Nachlaßkonkurses kann deshalb auch keine Inventarfrist bestimmt werden (§ 1975, **2000** Satz 2). Ist der Nachlaßkonkurs durch Vertheilung der Masse oder durch Zwangsvergleich beendigt, so bedarf es zur Abwendung der unbeschränkten Haftung der Inventarerrichtung nicht mehr (§ 1975, **2000** Satz 3).

In dem Inventare sollen die bei dem Eintritte des Erbfalls vorhandenen Nachlaßgegenstände und die Nachlaßverbindlichkeiten vollständig angegeben werden, die Nachlaßgegenstände mit einer Beschreibung, soweit eine solche zur Festsetzung des Werthes erforderlich ist, sowie unter Angabe ihres Werthes (§ 1976, **2001**).

Nach dem Preußischen Allgemeinen Landrechte I, 9 §§ 436, 437 genügt es, daß das Inventar von dem Erben selbst aufgenommen wird. Nur wenn der Nachlaß versiegelt war oder seine Unzulänglichkeit wahrscheinlich gemacht ist, muß auf Antrag der Gläubiger gerichtliche Aufnahme stattfinden. Das Französische Recht (Code civil Art. 794) und Art. 19 des Bayerischen Notariatsgesetzes vom 10. November 1861 schreiben Aufnahme des Inventars durch einen Notar vor. Nach dem Entwurfe hat der Erbe die Wahl, ob er das Inventar selbst aufnehmen oder die Vermittelung des Nachlaßgerichts in Anspruch nehmen will. Da aber erfahrungsgemäß der Erbe häufig nicht im Stande ist, ein Inventar herzustellen, welches Dritten eine brauchbare Grundlage für die Beurtheilung des Bestandes der Erbschaft bietet, so schreibt der Entwurf vor, daß der Erbe, wenn er das Inventar selbst aufnehmen will, eine zuständige Behörde oder einen zuständigen Beamten oder Notar zuziehen muß (§ 1977, **2002**). Beantragt der Erbe gerichtliche Aufnahme des Inventars, so wird durch die Stellung des Antrags die Inventarfrist gewahrt (§ 1978, **2003** Abs. 1 Satz 2), während, wenn er selbst es aufnimmt, die Einreichung desselben bei dem Nachlaßgerichte vor dem Ablaufe der Frist erfolgt sein muß (§§ 1968, **1993**, 1969, **1994** Abs. 1 Satz 2).

Befindet sich bei dem Nachlaßgerichte schon ein den Vorschriften der §§ 1977, **2002**, 1978, **2003** entsprechendes Inventar, so genügt es zur Wahrung der Inventarfrist, wenn der Erbe vor Ablauf derselben dem Nachlaßgerichte gegenüber erklärt, daß das Inventar als von ihm eingereicht gelten solle (§ 1979, **2004**).

Mängel des Inventars. Entspricht der Inhalt des Inventars nicht den gesetzlichen Erfordernissen (§ 1976, **2001**), so hat dies in der Regel auf die Wahrung der Inventarfrist keinen Einfluß. Ist die Angabe der Nachlaßgegenstände unvollständig, so kann dem Erben eine neue Inventarfrist bestimmt werden (§ 1980, **2005** Abs. 2). Anders verhält es sich, wenn der Erbe eine erhebliche Unvollständigkeit der im Inventar enthaltenen Angabe der Nachlaßgegenstände absichtlich herbeigeführt hat. Hier verliert er nach dem Vorgang ähnlicher Bestimmungen des Gemeinen Rechtes sowie der Preußischen und der Französischen Gesetzgebung (Preuß. A.L.R. I, 9 § 439, Code civil Art. 801) das Recht auf beschränkte Haftung und dieselbe Folge tritt ein, wenn der Erbe in der Absicht, die Nachlaßgläubiger zu benachtheiligen, die Aufnahme einer nicht bestehenden Nachlaßverbindlichkeit in das Inventar bewirkt (§ 1980, **2005** Abs. 1). Die Vorschrift rechtfertigt sich durch die Rücksicht auf die Gläubiger, welche ein derartiger Mißbrauch des Inventarrechts mit schwerer Schädigung bedroht. Aus ähnlichen Gründen trifft die unbeschränkte Haftung auch den Erben, welcher bei der Aufnahme des Inventars durch das Nachlaßgericht die erforderliche Auskunft (§ 1978, **2003** Abs. 2) verweigert oder absichtlich in erheblichem Maße verzögert (§ 1980, **2005** Abs. 1 Satz 2).

Offenbarungseid. Die Vollständigkeit und Richtigkeit des Inventars wird vor Allem durch das Recht der Gläubiger gesichert, von dem Erben die Leistung des Offenbarungseids zu verlangen. Der Erbe ist zwar in Folge seiner Pflicht zur Auskunftsertheilung (§ 1953, **1978** verb. mit § 653, **666**, § 668, **681** Satz 2) schon nach Maßgabe der allgemeinen Vorschriften des § 252, **259** zur Leistung des Offenbarungseids verbunden. Allein dem Bedürfniß ist hiermit um deswillen nicht genügt, weil der Anspruch auf Leistung dieses Eides gegebenenfalls nur im Wege eines ordentlichen Rechtsstreits zur Anerkennung gebracht werden kann. In Uebereinstimmung mit dem Preußischen Allgemeinen Landrecht I, 9 §§ **440**, **441** legt daher der Entwurf (§ 1981, **2006** Abs. 1) dem Erben die Pflicht auf, den Offenbarungseid auf Verlangen eines Gläubigers *vor dem Nachlaßgerichte* dahin zu leisten, daß er nach bestem Wissen die Nachlaßgegenstände so vollständig angegeben habe, als er dazu im Stande sei. Die Angaben des Inventars über die Nachlaßverbindlichkeiten werden hiernach von der Eidespflicht nicht betroffen. Verweigert der Erbe die Leistung des Eides, so haftet er dem Gläubiger, der den Antrag gestellt hat, unbeschränkt (§ 1981, **2006** Abs. 3 Satz 1). Der Verweigerung des Eides steht es gleich, wenn der Erbe sowohl im Schwurtermin als in einem auf Antrag des Gläubigers bestimmten neuen Termin ohne genügende Entschuldigung ausbleibt (§ 1981, **2006** Abs. 3 Satz 2). Leistet der Erbe den Eid, so hat er seiner Eidespflicht gegenüber allen Gläubigern genügt; eine wiederholte Leistung des Eides kann, entsprechend der Vorschrift des § 784, **903** der Civilprozeßordnung, nur gefordert werden, wenn Grund zur Annahme vorliegt, daß dem Erben nach der Eidesleistung weitere Nachlaßgegenstände bekannt geworden sind (§ 1981, **2006** Abs. 4).

Vermuthung der Vollständigkeit des Inventars. Ist das Inventar rechtzeitig errichtet worden, so wird im Verhältnisse zwischen dem Erben und den Nachlaßgläubigern vermuthet, daß zur Zeit des

Erbfalls weitere Nachlaßgegenstände als die angegebenen nicht vorhanden gewesen seien (§ 1984, **2009**). Diese Vorschrift dient zur Abschneidung von Streitigkeiten und giebt dem Erben Veranlassung, möglichst bald zur Errichtung des Nachlaßinventars zu schreiten.

3. Aufgebot der Nachlaßgläubiger.

Von dem Rechte, sich durch Herbeiführung der Nachlaßverwaltung oder des Nachlaßkonkurses die beschränkte Haftung zu sichern, wird der Erbe regelmäßig nur dann Gebrauch machen, wenn die Zulänglichkeit der Erbschaft ausgeschlossen oder unsicher, sowie wenn die Lage der Erbschaft so verwickelt ist, daß er die mit der eigenen Verwaltung und Bereinigung des Nachlasses verbundene Verantwortlichkeit (§§ 1953, **1978** bis 1955, **1980**) nicht übernehmen will. Ob es nach den gegebenen Verhältnissen angezeigt erscheint, die beschränkte Haftung geltend zu machen, wird für den Erben wesentlich auch von der Höhe des Schuldenbestandes abhängen. Damit er in dieser Richtung eine zuverlässige Ermittelung vornehmen kann, räumt ihm der Entwurf (§ 1945, **1970**) im Anschluß an die bewährten Vorschriften des Preußischen Gesetzes vom 28. März 1879 das Recht ein, die Nachlaßgläubiger im Wege des Aufgebotsverfahrens zur Anmeldung ihrer Forderungen aufzufordern.

Die näheren Bestimmungen über die Voraussetzungen des Aufgebots und das Verfahren wird die Civilprozeßordnung zu treffen haben[1]). Dort wird insbesondere vorzusehen sein, daß der Erbe den Antrag erst nach der Annahme der Erbschaft stellen kann und daß er nicht mehr antragsberechtigt ist, wenn er das Recht, die beschränkte Haftung geltend zu machen, verloren hat.

Pfandgläubiger und solche Gläubiger, die im Konkurse den Pfandgläubigern gleichstehen, sowie Gläubiger, die bei der Zwangsvollstreckung in das unbewegliche Vermögen ein Recht auf Befriedigung aus diesem Vermögen haben, werden durch das Aufgebot insoweit nicht betroffen, als es sich um die Befriedigung aus den ihnen haftenden Gegenständen handelt; das Gleiche gilt von Gläubigern, deren Ansprüche durch eine Vormerkung gesichert sind oder denen im Konkurs ein Aussonderungsrecht zusteht, in Ansehung der Gegenstände ihres Rechtes (§ 1946, **1971**). Der Zweck des Aufgebotsverfahrens bedingt nur die Feststellung der den Nachlaß als Ganzes treffenden Verbindlichkeiten. Auch sind die im § 1946, **1971** bezeichneten Gläubiger dem Erben meist ohnehin bekannt. Jedenfalls ist es eine Forderung der Gerechtigkeit, daß die fraglichen Gläubiger durch das Aufgebotsverfahren wenigstens insoweit nicht beeinträchtigt werden dürfen, als sie befugt sind, sich wegen ihrer Befriedigung an bestimmte Nachlaßgegenstände zu halten.

Auch Pflichttheilsrechte, Vermächtnisse und Auflagen werden der Regel nach durch das Aufgebot nicht betroffen (§ 1947, **1972**). Der Erbe erhält von diesen Verbindlichkeiten gewöhnlich durch die Verkündung der letztwilligen Verfügung Kenntniß und bedarf daher insoweit des Aufgebotsverfahrens nicht. Andererseits kann es aber vorkommen, daß eine Verfügung, durch welche ein

1) Vergl. C.P.O. §§ 989 ff., unten Anlage II C.P.O. §§ 836ee ff.

Vermächtniß angeordnet ist, erst nach Erlaß des Ausschlußurtheils bekannt wird, und hier wäre es unbillig, das Urtheil gegen den Vermächtnißnehmer zur Geltung zu bringen. Endlich wird, wenn dem Erben die beschränkte Haftung ausnahmsweise im Verhältnisse zu einem einzelnen Nachlaßgläubiger, z. B. wegen Verweigerung des Offenbarungseids (§ 1981, **2006** Abs. 3), versagt ist, auch dieser Gläubiger von dem Aufgebote nicht betroffen (§ 1988, **2013** Abs. 1)[1]).

Das Ausschlußurtheil bewirkt, daß der Erbe dem ausgeschlossenen Gläubiger gegenüber nur beschränkt haftet. Er kann die Befriedigung des letzteren insoweit verweigern, als der Nachlaß durch die Befriedigung der nicht ausgeschlossenen Gläubiger erschöpft wird (§ 1948 Abs. 1, **1973** Abs. 1 Satz 1)[2]); einen Ueberschuß hat er zum Zwecke der Befriedigung des Gläubigers im Wege der Zwangsvollstreckung nach den Vorschriften über die Herausgabe einer ungerechtfertigten Bereicherung herauszugeben (§ 1948, **1973** Abs. 2 Satz 1). Da jedoch die Ausscheidung der Nachlaßgegenstände aus dem Vermögen unter Umständen mit Nachtheilen für den Erben verknüpft ist, so hat derselbe das Recht, die Herausgabe der noch vorhandenen Nachlaßgegenstände durch Zahlung des Werthes abzuwenden (§ 1948, **1973** Abs. 2, Satz 2). Eine bestimmte Reihenfolge braucht der Erbe den ausgeschlossenen Gläubigern gegenüber bei Herausgabe der Sachen oder Zahlung von Abfindungen nicht einzuhalten. Die von ihm gemachten Aufwendungen kann er in Gemäßheit der Vorschriften über die ungerechtfertigte Bereicherung (§ 802, **818** Abs. 3) dem ausgeschlossenen Gläubiger gegenüber in Ansatz bringen. Als Aufwendung kommt insbesondere die Befriedigung eines ausgeschlossenen Gläubigers in Betracht und der Befriedigung steht nach § 1948, **1973** Abs. 2 Satz 3 die rechtskräftige Verurtheilung des Erben zur Befriedigung gleich.

Der Schutz, den bei Durchführung des Aufgebotsverfahrens der Erbe im Verhältnisse zu dem ausgeschlossenen Gläubiger erhält, wird ihm auch ohne ein solches Verfahren[3]) gegenüber demjenigen Nachlaßgläubiger zu Theil, der seine Forderung erst später als fünf Jahre nach dem Erbfalle bei dem Erben geltend macht, es sei denn, daß dem letzteren die Forderung schon innerhalb der fünf Jahre bekannt geworden ist (§ 1949 Abs. 1, **1974** Abs. 1 Satz 1). Nach Verlauf einer so langen Zeit darf der Erbe darauf rechnen, daß andere als die bis dahin zu seiner Kenntniß gelangten Forderungen nicht vorhanden seien; auch würde nach Verlauf einer so langen Zeit die Absonderung des Nachlasses von dem sonstigen Vermögen, wie sie nothwendig wäre, um die beschränkte Haftung durchzuführen, den Erben oft in eine sehr schwierige Lage bringen. Entsprechend den für das Aufgebotsverfahren geltenden Bestimmungen findet übrigens die in Frage stehende Vorschrift insoweit keine Anwendung, als ein Gläubiger nach § 1946, **1971** auch von dem Aufgebote nicht betroffen

---

1) Im amtlichen Texte steht in Folge eines Druckfehlers „Abs. 3".

2) Der Satz 2 des § 1973 Abs. 1 B.G.B. ist von der Reichstagskommission hinzugefügt worden. K.B. S. 312.

3) Die Voraussetzung des E. § 1949 Abs. 1, daß ein Aufgebotsverfahren nicht stattfinde, erschien zu eng und der § 1974 Abs. 1 Satz 1 B.G.B. wurde anders gefaßt. K.B. S. 312, 313.

wird oder als ihm gegenüber der Erbe unbeschränkt haftet (§ 1949 Abs. 2, **1974** Abs. **3**, § 1988, **2013** Abs. 1 Satz 1).

4. Aufschiebende Einreden.

Der Erbe wird mit den Verhältnissen des Nachlasses nur selten so vertraut sein, daß er ohne Weiteres sich über die Ausschlagung der Erbschaft und über die Geltendmachung der beschränkten Haftung schlüssig machen kann. Es liegt daher im Interesse aller Betheiligten, daß ihm eine angemessene Frist gewährt wird, ehe den Nachlaßgläubigern die Verfolgung ihrer Rechte gegen den Erben, den Gläubigern des Erben der Zugriff auf den Nachlaß gestattet ist. Zwar bestimmt schon der § 1934, **1958** (oben S. 278), daß vor der Annahme der Erbschaft ein Anspruch, der sich gegen den Nachlaß richtet, gegen den Erben nicht geltend gemacht werden kann. Allein hiermit ist dem Bedürfnisse nicht genügt, da die Verhältnisse häufig so liegen, daß der Erbe während der sechswöchigen Ausschlagungsfrist (§§ 1919, **1943**, 1920, **1944**) außer Stande ist, sich über die Lage des Nachlasses vollständig zu unterrichten. Der Entwurf (§ 1989, **2014**) giebt deshalb dem Erben das Recht, bis zum Ablaufe der ersten drei Monate nach der Annahme der Erbschaft, jedoch nicht über die Errichtung des Inventars hinaus, die Berichtigung der Nachlaßverbindlichkeiten zu verweigern. Der Erbe gewinnt so zugleich die Möglichkeit, ohne Störung die Errichtung des Inventars vorzunehmen.

Eines besonderen Schutzes bedarf der Erbe, welcher sich zur Ermittelung der Nachlaßschulden des Aufgebotsverfahrens bedient. Vor Abschluß dieses Verfahrens kann er nicht übersehen, ob nicht durch Befriedigung eines Nachlaßgläubigers die Interessen der anderen verletzt werden. Der Entwurf giebt daher, im Anschluß an den § 1 Abs. 2 des Preußischen Gesetzes vom 28. März 1879, einem solchen Erben das Recht, die Berichtigung einer Nachlaßverbindlichkeit bis zur Beendigung des Aufgebotsverfahrens zu verweigern. Jedoch ist, um etwaigen Verschleppungen vorzubeugen, dieses Recht des Erben davon abhängig gemacht, daß er die Erlassung des Aufgebots innerhalb eines Jahres nach der Annahme der Erbschaft beantragt hat (§ 1990, **2015**).

Das Recht, die Berichtigung einer Nachlaßverbindlichkeit gemäß §§ 1989, **2014**, 1990, **2015** zu verweigern, sichert den Erben während der betreffenden Fristen gegen die Folgen des Verzugs sowie gegen die Durchführung der Zwangsvollstreckung in den Nachlaß und in sein eigenes Vermögen. Die näheren Vorschriften wegen der Frage der Zwangsvollstreckung wird die Civilprozeßordnung sowie, mit Rücksicht auf den Fall eines sich schließlich ergebenden Nachlaßkonkurses, die Konkursordnung zu treffen haben[1]). Es wird sich hierbei insbesondere darum handeln, die widerstreitenden Interessen des Erben, der Nachlaßgläubiger und der sonstigen Gläubiger des Erben in der Weise auszugleichen, daß für die Dauer der in den §§ 1989, **2014**, 1990, **2015** bezeichneten Fristen die Zwangsvollstreckung in den Nachlaß und, was die Nachlaßgläubiger

---

1) Vergl. C.P.O. §§ 782 ff. und K.O. §§ 216 ff., unten Anlage II C.P.O. §§ 696 a ff., K.O. §§ 204 ff.

betrifft, auch die Zwangsvollstreckung in das sonstige Vermögen des Erben auf solche Maßregeln beschränkt wird, die zur Vollziehung eines Arrestes zulässig sind, daß mithin vor Allem eine Versteigerung der gepfändeten Sachen ausgeschlossen bleibt.

Da die Befugniß, die Berichtigung einer Nachlaßverbindlichkeit zu verweigern, dem Erben Zeit zur Ueberlegung verschaffen soll, ob er von seinem Rechte auf beschränkte Haftung Gebrauch machen will, so ist für eine Anwendung der Vorschriften der §§ 1989, **2014**, 1990, **2015** kein Raum, wenn der Erbe unbeschränkt haftet (§ 1991, **2016**). Aber selbst, wenn der Erbe beschränkt haftet, darf jene Befugniß die Gläubiger, welche nach § 1946, **1971** von dem Aufgebote nicht betroffen werden, in der Geltendmachung der ihnen bezüglich einzelner Nachlaßgegenstände zustehenden Pfandrechte und Vorzugsrechte nicht hindern. Nur soweit die Rechte erst nach dem Erbfall im Wege der Zwangsvollstreckung, der Arrestvollziehung oder der einstweiligen Verfügung erlangt sind, finden die §§ 1989, **2014**, 1990, **2015** auch diesen Gläubigern gegenüber Anwendung (§ 1991, **2016** Abs. 2), und zwar mit Rücksicht darauf, daß diese Gläubiger, wenn demnächst der Nachlaßkonkurs eröffnet werden sollte, abgesonderte Befriedigung nicht beanspruchen könnten.

VII. Erbschaftsanspruch.

Voraussetzungen des Erbschaftsanspruchs.

Der Entwurf gewährt, in Uebereinstimmung mit dem Gemeinen Rechte und dem § 2891 des Sächsischen Gesetzbuchs sowie mit der Praxis des Preußischen und des Französischen Rechtes, dem Erben gegen den Erbschaftsbesitzer, d. h. denjenigen, welcher zufolge eines ihm in Wirklichkeit nicht zustehenden Erbrechts etwas aus der Erbschaft erlangt hat, einen Gesammtanspruch auf Herausgabe des so Erlangten (§ 1993, **2018**). Im Anschluß an das Gemeine Recht ist dem Erbschaftsbesitzer gleichgestellt, wer von diesem die Erbschaft durch Vertrag erwirbt (§ 2005, **2030**). Dagegen liegt kein Bedürfniß vor, mit dem Gemeinen und dem Sächsischen Rechte (Sächs. Gesetzbuch §§ 2291, 2292) den Gesammtanspruch des Erben auch dann zur Geltung kommen zu lassen, wenn ein Anderer bloß thatsächlich in die Erbschaft eingegriffen hat. Da nach § 841, **857** der Besitz von selbst auf den Erben übergeht, so kann der Erbe gegen Jeden, der aus dem Nachlasse Sachen an sich nimmt, die Besitzklage gemäß § 845, **861** und den Anspruch aus dem früheren Besitze gemäß § 991, **1007** geltend machen. In einer Beziehung weicht jedoch der Entwurf von der dargelegten Auffassung ab. Die Verpflichtung des Erbschaftsbesitzers, dem Erben über den Bestand der Erbschaft und über den Verbleib der Erbschaftsgegenstände Auskunft zu ertheilen und demzufolge nach § 253, **260** den Offenbarungseid zu leisten (§ 2002, **2027** Abs. 1), wird auch auf denjenigen erstreckt, welcher, ohne Erbschaftsbesitzer zu sein, eine Sache aus der Erbschaft in Besitz nimmt, bevor der Erbe den Besitz thatsächlich ergriffen hat (§ 2002, **2027** Abs. 2). Der Erbe, der in solcher Weise beeinträchtigt wird, bevor er den Bestand des Nachlasses kennt, bedarf dieses weitergehenden

Schutzes, da er sonst kaum den Nachweis führen kann, in welchem Umfange der Andere Nachlaßgegenstände an sich genommen hat. Eine weitere Erleichterung wird dem Erben im Anschluß an die gemeinrechtliche Praxis sowie an das Preußische und das Französische Recht (Preuß. Allg. G.O. I, 22 § 29 Nr. 7; Code de proc. Art. 914, 943) durch die Bestimmung des Entwurfes gewährt, daß derjenige, welcher sich zur Zeit des Erbfalls mit dem Erblasser in häuslicher Gemeinschaft befunden hat, verpflichtet ist, dem Erben auf Verlangen Auskunft darüber zu ertheilen, welche erbschaftliche Geschäfte er geführt hat und was ihm über den Verbleib der Erbschaftsgegenstände bekannt ist (§ 2003, **2028** Abs. 1). Besteht Grund zu der Annahme, daß die Auskunft nicht mit der erforderlichen Sorgfalt ertheilt worden ist, so hat der Verpflichtete auf Verlangen des Erben den Offenbarungseid dahin zu leisten, daß er seine Angaben nach bestem Wissen so vollständig gemacht habe, als er dazu im Stande sei (§ 2003, **2028** Abs. 2).

Der Erbschaftsanspruch umfaßt alles, was der Erbschaftsbesitzer aus der Erbschaft erlangt hat. Der letztere muß daher dem Erben auch solche Sachen herausgeben, die der Erblasser, ohne daß ihm ein Recht daran zustand, lediglich im Besitze hatte. Als aus der Erbschaft erlangt gilt auch, was der Erbschaftsbesitzer durch Rechtsgeschäft mit Mitteln der Erbschaft erwirbt (§ 1994, **2019**). Dieser Grundsatz ist bereits im Gemeinen Rechte und in der preußischen Praxis anerkannt. Er ergiebt sich aus der Natur des Erbschaftsanspruchs von selbst und ist namentlich dann von praktischer Bedeutung, wenn es sich für den Erben darum handelt, seinen Aussonderungsanspruch im Konkurse des Erbschaftsbesitzers geltend zu machen. **Gegenstand des Erbschaftsanspruchs.**

Der Umfang der Pflicht des Erbschaftsbesitzers zur Herausgabe des aus der Erbschaft Erlangten ist im Uebrigen nach Maßgabe der Vorschriften über den Eigenthumsanspruch (§§ 971, **987** ff.) geregelt. Doch ergeben sich aus der besonderen Natur des Erbschaftsanspruchs mehrfache Abweichungen. Insbesondere muß, entsprechend dem Gemeinen Rechte, selbst der gutgläubige Erbschaftsbesitzer die gezogenen Nutzungen mit Einschluß der Früchte herausgeben, an denen er nach allgemeinen Grundsätzen das Eigenthum erworben hat (§ 1995, **2020**). Der Erbschaftsbesitzer darf sich aus der Erbschaft nicht auf Kosten des Erben bereichern und ebensowenig den Erbschaftsgläubigern die Möglichkeit entziehen, ihre Befriedigung auch aus den Nutzungen der Erbschaft zu suchen. Soweit der Erbschaftsbesitzer zur Herausgabe des aus der Erbschaft Erlangten oder der Nutzungen nicht im Stande ist, bestimmt sich seine Verpflichtung nach den Vorschriften über die Herausgabe einer ungerechtfertigten Bereicherung (§ 1996, **2021** vergl. mit §§ 802, **818**, 803, **819**). Abweichend von den für den Eigenthumsanspruch geltenden Vorschriften (§§ 978, **994** ff.) kann der Erbschaftsbesitzer wegen aller auf die Erbschaft gemachten Verwendungen, selbst wenn dieselben nicht nothwendig waren und der Werth der Erbschaft durch sie nicht mehr erhöht ist, Ersatz verlangen; eine Ausnahme tritt nur ein, soweit die Verwendungen durch Anrechnung auf die nach § 1996, **2021** herauszugebende Bereicherung gedeckt werden (§ 1997, **2022** Abs. 1 Satz 1). Zu den Verwendungen gehören auch die Aufwendungen, welche der Erbschaftsbesitzer nicht auf einzelne Erbschaftssachen, sondern zur Bestreitung von Lasten der Erbschaft oder zur Berichtigung von Nachlaßverbindlichkeiten gemacht hat (§ 1997, **2022** Abs. 2). Die Geltendmachung der Ersatzansprüche des Erbschaftsbesitzers ist in gleicher Weise geordnet wie bei dem Eigenthumsanspruche (§ 1997, **2022** Abs. 1 Satz 2 vergl. mit §§ 984, **1000** bis 987, **1003**). Soweit der Erbe für Aufwendungen, die nicht auf einzelne Sachen gemacht worden sind, insbesondere für die Tilgung von Nachlaßschulden, nach den allgemeinen Vorschriften, etwa wegen ungerechtfertigter Bereicherung, in weiterem Umfang Ersatz zu leisten hat, bleibt der Anspruch des Erbschaftsbesitzers unberührt (§ 1997, **2022** Abs. 3).

Einfluß der Rechtshängigkeit des Erbschaftsanspruchs. Mit dem Eintritte der Rechtshängigkeit des Erbschaftsanspruchs muß der Erbschaftsbesitzer, auch wenn er von seinem Rechte überzeugt ist, die Möglichkeit ins Auge fassen, daß er in Wirklichkeit nicht Erbe sei. Von dem bezeichneten Zeitpunkt an bestimmen sich daher bezüglich der von dem Erbschaftsbesitzer herauszugebenden Nachlaßsachen die Ansprüche des Erben auf Schadensersatz wegen Verschlechterung, Unterganges oder einer aus einem sonstigen Grunde eintretenden Unmöglichkeit der Herausgabe nach den Vorschriften, welche für das Verhältniß zwischen dem Eigenthümer und dem Besitzer von dem Eintritte der Rechtsanhängigkeit des Eigenthumsanspruchs an gelten (§ 1998, **2023** Abs. 1). Das Gleiche gilt von dem Anspruche des Erben auf Herausgabe oder Vergütung von Nutzungen und von dem Anspruche des Erbschaftsbesitzers auf Ersatz von Verwendungen (§ 1998, **2023** Abs. 2).

Bösgläubigkeit des Erbschaftsbesitzers. Ist der Erbschaftsbesitzer bei dem Beginne des Erbschaftsbesitzes nicht in gutem Glauben, so haftet er, und zwar nicht nur in Ansehung der Herausgabe der zur Erbschaft gehörigen Sachen, sondern auch in Ansehung der Herausgabe der Bereicherung (§ 1996, **2021**), so, wie wenn der Anspruch des Erben zu jener Zeit rechtshängig geworden wäre (§ 1999, **2024** Satz 1; vergl. § 974, **990** Abs. 1 Satz 1). Mangel des guten Glaubens liegt auch dann vor, wenn dem Erbschaftsbesitzer lediglich in Folge grober Fahrlässigkeit unbekannt ist, daß er kein Recht zum Besitze der Erbschaft habe (vergl. § 916, **932** Abs. 2). Erfährt der Erbschaftsbesitzer erst nach Ergreifung des Erbschaftsbesitzes, daß er nicht Erbe ist, so haftet er in gleicher Weise von der Erlangung der Kenntniß an (§ 1999, **2024** Satz 2). Eine weitergehende Haftung des Erbschaftsbesitzers wegen Verzugs bleibt unberührt (§ 1999, **2024** Satz 3; zu vergl. § 974, **990** Abs. 2).

Im Anschluß an die für den Eigenthumsanspruch geltende Vorschrift des § 976, **992** bestimmt der Entwurf ferner, daß der Erbschaftsbesitzer nach den Vorschriften über den Schadensersatz wegen unerlaubter Handlungen haftet, wenn er einen Erbschaftsgegenstand durch eine strafbare Handlung oder eine zur Erbschaft gehörende Sache durch verbotene Eigenmacht erlangt hat (§ 2000, **2025** Satz 1). Hiernach würde, da gemäß § 841, **857** der Besitz auf den Erben kraft Gesetzes übergeht, auch derjenige stets wegen verbotener Eigenmacht schadensersatzpflichtig sein, der vor der thatsächlichen Besitzergreifung durch den Erben eine Sache aus dem Nachlaß an sich nimmt. Dies würde jedoch gegen den, der sich selbst für den Erben hält, eine unbillige Härte enthalten, zumal häufig die Frage, wer der wirklich Berechtigte sei, von vornherein schwer zu übersehen ist. Der Entwurf bestimmt daher, daß die Haftung wegen verbotener Eigenmacht einen gutgläubigen Erbschaftsbesitzer nur dann trifft, wenn der Erbe den Besitz der Sache bereits thatsächlich ergriffen hatte (§ 2000, **2025** Satz 2).

Nach dem Vorgange des Gemeinen Rechtes und des Sächsischen Gesetzbuchs (§ 2318) überläßt es der Entwurf dem Ermessen des Erben, ob er den Erbschaftsbesitzer mit der Erbschaftsklage oder mit den erbschaftlichen Einzelklagen in Anspruch nehmen will. Durch den Gebrauch der Einzelklagen könnte aber der Erbe den Erbschaftsbesitzer, namentlich was den Ersatzanspruch wegen Verwendungen betrifft, in eine ungünstigere Rechtslage bringen. Um dem entgegenzutreten, sieht der Entwurf (§ 2004, **2029**) vor, daß sich die Haftung des Erbschaftsbesitzers auch gegenüber den Ansprüchen, die dem Erben in Ansehung der einzelnen Erbschaftsgegenstände zustehen, nach den Vorschriften über den Erbschaftsanspruch bestimmt, und zwar gilt dies, abweichend von dem Sächsischen Gesetzbuch (§ 2318), aber in Uebereinstimmung mit dem Gemeinen Rechte, nicht nur für den redlichen, sondern auch für den unredlichen Erbschaftsbesitzer.

VIII. Mehrheit von Erben.

1. Regelung im Allgemeinen.

Nach dem Gemeinen Rechte finden auf das Rechtsverhältniß der Miterben die Vorschriften Anwendung, welche für die Gemeinschaft überhaupt gelten. Forderungen und Schulden der Erbschaft sind im Verhältnisse der Erbtheile unter den Miterben kraft Gesetzes getheilt und die übrigen zum Nachlasse gehörenden Gegenstände stehen den Miterben in demselben Verhältnisse nach Bruchtheilen zu. Jeder von ihnen kann über seinen Antheil an den einzelnen Nachlaßgegenständen verfügen und dadurch den übrigen Miterben die Möglichkeit entziehen, sich wegen ihrer durch die Erbengemeinschaft begründeten Ansprüche aus jenem Antheile zu befriedigen. Das Sächsische Gesetzbuch (§§ 2324, 2347, 2348) hat sich dem Gemeinen Rechte angeschlossen. Das Preußische Recht hat dagegen in der Ausbildung, die ihm durch Wissenschaft und Praxis zu Theil geworden ist, das Rechtsverhältniß der Miterben nach den Grundsätzen der Rechtsgemeinschaft zur gesammten Hand gestaltet. Vor der Auseinandersetzung hat der einzelne Miterbe an den einzelnen Nachlaßgegenständen keinen selbständigen, seiner Verfügung unterliegenden Antheil; erst durch die Theilung erlangt er das Recht, über die ihm zugewiesenen Nachlaßgegenstände frei zu bestimmen. In Ansehung der Nachlaßschulden besteht ein eigenartiges Gesammtschuldverhältniß der Erben; war jedoch den Gläubigern die beabsichtigte Theilung in gehöriger Weise mitgetheilt worden, so können die Erben späterhin nur noch nach Verhältniß ihrer Erbtheile in Anspruch genommen werden. Die Französische Gesetzgebung steht an sich auf dem Boden des Gemeinen Rechtes, nähert sich jedoch durch ihre Vorschriften über die Wirkungen der Theilung der Auffassung des Preußischen Rechtes (Code civil Art. 883).

Geltendes Recht.

Standpunkt des Entwurfes.

Die gemeinrechtliche Regelung der Frage empfiehlt sich dadurch, daß sie das Rechtsverhältniß der Miterben einfach gestaltet, dem einzelnen von ihnen die Verwirklichung seines Rechtes erleichtert und auch den Gläubigern die ungehinderte Rechtsverfolgung gegen jeden der Erben nach dem Maße seines Erbtheils gestattet. Gleichwohl sind die Vortheile, die sich aus dem System des Preußischen Rechtes zu Gunsten der Erben wie der Nachlaßgläubiger ergeben, für überwiegend zu erachten. Sind die Nachlaßschulden kraft Gesetzes getheilt und haftet mithin jeder Miterbe nur nach dem Verhältnisse seines Erbtheils, so ist die nothwendige Folge, daß der Nachlaßgläubiger den Theil seiner Forderung, welchen er von dem einzelnen verpflichteten Miterben nicht erhalten kann, endgültig verliert. Dies bleibt nur vermieden, wenn die Berichtigung der Nachlaßverbindlichkeiten zu einer gemeinsamen Angelegenheit der Miterben gemacht und den letzteren auch gegenüber den Gläubigern die Verantwortlichkeit dafür auferlegt wird, daß die Schulden vor der Erbtheilung bezahlt oder sichergestellt werden. Die Voraussetzung einer solchen Regelung ist aber, daß jedem Miterben die Verfügung über seinen Antheil an den einzelnen Nachlaßgegenständen und damit die Möglichkeit entzogen wird, die zur Schuldentilgung erforderlichen Mittel des Nachlasses zum Theile für sich zu verwenden. Was die Erben selbst betrifft, so wird durch die Gemeinschaft zur gesammten Hand die Befriedigung der ihnen auf Grund des Miterbenverhältnisses unter einander zustehenden Ansprüche, insbesondere der Ausgleichungsansprüche, in höherem Maße gesichert, als durch die Grundsätze des Gemeinen Rechtes. Die letzteren führen vor Allem zu dem unbilligen Ergebnisse, daß ein Miterbe über seinen Antheil an den einzelnen Nachlaßgegenständen zum Schaden der übrigen Miterben selbst dann verfügen kann, wenn sein Antheil an der Erbschaft durch den Betrag desjenigen erreicht oder überstiegen wird, was er vorempfangen hat oder den anderen Miterben ersetzen muß, z. B. weil von diesen Erbschaftsschulden bezahlt sind. Die Auffassung des Preußischen Rechtes hat übrigens bereits in der Vorschrift des § 44, **51** der Konkursordnung Anerkennung gefunden, wonach jeder Theilhaber einer Gemeinschaft wegen der dadurch begründeten Forderungen abgesonderte Befriedigung aus dem bei der Theilung ermittelten Antheile des Gemeinschuldners verlangen kann.

2. Rechtsverhältniß der Erben unter einander.

Rechtsverhältniß bis zur Auseinandersetzung.

Daß zwischen den Miterben eine Gemeinschaft zur gesammten Hand besteht, kommt namentlich in den Vorschriften des § 2007, **2032** Abs. 1 und des § 2008, **2033** Abs. 2 zum Ausdrucke. Danach ist der Nachlaß gemeinschaftliches Vermögen der Erben und kann kein Miterbe über seinen Antheil an den einzelnen Nachlaßgegenständen verfügen (vergl. noch § 2015, **2040**). In der Civilprozeßordnung wird zu bestimmen sein, daß dieser Antheil auch nicht der Zwangsvollstreckung unterliegt [1]). Dagegen ist, in Uebereinstimmung mit dem Preußischen Rechte (A.L.R. I, 17 §§ 4, 115), jedem Mit-

1) Vergl. C.P.O. § 859 Abs. 2, unten Anlage II C.P.O. § 754a Abs. 2.

erben gestattet, über seinen Antheil am Nachlasse zu verfügen (§ 2008, **2033** Abs. 1 Satz 1).

Wie der Erbschaftskauf (§ 2344, **2371**) bedarf aber auch der Vertrag, durch welchen ein Miterbe über seinen Antheil verfügt, der gerichtlichen oder notariellen Beurkundung (§ 2008, **2033** Abs. 1 Satz 2). Verkauft ein Miterbe auf Grund dieses Verfügungsrechts seinen Antheil an dem Nachlasse, so sind die übrigen Miterben der Gefahr ausgesetzt, daß der ihnen fremde Käufer, welcher auf diese Weise in die Gemeinschaft eintritt, der Auseinandersetzung Schwierigkeiten bereitet. Um sie hiergegen zu schützen, giebt ihnen der Entwurf (§ 2009, **2034**) nach dem Vorgange der Preußischen und der Französischen Gesetzgebung (Preuß. L.R. I, 17 §§ 61, 65; § 4 des Preuß. Gesetzes vom 2. März 1850; Code civil Art. 841) gegen den verkaufenden Miterben ein Vorkaufsrecht. In den meisten Fällen wird aber die Uebertragung des Antheils auf den Käufer mit dem Abschlusse des Kaufvertrags zusammenfallen. Ein bloß persönliches Vorkaufsrecht würde daher regelmäßig nur einen Schadensersatzanspruch gegen den Verkäufer begründen. Der Entwurf (§ 2010, **2035**) bestimmt daher weiterhin, daß, wenn der verkaufte Antheil auf den Käufer übertragen ist, die Miterben das ihnen nach § 2009, **2034** dem Verkäufer gegenüber zustehende Vorkaufsrecht nunmehr dem Käufer gegenüber ausüben können (§ 2010, **2035**).

Die Verwaltung des Nachlasses steht den Erben gemeinschaftlich zu; insbesondere können sie über einen Nachlaßgegenstand nur gemeinschaftlich verfügen (§ 2013, **2038** Abs. 1 Satz 1, § 2015, **2040** Abs. 1). Jeder Miterbe ist jedoch dem anderen gegenüber verpflichtet, zu Maßregeln mitzuwirken, die zur ordnungsmäßigen Verwaltung erforderlich sind; die zur Erhaltung nothwendigen Maßregeln kann jeder Miterbe ohne Mitwirkung der anderen treffen (§ 2013, **2038** Abs. 1 Satz 2). Im Uebrigen sind die Rechte und Pflichten der Miterben mit einigen, insbesondere aus dem Grundsatze der Gemeinschaft zur gesammten Hand sich ergebenden, Abweichungen im Anschluß an die allgemeinen Vorschriften über die Gemeinschaft geregelt (§ 2013, **2038** Abs. 2). Die Theilung der Früchte erfolgt der Regel nach erst bei der Auseinandersetzung (§ 2013, **2038** Abs. 2 Satz 2), da, namentlich im Hinblick auf die Pflicht zur Ausgleichung, mit der Möglichkeit gerechnet werden muß, daß dasjenige, was dem einzelnen Miterben schließlich gebührt, hinter dem seinem Erbtheil entsprechenden Bruchtheile des Nachlasses zurückbleibt. Nur wenn die Auseinandersetzung auf längere Zeit als ein Jahr ausgeschlossen ist, kann jeder Miterbe am Schlusse jeden Jahres die Theilung des Reinertrags verlangen.

Besonders geordnet ist die Geltendmachung der zur Erbschaft gehörenden Ansprüche. Der zwischen den Miterben bestehenden Gemeinschaft zur gesammten Hand entspricht es, daß der Verpflichtete nur an alle Erben gemeinschaftlich leisten kann. Dagegen hat der Entwurf dem Grundsatze der gesammten Hand nicht die Folge gegeben, daß auch die Geltendmachung der Ansprüche nur von den Miterben gemeinschaftlich betrieben werden darf. Wie die Erfahrungen im Gebiete des Preußischen Rechtes gezeigt haben, bringt eine solche Regelung erhebliche Unzuträglichkeiten mit sich, indem sie namentlich die Auseinandersetzung unter den Miterben sehr erschwert. Der Entwurf giebt daher jedem Miterben zunächst das Recht, Leistung an alle Erben zu fordern; außerdem kann aber jeder Miterbe auch verlangen, daß der Verpflichtete die zu leistende Sache für alle Erben hinterlegt oder, wenn sie sich nicht zur Hinterlegung eignet, an einen gerichtlich zu bestellenden Verwahrer abliefert (§ 2014, **2039**).

Auseinandersetzung.

In der Regel ist jeder Miterbe berechtigt, jederzeit die Auseinandersetzung zu fordern (§ 2017, **2042** Abs. 1). Durch Vereinbarung der Miterben kann jedoch die Auseinandersetzung nach Maßgabe der allgemeinen Vorschriften über die Gemeinschaft ausgeschlossen oder aufgeschoben werden (§ 2017, **2042** Abs. 2). Soweit die Erbtheile, insbesondere wegen der zu erwartenden Geburt eines Miterben, noch unbestimmt sind, findet die Auseinandersetzung bis zur Hebung der Unbestimmtheit nicht statt. In Anlehnung an verwandte Bestimmungen des Preußischen und des Sächsischen Rechtes (Preuß. A.L.R. I, 17 §§ 118 bis 122; Sächs. G.B. § 2346) gewährt der Entwurf (§ 2019, **2044**) auch dem Erblasser die Befugniß, durch letztwillige Verfügung die Auseinandersetzung in Ansehung des ganzen Nachlasses oder einzelner Nachlaßgegenstände auszuschließen oder von einer Kündigungsfrist abhängig zu machen. Endlich kann unter bestimmten Voraussetzungen jeder Miterbe Aufschub der Auseinandersetzung verlangen.

Die Auseinandersetzung selbst ist im Wesentlichen nach den für die Theilung bei einer Gemeinschaft geltenden Vorschriften geordnet (§ 2017, **2042** Abs. 2, §§ 2020, **2045**, 2022, **2047**). Schriftstücke, die sich auf die Verhältnisse des Erblassers, auf dessen Familie oder auf den ganzen Nachlaß beziehen, sollen gemeinschaftlich bleiben.

Nach § 2023, **2048** kann der Erblasser durch letztwillige Verfügung Anordnungen für die Auseinandersetzung treffen. Insbesondere kann er anordnen, daß die Auseinandersetzung nach dem billigen Ermessen eines Dritten erfolgen soll. Die Bestimmung des Dritten ist jedoch für die Erben nicht verbindlich, wenn sie offenbar unbillig ist: in diesem Falle erfolgt die Bestimmung durch Urtheil.

Auf die besonderen Verhältnisse der Landwirthschaft bezieht sich die Vorschrift des § 2024, **2049** Abs. 1, derzufolge, wenn der Erblasser angeordnet hat, daß einer der Miterben das Recht haben soll, ein zum Nachlasse gehörendes Landgut zu übernehmen, im Zweifel anzunehmen ist, daß das Landgut zu dem Ertragswerth angesetzt werden soll. Dieser Ansatz entspricht dem vermuthlichen Willen des Erblassers. Der Ertragswerth bestimmt sich nach dem Reinertrage, den das Landgut nach seiner bisherigen wirthschaftlichen Bestimmung bei ordnungsmäßiger Bewirthschaftung nachhaltig gewähren kann (§ 2024, **2049** Abs. 2). Mit Rücksicht auf die Verschiedenartigkeit der wirthschaftlichen Verhältnisse in den einzelnen Gegenden Deutschlands soll übrigens im Einführungsgesetze[1]) der Landesgesetzgebung vorbehalten werden, über die Feststellung des Ertragswerths anderweite Bestimmungen zu treffen.

---

1) Vergl. dort Art. 137.

Mit dem Preußischen Rechte (A.L.R. II, 2 §§ 303 ff.) steht der Entwurf auf dem Standpunkte, daß bei der Auseinandersetzung unter den Miterben auch die Ausgleichung wegen des Vorempfangenen zu erledigen ist. Ausgleichungspflicht unter Miterben.

Nach dem Vorgange des Gemeinen, des Preußischen und des Sächsischen Rechtes (Preuß. A.L.R. II, 2 § 323; Sächs. Gesetzbuch § 2362) kennt er eine Ausgleichungspflicht nur unter Abkömmlingen des Erblassers (§ 2025, **2050**). Mit Rücksicht auf das nahe Verhältniß zwischen Eltern und Kindern darf angenommen werden, daß der Erblasser durch bestimmte Zuwendungen, welche er bei Lebzeiten gemacht hat, kein Kind vor dem anderen bevorzugen wollte. Im Verhältnisse zu sonstigen Erben würde eine solche Vermuthung jeder sicheren Grundlage entbehren.

Aber auch die Ausgleichungspflicht der Abkömmlinge beschränkt der Entwurf im Allgemeinen auf den Fall der gesetzlichen Erbfolge (§ 2025, **2050**). Hat der Erblasser die Erbfolge durch Verfügung von Todeswegen bestimmt, so darf in der Regel davon ausgegangen werden, daß er hierbei auch die Zuwendungen berücksichtigt habe, die er bereits bei Lebzeiten dem einen oder anderen Abkömmlinge gemacht hatte. Eine Ausnahme von dieser Regel erscheint nur gerechtfertigt, wenn der Erblasser die Abkömmlinge auf dasjenige, was sie als gesetzliche Erben erhalten würden, eingesetzt oder wenn er ihre Erbtheile so bestimmt hat, daß diese zu einander in demselben Verhältnisse stehen wie die gesetzlichen Erbtheile. Hält der Erblasser in dieser Weise an der gesetzlichen Erbfolge fest, so ist zu vermuthen, daß er auch in Ansehung der Ausgleichungspflicht nicht von dem abweichen wollte, was bei der gesetzlichen Erbfolge gilt (§ 2027, **2052**).

Die Ausgleichungspflicht erstreckt sich auf alle Abkömmlinge. Fällt ein Abkömmling, der als Erbe zur Ausgleichung verpflichtet sein würde, vor oder nach dem Erbfalle weg, so ist wegen der ihm gemachten Zuwendungen der an seine Stelle tretende Abkömmling zur Ausgleichung verpflichtet (§ 2026, **2051** Abs. 1). Auch diese Vorschrift findet ihre Begründung in dem muthmaßlichen Willen des Erblassers. Sie ist übrigens schon im Preußischen Allgemeinen Landrecht II, 2 § 359 ff. und in dem § 2359 des Sächsischen Gesetzbuchs sowie, mit einer gewissen Beschränkung, im Französischen Rechte (Code civil Art. 848) enthalten.

Hat der Erblasser für einen wegfallenden Abkömmling einen Ersatzerben eingesetzt, so liegt es gewöhnlich in seinem Sinne, daß dieser Ersatzerbe nur das erhält, was der Abkömmling unter Berücksichtigung der ihn treffenden Ausgleichungspflicht erhalten haben würde. Der § 2026, **2051** Abs. 2 giebt eine dahin gehende Auslegungsregel. Hat ein entfernterer Abkömmling vor dem Wegfalle des ihn von der Erbfolge ausschließenden näheren Abkömmlings oder hat ein an die Stelle eines Abkömmlings als Ersatzerbe tretender Abkömmling von dem Erblasser eine Zuwendung erhalten, so ist er nicht verpflichtet, diese Zuwendung zur Ausgleichung zu bringen, es sei denn, daß der Erblasser die Ausgleichung angeordnet hat (§ 2028, **2053** Abs. 1). Dasselbe gilt, wenn ein Abkömmling, bevor er die rechtliche Stellung eines solchen erlangt hatte, eine Zuwendung von dem Erblasser erhalten hat (§ 2028, **2053**

Abs. 2). In allen diesen Fällen ist anzunehmen, daß der Erblasser zur Zeit der Zuwendung mit der Möglichkeit, der Empfänger werde künftig sein Erbe sein, nicht gerechnet, vielmehr lediglich die Verhältnisse, wie sie damals lagen, im Auge gehabt hat. Von der gleichen Auffassung geht auch das Preußische Recht (A.L.R. II, 2 § 362) aus.

Da die Ausgleichungspflicht auf dem vermuthlichen Willen des Erblassers beruht, so muß sie auf solche Zuwendungen beschränkt bleiben, die der Erblasser nach der Sitte des Lebens unter gleichen Verhältnissen voraussichtlich auch den anderen Abkömmlingen gemacht haben würde. Diese Annahme ist als Regel lediglich bei Ausstattungen gerechtfertigt, d. h. bei Zuwendungen, welche einem Kinde mit Rücksicht auf seine Verheirathung oder auf die Erlangung einer selbständigen Lebensstellung zur Begründung oder zur Erhaltung der Wirthschaft oder der Lebensstellung gegeben worden sind (§ 1602, **1624**) In wesentlicher Uebereinstimmung mit dem Gemeinen Rechte und den neueren Gesetzbüchern (Preuß. A.L.R. II, 2 §§ 303, 364; Sächs. Gesetzbuch § 2354) bestimmt deshalb der Entwurf, daß Ausstattungen stets zur Ausgleichung zu bringen sind, sofern nicht der Erblasser bei der Zuwendung ein Anderes angeordnet hat, sonstige Zuwendungen dagegen nur dann, wenn die Ausgleichung von dem Erblasser bei der Zuwendung bestimmt worden ist (§ 2025, **2050** Abs. 1, 3). Die im geltenden Rechte bestrittene Frage, ob auch Aufwendungen für die Vorbildung zu einem Berufe zur Ausgleichung zu bringen sind, wird vom Entwurfe (§ 2025, **2050** Abs. 2) wegen ihrer großen praktischen Bedeutung ausdrücklich entschieden, und zwar dahin, daß die Ausgleichungspflicht Platz greift, soweit die Aufwendungen das den Vermögensverhältnissen des Erblassers entsprechende Maß überstiegen haben. Die Abkömmlinge, denen eine weniger kostspielige Ausbildung zu Theil geworden ist, werden damit in billiger Weise berücksichtigt.

Im Einklange mit dem Preußischen Allgemeinen Landrechte II, 2 §§ 303, 310, 312 kann die Ausgleichungspflicht nur bei der Erbtheilung geltend gemacht werden (§ 2025, **2050** Abs. 1, § 2030, **2055** Abs. 1). Da zwischen den Erben eine Gemeinschaft zur gesammten Hand besteht, muß es zu einer solchen Auseinandersetzung stets kommen. Selbstverständlich ist übrigens, wenn die Ausgleichungspflicht bei der Erbtheilung etwa aus Irrthum unberücksichtigt geblieben sein sollte, die Geltendmachung des Anspruchs auf Herausgabe der ungerechtfertigten Bereicherung nicht ausgeschlossen.

Nach dem § 2363 des Sächsischen Gesetzbuchs hat der zur Ausgleichung Verpflichtete die Wahl, ob er die betreffenden Gegenstände selbst oder ob er deren gegenwärtigen Werth in die Theilungsmasse einwerfen will. Auch nach Gemeinem Rechte ist, soweit die Ausgleichung durch Erstattung des Werthes erfolgt, der Werth zur Zeit der Erbtheilung maßgebend. Nach dem Preußischen Allgemeinen Landrecht II, 2 §§ 333, 336, 341 kommt dagegen im Wesentlichen der Werth zum Ansatze, den der Gegenstand im Augenblicke der Zuwendung hatte.

Der Entwurf folgt dem Preußischen Rechte und sieht demgemäß vor, daß sich der Werth nach der Zeit bestimmt, zu der die Zuwendung erfolgt ist

(§ 2030, **2055** Abs. 2). Es handelt sich hier stets um Zuwendungen, die nach der Absicht des Gebers dauernd sein sollen, und hieraus folgt, daß eine im Laufe der Zeit etwa eintretende Minderung oder Erhöhung des Werthes nur den Empfänger, nicht aber den Ausgleichungsberechtigten berühren kann.

Was den Vollzug der Auseinandersetzung selbst betrifft, so wird, entsprechend dem Gemeinen Rechte, der Werth aller in Betracht kommenden Zuwendungen dem Bestande des Nachlasses hinzugerechnet, jedem Miterben aber der Werth der Zuwendung, die er zur Ausgleichung zu bringen hat, auf seinen Erbtheil angerechnet (§ 2030, **2055** Abs. 1).

Ein zur Ausgleichung verpflichteter Abkömmling, der durch die Zuwendung mehr erhalten hat, als ihm bei der Auseinandersetzung zukommen würde, ist zur Herausgabe des Mehrbetrags nicht verpflichtet (§ 2031, **2056** Satz 1). Auch hier muß der Wille des Erblassers, daß dem Abkömmlinge das Vorempfangene dauernd verbleiben soll, den Ausschlag geben. Liegt ein solcher Fall vor, so wird der Nachlaß unter die übrigen Erben in der Weise getheilt, daß der Werth der Zuwendung und der Erbtheil des Miterben außer Ansatz bleiben (§ 2031, **2056** Satz 2). Damit stimmen im Ergebnisse das Gemeine Recht und die neueren Gesetzbücher (Preuß. A.L.R. II, 2 §§ 312 ff.; Sächs. Gesetzbuch § 2361) überein.

Nach § 2032, **2057** ist jeder Miterbe verpflichtet, den übrigen Erben Auskunft über die Zuwendungen zu ertheilen, die er zur Ausgleichung zu bringen hat; dabei finden die für die Verpflichtung zur Leistung des Offenbarungseides geltenden allgemeinen Vorschriften der §§ 253, **260**, 254, **261** entsprechende Anwendung. Diese Auskunftspflicht ist durch ein praktisches Bedürfniß geboten und ist bereits in der gemeinrechtlichen Praxis sowie in der Preußischen und der Bayerischen Gesetzgebung (vergl. Preuß. A.G.O. I, 22 § 29 Nr. 10; Bayer. L.R. III, 1 § 15 Nr. 23) zur Anerkennung gelangt.

3. Rechtsverhältniß zwischen den Erben und den Nachlaßgläubigern.

Nach dem Preußischen Allgemeinen Landrechte I, 17 § 127 können, wenn die Erbschaft unter Vorbehalt erworben und die Theilung des Nachlasses noch nicht vollzogen ist, die Erben nur gemeinschaftlich, d. h. so in Anspruch genommen werden, daß die Klage gegen alle Erben zusammen gerichtet wird. Diese gemeinschaftliche Haftung hat sich jedoch in der Anwendung nicht bewährt. Der Entwurf (§ 2033, **2058**) stellt daher den Grundsatz auf, daß die Erben für die gemeinschaftlichen Nachlaßverbindlichkeiten als Gesammtschuldner haften, mithin (vergl. § 415, **421**) jeder von ihnen auf Berichtigung der ganzen Schuld belangt werden kann. Der bezeichnete Grundsatz bedarf indessen für die Zeit vor der Theilung des Nachlasses einer Einschränkung. Während der fraglichen Zeit sind die einzelnen Miterben außer Stande, sich die zur Berichtigung der Nachlaßverbindlichkeiten erforderlichen Mittel aus dem Nachlasse zu verschaffen, da sie über ihren Antheil an den Nachlaßgegenständen nicht verfügen dürfen. Diese Rechtslage fordert, daß ihnen, entsprechend den Vorschriften über die beschränkte Haftung des Erben, eine Sicherung gegen die Gefahr gewährt werde, für jene Verbindlichkeiten mit dem eigenen Vermögen einstehen zu müssen.

Demgemäß bestimmt der § 2034, **2059** Abs. 1 Satz 1, daß bis zur Theilung des Nachlasses jeder Miterbe die Berichtigung der Nachlaßverbindlichkeiten aus dem Vermögen, das er außer seinem Antheil an dem Nachlasse hat, verweigern kann. Die Gläubiger werden hierdurch nicht benachtheiligt; denn nach § 2034, **2059** Abs. 2 verbleibt ihnen die Befugniß, von den sämmtlichen Miterben die Befriedigung aus dem ungetheilten Nachlasse zu verlangen, und im Zusammenhange damit wird die Civilprozeßordnung zu bestimmen haben, daß auf Grund eines gegen alle Erben vollstreckbaren Urtheils die Zwangsvollstreckung in den ungetheilten Nachlaß betrieben werden kann [1]).

Dem Rechte des Miterben, die Nachlaßgläubiger gemäß § 2034, **2059** Abs. 1 Satz 1 auf seinen Antheil an dem Nachlasse zu verweisen, ist die Grundlage entzogen, falls er für eine Nachlaßverbindlichkeit nach den allgemeinen Vorschriften (§§ 1969, **1994** ff.) unbeschränkt haftet. Es würde jedoch unter Umständen zu großen Härten führen, wenn er hier ohne Weiteres als Gesammtschuldner für die ganze Forderung zu haften hätte. Der Entwurf (§ 2034, **2059** Abs. 1 Satz 2) bestimmt daher nach dem Vorgange der Preußischen Gesetzgebung (A.L.R. I, 17 § 134), daß dem betreffenden Miterben das Recht, die Gläubiger auf den Nachlaß zu verweisen, in Ansehung des seinem Erbtheil entsprechenden Theiles der Verbindlichkeit nicht zusteht, insoweit können die Gläubiger sich folgeweise auch an das übrige Vermögen des Miterben halten.

Ist die Theilung erfolgt, so haftet der Miterbe, welcher das Recht auf beschränkte Haftung verloren hat, den Gläubigern unbedingt als Gesammtschuldner. Aber auch für die Miterben, denen das Recht auf beschränkte Haftung noch zusteht, ändert sich mit der Theilung das Verhältniß zu den Gläubigern. Das Recht, die Gläubiger auf den Nachlaß zu verweisen, fällt weg. Die Anordnung einer Nachlaßverwaltung ist von dem bezeichneten Zeitpunkt ab gleichfalls ausgeschlossen (§ 2037, **2062**). Die Rechtsfolge, als Gesammtschuldner auch mit dem eigenen Vermögen zu haften, kann daher der Miterbe in der Regel nur noch abwenden, wenn er in der Lage ist, wegen Ueberschuldung des Nachlasses die Eröffnung des Nachlaßkonkurses herbeizuführen. Der Entwurf will durch diese strenge Haftung die Miterben veranlassen, die Nachlaßverbindlichkeiten vor der Theilung zu berichtigen.

Billigerweise kann jedoch diese Haftung den Erben dann nicht ohne Weiteres auferlegt werden, wenn es sich um Verbindlichkeiten handelt, die ihnen ohne ihr Verschulden unbekannt geblieben sind. Demgemäß haftet (§ 2035, **2060** Nr. 1) nach der Theilung jeder Miterbe nur für den seinem Erbtheil entsprechenden Theil des Nachlasses, wenn der Gläubiger im Aufgebotsverfahren ausgeschlossen ist. Zum Schutze der Erben ist diese Wirkung des Aufgebotsverfahrens auch auf diejenigen erstreckt, welchen Ansprüche aus Pflichttheilsrechten, Vermächtnissen oder Auflagen zustehen, sowie auf die Gläubiger, denen der Miterbe unbeschränkt haftet. Auch dann haftet (§ 2035 **2060** Nr. 2) der Miterbe nur für den seinem Erbtheil entsprechenden Theil

---

1) Vergl. C.P.O. § 747, unten Anlage II C.P.O. § 670m.

einer Nachlaßverbindlichkeit, wenn in einem Falle, in welchem das Aufgebotsverfahren nicht stattgefunden hat [1]), der Gläubiger seine Forderung später als fünf Jahre nach dem Erbfalle geltend macht, es sei denn, daß dem Miterben die Forderung vor dem Ablaufe der fünf Jahre bekannt geworden ist. Entsprechend der Vorschrift des § 1949, **1974** Abs. 2 tritt jedoch diese Beschränkung der Haftung nicht ein gegenüber dem Gläubiger, der nach § 1946, **1971** auch von dem Aufgebote nicht betroffen wird (vergl. oben S. 288).

Im Anschluß an das Preußische Recht (A.L.R. I, 17 §§ 137 ff.) gewährt endlich der Entwurf (§ 2036, **2061**) den Erben noch ein weiteres Sicherungsmittel. Jeder Miterbe kann auf seine Kosten die Nachlaßgläubiger öffentlich auffordern, ihre Forderungen binnen sechs Monaten bei ihm oder bei dem Nachlaßgericht anzumelden. Ist die Aufforderung erfolgt, so haftet nach der Theilung jeder Miterbe nur für den seinem Erbtheil entsprechenden Theil einer Forderung, soweit nicht vor dem Ablauf einer sechsmonatigen Frist die Anmeldung erfolgt oder die Forderung ihm zur Zeit der Theilung bekannt ist. Die Aufforderung ist durch den Deutschen Reichsanzeiger und durch das für die Bekanntmachungen des Nachlaßgerichts bestimmte Blatt zu veröffentlichen. Die Anmeldefrist beginnt mit der letzten Einrückung.

IX. Einsetzung eines Nacherben.

Nach § 2075, **2100** kann der Erblasser einen Erben in der Weise einsetzen, daß dieser erst Erbe wird, nachdem zunächst ein Anderer Erbe geworden ist. Zulässigkeit. Die Nacherbfolge (fideikommissarische Substitution) ist, wenn auch in verschiedener Gestaltung, von allen geltenden Rechten anerkannt. Praktische Bedeutung hat sie namentlich in dem Falle, daß der Erblasser seine gesetzlichen Erben, insbesondere seine Kinder, nicht ausschließen, die Vortheile der Erbschaft aber für bestimmte Zeit einem Anderen, z. B. seinem Ehegatten, zuwenden will, ohne ihn den Beschränkungen zu unterwerfen, welche mit der Anordnung des Nießbrauchs an der Erbschaft verbunden sind. Sodann kommen die Fälle in Betracht, in denen der Erblasser besorgen muß, daß der zunächst berufene Erbe das Vermögen der Familie nicht erhalten werde.

Nach den meisten geltenden Rechten kann die Nacherbfolge nur ein Mal oder doch nur für eine bestimmte Zahl von Fällen eintreten. So beschränkt das Gemeine Recht bei Familienfideikommissen die Zulässigkeit der Substitution auf vier Grade. Das Preußische Recht (A.L.R. I, 12 § 55) gestattet eine zweimalige, das Französische sowie das Bayerische Recht (Code civil Art. 1048 ff., Bayer. Verfassungsurkunde Beilage VII § 109) eine einmalige Nacherbfolge.

Auch der Entwurf geht davon aus, daß der Nachlaß nicht auf unabsehbare Zeit durch die Anordnung einer Nacherbschaft gebunden und dem freien Verkehr entzogen werden darf. Er hat jedoch davon abgesehen, die Nacherbfolge nach der Zahl der Fälle abzugrenzen. Vielmehr erschien es

1) Anders nach dem § 2060 Nr. 2 B.G.B. in Folge der zum E. § 1949 Abs. 1 (s. oben die Anmerkung dazu, S. 288) beschlossenen Aenderung. R.B. S. 316.

richtiger, zu bestimmen, daß die Einsetzung eines Nacherben mit dem Ablaufe von dreißig Jahren nach dem Erbfall unwirksam wird, wenn nicht vorher der Fall der Nacherbfolge eingetreten ist (§ 2084, **2109** Abs. 1 Satz 1). Mit Rücksicht auf die Zwecke, denen die Nacherbfolge zu dienen hat, ist indessen der bezeichnete Zeitraum für einige besondere Fälle erweitert. Hat der Erblasser die Nacherbfolge von einem bestimmten Ereigniß in der Person des Vorerben oder des Nacherben, z. B. von dem Tode des Vorerben oder der Verheirathung des Nacherben, abhängig gemacht, so bleibt die Einsetzung des Nacherben auch dann wirksam, wenn das Ereigniß erst nach Ablauf des dreißigjährigen Zeitraums eintritt; Voraussetzung ist jedoch, daß derjenige, in dessen Person das Ereigniß eintreten soll, zur Zeit des Erbfalls lebt (§ 2084, **2109** Abs. 1 Nr. 1). Ungeachtet des Ablaufs der dreißigjährigen Frist bleibt ferner die Einsetzung eines Nacherben dann wirksam, wenn dem Vorerben oder einem Nacherben für den Fall, daß ihm ein Bruder oder eine Schwester geboren wird, der Bruder oder die Schwester als Nacherbe bestimmt ist (§ 2084, **2109** Abs. 1 Nr. 2). Ist der Vorerbe oder der Nacherbe, in dessen Person das Ereigniß eintreten soll, eine juristische Person, so bewendet es bei der dreißigjährigen Frist (§ 2084, **2109** Abs. 2).

Realiche Nat der Nachefolge. Tritt der Fall der Nacherbfolge ein, so hört der Vorerbe von selbst auf, Erbe zu sein, und fällt die Erbschaft ohne Weiteres dem Nacherben an (§ 2114, **2139**). Diese Regelung widerspricht allerdings einem Grundsatze des Gemeinen Rechtes, steht aber mit den neueren Gesetzgebungen (Preuß. A.L.R. I, 12 §§ 53, 466; Sächs. Gesetzbuch §§ 2005, 2503 ff.) im Einklang und rechtfertigt sich dadurch, daß nur so der Wille des Erblassers vollständig zur Geltung kommt. Uebrigens erwirbt der Nacherbe bereits mit dem Erbfall ein festes Recht auf die Nacherbfolge. Dementsprechend geht, wenn er den Erbfall, nicht aber den Fall der Nacherbfolge erlebt[1]), gleichwohl sein Recht auf seine Erben über, sofern nicht ein anderer Wille des Erblassers anzunehmen ist (§ 2083, **2108** Abs. 2).

Rechliche Stellg des Vorern bis zu Eintte der Nachefolge. Da der Vorerbe zunächst Erbe ist, so kommt ihm bis zum Eintritt der Nacherbfolge grundsätzlich die Stellung zu, die er haben würde, wenn die Nacherbfolge nicht angeordnet wäre. Er ist daher Eigenthümer der Nachlaßsachen und auch im Uebrigen berechtigt und verpflichtet wie jeder Erbe. Zur Sicherung der Rechte des Nacherben muß jedoch das Recht des Vorerben gewissen Beschränkungen unterworfen werden. Verschiedene neuere Gesetzgebungen (Preuß. A.L.R. I, 12 § 466; Sächs. Gesetzbuch § 2515) lassen hier die Vorschriften über den Nießbrauch in der Weise Anwendung finden, daß der Vorerbe dem Nacherben gegenüber als Nießbraucher anzusehen ist. Eine solche Gestaltung wird jedoch dem Umstande, daß der Vorerbe wahrer Erbe ist, nicht gerecht. Der Entwurf hat daher die Stellung des Vorerben selbständig von dem Gesichtspunkte aus geregelt, daß zwar dem Nacherben für den Zeitpunkt des Eintritts der Nacherbfolge das Vermögen unverkürzt erhalten bleiben

---

1) So die Fassung des E. § 2083 Abs. 2. Dieser ist geändert (vergl. B.G.B. § 2108 Abs. 2), um den Fall zu treffen, daß ein erst nach dem Eintritte des Erbfalles erzeugter und geborener Nacherbe vor dem Eintritte des Falles der Nacherbfolge stirbt. K.B. S. 317.

muß, daß aber andererseits die Sicherheit des Verkehrs und die ordnungsmäßige Verwaltung des Nachlasses unter den Beschränkungen, welche die Nacherbfolge mit sich bringt, nicht leiden dürfen.

Demgemäß steht (§ 2087, **2112**) dem Vorerben an sich das Recht zu, über die zur Erbschaft gehörenden Gegenstände frei zu verfügen. Dieses Recht unterliegt jedoch gewissen Beschränkungen (§§ 2088, **2113** bis 2090, **2115**). Verfügungen des Vorerben über ein zur Erbschaft gehöriges Grundstück, sowie über ein zur Erbschaft gehöriges Recht an einem Grundstücke mit Einschluß von Hypothekenforderungen, Grundschulden oder Rentenschulden, ferner unentgeltliche Verfügungen über einen Erbschaftsgegenstand sind im Falle des Eintritts der Nacherbfolge insoweit unwirksam, als sie das Recht des Nacherben vereiteln oder beeinträchtigen würden; doch finden die allgemeinen Vorschriften über den Schutz gutgläubiger Dritter auch hier Anwendung (§ 2088, **2113**). In Ansehung der zur Erbschaft gehörenden Hypothekenforderungen, Grundschulden und Rentenschulden steht übrigens dem Vorerben das Recht der Kündigung und der Einziehung zu; er kann aber nur verlangen, daß das Kapital an ihn nach Beibringung der Einwilligung des Nacherben gezahlt oder daß es für ihn und den Nacherben hinterlegt wird (§ 2089, **2114** Satz 1, 2). Sodann ist der Vorerbe bezüglich solcher Schenkungen nicht beschränkt, durch die einer sittlichen Pflicht oder einer auf den Anstand zu nehmenden Rücksicht entsprochen wird (§ 2088, **2113** Abs. 2 Satz 2). Einen ausgedehnteren Schutz gewährt der Entwurf (§ 2090, **2115** Satz 1) dem Nacherben gegen diejenigen Verfügungen über Erbschaftsgegenstände, die im Wege der Zwangsvollstreckung oder der Arrestvollziehung oder durch den Konkursverwalter erfolgten. Solche Verfügungen sind, auch wenn die Voraussetzungen vorlagen, unter denen der Vorerbe selbst wirksam handeln konnte, im Falle des Eintritts der Nacherbfolge insoweit unwirksam, als sie das Recht des Nacherben vereiteln oder beeinträchtigen würden. Nur dann ist eine derartige Verfügung unbeschränkt wirksam, wenn der Anspruch eines Nachlaßgläubigers oder ein an einem Erbschaftsgegenstande bestehendes Recht geltend gemacht wird, das im Falle des Eintritts der Nacherbfolge dem Nacherben gegenüber wirksam ist, z. B. eine mit Zustimmung des Nacherben aufgenommene Hypothek (§ 2090, **2115** Satz 2). Auch gegen die Gefahren, welche die besondere Natur der Inhaberpapiere und der mit Blankoindossament versehenen Orderpapiere mit sich bringt, wird der Nacherbe gesichert. Auf Verlangen des Nacherben hat der Vorerbe die zur Erbschaft gehörenden Papiere dieser Art, sofern sie nicht, wie z. B. Banknoten, zu den verbrauchbaren Sachen (§ 88, **92**) gehören, nebst den Erneuerungsscheinen, aber ohne die Zins-, Renten- oder Gewinnantheilscheine, mit der Bestimmung zu hinterlegen, daß die Herausgabe nur mit Zustimmung des Nacherben verlangt werden kann. Ueber die hinterlegten Papiere ist der Vorerbe nur mit Zustimmung des Nacherben zu verfügen berechtigt (§ 2091, **2116** Abs. 2). Statt die Papiere zu hinterlegen, kann der Vorerbe sie auf seinen Namen umschreiben lassen oder, falls sie von dem Reiche oder einem Bundesstaat ausgestellt sind, ihre Umwandelung in Buchforderungen gegen das Reich oder den Bundesstaat bewirken; auch hierbei muß jedoch bestimmt werden, daß der Erbe über die umgeschriebenen Papiere oder die Buchforderungen nur mit Zustimmung des Nacherben verfügen kann (§ 2092, **2117**). Gehören zur Erbschaft bereits Buchforderungen, so hat der Vorerbe auf Verlangen des Nacherben in das Schuldbuch einen entsprechenden, sein Verfügungsrecht beschränkenden Vermerk eintragen zu lassen (§ 2093, **2118**). Geld, das nach den Regeln einer ordnungsmäßigen Wirthschaft dauernd anzulegen ist, darf der Vorerbe nur nach den für die Anlegung von Mündelgeld geltenden Vorschriften anlegen (§ 2094, **2119**).

Auf der anderen Seite muß aber Vorsorge getroffen werden, daß die Schranken, welche dem Verfügungsrechte des Vorerben gezogen sind, nicht die ordnungsmäßige Verwaltung der Erbschaft hindern. Demgemäß wird für den Fall, daß zur ordnungsmäßigen Verwaltung, insbesondere zur Berichtigung von Nachlaßverbindlichkeiten, eine Verfügung erforderlich ist, die der Vorerbe nicht mit Wirkung gegen den Nacherben vornehmen kann, dem Nacherben im Verhältnisse zu dem Vorerben die Pflicht auferlegt, die Einwilligung zu der Verfügung zu ertheilen (§ 2095, **2120**).

Anlangend die Prozeßführung geht der Entwurf in Uebereinstimmung mit dem Preußischen Rechte (A.L.R. I, 12 § 298) davon aus, daß die Vertretung des Nachlasses in Rechtsstreitigkeiten dem Vorerben unbeschränkt zusteht. Die Civilprozeßordnung soll hiernach dahin ergänzt werden, daß ein Urtheil, das zwischen einem Vorerben und einem Dritten über einen gegen den Vorerben als solchen gerichteten Anspruch oder über einen der Nacherbfolge unterliegenden Gegenstand ergeht, für und gegen den Nacherben wirkt, sofern es vor dem Eintritte der Nacherbfolge rechtskräftig wird [1]).

Dem Verwaltungsrechte des Vorerben entspricht die ihm gegen den Nacherben obliegende Verwaltungspflicht. Der Vorerbe hat übrigens bei der Verwaltung nur für diejenige Sorgfalt einzustehen, welche er in eigenen Angelegenheiten anzuwenden pflegt (§ 2106, **2131**). Auch ist er nicht wegen jeder einzelnen Verwaltungshandlung als solcher verantwortlich; vielmehr genügt es zu seiner Entlastung, wenn sich zur Zeit des Eintritts der Nacherbfolge die Erbschaft in dem Zustande befindet, der sich bei einer bis zu ihrer Herausgabe an den Nacherben fortgesetzten ordnungsmäßigen Verwaltung ergiebt (§ 2105, **2130** Abs. 1 Satz 1).

Der Nacherbe kann von dem Vorerben die Mittheilung eines Verzeichnisses der zur Erbschaft gehörenden Gegenstände fordern und auch sonst Auskunft über den Bestand der Erbschaft verlangen; um jedoch eine unnöthige Belästigung des Vorerben zu verhüten, gewährt der Entwurf den Anspruch auf Auskunft dem Nacherben nur für solche Fälle, in denen Grund zu der Annahme besteht, daß der Vorerbe durch seine Verwaltung die Rechte des Nacherben erheblich verletzt (§§ 2096, **2121**, 2102, **2127**). Nach § 2097, **2122** kann der Nacherbe auch den Zustand der zur Erbschaft gehörenden Sachen auf seine Kosten durch Sachverständige feststellen lassen. In Ueber-

---

1) Vergl. unten S. 342 § 293e und C.P.O. § 326.

einstimmung mit dem Preußischen Rechte (A.L.R. I, 12 § 472) ist der Nacherbe ferner berechtigt, Sicherheitsleistung zu fordern, wenn durch das Verhalten des Vorerben oder durch dessen ungünstige Vermögenslage die Besorgniß einer erheblichen Verletzung der Rechte des Nacherben begründet wird (§ 2103, **2128** Abs. 1). Ist der Vorerbe zur Sicherheitsleistung rechtskräftig verurtheilt, so kann der Nacherbe verlangen, daß die Verwaltung der Erbschaft für Rechnung des Vorerben einem von dem Gerichte zu bestellenden Verwalter übertragen wird, sofern der Vorerbe nicht innerhalb einer auf Antrag des Nacherben von dem Gerichte bestimmten Frist die Sicherheit leistet (§ 2103, **2128** Abs. 2). Mit der Entziehung der Verwaltung verliert der Vorerbe, unbeschadet der Vorschriften über den Schutz gutgläubiger Dritter, das Recht, über die Erbschaftsgegenstände zu verfügen (§ 2104, **2129**).

Der Erblasser ist befugt, die Beziehungen zwischen dem Vorerben und dem Nacherben abweichend von den dargelegten Bestimmungen zu ordnen. Jedoch kann er das Recht, über Nachlaßgegenstände unentgeltlich zu verfügen (§ 2088, **2113** Abs. 2), dem Vorerben nicht einräumen. Eine solche Erweiterung des Verfügungsrechts würde dem Wesen der Nacherbfolge widerstreiten, das auch hier darin besteht, den Nachlaß thunlichst für den Nacherben zu erhalten. Aus demselben Grunde muß es selbst im Falle einer anderweiten Anordnung des Erblassers dabei bleiben, daß der Nachlaß gemäß § 2090, **2115** gegen den Zugriff der Gläubiger des Vorerben gesichert ist. Endlich darf der Vorerbe durch den Erblasser nicht von den auf die Mittheilung eines Verzeichnisses und die Feststellung des Zustandes der Erbschaft bezüglichen Verpflichtungen (§§ 2096, **2121**, 2097, **2122**) entbunden werden, da sonst dem Vorerben die nothwendigen Grundlagen für die Geltendmachung des Herausgabeanspruchs fehlen würden. Im Uebrigen kann der Erblasser den Vorerben von allen Beschränkungen und Verpflichtungen befreien, welche diesem zu Gunsten des Nacherben gesetzlich auferlegt sind (§ 2111, **2136**).

Eine solche Befreiung gilt als angeordnet, wenn der Erblasser den Nacherben auf dasjenige eingesetzt hat, was von der Erbschaft bei dem Eintritte der Nacherbfolge übrig sein wird (§ 2112, **2137** Abs. 1). Das Gleiche ist nach § 2112, **2137** Abs. 2 im Zweifel anzunehmen, wenn der Erblasser bestimmt hat, daß der Vorerbe zur freien Verfügung über die Erbschaft berechtigt sein soll. Die sogenannte Nacherbschaft auf den Ueberrest ist damit, was das Verfügungsrecht des Vorerben betrifft, der Hauptsache nach ebenso geregelt, wie im Preußischen Allgemeinen Landrecht I, 12 §§ 468 ff. und im Sächsischen Gesetzbuche (§§ 2522 ff.). Für die Verwaltung der Erbschaft ist der Vorerbe in den fraglichen Fällen dem Nacherben regelmäßig nicht verantwortlich. Seine Herausgabepflicht beschränkt sich auf die bei ihm noch vorhandenen Erbschaftsgegenstände (§ 2113, **2138** Abs. 1 Satz 1). Zur Erbschaft gehört aber auch dasjenige, was der Vorerbe durch Rechtsgeschäft mit Mitteln der Erbschaft erworben hat. Dieser von dem Entwurf (§ 2086, **2111** Abs. 1) im Einklange mit dem Preußischen und dem Sächsischen Rechte für alle Fälle der Nacherbfolge ausgesprochene Grundsatz ist hier von besonderer Bedeutung.

Gegen einen Mißbrauch des freien Verfügungsrechts, welches dem Vorerben bei der Nacherbschaft auf den Ueberrest zusteht, wird der Nacherbe durch die Bestimmung geschützt, daß der Vorerbe zum Schadensersatze verpflichtet ist, wenn er die Erbschaft in der Absicht, den Nacherben zu benachtheiligen, vermindert hat (§ 2113, **2138** Abs. 2). Die gleiche Verpflichtung trifft ihn, wenn er der Vorschrift des § 2088, **2113** Abs. 2 zuwider unentgeltlich [1]) über einen Erbschaftsgegenstand verfügt hat.

echtliche Ellung des erben ach dem Eintritte der Nacherbfolge.

Mit dem Eintritte der Nacherbfolge hört der Vorerbe auf, Erbe zu sein (§ 2114, **2139**). Von da an gelten daher, wie der Entwurf (§ 2117, **2143**) im Anschluß an das Preußische Allgemeine Landrecht I, 16 § 481 und an den § 2520 des Sächsischen Gesetzbuchs ausdrücklich hervorhebt, die in Folge des Erbfalls durch Vereinigung von Recht und Verbindlichkeit oder von Recht und Belastung erloschenen Rechtsverhältnisse nicht als erloschen. Durch den Eintritt der Nacherbfolge erlischt an sich auch die Haftung des Vorerben für die Nachlaßverbindlichkeiten. Gemäß § 2119, **2145** Abs. 1 Satz 1 bleibt jedoch die Haftung insoweit bestehen, als der Nacherbe für die Verbindlichkeiten nicht haftet. Dahin gehören beispielsweise Vermächtnisse, welche den Vorerben allein belasten. Vor Allem aber kommt der Fall in Betracht, daß der Nacherbe gemäß den allgemeinen Vorschriften der §§ 1950, **1975** ff. nur beschränkt haftet, der Vorerbe dagegen sein Recht auf beschränkte Haftung verloren hat (vergl. §§ 1969, **1994** ff.). Die Haftung des Vorerben bleibt weiterhin auch für diejenigen Nachlaßverbindlichkeiten bestehen, welche in dem Verhältnisse des Vorerben zu dem Nacherben dem ersteren zur Last fallen (§ 2119, **2145** Abs. 1 Satz 2). Der Vorerbe kann aber nach dem Eintritte der Nacherbfolge die Berichtigung der Nachlaßverbindlichkeiten, sofern er nicht das Recht auf beschränkte Haftung verloren hat, insoweit verweigern, als dasjenige nicht ausreicht, was ihm von der Erbschaft gebührt; macht er von dieser Befugniß Gebrauch, so finden auf die Durchführung der Haftung die Vorschriften der §§ 1965, **1990**, 1966, **1991** (vergl. oben S. 283 f.) entsprechende Anwendung (§ 2119, **2145** Abs. 2).

X. Testamentsvollstrecker.

Agaben des ...aments- ...ollstreckers.

Nach der herrschenden Auffassung des Gemeinen und des Preußischen Rechts (vergl. A.L.R. I, 12 § 557) sowie nach dem Sächsischen Gesetzbuche (§§ 2237, 2238) liegt dem Testamentsvollstrecker die Ausführung des letzten Willens ob; zur Verwaltung des Nachlasses ist er nur berechtigt, wenn sie ihm vom Erblasser übertragen worden ist. Wie die Erfahrung zeigt, wird aber der Testamentsvollstrecker vom Erblasser in der Regel auch mit der Auseinandersetzung unter den Miterben sowie, behufs Durchführung seiner Obliegenheiten, mit der Verwaltung des Nachlasses betraut. Unter solchen Um-

---

1) Dies Wort ist gestrichen worden, vergl. § 2138 Abs. 2 B.G.B. Durch die Streichung ist erreicht worden, daß der Vorerbe in den beiden Fällen des § 2113 Abs. 2 B.G.B. ersatzpflichtig ist. St.B. S. 899, 900.

stånden erscheint es gerechtfertigt, wenn der Entwurf dem Testamentsvollstrecker nicht nur die Ausführung der letztwilligen Verfügungen des Erblassers (§ 2177, **2203**), sondern auch die Auseinandersetzung zwischen den Miterben (§ 2178, **2204**) als gesetzliche Aufgaben zuweist und ihm zum Zwecke der Erledigung dieser Aufgaben die Verwaltung des Nachlasses (§ 2179, **2205**) einräumt.

Der Erblasser kann aber (§ 2183, **2209**) einem Testamentsvollstrecker die Verwaltung des Nachlasses übertragen, ohne ihm andere Aufgaben als die Verwaltung zuzuweisen; er kann auch anordnen, daß der Testamentsvollstrecker die Verwaltung nach der Erledigung der ihm sonst zugewiesenen Aufgaben fortzuführen hat. Die Zulässigkeit einer solchen Testamentsvollstreckung ist durch das Bedürfniß geboten und demgemäß schon von der Praxis des Gemeinen und des Preußischen Rechtes anerkannt. In ihrer Tragweite kommt diese Art der Testamentsvollstreckung wegen der damit für den Erben verbundenen Beschränkungen der Anordnung einer Nacherbschaft sehr nahe, und der Entwurf (§ 2184, **2210** Satz 1) bestimmt daher im Anschluß an die für die Nacherbschaft geltenden Vorschriften als Regel, daß die so getroffene Anordnung unwirksam wird, wenn seit dem Erbfalle dreißig Jahre verstrichen sind. Der Erblasser kann jedoch anordnen, daß ohne Rücksicht auf den Ablauf der dreißigjährigen Frist die Verwaltung des Testamentsvollstreckers bis zum Tode des Erben oder des Testamentsvollstreckers oder bis zum Eintritt eines anderen Ereignisses in der Person des einen oder des anderen fortdauern soll (§ 2184, **2210** Satz 2). Ist eine juristische Person als Erbe oder als Testamentsvollstrecker berufen, so muß es unter allen Umständen bei der dreißigjährigen Frist bewenden (§ 2184, **2210** Satz 3), da sonst der Zweck der Vorschrift sich durch Umgehung vereiteln ließe.

Der Erblasser kann einem Testamentsvollstrecker auch die Aufgabe zuweisen, bis zum Eintritt einer angeordneten Nacherbfolge die Rechte des Nacherben auszuüben und dessen Pflichten zu erfüllen (§ 2196, **2222**). Dieses Recht ist namentlich für die Fälle der Enterbung aus guter Absicht (§ 2311, **2338**) von Wichtigkeit. Endlich kann der Erblasser einen Testamentsvollstrecker zu dem Zwecke ernennen, daß dieser für die Ausführung der einem Vermächtnißnehmer auferlegten Beschwerungen sorgt (§ 2197, **2223**).

Kraft seines gesetzlichen Verwaltungsrechts ist der Testamentsvollstrecker namentlich befugt, den Nachlaß in Besitz zu nehmen und über die Nachlaßgegenstände zu verfügen (§ 2179, **2205** Satz 1, 2). Diese Befugnisse sind für ihn zur Erfüllung seiner Aufgaben unentbehrlich und werden auch durch die Sicherheit des Rechtsverkehrs gefordert. Für unentgeltliche Verfügungen bietet aber die Verwaltung des Testamentsvollstreckers in der Regel keinen Raum; zur Vornahme solcher Verfügungen ist er nur berechtigt, soweit sie einer sittlichen Pflicht oder einer auf den Anstand zu nehmenden Rücksicht entsprechen (§ 2179, **2205** Satz 3). Die Verwaltung des Nachlasses wird, wenngleich sie lediglich den vorübergehenden Zweck hat, die schwebenden Geschäfte abzuwickeln und gegebenenfalls die zur Vertheilung des Nachlasses erforderlichen Mittel herbeizuschaffen, unter Umständen selbst die Eingehung neuer Verbindlichkeiten nothwendig machen. Von dem Entwurfe (§ 2180, **Verwaltungsrecht.**

2206 Abs. 1) wird daher dem Testamentsvollstrecker die Befugniß zur Eingehung derartiger Verbindlichkeiten beigelegt, jedoch nur insoweit, als die Eingehung zur ordnungsmäßigen Verwaltung erforderlich ist oder als die Verbindlichkeit auf eine Verfügung über einen Nachlaßgegenstand sich richtet, zu welcher der Testamentsvollstrecker berechtigt ist. Dieser Vorbehalt kann allerdings dem Testamentsvollstrecker im rechtsgeschäftlichen Verkehre mit Dritten Schwierigkeiten bereiten. Mit Rücksicht hierauf verpflichtet der Entwurf (§ 2180, **2206** Abs. 2) den Erben, zur Eingehung solcher Verbindlichkeiten seine Einwilligung zu ertheilen, übrigens unbeschadet des Rechtes, die Beschränkung seiner Haftung für die Nachlaßverbindlichkeiten geltend zu machen. Dem Erblasser bleibt unbenommen, seinerseits anzuordnen, daß der Testamentsvollstrecker in der Eingehung von Verbindlichkeiten für den Nachlaß nicht beschränkt sein soll; auch in einem solchen Falle ist aber der Testamentsvollstrecker zu einem Schenkungsversprechen nur berechtigt, soweit es sich um eine sittliche Pflicht oder eine auf den Anstand zu nehmende Rücksicht handelt (§ 2181, **2207**). Hat der Erblasser dem Testamentsvollstrecker die Verwaltung des Nachlasses übertragen, ohne ihm andere Aufgaben als die Verwaltung zuzuweisen, oder hat er angeordnet, daß der Testamentsvollstrecker die Verwaltung nach Erledigung der sonst ihm zugewiesenen Aufgaben weiterführen soll (§ 2183, **2209** Satz 1), so liegt dem Testamentsvollstrecker eine Thätigkeit ob, bei der die Beschränkung des Rechtes zur Eingehung von Verbindlichkeiten ein fortwährendes Hemmniß bilden würde. Nach dem Entwurfe (§ 2183, **2209** Satz 2) soll daher hier im Zweifel angenommen werden, daß der Erblasser jene Beschränkung beseitigt habe.

Die Auseinandersetzung zwischen einer Mehrheit von Erben hat der Testamentsvollstrecker nach Maßgabe der allgemeinen Vorschriften (§§ 2017, **2042** bis 2031, **2056**) zu bewirken; er soll jedoch die Erben über den Auseinandersetzungsplan hören (§ 2178, **2204**).

Der Erblasser kann wie die gesetzlichen Aufgaben (§§ 2177, **2203**, 2178, **2204**), so auch die gesetzlichen Verwaltungsbefugnisse des Testamentsvollstreckers einschränken (§ 2182, **2208** Abs. 1 Satz 1). Unterliegen der Verwaltung des Testamentsvollstreckers nur einzelne Nachlaßgegenstände, so steht ihm das Recht zum Besitz und zur Verfügung nur in Ansehung dieser Gegenstände zu (§ 2182, **2208** Abs. 1 Satz 2). Hat der Testamentsvollstrecker Verfügungen des Erblassers nicht selbst zur Ausführung zu bringen, so kann er die Ausführung von den Erben verlangen, sofern nicht ein anderer Wille des Erblassers anzunehmen ist (§ 2182, **2208** Abs. 2).

Soweit das Verwaltungsrecht des Testamentsvollstreckers reicht, darf der Erbe sich nicht in der Lage befinden, seinerseits einzugreifen, da er sonst, entgegen dem Willen des Erblassers, die Erledigung der dem Testamentsvollstrecker zugewiesenen Aufgaben zu vereiteln vermöchte. Der Entwurf (§ 2185, **2211**) bestimmt daher, daß der Erbe über einen der Verwaltung des Testamentsvollstreckers unterliegenden Nachlaßgegenstand nicht verfügen kann; die Vorschriften wegen des Schutzes gutgläubiger Dritter finden übrigens auch hier Anwendung.

Zufolge seines Verwaltungsrechts ist der Testamentsvollstrecker befugt, die seiner Verwaltung unterliegenden Rechte gerichtlich geltend zu machen; insoweit muß daher dem Erben das Recht der Prozeßführung versagt bleiben (§ 2186, **2212**). Durch eine Ergänzung der Civilprozeßordnung wird klarzustellen sein, daß das Urtheil, welches in einem Rechtsstreite zwischen einem Testamentsvollstrecker und einem Dritten über ein der Verwaltung des Testamentsvollstreckers unterliegendes Recht ergeht, für und gegen den Erben wirkt [1]). Prozeßführung insbesondere.

Inwieweit ein Anspruch, der sich gegen den Nachlaß richtet, gegen den Testamentsvollstrecker gerichtlich geltend gemacht werden kann, ist nach den bestehenden Rechten bestritten. Nach dem Entwurf (§ 2187, **2213** Satz 2) ist, wenn dem Testamentsvollstrecker nicht die Verwaltung des Nachlasses zusteht, die Geltendmachung nur gegen den Erben zulässig. Steht dagegen die Verwaltung dem Testamentsvollstrecker zu, so kann der Anspruch sowohl gegen den Erben als gegen den Testamentsvollstrecker verfolgt werden (§ 2187, **2213** Abs. 1 Satz 1). Den Erbschaftsgläubigern ist damit ein Weg geboten, ihre Forderungen gegen denjenigen einzuklagen, der die Mittel zu ihrer Befriedigung in Händen hat. Entsprechend der Praxis des Gemeinen und des Preußischen Rechtes erleidet übrigens die bezeichnete Befugniß der Gläubiger eine Ausnahme durch die Bestimmung, daß ein Pflichttheilsanspruch, auch wenn dem Testamentsvollstrecker die Verwaltung des Nachlasses zusteht, nur gegen den Erben geltend gemacht werden kann (§ 2187, **2213** Abs. 1 Satz 3). Die Vertretung des Nachlasses gegen einen solchen Anspruch liegt außerhalb der Aufgaben des Testamentsvollstreckers. Im Anschluß an die erörterten Vorschriften wird in der Civilprozeßordnung zu bestimmen sein, daß, wenn dem Testamentsvollstrecker die Verwaltung des Nachlasses zusteht, das Urtheil, welches in einem Rechtsstreite zwischen ihm und einem Dritten über einen gegen den Nachlaß gerichteten Anspruch ergeht, für und gegen den Erben wirkt und daß zur Zwangsvollstreckung in den Nachlaß ein gegen den Testamentsvollstrecker vollstreckbares Urtheil erforderlich und genügend ist [2]).

Das Recht, einen den Nachlaß betreffenden Anspruch gegen den Erben selbst zu verfolgen, bleibt dem Gläubiger unter allen Umständen gewahrt. Er bedarf dieses Rechtes namentlich dann, wenn über die Verwaltungsbefugniß des Testamentsvollstreckers, etwa wegen der Fassung der letztwilligen Anordnung (vergl. § 2182, **2208**), Zweifel bestehen, sowie wenn er den Anspruch gegen das eigene Vermögen des Erben verfolgen will. Auf der anderen Seite kann aber das gegen den Erben ergangene Urtheil insoweit, als der Nachlaß der Verwaltung des Testamentsvollstreckers unterliegt, nicht unmittelbar zur Zwangsvollstreckung in die Nachlaßgegenstände führen, da sonst das Recht des Testamentsvollstreckers, ausschließlich über diese Gegenstände zu verfügen (§ 2185, **2211**), beeinträchtigt würde. Der Entwurf (§ 2187, **2213** Abs. 3)

---

1) Vergl. C.P.O. §§ 748, 749, 779, 780, unten Anlage II C.P.O. §§ 670n, 670o, 693, 695.

2) Vergl. die vorige Anmerkung.

hat daher eine Vorschrift aufgenommen, wonach ein Nachlaßgläubiger, der seinen Anspruch gegen den Erben geltend macht, den Anspruch auch gegen den Testamentsvollstrecker dahin geltend machen kann, daß dieser die Zwangsvollstreckung in die seiner Verwaltung unterliegenden Nachlaßgegenstände dulde. Die nähere Regelung wird in der Civilprozeßordnung zu erfolgen haben [1]).

Was die Gläubiger des Erben betrifft, die nicht zu den Nachlaßgläubigern gehören, so können sie sich überhaupt nicht an die der Verwaltung des Testamentsvollstreckers unterliegenden Nachlaßgegenstände halten (§ 2188, **2214**), weil anderenfalls der Testamentsvollstrecker in der Erfüllung seiner Aufgaben behindert werden würde.

Rechtsverhältniß zwischen dem Testamentsvollstrecker und dem Erben.

Der Testamentsvollstrecker ist den Betheiligten gegenüber zur ordnungsmäßigen Verwaltung verpflichtet (§ 2190, **2216** Abs. 1). Bei Führung der Verwaltung hat er Anordnungen, die der Erblasser durch letztwillige Verfügung getroffen hat, zu befolgen (§ 2190, **2216** Abs. 2 Satz 1). Solche Anordnungen können jedoch auf Antrag des Testamentsvollstreckers oder eines anderen Betheiligten von dem Nachlaßgericht außer Kraft gesetzt werden, wenn ihre Befolgung den Nachlaß erheblich gefährden würde (§ 2190, **2216** Abs. 2 Satz 2 und 3).

Im Uebrigen bestimmen sich (§ 2192, **2218** Abs. 1) die Verpflichtungen des Testamentsvollstreckers gegenüber dem Erben in der Hauptsache nach den für den Auftrag geltenden Vorschriften der §§ 651, **664**, 653, **666** bis 655, **668**. Der Testamentsvollstrecker ist demgemäß insbesondere verpflichtet, dem Erben Auskunft über den Stand der Testamentsvollstreckung zu ertheilen sowie nach der Beendigung derselben Rechenschaft abzulegen und dem Erben Alles, was er aus der Testamentsvollstreckung erlangt hat, herauszugeben (§ 2192, **2218** Abs. 1 vergl. mit §§ 653, **666**, 654, **667**); bei einer länger dauernden Verwaltung kann jedoch der Erbe jährliche Rechnungslegung fordern (§ 2192, **2218** Abs. 2). Mit Rücksicht auf die spätere Rechnungslegung und Herausgabe ist der Testamentsvollstrecker verbunden, dem Erben unverzüglich nach der Annahme des Amtes ein Verzeichniß der seiner Verwaltung unterliegenden Nachlaßgegenstände mitzutheilen (§ 2189, **2215** Abs. 1). Verletzt der Testamentsvollstrecker seine Verpflichtungen, so ist er, wenn ihm ein Verschulden zur Last fällt, für den daraus entstehenden Schaden dem Erben, soweit ein Vermächtniß zu vollziehen ist, auch dem Vermächtnißnehmer verantwortlich (§ 2193, **2219**). Zum Schutze des Erben ist ausdrücklich vorgesehen, daß der Erblasser den Testamentsvollstrecker nicht von den ihm nach den §§ 2189, **2215**, 2190, **2216**, 2192, **2218**, 2193, **2219** obliegenden Verpflichtungen befreien kann (§ 2194, **2220**).

Nachlaßgegenstände, deren der Testamentsvollstrecker zur Erfüllung seiner Obliegenheiten offenbar nicht bedarf, hat er dem Erben auf dessen Verlangen schon vor der Beendigung seines Amtes zur freien Verfügung zu überlassen (§ 2191, **2217** Abs. 1). Diese Pflicht ergiebt sich aus dem Zwecke der ganzen Einrichtung von selbst. Sie hindert an sich den Testamentsvollstrecker nicht, die Auslieferung von Nachlaßgegenständen aus dem Grunde zu verweigern,

1) Vergl. die vorletzte Anmerkung.

weil noch Nachlaßverbindlichkeiten zu berichtigen sind. Dadurch kann aber die Auslieferung auf ungemessene Zeit hinausgeschoben werden, wenn es sich um Verbindlichkeiten, die nicht auf einem Vermächtniß oder einer Auflage beruhen, sowie um bedingte und betagte Vermächtnisse oder Auflagen handelt. Der Entwurf (§ 2191, **2217** Abs. 2) bestimmt daher, daß in solchen Fällen der Testamentsvollstrecker die Ueberlassung der Gegenstände nicht verweigern kann, wenn der Erbe für die Berichtigung der Verbindlichkeiten oder für die Vollziehung der Vermächtnisse oder Auflagen Sicherheit leistet.

Hat der Testamentsvollstrecker zum Zwecke der Erfüllung seiner Aufgaben Aufwendungen gemacht, so kann er nach Maßgabe der für den Auftrag geltenden Vorschriften des § 657, **670** von dem Erben Ersatz verlangen (§ 2192, **2218** Abs. 1). Daneben gebührt ihm für die Führung seines Amtes eine angemessene Vergütung, sofern nicht der Erblasser ein Anderes bestimmt hat (§ 2195, **2221**).

XI. Testamentserrichtung.

Im Einklange mit dem geltenden Rechte schreibt der Entwurf vor, daß der Erblasser ein Testament nur persönlich errichten kann (§ 2039, **2064**). Jede Vertretung ist daher hier ausgeschlossen.

Die Fähigkeit zur Errichtung eines Testaments bestimmt sich im Allgemeinen nach den für die Geschäftsfähigkeit überhaupt geltenden Vorschriften der §§ 100, **104** ff. Fähigkeit.

Demgemäß kann, wer geschäftsunfähig ist oder sich im Zustande der Bewußtlosigkeit oder einer, wenngleich nur vorübergehenden, Störung der Geistesthätigkeit befindet, ein Testament nicht errichten (§§ 100, **104**, 101, **105**). Hiernach ist namentlich dem wegen Geisteskrankheit Entmündigten (§ 100, **104** Nr. 3, § 101, **105** Abs. 1) die Fähigkeit, ein Testament zu errichten, vollständig entzogen. Das Gemeine Recht und ihm folgend das Bayerische Landrecht III, 3 § 3 Nr. 2 stehen allerdings auf dem Standpunkte, daß derselbe während eines lichten Zwischenraums in gültiger Weise letztwillig verfügen könne. Allein die Rechtssicherheit fordert, daß die Geschäftsunfähigkeit des wegen Geisteskrankheit Entmündigten, wie für Geschäfte unter Lebenden, so in Ansehung der Verfügungen von Todeswegen bis zur Aufhebung der Entmündigung fortdauere, und diese Auffassung ist auch im Preußischen Rechte (A.L.R. I, 12 § 21), im Französischen Rechte (Code civil Art. 503) und im Sächsischen Rechte (Gesetz vom 20. Februar 1882 III) zur Geltung gelangt.

Weiterhin hat aber der Entwurf (§ 2203, **2229** Abs. 3 Satz 1), abweichend von den allgemeinen Bestimmungen (§ 110, **114**), die Fähigkeit, ein Testament zu errichten, den wegen Verschwendung, Trunksucht oder Geistesschwäche Entmündigten versagt. Dem wegen Verschwendung Entmündigten fehlt diese Fähigkeit schon nach der herrschenden Auffassung des Gemeinen Rechtes. Derselben Auffassung sind das Bayerische Landrecht III, 3 § 3 Nr. 2, das Württembergische Landrecht, das Sächsische Gesetzbuch (§ 2072) und mit einer gewissen Beschränkung auch das Badische Landrecht (Satz 502 ff., 513a) gefolgt. Nach Preußischem Rechte (A.L.R. I, 12 §§ 27 ff., Anh. § 42) kann ein wegen Verschwendung Entmündigter bis zur Hälfte des Nachlasses frei verfügen, dagegen kann er die andere Hälfte seinem Ehegatten sowie seinen Verwandten bis zum sechsten Grade nicht durch letztwillige Verfügungen entziehen; der Widerruf eines Testaments ist ihm gestattet. Nach dem Art. 513 des Code civil ist die Entmündigung wegen Verschwendung auf die Fähigkeit zur Errichtung eines Testaments überhaupt ohne Einfluß. In Wirklichkeit bietet ein wegen Verschwendung Entmündigter nicht die nöthige Gewähr dafür, daß er von dem Rechte, ein Testament zu errichten, den angemessenen, dem Interesse der Familie entsprechenden Gebrauch machen werde. Das gleiche Bedenken trifft hinsichtlich des wegen Trunksucht und des wegen Geistesschwäche Entmündigten zu. Dem letzteren fehlt außerdem in der Regel die erforderliche Widerstandsfähigkeit gegen ungehörige Beeinflussung durch Andere. Bei Personen, welche wegen Verschwendung, Trunksucht oder Geistesschwäche entmündigt werden, ist übrigens auch noch mit der Gefahr zu rechnen, daß sie die Zeit von der Stellung des Entmündigungsantrags bis zur Entmündigung benutzen, um aus unlauteren Beweggründen, etwa aus Rachsucht, ihr Vermögen durch letztwillige Verfügungen der Familie zu entziehen. Im Anschluß an eine verwandte Vorschrift des Preußischen Rechtes (A.L.R. I, 12 § 32) setzt daher der Entwurf (§ 2203, **2229** Abs. 3) fest, daß für jene Personen der Eintritt der Unfähigkeit zur Errichtung eines Testaments sich nach dem Zeitpunkte bestimmt, zu welchem der Antrag gestellt ist, auf Grund dessen die Entmündigung erfolgte.

Der Grundsatz, daß der Entmündigte nicht fähig ist, ein Testament zu errichten, erleidet für alle Fälle der Entmündigung dann eine Ausnahme, wenn der Entmündigte nach der Stellung des Antrags auf Wiederaufhebung der Entmündigung ein Testament errichtet und die Entmündigung dem Antrage gemäß aufgehoben wird (§ 2204, **2230** Abs. 2). Durch den Erfolg des Antrags wird in unzweifelhafter Weise dargethan, daß der Mangel, der zur Entmündigung geführt hätte, zur Zeit der Errichtung des Testaments gehoben war, und es erscheint daher billig, daß nunmehr die Entmündigung der Gültigkeit des Testaments nicht weiter entgegenstehe. Hat ein Entmündigter ein Testament errichtet, bevor der die Entmündigung aussprechende Beschluß unanfechtbar geworden war und ist er demnächst noch vor Eintritt der Unanfechtbarkeit gestorben, so fehlt es an einer sicheren Grundlage für die Annahme, der Entmündigte sei zur Zeit der Errichtung des Testaments geschäftsunfähig gewesen. Auch hier steht daher die Entmündigung der Gültigkeit nicht entgegen (§ 2204, **2230** Abs. 1).

Dem in der Geschäftsfähigkeit beschränkten Minderjährigen (§ 103, **107**) kann die Fähigkeit, ein Testament zu errichten, erst beigelegt werden, wenn er ein Alter erreicht hat, in dem er die Tragweite letztwilliger Anordnungen zu würdigen vermag und ungehöriger Beeinflussung nicht ohne Weiteres zugänglich ist. Nach dem Gemeinen Rechte tritt jene Fähigkeit für das männliche Geschlecht mit dem vollendeten vierzehnten, für das weibliche mit dem vollendeten zwölften Lebensjahr ein, nach dem Preußischen und dem Sächsischen

Rechte für alle Minderjährige ohne Unterschied des Geschlechts mit dem vollendeten vierzehnten Lebensjahre (Preuß. A.L.R. I, 12 § 16, Sächs. Gesetzbuch § 2066). Indessen fehlt diesem Alter in der Regel die erforderliche geistige Reife, und der Entwurf erklärt daher im Einklange mit dem Französischen Rechte (Code civil Art. 903) und dem Württembergischen Landrechte das vollendete sechszehnte Lebensjahr für den maßgebenden Zeitpunkt (§ 2203, **2229** Abs. 2). Der Minderjährige ist, was die Errichtung eines letzten Willens betrifft, bis zu diesem Zeitpunkte geschäftsunfähig, von da an aber geschäftsfähig, so daß er nun auch nicht der Zustimmung des gesetzlichen Vertreters bedarf (§ 2203, **2229** Abs. 1).

Ordentliche Testamentsform. Die Bedeutung, welche die Errichtung eines Testaments für den Erblasser selbst, für seine Familie und für den Verkehr im Allgemeinen hat, macht es nothwendig, für dasselbe eine Form vorzuschreiben, durch welche die Echtheit und der Inhalt des letzten Willens sichergestellt werden. Dabei muß aber die Form so gestaltet werden, daß die Gefahr von Mängeln, welche die Gültigkeit des Testaments in Frage stellen, nach Möglichkeit ausgeschlossen bleibt. Endlich handelt es sich darum, einer Beeinflussung des Willens des Erblassers durch andere Personen thunlichst vorzubeugen.

Der Entwurf lehnt demgemäß das Privattestament als ordentliche Testamentsform ab [1]). Das mündliche Privattestament, wie es nach dem Gemeinen Rechte und dem Sächsischen Gesetzbuch (§§ 2100 ff., 2106) unter Zuziehung von Zeugen errichtet werden darf, bietet keine Gewähr dafür, daß der Inhalt des Testaments nach dem Tode des Erblassers sich in zuverlässiger Weise feststellen läßt. Das schriftliche, unter Zuziehung von Zeugen zu errichtende Privattestament des Gemeinen Rechtes, welches gleichfalls in neuere Gesetze (§§ 2100 ff. des Sächs. Gesetzbuchs, Art. 7 des Lüb. Gesetzes vom 9. Dezember 1865) übergegangen ist, giebt leicht zu Formfehlern Anlaß und bietet auch keinen ausreichenden Schutz gegen etwaige Beeinflussungen. Noch stärker macht sich das letztere Bedenken bei dem ohne Zuziehung von Zeugen zu errichtenden eigenhändigen (sog. holographen) Testamente des Französischen und des Badischen Rechtes (Code civil Art. 969, 970, 1001; Bad. Landrecht S. 969, 970, 1001) geltend. Auf der anderen Seite ist in dem großen Gebiete des Preußischen Rechtes (A.L.R. I, 12 §§ 66 ff.), welches nur das öffentliche Testament kennt, niemals das Bedürfniß hervorgetreten, durch Zulassung des Privattestaments die Errichtung letztwilliger Verfügungen zu erleichtern.

Für das öffentliche Testameht ist im Preußischen Rechte ausschließlich die gerichtliche Form, in Bayern sowie in den Gebieten des Französischen und des Badischen Rechtes ausschließlich die notarielle Form vorgeschrieben. Das Gemeine Recht und eine große Zahl neuerer Gesetze (vergl. insbesondere

---

1) In der Reichstagskommission wurde jedoch das Privattestament als ordentliche Testamentsform in das B.G.B. (§ 2231 Nr. 2) aufgenommen. Man betonte, daß diese Testamentsform den Vorzug der Billigkeit und Bequemlichkeit habe und sich da, wo sie schon jetzt gelte, allgemeiner Beliebtheit erfreue. K.B. S. 318—321, St.B. S. 726—741.

Sächs. Gesetzbuch § 2108 und Sächs. Notariatsordnung vom 5. September 1892 §§ 1, 34; Württemb. Notariatsordnung vom 25. Oktober 1808 § 17 und Gesetz vom 14. Juni 1843 Art. 9; Hannov. Notariatsordnung vom 18. September 1853 §§ 1, 44) lassen die gerichtliche und die notarielle Form nebeneinander zu. Der Entwurf (§ 2205, **2231** Nr. **1**, **2233**) schließt sich den letzteren Gesetzen an, indem er bestimmt, daß das Testament in ordentlicher Form nur vor einem Richter oder vor einem Notar errichtet werden kann und daß der Richter einen Gerichtsschreiber oder zwei Zeugen, der Notar zwei Zeugen [1]) zuziehen muß. Uebrigens soll mit Rücksicht auf die Verschiedenheit der Verhältnisse in den einzelnen Gebieten die Landesgesetzgebung durch einen Vorbehalt im Einführungsgesetz [2]) ermächtigt werden, die gerichtliche oder die notarielle Form für die ausschließlich zulässige zu erklären.

Die Errichtung des gerichtlichen oder des notariellen Testaments erfolgt in der Weise, daß der Erblasser dem Richter oder dem Notar entweder seinen Willen mündlich erklärt oder daß er eine, von ihm selbst oder einem Anderen geschriebene, Schrift offen oder verschlossen mit der mündlichen Erklärung übergiebt, daß die Schrift seinen letzten Willen enthalte (§ 2210, **2238** Abs. 1). Beide Arten der Errichtung sind nach dem Vorgange des Gemeinen Rechtes in allen neueren Gesetzen bereits anerkannt (Preuß. A.L.R. I, 12 § 66; Sächs. Gesetzbuch § 2092; Code civil Art. 976).

Wer minderjährig ist oder Geschriebenes nicht zu lesen vermag, kann ein Testament nur durch mündliche Erklärung errichten (§ 2210, **2238** Abs. 2) [3]). Er wird auf diese Art gegen unbefugte Einwirkungen Anderer geschützt. Umgekehrt kann, wer nach der Ueberzeugung des Richters oder des Notars stumm oder sonst am Sprechen verhindert ist, ein Testament nur durch Uebergabe einer Schrift errichten (§ 2215, **2243**).

Das vor dem Richter oder dem Notar errichtete Testament soll nach § 2218, **2246** in amtliche Verwahrung gebracht werden [4]). Diese Ordnungsvorschrift ist durch die Rechtssicherheit geboten und findet sich schon in den neueren Gesetzen.

Außerordentliche Testamentsformen. Neben der gerichtlichen und der notariellen Form läßt der Entwurf (§§ 2219, **2249** bis 2223, **2252**) für außerordentliche Fälle erleichterte Formen der letztwilligen Verfügung zu.

Ist zu besorgen, daß der Erblasser früher sterben werde, als die Errichtung eines Testaments in ordentlicher Form möglich ist, so kann die Errichtung des Testaments vor dem Gemeindevorsteher und zwei Zeugen erfolgen (§ 2219, **2249**). Aehnliche Vorschriften finden sich bereits im gelten-

1) Im § 2233 B.G.B. ist bestimmt worden, daß der Notar einen zweiten Notar oder zwei Zeugen zuziehen muß. K.B. S. 321.

2) Vergl. dort den Art. 141.

3) Im amtlichen Texte steht in Folge eines Druckfehlers „§ 2210 Abs. 1". — Diese Bestimmung gilt nach dem B.G.B. (vergl. § 2232) nur für das öffentliche Testament. Ein Privattestament kann von demjenigen, der minderjährig ist oder Geschriebenes nicht zu lesen vermag, nach § 2247 nicht errichtet werden. K.B. S. 321.

4) Bezüglich des Privattestaments vergl. die neu aufgenommene Vorschrift des § 2248 B.G.B. Vergl. K.B. S. 321.

den Rechte (vergl. Preuß. A.L.R. I, 12 §§ 93 ff.; Code civil Art. 974). Die Vorschriften der §§ 44 ff. des Reichsmilitärgesetzes vom 2. Mai 1874 (Reichs-Gesetzbl. S. 45) über das Soldatentestament bleiben selbstverständlich auch ferner in Wirksamkeit [1]).

Eine Formerleichterung stellt sich weiter als Bedürfniß dar, wenn der Erblasser sich an einem Orte aufhält, der in Folge einer Krankheit oder sonstiger außerordentlicher Umstände dergestalt abgesperrt ist, daß die Errichtung des Testaments in ordentlicher Form nicht möglich oder erheblich erschwert ist. Auch das geltende Recht (Preuß. A.L.R. I, 12 §§ 198 ff.; Code civil Art. 987 ff.; Sächs. Gesetzbuch §§ 2113, 2114) trifft für solche Verhältnisse, wenngleich mit vielfachen Abweichungen im Einzelnen, besondere Vorsorge. Nach dem Entwurf (§ 2220, **2250**) kann der Erblasser in dem bezeichneten Falle das Testament errichten: 1. vor dem Gemeindevorsteher und zwei Zeugen, 2. durch eine unter Angabe des Ortes und des Tages der Ausstellung eigenhändig geschriebene und unterschriebene Erklärung [2]) oder 3. durch mündliche Erklärung vor drei Zeugen. Die beiden zuletzt erwähnten Formen [3]) stehen (§ 2221, **2251**) ferner demjenigen zu Gebote, welcher sich während einer Seereise an Bord eines deutschen, nicht zur Kaiserlichen Marine gehörenden Fahrzeugs außerhalb eines inländischen Hafens befindet; auch in dieser Hinsicht enthält schon das geltende Recht ähnliche Bestimmungen (Preuß. A.L.R. I, 12 §§ 205, 206; Code civil Art. 988 ff.). Was die Testamente von Personen betrifft, die zur Besatzung eines in Dienst gestellten Schiffes der Kaiserlichen Marine gehören oder sich sonst an Bord eines solchen Schiffes befinden, so sollen auf diese Testamente durch eine Bestimmung im Einführungsgesetze [4]) die Vorschriften des Reichsmilitärgesetzes ausgedehnt werden.

Die Wirksamkeit eines nach den §§ 2219, **2249** bis 2221, **2251** in außerordentlicher Form errichteten Testaments hat der Entwurf nach dem Vorgange der neueren Gesetzgebung (Preuß. A.L.R. I, 12 §§ 201, 207; Code civil Art. 987, 996; Sächs. Gesetzbuch § 2114) zeitlich beschränkt. Ist die Lage, welche den Verfügenden zur Anwendung der außerordentlichen Form berechtigte, beseitigt und war ihm weiterhin Zeit und Gelegenheit geboten, ein Testament in der ordentlichen Form zu errichten, so fällt jeder Anlaß für eine Berücksichtigung jener Verfügung weg. Dieselbe gilt demgemäß (§ 2222, **2252** Abs. 1) als nicht errichtet, wenn seit der Errichtung drei Monate verstrichen sind und der Erblasser noch lebt; Beginn und Lauf der Frist sind jedoch gehemmt, so lange der Erblasser außer Stande ist, ein Testament in ordentlicher Form [5]) zu errichten (§ 2222, **2252** Abs. 2).

1) Vergl. jedoch E.G. zum B.G.B. Art. 45.

2) Die im Texte unter 2 erwähnte Bestimmung ist wegen der Aufnahme des § 2231 Nr. 2 in das B.G.B. gestrichen worden. Vergl. B.G.B. § 2250 und K.B. S. 322.

3) Im B.G.B. § 2251 ist aus dem in der vorigen Anm. erwähnten Grunde nur die Testamentserrichtung durch mündliche Erklärung vor 3 Zeugen zugelassen worden. K.B. S. 322.

4) Vergl. dort Art. 44.

5) Für „in ordentlicher Form" ist im Hinblick auf die Fassung des § 2231 B.G.B. im § 2252 Abs. 2 gesagt: „vor einem Richter oder vor einem Notar". K.B. S. 322.

Eine besondere Form läßt der Entwurf (§ 2223)[1]) nach dem Vorgange des Preußischen Gesetzes vom 3. April 1823 für Testamente zu, welche von einem Gesandten oder Berufskonsul des Reiches oder von Personen, die zu einer Gesandtschaft oder einem Konsulat des Reiches gehören, im Ausland errichtet werden. Der Verfügende kann die Erklärung seines letzten Willens offen oder verschlossen dem Reichskanzler mit einem Annahmegesuch übersenden; mit der Absendung ist das Testament errichtet. Die Erklärung des letzten Willens und das Annahmegesuch müssen unter Angabe des Ortes und Tages der Abfassung von dem Erblasser eigenhändig geschrieben und unterschrieben sein.

Endlich läßt der Entwurf, einem praktischen Bedürfniß entsprechend, für eine Reihe von Verfügungen mit Rücksicht auf ihren Inhalt eine erleichterte Form zu. Im Anschluß an das Preußische Recht (A.L.R. I, 12 §§ 161 ff.; § 17 Abs. 1 Nr. 2, § 21 Abs. 1 Nr. 6, § 26 Abs. 5, § 35 Abs. 3, § 47, § 57 Abs. 1, § 60 Abs. 2, §§ 70, 72 der Preuß. Vormundschaftsordnung vom 5. Juli 1875) gestattet er dem Erblasser, in einem unter Angabe des Ortes und des Tages der Ausstellung eigenhändig geschriebenen und unterschriebenen Testamente Vermächtnisse anzuordnen, sofern diese nicht im Gesammtbetrage den zwanzigsten Theil des Nachlasses übersteigen (§ 2224), sowie Anordnungen über sein Begräbniß und gewisse familienrechtliche Anordnungen, z. B. die Ernennung eines Vormundes für seine Kinder, die Anordnung einer befreiten Vormundschaft, zu treffen (§ 2225 Satz 1). In der gleichen Form kann der Erblasser einen Testamentsvollstrecker ernennen (§ 2225 Satz 2)[2]).

XII. Gemeinschaftliches Testament.

Zulassung. Während das Gemeine und das Sächsische Recht (Sächs. Gesetzbuch §§ 2196 ff.) gemeinschaftliche Testamente allgemein zulassen, schließt das Französische Recht (Code civil Art. 968) sie schlechthin aus. Ob nach Preußischem Rechte Mehrere den letzten Willen in einer gemeinsamen Urkunde erklären können, ist bestritten; die Errichtung eines gemeinschaftlichen, wechselseitigen Testaments ist jedenfalls nur Ehegatten gestattet (Preuß. A.L.R. I, 12 § 614, II, 1 § 482).

Erfahrungsmäßig sind gemeinschaftliche Testamente die Quelle häufiger Rechtsstreitigkeiten. Ihre Zulassung ist daher nur insoweit gerechtfertigt, als sie durch ein unabweisbares Bedürfniß gefordert wird. Ein solches Bedürfniß besteht, wie namentlich die Entwickelung in den Gebieten des Gemeinen Rechtes zeigt, für Ehegatten. In der That entspricht es der deutschen Auffassung von dem Wesen der Ehe, wenn die Ehegatten nicht nur während der Dauer derselben

1) Dieser Paragraph ist gestrichen worden, weil den darin erwähnten Personen als ordentliche Testamentsform die des § 2231 Nr. 2 B.G.B. zu Gebote steht. K.B. S. 322.

2) Die §§ 2224, 2225 des E. sind aus dem in der vorigen Anm. angegebenen Grunde gleichfalls gestrichen worden. K.B. S. 322.

alle wichtigen Angelegenheiten im beiderseitigen Einverständniß erledigen, sondern auch für den Todesfall ihre Verhältnisse durch gemeinschaftliche letztwillige Verfügung regeln. Dagegen liegt kein Anlaß vor, auch anderen Personen die Möglichkeit der Errichtung gemeinschaftlicher Testamente zu eröffnen. Insbesondere werden im Falle des Verlöbnisses die erbrechtlichen Verhältnisse der künftigen Ehegatten schon jetzt meist durch Ehe- und Erbvertrag geordnet.

Das gemeinschaftliche Testament dient häufig den Ehegatten dazu, sich gegenseitig zu bedenken. Nicht selten wird auch dem einen Ehegatten von dem anderen eine Zuwendung in der Weise gemacht, daß der letztere gleichzeitig für den Fall des Ueberlebens des Bedachten eine Verfügung zu Gunsten eines Dritten trifft, der mit dem anderen Ehegatten verwandt ist oder ihm nahe steht. Im einen wie im anderen Falle ist regelmäßig die Verfügung des einen Ehegatten nur mit Rücksicht auf die Verfügung des anderen getroffen; es entspricht demgemäß der Willensmeinung der Betheiligten, daß die Nichtigkeit und der Widerruf der einen Verfügung die Unwirksamkeit der anderen zur Folge haben sollen. Nach dem Vorgange der gemeinrechtlichen Praxis und des Preußischen Rechtes (A.L.R. II, 1 §§ 485 ff.) stellt der Entwurf (§ 2243, **2270**) eine Rechtsmuthung in diesem Sinne auf. Der Widerruf einer Verfügung, die zu einer Verfügung des anderen Ehegatten in dem bezeichneten Verhältnisse der Abhängigkeit steht, darf bei Lebzeiten der Ehegatten nur in der Weise erfolgen, daß er dem anderen Ehegatten gegenüber durch eine gerichtlich oder notariell beurkundete Erklärung abgegeben wird (§ 2244, **2271** Abs. 1 Satz 1). Der letztere wird dadurch in die Lage gebracht, eine neue, den geänderten Umständen entsprechende Verfügung zu treffen. Nach dem Tode des anderen Ehegatten kann der Ueberlebende seine Verfügung aufheben, wenn er das ihm Zugewendete ausschlägt. In der Annahme des Zugewendeten findet die Praxis des Gemeinen Rechtes überwiegend einen bindenden Verzicht auf das Recht des Widerrufs, und diese Auffassung hat im Preußischen Allgemeinen Landrecht II, 1 § 492 und im Sächsischen Gesetzbuch (§ 2214) ausdrückliche Anerkennung gefunden. Sie entspricht auch der regelmäßigen Absicht der Vertragschließenden und der Entwurf (§ 2244, **2271** Abs. 2 Satz 1) ist ihr daher gleichfalls gefolgt. Jedoch wird, in Uebereinstimmung mit der Praxis des Preußischen Rechtes, dem überlebenden Ehegatten noch nach der Annahme die Befugniß zur Aufhebung seiner zu Gunsten eines Dritten getroffenen Verfügung für den Fall gewährt, daß sich der bedachte Dritte einer Verfehlung schuldig macht, die den überlebenden Ehegatten zur Entziehung des Pflichttheils berechtigt oder, falls der Dritte nicht zu den Pflichttheilsberechtigten gehört, dazu berechtigen würde, wenn der Bedachte ein Abkömmling des überlebenden Ehegatten wäre (§ 2244, **2271** Abs. 2 Satz 2). Im Anschluß an die preußische Praxis wird ferner, wenn ein pflichttheilsberechtigter Abkömmling der Ehegatten oder eines der Ehegatten bedacht ist, dem Erblasser gestattet, den Abkömmling nach Maßgabe der Vorschriften des § 2311, **2338** in guter Absicht zu enterben (§ 2244, **2271** Abs. 3), da durch eine solche Verfügung der Erblasser nur der Pflicht der Fürsorge für den Abkömmling Genüge leistet.

XIII. Erbvertrag.

Zulässigkeit des Erbvertrags und Inhalt desselben.

Das Französische Recht (Code civil Art. 1082, 1093) gestattet den Erbvertrag nur zwischen Verlobten. Dagegen läßt der Entwurf (§ 1917, **1941**) denselben allgemein zu. Er befindet sich dabei in Uebereinstimmung mit dem Gemeinen, dem Preußischen und dem Sächsischen Rechte (Preuß. A.L.R. II, 12 §§ 617 ff.; Sächs. Gesetzbuch § 2542). In dem Geltungsbereiche dieser Rechte werden, wie die Erfahrung zeigt, Erbverträge nicht selten auch von anderen Personen als Verlobten oder Ehegatten geschlossen, namentlich in Verbindung mit Verpflegungsverträgen. Mißstände haben sich daraus nicht ergeben.

Gegenstand des Erbvertrags kann sowohl die Einsetzung eines Erben als auch die Anordnung von Vermächtnissen oder Auflagen sein (§ 1917, **1941** Abs. 1, § 2251, **2278**). Der Vermächtnißvertrag ist namentlich für bäuerliche Verhältnisse von praktischer Bedeutung. Als Erbe oder Vermächtnißnehmer kann nicht nur der andere Vertragschließende, sondern auch ein Dritter bedacht werden (§ 1917, **1941** Abs. 2). Diese Regelung entspricht dem Sächsischen Gesetzbuch (§ 2553) und steht auch mit den Vorschriften im Einklang, welche der Entwurf für Verträge aufgestellt hat, die zu Gunsten eines Dritten unter Lebenden geschlossen werden (vergl. oben S. 53 f.).

Andere Verfügungen als Erbeinsetzungen, Vermächtnisse und Auflagen können vertragsmäßig, d. h. mit bindender Wirkung für den Verfügenden, im Erbvertrage nicht getroffen werden (§ 2251, **2278** Abs. 2). Dies gilt insbesondere für die Ernennung eines Testamentsvollstreckers sowie für familienrechtliche Anordnungen; der Erblasser muß bei der persönlichen Natur der hier in Betracht kommenden Fragen die Freiheit der Entschließung gegenüber einer etwaigen Aenderung der Verhältnisse behalten. Dagegen ist es, entsprechend dem geltenden Rechte (vergl. Preuß. A.L.R. I, 12 §§ 632, 633, 646) jedem Vertragschließenden unbenommen, in dem Erbvertrag einseitig alle Verfügungen zu treffen, die durch Testament getroffen werden können (§ 2272, **2299** Abs. 1). Derartige Verfügungen sind der Hauptsache nach so zu beurtheilen, wie wenn sie durch Testament getroffen worden wären (§ 2272, **2299** Abs. 2, 3).

Werden in einem Erbvertrage von beiden Theilen vertragsmäßige Verfügungen getroffen (§ 2251, **2278** Abs. 1), so wird es regelmäßig in der Absicht der Vertragschließenden liegen, daß die Verfügungen in dem Verhältnisse der Abhängigkeit zu einander stehen. Demgemäß bestimmt der § 2271, **2298** Abs. 1, daß die Nichtigkeit einer der Verfügungen die Unwirksamkeit des ganzen Vertrags zur Folge hat.

Eingehung des Erbvertrags.

Wie für die Errichtung des Testaments (§ 2039, **2064**), so gilt auch für die Schließung des Erbvertrags der Grundsatz, daß sie der Erblasser nur persönlich vornehmen kann (§ 2247, **2274**). Dagegen lassen sich die Vorschriften über die Fähigkeit zur Errichtung eines Testaments (§ 2203, **2229**) mit Rücksicht auf die Unwiderruflichkeit des Erbvertrags hier nicht zur Anwendung bringen. Nach dem Vorgange der neueren Gesetzgebungen (Preuß. A.L.R. I, 12 § 621;

Sächs. Gesetzbuch § 2545) stellt der Entwurf (§ 2248, **2275** Abs. 1) vielmehr die Regel auf, daß einen Erbvertrag als Erblasser nur schließen kann, wer unbeschränkt geschäftsfähig ist. Da indessen die Bedürfnisse des Lebens häufig Anlaß geben, mit dem Erbvertrag einen Ehevertrag zu verbinden, so läßt der Entwurf (§ 2248, **2275** Abs. 2 Satz 1) eine Ausnahme dahin zu, daß ein Ehegatte oder ein Verlobter als Erblasser mit seinem Ehegatten oder seinem Verlobten einen Erbvertrag schließen kann, auch wenn er in der Geschäftsfähigkeit beschränkt ist. In einem solchen Falle bedarf aber der Ehegatte oder der Verlobte der Zustimmung seines gesetzlichen Vertreters und, wenn der gesetzliche Vertreter ein Vormund ist, auch der Genehmigung des Vormundschaftsgerichts.

Für den Erbvertrag ist der Hauptsache nach dieselbe Form vorgeschrieben wie für das ordentliche Testament[1]) (§ 2249, **2276** Abs. 1). In Uebereinstimmung mit dem Preußischen und dem Sächsischen Rechte (Preuß. A.L.R. I, 12 § 621, Sächs. Gesetzbuch § 2546) kann daher der Erbvertrag sowohl durch mündliche Erklärung vor Gericht oder Notar als auch in der Weise geschlossen werden, daß die Vertragschließenden dem Richter oder dem Notar eine Schrift mit der mündlichen Erklärung übergeben, daß die Schrift den Vertrag enthalte (§ 2249, **2276** Abs. 1 vergl. mit § 2210, **2238** Abs. 1, § 2205, **2231**). Dabei müssen aber beide Theile gleichzeitig anwesend sein. Eine Formerleichterung sieht der Entwurf (§ 2249, **2276** Abs. 2) für den Fall vor, daß ein Erbvertrag zwischen Ehegatten oder Verlobten mit einem Ehevertrag in derselben Urkunde verbunden wird. Da hier beide Verträge in der Regel ein untrennbares Ganze bilden, so soll die Form des Ehevertrags (§ 1417, **1434**) genügen.

Vermöge des Erbeinsetzungsvertrags wird der Bedachte zur Erbfolge berufen; eine solche Berufung unterscheidet sich von der Berufung durch Testament der Hauptsache nach nur darin, daß sie nicht entzogen werden kann. Auch auf die vertragsmäßigen Vermächtnisse und Auflagen finden im Wesentlichen die für letztwillige Zuwendungen und Auflagen geltenden Vorschriften Anwendung (§ 2252, **2279**). Durch den Erbvertrag wird, wie sich aus der Natur desselben ergiebt, das Recht des Erblassers, über sein Vermögen durch Rechtsgeschäft unter Lebenden zu verfügen, nicht berührt (§ 2259, **2286**). Gegen einen Mißbrauch dieses Verfügungsrechts wird jedoch dem Bedachten im Anschluß an die gemeinrechtliche Praxis und neuere Gesetzgebungen (vergl. Preuß. A.L.R. I, 12 §§ 625, 626; Code civil Art. 1082, 1093) Schutz gewährt. Was den Vertragserben betrifft, so kann derselbe, wenn der Erblasser in der Absicht, ihn zu beeinträchtigen, eine Schenkung gemacht hat, nach dem Anfalle der Erbschaft von dem Beschenkten die Herausgabe des Geschenkes in Gemäßheit der Vorschriften über die Herausgabe einer ungerechtfertigten Bereicherung fordern (§ 2260, **2287** Abs. 1). Der Anspruch verjährt aber in drei Jahren von dem Anfalle der Erbschaft an (§ 2260, **2287** Abs. 2). Eines Wirkung.

---

1) Gemeint ist das ordentliche öffentliche Testament des E. § 2205 (vergl. § 2231 Nr. 1 B.G.B.).

weitergehenden Schutzes bedarf derjenige, welchem ein Gegenstand vertragsmäßig als Vermächtniß zugewendet ist. Das Vermächtniß eines bestimmten Gegenstandes ist in der Regel unwirksam, soweit der Gegenstand zur Zeit des Erbfalls nicht zur Erbschaft gehört (§ 2143, **2169** Abs. 1, § 2252, **2279** Abs. 1). Der Erblasser hätte es danach in der Hand, das Recht des Vermächtnißnehmers durch Zerstörung oder Veräußerung des vertragsmäßig vermachten Gegenstandes vollständig zu vereiteln. Ein solches Ergebniß würde aber dem Zwecke des Vermächtnißvertrags widerstreiten. Der Entwurf schreibt daher vor, daß, wenn der Erblasser den Gegenstand des vertragsmäßig angeordneten Vermächtnisses in der Absicht, den Bedachten zu benachtheiligen, zerstört, bei Seite geschafft oder beschädigt hat, der Werth insoweit an die Stelle des Gegenstandes tritt, als der Erbe durch seine Handlung außer Stand gesetzt ist, die Leistung zu bewirken (§ 2261, **2288** Abs. 1). Hat der Erblasser den Gegenstand in der gleichen Absicht veräußert oder belastet, so ist der Erbe verpflichtet, dem Bedachten den Gegenstand zu verschaffen oder die Belastung zu beseitigen (§ 2261, **2288** Abs. 2 Satz 1). War die Veräußerung oder Belastung schenkweise erfolgt, so steht dem Bedachten, soweit er nicht von dem Erben Ersatz erlangen kann, der Anspruch auf Herausgabe des Geschenkes nach den Vorschriften über die Herausgabe einer ungerechtfertigten Bereicherung gegen den Beschenkten zu (§ 2261, **2288** Abs. 2 Satz 2).

Der durch einen Erbvertrag Bedachte muß darauf rechnen dürfen, daß der Werth des ihm Zugewendeten nicht in Folge sonstiger letztwilliger Verfügungen des Erblassers geschmälert werde. Demgemäß bestimmt der Entwurf (§ 2262, **2289** Abs. 1), daß durch den Erbvertrag eine frühere letztwillige Verfügung des Erblassers insoweit aufgehoben wird, als sie das Recht des vertragsmäßig Bedachten beeinträchtigen würde, und daß in dem gleichen Umfang eine spätere Verfügung von Todeswegen unwirksam ist. Jedoch kann der Erblasser, soweit er zum Rücktritte von dem Erbvertrage berechtigt ist (§§ 2266, **2293** bis 2268, **2295**), die zu Gunsten eines Dritten getroffene vertragsmäßige Verfügung nach dem Tode des anderen Vertragschließenden durch Testament aufheben (§ 2262, **2289** Abs. 1 Satz 2, § 2270, **2297**). Auch wird (§ 2262, **2289** Abs. 2) für den Fall, daß der Bedachte ein pflichttheilsberechtigter Abkömmling des Erblassers ist, dem letzteren die durch das Interesse des Bedachten selbst sich rechtfertigende Befugniß vorbehalten, im Wege einer späteren letztwilligen Verfügung diejenigen Anordnungen zu treffen, welche zum Zwecke der Enterbung in guter Absicht (§ 2311, **2338**) zulässig sind.

Rücktritt vom Erbvertrage. Der Erblasser kann von dem Erbvertrage zurücktreten, wenn er sich den Rücktritt im Vertrage vorbehalten hat (§ 2266, **2293**). Hiervon unabhängig aber wird dem Erblasser, dem Sinne des Vertrags entsprechend, ein Rücktrittsrecht gewährt, wenn sich der Bedachte einer Verfehlung schuldig macht, die den Erblasser zur Entziehung des Pflichttheils berechtigt oder, falls der Bedachte nicht zu den Pflichttheilsberechtigten gehört, zu der Entziehung berechtigen würde, wenn der Bedachte ein Abkömmling des Erblassers wäre (§ 2267, **2294**). Endlich kann dem Erblasser nach Lage der Sache das Recht des Rücktritts auch für den Fall nicht versagt werden, daß die vertragsmäßige

Verfügung mit Rücksicht auf eine rechtsgeschäftliche Verpflichtung des Bedachten, dem Erblasser für dessen Lebenszeit wiederkehrende Leistungen zu entrichten, insbesondere Unterhalt zu gewähren, getroffen ist, und die Verpflichtung vor dem Tode des Erblassers aufgehoben wird (§ 2268, **2295**).

XIV. Pflichttheil.

Das Recht des Erblassers, über sein Vermögen von Todeswegen zu verfügen, ist in allen bestehenden Gesetzen zu Gunsten der nahen Angehörigen durch das Pflichttheilsrecht beschränkt. Im Einzelnen ist die Regelung eine außerordentlich verschiedene.

Der Entwurf erkennt das Recht auf den Pflichttheil gleichfalls an, und zwar gewährt er dasselbe mit den geltenden Rechten in erster Linie allen Abkömmlingen des Erblassers, ohne Rücksicht auf die Nähe des Grades (§ 2276, **2303** Abs. 1 Satz 1). Die engen Beziehungen zwischen Eltern und Kindern rechtfertigen es, wenn der Entwurf (§ 2276, **2303** Abs. 2) weiterhin noch den Eltern des Erblassers ein Pflichttheilsrecht beilegt. Nach dem Gemeinen Rechte und den meisten neueren Gesetzen (Preuß. A.L.R. II, 2 §§ 501 ff., Code civil Art. 915; Sächs. Gesetzbuch § 2565) sind auch alle übrigen Verwandten aufsteigender Linie pflichttheilsberechtigt. Indessen fehlt es an einem ausreichenden Grunde, dieses Pflichttheilsrecht festzuhalten. Dasselbe würde auch der gesetzlichen Erbfolgeordnung des Entwurfes (§§ 1901, **1925**, 1902, **1926**) nicht entsprechen, wonach die Geschwister des Erblassers und deren Abkömmlinge den Großeltern und den weiteren Voreltern vorgehen. Pflichttheilsberechtigte.

In Uebereinstimmung mit den meisten neueren Gesetzgebungen (Preuß. A.L.R. II, 3 § 33; Code civil Art. 916; Sächs. Gesetzbuch § 2565) lehnt ferner der Entwurf das mit den heutigen Anschauungen nicht mehr vereinbare Pflichttheilsrecht ab, welches das Gemeine Recht den vollbürtigen sowie den von demselben Vater erzeugten halbbürtigen Geschwistern für den Fall gewährt, daß ihnen eine bescholtene Person vorgezogen wird.

Dagegen hat der Entwurf (§ 2276, **2303** Abs. 2) dem Ehegatten des Erblassers ein Pflichttheilsrecht eingeräumt. Die Anerkennung dieses dem gesetzlichen Erbrechte des Ehegatten (§ 1907, **1931**) entsprechenden Pflichttheilsrechts rechtfertigt sich durch die Innigkeit des ehelichen Verhältnisses und findet in der Mehrzahl der neueren Gesetzgebungen (Preuß. A.L.R. II, 1 §§ 621 ff., Sächs. Gesetzbuch § 2565; Art. 43 des Oldenb. Gesetzes vom 24. April 1873, Art. 38 des Oldenburg. Gesetzes vom 10. Januar 1879) einen Vorgang.

Der Ehegatte und die nächsten als gesetzliche Erben berufenen Abkömmlinge des Erblassers sind in jedem Falle pflichttheilsberechtigt. Dagegen steht entfernteren Abkömmlingen und den Eltern des Erblassers im einzelnen Falle ein Pflichttheilsrecht insoweit nicht zu, als ein Abkömmling, der sie im Falle der gesetzlichen Erbfolge ausschließen würde, den Pflichttheil verlangen kann oder das ihm hinterlassene annimmt (§ 2282, **2309**).

Das Französische Recht (Code civil Art. 913) bestimmt den dem einzelnen Berechtigten gebührenden Pflichttheil in der Weise, daß es den Bruchtheil des Größe des Pflichttheils.

Nachlasses bezeichnet, über welchen der Erblasser bei dem Vorhandensein von Pflichttheilsberechtigten frei verfügen darf. Dagegen setzen die sonstigen neueren Gesetzgebungen nach dem Vorgange des Gemeinen Rechtes (Preuß. A.L.R. II, 2 § 392; Sächs. Gesetzbuch § 2566) den Pflichttheil unmittelbar auf einen bestimmten Bruchtheil des gesetzlichen Erbtheils fest. Der Entwurf (§ 2276, 2303 Abs. 1 Satz 2) schließt sich der letzteren Berechnungsart an. Da der einzelne Berechtigte sein Pflichttheilsrecht unabhängig von den übrigen Berechtigten geltend machen kann, so ist es das Nächstliegende, den Pflichttheil eines jeden selbständig nach Maßgabe seines gesetzlichen Erbtheils zu bemessen.

Die Höhe des Pflichttheils ist im geltenden Rechte für Abkömmlinge und für Verwandte aufsteigender Linie meist verschieden bestimmt.

Der Pflichttheil der Abkömmlinge beträgt nach Gemeinem Rechte ein Drittel des gesetzlichen Erbtheils, falls jedoch der gesetzliche Erbtheil weniger als ein Viertel des Nachlasses ausmacht, die Hälfte. Dem Gemeinen Rechte sind insbesondere das Bayerische Recht (Bayer. Landrecht III, 3 § 15 Nr. 2), das Sächsische Gesetzbuch (§ 2566) und das Württembergische Recht gefolgt. Das Preußische Allgemeine Landrecht II, 2 § 392 setzt den Pflichttheil der Abkömmlinge auf ein Drittel, die Hälfte oder zwei Drittel des gesetzlichen Erbtheils fest, je nachdem ein oder zwei, drei oder vier oder mehr als vier Kinder vorhanden sind. Nach dem Code civil (Art. 913) kann der Erblasser über die Hälfte, ein Drittel oder ein Viertel der Erbschaft frei verfügen, je nachdem er ein, zwei oder mehr Kinder hat.

Für den Pflichttheil der Verwandten aufsteigender Linie gelten, was die Höhe des Pflichttheils anlangt, nach der herrschenden Auffassung des Gemeinen Rechtes die gleichen Grundsätze wie für den Pflichttheil der Abkömmlinge. Nach dem Preußischen Allgemeinen Landrechte II, 2 § 502 beträgt der Pflichttheil der Verwandten aufsteigender Linie die Hälfte, nach dem § 2569 des Sächsischen Gesetzbuchs und dem Württembergischen Rechte ein Drittel des gesetzlichen Erbtheils. Im Französischen Rechte beträgt der Theil des Nachlasses, über welchen der Erblasser frei verfügen kann, die Hälfte, wenn Verwandte aufsteigender Linie von väterlicher und mütterlicher Seite vorhanden sind, dagegen drei Viertel, wenn nur die eine oder die andere Seite zu berücksichtigen ist.

Der Pflichttheil des Ehegatten ist in den meisten Rechten (Preuß. A.L.R. II, 1 § 631, Art. 41 § 1 des Oldenb. Gesetzes vom 24. April 1873 und Art. 38 § 1 des Oldenb. Gesetzes vom 10. Januar 1879; Art. 22 des Lüb. Gesetzes vom 10. Februar 1862) auf die Hälfte, im Württembergischen Rechte auf ein Drittel festgesetzt. Nach dem Sächsischen Gesetzbuche (§§ 2578 bis 2580) besteht der Pflichttheil des Ehegatten in dem ganzen gesetzlichen Erbtheile, soweit mit dem Ehegatten Abkömmlinge des Erblassers zusammentreffen; neben Geschwistern und deren Abkömmlingen sowie neben Verwandten aufsteigender Linie beträgt der Pflichttheil zwei Drittel des gesetzlichen Erbtheils, neben entfernteren Verwandten die Hälfte der Erbschaft.

Der Entwurf (§ 2276, 2303 Abs. 1 Satz 2) bestimmt als Pflichttheil für alle Fälle die Hälfte des gesetzlichen Erbtheils. Diese Regelung hat den Vorzug der Einfachheit und berücksichtigt die Interessen sämmtlicher Betheiligter in gleicher Weise; namentlich wird hierdurch die Unzuträglichkeit vermieden, daß je nach der Zahl der erbberechtigten Verwandten das Verfügungsrecht des Erblassers sich erweitert oder beschränkt.

In Uebereinstimmung mit den meisten geltenden Rechten (vergl. Preuß. A.L.R. II, 2 § 417; § 2571 des Sächs. Gesetzbuchs) ist auch nach dem Entwurfe für die Berechnung des Pflichttheils derjenige Antheil an der Erbschaft maßgebend, der dem Pflichttheilsberechtigten bei unverändertem Eintritte der gesetzlichen Erbfolge gebühren würde. Demgemäß werden bei der Feststellung diejenigen mitgezählt, welche durch letztwillige Verfügung von der Erbfolge ausgeschlossen sind oder die Erbschaft ausgeschlagen haben oder für erbunwürdig erklärt sind (§ 2283, 2310 Satz 1). Der Wegfall einer dieser Personen hat mithin eine Erhöhung des Pflichttheils der anderen Berechtigten nicht zur Folge. Nur durch eine derartige Regelung wird dem Erblasser eine sichere Grundlage für seine letztwilligen Anordnungen gegeben. Eine Ausnahme erscheint jedoch für den Fall geboten, daß die Veränderung der gesetzlichen Erbfolge durch einen Erbverzicht herbeigeführt ist. Regelmäßig ist im Falle des Erbverzichts eine Abfindung gewährt und daher der Nachlaß um den Betrag dieser Abfindung vermindert. Unter solchen Umständen wäre es unbillig, den Pflichttheil der anderen Berechtigten so zu berechnen, wie wenn der Erbverzicht nicht stattgefunden hätte. Abweichend von dem Preußischen Allgemeinen Landrechte II, 2 § 488 bestimmt daher der Entwurf, daß, wer durch Erbverzicht von der gesetzlichen Erbfolge ausgeschlossen ist, bei der Feststellung des Pflichttheils nicht mitgezählt wird (§ 2283, 2310 Satz 2).

Rechtliche Natur des Pflichttheilsanspruchs.

Im Französischen Rechte (Code civil Art. 913, 915) ist das Pflichttheilsrecht als ein wirkliches Erbrecht gestaltet. Das Gleiche ist nach dem Gemeinen Rechte dann der Fall, wenn der Erblasser jede Zuwendung an den Berechtigten unterlassen hat. Auf dem Standpunkte des Gemeinen Rechtes steht im Wesentlichen auch das Sächsische Gesetzbuch (§ 2589). Dagegen gewährt das Preußische Recht (A.L.R. II, 2 §§ 434 ff.) nach der herrschenden Auffassung dem Pflichttheilsberechtigten in allen Fällen nur einen persönlichen Anspruch, den Anspruch auf Ausbezahlung des Werthes des Pflichttheils. Damit stimmt auch das Lüb. Gesetz vom 10. Februar 1862 Art. 24, 25 überein.

Der Entwurf hat sich der letzteren Auffassung angeschlossen. Wird der Pflichttheilsanspruch als Erbfolgerecht geregelt, so ergeben sich daraus für alle Betheiligten unsichere Verhältnisse, welche die Bereinigung des Nachlasses erschweren und häufig zu verwickelten Rechtsstreitigkeiten führen. Alle diese Schwierigkeiten werden vermieden, wenn sich der Pflichttheilsberechtigte mit einer Geldabfindung zufrieden geben muß, und es ist auf diesem Wege namentlich möglich, werthvolle Nachlaßgegenstände, wie Güter, Fabriken u. s. w., ihrer Bestimmung zu erhalten.

Ist ein als Erbe berufener Pflichttheilsberechtigter durch die Einsetzung eines Nacherben, die Ernennung eines Testamentsvollstreckers oder eine

Theilungsanordnung beschränkt oder ist er mit einem Vermächtniß oder einer Auflage beschwert, so wird, wenn der ihm hinterlassene Erbtheil die Hälfte des gesetzlichen Erbtheils nicht übersteigt, das Pflichttheilsrecht, entsprechend der Vorschrift des § 2585 des Sächsischen Gesetzbuchs, unmittelbar dadurch gewahrt, daß die Beschränkung oder die Beschwerung als nicht angeordnet gilt (§ 2279, **2306** Abs. 1 Satz 1, Abs. 2). Ist der hinterlassene Erbtheil größer, so kann der Pflichttheilsberechtigte den Pflichttheil nur verlangen, wenn er die Erbschaft ausschlägt (§ 2279, **2306** Abs. 1 Satz 2, Abs. 2); auch hier ist der Entwurf dem Sächsischen Gesetzbuche (§ 2587) gefolgt. In gleicher Weise kann der Pflichttheilsberechtigte, der mit einem Vermächtnisse bedacht ist, den Pflichttheil erst verlangen, wenn er das Vermächtniß ausschlägt (§ 2280, **2307**).

Berechnung des Pflichttheils.

Der Berechnung des Pflichttheils werden der Bestand und der Werth des Nachlasses zur Zeit des Erbfalls zu Grunde gelegt (§ 2284, **2311** Abs. 1). Der Werth ist, soweit erforderlich, durch Schätzung zu ermitteln. Eine vom Erblasser getroffene Werthbestimmung ist nicht maßgebend (§ 2284, **2311** Abs. 2). Liegt jedoch eine Anordnung des Erblassers vor, wonach einer von mehreren Erben das Recht haben soll, ein zum Nachlasse gehörendes Landgut zu dem Ertragswerthe zu übernehmen (vergl. § 2024, **2049**), so ist, wenn von dem Rechte Gebrauch gemacht wird, der Ertragswerth auch für die Berechnung des Pflichttheils maßgebend; hat der Erblasser einen anderen Uebernahmepreis bestimmt, so ist dieser maßgebend, wenn er den Ertragswerth erreicht und den Schätzungswerth nicht übersteigt (§ 2285, **2312** Abs. 1). Auch dann, wenn der Erblasser nur einen Erben hinterläßt, kann er anordnen, daß der Berechnung des Pflichttheils der Ertragswerth oder ein sonst von ihm bestimmter Preis, der den Ertragswerth erreicht und den Schätzungswerth nicht übersteigt, zu Grunde gelegt werden soll (§ 2285, **2312** Abs. 2). Voraussetzung für die Wirksamkeit der Anordnung bleibt aber in beiden Fällen, daß der Erbe zu den im § 2276, **2303** bezeichneten pflichttheilsberechtigten Personen gehört (§ 2285, **2312** Abs. 3). Die fraglichen Vorschriften sind für die besonderen Verhältnisse der Landwirthschaft von Bedeutung, indem sie den Uebernehmer gegen eine übermäßige Belastung schützen und damit namentlich die Erhaltung des Gutes in der Familie fördern.

Ist der Pflichttheilsberechtigte nicht selbst Erbe, so hat ihm der Erbe auf Verlangen über den Bestand des Nachlasses Auskunft zu ertheilen (§ 2287, **2314**). Der Erbe ist daher nach den allgemeinen Vorschriften (§ 253, **260**) auch zur Leistung des Offenbarungseids verpflichtet.

Pflichtwidrige Schenkungen.

Das Gemeine Recht und ihm folgend die meisten neueren Gesetzgebungen enthalten Vorschriften, welche bestimmt sind, den Pflichttheilsberechtigten gegen Beeinträchtigung seines Rechtes durch Schenkungen, die der Erblasser unter Lebenden vornimmt, zu sichern (Preuß. A.L.R. I, 11 § 1113; Code civil Art. 913 ff., 922 ff.; Sächs. Gesetzbuch § 2603). Im Einzelnen ist die Regelung sehr verschieden.

Der Entwurf schließt sich im Wesentlichen dem Französischen Rechte an. Hat der Erblasser einem Dritten eine Schenkung gemacht, so kann der Pflichttheilsberechtigte als Ergänzung des Pflichttheils den Betrag verlangen, um den sich der Pflichttheil erhöht, wenn der verschenkte Gegenstand dem Nachlasse hinzugerechnet wird (§ 2298, **2325** Abs. 1, 2). Soweit für den Erben, insbesondere weil er selbst pflichttheilsberechtigt ist, eine Verpflichtung zur Ergänzung des Pflichttheils nicht besteht, kann der Pflichttheilsberechtigte von dem Beschenkten die Herausgabe des Geschenks zum Zwecke der Befriedigung wegen des fehlenden Betrags nach den Vorschriften über die Herausgabe einer ungerechtfertigten Bereicherung fordern; das gleiche Recht steht dem Pflichttheilsberechtigten zu, wenn er der alleinige Erbe ist (§ 2302, **2329** Abs. 1). Der Beschenkte kann aber die Herausgabe des Geschenks durch Zahlung des fehlenden Betrags abwenden (§ 2302, **2329** Abs. 2). Eine Schenkung bleibt bei der Berechnung des Pflichttheils unberücksichtigt, wenn zur Zeit des Erbfalls fünf Jahre seit der Leistung des verschenkten Gegenstandes verstrichen sind; ist die Schenkung an den Ehegatten des Erblassers erfolgt, so beginnt die Frist nicht vor Auflösung der Ehe (§ 2298, **2325** Abs. 3). Die Vorschrift rechtfertigt sich dadurch, daß nach Ablauf längerer Zeit eine solche Schenkung von den Angehörigen des Erblassers nicht mehr als Beeinträchtigung empfunden zu werden pflegt.

Die Gründe, welche den Erblasser zur Entziehung des Pflichttheils berechtigen, sind nach dem Vorgange des Gemeinen Rechtes und der meisten neueren Gesetzgebungen (Preuß. A.L.R. II, 2 § 410; Sächs. Gesetzbuch § 2575) von dem Entwurf einzeln in erschöpfender Weise bestimmt (§§ 2306, **2333** bis 2308, **2335**). Dabei ist durchweg der Gesichtspunkt festgehalten, daß die Entziehung des Pflichttheils nur stattfinden darf, wenn dem Pflichttheilsberechtigten ein Verhalten zur Last fällt, das sich als eine grobe Verletzung des zwischen dem Erblasser und dem Pflichttheilsberechtigten bestehenden Bandes darstellt. **Entziehung des Pflichttheils.**

Die Gründe, aus welchen nach dem Entwurfe der Erblasser einem Abkömmlinge den Pflichttheil entziehen kann, bestehen zunächst (§ 2306, **2333** Nr. 1 bis 4) in Verfehlungen gegen den Erblasser selbst oder gegen einen anderen Abkömmling oder den Ehegatten des Erblassers. Die Vorschrift, daß der Erblasser zur Entziehung berechtigt ist, wenn der Abkömmling sich eines Verbrechens oder eines schweren vorsätzlichen Vergehens gegen den Erblasser oder dessen Ehegatten schuldig macht (§ 2306, **2333** Nr. 3), umfaßt eine Reihe von Fällen, die im geltenden Rechte als besondere Enterbungsgründe hervorgehoben sind, namentlich die wissentlich falsche Anschuldigung gegen den Erblasser (Preuß. A.L.R. II, 2 §§ 401, 509; § 2575 des Sächs. Gesetzbuchs) sowie Ehebruch mit dem Ehegatten des Erblassers (Preuß. A.L.R. II, 2 §§ 405, 511). Weiterhin ist die Entziehung des Pflichttheils auch dann zulässig, wenn der Abkömmling einen ehrlosen oder unsittlichen Lebenswandel wider den Willen des Erblassers führt (§ 2306, **2333** Nr. 5). Obwohl eine solche Führung keine unmittelbare Verletzung des verwandtschaftlichen Verhältnisses bildet, ist sie doch geeignet, das Band zwischen der Familie und dem Abkömmling zu zerstören. Entsprechende Vorschriften enthält schon das Gemeine sowie das Preußische Recht (A.L.R. II, 2 § 409). Uebrigens ist, wenn sich der Abkömmling zur Zeit des Erbfalls von dem ehrlosen und unsittlichen Lebenswandel dauernd abgewendet hat, die Entziehung unwirksam (§ 2309, **2336** Abs. 4).

Ein Abkömmling kann als Erblasser dem Vater oder der Mutter den Pflichttheil nur unter beschränkten Voraussetzungen entziehen, nämlich dann, wenn der Vater oder die Mutter sich einer der im § 2306, **2333** Nr. 1, 3, 4 bezeichneten Verfehlungen gegen den Erblasser selbst, dessen Ehegatten oder einen Abkömmling des Erblassers schuldig macht (§ 2307, **2334**).

Das Recht des Erblassers, seinem Ehegatten den Pflichttheil zu entziehen, beschränkt der Entwurf in wesentlicher Uebereinstimmung mit dem Preußischen Allgemeinen Landrecht II, 1 § 632 auf den Fall, daß der Ehegatte sich einer Verfehlung schuldig macht, vermöge deren der Erblasser Scheidung zu verlangen berechtigt ist (§ 2308, **2335**).

Die Entziehung des Pflichttheils erfolgt durch letztwillige Verfügung (§ 2309, **2336** Abs. 1). Der Grund der Entziehung muß zur Zeit der Errichtung der letztwilligen Verfügung bestehen; zur Verhütung von Streitigkeiten bestimmt der Entwurf nach dem Vorgange des Gemeinen und des Sächsischen Rechtes (Sächs. Gesetzbuch § 2595), daß der Grund in der Verfügung anzugeben ist (§ 2309, **2336** Abs. 2). Entsprechend den Vorschriften der genannten Rechte (vergl. § 2597 des Sächs. Gesetzbuchs) ist der Beweis des Grundes demjenigen auferlegt, welcher die Entziehung geltend macht (§ 2309, **2336** Abs. 3).

Das Recht zur Entziehung des Pflichttheils erlischt durch Verzeihung (§ 2310, **2337** Satz 1). Die gleiche Vorschrift findet sich schon in der Mehrzahl der geltenden Rechte (Bayer. L.R. III, 3 § 16 Nr. 12; Sächs. Gesetzbuch § 2598; vergl. Preuß. A.L.R. II, 2 § 414). Eine Verfügung, durch die der Erblasser die Entziehung bereits angeordnet hat, wird durch die später erfolgende Verzeihung unwirksam (§ 2310, **2337** Satz 2).

Enterbung in guter Absicht. Das Gemeine Recht gestattet nach der herrschenden Auffassung dem Erblasser allgemein, einem Pflichttheilsberechtigten den Pflichttheil zu entziehen, wenn dies im Interesse des Pflichttheilsberechtigten selbst oder seiner Familie liegt (Enterbung in guter Absicht); der Erblasser muß jedoch für den Lebensunterhalt des Pflichttheilsberechtigten Sorge tragen. Dem gemeinen Rechte ist das Lüb. Gesetz vom 10. Februar 1862 Art. 24 gefolgt. Dem Bayerischen Landrecht III, 3 § 16 Nr. 3 ist die Enterbung in guter Absicht fremd. Das Preußische Allgemeine Landrecht II, 2 §§ 419 ff., 515 und der § 2577 des Sächsischen Gesetzbuchs lassen sie nur einem Abkömmlinge gegenüber zu und nur aus bestimmten Gründen (insbesondere wegen Ueberschuldung, Verschwendung) sowie mit beschränkten Wirkungen. Nach dem Preußischen Rechte darf die Enterbung lediglich in einem Veräußerungsverbot unter Lebenden, in dem Ausschlusse der Gläubiger des Kindes und in Anordnung einer Nacherbschaft zu Gunsten der Abkömmlinge des Pflichttheilsberechtigten oder seiner Geschwister und der Abkömmlinge derselben bestehen; die Nutzungen des Pflichttheils können dem Enterbten nicht entzogen werden. Das Sächsische Gesetzbuch gestattet dem Erblasser, dem Abkömmlinge die Verfügung unter Lebenden über den Stamm des Pflichttheils zu entziehen; im Falle einer Ueberschuldung des Abkömmlings können jedoch dessen Gläubiger den Pflichttheil zum Zwecke ihrer Befriedigung in Anspruch nehmen.

Der Entwurf schließt sich im Wesentlichen dem Preußischen Rechte an. Hat sich ein Abkömmling in solchem Maße der Verschwendung ergeben oder ist er in solchem Maße überschuldet, daß sein späterer Erwerb erheblich gefährdet wird, so ist es im Interesse der Erhaltung der Familie gerechtfertigt und geboten, daß der Erblasser das Recht erhält, Maßnahmen anzuordnen, die geeignet sind, jene Gefährdung abzuwenden. Demgemäß gestattet der Entwurf (§ 2311, **2338** Abs. 1) dem Erblasser, das Pflichttheilsrecht des Abkömmlinges durch die Anordnung zu beschränken, daß nach dem Tode des Abkömmlinges dessen gesetzliche Erben das ihm Hinterlassene oder den ihm gebührenden Pflichttheil als Nacherben oder als Nachvermächtnißnehmer nach dem Verhältnisse ihrer gesetzlichen Erbtheile erhalten sollen. Auch kann der Erblasser für die Lebenszeit des Abkömmlinges die Verwaltung einem Testamentsvollstrecker übertragen und dadurch dem Abkömmlinge das Recht, über den Nachlaß zu verfügen, vollständig entziehen (vergl. §§ 2183, **2209**, 2185, **2211**, 2188, **2214**); der Abkömmling hat jedoch in einem solchen Falle Anspruch auf den jährlichen Reinertrag. Als Ergänzung der Civilprozeßordnung [1]) sind daneben Bestimmungen in Aussicht genommen, wonach die Nutzungen der Erbschaft und, wenn eine Testamentsvollstreckung angeordnet ist, der Anspruch auf den jährlichen Reinertrag regelmäßig insoweit der Pfändung nicht unterliegen, als die Nutzungen oder der Reinertrag zur Erfüllung der dem Abkömmlinge seiner Ehefrau und seinen Verwandten gegenüber gesetzlich obliegenden Unterhaltspflicht und zur Bestreitung seines eigenen standesmäßigen Unterhalts erforderlich sind.

Die nach § 2311, **2338** Abs. 1 zulässigen Anordnungen erfolgen in der gleichen Weise wie die Entziehung des Pflichttheils durch letztwillige Verfügung. Der Grund der Anordnungen muß zur Zeit der Errichtung bestehen und in der Verfügung angegeben sein. Der Beweis des Grundes liegt demjenigen ob, welcher sich auf die Anordnungen beruft (§ 2311, **2338** Abs. 2 Satz 1). Die Anordnungen sind unwirksam, wenn zur Zeit des Erbfalls der Abkömmling sich dauernd von dem verschwenderischen Leben abgewendet hat oder die den Grund der Anordnung bildende Ueberschuldung nicht mehr besteht (§ 2311, **2338** Abs. 2 Satz 2).

XV. Erbschein.

Die Einrichtung des Erbscheins ist aus dem Bedürfnisse des Verkehrs hervorgegangen. Die Frage, wer der Erbe ist, läßt sich in vielen Fällen nicht mit Sicherheit beantworten. Wer mit einem angeblichen Erben in rechtsgeschäftlichen Verkehr tritt, ist empfindlichen Nachtheilen ausgesetzt, wenn sich demnächst ergiebt, daß der Betreffende in Wirklichkeit nicht der Erbe ist.

Umfang der Zulassung.

1) Vergl. C.P.O. § 863 Abs. 1, unten Anlage II C.P.O. § 749e Abs. 1.

Diesen Gefahren vorzubeugen, ist der Zweck des Erbscheins. Die Einrichtung des Erbscheins besteht gegenwärtig schon in dem größten Theile Deutschlands (vergl. namentlich Preuß. Gesetz vom 12. März 1869; Bad. Gesetz vom 24. März 1888; Mecklenb. Schwerin. Verordnung vom 30. Mai 1857; Mecklenb. Strelitz. Verordnung vom 25. Mai 1857; Oldenburg. Gesetz vom 3. April 1876; Els.-Lothr. Gesetz vom 10. Mai 1886; Hamb. Gesetz vom 21. Dezember 1868). Die meisten Gesetze kennen sie allerdings nur für die Fälle der gesetzlichen Erbfolge. Nach dem Vorgange des Mecklenburgischen und des Hamburgischen Rechtes sieht dagegen der Entwurf (§ 2326, **2353**) vor, daß dem Erben auch dann, wenn er sein Erbrecht auf eine Verfügung von Todeswegen (Testament, Erbvertrag) gründet, ein Erbschein ertheilt werden kann. Das Bedürfniß, den Verkehr durch Ertheilung von Erbscheinen zu erleichtern und zu sichern, macht sich hier nicht minder geltend. Die Prüfung der Formgültigkeit einer Verfügung von Todeswegen, die Auslegung ihres Inhalts und die Beurtheilung des Verhältnisses mehrerer solcher Verfügungen zu einander setzen häufig besondere Rechtskenntniß voraus. Zudem bietet die Vorlegung einer Verfügung von Todeswegen keinerlei Gewähr dafür, daß nicht noch andere Verfügungen vorhanden sind, welche jene Verfügungen aufgehoben oder geändert haben. In denjenigen Gebieten, in welchen schon jetzt auch einem eingesetzten Erben ein Erbschein ertheilt wird, hat sich diese Erweiterung der Einrichtung in hohem Maße bewährt.

Der Erbschein wird nach Maßgabe der in den §§ 2326, **2353** bis 2333, **2360** vorgesehenen Bestimmungen dem Erben auf Antrag von dem Nachlaßgericht ertheilt. Sind mehrere Erben vorhanden, so ist ein gemeinschaftlicher Erbschein zu ertheilen, sobald auch nur einer der Miterben dies beantragt (§ 2330, **2357**). Der einzelne Miterbe kann jedoch, namentlich nach der Aufhebung der Erbengemeinschaft, ein Interesse daran haben, einen Erbschein über die Größe seines Erbtheils zu erlangen. Der Entwurf (§ 2326, **2353**) läßt daher die Ertheilung eines solchen Erbscheins gleichfalls zu.

Wirkung. Seiner Bestimmung entsprechend begründet der Erbschein die, nach den allgemeinen Grundsätzen dem Gegenbeweis unterliegende, Vermuthung, daß demjenigen, welcher in dem Erbschein als Erbe bezeichnet ist, das im Erbschein angegebene Erbrecht zustehe und daß er nicht durch andere als die angegebenen Anordnungen beschränkt sei (§ 2338, **2365**). Die Vermuthung wirkt für und gegen Jeden, auch gegen denjenigen, welcher selbst Erbe zu sein behauptet. Die Ertheilung eines Erbscheins hat insoweit eine ähnliche Bedeutung, wie eine Eintragung in das Grundbuch (§ 875, **891**). Diese Aehnlichkeit äußert sich auch in den Vorschriften, welche der Entwurf in wesentlicher Uebereinstimmung mit den geltenden Gesetzen noch weiterhin über die Wirkungen des Erbscheins trifft (§§ 2339, **2366**, 2340, **2367** vergl. mit §§ 876, **892**, 877, **893**). Erwirbt Jemand von demjenigen, welcher in einem Erbschein als Erbe bezeichnet ist, durch Rechtsgeschäft einen Erbschaftsgegenstand, ein Recht an einem solchen Gegenstand oder die Befreiung von einem zur Erbschaft gehörenden Rechte, so gilt zu seinen Gunsten der Inhalt des Erbscheins, soweit die Vermuthung des § 2338, **2365** reicht, als richtig, wenn nicht der Erwerber die Unrichtigkeit kennt oder weiß, daß das Nachlaßgericht die Rückgabe des Erbscheins nach § 2334, **2361** wegen Unrichtigkeit verlangt hat (§ 2339, **2366**). Der gleiche Schutz wird weiter demjenigen zu Theil, welcher an den in einem Erbschein als Erben Bezeichneten auf Grund eines zur Erbschaft gehörenden Rechtes eine Leistung bewirkt oder mit ihm in Ansehung eines solchen Rechtes ein nicht unter die Vorschrift des § 2339, **2366** fallendes Rechtsgeschäft vornimmt, das eine Verfügung über das Recht enthält (§ 2340, **2367**). Hat übrigens derjenige, welcher ohne der wirkliche Erbe zu sein, in dem Erbschein als Erbe bezeichnet ist, zu Gunsten eines Anderen unentgeltlich verfügt, so ist dieser auch dann, wenn er im guten Glauben war, dem wahren Erben gegenüber zur Herausgabe des durch die Verfügung Erlangten nach den Vorschriften über die Herausgabe einer ungerechtfertigten Bereicherung verpflichtet (§ 800, **816** Abs. 1; vergl. § 806, **822**).

Die gleiche Wirkung, wie der Erbschein, hat das Zeugniß, welches einem Testamentsvollstrecker über seine Ernennung ertheilt ist (§ 2341, **2368**).

Anlage I.

Uebersicht
über
das in Deutschland geltende bürgerliche Recht.

A. Gemeines Recht.

Das Gemeine Recht gilt

1. in folgenden Preußischen Gebietstheilen:
   a) Regierungsbezirk Stralsund;
   b) Provinz Schleswig-Holstein mit Ausnahme einiger vormals Jütischer Bezirke;
   c) Provinz Hannover mit Ausnahme des Regierungsbezirks Aurich sowie der Kreise Lingen und Duderstadt;
   d) Kreise Wetzlar, Neuwied, Altenkirchen und Meisenheim im Regierungsbezirke Koblenz;
   e) Provinz Hessen-Nassau;
   f) Regierungsbezirk Sigmaringen.
2. in Bayern mit Ausnahme der Fürstenthümer Ansbach und Bayreuth, einiger Orte im Amtsgerichtsbezirke Waldsassen und des Marktes Redwitz sowie der Pfalz.
3. in Württemberg.
4. in Hessen mit Ausnahme der Provinz Rheinhessen.
5. in Mecklenburg-Schwerin.
6. in Sachsen-Weimar mit Ausnahme der früher Erfurter Ge-Gebietstheile.
7. in Mecklenburg-Strelitz.
8. in Oldenburg mit Ausnahme des Fürstenthums Birkenfeld.
9. in Braunschweig.
10. in Sachsen-Meiningen.
11. in Sachsen-Altenburg.
12. in Sachsen-Koburg-Gotha.
13. in Anhalt.
14. in Schwarzburg-Rudolstadt.
15. in Schwarzburg-Sondershausen.
16. in Waldeck.
17. in Reuß älterer Linie.
18. in Reuß jüngerer Linie.
19. in Schaumburg-Lippe.
20. in Lippe.
21. in Lübeck.
22. in Bremen.
23. in Hamburg.

In den vorstehend bezeichneten Gebieten des Gemeinen Rechtes gelten außerdem von wichtigeren Partikularrechten die folgenden:

1. Lübisches Recht.
2. Jütisch Low (1240, 1590).
3. Friesisches Recht (Nordstrander Landrecht 1572).
4. Sachsenspiegel.
5. Eiderstädter Landrecht (1591).
6. Land- und Marschrecht (Gewohnheitsrecht in einzelnen Theilen der Provinz Schleswig-Holstein).
7. Neumünsterische Kirchspielgebräuche.
8. Dithmarscher Landrecht.
9. Hamburger Stadtrecht (1603).
10. Bremer Stadtrecht (1433, 1489, 1534).
11. Recht des vormaligen Fürstenthums Osnabrück.
12. Münsterische Polizeiordnung (1740).
13. Schaumburgische Polizeiordnung (1615).
14. Solmser Gerichts- und Landesordnung (1571).
15. Katzenelnbogener Landrecht (1591).
16. Kurpfälzisches Landrecht (1610).
17. Nassau-Katzenelnbogensche Landesordnung (1616).
18. Kurkölnische Rechtsordnung (1663).
19. Kurtrierer Landrecht (1713).
20. Mainzer Landrecht (1755).
21. Recht des Bisthums Fulda.
22. Frankfurter Reformation (1578, 1611).
23. Bayerisches Landrecht (Codex Maximilianeus Bavaricus civilis 1756).
24. Bamberger Landrecht (1769).
25. Landrecht der Grafschaft Erbach und Herrschaft Breuberg.
26. Würzburger (Fränkische) Landgerichtsordnung (1618).
27. Nürnberger Reformation (1564).
28. Vorderösterreichisches Recht (Gesetzbuch Josephs II. 1787).
29. Württembergisches Landrecht (1610).
30. Sogenanntes gemeines Sachsenrecht.

Die Einwohnerzahl der gemeinrechtlichen Gebiete beträgt etwa 16500000.

B. Sächsisches Bürgerliches Gesetzbuch (1863).

Das Gesetzbuch gilt ausschließlich im Königreich Sachsen für eine Einwohnerzahl von etwa 3500000.

C. Preußisches Allgemeines Landrecht (1794).

Das Allgemeine Landrecht gilt

1. in folgenden Preußischen Gebietstheilen:
   a) Provinz Ostpreußen;
   b) Provinz Westpreußen;

c) Provinz Posen;
d) Provinz Schlesien;
e) Provinz Brandenburg;
f) Provinz Pommern mit Ausnahme des Regierungsbezirks Stralsund;
g) Provinz Sachsen;
h) Provinz Westfalen;
i) Provinz Hannover:
Regierungsbezirk Aurich,
Kreis Lingen des Regierungsbezirks Osnabrück,
Kreis Duderstadt des Regierungsbezirks Hildesheim;
k) Rheinprovinz:
Kreise Duisburg Stadt, Mülheim a. d. Ruhr, Essen Stadt, Essen Land, Ruhrort und Rees des Regierungsbezirks Düsseldorf.

2. innerhalb Bayerns
in den vormaligen fränkischen Fürstenthümern Ansbach und Bayreuth.

3. innerhalb Sachsen-Weimars
in den 1815 mit dem Großherzogthume vereinigten Erfurter Gebietstheilen.

In den Gebieten des Allgemeinen Landrechts gelten an wichtigeren Partikularrechten noch folgende:

1. Ostpreußisches Provinzialrecht (1801).
2. Westpreußisches Provinzialrecht (1844).
3. Märkisches Recht.
4. Magdeburgisches Provinzialrecht.
5. Oberlausitzer Provinzialrecht.
6. Niederlausitzer Provinzialrecht.
7. Altpommersches Provinzialrecht.
8. Lübisches Recht.
9. Erfurter Provinzialrecht.
10. Provinzialrecht des vormaligen Herzogthums Sachsen.
11. Recht des Fürstenthums Osnabrück.
12. Partikularrecht des vormaligen Herzogthums Westfalen, des vormaligen Fürstenthums Siegen mit den Aemtern Burbach und Neuenkirchen und der vormaligen Grafschaften Wittgenstein.
13. Lingensches Landrecht (1639).
14. Münsterische Polizeiordnung (1740).
15. Ansbacher Provinzialrecht.
16. Bayreuther Provinzialrecht.

Die Einwohnerzahl der Gebiete des Allgemeinen Landrechts beträgt etwa 21 200 000.

D. Rheinisches Recht.

Im Gebiete des Rheinischen Rechts gilt theils Französisches Recht, theils das Badische Landrecht.

I. Französisches Recht (Code civil 1804)

gilt in folgenden Gebietstheilen:

a) in der Preußischen Rheinprovinz mit Ausnahme der oben unter A und C aufgeführten Theile.
b) im Bayerischen Regierungsbezirk Pfalz.
c) in der Hessischen Provinz Rheinhessen.
d) im Oldenburgischen Fürstenthum Birkenfeld.
e) in Elsaß-Lothringen.

Diese Gebiete umfassen eine Einwohnerzahl von etwa 6700000.

II. Badisches Landrecht (1808, 1809)

gilt ausschließlich im Großherzogthum Baden mit einer Einwohnerzahl von etwa 1700000.

E. Dänisches Recht (Gesetzbuch Christians V. von Dänemark 1683)

gilt in einigen vormals zu Jütland gehörigen Theilen der Provinz Schleswig-Holstein mit einer Einwohnerzahl von etwa 15000.

F. Oesterreichisches allgemeines Bürgerliches Gesetzbuch (1811)

gilt in einigen Orten des Amtsgerichtsbezirks Waldsassen im Bayerischen Regierungsbezirk Oberpfalz und im Markt Redwitz (bei Wunsiedel) im Bayerischen Regierungsbezirk Oberfranken mit einer Einwohnerzahl von etwa 2500.

Anlage II.

Zusammenstellung
der
aus Anlaß des Bürgerlichen Gesetzbuchs in Aussicht genommenen
Aenderungen und Ergänzungen
der
Civilprozeßordnung und der Konkursordnung,
soweit sie für das Verständniß des Gesetzbuchs wesentlich sind.*)[1])

I. Aenderungen und Ergänzungen der Civilprozeßordnung.

§ 14 (9). § **14** (**9**). Geändert.

Fällt weg.

§ 15 (9).

Fällt weg.

§ 16 (7). § **15** (**7**). Geändert.

Deutsche, welche das Recht der Exterritorialität genießen, sowie die im Ausland angestellten Beamten des Reichs oder eines Bundesstaates behalten in Ansehung des Gerichtsstandes den Wohnsitz, welchen sie in dem Heimathstaate hatten. In Ermangelung eines solchen Wohnsitzes gilt die Hauptstadt des Heimathstaats als ihr Wohnsitz. Ist die Hauptstadt in mehrere Gerichtsbezirke getheilt, so wird der als Wohnsitz geltende Bezirk im Wege der Justizverwaltung durch allgemeine Anordnung bestimmt. **Gehört ein Deutscher einem Bundesstaate nicht an, so gilt als sein Wohnsitz ein durch allgemeine Anordnung des Reichskanzlers zu bestimmender Gerichtsbezirk der Stadt Berlin.**

Auf Wahlkonsuln finden diese Bestimmungen keine Anwendung.

---

*) Die in der Anlage zusammengestellten Bestimmungen beruhen zum größten Theile auf Beschlüssen der Kommission für die zweite Lesung des Entwurfes eines Bürgerlichen Gesetzbuchs. Soweit dies nicht der Fall ist, schließen sie sich den Artikeln 11 und 13 des Entwurfes eines Einführungsgesetzes zum Bürgerlichen Gesetzbuch erster Lesung unter Berücksichtigung derjenigen sachlichen Aenderungen an, welche der Entwurf des Bürgerlichen Gesetzbuchs später erfahren hat.

Die den einzelnen Paragraphenzahlen in Klammern beigefügten Zahlen weisen auf die in Betracht kommenden Paragraphen des Entwurfes eines Bürgerlichen Gesetzbuchs hin.

1) Ueber die in der Anlage II vom Verfasser gemachten Zusätze vergl. das Vorwort gegen Ende. Von den Ueberschriften abgesehen, ist nichts hinzugefügt, der fette Druck im Texte (z. B. S. 353 § 621 Abs. 3) findet sich bereits im amtlichen Texte.

§ 17 (10, 11).

Fällt weg.

§ 25 (1077 Abs. 2). § **24** (**1094** Abs. 2).

Für Klagen, durch welche das Eigenthum, eine dingliche Belastung oder die Freiheit von einer solchen geltend gemacht wird, für Grenzscheidungs-, Theilungs- und Besitzklagen ist, sofern es sich um unbewegliche Sachen handelt, das Gericht ausschließlich zuständig, in dessen Bezirke die Sache belegen ist.

Bei den eine Grunddienstbarkeit, eine Reallast oder ein Vorkaufsrecht betreffenden Klagen ist die Lage des dienenden oder belasteten Grundstücks entscheidend.

§ 28 (1943, 1993, 2005, 2017 ff., 2033 ff., 2148, 2168, 2276). § **27** (**1967**, **2018**, **2030**, **2042** ff., **2058** ff., **2174**, **2194**, **2303**). Geändert.

Klagen, welche Erbrechte, Ansprüche aus Vermächtnissen oder sonstigen Verfügungen von Todeswegen, Pflichttheilsansprüche gegen den Erben oder die Theilung der Erbschaft zum Gegenstande haben, können vor dem Gericht erhoben werden, bei welchem der Erblasser zur Zeit seines Todes den allgemeinen Gerichtsstand gehabt hat.

In dem Gerichtsstande der Erbschaft können auch Klagen wegen anderer Nachlassverbindlichkeiten erhoben werden, solange sich der Nachlaß noch ganz oder theilweise im Bezirke des Gerichts befindet oder die vorhandenen mehreren Erben noch als Gesammtschuldner haften.

§ 49 a (51). § **50** (**54**). Geändert.

Parteifähig ist, wer rechtsfähig ist.

Vereine, die nicht rechtsfähig sind, können verklagt werden, wie wenn sie rechtsfähig wären.

§ 51 (1026 ff., 1383, 1604). § **52** (**1043** ff., **1400**, **1626**).

Eine Person ist insoweit prozeßfähig, als sie sich durch Verträge verpflichten kann.

Die Prozessfähigkeit einer Frau wird dadurch, dass sie Ehefrau ist, nicht beschränkt.

§ 51 a (1891). § **53** (**1915**). Geändert.

Wird eine prozessfähige Person in einem Rechtsstreite durch einen Pfleger vertreten, so steht sie für den Rechtsstreit einer nicht prozessfähigen Person gleich.

§ 53 a (177). Gestrichen.

Ein Vertreter kann nicht im Namen des Vertretenen einen Rechtsstreit mit sich im eigenen Namen oder als Vertreter eines Dritten führen.

§ 55 a (912). § **58** (**928**).

Soll ein Recht an einem Grundstücke, das von dem bisherigen Eigenthümer nach § 912 des Bürgerlichen Gesetzbuchs aufgegeben

und von dem Aneignungsberechtigten noch nicht erworben worden ist, im Wege der Klage geltend gemacht werden, so hat der Vorsitzende des Prozessgerichts auf Antrag einen Vertreter zu bestellen, welchem bis zur Eintragung eines neuen Eigenthümers die Wahrnehmung der sich aus dem Eigenthum ergebenden Rechte und Verpflichtungen im Rechtsstreit obliegt.

§ 72 (370). **§ 75 (376).** Geändert.

Wird von dem verklagten Schuldner einem Dritten, welcher die geltend gemachte Forderung für sich in Anspruch nimmt, der Streit verkündet, und tritt der Dritte in den Streit ein, so ist der Beklagte, wenn er den Betrag der Forderung zu Gunsten der streitenden Gläubiger unter Verzicht auf das Recht zur Rücknahme hinterlegt, auf seinen Antrag aus dem Rechtsstreit unter Verurtheilung in die durch seinen unbegründeten Widerspruch veranlaßten Kosten zu entlassen und der Rechtsstreit über die Berechtigung an der Forderung zwischen den streitenden Gläubigern allein fortzusetzen. Dem Obsiegenden ist der hinterlegte Betrag zuzusprechen und der Unterliegende auch zur Erstattung der dem Beklagten entstandenen, nicht durch dessen unbegründeten Widerspruch veranlaßten Kosten, einschließlich der Kosten der Hinterlegung, zu verurtheilen. Soweit keiner der streitenden Theile obsiegt, ist der Beklagte zur Rücknahme des hinterlegten Betrags berechtigt.

§ 73 (852, 969). **§ 76 (868, 985).**

Wer als Besitzer einer Sache verklagt ist, die er auf Grund eines Rechtsverhältnisses der im § 852 des Bürgerlichen Gesetzbuchs bezeichneten Art zu besitzen behauptet, kann, wenn er dem mittelbaren Besitzer vor der Verhandlung zur Hauptsache den Streit verkündet und ihn unter Benennung an den Kläger zur Erklärung ladet, bis zu dieser Erklärung oder bis zum Schlusse des Termins, in welchem sich der Benannte zu erklären hat, die Verhandlung zur Hauptsache verweigern.

Bestreitet der Benannte die Behauptung des Beklagten oder erklärt er sich nicht, so ist der Beklagte berechtigt, dem Klageantrage zu genügen.

Wird die Behauptung des Beklagten von dem Benannten als richtig anerkannt, so ist dieser berechtigt, mit Zustimmung des Beklagten an dessen Stelle den Prozeß zu übernehmen. Die Zustimmung des Klägers ist nur insoweit erforderlich, als derselbe Ansprüche geltend macht, welche unabhängig davon sind, daß der Beklagte auf Grund eines Rechtsverhältnisses der im Absatz 1 bezeichneten Art besitzt.

§ 73a (852, 988). **§ 77 (868, 1004).** Geändert.

Die Vorschriften des § 73 finden entsprechende Anwendung, wenn Jemand von dem Eigenthümer einer Sache wegen einer Beeinträchtigung des Eigenthums verklagt ist, die er in Ausübung des Rechtes eines Dritten vorgenommen zu haben behauptet.

§ 85 (807 ff.). § **89** (**823** ff.). Geändert.

Handelt Jemand für eine Partei als Geschäftsführer ohne Auftrag oder als Bevollmächtigter ohne Beibringung einer Vollmacht, so kann er gegen oder ohne Sicherheitsleistung für Kosten und Schäden zur Prozeßführung einstweilen zugelassen werden. Das Endurtheil darf erst erlassen werden, nachdem die für die Beibringung der Genehmigung zu bestimmende Frist abgelaufen ist. **Ist zur Zeit der Erlassung des Endurtheils die Genehmigung nicht beigebracht, so hat der einstweilen zur Prozessführung Zugelassene dem Gegner die durch die einstweilige Zulassung verursachten Kosten und Schäden zu ersetzen.**

Die Partei muß die Prozeßführung gegen sich gelten lassen, wenn sie auch nur mündlich Vollmacht ertheilt oder wenn sie die Prozeßführung ausdrücklich oder stillschweigend genehmigt hat.

§ 89a (404, 1918, 2338). § **94** (**410**, **1942**, **2365**). Geändert.

Hat der Kläger einen auf ihn übergegangenen Anspruch geltend gemacht, ohne dass er vor der Erhebung der Klage dem Beklagten den Uebergang mitgetheilt und auf Verlangen nachgewiesen hat, so fallen ihm die Prozesskosten insoweit zur Last, als sie dadurch entstanden sind, dass der Beklagte durch die Unterlassung der Mittheilung oder des Nachweises zur Bestreitung des Anspruchs veranlasst worden ist.

§ 136 (382). § **145** (**388**). Geändert.

Das Gericht kann anordnen, daß mehrere in einer Klage erhobene Ansprüche in getrennten Prozessen verhandelt werden.

Dasselbe gilt, wenn der Beklagte eine Widerklage erhoben hat, welche mit der in der Klage geltend gemachten Forderung nicht in rechtlichem Zusammenhange steht.

Macht der Beklagte die Aufrechnung mit einer Gegenforderung geltend, welche mit der in der Klage geltend gemachten Forderung nicht in rechtlichem Zusammenhange steht, so kann das Gericht anordnen, dass über die Klage und über die zur Aufrechnung gebrachte Gegenforderung getrennt verhandelt werde; die Vorschriften des § 274 finden Anwendung.

§ 141a (1312). § **151** (**1329**). Geändert.

Ist die Entscheidung eines Rechtsstreits davon abhängig, ob eine Ehe nichtig ist, so hat das Gericht, wenn die Nichtigkeit nur im Wege der Nichtigkeitsklage geltend gemacht werden kann, auf Antrag das Verfahren auszusetzen und, wenn die Nichtigkeitsklage noch nicht erhoben ist, eine Frist zur Erhebung der Klage zu bestimmen; ist die Nichtigkeitsklage erledigt oder wird sie nicht vor dem Ablaufe der bestimmten Frist erhoben, so findet die Aufnahme des ausgesetzten Verfahrens statt.

Wird im Laufe eines Rechtsstreits streitig, ob zwischen den Parteien eine Ehe bestehe oder nicht bestehe, und ist von der Entscheidung dieser Frage die Entscheidung des Rechtsstreits abhängig, so hat das Gericht das Verfahren auszusetzen, bis der Streit über das Bestehen oder Nichtbestehen der Ehe im Wege der Feststellungsklage erledigt ist.

§ 141b (1326 Abs. 2). § **152** (**1343** Abs. 2). Geändert.

Ist die Entscheidung eines Rechtsstreits davon abhängig, ob eine im Wege der Anfechtungsklage angefochtene Ehe anfechtbar ist, so hat das Gericht auf Antrag das Verfahren auszusetzen; ist der Rechtsstreit über die Anfechtungsklage erledigt, so findet die Aufnahme des ausgesetzten Verfahrens statt.

§ 141c (1574 Abs. 3). § **153** (**1596** Abs. 3). Geändert.

Ist die Entscheidung eines Rechtsstreits davon abhängig, ob ein Kind, dessen Ehelichkeit im Wege der Anfechtungsklage angefochten ist, unehelich ist, so finden die Vorschriften des § 141 b entsprechende Anwendung.

§ 199.

Fällt weg (vergl. § 200).

§ 200 (183, 184). § **222** (**187**, **188**). Geändert.

Für die Berechnung der Fristen gelten die Vorschriften des Bürgerlichen Gesetzbuchs.

Fällt das Ende einer Frist auf einen Sonntag oder allgemeinen Feiertag, so endigt die Frist mit Ablauf des nächstfolgenden Werktags.

§ 217 (1934). § **239** (**1958**). Geändert.

Im Falle des Todes einer Partei tritt eine Unterbrechung des Verfahrens bis zu dessen Aufnahme durch die Rechtsnachfolger ein.

Wird die Aufnahme verzögert, so können die Rechtsnachfolger zur Aufnahme und zugleich zur Verhandlung der Hauptsache geladen werden. **Der Erbe ist vor der Annahme der Erbschaft zur Fortsetzung des Rechtsstreits nicht verpflichtet.**

Der die Ladung enthaltende Schriftsatz ist den Rechtsnachfolgern selbst zuzustellen. Die Ladungsfrist wird von dem Vorsitzenden bestimmt.

Erscheinen die Rechtsnachfolger in dem Termine nicht, so ist auf Antrag die behauptete Rechtsnachfolge als zugestanden anzunehmen und von dem Gerichte durch Versäumnißurtheil auszusprechen, daß das Verfahren von den Rechtsnachfolgern aufgenommen sei. Eine Verhandlung zur Hauptsache ist erst nach Ablauf der Einspruchsfrist und, wenn innerhalb derselben Einspruch eingelegt ist, erst nach dessen Erledigung statthaft.

§ 219 (1956). § **241** (**1981**). Geändert.

Verliert eine Partei die Prozeßfähigkeit oder stirbt der gesetzliche Vertreter einer Partei oder hört die Vertretungsbefugniß desselben auf, ohne daß die Partei prozeßfähig geworden ist, so wird das Verfahren unterbrochen, bis der gesetzliche Vertreter oder der neue gesetzliche Vertreter von seiner Bestellung dem Gegner Anzeige macht, oder bis der Gegner seine Absicht, das Verfahren fortzusetzen, dem Vertreter anzeigt.

Diese Vorschrift findet entsprechende Anwendung, wenn eine Nachlassverwaltung angeordnet ist.

§ 220 (1936, 2186, 2187). § **243** (**1960**, **2212**, **2213**).

Wird im Falle der Unterbrechung des Verfahrens durch den Tod einer Partei ein **Nachlasspfleger** bestellt **oder ist ein zur Führung des Rechtsstreits berechtigter Testamentsvollstrecker vorhanden**, so kommen die Vorschriften des § 219 und, wenn über den Nachlaß der Konkurs eröffnet wird, die Vorschriften des § 218 in Betreff der Aufnahme des Verfahrens zur Anwendung.

§ 230a (252, 253). § **254** (**259**, **260**).

Wird mit der Klage auf Rechnungslegung oder auf Vorlegung eines Vermögensverzeichnisses oder auf Leistung des Offenbarungseids die Klage auf Herausgabe desjenigen verbunden, was der Beklagte aus dem zu Grunde liegenden Rechtsverhältnisse schuldet, so kann die bestimmte Angabe der Leistungen, welche der Kläger beansprucht, vorbehalten werden, bis die Rechnung mitgetheilt, das Vermögensverzeichniss vorgelegt oder der Offenbarungseid geleistet ist.

§ 230b (277, 319, 535, 624, 1030). § **255**, (**283**, **325**, **542**, **634**, **1047**). Geändert.

Hat der Kläger für den Fall, dass der Beklagte nicht vor dem Ablauf einer ihm zu bestimmenden Frist den erhobenen Anspruch befriedigt, das Recht, Schadensersatz wegen Nichterfüllung zu fordern oder die Aufhebung eines Vertrags herbeizuführen, so kann er verlangen, dass die Frist im Urtheile bestimmt wird.

Das Gleiche gilt, wenn der Kläger das Recht hat, die Anordnung einer Verwaltung für den Fall zu verlangen, dass der Beklagte nicht vor dem Ablauf einer ihm zu bestimmenden Frist die beanspruchte Sicherheit leistet, sowie für die Bestimmung einer Frist zur Vollziehung der Auflage im Falle des § 2167 Abs. 2 des Bürgerlichen Gesetzbuchs.

§ 231a (557 ff., 602). § **257** (**564** ff., **609**). Geändert.

Ist die Geltendmachung einer nicht von einer Gegenleistung abhängigen Geldforderung oder die Geltendmachung des Anspruchs auf Räumung eines Grundstücks, eines Wohnraums oder eines anderen

Raumes an den Ablauf einer Kündigungsfrist geknüpft, so kann Klage auf künftige Zahlung oder Räumung auf Grund der mit der Klage verbundenen oder ihr vorausgegangenen Kündigung erhoben werden.

§ 231 b (747, 827 bis 829, 1590, 1686). § **258** (**760**, **843** bis **845**, **1612**, **1710**). Geändert.

Bei wiederkehrenden Leistungen kann auch wegen der erst nach Erlassung des Urtheils fällig werdenden Leistungen Klage auf künftige Zahlung erhoben werden.

§ 232 (845, 846, 1012). § **260** (**861**, **862**, **1029**). Geändert.

Mehrere Ansprüche des Klägers gegen denselben Beklagten können, auch wenn sie auf verschiedenen Gründen beruhen, in einer Klage verbunden werden, wenn für sämmtliche Ansprüche das Prozeßgericht zuständig und dieselbe Prozeßart zulässig ist.

Der im Falle verbotener Eigenmacht dem Besitzer zustehende Anspruch auf Wiedereinräumung des Besitzes und auf Beseitigung der Störung im Besitze und Unterlassung weiterer Störung kann nicht mit Ansprüchen aus dem Rechte selbst in einer Klage verbunden werden.

§ 238 (876, 916 ff.). § **266** Abs. 2 (**892**, **932** ff.). Geändert.

Die Bestimmungen des § 236 Absatz 3 und des § 237 kommen insoweit nicht zur Anwendung, als ihnen Vorschriften des bürgerlichen Rechtes zu Gunsten derjenigen, welche Rechte von einem Nichtberechtigten herleiten, entgegenstehen. In einem solchen Falle kann dem Kläger, welcher veräußert oder zedirt hat, der Einwand der nunmehr mangelnden Sachlegitimation entgegengesetzt werden.

§ 264 a (18, 19, 875, 1345, 1510, 1569, 1693, 1984, 2338). § **292** (**18**, **19**, **891**, **1362**, **1527**, **1591**, **1717**, **2009**, **2365**). Geändert.

Thatsachen, für deren Vorhandensein das Gesetz eine Vermuthung aufstellt, bedürfen keines Beweises. Der Beweis des Gegentheils ist zulässig, sofern nicht das Gesetz ein Anderes vorschreibt. Dieser Beweis kann auch durch Eideszuschiebung nach Massgabe der §§ 410 ff. geführt werden.

§ 274 (382, 807 ff.). § **302** (**388**, **823** ff.). Geändert.

Ist von dem Beklagten die Aufrechnung mit einer solchen Gegenforderung geltend gemacht, welche mit der in der Klage geltend gemachten Forderung nicht in rechtlichem Zusammenhange steht, so kann, wenn nur die Verhandlung über die Forderung zur Entscheidung reif ist, diese unter Vorbehalt der Entscheidung über die Aufrechnung erfolgen.

Enthält das Urtheil keinen Vorbehalt, so kann die Ergänzung des Urtheils nach Vorschrift des § 292 beantragt werden.

Das Urtheil, welches unter Vorbehalt der Entscheidung über die Aufrechnung ergeht, ist in Betreff der Rechtsmittel und der Zwangsvollstreckung als Endurtheil anzusehen.

In Betreff der Aufrechnung, über welche die Entscheidung vorbehalten ist, bleibt der Rechtsstreit anhängig. Soweit sich in dem weiteren Verfahren ergiebt, dass der Anspruch des Klägers unbegründet war, ist das frühere Urtheil aufzuheben, der Kläger mit dem Anspruch abzuweisen und auf Antrag zum Ersatze des Schadens zu verurtheilen, der dem Beklagten durch die Vollstreckung des Urtheils oder durch eine zur Abwendung der Vollstreckung gemachte Leistung entstanden ist, sowie über die Kosten anderweit zu entscheiden. Wird der Antrag gestellt, so ist der Anspruch auf Schadensersatz als zur Zeit der Zahlung oder Leistung rechtshängig geworden anzusehen.

§ 276 a (1472, 1989, 1990). § **305** (**1489**, **2014**, **2015**).

Durch die Geltendmachung der dem Erben nach den §§ 1989, 1990 des Bürgerlichen Gesetzbuchs zustehenden Einreden wird eine unter dem Vorbehalte der beschränkten Haftung ergehende Verurtheilung des Erben nicht ausgeschlossen.

§ 293 (382). § **322** (**388**). Geändert.

Urtheile sind der Rechtskraft nur insoweit fähig, als über den durch die Klage oder durch die Widerklage erhobenen Anspruch entschieden ist.

Die Entscheidung, dass eine zur Aufrechnung gebrachte Gegenforderung nicht besteht, ist bis zur Höhe des Betrages, für welchen die Aufrechnung geltend gemacht worden ist, der Rechtskraft fähig.

§ 293 a. Gestrichen.

Das rechtskräftige Urtheil hat die Wirkung, dass das Zuerkannte nicht mehr bestritten, das Aberkannte nicht mehr geltend gemacht werden kann.

§ 293 b (827 bis 829, 1580 ff.). § **323** (**843** bis **845**, **1602** ff.). Geändert.

Tritt im Falle der Verurtheilung zu künftig fällig werdenden wiederkehrenden Leistungen nach dem im § 686 Abs. 2 bezeichneten Zeitpunkte eine wesentliche Aenderung derjenigen Verhältnisse ein, welche für die Verurtheilung zur Entrichtung der Leistungen, für die Bestimmung der Höhe der Leistungen oder der Dauer ihrer Entrichtung massgebend waren, so ist jeder Theil berechtigt, eine entsprechende Abänderung des Urtheils zu verlangen. Die Abänderung ist nur für die Zeit nach Erhebung der auf die Abänderung gerichteten Klage zulässig.

§ 293 c (827 bis 829, 1559 bis 1561). § **324** (**843** bis **845**, **1578** bis **1580**). Geändert.

Ist bei einer auf Grund der §§ 827 bis 829 oder der §§ 1559 bis 1561 des Bürgerlichen Gesetzbuchs erfolgten Verurtheilung zur

Entrichtung einer Geldrente nicht auf Sicherheitsleistung erkannt, so kann der Berechtigte gleichwohl Sicherheitsleistung verlangen, wenn die Vermögensverhältnisse des Verpflichteten sich erheblich verschlechtert haben; unter der gleichen Voraussetzung kann er eine Erhöhung der in dem Urtheile bestimmten Sicherheit verlangen.

§ 293d (852). § **325** (**868**). Geändert.

Das rechtskräftige Urtheil wirkt für und gegen die Parteien und diejenigen Personen, welche nach dem Eintritte der Rechtshängigkeit Rechtsnachfolger der Parteien geworden sind oder den Besitz der in Streit befangenen Sache in solcher Weise erlangt haben, dass eine der Parteien mittelbarer Besitzer geworden ist.

Die Vorschriften zu Gunsten derjenigen, welche Rechte von einem Nichtberechtigten herleiten, finden entsprechende Anwendung.

§ 293e (2087 ff.). § **326** (**2212** ff.). Geändert.

Ein Urtheil, das zwischen einem Vorerben und einem Dritten über einen gegen den Vorerben als Erben gerichteten Anspruch oder über einen der Nacherbfolge unterliegenden Gegenstand ergeht, wirkt, sofern es vor dem Eintritte der Nacherbfolge rechtskräftig wird, für und gegen den Nacherben.

§ 293f (2186 ff.). § **327** (**2112** ff.). Geändert.

Ein Urtheil, das in einem Rechtsstreite zwischen einem Testamentsvollstrecker und einem Dritten über ein der Verwaltung des Testamentsvollstreckers unterliegendes Recht ergeht, wirkt für und gegen den Erben.

Das Gleiche gilt von einem Urtheile, das in einem Rechtsstreite zwischen einem Testamentsvollstrecker und einem Dritten über einen gegen den Nachlass gerichteten Anspruch ergeht, wenn der Testamentsvollstrecker zur Führung des Rechtsstreits berechtigt ist.

§ 387 (794). § **422** (**810**).

Der Gegner ist zur Vorlegung der Urkunde verpflichtet, wenn der Beweisführer nach den Vorschriften des bürgerlichen Rechtes die Herausgabe oder die Vorlegung der Urkunde verlangen kann.

§ 435 (6, 110, 1882). § **473** (**6**, **114**, **1906**). Geändert.

Ist eine Partei nicht prozeßfähig, so ist die Zuschiebung oder Zurückschiebung des Eides nur an ihren gesetzlichen Vertreter und nur insoweit zulässig, als die vertretene Partei, wenn sie den Prozeß in Person führte, oder der Vertreter, wenn er selbst Partei wäre, dieselbe zulassen müßte.

Minderjährigen, welche das sechszehnte Lebensjahr vollendet haben, sowie Volljährigen, welche wegen Geistesschwäche, Verschwendung oder Trunksucht entmündigt sind, kann über Thatsachen, welche in Handlungen derselben bestehen oder Gegenstand ihrer Wahrnehmung gewesen sind, der Eid zugeschoben oder zurückgeschoben werden, sofern dies von dem Gericht auf

Antrag des Gegners nach den Umständen des Falles für zulässig erklärt wird. Das Gleiche gilt von einer prozessfähigen Partei, die in einem Rechtsstreite durch einen Pfleger vertreten wird.

Auf Volljährige, welche nach Massgabe des § 1882 des Bürgerlichen Gesetzbuchs unter vorläufige Vormundschaft gestellt sind, finden in Betreff der Zuschiebung oder Zurückschiebung des Eides diejenigen Vorschriften Anwendung, welche bei eingetretener Entmündigung nach Abs. 1, 2 gelten.

§ 449a (453 ff., 472, 479, 623). § **488** (**459** ff., **478**, **485**, **633**). Geändert.

Die Beweisaufnahme kann, auch ohne dass die Voraussetzungen des § 447 vorliegen, beantragt werden, wenn Mängel einer Sache oder eines Werkes festzustellen sind, wegen deren der Gegner Gewähr leisten soll.

Hat der Erwerber einer Sache dem Veräusserer einen Mangel angezeigt oder die Annahme der Sache wegen Mangelhaftigkeit abgelehnt, so kann auch der Veräusserer die Beweisaufnahme nach Massgabe des Abs. 1 beantragen. In gleicher Weise ist der Unternehmer eines Werkes zu dem Antrage berechtigt, wenn der Besteller ihm einen Mangel angezeigt oder die Abnahme des Werkes wegen Mangelhaftigkeit verweigert hat.

§ 491 (382, 805). § **529** (**388**, **821**). Geändert.

Die Parteien können Angriffs- und Vertheidigungsmittel, welche in erster Instanz nicht geltend gemacht sind, insbesondere neue Thatsachen und Beweismittel vorbringen.

Neue Ansprüche dürfen, abgesehen von den Fällen des § 240 Nr. 2, 3, nicht erhoben werden.

Wird von dem Beklagten die Aufrechnung einer Gegenforderung geltend gemacht, so ist die hierauf gegründete Einwendung zurückzuweisen, wenn der Beklagte nicht glaubhaft macht, dass er ohne sein Verschulden außer Stande gewesen ist, sie in erster Instanz geltend zu machen. Im Falle der Zurückweisung finden die Vorschriften der §§ 502, 503 Anwendung.

§ 503 (805). § **541** (**821**). Geändert.

In Betreff der Vertheidigungsmittel, deren Geltendmachung dem Beklagten vorbehalten ist, bleibt der Rechtsstreit in der Berufungsinstanz anhängig.

Die Erstattungspflicht des Klägers bestimmt sich nach den Vorschriften über die Herausgabe einer ungerechtfertigten Bereicherung. Wird der Antrag gestellt, so ist der Anspruch auf Erstattung als zur Zeit der Zahlung oder Leistung rechtshängig geworden anzusehen; die mit der Rechtshängigkeit nach den Vorschriften des bürgerlichen Rechtes verbundenen Wirkungen treten mit der Zahlung oder Leistung auch dann ein, wenn der Antrag nicht gestellt wird.

§ 555 (1096, 1175, 1183). § **592** (**1113**, **1192**, **1200**).

Ein Anspruch, welcher die Zahlung einer bestimmten Geldsumme oder die Leistung einer bestimmten Quantität anderer vertretbarer Sachen oder Werthpapiere zum Gegenstande hat, kann im Urkundenprozesse geltend gemacht werden, wenn die sämmtlichen zur Begründung des Anspruchs erforderlichen Thatsachen durch Urkunden bewiesen werden können. **Als ein Anspruch, welcher die Zahlung einer Geldsumme zum Gegenstande hat, gilt auch der Anspruch aus einer Hypothek, einer Grundschuld oder einer Rentenschuld.**

§ 563 (807 ff.). § **600** (**823** ff.). Geändert.

Wird dem Beklagten die Ausführung seiner Rechte vorbehalten, so bleibt der Rechtsstreit im ordentlichen Verfahren anhängig.

Soweit sich in diesem Verfahren ergiebt, daß der **Anspruch des Klägers** unbegründet war, finden **die Vorschriften des § 274 Abs. 4 Satz 2, 3 Anwendung.**

Erscheint in diesem Verfahren eine Partei nicht, so finden die Vorschriften über das Versäumnißurtheil entsprechende Anwendung.

§ 568 (1306 ff., 1336, 1337, 1547 ff.). § **606** (**1323** ff., **1353**, **1354**, **1564** ff.). Geändert.

Für die Rechtsstreitigkeiten, welche die **Scheidung, Nichtigkeit oder Anfechtung einer Ehe oder die Feststellung des Bestehens oder Nichtbestehens einer Ehe zwischen den Parteien** oder die Herstellung des ehelichen Lebens zum Gegenstande haben (Ehesachen), ist das Landgericht, bei welchem der Ehemann seinen allgemeinen Gerichtsstand hat, ausschließlich zuständig.

Ist der Ehemann ein Deutscher und hat er im Inlande keinen allgemeinen Gerichtsstand, so kann die Klage bei dem Landgerichte erhoben werden, in dessen Bezirk er den letzten Wohnsitz im Inlande gehabt hat, und in Ermangelung eines solchen Gerichts bei dem Landgerichte der Hauptstadt des Bundesstaats, welchem der Ehemann angehört; die Vorschrift des § 16 Abs. 1 Satz 3 findet Anwendung. Gehört der Ehemann einem Bundesstaate nicht an, so kann die Klage bei dem durch allgemeine Anordnung des Reichskanzlers zu bestimmenden Landgerichte der Stadt Berlin erhoben werden.

Ist die Reichsangehörigkeit des Ehemanns erloschen, die Ehefrau aber Deutsche geblieben und hat der Ehemann im Inlande keinen allgemeinen Gerichtsstand, so finden die Vorschriften des Abs. 2 entsprechende Anwendung.

Sind beide Ehegatten Ausländer, so kann die Scheidungsklage im Inlande nur erhoben werden, wenn das inländische Gericht auch nach den Gesetzen des Staates zuständig ist, dem der Ehemann angehört.

§ 570. § **608**.

Der Vorsitzende darf den Termin zur mündlichen Verhandlung über eine Scheidungsklage oder über eine Klage auf Herstellung des ehelichen Lebens erst festsetzen, wenn den nachfolgenden Vorschriften über den Sühneversuch genügt ist.

§ 571 (1554 Abs. 3). § **609 (1571** Abs. 3). Geändert.

Der Kläger hat bei dem Amtsgerichte, vor welchem der Ehemann seinen allgemeinen Gerichtsstand hat, die Anberaumung eines Sühnetermins zu beantragen und zu diesem Termine den Beklagten zu laden.

Bestimmt sich das für die Klage zuständige Landgericht nach den Vorschriften des § 568 Abs. 2 und 3, so finden die Vorschriften des § 568 Abs. 2 auf die Bestimmung des für den Sühnetermin zuständigen Amtsgerichts entsprechende Anwendung.

§ 572 (1554 Abs. 3). § **610 (1571** Abs. 3).

Die Parteien müssen in dem Sühnetermine persönlich erscheinen; Beistände können zurückgewiesen werden.

Erscheint der Kläger oder erscheinen beide Parteien im Sühnetermine nicht, **so muss der Kläger die Anberaumung eines neuen Sühnetermins beantragen und den Beklagten zu dem Termine laden.** Erscheint der Kläger, aber nicht der Beklagte, so ist der Sühneversuch als mißlungen anzusehen.

§ 573a (100, 102, 110, 1314, 1547 ff.). § **612 (104, 106, 114, 1331, 1564** ff.). Geändert.

In Ehesachen ist ein in der Geschäftsfähigkeit beschränkter Ehegatte prozessfähig; dies gilt jedoch nicht für einen Rechtsstreit, welcher die Anfechtung der Ehe auf Grund des § 1314 des Bürgerlichen Gesetzbuchs zum Gegenstande hat.

Für einen geschäftsunfähigen Ehegatten wird der Rechtsstreit durch den gesetzlichen Vertreter geführt. Der gesetzliche Vertreter ist jedoch zur Erhebung der Klage auf Herstellung des ehelichen Lebens sowie zur Erhebung der Scheidungsklage nicht befugt; auch kann er die Anfechtungsklage nur mit Genehmigung des Vormundschaftsgerichts erheben.

§ 573b. § **613**. Geändert.

Der Bevollmächtigte des klagenden Ehegatten bedarf einer besonderen, auf den Rechtsstreit gerichteten Vollmacht. Das Gericht hat den Mangel einer solchen Vollmacht von Amtswegen zu berücksichtigen.

§ 575 (1324, 1547 ff.). § **615 (1341, 1564** ff.).

Die Klage auf Herstellung des ehelichen Lebens, **die Scheidungsklage** und **die Anfechtungsklage** können verbunden werden.

Die Verbindung einer anderen Klage mit den erwähnten Klagen sowie die Erhebung einer Widerklage anderer Art ist unstatthaft.

§ 576 (1324, 1547 ff.). § **616** (**1341**, **1564** ff.). Geändert.

Der Kläger, welcher mit der Scheidungsklage oder der Anfechtungsklage abgewiesen ist, kann das Recht, die Scheidung zu verlangen oder die Ehe anzufechten, nicht mehr auf Thatsachen gründen, welche er in dem früheren Rechtsstreite geltend gemacht hat oder welche er in dem früheren Rechtsstreite oder durch Verbindung der Klagen hätte geltend machen können. Ein Gleiches gilt im Falle der Abweisung der Scheidungsklage oder der Anfechtungsklage für den Beklagten in Ansehung der Thatsachen, auf welche er eine Widerklage zu gründen im Stande war.

§ 577 (1306 ff., 1547 ff.). § **617** (**1323** ff., **1564** ff.). Geändert.

Die Vorschriften über die Folgen der unterbliebenen oder verweigerten Erklärung über Thatsachen oder über die Echtheit von Urkunden, die Vorschriften über den Verzicht der Parteien auf die Beeidigung von Zeugen und Sachverständigen, die Vorschriften über die Wirkung eines Anerkenntnisses, eines gerichtlichen Geständnisses und der Erlassung eines Eides sowie die Vorschriften über die Eideszuschiebung und den Antrag, dem Gegner die Vorlegung einer Urkunde aufzugeben, finden keine Anwendung in Ansehung solcher Thatsachen, welche die Scheidung oder die Anfechtung der Ehe oder das Recht, die Herstellung des ehelichen Lebens zu verweigern, begründen sollen.

In einem Rechtsstreite, welcher die Nichtigkeit der Ehe oder die Feststellung des Bestehens oder Nichtbestehens einer Ehe zwischen den Parteien zum Gegenstande hat, finden die im Abs. 1 bezeichneten Vorschriften sowohl in Ansehung solcher Thatsachen, welche die Nichtigkeit oder das Nichtbestehen der Ehe, als auch in Ansehung solcher Thatsachen keine Anwendung, welche die Gültigkeit oder das Bestehen der Ehe begründen sollen.

§ 580 (1550 ff.). § **620** (**1567** ff.). Geändert.

Hat der Kläger die Aussetzung des Verfahrens über eine Scheidungsklage beantragt, so darf das Gericht auf Scheidung nicht erkennen, bevor die Aussetzung stattgefunden hat. Auch ohne Antrag des Klägers ist die Aussetzung anzuordnen, wenn die Scheidung auf Grund des § 1551 des Bürgerlichen Gesetzbuchs beantragt ist und die Aussicht auf Aussöhnung der Parteien nicht ausgeschlossen erscheint.

Auf Grund dieser Bestimmungen darf die Aussetzung im Laufe des Rechtsstreits nur einmal und höchstens auf zwei Jahre angeordnet werden.

§ 580a (1336, 1337). § **621** (**1353**, **1354**).

Die Aussetzung des Verfahrens über eine Klage auf Herstellung des ehelichen Lebens kann das Gericht von Amtswegen anordnen, wenn eine Aussöhnung der Parteien nicht unwahrscheinlich ist.

Auf Grund dieser Bestimmung darf die Aussetzung im Laufe des Rechtsstreits nur einmal und höchstens auf ein Jahr angeordnet werden.

§ 581 (1312). § **622** (**1329**). Geändert.

Zum Zwecke der Aufrechterhaltung der Ehe kann das Gericht Thatsachen, welche von den Parteien nicht vorgebracht sind, berücksichtigen und die Aufnahme von Beweisen von Amtswegen anordnen. Vor der Entscheidung sind die Parteien zu hören.

Diese Vorschriften finden im Rechtsstreite, welcher die Nichtigkeit der Ehe, die Feststellung des Bestehens oder des Nichtbestehens einer Ehe zwischen den Parteien zum Gegenstande hat, auch zum Zwecke der Ermittelung, ob die Ehe nichtig sei oder nicht bestehe, Anwendung.

§ 581a (1552). § **623** (**1569**).

Auf Scheidung wegen Geisteskrankheit darf nicht erkannt werden, bevor das Gericht einen oder mehrere Sachverständige über den Geisteszustand des Beklagten gehört hat.

§ 581b (1295, 1548). § **624** (**1312**, **1565**).

Wird wegen Ehebruchs auf Scheidung erkannt und ergiebt sich aus den Verhandlungen, mit welcher Person der Ehebruch begangen worden ist, so ist diese Person in dem Urtheile festzustellen.

§ 582 (1312, 1547 ff.). § **625** (**1329**, **1564** ff.).

Urtheile, durch welche auf Scheidung oder Nichtigkeit der Ehe erkannt ist, sind von Amtswegen zuzustellen.

§ 584 (1306 ff., 1547 ff.). § **627** (**1323** ff., **1564** ff.). Geändert.

Hat der Rechtsstreit die Scheidung, Anfechtung oder Nichtigkeit der Ehe zum Gegenstande, so kann das Gericht auf Antrag eines der Ehegatten durch einstweilige Verfügung für die Dauer des Rechtsstreits das Getrenntleben der Ehegatten gestatten, die gegenseitige Unterhaltspflicht der Ehegatten nach Massgabe des § 1344 des Bürgerlichen Gesetzbuchs ordnen, wegen der Sorge für die Person der gemeinschaftlichen Kinder, soweit es sich nicht um deren gesetzliche Vertretung handelt, Anordnungen treffen und die Unterhaltspflicht der Ehegatten den Kindern gegenüber im Verhältnisse der Ehegatten zu einander regeln.

Die einstweilige Verfügung ist zulässig, sobald der Termin zur mündlichen Verhandlung oder im Falle einer Scheidungsklage der Termin zum Sühneversuche bestimmt oder im Wege der Widerklage die Scheidung beantragt oder die Ehe angefochten ist.

Von der einstweiligen Verfügung hat das Prozessgericht, wenn ein gemeinschaftliches minderjähriges Kind der Ehegatten vorhanden ist, dem Vormundschaftsgerichte Mittheilung zu machen.

Im Uebrigen gelten für die einstweilige Verfügung die Bestimmungen der §§ 815 bis 822.

§ 584a (1547 Satz 3). § **628** (**1564** Satz 3).

Stirbt einer der Ehegatten vor der Rechtskraft des Urtheils, so ist der Rechtsstreit in Ansehung der Hauptsache als erledigt anzusehen.

§ 584b (1306 ff., 1313 ff.). § **629** (**1323** ff., **1330** ff.). Geändert.

Das auf eine Anfechtungsklage oder eine Nichtigkeitsklage ergehende Urtheil wirkt, sofern es bei Lebzeiten beider Ehegatten rechtskräftig wird, für und gegen Alle. Ein Urtheil, durch welches die Ehe auf Grund des § 1309 des Bürgerlichen Gesetzbuchs für nichtig erklärt wird, wirkt jedoch gegen den Dritten, mit dem die frühere Ehe geschlossen war, nur dann, wenn er an dem Rechtsstreite Theil genommen hat.

Diese Vorschriften gelten auch für ein Urtheil, durch welches das Bestehen oder Nichtbestehen einer Ehe festgestellt wird.

§ 584c (1312, 1547 ff.). § **630** (**1329**, **1564** ff.).

Nach dem Eintritte der Rechtskraft des Urtheils hat das Prozessgericht, wenn ein gemeinschaftliches minderjähriges Kind der Ehegatten vorhanden ist, dem Vormundschaftsgerichte Mittheilung zu machen.

§ 586 (1306 ff.). § **632** (**1323** ff.). Geändert.

Die Klage kann sowohl von jedem der Ehegatten als von dem Staatsanwalt erhoben werden, im Falle des § 1309 des Bürgerlichen Gesetzbuchs auch von dem Dritten, mit welchem die frühere Ehe geschlossen war. Im Uebrigen kann die Klage von einem Dritten nur erhoben werden, wenn für ihn von der Nichtigkeit der Ehe ein Anspruch oder von der Gültigkeit der Ehe eine Verbindlichkeit abhängt.

Die von dem Staatsanwalt oder einem Dritten erhobene Klage ist gegen beide Ehegatten, die von einem Ehegatten erhobene Klage ist gegen den anderen Ehegatten zu richten.

§ 587 (1312). § **633** (**1329**). Geändert.

Mit der Nichtigkeitsklage kann nur eine Klage auf Feststellung des Bestehens oder des Nichtbestehens einer Ehe zwischen den Parteien verbunden werden.

Eine Widerklage ist nur statthaft, wenn sie eine Nichtigkeitsklage oder eine Feststellungsklage der im Abs. 1 bezeichneten Art ist.

§ 588 (1312, **1329**).

Fällt weg.

§ 589a. § **635**.

Das Versäumnissurtheil gegen den im Termine zur mündlichen Verhandlung nicht erschienenen Kläger ist dahin zu erlassen, dass die Klage als zurückgenommen gelte.

§ 591a. § **638**. Geändert.

Die Vorschriften der §§ 587, 589a finden auf die Klage, welche die Feststellung des Bestehens oder des Nichtbestehens einer Ehe zwischen den Parteien zum Gegenstande hat, entsprechende Anwendung.

§ 592. § **639**. Geändert.

Fällt weg.

§ 592a (1571, 1574). §§ **640** Abs. 1, **641** Abs. 1, 2 (**1593**, **1596**). Geändert.

Auf einen Rechtsstreit, der die Feststellung des Bestehens oder des Nichtbestehens eines Eltern- und Kindesverhältnisses zwischen den Parteien oder die Feststellung des Bestehens oder des Nichtbestehens der elterlichen Gewalt der einen Partei über die andere zum Gegenstande hat, finden die Vorschriften der §§ 569, 573b, des § 577 Abs. 2 und der §§ 578, 579, 581, 582, 584a, 589a entsprechende Anwendung.

Wird die Ehelichkeit eines Kindes oder die Anerkennung der Ehelichkeit von dem Ehemanne der Mutter durch Erhebung der Anfechtungsklage angefochten, so finden an Stelle des § 577 Abs. 2 die Vorschriften des § 577 Abs. 1 entsprechende Anwendung; die Vorschriften des § 581 Abs. 2 und des § 589a finden keine Anwendung.

Für die im Abs. 2 bezeichneten Anfechtungsklagen ist der Ehemann, auch wenn er in der Geschäftsfähigkeit beschränkt ist, prozessfähig. Für einen geschäftsunfähigen Ehemann wird der Rechtsstreit durch den gesetzlichen Vertreter geführt. Der gesetzliche Vertreter kann die Anfechtungsklage nur mit Genehmigung des Vormundschaftsgerichts erheben.

§ 592b (1576, 1577). § **642** (**1598**, **1599**). Geändert.

Ist in den Fällen des § 592a der Beklagte ein Deutscher und hat er im Inlande keinen allgemeinen Gerichtsstand, so finden die Vorschriften des § 568 Abs. 2 entsprechende Anwendung. Das Gleiche gilt, wenn die Reichsangehörigkeit des Beklagten erloschen, der Kläger aber Deutscher geblieben ist.

§ 592c (1574, 1577). §§ **640** Abs. 2, **641** Abs. 3 (**1596**, **1599**). Geändert.

Mit einer der im § 592a Abs. 1 bezeichneten Klagen kann eine andere Klage nicht verbunden, gegen sie kann eine Widerklage anderer Art nicht erhoben werden.

Mit einer der im § 592a Abs. 2 bezeichneten Anfechtungsklagen kann nur die andere Anfechtungsklage verbunden, eine Widerklage kann nicht erhoben werden.

§ 592d (1567, 1569, 1570, 1604). § **643** (**1589**, **1591**, **1592**, **1626**). Geändert.

In den Fällen des § 592a wirkt das Urtheil, wenn es bei Lebzeiten der Parteien rechtskräftig wird, für und gegen Alle. Ein Urtheil, welches das Bestehen des Eltern- und Kindesverhältnisses oder der elterlichen Gewalt feststellt, wirkt jedoch gegenüber einem Dritten, welcher das elterliche Verhältniss oder die elterliche Gewalt für sich in Anspruch nimmt, nur dann, wenn er an dem Rechtsstreite theilgenommen hat.

§ 592e (1693). § **644** (**1717**).

Die Vorschriften der §§ 592a bis 592d gelten nicht für einen Rechtsstreit, der die Feststellung des Bestehens oder Nichtbestehens der unehelichen Vaterschaft zum Gegenstande hat.

§ 593 (6 Abs. 1 Nr. 1). § **645** (**6** Abs. 1 Nr. 1). Geändert.

Die Entmündigung wegen Geisteskrankheit oder wegen Geistesschwäche erfolgt durch Beschluss des Amtsgerichts.

§ 594. § **648**. Geändert.

Das Amtsgericht, bei welchem der zu Entmündigende seinen allgemeinen Gerichtsstand hat, ist ausschließlich zuständig.

Gegen einen Deutschen, welcher im Inlande keinen allgemeinen Gerichtsstand hat, kann der Antrag bei dem Amtsgerichte gestellt werden, in dessen Bezirke der zu Entmündigende den letzten Wohnsitz im Inlande gehabt hat, und in Ermangelung eines solchen Gerichts bei dem Amtsgerichte der Hauptstadt des Bundesstaats, welchem er angehört; die Vorschrift des § 16 Abs. 1 Satz 3 findet Anwendung; gehört der zu Entmündigende einem Bundesstaate nicht an, so kann der Antrag bei dem durch allgemeine Anordnung des Reichskanzlers zu bestimmenden Amtsgerichte der Stadt Berlin gestellt werden.

§ 595. § **646**. Geändert.

Der Antrag kann von dem Ehegatten, einem Verwandten oder demjenigen gesetzlichen Vertreter des zu Entmündigenden gestellt werden, welcher die Sorge für die Person hat. Von einem Verwandten kann der Antrag gegen eine Person, welche unter elterlicher Gewalt oder unter Vormundschaft steht, nicht gestellt werden, gegen eine Ehefrau nur dann gestellt werden, wenn auf Trennung der Ehegatten von Tisch und Bett erkannt ist, oder wenn der Ehemann die Ehefrau verlassen hat, oder wenn der Ehemann zur Stellung des Antrags dauernd ausser Stande oder sein Aufenthalt dauernd unbekannt ist.

In allen Fällen ist auch der Staatsanwalt bei dem vorgesetzten Landgerichte zur Stellung des Antrags befugt.

§ 602. §§ **659**, **662**. Geändert.

Der über die Entmündigung zu erlassende Beschluß ist dem Antragsteller und dem Staatsanwalte von Amtswegen zuzustellen.

Der den Antrag auf Entmündigung zurückweisende Beschluss ist auch dem zu Entmündigenden von Amtswegen zuzustellen.

§ 603. §§ **660**, **661**. Geändert.

Der die Entmündigung aussprechende Beschluß ist von Amtswegen der Vormundschaftsbehörde mitzutheilen und, wenn der Entmündigte unter elterlicher Gewalt oder Vormundschaft steht, demjenigen gesetzlichen Vertreter desselben zuzustellen, welcher die Sorge für die Person hat. Im Falle der Entmündigung wegen Geistesschwäche ist der Beschluss auch dem Entmündigten selbst zuzustellen.

Die Entmündigung wegen Geisteskrankheit tritt, wenn der Entmündigte unter elterlicher Gewalt oder unter Vormundschaft steht, mit der Zustellung des Beschlusses an denjenigen gesetzlichen Vertreter desselben, welchem die Sorge für die Person zusteht, anderenfalls mit der Bestellung des Vormundes, die Entmündigung wegen Geistesschwäche tritt mit der Zustellung des Beschlusses an den Entmündigten in Wirksamkeit.

§ 605. § **664**. Geändert.

Der die Entmündigung aussprechende Beschluß kann im Wege der Klage binnen der Frist eines Monats angefochten werden.

Das Recht zur Erhebung der Klage steht dem Entmündigten selbst, demjenigen gesetzlichen Vertreter desselben, welcher die Sorge für die Person hat und den übrigen im § 595 bezeichneten Personen zu.

Die Frist beginnt im Falle der Entmündigung wegen Geisteskrankheit für den Entmündigten mit dem Zeitpunkt, in welchem er von der Entmündigung Kenntniß erlangt hat, für die übrigen Personen mit dem Zeitpunkt, in welchem die Entmündigung in Wirksamkeit getreten ist; im Falle der Entmündigung wegen Geistesschwäche für den gesetzlichen Vertreter des unter elterlicher Gewalt oder unter Vormundschaft stehenden Entmündigten mit dem Zeitpunkt, in welchem ihm der Beschluss zugestellt worden ist, für den Entmündigten selbst und die übrigen Personen mit dem Zeitpunkt, in welchem die Entmündigung in Wirksamkeit getreten ist.

§ 607. § **666**. Geändert.

Die Klage ist gegen den Staatsanwalt zu richten.

Erhebt der Staatsanwalt die Klage, so ist dieselbe gegen denjenigen gesetzlichen Vertreter des Entmündigten, welcher die Sorge für die Person hat, als Vertreter desselben zu richten.

Hat eine der im § 595 Abs. 1 bezeichneten Personen die Entmündigung beantragt, so ist dieselbe unter Mittheilung der Klage zum Termine zur mündlichen Verhandlung zu laden. Dieselbe gilt im Falle des Beitritts im Sinne des § 59 als Streitgenosse der Hauptpartei.

§ 611. § **670**. Geändert.

Die Vorschriften des § 577 Abs. 2, des § 578 und des § **581** Abs. 2 finden entsprechende Anwendung.

§ 613. § **672**.

Wird die Anfechtungsklage für begründet erachtet, so ist der die Entmündigung aussprechende Beschluß aufzuheben. Die Aufhebung tritt erst mit der Rechtskraft des Urtheils in Wirksamkeit. Auf Antrag können jedoch zum Schutze der Person oder des Vermögens des Entmündigten einstweilige Verfügungen nach Maßgabe der §§ 815 bis 822 getroffen werden.

(Abs. 2 fällt weg.)

§ 616 (6 Abs. 2). § **675** (**6** Abs. 2). Geändert.

Die Wiederaufhebung der Entmündigung erfolgt auf Antrag des Entmündigten oder desjenigen gesetzlichen Vertreters desselben, welcher die Sorge für die Person hat, oder des Staatsanwalts durch Beschluß des Amtsgerichts.

§ 617. § **676**. Geändert.

Für die Wiederaufhebung der Entmündigung ist das Amtsgericht ausschließlich zuständig, bei welchem der Entmündigte seinen allgemeinen Gerichtsstand hat.

Ist der Entmündigte ein Deutscher und hat er im Inlande keinen allgemeinen Gerichtsstand, so kann der Antrag, sofern die Entmündigung von einem Deutschen Gericht ausgesprochen ist, bei dem Amtsgerichte gestellt werden, in dessen Bezirke der Entmündigte den letzten Wohnsitz im Inlande gehabt hat, und in Ermangelung eines solchen Gerichts bei dem Amtsgerichte der Hauptstadt des Bundesstaats, welchem er angehört; die Vorschrift des § 16 Abs. 1 Satz 3 findet Anwendung; gehört der Entmündigte einem Bundesstaate nicht an, so kann der Antrag bei dem durch allgemeine Anordnung des Reichskanzlers zu bestimmenden Amtsgerichte der Stadt Berlin gestellt werden.

§ 620. § **679**. Geändert.

Wird der Antrag auf Wiederaufhebung von dem Amtsgericht abgelehnt, so kann dieselbe im Wege der Klage beantragt werden.

Zur Erhebung der Klage ist derjenige gesetzliche Vertreter des Entmündigten, welcher die Sorge für die Person hat, und der Staatsanwalt befugt.

Will der im Abs. 2 bezeichnete gesetzliche Vertreter die Klage nicht erheben, so kann der Vorsitzende des Prozeßgerichts dem Entmündigten einen Rechtsanwalt als Vertreter beiordnen.

Auf das Verfahren finden die Vorschriften der §§ 606 bis 615 entsprechende Anwendung.

§ 621 (6 Abs. 1 Nr. 2). § **680** (**6** Abs. 1 Nr. 2). Geändert.

Die Entmündigung wegen Verschwendung erfolgt durch Beschluss des Amtsgerichts.

Der Beschluß wird nur auf Antrag erlassen.

Auf das Verfahren finden die Vorschriften des § 594, des § 595 Abs. 1, des § 596, des § **597** Abs. **1**, **4** und der §§ **600**, 604 entsprechende Anwendung.

Eine Mitwirkung der Staatsanwaltschaft findet nicht statt.

Die landesgesetzlichen Vorschriften, nach welchen eine Gemeinde oder ein der Gemeinde gleichstehender Verband oder ein Armenverband antragsberechtigt ist, bleiben unberührt.

§ 625 (6 Abs. 2). § **685** (**6** Abs. 2). Geändert.

Die Wiederaufhebung der Entmündigung erfolgt auf Antrag des Entmündigten oder desjenigen gesetzlichen Vertreters desselben, welcher die Sorge für die Person hat, unter entsprechender Anwendung der §§ 616 bis 619.

Eine Anfechtung des Beschlusses, durch welchen die Entmündigung aufgehoben wird, findet nicht statt.

§ 626. § **686**. Geändert.

Wird der Antrag auf Wiederaufhebung von dem Amtsgericht abgelehnt, so kann dieselbe im Wege der Klage beantragt werden.

Zur Erhebung der Klage ist derjenige gesetzliche Vertreter des Entmündigten, welcher die Sorge für die Person hat, befugt. Will dieser die Klage nicht erheben, so kann der Vorsitzende des Prozeßgerichts dem Entmündigten einen Rechtsanwalt als Vertreter beiordnen.

Die Klage ist gegen denjenigen, welcher die Entmündigung beantragt hatte, falls aber dieser verstorben oder sein Aufenthalt unbekannt oder im Auslande ist, gegen den Staatsanwalt zu richten.

Auf das Verfahren finden die Vorschriften der §§ 606, 608, 610, 611, 613 bis 615 entsprechende Anwendung.

§ 627a (6 Abs. 1 Nr. 3). § **681** (**6** Abs. 1 Nr. 3). Geändert.

Auf die Entmündigung wegen Trunksucht finden die Vorschriften über die Entmündigung wegen Verschwendung mit Ausnahme des § 621 Abs. 5 entsprechende Anwendung.

Das Gericht kann den zu Entmündigenden unter Androhung der Entmündigung zur Besserung ermahnen und die Beschlussfassung über die Entmündigung aussetzen, wenn Aussicht besteht, dass die Ermahnung Erfolg haben werde.

§ 628 (1096, 1174, 1182). § **688** (**1113**, **1191**, **1199**).

Wegen eines Anspruchs, welcher die Zahlung einer bestimmten Geldsumme oder die Leistung einer bestimmten Quantität anderer vertretbarer

Sachen oder Werthpapiere zum Gegenstande hat, ist auf Gesuch des Gläubigers ein bedingter Zahlungsbefehl zu erlassen.

Als ein Anspruch, welcher die Zahlung einer Geldsumme zum Gegenstande hat, gilt auch der Anspruch aus einer Hypothek, einer Grundschuld oder einer Rentenschuld.

Das Mahnverfahren findet nicht statt, wenn nach Inhalt des Gesuchs die Geltendmachung des Anspruchs von einer noch nicht erfolgten Gegenleistung abhängig ist oder wenn die Zustellung des Zahlungsbefehls im Ausland oder durch öffentliche Bekanntmachung erfolgen müßte.

§ 648 (827, 828, 1568 ff., 1579 ff., 1684 ff.). § **708** (**843**, **844**, **1590** ff., **1601** ff., **1708** ff.). Geändert.

Auch ohne Antrag sind für vorläufig vollstreckbar zu erklären:

1. Urtheile, welche auf Grund eines Anerkenntnisses eine Verurtheilung aussprechen (§ 278);
2. Urtheile, welche den Eintritt der in einem bedingten Endurtheil ausgedrückten Folgen aussprechen;
3. ein zweites oder ferneres in derselben Instanz gegen dieselbe Partei zur Hauptsache erlassenes Versäumnißurtheil;
4. Urtheile, welche im Urkunden- oder Wechselprozesse erlassen werden;
5. Urtheile, durch welche Arreste oder einstweilige Verfügungen aufgehoben werden;
6. Urtheile, welche die Verpflichtung zur Entrichtung von Alimenten **oder zur Entrichtung einer nach den §§ 827, 828 des Bürgerlichen Gesetzbuchs geschuldeten Geldrente** aussprechen, soweit die Entrichtung für die Zeit nach der Erhebung der Klage und für das diesem Zeitpunkte vorausgehende letzte Vierteljahr zu erfolgen hat.

§ 649 (549). § **709** (**556**). Geändert.

Urtheile sind auf Antrag für vorläufig vollstreckbar zu erklären, wenn sie betreffen:

1. Streitigkeiten zwischen dem Vermiether und dem Miether oder Untermiether von Wohnräumen oder anderen Räumen oder zwischen dem Miether und dem Untermiether solcher Räume wegen Ueberlassung, Benutzung oder Räumung, sowie wegen Zurückhaltung der von dem Miether oder dem Untermiether in die Miethräume eingebrachten Sachen;
2. Streitigkeiten zwischen Dienstherrschaft und Gesinde, zwischen Arbeitgebern und Arbeitern hinsichtlich des Dienst- und Arbeitsverhältnisses, sowie die im § 108 der Gewerbeordnung bezeichneten Streitigkeiten, insofern dieselben während der Dauer des Dienst-, Arbeits- oder Lehrverhältnisses entstehen;
3. Streitigkeiten zwischen Reisenden und Wirthen, Fuhrleuten, Schiffern, Flößern oder Auswanderungsexpedienten in den Ein-

schiffungshäfen, welche über Wirthszechen, Fuhrlohn, Ueberfahrtsgelder, Beförderung der Reisenden und ihrer Habe und über Verlust und Beschädigung der letzteren, sowie Streitigkeiten zwischen Reisenden und Handwerkern, welche aus Anlaß der Reise entstanden sind;

4. andere vermögensrechtliche Ansprüche, sofern der Gegenstand der Verurtheilung an Geld oder Geldeswerth die Summe von dreihundert Mark nicht übersteigt; in Betreff des Werthes des Gegenstandes kommen die Vorschriften der §§ 3 bis 9 zur Anwendung.

§ 655 (805). **§ 717 (821).** Geändert.

Die vorläufige Vollstreckbarkeit tritt mit der Verkündung eines Urtheils, welches die Entscheidung in der Hauptsache oder die Vollstreckbarkeitserklärung aufhebt oder abändert, insoweit außer Kraft, als die Aufhebung oder Abänderung erfolgt.

Wird ein für vorläufig vollstreckbar erklärtes Urtheil aufgehoben oder abgeändert oder **wird die vorläufige Vollstreckbarkeit des Urtheils wegen Mangels der gesetzlichen Voraussetzungen aufgehoben,** so ist der Kläger auf Antrag des Beklagten **zum Ersatze des Schadens zu verurtheilen, der dem Beklagten durch die Vollstreckung des Urtheils oder durch eine zur Abwendung der Vollstreckung gemachte Leistung entstanden ist. Wird der Antrag gestellt, so ist der Anspruch auf Schadensersatz als zur Zeit der Zahlung oder Leistung rechtshängig geworden anzusehen.**

§ 658 (857, 859, 867 ff., 1243 ff.). **§ 895 (873, 875, 883 ff., 1260 ff.).** Geändert.

Ist auf Bewilligung einer Eintragung in das Grundbuch oder einer Löschung im Grundbuch erkannt, so wird das für vorläufig vollstreckbar erklärte Urtheil durch Eintragung einer Vormerkung vollzogen. Das Gleiche gilt, wenn auf Bewilligung der Eintragung eines Pfandrechts in das Schiffsregister oder der Löschung eines Pfandrechts im Schiffsregister erkannt ist.

§ 664 (268, 316, 342). **§ 726 (274, 322, 348).** Geändert.

Von Urtheilen, deren Vollstreckung nach ihrem Inhalte von dem durch den Gläubiger zu beweisenden Eintritt einer anderen Thatsache als einer dem Gläubiger obliegenden Sicherheitsleistung abhängt, darf eine vollstreckbare Ausfertigung nur ertheilt werden, wenn der Beweis durch öffentliche Urkunden geführt wird.

Ist die Vollstreckung von einer Zug um Zug oder vorher zu bewirkenden Leistung des Gläubigers an den Schuldner abhängig, so kann der Gläubiger auch ohne den Beweis, dass der Schuldner in Ansehung der ihm gebührenden Leistung befriedigt ist oder sich im Verzuge der Annahme befindet, die Ertheilung einer vollstreckbaren

Ausfertigung verlangen, es sei denn, dass die dem Schuldner obliegende Leistung in der Abgabe einer Willenserklärung besteht.

§ 665 (852). § **727** (**868**). Geändert.

Eine vollstreckbare Ausfertigung kann für den Rechtsnachfolger des in dem Urtheile bezeichneten Gläubigers sowie gegen den allgemeinen Rechtsnachfolger des in dem Urtheile bezeichneten Schuldners und nach Massgabe der §§ 236, 238, **293 d** gegen denjenigen ertheilt werden, welcher während der Rechtshängigkeit oder nach Beendigung des Rechtsstreits Rechtsnachfolger des Schuldners in Ansehung des in Streit befangenen Gegenstandes geworden ist oder den Besitz der in Streit befangenen Sache in solcher Weise erlangt hat, dass der Schuldner mittelbarer Besitzer geblieben ist, sofern die Rechtsnachfolge oder das Besitzverhältniß bei dem Gericht offenkundig ist oder durch öffentliche Urkunden nachgewiesen wird.

Ist die Rechtsnachfolge bei dem Gericht offenkundig, so ist dies in der Vollstreckungsklausel zu erwähnen.

§ 665 a (2090, 2186, 2187). § **728** (**2115**, **2212**, **2213**).

Ist gegenüber dem Vorerben ein nach § 293 e dem Nacherben gegenüber wirksames Urtheil ergangen, so finden auf die Ertheilung einer vollstreckbaren Ausfertigung für und gegen den Nacherben die Vorschriften des § 665 entsprechende Anwendung.

Das Gleiche gilt, wenn gegenüber einem Testamentsvollstrecker ein nach § 293 f dem Erben gegenüber wirksames Urtheil ergangen ist, für die Ertheilung einer vollstreckbaren Ausfertigung für und gegen den Erben. Eine vollstreckbare Ausfertigung kann gegen den Erben ertheilt werden, auch wenn die Verwaltung des Testamentsvollstreckers noch besteht.

§ 666. § **730**. Geändert.

In den Fällen der §§ **664** bis **665 a** darf die vollstreckbare Ausfertigung nur auf Anordnung des Vorsitzenden ertheilt werden.

Vor der Entscheidung kann der Schuldner gehört werden.

Die Anordnung ist in der Vollstreckungsklausel zu erwähnen.

§ 667. § **731**. Geändert.

Kann der nach den §§ **664** bis **665 a** erforderliche Nachweis durch öffentliche Urkunden nicht geführt werden, so hat der Kläger bei dem Prozeßgericht erster Instanz aus dem Urtheil auf Ertheilung der Vollstreckungsklausel Klage zu erheben.

§ 670 a (51). § **735** (**54**).

Zur Zwangsvollstreckung in das Vermögen eines nicht rechtsfähigen Vereins genügt ein gegen den Verein erlassenes Urtheil.

§ 670b (692, 705). § **736 (705, 718).** Geändert.

Zur Zwangsvollstreckung in das Gesellschaftsvermögen einer nach § 692 des Bürgerlichen Gesetzbuchs eingegangenen Gesellschaft ist ein gegen alle Gesellschafter vollstreckbares Urtheil erforderlich.

§ 670c (1069). § **737 (1086).** Geändert.

Bei dem Niessbrauch an einem Vermögen findet wegen der vor der Bestellung des Niessbrauchs entstandenen Verbindlichkeiten des Bestellers die Zwangsvollstreckung in die dem Niessbrauch unterliegenden Gegenstände nur statt, wenn der Besteller zu der Leistung und der Niessbraucher zur Duldung der Zwangsvollstreckung verurtheilt ist.

§ 670d (1069). § **738 (1086).** Geändert.

Ist die Bestellung des Niessbrauchs an einem Vermögen erst während der Rechtshängigkeit oder nach der Beendigung eines Rechtsstreits des Bestellers erfolgt, so finden auf die Ertheilung einer gegen den Niessbraucher in Ansehung der dem Niessbrauch unterliegenden Gegenstände vollstreckbaren Ausfertigung des gegen den Besteller erlassenen Urtheils die Vorschriften der §§ 665, 666 bis 670 entsprechende Anwendung.

§ 670e (1383, 1394, 1508 Abs. 2, 1533 Abs. 2). § **739 (1400, 1411, 1525** Abs. 2, **1550** Abs. 2). Geändert.

Bei dem Güterstande der Verwaltung und Nutzniessung, der Errungenschaftsgemeinschaft oder der Fahrnissgemeinschaft findet die Zwangsvollstreckung in das eingebrachte Gut der Ehefrau nur statt, wenn die Ehefrau zu der Leistung und der Ehemann zur Duldung der Zwangsvollstreckung in das eingebrachte Gut verurtheilt sind.

§ 670f (1426, 1502 Abs. 2, 1532). § **740 (1443, 1519** Abs. 2, **1549).**

Bei dem Güterstande der allgemeinen Gütergemeinschaft, der Errungenschaftsgemeinschaft oder der Fahrnissgemeinschaft ist zur Zwangsvollstreckung in das Gesammtgut ein gegen den Ehemann erlassenes Urtheil erforderlich und genügend.

§ 670g (1390 Nr. 1, 1437, 1508 Abs. 2, 1532). § **742 (1407** Nr. 1, **1454, 1525** Abs. 2, **1549).** Geändert.

Ist der Güterstand der Verwaltung und Nutzniessung, der Errungenschaftsgemeinschaft oder der Fahrnissgemeinschaft erst während der Rechtshängigkeit oder nach der Beendigung eines von der Ehefrau oder gegen sie geführten Rechtsstreits eingetreten, so finden auf die Ertheilung einer in Ansehung des eingebrachten Gutes der Ehefrau vollstreckbaren Ausfertigung des Urtheils für oder gegen den Ehemann die Vorschriften der §§ 665, 666 bis 670 entsprechende Anwendung.

Das Gleiche gilt für die Ertheilung einer in Ansehung des Gesammtguts vollstreckbaren Ausfertigung, wenn die allgemeine Gütergemeinschaft, die Errungenschaftsgemeinschaft oder die Fahrnissgemeinschaft erst während der Rechtshängigkeit oder nach der Beendigung eines von der Ehefrau geführten Rechtsstreits eingetreten ist.

§ 670h (1455, 1521 Abs. 1, 1532). § **743** (**1472**, **1538** Abs. 1, **1549**). Geändert.

Nach der Beendigung der allgemeinen Gütergemeinschaft, der Errungenschaftsgemeinschaft oder der Fahrnissgemeinschaft ist vor der Auseinandersetzung die Zwangsvollstreckung in das Gesammtgut nur zulässig, wenn beide Ehegatten zu der Leistung oder der Ehemann zu der Leistung und die Ehefrau zur Duldung der Zwangsvollstreckung verurtheilt sind.

§ 670i (1455, 1521 Abs. 1, 1532). § **774** (**1472**, **1538** Abs. 1, **1549**). Geändert.

Ist die Beendigung der allgemeinen Gütergemeinschaft, der Errungenschaftsgemeinschaft oder der Fahrnissgemeinschaft nach der Beendigung eines Rechtsstreits eingetreten, so finden auf die Ertheilung einer in Ansehung des Gesammtguts gegen die Ehefrau vollstreckbaren Ausfertigung des gegen den Ehemann erlassenen Urtheils die Vorschriften der §§ 665, 666 bis 670 entsprechende Anwendung.

§ 670k (1470 Abs. 1, 1480 Abs. 2). § **745** (**1487** Abs. 1, **1497** Abs. 2). Geändert.

Die Vorschriften der §§ 670f, 670h, 670i finden auf die fortgesetzte Gütergemeinschaft mit der Massgabe Anwendung, dass an die Stelle des Ehemanns der überlebende Ehegatte, an die Stelle der Ehefrau die antheilsberechtigten Abkömmlinge treten.

§ 670l (1636). § **746** (**1659**).

Zur Zwangsvollstreckung in das der elterlichen Nutzniessung unterliegende Vermögen des Kindes ist ein gegen das Kind erlassenes Urtheil genügend.

§ 670m (2034). § **747** (**2059**). Geändert.

Zur Zwangsvollstreckung in einen Nachlass ist, wenn mehrere Erben vorhanden sind, bis zur Theilung ein gegen alle Erben vollstreckbares Urtheil erforderlich.

§ 670n (2187). § **748** (**2213**). Geändert.

Unterliegt ein Nachlass der Verwaltung eines Testamentsvollstreckers, so ist zur Zwangsvollstreckung in den Nachlass ein gegen den Testamentsvollstrecker vollstreckbares Urtheil erforderlich und genügend.

Steht dem Testamentsvollstrecker nur die Verwaltung einzelner Nachlassgegenstände zu, so ist die Zwangsvollstreckung in diese

Gegenstände nur zulässig, wenn der Erbe zu der Leistung, der Testamentsvollstrecker zur Duldung der Zwangsvollstreckung verurtheilt ist.

Zur Zwangsvollstreckung wegen eines Pflichttheilsanspruchs ist im Falle des Abs. 1 wie im Falle des Abs. 2 ein sowohl gegen den Erben als gegen den Testamentsvollstrecker vollstreckbares Urtheil erforderlich.

§ 670 o (2186 ff.). § **749** (**2212** ff.). Geändert.

Auf die Ertheilung einer für oder gegen den Testamentsvollstrecker vollstreckbaren Ausfertigung eines für oder gegen den Erblasser erlassenen Urtheils finden die Vorschriften der §§ 665, 666 bis 670 entsprechende Anwendung. Auf Grund einer solchen Ausfertigung findet die Zwangsvollstreckung nur in die der Verwaltung des Testamentsvollstreckers unterliegenden Nachlassgegenstände statt.

§ 671 (852). § **750** (**868**). Geändert.

Die Zwangsvollstreckung darf nur beginnen, wenn die Personen, für und gegen welche sie stattfinden soll, in dem Urtheil oder in der demselben beigefügten Vollstreckungsklausel namentlich bezeichnet sind und das Urtheil bereits zugestellt ist oder gleichzeitig zugestellt wird.

Handelt es sich um die Vollstreckung eines Urtheils, dessen vollstreckbare Ausfertigung nach § 664 Abs. 1 ertheilt worden ist, oder um die Vollstreckung für oder gegen eine der in den §§ 665, 665 a, 670 d, 670 g, 670 i, 670 n bezeichneten Personen, so muß außer dem zu vollstreckenden Urtheil auch die demselben beigefügte Vollstreckungsklausel und, sofern die Vollstreckungsklausel auf Grund öffentlicher Urkunden ertheilt ist, auch eine Abschrift dieser Urkunden vor Beginn der Zwangsvollstreckung zugestellt sein oder gleichzeitig mit Beginn derselben zugestellt werden.

§ 676 a (268, 316, 342). § **756** (**274**, **322**, **348**). Geändert.

Ist die Vollstreckung des Urtheils nach dessen Inhalte von einer Zug um Zug oder vorher zu bewirkenden Leistung des Gläubigers an den Schuldner abhängig und die vollstreckbare Ausfertigung des Urtheils nicht auf Grund des Beweises ertheilt, dass der Schuldner in Ansehung der ihm gebührenden Leistung befriedigt ist oder sich im Verzuge der Annahme befindet, so darf der Gerichtsvollzieher die Zwangsvollstreckung nicht beginnen, ohne dem Schuldner die demselben gebührende Leistung in einer den Verzug der Annahme begründenden Weise anzubieten.

§ 684 (268, 316, 342). §§ **764**, **765** (**274**, **322**, **348**). Geändert.

Die den Gerichten zugewiesene Anordnung von Vollstreckungshandlungen und Mitwirkung bei solchen gehört zur Zuständigkeit der Amtsgerichte als Vollstreckungsgerichte.

Als Vollstreckungsgericht ist, sofern nicht das Gesetz ein anderes Amtsgericht bezeichnet, dasjenige Amtsgericht anzusehen, in dessen Bezirke das Vollstreckungsverfahren stattfinden soll oder stattgefunden hat.

Die Entscheidungen des Vollstreckungsgerichts können ohne vorgängige mündliche Verhandlung erfolgen.

Ist die Vollstreckung des Urtheils nach dessen Inhalte von einer Zug um Zug oder vorher zu bewirkenden Leistung des Gläubigers an den Schuldner abhängig, so darf das Vollstreckungsgericht eine Vollstreckungsmassregel nur anordnen, wenn die vollstreckbare Ausfertigung auf Grund des Beweises ertheilt worden ist, dass der Schuldner in Ansehung der ihm gebührenden Leistung befriedigt ist oder sich im Verzuge der Annahme befindet.

§ 687 (852). § **768** (**868**). Geändert.

Die Vorschriften des § 686 Abs. 1, 3 finden entsprechende Anwendung, wenn in den Fällen der §§ 664 bis **665a, 670d, 670g, 670l, 670n** der Schuldner das bei der Ertheilung der Vollstreckungsklausel als bewiesen angenommene Vorliegen der Voraussetzung für die Ertheilung der Vollstreckungsklausel bestreitet, unbeschadet der Befugniß des Schuldners, in diesen Fällen Einwendungen gegen die Zulässigkeit der Vollstreckungsklausel in Gemäßheit des § 668 zu erheben.

§ 689a (805, **821**). Gestrichen.

Soweit sich ergiebt, dass die in den §§ 686, 687 bezeichneten Einwendungen begründet sind, ist der Gläubiger verpflichtet, dasjenige, was er durch die Zwangsvollstreckung erlangt hat oder was ihm zur Abwendung der Zwangsvollstreckung geleistet worden ist, nach den Vorschriften über die Herausgabe einer ungerechtfertigten Bereicherung zurückzuerstatten; die Erstattungspflicht des Gläubigers bestimmt sich so, wie wenn der Anspruch auf die Erstattung zur Zeit des Empfanges rechtshängig geworden wäre.

§ 690a (131, 132). § **772** (**135**, **136**). Geändert.

Solange ein Veräusserungsverbot der in den §§ 131, 132 des Bürgerlichen Gesetzbuchs bezeichneten Art besteht, soll der Gegenstand, auf welchen es sich bezieht, wegen eines persönlichen Anspruchs oder auf Grund eines in Folge des Verbots unwirksamen Rechtes nicht im Wege der Zwangsvollstreckung veräussert oder überwiesen werden. Auf Grund des Veräusserungsverbots kann nach Massgabe des § 690 Widerspruch erhoben werden.

§ 690b (2090). § **773** (**2115**).

Ein Gegenstand, der zu einer Vorerbschaft gehört, soll nicht im Wege der Zwangsvollstreckung veräussert oder überwiesen werden, wenn die Veräusserung oder die Ueberweisung im Falle des Eintritts der Nacherbfolge nach § 2090 des Bürgerlichen Gesetzbuchs dem Nacherben gegenüber unwirksam ist. Der Nacherbe kann nach Massgabe des § 690 Widerspruch erheben.

§ 692 a (1211 ff.). § **777** (**1228** ff.). Geändert.

Hat der Gläubiger eine bewegliche Sache des Schuldners im Besitz, an der ihm ein Pfandrecht oder ein Zurückbehaltungsrecht für seine Forderung zusteht, so kann der Schuldner der Zwangsvollstreckung in sein übriges Vermögen nach § 685 widersprechen, soweit die Forderung durch den Werth der Sache gedeckt ist. Steht dem Gläubiger ein solches Recht an der Sache auch für eine andere Forderung zu, so ist der Widerspruch nur zulässig, wenn auch diese Forderung durch den Werth der Sache gedeckt ist.

§ 692 b (1934, 1935). § **778** (**1958**, **1959**).

Solange der Erbe die Erbschaft nicht angenommen hat, ist eine Zwangsvollstreckung wegen eines Anspruchs, der sich gegen den Nachlass richtet, nur in den Nachlass zulässig.

Wegen eigener Verbindlichkeiten des Erben ist eine Zwangsvollstreckung in den Nachlass vor der Annahme der Erbschaft nicht zulässig.

§ 693 (1934 ff.). § **779** (**1958** ff.).

Eine Zwangsvollstreckung, welche zur Zeit des Todes des Schuldners gegen diesen bereits begonnen hatte, wird in den Nachlaß desselben fortgesetzt.

Ist bei einer Vollstreckungshandlung die Zuziehung des Schuldners nöthig, so hat, wenn die Erbschaft noch nicht angenommen oder wenn der Erbe unbekannt oder es ungewiss ist, ob er die Erbschaft angenommen hat, das Vollstreckungsgericht auf Antrag des Gläubigers dem Erben einen einstweiligen besonderen Vertreter zu bestellen. Die Bestellung hat zu unterbleiben, wenn ein Nachlasspfleger bestellt ist oder wenn die Verwaltung des Nachlasses einem Testamentsvollstrecker zusteht.

§ 694 (1934, **1958** ff.).
Fällt weg.

§ 695 (1918 Abs. 2, 1950 ff., 2218 ff.). § **780** (**1942** Abs. 2, **1975** ff., **2144** ff.). Geändert.

Der als Erbe des Schuldners verurtheilte Beklagte kann die Beschränkung seiner Haftung nur geltend machen, wenn sie ihm im Urtheile vorbehalten ist.

Der Vorbehalt ist nicht erforderlich, wenn der Fiskus als gesetzlicher Erbe verurtheilt wird oder wenn das Urtheil über eine Nachlassverbindlichkeit gegen einen Nachlassverwalter oder einen anderen Nachlasspfleger oder gegen einen Testamentsvollstrecker, dem die Verwaltung des Nachlasses zusteht, erlassen wird.

Das Recht des Nacherben, die Beschränkung seiner Haftung geltend zu machen, bleibt unberührt, wenn der Vorerbe ohne den Vorbehalt verurtheilt wird.

§ 696 (1950 ff.). **§ 781 (1975 ff.).**

Bei der Zwangsvollstreckung gegen den Erben des Schuldners bleibt die Beschränkung der Haftung unberücksichtigt, bis auf Grund derselben gegen die Zwangsvollstreckung von dem Erben Einwendungen erhoben werden.

§ 696a (1989, 1990). **§ 782 (2014, 2015).**

Der Erbe kann auf Grund der ihm nach den §§ 1989, 1990 des Bürgerlichen Gesetzbuchs zustehenden Einreden nur verlangen, dass die Zwangsvollstreckung für die Dauer der dort bestimmten Fristen auf solche Massregeln beschränkt wird, die zur Vollziehung eines Arrestes zulässig sind. Wird vor dem Ablaufe der Frist die Eröffnung des Nachlasskonkurses beantragt, so ist auf Antrag die Beschränkung der Zwangsvollstreckung auch nach dem Ablaufe der Frist aufrechtzuerhalten, bis über die Eröffnung des Konkursverfahrens rechtskräftig entschieden ist.

§ 696b (1989, 1990). **§ 783 (2014, 2015).**

In Ansehung der Nachlassgegenstände kann der Erbe die Beschränkung der Zwangsvollstreckung nach § 696a auch gegenüber den Gläubigern verlangen, die nicht Nachlassgläubiger sind, es sei denn, dass er für die Nachlassverbindlichkeiten unbeschränkt haftet.

§ 696c (1950, 1969 ff.). **§ 784 (1975, 1994 ff.).**

Ist eine Nachlassverwaltung angeordnet oder der Nachlasskonkurs eröffnet, so kann der Erbe verlangen, dass Massregeln der Zwangsvollstreckung, die zu Gunsten eines Nachlassgläubigers in sein nicht zum Nachlasse gehörendes Vermögen erfolgt sind, aufgehoben werden, es sei denn, dass er für die Nachlassverbindlichkeiten unbeschränkt haftet.

Im Falle der Nachlassverwaltung steht dem Nachlassverwalter das gleiche Recht gegenüber Massregeln der Zwangsvollstreckung zu, die zu Gunsten eines anderen Gläubigers als eines Nachlassgläubigers in den Nachlass erfolgt sind.

§ 696d. **§ 785.**

Die Erledigung der auf Grund der §§ 696 bis 696c erhobenen Einwendungen erfolgt nach den Bestimmungen der §§ 686, 688, 689.

§ 696e (1472 Abs. 2). **§ 786 (1489 Abs. 2).** Geändert.

Die Bestimmungen des § 695 Abs. 1 und der §§ 696 bis 696d finden im Falle der fortgesetzten Gütergemeinschaft auf die den überlebenden Ehegatten nach § 1472 Abs. 2 des Bürgerlichen Gesetzbuchs treffende Haftung entsprechende Anwendung.

§ 696f (2034, **2059**). Gestrichen.

Das nach § 2034 des Bürgerlichen Gesetzbuchs den Miterben zustehende Recht kann geltend gemacht werden, ohne dass es eines Vorbehalts im Urtheile bedarf. In Ansehung des dem Erbtheil entsprechenden Theiles einer Nachlassverbindlichkeit bleiben die Vorschriften des § 695 unberührt.

Die Erledigung der Einwendungen erfolgt nach den Bestimmungen der §§ 686, 688, 689.

§ 696g (912). **§ 787 (928).**

Soll durch die Zwangsvollstreckung ein Recht an einem Grundstücke, das von dem bisherigen Eigenthümer nach § 912 des Bürgerlichen Gesetzbuchs aufgegeben und von dem Aneignungsberechtigten noch nicht erworben worden ist, geltend gemacht werden, so hat das Vollstreckungsgericht auf Antrag einen Vertreter zu bestellen, dem bis zur Eintragung eines neuen Eigenthümers die Wahrnehmung der sich aus dem Eigenthum ergebenden Rechte und Verpflichtungen im Zwangsvollstreckungsverfahren obliegt.

§ 702 (1069, 1096, 1174, 1182, 1383, 1394, 1533 Abs. 2, 1568 Abs. 2).
§ 794 (1086, 1113, 1191, 1199, 1400, 1411, 1550 Abs. 2, 1590 Abs. 2).
Geändert.

Die Zwangsvollstreckung findet ferner statt:

1. aus Vergleichen, welche nach Erhebung der Klage zur Beilegung des Rechtsstreits seinem ganzen Umfange nach oder in Betreff eines Theiles des Streitgegenstandes vor einem deutschen Gericht abgeschlossen sind;
2. aus Vergleichen, welche im Falle des § 471 vor dem Amtsgericht abgeschlossen sind;
3. aus Entscheidungen, gegen welche das Rechtsmittel der Beschwerde stattfindet;
4. aus Vollstreckungsbefehlen;
5. aus Urkunden, welche von einem deutschen Gericht oder von einem deutschen Notar innerhalb der Grenzen seiner Amtsbefugnisse in der vorgeschriebenen Form aufgenommen sind, sofern die Urkunde über einen Anspruch errichtet ist, welcher die Zahlung einer bestimmten Geldsumme oder die Leistung einer bestimmten Quantität anderer vertretbarer Sachen oder Werthpapiere zum Gegenstande hat und der Schuldner sich in der Urkunde der sofortigen Zwangsvollstreckung unterworfen hat.

Als ein Anspruch, welcher die Zahlung einer Geldsumme zum Gegenstande hat, gilt auch der Anspruch aus einer Hypothek, einer Grundschuld oder einer Rentenschuld.

Soweit nach den Vorschriften des § 670n Abs. 2 und der §§ 670c, 670e, 670h, 670k die Verurtheilung eines Betheiligten zur Duldung der Zwangsvollstreckung erforderlich ist, wird sie dadurch ersetzt, dass der Betheiligte in einer von einem deutschen Gericht oder von einem deutschen Notar innerhalb der Grenzen seiner Amtsbefugnisse in der vorgeschriebenen Form aufgenommenen Urkunde die sofortige

Zwangsvollstreckung in die seinem Rechte unterworfenen Gegenstände bewilligt.

§ 705 a. §§ **799**, **800**. Geändert.

Die Unterwerfung des Eigenthümers unter die sofortige Zwangsvollstreckung kann mit der Wirkung erfolgen, dass die Zwangsvollstreckung aus der Urkunde gegen den jeweiligen Eigenthümer des Grundstücks stattfindet; sie bedarf in diesem Falle der Eintragung in das Grundbuch. Bei der Zwangsvollstreckung gegen einen späteren Eigenthümer ist die Zustellung der seinen Erwerb nachweisenden öffentlichen Urkunde, bei der Zwangsvollstreckung für einen Rechtsnachfolger des Gläubigers ist die Zustellung der die Rechtsnachfolge nachweisenden öffentlichen Urkunde nicht erforderlich, wenn der Erwerb oder die Rechtsnachfolge im Grundbuch eingetragen ist.

§ 706. § **801**.

Die Landesgesetzgebung ist nicht gehindert, auf Grund anderer als der in den §§ 664, 702 bezeichneten Schuldtitel die gerichtliche Zwangsvollstreckung zuzulassen und insoweit abweichende Vorschriften von den Bestimmungen dieses Gesetzes über die Zwangsvollstreckung zu treffen.

Abs. 2 fällt weg.

§ 710 a (428 ff., 453). § **806** (**434** ff., **459**).

Wird ein Gegenstand auf Grund der Pfändung veräussert, so steht dem Erwerber wegen eines Mangels im Rechte oder wegen eines Mangels der veräusserten Sache ein Anspruch auf Gewährleistung nicht zu.

§ 717 (1222). § **816** (**1239**). Geändert.

Die Versteigerung der gepfändeten Sachen darf nicht vor Ablauf einer Woche seit dem Tage der Pfändung geschehen, sofern nicht der Gläubiger und der Schuldner über eine frühere Versteigerung sich einigen oder dieselbe erforderlich ist, um die Gefahr einer beträchtlichen Werthverringerung der zu versteigernden Sache abzuwenden oder um unverhältnißmäßige Kosten einer längeren Aufbewahrung zu vermeiden.

Die Versteigerung erfolgt in der Gemeinde, in welcher die Pfändung geschehen ist, sofern nicht der Gläubiger und der Schuldner über einen anderen Ort sich einigen.

Zeit und Ort der Versteigerung sind unter allgemeiner Bezeichnung der zu versteigernden Sachen öffentlich bekannt zu machen.

Bei der Versteigerung finden die Vorschriften des § 1222 des Bürgerlichen Gesetzbuchs entsprechende Anwendung.

§ 718 (152, 1222). § **817** (**156**, **1239**). Geändert.

Dem Zuschlag an den Meistbietenden muss ein dreimaliger Aufruf vorausgehen; die Vorschriften des § 152 des Bürgerlichen Gesetzbuchs finden Anwendung.

Die Ablieferung einer zugeschlagenen Sache darf nur gegen baare Zahlung geschehen.

Hat der Meistbietende nicht zu der in den Versteigerungsbedingungen bestimmten Zeit oder in Ermangelung einer solchen Bestimmung nicht vor dem Schlusse des Versteigerungstermins die Ablieferung gegen Zahlung des Kaufgeldes verlangt, so wird die Sache anderweit versteigert. Der Meistbietende wird zu einem weiteren Gebote nicht zugelassen; er haftet für den Ausfall; auf den Mehrerlös hat er keinen Anspruch.

Wird dem die Zwangsvollstreckung betreibenden Gläubiger der Zuschlag ertheilt, so ist der Gläubiger von der Verpflichtung zur baaren Zahlung insoweit befreit, als der Erlös nach Abzug der Kosten der Zwangsvollstreckung zu seiner Befriedigung zu verwenden ist, sofern nicht dem Schuldner nachgelassen ist, durch Sicherheitsleistung oder durch Hinterlegung die Vollstreckung abzuwenden. Insoweit der Gläubiger von der Verpflichtung zur baaren Zahlung befreit ist, gilt der Betrag als von dem Schuldner an den Gläubiger gezahlt.

§ 731 (1137, 1142, 1167, 1170). § **830** (**1154**, **1159**, **1184**, **1187**).
Geändert.

Zur Pfändung einer Forderung, für welche eine Hypothek besteht, ist ausser dem Pfändungsbeschlusse die Uebergabe des Hypothekenbriefs an den Gläubiger erforderlich. Wird die Uebergabe im Wege der Zwangsvollstreckung erwirkt, so gilt sie als erfolgt, wenn der Gerichtsvollzieher den Brief zum Zwecke der Ablieferung an den Gläubiger wegnimmt. Ist die Ertheilung des Hypothekenbriefs ausgeschlossen, so ist die Eintragung der Pfändung in das Grundbuch erforderlich; die Eintragung erfolgt auf Grund des Pfändungsbeschlusses.

Wird der Pfändungsbeschluss vor der Uebergabe des Hypothekenbriefs oder der Eintragung der Pfändung dem Drittschuldner zugestellt, so gilt die Pfändung ihm gegenüber mit der Zustellung als bewirkt.

Die Pfändung der Ansprüche auf die im § 1142 des Bürgerlichen Gesetzbuchs bezeichneten Leistungen erfolgt nach den allgemeinen Vorschriften. Das Gleiche gilt bei einer Sicherungshypothek im Falle des § 1170 des Bürgerlichen Gesetzbuchs von der Pfändung der Hauptforderung.

§ 736 (392). § **835** (**398**).

Die gepfändete Geldforderung ist dem Gläubiger nach seiner Wahl zur Einziehung oder an Zahlungsstatt zum Nennwerthe zu überweisen.

Im letzteren Falle geht die Forderung auf den Gläubiger mit der Wirkung über, daß derselbe, soweit die Forderung besteht, wegen seiner Forderung an den Schuldner als befriedigt anzusehen ist.

Die Bestimmungen des § 730 Abs. 2, **3 finden auf die Ueberweisung entsprechende Anwendung.**

§ 737 (396). § **836** Abs. **1, 3** (**402**).

Die Ueberweisung ersetzt die förmlichen Erklärungen des Schuldners, von welchen nach den Vorschriften des bürgerlichen Rechtes die Berechtigung zur Einziehung der Forderung abhängig ist.

Der Schuldner ist verpflichtet, dem Gläubiger die zur Geltendmachung der Forderung nöthige Auskunft zu ertheilen und ihm die über die Forderung vorhandenen Urkunden herauszugeben. Die Herausgabe kann von dem Gläubiger im Wege der Zwangsvollstreckung erwirkt werden.

§ 737a (1137, 1142, 1168, 1170). § **837** (**1154, 1159, 1185, 1187**).
Geändert.

Zur Ueberweisung einer gepfändeten Forderung, für welche eine Hypothek besteht, genügt die Aushändigung des Ueberweisungsbeschlusses an den Gläubiger. Ist die Ertheilung des Hypothekenbriefs ausgeschlossen, so ist zur Ueberweisung an Zahlungsstatt die Eintragung der Ueberweisung in das Grundbuch erforderlich; die Eintragung erfolgt auf Grund des Ueberweisungsbeschlusses.

Die Ueberweisung der Ansprüche auf die im § 1142 des Bürgerlichen Gesetzbuchs bezeichneten Leistungen erfolgt nach den allgemeinen Vorschriften. Das Gleiche gilt bei einer Sicherungshypothek im Falle des § 1170 des Bürgerlichen Gesetzbuchs von der Ueberweisung der Hauptforderung.

§ 737b (1234). § **838** (**1251**).

Wird eine durch ein Pfandrecht an einer beweglichen Sache gesicherte Forderung überwiesen, so kann der Schuldner die Herausgabe des Pfandes an den Gläubiger verweigern, bis ihm Sicherheit für die Haftung geleistet wird, die für ihn aus einer Verletzung der dem Gläubiger dem Verpfänder gegenüber obliegenden Verpflichtungen entstehen kann.

§ 743a (401). § **836** Abs. **2** (**407**).

Der Ueberweisungsbeschluss gilt, auch wenn er mit Unrecht erlassen ist, zu Gunsten des Drittschuldners dem Schuldner gegenüber solange als rechtsbeständig, bis er aufgehoben wird und die Aufhebung zur Kenntniss des Drittschuldners gelangt.

§ 747 (1270). § **848** (**1287**).

Bei Pfändung eines Anspruchs, welcher eine unbewegliche Sache betrifft, ist anzuordnen, daß die Sache an einen auf Antrag des Gläubigers vom Amtsgerichte der belegenen Sache zu bestellenden Sequester herauszugeben sei.

Ist der Anspruch auf Uebertragung des Eigenthums gerichtet, so hat die Auflassung an den Sequester als Vertreter des Schuldners zu erfolgen. Mit dem Uebergange des Eigenthums auf den Schuldner erlangt der Gläubiger eine Sicherungshypothek für seine Forderung.

Der Sequester hat die Eintragung der Sicherungshypothek zu bewilligen.

Die Zwangsvollstreckung in die herausgegebene Sache wird nach den für die Zwangsvollstreckung in unbewegliche Sachen geltenden Vorschriften bewirkt.

§ 749 (827, 828). **§ 850 (843, 844).** Geändert.

Der Pfändung sind nicht unterworfen:

1. der Arbeits- oder Dienstlohn nach den Bestimmungen des Reichsgesetzes vom 21. Juni 1869 (Bundes-Gesetzbl. 1869 S. 242 und 1871 S. 63);
2. die auf gesetzlicher Vorschrift beruhenden Alimentenforderungen **und die nach § 828 des Bürgerlichen Gesetzbuchs wegen der Entziehung einer solchen Forderung zu entrichtende Geldrente;**
3. die fortlaufenden Einkünfte, welche ein Schuldner aus Stiftungen oder sonst auf Grund der Fürsorge und Freigebigkeit eines Dritten bezieht, insoweit der Schuldner zur Bestreitung des nothdürftigen Unterhalts für sich, seine Ehefrau und seine noch unversorgten Kinder dieser Einkünfte bedarf;
4. die aus Kranken-, Hülfs- oder Sterbekassen, insbesondere aus Knappschaftskassen und Kassen der Knappschaftsvereine zu beziehenden Hebungen;
5. der Sold und die Invalidenpension der Unteroffiziere und der Soldaten;
6. das Diensteinkommen der Militärpersonen, welche zu einem mobilen Truppentheil oder zur Besatzung eines in Dienst gestellten Kriegsfahrzeuges gehören;
7. die Pensionen der Wittwen und Waisen und die denselben aus Wittwen- und Waisenkassen zukommenden Bezüge, die Erziehungsgelder und die Studienstipendien, sowie die Pensionen invalider Arbeiter;
8. das Diensteinkommen der Offiziere, Militärärzte und Deckoffiziere, der Beamten, der Geistlichen und der Lehrer an öffentlichen Unterrichtsanstalten; die Pension dieser Personen nach deren Versetzung in einstweiligen oder dauernden Ruhestand, sowie das nach ihrem Tode den Hinterbliebenen zu gewährende Sterbe- oder Gnadengehalt.

Uebersteigen in den Fällen Nr. 7 und 8 das Diensteinkommen, die Pension oder die sonstigen Bezüge die Summe von fünfzehnhundert Mark für das Jahr, so ist der dritte Theil des Mehrbetrags der Pfändung unterworfen.

Der Gehalt und die Dienstbezüge der im Privatdienste dauernd angestellten Personen (§ 4 Nr. 4 des Reichsgesetzes vom 21. Juni 1869) sind nur soweit der Pfändung unterworfen, als der Gesammtbetrag die Summe von fünfzehnhundert Mark für das Jahr übersteigt. Das Gleiche gilt von der nach § 827 des Bürgerlichen Gesetzbuchs wegen einer Verletzung des Körpers oder der Gesundheit zu entrichtenden Geldrente.

In den Fällen der beiden vorhergehenden Absätze ist die Pfändung ohne Rücksicht auf den Betrag zulässig, wenn sie zur Befriedigung der Ehefrau und der ehelichen Kinder des Schuldners wegen solcher Alimente beantragt wird, welche für die Zeit nach Erhebung der Klage und für das diesem Zeitpunkte vorausgehende letzte Vierteljahr zu entrichten sind.

Die Einkünfte, welche zur Bestreitung eines Dienstaufwandes bestimmt sind, und der Servis der Offiziere, Militärärzte und Militärbeamten sind weder der Pfändung unterworfen noch bei der Ermittelung, ob und zu welchem Betrag ein Diensteinkommen der Pfändung unterliege, zu berechnen.

§ 749a (393, 542, 572). § **851** (**399**, **549**, **579**). Geändert.

Eine nicht übertragbare Forderung ist der Pfändung nicht unterworfen. Eine nach dem § 393 des Bürgerlichen Gesetzbuchs nicht übertragbare Forderung kann jedoch insoweit gepfändet und zur Einziehung überwiesen werden, als der Gegenstand der Leistung der Pfändung unterliegt.

Die Pfändung eines Pachtrechts und die Anordnung einer Verwaltung zur Ausübung des Pachtrechts sind zulässig, auch wenn dem Pächter nicht gestattet ist, die Ausübung des Rechtes einem Dritten zu überlassen.

§ 749b (1366 bis 1370, 1391). § **861** (**1383**—**1387**, **1408**). Geändert.

Das Recht, welches bei dem Güterstande der Verwaltung und Nutzniessung dem Ehemann an dem eingebrachten Gute zusteht, ist der Pfändung nicht unterworfen. Die von dem Ehemann erworbenen Früchte des eingebrachten Gutes unterliegen der Pfändung nicht, soweit sie zur Erfüllung der in den §§ 1367 bis 1370 des Bürgerlichen Gesetzbuchs bestimmten Verpflichtungen des Ehemanns, zur Erfüllung der ihm seiner Frau und seinen Verwandten gegenüber gesetzlich obliegenden Unterhaltspflicht oder zur Bestreitung seines standesmässigen Unterhalts erforderlich sind.

Der Widerspruch kann sowohl von dem Ehemann als von der Ehefrau nach § 685 geltend gemacht werden.

§ 749c (1629 ff., 1632, 1633, 1635, 1662). § **862** (**1652** ff., **1655**, **1656**, **1658**, **1686**). Geändert.

Das Recht, welches dem Vater oder der Mutter kraft der elterlichen Nutzniessung an dem Vermögen des Kindes zusteht, ist der Pfändung nicht unterworfen. Das Gleiche gilt von den ihnen nach den §§ 1632, 1633 des Bürgerlichen Gesetzbuchs zustehenden Ansprüchen, solange die Ansprüche nicht fällig sind.

Auf die Pfändung der von dem Vater oder der Mutter kraft der elterlichen Nutzniessung erworbenen Früchte finden die Vorschriften des § 749b mit der Massgabe entsprechende Anwendung, dass die im Abs. 1 bezeichneten Ansprüche, wenn sie fällig sind, den erworbenen Früchten gleichstehen.

§ 749d (2289). § **852** Abs. **1** (**2316**).

Der Pflichttheilsanspruch ist der Pfändung nur unterworfen, wenn er durch Vertrag anerkannt oder rechtshängig geworden ist.

§ 749e (1496, 2311). § **863** (**1513**, **2338**). Geändert.

Ist der Schuldner als Erbe nach § 2311 des Bürgerlichen Gesetzbuchs durch die Einsetzung eines Nacherben beschränkt, so sind die Nutzungen der Erbschaft der Pfändung nicht unterworfen, soweit sie zur Erfüllung der dem Schuldner seiner Ehefrau und seinen Verwandten gegenüber gesetzlich obliegenden Unterhaltspflicht und zur Bestreitung seines standesmässigen Unterhalts erforderlich sind. Das Gleiche gilt, wenn der Schuldner nach § 2311 des Bürgerlichen Gesetzbuchs durch die Ernennung eines Testamentsvollstreckers beschränkt ist, für seinen Anspruch auf den jährlichen Reinertrag.

Die Pfändung ist unbeschränkt zulässig, wenn der Anspruch eines Nachlassgläubigers oder ein auch dem Nacherben oder dem Testamentsvollstrecker gegenüber wirksames Recht geltend gemacht wird.

Diese Vorschriften finden entsprechende Anwendung, wenn der Antheil eines Abkömmlinges an dem Gesammtgute der fortgesetzten Gütergemeinschaft nach § 1496 Abs. 2 des Bürgerlichen Gesetzbuchs einer Beschränkung der im Abs. 1 bezeichneten Art unterworfen ist.

§ 754 (407, 1042, 1075, 1094 Abs. 2, 1175, 1182). § **857** (**413**, **1059**, **1092**, **1111** Abs. 2, **1192**, **1199**). Geändert.

Auf die Zwangsvollstreckung in andere Vermögensrechte, welche nicht Gegenstand der Zwangsvollstreckung in das unbewegliche Vermögen sind, finden die vorstehenden Bestimmungen entsprechende Anwendung.

Ist ein Drittschuldner nicht vorhanden, so ist die Pfändung mit dem Zeitpunkt als bewirkt anzusehen, in welchem dem Schuldner das Gebot, sich jeder Verfügung über das Recht zu enthalten, zugestellt ist.

Zur Pfändung des Niessbrauchs an einem Grundstück ist ausser der nach den Vorschriften des ersten und zweiten Absatzes erforderlichen Zustellung des Pfändungsbeschlusses die Eintragung der Pfändung in das Grundbuch erforderlich. Dasselbe gilt von der Pfändung einer beschränkten persönlichen Dienstbarkeit und einer Reallast, soweit diese Rechte der Pfändung unterliegen.

Ein unveräusserliches Recht ist in Ermangelung besonderer Vorschriften der Pfändung insoweit unterworfen, als die Ausübung einem Anderen überlassen werden kann.

Das Gericht kann bei der Zwangsvollstreckung in unveräusserliche Rechte, deren Ausübung einem Anderen überlassen werden kann, besondere Anordnungen erlassen. Es kann insbesondere bei der Zwangsvollstreckung in Nutzungsrechte eine Verwaltung anordnen; in diesem Falle wird die Pfändung durch Uebergabe der zu benutzenden Sache an den Verwalter bewirkt, sofern sie nicht durch Zustellung des Beschlusses bereits vorher bewirkt ist.

Ist die Veräußerung des Rechtes selbst zulässig, so kann auch diese Veräußerung von dem Gericht angeordnet werden.

Auf die Zwangsvollstreckung in eine Grundschuld oder eine Rentenschuld finden die Vorschriften über die Zwangsvollstreckung in eine Forderung, für welche eine Hypothek besteht, entsprechende Anwendung.

§ 754a (706, 712, 2008). **§ 859 (719, 725, 2033).** Geändert.

Der Antheil eines Gesellschafters an dem Gesellschaftsvermögen einer nach § 692 des Bürgerlichen Gesetzbuchs eingegangenen Gesellschaft unterliegt der Zwangsvollstreckung. Der Antheil an den einzelnen zu dem Gesellschaftsvermögen gehörenden Gegenständen ist der Zwangsvollstreckung nicht unterworfen.

Die gleichen Vorschriften gelten für den Antheil eines Miterben an dem Nachlass und den einzelnen Nachlassgegenständen.

§ 754b (1425, 1470, 1502 Abs. 2, 1532). **§ 860 (1442, 1487, 1519 Abs. 2, 1549).** Geändert.

Bei dem Güterstande der allgemeinen Gütergemeinschaft, der Errungenschaftsgemeinschaft oder der Fahrnissgemeinschaft ist der Antheil eines der Ehegatten an dem Gesammtgut und an den einzelnen dazu gehörenden Gegenständen der Zwangsvollstreckung nicht unterworfen. Das Gleiche gilt bei der fortgesetzten Gütergemeinschaft von den Antheilen des überlebenden Ehegatten und der Abkömmlinge.

Nach der Beendigung der Gemeinschaft ist der Antheil an dem Gesammtgute zu Gunsten der Gläubiger des Antheilsberechtigten der Zwangsvollstreckung unterworfen *).

§ 774 (1336, 1337). **§ 888 (1353, 1354).** Geändert.

Kann eine Handlung durch einen Dritten nicht vorgenommen werden, so ist, wenn sie ausschließlich von dem Willen des Schuldners abhängt, auf Antrag von dem Prozeßgericht erster Instanz zu erkennen, daß der Schuldner zur Vornahme der Handlung durch Geldstrafen bis zum Gesammtbetrage von fünfzehnhundert Mark oder durch Haft anzuhalten sei.

---

*) Anm. Die §§ 755 bis 757 werden im Zusammenhange mit dem Entwurf eines Gesetzes über die Zwangsversteigerung und die Zwangsverwaltung geändert und ergänzt werden.

Diese Bestimmung kommt im Falle der Verurtheilung zur Eingehung einer Ehe sowie im Falle der Verurtheilung zur Herstellung des ehelichen Lebens nicht zur Anwendung.

§ 774 a (252, 253, 2003). **§ 889 (259, 260, 2028).**

Ist der Schuldner auf Grund der Vorschriften des bürgerlichen Rechtes zur Leistung eines Offenbarungseides verurtheilt, so erfolgt die Eidesleistung vor dem Prozessgericht erster Instanz. Auf die Abnahme des Eides finden die Vorschriften der §§ 440 bis 446 Anwendung.

Erscheint der Schuldner in dem zur Eidesleistung bestimmten Termine nicht oder verweigert er die Eidesleistung, so ist nach § 774 zu verfahren. Ist der Schuldner zur Erzwingung der Eidesleistung in Haft genommen, so finden die Vorschriften des § 783 Anwendung.

§ 779 a (913 ff., 1015, 1089, 1100, 1137, 1175, 1182). **§ 897 (929 ff., 1032, 1106, 1117, 1154, 1192, 1199).**

Ist der Schuldner zur Uebertragung des Eigenthums oder zur Bestellung eines Rechtes an einer beweglichen Sache verurtheilt, so gilt die Uebergabe der Sache als erfolgt, wenn der Gerichtsvollzieher die Sache zum Zwecke der Ablieferung an den Gläubiger wegnimmt.

Das Gleiche gilt, wenn der Schuldner zur Bestellung einer Hypothek, Grundschuld oder Rentenschuld oder zur Abtretung oder Belastung einer Hypothekenforderung, Grundschuld oder Rentenschuld verurtheilt ist, für die Uebergabe des Hypotheken-, Grundschuld- oder Rentenschuldbriefs.

§ 779 b (913 ff., 1015, 1089, 1100, 1137, 1175, 1182). **§ 898 (929 ff., 1032, 1106, 1117, 1154, 1192, 1199).**

Auf einen Erwerb, der sich nach den §§ 779, 779 a vollzieht, finden die Vorschriften des Bürgerlichen Gesetzbuchs zu Gunsten derjenigen, welche Rechte von einem Nichtberechtigten herleiten, Anwendung.

§ 796 (154 ff.). **§ 916 (158 ff.).** Geändert.

Der Arrest findet zur Sicherung der Zwangsvollstreckung in das bewegliche oder unbewegliche Vermögen wegen einer Geldforderung oder wegen eines Anspruchs statt, welcher in eine Geldforderung übergehen kann.

Die Zulässigkeit des Arrestes wird nicht dadurch ausgeschlossen, dass der Anspruch ein betagter oder ein bedingter ist, es sei denn, dass der bedingte Anspruch wegen der entfernten Möglichkeit des Eintritts der Bedingung einen gegenwärtigen Vermögenswerth nicht hat. Bedingt im Sinne dieser Vorschrift ist ein Anspruch auch dann, wenn die Bedingung bereits entschieden, das Ergebniss aber noch nicht bekannt ist*).

---

*) Anm. Vergl. oben die Anmerkung zu § 754 b.

§ 822a (807 ff.). § **945** (**823** ff.).

Erweist sich die Anordnung eines Arrestes oder einer einstweiligen Verfügung als von Anfang an ungerechtfertigt oder wird die angeordnete Massregel auf Grund des § 806 Abs. 2 oder des § 820 Abs. 2 aufgehoben, so ist die Partei, welche die Anordnung erwirkt hat, verpflichtet, dem Gegner den Schaden zu ersetzen, der ihm aus der Vollziehung der angeordneten Massregel oder dadurch entsteht, dass er Sicherheit leistet, um die Vollziehung abzuwenden oder die Aufhebung der Massregel zu erwirken.

§ 836a (13). § **960** (**13**).

Für das Aufgebotsverfahren zum Zwecke der Todeserklärung gelten die nachfolgenden besonderen Bestimmungen.

§ 836b (13). § **961** (**13**). Geändert.

Zuständig ist das Gericht, in dessen Bezirke der Verschollene den letzten inländischen Wohnsitz hatte. In Ermangelung eines solchen Wohnsitzes wird das zuständiga Gericht für Angehörige eines deutschen Bundesstaates von der obersten Justizverwaltungsbehörde dieses Staates, für andere Verschollene von dem Reichskanzler bestimmt.

§ 836c (13). § **962** (**13**).

Antragsberechtigt ist der gesetzliche Vertreter des Verschollenen sowie Jeder, welcher an der Todeserklärung ein rechtliches Interesse hat.

Der gesetzliche Vertreter bedarf zu dem Antrage der Genehmigung des Vormundschaftsgerichts.

§ 836d (13). § **963** (**13**).

Der Antragsteller hat die zur Begründung des Antrags erforderlichen Thatsachen vor der Einleitung des Verfahrens glaubhaft zu machen.

§ 836e (13). § **964** (**13**).

In das Aufgebot ist aufzunehmen:

1. die Aufforderung an den Verschollenen, sich spätestens im Aufgebotstermine zu melden, widrigenfalls die Todeserklärung erfolgen werde;
2. die Aufforderung an Alle, welche Auskunft über Leben oder Tod des Verschollenen zu ertheilen vermögen, spätestens im Aufgebotstermine dem Gericht Anzeige zu machen.

§ 836f (13). § **965** (**13**). Geändert.

Zwischen dem Tage, an welchem die Einrückung oder die erste Einrückung des Aufgebots in den Deutschen Reichsanzeiger erfolgt ist, und dem Aufgebotstermine muss ein Zeitraum von mindestens sechs Monaten liegen.

§ 836g (13, 15, 17). § **966 (13, 15, 17)**. Geändert.

In den Fällen der §§ 15 bis 17 des Bürgerlichen Gesetzbuchs kann die Bekanntmachung des Aufgebots durch öffentliche Blätter unterbleiben. Das Gleiche gilt, wenn seit der Geburt des Verschollenen hundert Jahre verstrichen sind.

Unterbleibt die Bekanntmachung durch öffentliche Blätter, so muss zwischen dem Tage, an welchem das Aufgebot an die Gerichtstafel angeheftet worden ist, und dem Aufgebotstermin ein Zeitraum von mindestens sechs Wochen liegen.

§ 836h (13). § **967** Satz **1 (13)**.

Jeder Antragsberechtigte kann neben dem Antragsteller oder statt des Antragstellers in das Verfahren eintreten.

§ 836i (13). § **968 (13)**.

Das Gericht hat unter Benutzung der in dem Antrag angegebenen Thatsachen und Beweismittel von Amtswegen die zur Feststellung des Sachverhalts erforderlichen Ermittelungen zu veranstalten und die geeignet erscheinenden Beweise aufzunehmen.

§ 836k (13). § **969 (13)**.

Wird derjenige, welcher sich als der angeblich Verschollene meldet, als solcher von dem Antragsteller nicht anerkannt, so ist das Verfahren auszusetzen.

§ 836l (13, 18 Abs. 2). § **970 (13, 18** Abs. 2).

Das Gericht hat die Todeserklärung nur auszusprechen, wenn die zur Begründung derselben erforderlichen Thatsachen für erwiesen erachtet werden.

In dem Urtheil ist der Zeitpunkt des Todes nach Massgabe des § 18 Abs. 2 des Bürgerlichen Gesetzbuchs festzustellen.

§ 836m (13). § **971 (13)**.

Die dem Antragsteller erwachsenen Kosten, welche zur zweckentsprechenden Durchführung des Verfahrens nothwendig waren, fallen, wenn die Todeserklärung erfolgt, dem Nachlasse zur Last.

§ 836n (13). § **972 (13)**. Geändert.

Die Erledigung der Aufgebotsanträge kann durch die Landesjustizverwaltung für mehrere Amtsgerichtsbezirke einem Amtsgericht übertragen werden. Auf Verlangen des Antragstellers erfolgt die Erledigung durch das nach § 836b zuständige Gericht.

Wird das Aufgebot durch ein anderes als das nach § 836b zuständige Gericht erlassen, so ist das Aufgebot auch durch Anheftung an die Gerichtstafel des letzteren Gerichts öffentlich bekannt zu machen.

§ 836o (14ff., 18 Abs. 2). § **973** (**14**ff., **18** Abs. 2).

Die Anfechtungsklage findet ausser den Fällen des § 834 Abs. 2 auch dann statt, wenn die Todeserklärung mit Unrecht erfolgt oder der Zeitpunkt des Todes des Verschollenen unrichtig festgestellt ist.

§ 836p (13). § **974** (**13**).

Zur Erhebung der Anfechtungsklage ist Jeder berechtigt, der an der Aufhebung der Todeserklärung oder an der Berichtigung des Zeitpunkts des Todes ein rechtliches Interesse hat.

Die Anfechtungsklage ist gegen denjenigen zu richten, welcher die Todeserklärung erwirkt hat, falls aber dieser die Klage erhebt oder falls er verstorben oder sein Aufenthalt unbekannt oder im Ausland ist, gegen den Staatsanwalt.

§ 836q (13). § **975** (**13**).

Auf das Verfahren über die Anfechtungsklage finden die Vorschriften der §§ 608, 610, 611, 614 Abs. 1 und des § 833 entsprechende Anwendung.

§ 836r (13). § **976** (**13**).

Die Anfechtungsklage ist, sofern sie nicht auf einen der im § 834 Abs. 2 bezeichneten Gründe gestützt wird, nur innerhalb der Frist von einem Monate zulässig. Die Frist beginnt mit der Erlassung des die Todeserklärung aussprechenden Urtheils. Die mündliche Verhandlung erfolgt nicht vor Ablauf dieser Frist.

Mehrere Anfechtungsprozesse sind zum Zwecke gleichzeitiger Verhandlung und Entscheidung zu verbinden. Die Vorschrift des § 59 findet Anwendung.

Wird in Folge einer Anfechtungsklage die Todeserklärung aufgehoben oder eine andere Todeszeit festgestellt, so wirkt das Urtheil für und gegen Alle.

§ 836s (911). § **977** (**927**).

Für das Aufgebotsverfahren zum Zwecke der Ausschliessung des Eigenthümers eines Grundstücks nach § 911 des Bürgerlichen Gesetzbuchs gelten die nachfolgenden besonderen Bestimmungen.

§ 836t (911). § **978** (**927**).

Zuständig ist das Gericht, in dessen Bezirke das Grundstück belegen ist.

§ 836u (911). § **979** (**927**).

Antragsberechtigt ist derjenige, welcher das Grundstück seit der im § 911[1]) des Bürgerlichen Gesetzbuchs bestimmten Zeit im Eigenbesitze hat.

---

1) Im amtlichen Texte steht in Folge eines Druckfehlers: § 912.

§ 836v (911). § **980** (**927**). Geändert.

Der Antragsteller hat die zur Begründung des Antrags erforderlichen Thatsachen vor der Einleitung des Verfahrens glaubhaft zu machen. Ist der Eigenthümer im Grundbuch eingetragen, so ist sein Tod durch Vorlegung der Sterbeurkunde nachzuweisen oder eine Ausfertigung des die Todeserklärung aussprechenden Urtheils beizubringen.

§ 836w (911). § **981** (**927**).

In dem Aufgebot ist der bisherige Eigenthümer aufzufordern, sein Recht spätestens im Aufgebotstermin anzumelden, widrigenfalls seine Ausschliessung erfolgen werde.

§ 836x (1153, 1154). § **982** (**1170**, **1171**).

Für das Aufgebotsverfahren zum Zwecke der Ausschliessung eines Hypotheken-, Grundschuld- oder Rentenschuldgläubigers auf Grund der §§ 1153, 1154 des Bürgerlichen Gesetzbuchs gelten die nachfolgenden besonderen Bestimmungen.

§ 836y (1153, 1154). § **983** (**1170**, **1171**).

Zuständig ist das Gericht, in dessen Bezirke das belastete Grundstück belegen ist.

§ 836z (1153, 1154). § **984** Abs. 1 (**1170**, **1171**).

Antragsberechtigt ist der Eigenthümer des belasteten Grundstücks.

§ 836aa (1153, 1154). § **985** (**1170**, **1171**).

Der Antragsteller hat vor der Einleitung des Verfahrens glaubhaft zu machen, dass der Gläubiger unbekannt ist.

§ 836bb (785, 1153). § **986** (**801**, **1170**). Geändert.

Im Falle des § 1153 des Bürgerlichen Gesetzbuchs hat der Antragsteller vor der Einleitung des Verfahrens auch glaubhaft zu machen, dass nicht eine das Aufgebot ausschliessende Anerkennung des Rechtes des Gläubigers erfolgt ist.

Ist die Hypothek für die Forderung aus einer Schuldverschreibung auf den Inhaber bestellt oder der Grundschuld- oder Rentenschuldbrief auf den Inhaber ausgestellt, so hat der Antragsteller glaubhaft zu machen, dass die Schuldverschreibung oder der Brief bis zum Ablaufe der im § 785 des Bürgerlichen Gesetzbuchs bezeichneten Frist nicht vorgelegt und der Anspruch nicht gerichtlich geltend gemacht worden ist. Ist die Vorlegung oder die gerichtliche Geltendmachung erfolgt, so ist die im Abs. 1 vorgeschriebene Glaubhaftmachung erforderlich.

Zur Glaubhaftmachung genügt in den Fällen der Abs. 1, 2 die eidliche Versicherung des Antragstellers, unbeschadet der Befugniss des Gerichts, anderweitige Ermittelungen anzuordnen.

In dem Aufgebot ist als Rechtsnachtheil anzudrohen, dass die Ausschliessung des Gläubigers mit seinem Rechte erfolgen werde.

§ 836cc (1154). § **987** (**1171**). Geändert.

Im Falle des § 1154 des Bürgerlichen Gesetzbuchs hat der Antragsteller sich vor der Einleitung des Verfahrens zur Hinterlegung des dem Gläubiger gebührenden Betrags zu erbieten.

In dem Aufgebot ist als Rechtsnachtheil anzudrohen, dass der Gläubiger nach der Hinterlegung des ihm gebührenden Betrags seine Befriedigung statt aus dem Grundstücke nur noch aus dem hinterlegten Betrage verlangen könne und sein Recht auf diesen erlösche, wenn er sich nicht vor dem Ablaufe von dreissig Jahren nach der Erlassung des Ausschlussurtheils bei der Hinterlegungsstelle melde.

Hängt die Fälligkeit der Forderung von einer Kündigung ab, so erweitert sich die Aufgebotsfrist um die Kündigungsfrist.

Das Ausschlussurtheil darf erst erlassen werden, wenn die Hinterlegung erfolgt ist.

§ 836dd (871, 1087, 1095, 1252). § **988** (**887**, **1104**, **1112**, **1269**). Geändert.

Die Vorschriften der §§ 836y bis 836cc finden auf das Aufgebotsverfahren zum Zwecke der in den §§ 871, 1087, 1095, 1252 des Bürgerlichen Gesetzbuchs für die Vormerkung, das Vorkaufsrecht, die Reallast und für das Pfandrecht an Schiffen bestimmten Ausschliessung des Berechtigten entsprechende Anwendung.

§ 836ee (1945). § **989** (**1970**).

Für das Aufgebotsverfahren zum Zwecke der Ausschliessung von Nachlassgläubigern auf Grund des § 1945 des Bürgerlichen Gesetzbuchs gelten die nachfolgenden besonderen Bestimmungen.

§ 836ff. (1945). § **990** (**1970**). Geändert.

Zuständig ist das Amtsgericht, welchem die Verrichtungen des Nachlassgerichts obliegen. Sind diese Verrichtungen einer anderen Behörde als einem Amtsgericht übertragen, so ist das Amtsgericht zuständig, in dessen Bezirke die Nachlassbehörde ihren Sitz hat.

§ 836gg (1936ff., 1945, 1949ff., 2179ff.). § **991** (**1960**ff., **1970**, **1974**ff., **2205**ff.).

Antragsberechtigt ist jeder Erbe, sofern er nicht für die Nachlassverbindlichkeiten unbeschränkt haftet.

Zu dem Antrage sind auch ein Nachlasspfleger und ein Testamentsvollstrecker berechtigt, wenn ihnen die Verwaltung des Nachlasses zusteht.

Der Erbe und der Testamentsvollstrecker können den Antrag erst nach der Annahme der Erbschaft stellen.

§ 836hh (1945). § **992** (**1970**).

Dem Antrag ist ein Verzeichniss der bekannten Nachlassgläubiger mit Angabe ihres Wohnorts beizufügen.

§ 836ii (1950). § **993** (**1975**).

Das Aufgebot soll nicht erlassen werden, wenn die Eröffnung des Nachlasskonkurses beantragt ist.

Durch die Eröffnung des Nachlasskonkurses wird das Aufgebotsverfahren beendigt.

§ 836kk (1945). § **994** (**1970**).

Die Aufgebotsfrist soll höchstens sechs Monate betragen.

Das Aufgebot soll den Nachlassgläubigern, welche dem Nachlassgericht angezeigt sind und deren Wohnort bekannt ist, von Amtswegen zugestellt werden. Die Zustellung kann durch Aufgabe zur Post erfolgen.

§ 836ll (1945, 1948). § **995** (**1970, 1973**).

In dem Aufgebot ist den Nachlassgläubigern, welche sich nicht melden, als Rechtsnachtheil anzudrohen, dass sie von dem Erben insoweit nicht mehr Befriedigung verlangen können, als der Nachlass durch die Befriedigung der nicht ausgeschlossenen Gläubiger erschöpft wird oder der Erbe aus dem Nachlasse nicht mehr bereichert ist.

§ 836mm (1945). § **996** (**1970**).

Die Anmeldung einer Forderung hat die Angabe des Gegenstandes und des Grundes der Forderung zu enthalten. Urkundliche Beweisstücke sind in Urschrift oder in Abschrift beizufügen.

Das Gericht hat die Einsicht der Anmeldungen Jedem zu gestatten, der ein rechtliches Interesse glaubhaft macht.

§ 836nn (2035 Nr. 1, 2114 ff.). §§ **997, 998** (**2060** Nr. 1, **2139** ff.).
Geändert.

Sind mehrere Erben vorhanden, so kommt der von einem Erben gestellte Antrag und das von ihm erwirkte Ausschlussurtheil auch den anderen Erben zu Statten, soweit sie nicht für die Nachlassverbindlichkeiten unbeschränkt haften.

Das Gleiche gilt im Falle der Nacherbfolge für den Vorerben und den Nacherben.

§ 836oo (1346, 1389 Nr. 1, 1421 Abs. 1, 1436, 1455, 1502 Abs. 2, 1529 Abs. 1, 1532). § **999** (**1363**, **1406** Nr. 1, **1438** Abs. 1, **1453**, **1472**, **1519** Abs. 2, **1546** Abs. 1, **1549**). Geändert.

Ist eine Ehefrau die Erbin und gehört der Nachlass zum eingebrachten Gute oder zum Gesammtgute, so kann sowohl die Ehefrau als der Ehemann das Aufgebot beantragen, ohne dass die Zustimmung des anderen Theiles erforderlich ist. Das Gleiche gilt, wenn der Nachlass zum Gesammtgute gehört, auch nach der Beendigung der Gemeinschaft. Der von dem Ehemanne gestellte Antrag und das von ihm erwirkte Ausschlussurtheil kommen der Ehefrau zu Statten.

§ 836pp (2344 ff., 2357, 2359). § **1000** (**2371** ff., **2383**, **2385**). Geändert.

Hat der Erbe die Erbschaft verkauft, so kann sowohl der Käufer als der Erbe das Aufgebot beantragen. Der von dem einen Theile gestellte Antrag und das von ihm erwirkte Ausschlussurtheil kommen auch dem anderen Theile zu Statten, soweit er nicht für die Nachlassverbindlichkeiten unbeschränkt haftet.

Diese Bestimmungen finden entsprechende Anwendung, wenn Jemand eine durch Vertrag erworbene Erbschaft verkauft oder sich zur Veräusserung einer ihm angefallenen oder anderweit von ihm erworbenen Erbschaft in sonstiger Weise verpflichtet hat.

§ 836qq (1472 Abs. 2, 1945). § **1001** (**1489** Abs. 2, **1970**). Geändert.

Die Bestimmungen der §§ 836ff bis 836pp finden im Falle der fortgesetzten Gütergemeinschaft auf das Aufgebotsverfahren zum Zwecke der nach dem § 1472 Abs. 2 und dem § 1945 des Bürgerlichen Gesetzbuchs zulässigen Ausschliessung von Gesammtgutsgläubigern entsprechende Anwendung.

§ 837 (783). § **1003** (**799**). Geändert.

Ist ein Wechsel oder eine der in den Artikeln 301, 302 des Handelsgesetzbuchs bezeichneten Urkunden oder eine Schuldverschreibung auf den Inhaber abhanden gekommen oder vernichtet, so finden auf das Aufgebotsverfahren zum Zwecke der Kraftloserklärung (Amortisation) der Urkunde die nachfolgenden besonderen Bestimmungen Anwendung.

Die Bestimmungen finden in Betreff anderer Urkunden, bezüglich welcher das Gesetz das Aufgebotsverfahren zuläßt, insoweit Anwendung, als in dem Gesetze nicht besondere Vorschriften enthalten sind.

§ 839a (783). § **1006** (**799**). Geändert.

Die Erledigung der Anträge auf Erlassung des Aufgebots zum Zwecke der Kraftloserklärung eines auf den Inhaber lautenden Papiers kann durch die Landesjustizverwaltung für mehrere Amtsgerichtsbezirke einem Amtsgericht übertragen werden. Auf Verlangen des Antragstellers erfolgt die Erledigung durch das nach § 839 zuständige Gericht.

Wird das Aufgebot durch ein anderes als das nach § 839 zuständige Gericht erlassen, so ist das Aufgebot auch durch Anheftung an die Gerichtstafel des letzteren Gerichts öffentlich bekannt zu machen.

§ 842 (783). § **1009 (799)**. Geändert.

Die öffentliche Bekanntmachung des Aufgebots erfolgt durch Anheftung an die Gerichtstafel und in dem Lokale der Börse, wenn eine solche am Sitze des Aufgebotsgerichts besteht, sowie durch dreimalige Einrückung in die im § 187 Abs. 2 bezeichneten Blätter.

Das Gericht kann anordnen, daß die Einrückung noch in andere Blätter und zu mehreren Malen erfolge.

Betrifft das Aufgebot ein auf den Inhaber lautendes Papier, für dessen Aufgebot die öffentliche Bekanntmachung durch bestimmte andere Blätter landesgesetzlich oder in der Urkunde besonders bestimmt ist, so erfolgt die Bekanntmachung auch durch Einrückung in diese Blätter.

§ 843 (783). § **1010 (799)**.

Bei Werthpapieren, für welche von Zeit zu Zeit Zins-, Renten- oder Gewinnantheilscheine ausgegeben werden, ist der Aufgebotstermin so zu bestimmen, daß bis zu demselben der erste einer seit der Zeit des glaubhaft gemachten Verlustes ausgegebenen Reihe von Zins-, Renten- oder Gewinnantheilscheinen fällig geworden ist und seit der Fälligkeit desselben sechs Monate abgelaufen sind.

Vor Erlassung des Ausschlußurtheils hat der Antragsteller ein nach Ablauf dieser sechsmonatigen Frist ausgestelltes Zeugniß der betreffenden Behörde, Kasse oder Anstalt beizubringen, daß die Urkunde seit der Zeit des glaubhaft gemachten Verlustes ihr zur Ausgabe neuer Scheine nicht vorgelegt sei und daß die neuen Scheine an einen Anderen als den Antragsteller nicht ausgegeben seien.

§ 844 (783). § **1011 (799)**. Geändert.

Bei Werthpapieren, für welche Zins-, Renten- oder Gewinnantheilscheine zuletzt für einen längeren Zeitraum als vier Jahre ausgegeben sind, genügt es, wenn der Aufgebotstermin so bestimmt wird, daß bis zu demselben seit der Zeit des glaubhaft gemachten Verlustes von den zuletzt ausgegebenen Scheinen solche für vier Jahre fällig geworden und seit der Fälligkeit des letzten derselben sechs Monate abgelaufen sind. Scheine für Zeitabschnitte, für welche keine Zinsen oder Gewinnantheile bezahlt werden, kommen nicht in Betracht.

Vor Erlassung des Ausschlußurtheils hat der Antragsteller ein nach Ablauf dieser sechsmonatigen Frist ausgestelltes Zeugniß der betreffenden Behörde, Kasse oder Anstalt beizubringen, daß die für die bezeichneten vier Jahre und später etwa fällig gewordenen Scheine ihr von einem Anderen als dem Antragsteller nicht vorgelegt seien. Hat in der Zeit seit dem Erlasse des Aufgebots eine Ausgabe neuer Scheine stattgefunden, so muß das Zeugniß auch die im § 843 Abs. 2 bezeichneten Angaben enthalten.

§ 845 (783). § **1013 (799)**.

Bei Werthpapieren, für welche Zins-, Renten- oder Gewinnantheilscheine ausgegeben sind, aber nicht mehr ausgegeben werden, ist, wenn nicht die Voraussetzungen der §§ 843, **844** vorhanden sind, der Aufgebotstermin so zu bestimmen, daß bis zu demselben seit der Fälligkeit des letzten ausgegebenen Scheines sechs Monate abgelaufen sind.

§ 847 (783). § **1015 (799)**. Geändert.

Zwischen dem Tage, an welchem die erste Einrückung des Aufgebots in den Deutschen Reichsanzeiger erfolgt ist, und dem Aufgebotstermine muß ein Zeitraum von mindestens sechs Monaten liegen. **Der Aufgebotstermin darf nicht über ein Jahr hinaus bestimmt werden; solange ein so naher Termin nicht bestimmt werden kann, findet das Aufgebot nicht statt.**

§ 848 (783). § **1017 (799)**. Geändert.

In dem Ausschlußurtheil ist die Urkunde für kraftlos zu erklären.

Das Ausschlußurtheil ist seinem wesentlichen Inhalte nach durch den Deutschen Reichsanzeiger bekannt zu machen. **Betrifft das Aufgebot ein auf den Inhaber lautendes Papier, für welches die Bekanntmachung des Ausschlussurtheils durch bestimmte andere Blätter landesgesetzlich oder in der Urkunde besonders bestimmt ist, so erfolgt die Bekanntmachung auch durch diese Blätter.**

In gleicher Weise hat nach eingetretener Rechtskraft die Bekanntmachung des auf die Anfechtungsklage ergangenen Urtheils, soweit dadurch die Kraftloserklärung aufgehoben wird, zu erfolgen.

§ 850 (401). § **1018 (407)**.

Derjenige, welcher das Ausschlußurtheil erwirkt hat, ist dem durch die Urkunde Verpflichteten gegenüber berechtigt, die Rechte aus der Urkunde geltend zu machen.

Wird das Ausschlussurtheil in Folge einer Anfechtungsklage aufgehoben, so bleiben die auf Grund des Urtheils von dem Verpflichteten bewirkten Leistungen auch Dritten, insbesondere dem Anfechtungskläger, gegenüber wirksam, es sei denn, dass der Verpflichtete zur Zeit der Leistung die Aufhebung des Ausschlussurtheils gekannt hat.

§ 850a (783). § **1019, 1020 (799)**. Geändert.

Bezweckt das Aufgebotsverfahren die Kraftloserklärung eines auf den Inhaber lautenden Papiers, so hat das Gericht auf Antrag an den Aussteller sowie an die in dem Papier und die von dem Antragsteller bezeichneten Zahlstellen das Verbot zu erlassen, an den Inhaber des Papiers eine Leistung zu bewirken, insbesondere neue Zins-, Renten- oder Gewinnantheilscheine oder einen Erneuerungsschein auszugeben (Zahlungssperre); mit dem Verbot ist die Benachrichtigung von der Einleitung des Aufgebotsverfahrens zu verbinden. Das an den Aussteller erlassene Verbot ist auch den Zahlstellen gegenüber wirksam,

welche nicht in dem Papiere bezeichnet sind. Die Einlösung der vor dem Verbot ausgegebenen Zins-, Renten- und Gewinnantheilscheine wird von dem Verbote nicht betroffen.

Ist die sofortige Einleitung des Aufgebotsverfahrens nach § 847 Satz 2 unzulässig, so hat das Gericht die Zahlungssperre auf Antrag schon vor der Einleitung des Verfahrens zu verfügen, sofern die übrigen Erfordernisse für die Einleitung vorhanden sind. Auf den Antrag finden die Vorschriften des § 824 Abs. 1 Anwendung. Das Verbot ist nach Massgabe des § 825 öffentlich bekannt zu machen.

§ 850 a[1] (783). § **1022 (799)**. Geändert.

Wird das Aufgebotsverfahren zum Zwecke der Kraftloserklärung eines auf den Inhaber lautenden Papiers nach der öffentlichen Bekanntmachung des Aufgebots oder der Zahlungssperre ohne Erlassung eines Ausschlussurtheils erledigt, so ist von Amtswegen die Zahlungssperre aufzuheben und die Erledigung des Verfahrens sowie die Aufhebung der Zahlungssperre durch den Deutschen Reichsanzeiger bekannt zu machen. Das Gleiche gilt, wenn nach der öffentlichen Bekanntmachung der vor der Einleitung des Verfahrens verfügten Zahlungssperre die Einleitung des Verfahrens nicht binnen sechs Monaten nach der Beseitigung des ihr entgegenstehenden Hindernisses beantragt wird.

§ 850 a[2] (792). § **1023 (808)**. Geändert.

Bezweckt das Aufgebotsverfahren die Kraftloserklärung einer Urkunde der im § 792 des Bürgerlichen Gesetzbuchs bezeichneten Art, so finden die Vorschriften der §§ 850 a, 850 a[1] entsprechende Anwendung. Die Landesgesetze können über die Veröffentlichung des Aufgebots und der in den §§ 850 a, 850 a[1] vorgeschriebenen Bekanntmachungen sowie über die Aufgebotsfrist abweichende Vorschriften erlassen.

§ 850 b (912, 1087, 1145, 1153, 1154, 1175). § **1024 (928, 1104, 1162, 1170, 1171, 1192)**. Geändert.

Bei Aufgeboten, welche auf Grund der §§ 871, 911, 1087, 1095, 1145, 1153, 1154, 1175 des Bürgerlichen Gesetzbuchs ergehen, können die Art der Bekanntmachung des Aufgebots und die Aufgebotsfristen durch Landesgesetz anders bestimmt werden, als in den §§ 825, 827 vorgeschrieben ist.

II. Aenderungen und Ergänzungen der Konkursordnung.

§ 1 (1402, 1526, 1624, 1633, 1635). § **1 (1419, 1543, 1647, 1656, 1658)**. Geändert.

Das Konkursverfahren umfaßt das gesammte, einer Zwangsvollstreckung unterliegende Vermögen des Gemeinschuldners, welches ihm zur Zeit der Eröffnung des Verfahrens gehört (Konkursmasse).

(Abs. 2 fällt weg).

Die im § 715 Nr. 5, 8 der Civilprozeßordnung und die im § 20 des Gesetzes über das Postwesen des Deutschen Reichs vom 28. Oktober 1871 vorgesehenen Beschränkungen kommen im Konkursverfahren nicht zur Anwendung.

§ 1a (1425, 1426, 1442 ff., 1470, 1471, 1508 Abs. 2, 1513, 1532). **§ 2 (1442, 1443, 1459** ff., **1487, 1488, 1525** Abs. 2, **1530, 1549**). Geändert.

Wird bei dem Güterstande der allgemeinen Gütergemeinschaft, der Errungenschaftsgemeinschaft oder der Fahrnissgemeinschaft das Konkursverfahren über das Vermögen des Ehemanns eröffnet, so gehört das Gesammtgut zur Konkursmasse; eine Auseinandersetzung wegen des Gesammtguts zwischen den Ehegatten findet nicht statt.

Durch das Konkursverfahren über das Vermögen der Ehefrau wird das Gesammtgut nicht berührt.

Diese Vorschriften finden bei der fortgesetzten Gütergemeinschaft mit der Massgabe Anwendung, dass an die Stelle des Ehemanns der überlebende Ehegatte, an die Stelle der Ehefrau die Abkömmlinge treten.

§ 1b (2290, **2317**). Gestrichen.

Ein dem Gemeinschuldner zustehender Pflichttheilsanspruch gehört zur Konkursmasse nur, wenn er zur Zeit des Konkursverfahrens durch Vertrag anerkannt oder rechtshängig geworden ist.

§ 2 (1334, 1343, 1560 bis 1564, 1579, 1684). **§ 3 (1351, 1360, 1579** bis **1583, 1601, 1708**). Geändert.

Die Konkursmasse dient zur gemeinschaftlichen Befriedigung aller persönlichen Gläubiger, welche einen zur Zeit der Eröffnung des Verfahrens begründeten Vermögensanspruch an den Gemeinschuldner haben (Konkursgläubiger).

Unterhaltsansprüche, die nach den §§ 1334, 1343, 1560 bis 1564, 1579, 1684 des Bürgerlichen Gesetzbuchs gegen den Gemeinschuldner begründet sind, können im Konkurse für die Zukunft nicht geltend gemacht werden; dies gilt auch für die im Voraus zu bewirkenden Leistungen, welche bei der Eröffnung des Konkursverfahrens fällig waren.

§ 5 (1467, 1918 ff., 1929, 2150). **§ 6 (1691, 1942** ff., **1953, 2176**). Geändert.

Mit der Eröffnung des Verfahrens verliert der Gemeinschuldner die Befugniß, sein zur Konkursmasse gehöriges Vermögen zu verwalten und über dasselbe zu verfügen.

Das Verwaltungs- und Verfügungsrecht wird durch einen Konkursverwalter ausgeübt.

Die Annahme oder Ausschlagung einer vor der Eröffnung des Verfahrens dem Gemeinschuldner angefallenen Erbschaft sowie eines vor diesem Zeitpunkte dem Gemeinschuldner angefallenen Vermächtnisses steht nur dem Gemeinschuldner zu. Das Gleiche gilt von der Ablehnung der fortgesetzten Gütergemeinschaft.

§ 5a (131, 132). § **13**, 1. Halbsatz (**135**, **136**).

Ein gegen den Gemeinschuldner bestehendes Veräusserungsverbot der in den §§ 131, 132 des Bürgerlichen Gesetzbuchs bezeichneten Art ist den Konkursgläubigern gegenüber unwirksam.

§ 5b (2090, **2115**). Gestrichen.

Ist der Gemeinschuldner Vorerbe, so darf der Konkursverwalter die zur Erbschaft gehörenden Gegenstände nicht veräussern, wenn die Veräusserung im Falle des Eintritts der Nacherbfolge nach § 2090 des Bürgerlichen Gesetzbuchs dem Nacherben gegenüber unwirksam ist.

§ 6 (876, 877). § **7** (**892**, **893**). Geändert.

Rechtshandlungen, welche der Gemeinschuldner nach der Eröffnung des Verfahrens vorgenommen hat, sind den Konkursgläubigern gegenüber nichtig; die Vorschriften der §§ 876, 877 des Bürgerlichen Gesetzbuchs finden jedoch in Ansehung solcher Rechtshandlungen Anwendung.

Dem anderen Theile ist die Gegenleistung aus der Masse zurückzugewähren, soweit letztere durch dieselbe bereichert ist.

Hat der Gemeinschuldner Rechtshandlungen am Tage der Eröffnung des Verfahrens vorgenommen, so wird vermuthet, daß sie nach der Eröffnung vorgenommen worden sind.

§ 12 (862). § **15** (**878**). Geändert.

Rechte an den zur Konkursmasse gehörenden Gegenständen sowie Vorzugsrechte und Zurückbehaltungsrechte in Ansehung solcher Gegenstände können nach der Eröffnung des Konkursverfahrens mit Wirksamkeit gegenüber den Konkursgläubigern nicht begründet werden; die Vorschrift des § 862 des Bürgerlichen Gesetzbuchs findet jedoch Anwendung. Die Vorschriften des § 6 Abs. 1 bleiben unberührt.

§ 14 (736, 2019). § **16** (**749**, **2044**). Geändert.

Befindet sich der Gemeinschuldner mit Dritten in einem Miteigenthume, in einer Gesellschaft oder in einer anderen Gemeinschaft, so erfolgt die Theilung oder sonstige Auseinandersetzung außerhalb des Konkursverfahrens.

Eine Vereinbarung, durch welche das Recht, die Aufhebung einer Gemeinschaft nach Bruchtheilen zu verlangen, für immer oder auf Zeit ausgeschlossen oder eine Kündigungsfrist bestimmt wird, ist für den Konkursverwalter nicht bindend. Das Gleiche gilt von einer Anordnung dieses Inhalts, die ein Erblasser für die Gemeinschaft seiner Erben getroffen hat.

§ 17 (545, 557 ff., 786 ff.). §§ **19**, **21** Abs. 3 (**552**, **564** ff., **802** ff.). Geändert.

Auf Pacht- oder Miethverträge über Sachen übt, wenn deren Uebergabe schon erfolgt ist, die Eröffnung des Verfahrens folgende Wirkungen aus:

1. hatte der Gemeinschuldner gepachtet oder gemiethet, so kann sowohl der andere Theil als der Verwalter das Pacht- oder Miethverhältniss kündigen. Die Kündigungsfrist ist, falls nicht eine kürzere Frist bedungen war, die gesetzliche. Kündigt der Verwalter, so ist der andere Theil berechtigt, Ersatz des ihm durch die Aufhebung des Vertrags entstehenden Schadens zu verlangen;
2. hatte der Gemeinschuldner verpachtet oder vermiethet, so wirkt eine freiwillige Veräußerung der Sache durch den Konkursverwalter auf die Zulässigkeit der Kündigung sowie auf die Dauer des Vertrages wie eine Zwangsversteigerung.

§ 19 (608, 612 ff.). **§ 22 (615, 621 ff.).**

Ein in dem Haushalte, Wirthschaftsbetriebe oder Erwerbsgeschäfte des Gemeinschuldners angetretenes Dienstverhältniß kann von jedem Theile gekündigt werden. Die Kündigungsfrist ist, falls nicht eine kürzere Frist bedungen war, die gesetzliche.

Kündigt der Verwalter, so ist der andere Theil berechtigt, Ersatz des ihm durch die Aufhebung des Dienstverhältnisses entstehenden Schadens zu verlangen.

§ 19a (649 ff., 662). **§ 23 (662 ff., 675).** Geändert.

Ein von dem Gemeinschuldner ertheilter Auftrag erlischt durch die Eröffnung des Konkursverfahrens, es sei denn, dass der Auftrag sich nicht auf das zur Konkursmasse gehörende Vermögen bezieht. Erlischt der Auftrag, so finden die Vorschriften des § 659 Satz 2 und des § 661 des Bürgerlichen Gesetzbuchs entsprechende Anwendung; in Ansehung der nach der Eröffnung des Verfahrens entstandenen Ersatzansprüche ist der Berechtigte im Falle des § 659 Satz 2 Massegläubiger, im Falle des § 661 Konkursgläubiger.

Das Gleiche gilt, wenn sich Jemand durch einen Dienstvertrag oder einen Werkvertrag verpflichtet hat, ein ihm von dem Gemeinschuldner übertragenes Geschäft für diesen zu besorgen.

§ 19b (867 ff.). **§ 24 (883 ff.).** Geändert.

Ist zur Sicherung eines Anspruchs auf Einräumung oder Aufhebung eines Rechtes an einem Grundstücke des Gemeinschuldners oder an einem für den Gemeinschuldner eingetragenen Rechte oder zur Sicherung eines Anspruchs auf Aenderung des Inhalts oder des Ranges eines solchen Rechtes eine Vormerkung im Grundbuch eingetragen, so kann der Gläubiger von dem Konkursverwalter die Einräumung oder die Aufhebung des Rechtes verlangen.

§ 20. **§ 25.**

Soweit rücksichtlich einzelner, durch die §§ 16 bis 19b nicht betroffener Rechtsverhältnisse das bürgerliche Recht besondere Bestimmungen über die

Wirkung der Eröffnung des Konkursverfahrens enthält, kommen diese Bestimmungen zur Anwendung.

§ 21 a (715, 716). § 28 (728, 729). Geändert.

Wird eine nach § 692 des Bürgerlichen Gesetzbuchs eingegangene Gesellschaft durch die Eröffnung des Konkursverfahrens über das Vermögen eines Gesellschafters aufgelöst, so sind die übrigen Gesellschafter in Ansehung der Ansprüche, welche ihnen aus der einstweiligen Fortführung der Geschäfte nach § 715 Satz 2 des Bürgerlichen Gesetzbuches zustehen, Massegläubiger, in Ansehung der ihnen nach § 716 des Bürgerlichen Gesetzbuchs zustehenden Ansprüche, unbeschadet der Bestimmung des § 44, Konkursgläubiger.

§ 34 a. § 42. Geändert.

Die Vorschriften über die Anfechtung der vor der Eröffnung des Konkursverfahrens vorgenommenen Rechtshandlungen finden auch Anwendung auf Rechtshandlungen, welche nach Eröffnung des Konkursverfahrens vorgenommen sind, sofern dieselben nach dem § 6 Abs. 1 den Konkursgläubigern gegenüber nicht nichtig sind. Die Verjährung des Anfechtungsrechts beginnt in einem solchen Falle mit der Vornahme der Rechtshandlung.

§ 41 (552 ff., 574, 578, 583, 637, 691). § 49 (559 ff., 581, 585, 590, 647, 704). Geändert.

Den Faustpfandgläubigern im Sinne des § 40 stehen gleich:

1. die Reichskasse, die Staatskassen und die Gemeinden sowie die Amts-, Kreis- und Provinzialverbände wegen öffentlicher Abgaben in Ansehung der zurückgehaltenen oder in Beschlag genommenen zoll- und steuerpflichtigen Sachen;
2. diejenigen, welche an gewissen Gegenständen ein gesetzliches oder ein durch Pfändung erlangtes Pfandrecht haben; das dem Vermiether und dem Verpächter nach den §§ 552, 574, 578 des Bürgerlichen Gesesetzbuchs zustehende Pfandrecht kann für den dem Vermiether oder dem Verpächter in Folge der Kündigung des Verwalters entstehenden Entschädigungsanspruch sowie für den Mieth- oder Pachtzins für eine frühere Zeit als das letzte Jahr vor der Eröffnung des Verfahrens nicht geltend gemacht werden; das Pfandrecht des Verpächters eines landwirthschaftlichen Grundstücks unterliegt in Ansehung des Pachtzinses der Beschränkung nicht;
3. diejenigen, welche etwas zum Nutzen einer Sache verwendet haben, wegen des den noch vorhandenen Vortheil nicht übersteigenden Betrags ihrer Forderung aus der Verwendung in Ansehung der zurückbehaltenen Sache;

4. diejenigen, welchen nach dem Handelsgesetzbuch an gewissen Gegenständen ein Zurückbehaltungsrecht zusteht.

Die im ersten Absatz unter No. 1 bezeichneten Rechte gehen den unter No. 2 bis 4 und den im § 40 bezeichneten Rechten vor.

§ 43 (1956, **1981** Abs. 2).

Fällt weg.

§ 60 (154 ff.). § **67** (**158** ff.). Geändert.

Forderungen unter aufschiebender Bedingung berechtigen nur zu einer Sicherstellung. Das Recht auf Sicherstellung besteht auch dann, wenn die Bedingung bereits entschieden, das Ergebniss aber noch nicht bekannt ist.

§ 106 (876). § **113** (**892**). Geändert.

Ein von dem Konkursgericht in Gemässheit des § 98 erlassenes allgemeines Veräusserungsverbot sowie die Eröffnung des Konkursverfahrens ist in das Grundbuch einzutragen:

1. bei denjenigen Grundstücken, als deren Eigenthümer der Gemeinschuldner im Grundbuch eingetragen ist;
2. bei den für den Gemeinschuldner eingetragenen Rechten an Grundstücken oder eingetragenen Rechten, wenn nach der Art des Rechtes und den obwaltenden Umständen durch die Unterlassung der Eintragung eine Beeinträchtigung der Konkursgläubiger zu besorgen ist.

Das Konkursgericht hat, soweit ihm solche Grundstücke oder Rechte bekannt sind, das Grundbuchamt von Amtswegen um die Eintragung zu ersuchen.

Die Eintragung kann auch von dem Konkursverwalter bei dem Grundbuchamt beantragt werden.

§ 122. § **134**. Geändert.

Der Verwalter hat die Genehmigung des Gläubigerausschusses oder, wenn ein solcher nicht bestellt ist, die Genehmigung einer Gläubigerversammlung einzuholen:

1. wenn ein unbeweglicher Gegenstand aus freier Hand oder das Geschäft des Gemeinschuldners im Ganzen oder das Recht auf den Bezug wiederkehrender Einkünfte veräußert werden soll;
2. wenn Darlehen aufgenommen, fremde Verbindlichkeiten übernommen, zur Masse gehörige Gegenstände verpfändet oder Grundstücke erstanden werden sollen.

§ 142 (152 ff.). § **154** (**156** ff.).

Forderungen unter aufschiebender Bedingung **werden** bei einer **Abschlags**vertheilung zu dem Betrage berücksichtigt, **welcher auf die unbedingte Forderung** fallen **würde**.

Bei der Schlußvertheilung ist die Berücksichtigung ausgeschlossen, wenn die Möglichkeit des Eintritts der Bedingung eine so entfernte ist, dass die bedingte Forderung einen gegenwärtigen Vermögenswerth nicht hat.

§ 144 (152 ff.). § **156** (**156** ff.). Geändert.

Die Antheile, mit welchen Gläubiger nach Maßgabe des § 141 Abs. 2 oder des § 142 Abs. 1 bei Abschlagsvertheilungen berücksichtigt worden sind, werden für die Schlußvertheilung frei, wenn bei dieser die Voraussetzungen des § 141 Abs. 1 nicht erfüllt sind oder nach Massgabe des § 142 Abs. 2 die Berücksichtigung der bedingten Forderung ausgeschlossen ist.

§ 158 (152 ff.). § **171** (**156** ff.).

Beträge, welche zur Sicherstellung eines bedingt zur Aufrechnung befugten Gläubigers nach Maßgabe des § 47 Abs. 3 hinterlegt worden sind, fließen für die Schlussvertheilung zur Konkursmasse zurück, wenn die Möglichkeit des Eintritts der Bedingung eine so entfernte ist, dass die bedingte Forderung einen gegenwärtigen Vermögenswerth nicht hat.

§ 178 (1195 ff.). § **193** (**1212** ff.). Geändert.

Der rechtskräftig bestätigte Zwangsvergleich ist wirksam für und gegen alle nicht bevorrechtigten Konkursgläubiger, auch wenn dieselben an dem Konkursverfahren oder an der Beschlußfassung über den Vergleich nicht Theil genommen oder gegen den Vergleich gestimmt haben. Die Rechte der Gläubiger gegen Mitschuldner und Bürgen des Gemeinschuldners werden nicht berührt; auch kann der Zwangsvergleich gegen den Anspruch aus einem Pfandrechte von einem Dritten nicht geltend gemacht werden.

§ 194 a (21 ff., 77 ff.). § **213** (**21** ff., **80** ff.). Geändert.

Auf das Konkursverfahren über das Vermögen eines rechtsfähigen Vereins oder einer Stiftung sowie über das Vermögen einer juristischen Person des öffentlichen Rechtes finden die Vorschriften der §§ 193, 194 entsprechende Anwendung.

Unberührt bleiben die landesgesetzlichen Vorschriften, welche die Zulässigkeit des Konkursverfahrens über das Vermögen der im § 15 No. 4 des Einführungsgesetzes zur Civilprozessordnung bezeichneten juristischen Personen beschränken oder ausschliessen.

§ 204 (1919, 1969 ff., 2034 ff.). § **216** (**1943**, **1994** ff., **2059** ff.).

Die Eröffnung des Verfahrens wird nicht dadurch gehindert, daß der Erbe die Erbschaft noch nicht angenommen hat oder dass er für die Nachlassverbindlichkeiten unbeschränkt haftet.

Bei dem Vorhandensein mehrerer Erben ist die Eröffnung des Verfahrens auch nach der Theilung des Nachlasses zulässig.

§ 205 (1936 ff., 1960 Abs. 2, 2179). **§ 217 (1960 ff., 1985** Abs. 2, **2205**).

Zu dem Antrag auf Eröffnung des Verfahrens ist jeder Erbe, der Nachlassverwalter sowie ein anderer Nachlasspfleger, ein Testamentsvollstrecker, dem die Verwaltung des Nachlasses zusteht, und jeder Nachlaßgläubiger berechtigt.

Wird der Antrag nicht von allen Erben gestellt, so ist er zuzulassen, wenn die Ueberschuldung glaubhaft gemacht wird. Das Gericht hat die übrigen Erben soweit thunlich zu hören.

Steht die Verwaltung des Nachlasses einem Testamentsvollstrecker zu, so ist, wenn der Erbe die Eröffnung des Verfahrens beantragt, der Testamentsvollstrecker, wenn der Testamentsvollstrecker den Antrag stellt, der Erbe zu hören.

§ 205 a (1346, 1389 Nr. 1, 1421 Abs. 1, 1436, 1455, 1502 Abs. 2, 1529 Abs. 1, 1532). **§ 218 (1363, 1406** Nr. 1, **1438** Abs. 1, **1453, 1472, 1519** Abs. 2, **1546** Abs. 1, **1549**).

Ist eine Ehefrau die Erbin und gehört der Nachlass zum eingebrachten Gute oder zum Gesammtgute, so kann sowohl die Ehefrau als der Ehemann die Eröffnung des Verfahrens beantragen, ohne dass die Zustimmung des anderen Theiles erforderlich ist. Das Gleiche gilt, wenn der Nachlass zum Gesammtgute gehört, auch nach der Beendigung der Gemeinschaft.

Wird der Antrag nicht von beiden Ehegatten gestellt, so ist er zuzulassen, wenn die Ueberschuldung glaubhaft gemacht wird. Das Gericht hat den anderen Ehegatten wenn thunlich zu hören.

§ 205 b (1948, 1949, 2148, 2168). **§ 219 (1973, 1974, 2174, 2194)**. Geändert.

Ein Nachlassgläubiger, der im Aufgebotsverfahren ausgeschlossen ist oder nach § 1949 des Bürgerlichen Gesetzbuchs einem ausgeschlossenen Gläubiger gleichsteht, kann die Eröffnung des Verfahrens nicht beantragen.

Ein Vermächtnissnehmer sowie derjenige, welcher berechtigt ist, die Vollziehung einer Auflage zu fordern, kann die Eröffnung des Verfahrens nur beantragen, wenn über das Vermögen des Erben das Konkursverfahren eröffnet ist. Ist eine Ehefrau die Erbin und gehört der Nachlass zum Gesammtgute, so kann ein solcher Gläubiger den Antrag nur stellen, wenn über das Vermögen des Ehemanns das Konkursverfahren eröffnet ist.

§ 205 c (1956 Abs. 2). **§ 220 (1981** Abs. 2). Geändert.

Wird der Antrag auf Eröffnung des Verfahrens erst zwei Jahre nach der Annahme der Erbschaft gestellt, so kann der Erbe der Eröffnung des Verfahrens widersprechen. Macht er von diesem Rechte Gebrauch, so haftet er für die Nachlassverbindlichkeiten unbeschränkt.

Die Vorschriften der §§ 1948, 1949 des Bürgerlichen Gesetzbuchs bleiben unberührt.

Ist der Erbe geschäftsunfähig oder in der Geschäftsfähigkeit beschränkt, so ist zu dem Widerspruche die Genehmigung des Vormundschaftsgerichts erforderlich.

Mehrere Erben können das Widerspruchsrecht nur gemeinschaftlich ausüben.

§ 205 d (1934 ff.). § **221** (**1958** ff.).

Auf Grund einer nach dem Eintritte des Erbfalls gegen den Nachlass erfolgten Massregel der Zwangsvollstreckung oder der Arrestvollziehung kann abgesonderte Befriedigung nicht verlangt werden.

Eine nach dem Eintritte des Erbfalls im Wege der einstweiligen Verfügung erlangte Vormerkung ist unwirksam.

§ 205 e (1954). § **222** (**1979**).

Hat der Erbe vor der Eröffnung des Verfahrens aus dem Nachlasse Pflichttheilsansprüche, Vermächtnisse oder Auflagen erfüllt, so ist die Leistung in gleicher Weise anfechtbar wie eine unentgeltliche Verfügung der Erben.

§ 205 f (1953, 1955). § **223** (**1978**, **1980**). Geändert.

Dem Erben steht wegen der ihm nach den §§ 1953 bis 1955 des Bürgerlichen Gesetzbuchs aus dem Nachlasse zu ersetzenden Aufwendungen ein Zurückbehaltungsrecht nicht zu.

§ 205 g (1935, 1936 ff., 1945 ff., 1953 bis 1955, 1968 ff., 2192). § **224** (**1959**, **1960** ff., **1970** ff., **1978** bis **1980**, **1993** ff., **2218**). Geändert.

Masseschulden sind außer den im § 52 bezeichneten Verbindlichkeiten:

1. **die dem Erben nach den §§ 1953 bis 1955 des Bürgerlichen Gesetzbuchs aus dem Nachlasse zu ersetzenden Aufwendungen;**
2. **die Kosten der standesmässigen Beerdigung des Erblassers;**
3. **die im Falle der Todeserklärung des Erblassers dem Nachlasse zur Last fallenden Kosten des Verfahrens;**
4. die Kosten der Eröffnung einer Verfügung des Erblassers von Todeswegen, der gerichtlichen Sicherung des Nachlasses, einer Nachlasspflegschaft, des Aufgebots der Nachlassgläubiger und der Inventarerrichtung;
5. die Verbindlichkeiten aus den von einem Nachlasspfleger oder einem Testamentsvollstrecker vorgenommenen Rechtsgeschäften;
6. die Verbindlichkeiten, welche für den Erben gegenüber einem Nachlasspfleger, einem Testamentsvollstrecker oder einem Erben, der die Erbschaft ausgeschlagen hat, aus der **Geschäftsführung dieser Personen entstanden sind.**

§ 205h (1954, 1955, 1969ff.). § **225** (**1979**, **1980**, **1994**ff.). Geändert.

Der Erbe kann die ihm gegen den Erblasser zustehenden Ansprüche geltend machen.

Hat der Erbe eine Nachlassverbindlichkeit berichtigt, so tritt er, soweit die Berichtigung nicht nach den §§ 1954, 1955 des Bürgerlichen Gesetzbuchs als für Rechnung des Nachlasses erfolgt gilt, an die Stelle des Gläubigers.

Haftet der Erbe einem Gläubiger gegenüber unbeschränkt, so kann er dessen Forderung für den Fall geltend machen, dass der Gläubiger sie nicht geltend macht.

§ 205i (1948, 1949). § **226** (**1973**, **1974**). Geändert.

In dem Verfahren kann jede Nachlassverbindlichkeit geltend gemacht werden, sofern nicht der Gläubiger im Wege des Aufgebotsverfahrens ausgeschlossen ist oder nach § 1949 des Bürgerlichen Gesetzbuchs einem ausgeschlossenen Gläubiger gleichsteht.

§ 205k (2148, 2168, 2276ff.). § **226** Abs. 2, 3 (**2174**, **2194**, **2303**ff.).

Nachstehende Verbindlichkeiten werden erst nach allen übrigen Verbindlichkeiten und in folgender Rangordnung, bei gleichem Range nach Verhältniss ihrer Beträge, berichtigt:

1. die seit der Eröffnung des Verfahrens laufenden Zinsen der im § 54 bezeichneten Forderungen;
2. die gegen den Erblasser erkannten Geldstrafen;
3. die Verbindlichkeiten aus einer Freigebigkeit des Erblassers unter Lebenden;
4. die Verbindlichkeiten gegenüber Pflichttheilsberechtigten;
5. die Verbindlichkeiten aus den vom Erblasser angeordneten Vermächtnissen und Auflagen.

Ein Vermächtniss, durch welches das Recht des Bedachten auf den Pflichttheil nach § 2280 des Bürgerlichen Gesetzbuchs ausgeschlossen wird, steht, soweit es den Pflichttheil nicht übersteigt, im Range den Pflichttheilsrechten gleich. Hat der Erblasser durch Verfügung von Todeswegen angeordnet, dass ein Vermächtniss oder eine Auflage vor einem anderen Vermächtniss oder einer anderen Auflage erfüllt werden soll, so hat das Vermächtniss oder die Auflage den Vorrang.

§ 205l. § **227**.

Mit den im § 205k No. 2 bis 5 bezeichneten Forderungen werden die bis zur Eröffnung des Verfahrens aufgelaufenen und die seit der Eröffnung laufenden Zinsen an derselben Stelle angesetzt.

§ 205m. § **228**. Geändert.

Was in Folge der Anfechtung einer von dem Erblasser oder ihm gegenüber vorgenommenen Rechtshandlung zur Konkursmasse zurückgewährt wird, darf nicht zur Berichtigung der im § 205k No. 4, 5 bezeichneten Verbindlichkeiten verwendet werden. Das Gleiche gilt, wenn die Befriedigung eines Anspruchs durch den Erben der Anfechtung unterliegt, für das in Folge der Anfechtung Zurückgewährte, soweit nicht die bezeichneten Verbindlichkeiten dem befriedigten Anspruch im Range vorgehen oder gleichstehen.

§ 206. § **230**. Geändert.

Ein Zwangsvergleich kann nur auf den Vorschlag aller Erben geschlossen werden.

Die Gläubiger, welchen die im § 205k No. 2 bis 5 bezeichneten Ansprüche zustehen, nehmen an der Schliessung des Zwangsvergleichs nicht Theil; sie sind jedoch vor der Bestätigung des Zwangsvergleichs zu hören. Macht einer von ihnen glaubhaft, dass der Zwangsvergleich sein berechtigtes Interesse verletzt, so ist auf seinen Antrag der Zwangsvergleich zu verwerfen; gegen die Bestätigung steht ihm die sofortige Beschwerde nach § 174 zu.

§ 206a. § **231**. Geändert.

Die Vorschriften des § 205g No. 1 und des § 205h Abs. 2, 3 gelten für den Vorerben auch nach dem Eintritte der Nacherbfolge.

§ 206b (2350, 2352, 2357). § **232** (**2376**, **2378**, **2383**). Geändert.

Hat der Erbe die Erbschaft verkauft, so tritt der Käufer in Ansehung des Verfahrens an seine Stelle.

Der Verkäufer ist wegen einer Nachlassverbindlichkeit, die im Verhältnisse zwischen ihm und dem Käufer diesem zur Last fällt, in derselben Weise wie der Gläubiger zu dem Antrag auf Eröffnung des Verfahrens berechtigt. **Das gleiche Recht steht ihm auch wegen einer anderen Nachlassverbindlichkeit zu, es sei denn, dass er unbeschränkt haftet oder dass eine Nachlassverwaltung angeordnet ist.**

Der Käufer kann der Eröffnung des Verfahrens nach § 205c nur mit Zustimmung des Verkäufers widersprechen, es sei denn, dass dieser für die Nachlassverbindlichkeiten unbeschränkt haftet.

§ 206c (2359). § **233** (**2385**).

Die Vorschriften des § 206b finden entsprechende Anwendung, wenn Jemand eine durch Vertrag erworbene Erbschaft verkauft oder sich zur Veräusserung einer ihm angefallenen oder anderweit von ihm erworbenen Erbschaft in sonstiger Weise verpflichtet hat.

§ 206d. § **234**.

In dem Konkursverfahren über das Vermögen des Erben finden, wenn auch über den Nachlass das Konkursverfahren eröffnet oder wenn eine Nachlassverwaltung angeordnet ist, auf Nachlassgläubiger, **denen gegenüber der Erbe unbeschränkt haftet**, die Vorschriften der

§§ 57, 88, 141, 143, 144, des § 155 No. 3 und des § 156 entsprechende Anwendung.

Das Gleiche gilt, wenn eine Ehefrau die Erbin ist und der Nachlass zum Gesammtgute gehört, auch in dem Konkursverfahren über das Vermögen des Ehemanns.

§ 206e. § **235.**

Ueber einen Erbtheil findet ein Konkursverfahren nicht statt.

§ 206f (1472 Abs. 2). § **236** (**1489** Abs. 2). Geändert.

Die Vorschriften der §§ 202 bis 206e finden im Falle der fortgesetzten Gütergemeinschaft auf das Konkursverfahren über das Gesammtgut entsprechende Anwendung. Konkursgläubiger sind nur die Gesammtgutsgläubiger, deren Forderungen schon zur Zeit des Eintritts der fortgesetzten Gütergemeinschaft bestanden. Zu dem Antrag auf Eröffnung des Verfahrens ist ein Gläubiger nicht berechtigt, dem gegenüber der überlebende Ehegatte zu dieser Zeit persönlich haftete. Die antheilsberechtigten Abkömmlinge sind zu dem Antrage nicht berechtigt; das Gericht hat sie soweit thunlich zu hören.

Anlage III.

Vergleichende Zusammenstellung

der

Paragraphen der veröffentlichten Kommissionsentwürfe erster und zweiter Lesung und der Paragraphen des vorliegenden Entwurfes.

Die Zahlen der ersten Spalten bezeichnen die Paragraphen des Kommissionsentwurfes erster Lesung, die der zweiten Spalten die Paragraphen des veröffentlichten Kommissionsentwurfes zweiter Lesung, die der dritten Spalten die Paragraphen des vorliegenden Entwurfes.

I. Buch. Allgemeiner Theil.

1.	Gestrichen.	Gestrichen.	28.	14.	6.
2.	Gestrichen.	Gestrichen.	29.	14.	6.
3.	1.	1.	30.	15.	1567.
4.	Gestrichen.	Gestrichen.	31.	15.	1567.
5.	2.	13.	32.	16.	1568.
6.	2.	14.	33.	16.	1568.
7.	3.	15.	34.	17.	7.
8.	4.	16.	35.	Gestrichen.	Gestrichen.
9.	Gestrichen.	Gestrichen.	36.	18.	8.
10 Abs. 1.	6.	13.	37.	19.	9.
Abs. 2.	Gestrichen.	Gestrichen.	38.	Gestrichen.	Gestrichen.
11.	Gestrichen.	Gestrichen.	39.	20.	10.
12.	Gestrichen.	Gestrichen.	40.	21.	11.
13.	Gestrichen.	Gestrichen.	41.	23.	21.
14.	Gestrichen.	Gestrichen.	42.	23.	21.
15.	Gestrichen.	Gestrichen.	43.	24.	22.
16.	Gestrichen.	Gestrichen.	44 Abs. 1.	25 Abs. 1, Abs 2,	23 Abs. 1, Abs. 2,
17.	Gestrichen.	Gestrichen.		Satz 1.	Satz 1.
18.	Gestrichen.	Gestrichen.	Abs. 2.	26 Abs. 3.	24 Abs. 3.
19.	Gestrichen.	Gestrichen.	Abs. 3.	26 Abs. 1.	24 Abs. 1.
20.	Gestrichen.	Gestrichen.	Abs. 4.	25 Abs. 2. Satz 2.	23 Abs. 2 Satz 2.
21.	7.	18.	Abs. 5.	27 Abs. 1.	25 Abs. 1.
22.	8.	Gestrichen.	Abs. 6 Satz 1.	27 Abs. 2.	25 Abs. 2.
23.	Gestrichen.	Gestrichen.	Satz 2.	28.	26.
24.	Gestrichen.	Gestrichen.	Abs. 7.	37.	37.
25.	11.	2.	45.	Gestrichen.	Gestrichen.
26.	12 Abs. 2.	3 Abs. 2.	46.	30.	28.
27 Abs. 1.			47.	39.	39.
Satz 1.	13 Abs. 1 Satz 1.	3 Abs. 1,	48 Abs. 1, 2, 3.	31 Abs. 1, 2.	29.
		4 Abs. 1.	Abs. 4.	31 Abs. 3.	31.
Satz 2, 3.	13 Abs. 1 Satz 2.	4 Abs. 2.	Abs. 5.	32.	30.
Abs. 2 Satz 1.	12 Abs. 1.	3 Abs. 1.	Abs. 6.	37.	37.
Satz 2.	13 Abs. 2.	5.	49 Abs. 1.	41.	42
Abs. 3 Satz 1.	Gestrichen.	Gestrichen.	Abs. 2 Satz 1, 2.	42 Abs. 1.	43.
Satz 2.	Gestrichen.	1823 Abs. 1.	Satz 3.	42 Abs. 2.	44.

50.	43.	45.	94 Abs. 1.	105.	122.
51.	44.	46.	Abs. 2.	106.	123.
52.	45.	47.	95.	91.	112.
53.	46.	48.	96.	92.	113.
54.	47.	49.	97 Abs. 1, 2.	93.	114.
55.	Gestrichen.	Gestrichen.	Abs. 3.	97 Abs. 1.	118 Abs. 1.
56.	48.	50.	Abs. 4.	93, 97 Abs. 2.	114, 118 Abs. 2.
57.	Gestrichen.	Gestrichen.	98.	94.	115.
58 Satz 1.	70, 71 Abs. 1.	77, 78 Abs. 1.	99 Abs. 1.	94.	115.
Satz 2.	71 Abs. 2.	78 Abs. 2.	Abs. 2.	97 Abs. 1.	118 Abs. 1.
Satz 3.	71 Abs. 3.	79.	Abs. 3.	94, 97 Abs. 2.	115, 118 Abs. 2.
Satz 4.	Gestrichen.	Gestrichen.	100.	117.	151.
59.	70, 72.	77, 80.	101.	95, 97.	116, 118.
60.	73.	82.	102.	Gestrichen.	Gestrichen.
61.	74, 75.	83, 84.	103.	98.	119.
62 Abs. 1.	70, 76.	77.	104.	99.	120.
Abs. 2.	71 Abs. 2.	78 Abs. 2.	105.	100.	130.
Abs. 3.	72 Abs. 2.	81.	106.	103.	134.
63.	77.	85.	107 Abs. 1.	101, 102.	131, 132.
64 Abs. 1.	78.	100.	Abs. 2.	101.	131.
Abs. 2.	78, 79 Abs. 2.	100, 101 Abs. 2.	Abs. 3, 4.	Gestrichen.	Gestrichen.
Abs. 3.	79.	101.	108.	Gestrichen.	Gestrichen.
65 Abs. 1.	80.	102.	109.	Gestrichen.	Gestrichen.
Abs. 2.	81.	103.	110.	110.	137.
Abs. 3 Satz 1.	81.	103.	111.	111.	136.
Satz 2.	82 Abs. 1 Satz 1, 2.	104 Abs. 1, 2, 107.	112.	113.	138.
	85.		113 Abs. 1, 2.	114.	139.
Abs. 4.	83.	105.	Abs. 3.	115.	140.
Abs. 5.	82 Abs. 1 Satz 3.	104 Abs. 2 Satz 2.	114.	112.	135.
Abs. 6.	82 Abs. 2.	104 Abs. 3.	115.	Gestrichen.	Gestrichen.
66.	107 Abs. 3.	127.	116.	134.	160.
67.	86.	108.	117.	136 Abs. 1.	162 Abs. 1.
68.	87, 1704 Abs. 2.	109.	118.	136 Abs. 2.	162 Abs. 2.
69.	84.	106.	119 Abs. 1, 2.	138 Abs. 1.	164.
70.	88.	110.	Abs. 3.	138 Abs. 2.	164, 165.
71 Abs. 1.	88.	110.	120 Abs. 1.	140 Abs. 1.	167 Abs. 1.
Abs. 2.	89.	111.	Abs. 2.	140 Abs. 2, 142.	167 Abs. 2, 169.
72.	Gestrichen.	Gestrichen.	121 Abs. 1.	141 Abs. 1.	168 Abs. 1.
73.	90.	129.	Abs. 2.	144 Abs. 1.	171.
74.	107 Abs. 1, 2, 109.	126.	Abs. 3.	144 Abs. 2, 3.	172.
75.	108 Abs. 1.	128 Abs. 1.	Abs. 4.	141 Abs. 2, 142.	168 Abs. 2, 169.
76.	108 Abs. 2.	128 Abs. 2.	122.	143.	170.
77.	Gestrichen.	Gestrichen.	123 Abs. 1.	145 Abs. 1 Satz 1.	173 Abs. 1.
78.	116.	150.	Abs. 2.	145 Abs. 2.	174.
79.	Gestrichen.	Gestrichen.	Abs. 3.	145 Abs. 1 Satz 2, 3	173 Abs. 2.
80.	118.	141.	Abs. 4.	145.	173, 174.
81.	118.	141.	124.	145 Abs. 2.	174.
82.	119, 121.	142, 144.	125.	146.	175.
83.	119, 120.	142, 143.	126.	148.	176.
84.	119, 120.	142, 143.	127 Abs. 1, 2.	150.	178.
85.	119, 122.	142, 145.	Abs. 3.	151.	179.
86.	124.	147.	Abs. 4.	152.	180.
87.	Gestrichen.	Gestrichen.	128.	128 Abs. 1.	154 Abs. 1.
88 Abs. 1.	123 Abs. 1.	146 Abs. 1.	129.	128 Abs. 2.	154 Abs. 2.
Abs. 2.	119.	142.	130.	129.	155.
Abs. 3.	123 Abs. 2.	146 Abs. 2.	131.	Gestrichen.	Gestrichen.
89.	125.	149.	132.	Gestrichen.	Gestrichen.
90.	126.	152.	133.	Gestrichen.	Gestrichen.
91 Abs. 1.	104 Abs. 1.	Gestrichen.	134.	130.	156.
Abs. 2.	104 Abs. 2.	121.	135.	131.	157.
92.	105.	122.	136.	132.	158.
93.	106.	123.	137.	Gestrichen.	Gestrichen.

138.	Gestrichen.	Gestrichen.	171 Abs. 4.	178 Abs. 2.	207 Abs. 2.
139.	Gestrichen.	Gestrichen.	Abs. 5.	176 Satz 2,	205 Satz 2,
140.	Gestrichen.	Gestrichen.		178 Abs. 2 Satz 2.	207 Abs. 2, Satz 2.
141.	133.	159.	172.	179.	208.
142.	133.	159.	173.	182.	211.
143.	Gestrichen.	Gestrichen.	174.	177.	206.
144 Abs. 1.	233 Abs. 1.	270.	175.	181.	210.
Abs. 2.	Gestrichen.	Gestrichen.	176.	180.	209.
145.	233 Abs. 2.	271.	177.	183.	213.
146.	97 A. 2, 108 A. 2	118 Abs. 2.	178.	184.	214.
147.	154.	182.	179.	185.	215.
148 Abs. 1.	155.	183.	180.	176.	205.
Abs. 2.	156 Abs. 1.	184 Abs. 1.	181.	186.	216.
149.	156 Abs. 2.	184 Abs. 2, 3.	182.	187.	222.
150.	157.	185.	183.	188.	218.
151.	159.	187.	184.	189.	219.
152.	158.	186.	185.	190.	220.
153.	160.	188.	186.	191.	221.
154.	161.	189.	187.	192.	222.
155.	162.	190.	188.	Gestrichen.	Gestrichen.
156.	163.	191.	189 Abs. 1.	193.	223.
157.	164.	192.	Abs. 2, 3, 4.	194.	224.
158 Abs. 1.	165 Abs. 1.	193.	190.	Gestrichen.	Gestrichen.
Abs. 2, 3.	Gestrichen.	Gestrichen.	191.	Gestrichen.	Gestrichen.
Abs. 4.	165 Abs. 2.	194.	192.	Gestrichen.	Gestrichen.
159.	166.	196.	193.	Gestrichen.	Gestrichen.
160.	Gestrichen.	Gestrichen.	194.	Gestrichen.	Gestrichen.
161 Abs. 1.	167.	200.	195.	Gestrichen.	Gestrichen.
Abs. 2.	173.	212.	196.	Gestrichen.	Gestrichen.
162.	168.	197.	197.	Gestrichen.	Gestrichen.
163.	Gestrichen.	Gestrichen.	198.	Gestrichen.	Gestrichen.
164.	169 Abs. 1.	198 Abs. 1.	199 Abs. 1.	196 Abs. 1,	226 Abs. 1,
165.	169 Abs. 2.	198 Abs. 2.		202 Abs. 2.	232 Abs. 2.
166.	171.	201.	Abs. 2, 3.	196 Abs. 2.	226 Abs. 2.
167.	172.	202.	200.	197.	227.
168.	170.	204.	201.	198.	228.
169.	174.	203.	202.	201.	231.
170.	175.	204.	203.	202.	232.
171 Abs. 1, 2.	178.	207.	204.	203.	233.
Abs. 3.	176.	205.	205.	204.	234.

II. Buch. Recht der Schuldverhältnisse.

206.	205.	235.	222.	217.	248.
207.	219.	255.	223.	218.	249.
208.	220 Abs. 1.	256 Abs. 1.	224 Abs. 1.		
209.	220 Abs. 2.	256 Abs. 2.	Satz 1.	206.	236.
210.	221.	257.	Satz 2, 3.	233 Abs. 1.	270 Abs. 1.
211.	222.	258.	Abs. 2.	234.	272.
212.	Gestrichen.	Gestrichen.	225.	233 Abs. 3.	270 Abs. 2.
213.	207 Abs. 1.	237 Abs. 1.	226.	Gestrichen.	Gestrichen.
214.	207 Abs. 2.	237 Abs. 2.	227.	224.	260.
215.	208.	238.	228.	223.	259.
216.	209.	239.	229.	225 Abs. 1.	262.
217.	210.	240.	230 Abs. 1.	225 Abs. 1.	262 Abs. 1.
218.	214.	246.	Abs. 2.	226.	263.
219.	213.	243, 244, 245.	231.	227.	264.
220.	Gestrichen.	Gestrichen.	232.	229.	266.
221.	216.	247.	233.	230 Abs. 1.	267 Abs. 1, 2.

234 Satz 1.	231.	268.	284.	340.	390.
Satz 2, 3.	230 Abs. 2.	267 Abs. 3.	285.	335.	385.
235.	230 Abs. 1 Satz 2.	267 Abs. 2.	286.	336.	386.
236.	Gestrichen.	Gestrichen.	287.	337.	387.
237 Abs. 1.	232.	269.	288.	338.	388.
Abs. 2.	235.	269, 273.	289.	339.	389.
238 Abs. 1.	237.	275.	290 Abs. 1, 2, 3.	341.	391.
238 Abs. 2.	Gestrichen.	Gestrichen.	Abs. 4.	737 Abs. 2.	391, 796.
239.	238.	276.	Abs. 5.	341.	391.
240 Abs. 1.	236 Abs. 1.	274 Abs. 1.	291.	Gestrichen.	Gestrichen.
Abs. 2.	Gestrichen.	Gestrichen.	292.	Gestrichen.	Gestrichen.
241.	Gestrichen.	Gestrichen.	293.	342, 355.	392, 406.
242.	236 Abs. 2.	274 Abs. 2.	294 Abs. 1, 2.	342, 355.	392, 406.
243.	239.	277.	Abs. 3.	Gestrichen.	Gestrichen.
244.	248.	286.	295.	343, 355.	393, 406.
245.	240.	278.	296 Abs. 1.	344, 355.	394, 406.
246.	241.	279.	Abs. 2.	Gestrichen.	Gestrichen.
247.	242.	280.	297.	345, 355.	395, 406.
248.	244.	282.	298.	379.	431.
249.	245.	283.	299.	380.	432.
250.	243 Satz 1.	281 Satz 1.	300.	Gestrichen.	Gestrichen.
251.	243 Satz 2.	281 Satz 2.	301.	346, 355.	396, 397, 406.
252.	246.	284.	302.	347, 355.	398, 406.
253.	Gestrichen.	Gestrichen.	303.	349, 355.	400, 406.
254.	249.	287.	304.	350, 355.	401, 406.
255 Abs. 1.	250.	288.	305.	351, 355.	402, 406.
Abs. 2, 3 Satz 1.	251 Abs. 1, 3.	289, 291.	306.	352, 355.	403, 406.
Abs. 3 Satz 2.	251 Abs. 2, 3.	290, 291.	307.	Gestrichen.	Gestrichen.
256.	252.	292.	308.	353, 355.	404, 406.
257.	254.	294.	309.	Gestrichen.	Gestrichen.
258.	256.	296.	310.	Gestrichen.	Gestrichen.
259.	255.	295.	311.	354.	405.
260.	Gestrichen.	Gestrichen.	312 Satz 1.	356.	407.
261.	258.	298.	Satz 2.	Gestrichen.	Gestrichen.
262.	Gestrichen.	Gestrichen.	313.	Gestrichen.	Gestrichen.
263.	311 Abs. 1.	356 Abs. 1.	314.	357.	408.
264.	313.	358.	315.	358.	409.
265.	314.	359.	316.	360.	411.
266.	311 Abs. 2.	356 Abs. 2.	317.	361.	412.
267.	315.	360.	318 Abs. 1.	281.	323.
268.	316.	361.	Abs. 2.	359.	410.
269.	317.	362.	319.	362.	413.
270.	318.	363.	320.	363.	414.
271.	320.	365.	321 Abs. 1.	364, 371.	415, 422.
272 Abs. 1.	321.	366.	Abs. 2.	Gestrichen.	Gestrichen.
Abs. 2.	327 Abs. 1.	372.	322.	Gestrichen.	Gestrichen.
273 Abs. 1.	323.	368.	323.	371.	422.
Abs. 2.	Gestrichen.	Gestrichen.	324.	364.	415.
274.	325.	370.	325.	368, 371.	419, 423.
275.	327 Abs. 2.	373.	326 Abs. 1.	371.	423.
276.	327 Abs. 2.	373.	Abs. 2.	367, 368.	418, 419.
277.	326.	371.	327.	368, 371.	419, 423.
278 Abs. 1.			328.	371.	423.
Satz 1.	330 Abs. 1.	377.	329.	365, 371.	416, 423.
Abs. 1 Satz 2, 3.			330.	365, 371.	416, 423.
Abs. 2.	330 Abs. 2.	378.	331.	365, 371.	416, 423.
279.	329, 330 Abs. 3.	380.	332.	366, 371.	417, 423.
280.	Gestrichen.	Gestrichen.	333.	368, 371.	419, 423.
281 Abs. 1.	331.	381.	334.	368, 371.	419, 423.
Abs. 2.	334.	384.	335.	368, 371.	419, 423.
282.	332.	382.	336.	368, 371.	419, 423.
283.	333.	383.	337.	369, 372.	420, 424.

338.	Gestrichen.	Gestrichen.	393.	411.	469.
339.	374.	426.	394.	410.	468.
340.	373.	425.	395.	Gestrichen.	Gestrichen.
341.	Gestrichen.	Gestrichen.	396.	412.	470.
342.	310.	299.	397.	413.	471.
343.	Gestrichen.	Gestrichen.	398.	415.	474.
344.	259 Abs. 1.	300.	399.	416.	475.
345.	259 Abs. 2, 3.	301.	400.	417.	476.
346.	260.	302.	401.	418.	477.
347.	261.	303.	402 Satz 1.	419.	478.
348.	Gestrichen.	Gestrichen.	Satz 2.	420.	479.
349.	264.	306.	Satz 3, 4.	Gestrichen.	Gestrichen.
350.	262.	304.	403.	Gestrichen.	Gestrichen.
351.	265.	307.	404.	422.	481.
352.	Gestrichen.	Gestrichen.	405.	423.	482.
353.	266.	309.	406.	424.	483.
354.	267.	310.	407.	425.	484.
355 Satz 1.	270.	313.	408.	426.	485.
Satz 2, 3.	268 Abs. 2.	311 Abs. 2.	409.	428.	487.
356.	269.	312.	410.	421.	480.
357 Satz 1.	268 Abs. 1.	311 Abs. 1.	411.	427.	486.
Satz 2, 3.	270 Abs. 1.	313 Abs. 1.	412 Abs. 1.	280.	322 Abs. 1.
358 Abs. 1.	211.	241.	Abs. 2.	287.	329.
Abs. 2.	212.	242.	413.	280 Abs. 2.	322 Abs. 2.
359.	127, 206.	153, 236.	414.	280 Abs. 2.	322 Abs. 2.
360.	Gestrichen.	Gestrichen.	415.	285.	327.
361.	278, 279.	351.	416.	286.	328.
362.	271 Abs. 1 Satz 1.	314 Abs. 1 Satz 1.	417.	288.	330.
363.	271.	314.	418.	289.	331.
364.	271 Abs. 1 Satz 1.	314 Abs. 1 Satz 1.	419.	290.	332.
365.	273.	316.	420.	292, 294.	334, 336.
366.	273 Abs. 1.	316 Abs. 1.	421.	293, 294.	335, 336.
367.	312.	357.	422.	291, 294.	333, 336.
368 Abs. 1.	274 Abs. 1, 3.	317 Abs. 1, 3.	423.	Gestrichen.	Gestrichen.
Abs. 2.	275.	318.	424.	296.	338.
Abs. 3.	274 Abs. 2.	317 Abs. 2.	425.	297.	339.
369 Abs. 1.	276 Abs. 1.	319 Abs. 1.	426.	300.	343.
Abs. 2.	276 Abs. 2, 277.	319 Abs. 2, 320.	427 Abs. 1.	298 Abs. 1.	340.
Abs. 3.	279.	321.	Abs. 2.	298 Abs. 2.	340, 341.
370.	375 Abs. 1.	427 Abs. 1.	Abs. 3.	298 Abs. 2.	341.
371.	376.	428.	Abs. 4.	Gestrichen.	Gestrichen.
372.	378.	430.	428.	299.	342.
373.	381.	433.	429.	301.	344.
374.	382.	434, 435.	430 Nr. 1.	302 Nr. 1.	345, 348.
375.	382.	434, 435.	Nr. 2.	303.	348.
376.	382.	434, 435.	Nr. 3.	302 Nr. 2.	346.
377.	382.	434, 435.	431.	Gestrichen.	Gestrichen.
378.	377.	429.	432.	304.	349.
379.	383.	436.	433.	305.	350.
380.	384.	437.	434.	307.	353.
381.	397.	453.	435.	308.	354.
382.	398.	454.	436.	309.	355.
383.	399.	456.	437.	463 Abs. 1.	511 Abs. 1.
384.	402.	459, 460.	438.	463 Abs. 2.	511 Abs. 2.
385.	400.	457.	439.	464.	512.
386.	401.	458.	440.	465 Abs. 1.	513 Abs. 1.
387.	403.	461.	441.	465 Abs. 2.	513 Abs. 2.
388.	404.	462.	442.	468.	516.
389.	405.	463.	443.	470.	518.
390.	406.	464.	444.	471.	519.
391.	407.	465.	445.	469.	517.
392.	408.	466.	446.	Gestrichen.	Gestrichen.

447.	467.	515.	494.	456.	2354.
448 Abſ. 1.	472.	520.	495.	454, 455, 456.	2352,2353,2354.
Abſ. 2.	473.	521.	496.	457.	2355.
449.	475 Abſ. 1,	523 Abſ. 1,	497.	458.	2356.
	477 Abſ. 1.	525 Abſ. 1.	498 Abſ. 1.	459 Abſ. 1	2357 Abſ. 1
450.	475 Abſ. 2.	523 Abſ. 2.		Satz 1, 2.	Satz 1, 2.
451 Abſ. 1.	478.	526.	Abſ. 2.	459 Abſ. 2.	2357 Abſ. 2.
Abſ. 2.	479.	527.	Abſ. 3 Satz 1.	Geſtrichen.	Geſtrichen.
452.	477 Abſ. 2.	525 Abſ. 2.	Satz 2.	459 Abſ. 1 Satz 3.	2357 Abſ. 1 Satz 3.
453 Abſ. 1.	547 Abſ. 1.	600 Abſ. 1.	Abſ. 4.	Geſtrichen.	Geſtrichen.
Abſ. 2.	Geſtrichen.	Geſtrichen.	499.	453.	2351.
454.	547 Abſ. 2.	600 Abſ. 2.	500.	461.	2359.
455.	548 Abſ. 1.	Geſtrichen.	501.	Geſtrichen.	Geſtrichen.
456.	548 Abſ. 2.	601.	502.	462.	470.
457.	549.	602.	503.	480.	528, 573.
458.	550.	603.	504.	481.	529.
459.	375.	427.	505.	482.	530.
460.	Geſtrichen.	Geſtrichen.	506.	483 Abſ. 1.	531 Abſ. 1.
461.	392.	446.	507.	484, 485.	532, 533.
462.	385.	438.	508.	486.	534.
463 Abſ. 1.	387 Abſ. 1.	440 Abſ. 1.	509.	512.	564.
Abſ. 2.	387 Abſ. 2.	440 Abſ. 2.	510.	518.	570.
Abſ. 3.	391.	445.	511.	Geſtrichen.	Geſtrichen.
464.	389.	444.	512.	519.	571.
465.	388.	441.	513.	491 Abſ. 1.	540 Abſ. 1.
466 Abſ. 1.	390 Abſ. 1.	442.	514 Abſ. 1.	491 Abſ. 1.	540 Abſ. 1.
Abſ. 2.	390 Abſ. 2.	443.	Abſ. 2.	491 Abſ. 2.	251, 540 Abſ. 2.
467	Geſtrichen.	447.	Abſ. 3.	483 Abſ. 2.	531 Abſ. 2.
468 Abſ. 1.	395 Abſ. 1.	450.	515.	490.	539.
Abſ. 2, 3.	396.	452.	516.	493.	542.
469.	395, 396.	451, 452.	517.	495.	544.
470.	430.	489.	518.	496.	545.
471.	431 Abſ. 1.	490 Abſ. 1.	519.	489.	538.
472.	431 Abſ. 2.	490 Abſ. 2.	520.	492, 498.	541, 549.
473.	432.	491.	521 Abſ. 1.		
474.	Geſtrichen.	Geſtrichen.	Satz 1, 2.	501.	552.
475.	Geſtrichen.	Geſtrichen.	Satz 3.	502 Satz 1.	553 Satz 1.
476.	433 Abſ. 2.	492 Abſ. 2.	Abſ. 2 Satz 1.	502 Satz 2.	553 Satz 2.
477.	433 Abſ. 1.	492 Abſ. 1.	Satz 2.	503 Satz 1.	554 Abſ. 1.
478 Satz 1.	434 Abſ. 1, 3.	493 Abſ. 1, 494.	Abſ. 3.	503 Satz 2.	554 Abſ. 2.
Satz 2, 3.	434 Abſ. 2.	493 Abſ. 2.	Abſ. 4.	504.	555.
479 Abſ. 1, 2.	Geſtrichen.	Geſtrichen.	Abſ. 5.	505.	556.
Abſ. 3.	435.	251, 495.	522 Abſ. 1, 2.	506 Abſ. 1, 2.	557.
480.	436.	496.	Abſ. 3 bis 7.	506 Abſ. 3 bis 6.	558.
481 Abſ. 1.	439 Abſ. 1.	499.	523.	508.	560.
Abſ. 2.	440.	501.	524.	509.	561.
482 Satz 1.	439 Abſ. 2.	500.	525.	499.	550.
Satz 2.	Geſtrichen.	Geſtrichen.	526.	510.	562.
483.	444 Abſ. 1.	505 Abſ. 1.	527.	511.	563.
484.	441.	502.	528 Nr. 1.	497 Abſ. 1 Nr. 1.	546.
485.	445.	507.	Nr. 2.	497 Abſ. 1 Nr. 2.	547.
486.	447.	509.	529.	487 Abſ. 1, 2.	535.
487 Nr. 1.	447.	509.	530.	487 Abſ. 3, 497	
Nr. 2.	444 Abſ. 2.	505 Abſ. 2.		Abſ. 2.	536, 548.
488 Abſ. 1.	449.	2345.	531.	521 Abſ. 1.	574 Abſ. 1.
Abſ. 2.	450 Abſ. 1.	2347.	532.	521 Abſ. 2.	574 Abſ. 2.
Abſ. 3.	450 Abſ. 2.	2346.	533.	536 Abſ. 1.	589 Abſ. 1.
489.	Geſtrichen.	Geſtrichen.	534.	Geſtrichen.	Geſtrichen.
490.	Geſtrichen.	Geſtrichen.	535.	526.	579.
491.	451.	2348, 2349.	536.	530.	583.
492.	452 Abſ. 1.	2350.	537.	535.	588.
493.	452.	2350.	538.	536 Abſ. 2, 3.	589 Abſ. 2, 3.

539.	524.	577.	583.		
540.	522.	575.	Abs. 2 Satz 1.	591 Abs. 1 Satz 2,	646 Abs. 2 Satz 1,
541.	523.	576.		Abs. 2.	647 Abs. 1, 2.
542.	537.	590.	Satz 2.	591 Abs. 3.	646 Abs. 2 Satz 2,
543.	525.	578.			647 Abs. 3.
544 Abs. 1.	527.	580.	584.	592.	648.
Abs. 2 bis 5.	528.	581.	585.	593.	649.
Abs. 6 bis 8.	529.	582.	586.	Gestrichen.	Gestrichen.
545.	531.	584.	587.	594.	650.
546.	Gestrichen.	Gestrichen.	588.	595 Satz 1.	651 Abs. 1 Satz 1,
547.	533.	586.			Abs. 2.
548.	534.	587.	589.	595 Satz 2.	651 Abs. 1 Satz 2.
549 Satz 1.	543 Satz 1, 544	596 Satz 1, 597	590.	596.	652.
	Abs. 1.	Abs. 1.	591 Satz 1.	597.	653.
Satz 2.	538.	591.	Satz 2.	698.	252.
550.	539.	592.	592.	598.	654.
551.	540.	593.	593.	599.	655.
552.	543.	596.	594.	600.	656.
553 Abs. 1.	541 Abs. 1.	594 Abs. 1.	595 Abs. 1, 2.	601 Abs. 1.	657.
Abs. 2.	541 Abs. 2.	251, 594 Abs. 2.	Abs. 3.	601 Abs. 2.	250.
554.	542.	595.	596.	Gestrichen.	Gestrichen.
555.	544 Abs. 2.	597 Abs. 2.	597.	602 Abs. 1.	658.
556.	544 Abs. 3.	597 Abs. 3.	598.	602.	658.
557.	545.	598.	599.	603.	659.
558.	Gestrichen.	Gestrichen.	600.	603.	659.
559 Abs. 1.	551.	604.	601.	604.	660.
Abs. 2.	552.	605.	602.	Gestrichen.	Gestrichen.
560.	555.	607.	603.	605.	661.
561.	556.	608.	604.	607.	663.
562.	557.	609.	605.	619.	767.
563.	559 bis 562.	611 bis 614.	606.	623 Abs. 1 Satz 1.	Gestrichen.
564.	563.	615.	607.	620.	768.
565.	564.	616.	608 Satz 1.	623 Abs. 1 Satz 1.	Gestrichen.
566 Abs. 1.			Satz 2.	623 Abs. 1 Satz 2.	771.
Satz 1.	565.	617.	609.	622.	772.
Satz 2.	566 Abs. 2.	619 Abs. 2.	610.	624 Abs. 1.	Gestrichen.
Abs. 2.	566 Abs. 1.	619 Abs. 1.	611.	624 Abs. 2.	773.
567 Abs. 1.	569.	621 Abs. 1.	612.	625.	774.
Abs. 2.	570.	622.	613.	626.	775.
568.	586.	641.	614.	628.	675.
569 Abs. 1.	571.	623.	615 Satz 1.	629 Satz 1.	Gestrichen.
Abs. 1 Satz 2.	572 Abs. 1 Satz 1, 2	624 Abs. 1 Satz 1, 2	Satz 2.	629 Satz 2.	676.
Abs. 2.	572 Abs. 1 Satz 3,	624 Abs. 1 Satz 3,	616.	631.	678.
	Abs. 2 bis 4.	Abs. 2 bis 4.	617.	632.	679.
Abs. 3.	573.	625.	618.	640.	682.
Abs. 4.	574.	626.	619 Satz 1.	637 Abs. 2.	684.
570.	575.	627.	Satz 2.	638.	685.
571.	576.	628.	620.	637 Abs. 1.	684.
572.	577.	630.	621.	633.	680.
573.	578.	631.	622.	634.	681.
574.	583.	637.	623.	639.	686.
575.	579.	632.	624.	635.	682.
576.	580.	634.	625.	636.	683.
577.	581.	635.	626.	641.	688.
578.	584.	639.	627.	642.	689.
579.	569 Abs. 2, 577.	621 Abs. 2, 630.	628.	644.	691.
Nr. 1.	582.	636.	629.	645.	692.
Nr. 2.	576 Abs. 1.	628.	630 Abs. 1.	646 Abs. 1, 3.	693 Abs. 1, 3.
580.	587.	642.	Abs. 2.	646 Abs. 1.	693 Abs. 1.
581.	589.	644.	Abs. 3.	647.	694.
582.	590.	645.	631		
583 Abs. 1.	591 Abs. 1 Satz 1.	646 Abs. 1.	Abs. 1 bis 3.	646 Abs. 2.	693 Abs. 2.

631 Abs. 4.	658.	705.
632.	645.	692.
633.	648.	695.
634.	649 Abs. 1.	696 Abs. 1.
635.	649 Abs. 2.	696 Abs. 2.
636.	650.	697.
637.	651.	698.
638.	652.	699.
639.	653.	700.
640 Abs. 1.	654.	701.
Abs. 2.	655.	702.
641.	Gestrichen.	Gestrichen.
642.	Gestrichen.	Gestrichen.
643.	656.	703.
644.	657.	704.
645.	658.	706.
646.	659.	708.
647.	660.	709.
648.	661 Abs. 1, 2.	710 Abs. 1, 2.
649.	661 Abs. 3.	710 Abs. 3.
650.	662.	711.
651.	664.	713.
652.	665.	714.
653.	Gestrichen.	715.
654.	666.	716.
655.	667 Abs. 2.	717 Abs. 2.
656 Abs. 1.	667 Abs. 1. 668.	717 Abs. 1, 719.
Abs. 2 Satz 1.	669 Abs. 1.	720 Abs. 1.
Satz 2, 3.	670 Abs. 2.	722.
Abs. 3.		
Satz 1 bis 3.	669 Abs. 2.	720 Abs. 2.
Satz 4.	670 Abs. 2.	722.
Satz 5.	670 Abs. 1.	721.
Abs. 4.	669 Abs. 3.	720 Abs. 3.
Abs. 5.	667 Abs. 3 Satz 1.	718 Satz 1.
657.	671.	723.
658 Abs. 1.	673.	725.
Abs. 2, 3.	674.	727.
Abs. 4, 5.	673.	725.
Abs. 6.	673 Abs 2.	726.
659.	675.	Gestrichen.
660.	701 Abs. 1.	746.
661.	702.	747.
662.	701 Abs. 2.	746.
663.	703.	746.
664.	704.	748.
665.	705.	749.
666.	718.	763.
667.	718.	763.
668.	706 Abs. 1.	750 Abs. 1.
669.	706 Abs. 2.	750 Abs. 2.
670.	Gestrichen.	Gestrichen.
671	707.	752 Abs. 1.
672.	708.	751.
Abs. 2 Satz 2.	707 Abs. 2.	752 Abs. 2.
673.	709.	753.
674 Abs. 1.	711 Abs. 1.	755.
Abs. 2.	711 Abs. 2.	756.
675.	712.	757.
676.	713.	758.
677.	714.	759.
678.	Gestrichen.	Gestrichen.

679.	715.	760.
680.	717.	762.
681.	Gestrichen.	Gestrichen.
682.	Gestrichen.	Gestrichen.
683.	719, 720.	764, 765.
684 Abs. 1.	737, 745.	796, 805.
Abs. 2.	737.	796.
Abs. 3.	741.	801.
685.	722.	777.
686.	723.	778.
687.	722 Abs. 1.	777.
688.	726.	781.
689.	725.	780.
690.	731.	787.
691.	729.	785.
692.	728 Abs. 1.	783.
693.	Gestrichen.	Gestrichen.
694.	730.	786.
695.	728 Abs. 2.	784.
696.	Gestrichen.	Gestrichen.
697.	732.	788.
698.	733.	789.
699.	727.	782.
700.	734.	790.
701.		
Abs. 1 bis 3.	724.	779.
Abs. 4.	Gestrichen.	Gestrichen.
702.	735.	791.
703.	736.	792.
704.	746.	807.
Abs. 2 Satz 2.	747. 748.	808.
705.	749.	810.
706.	Gestrichen.	Gestrichen.
707.	Gestrichen.	Gestrichen.
708.	750.	811.
709.	751.	812.
710.	755.	816.
711.	754.	815.
712.	754.	815.
713.	764.	825.
714.	753, 764.	814, 825.
715.	Gestrichen.	Gestrichen.
716.	771.	832.
717.	772.	833.
718.	773.	834.
719.	775 Abs. 1.	836 Abs. 1.
720.	775 Abs. 2.	836 Abs. 2.
721.	Gestrichen.	Gestrichen.
722.	767 Abs. 1.	828 Abs. 1.
723.	767 Abs. 2.	828 Abs. 2.
724 Abs. 1, 2, 5, 7, 8.	766.	827.
Abs. 3, 4, 6.	Gestrichen.	Gestrichen.
725.	Gestrichen.	Gestrichen.
726.	766.	827.
727.	Gestrichen.	Gestrichen.
728.	770.	831.
729.	Gestrichen.	Gestrichen.
730.	Gestrichen.	Gestrichen.
731.	Gestrichen.	Gestrichen.
732.	Gestrichen.	Gestrichen.
733.	Gestrichen.	Gestrichen.

734 Abs. 1.	756.	817.	757.	617.	673.
Abs. 2.	757.	818.	758.	615.	671.
735 Abs. 1.	759.	820.	759.	Gestrichen.	Gestrichen.
Abs. 2.	760.	821.	760.	Gestrichen.	Gestrichen.
Abs. 3.	761.	822.	761.	618.	674.
736 Abs. 1.	762.	823.	762.	677.	728.
Abs. 2.	764.	825.	763 Satz 1, 2.	683.	734.
Abs. 3.	762.	823.	Satz 3.	681 Abs. 3 Satz 1.	732 Abs. 3 Satz 1
737 Abs. 1.	737 Abs. 1.	796 Abs. 1.	764.	678.	729.
Abs. 2.	738 Abs. 1.	797 Abs. 1.	765 Abs. 1.	680 Abs. 1.	731 Abs. 1.
Abs. 3.	737 Abs. 1.	796 Abs. 1.	Abs. 2.	679.	730.
Abs. 4.	739.	798.	Abs. 3.	681 Abs. 1,	732 Abs. 1,
738.	738 Abs. 2.	797 Abs. 2.		Abs. 3 Satz 2.	Abs. 3 Satz 2.
739.	742 Abs. 2, 3.	802 Abs. 2, 3.	766 Satz 1, 2.	684.	735.
740.	742 Abs. 1.	802 Abs. 1.	Satz 3.	680 Abs. 2.	731 Abs. 2.
741.	743 Abs. 1.	803 Abs. 1.	767 Abs. 1.	685 Abs. 1.	736 Abs. 1.
742.	737 Abs. 1.	796 Abs. 1.	Abs. 2 Satz 1.	685 Abs. 2, 3.	736 Abs. 2, 3.
743 Nr. 1.	741.	801.	Satz 2.	686.	737.
Nr. 2, 3.	740.	799.	Abs. 3.	Gestrichen.	Gestrichen.
744.	742, 743 Abs. 1.	802, 803 Abs. 1.	768.	694.	745.
745 Abs. 1.	737 Abs. 1.	796 Abs. 1.	769 Abs. 1.	688.	739.
Abs. 2.	742, 743 Abs. 1.	802, 803 Abs. 1.	Abs. 2.	689 Abs. 1 Satz 1.	740 Abs. 1 Satz 1.
746.	Gestrichen.	Gestrichen.	Abs. 3.	690.	741.
747 Abs. 1, 3.	741 Satz 1.	801 Satz 1.	Abs. 4.	689 Abs. 1 Satz 2.	740 Abs. 1 Satz 1.
Abs. 2.	743 Abs. 2.	803 Abs. 2.	770.	692.	743.
748.	737 Abs. 1.	796 Abs. 1.	771.	693.	744.
Abs. 3.	742, 743 Abs. 1.	802, 803 Abs. 1.	772 Satz 1.	681 Abs. 2.	732 Abs. 2.
749 Abs. 1.	608.	664.	Satz 2.	689 Abs. 2.	740 Abs. 2.
Abs. 2.	609, 610.	665, 666.	773.	667 Abs. 3 Satz 2.	718 Satz 2.
750.	611.	667.	774.	695.	793.
751.	612.	668.	775.	696.	794.
752.	613.	669.	776.	697.	795.
753.	614 Satz 1.	670 Satz 1.	777 Abs. 1.	699.	253.
754.	616.	672.	Abs. 2 Satz 1.	700 Abs. 2.	254 Abs. 2.
755.	610, 614 Satz 2.	666, 670 Satz 2.	Satz 2.	Gestrichen.	Gestrichen.
756.	Gestrichen.	Gestrichen.			

III. Buch. Sachenrecht.

778.	77a.	86.	794 Abs. 2.	907 Abs. 2.	977 Abs. 2.
779.	77b.	87.	795.	77n.	99.
780.	77c.	88.	796.	102a.	133.
781 Abs. 1.	Gestrichen.	Gestrichen.	797.	777 Abs. 1, 793.	838, 856.
Abs. 2.	928 Abs. 1.	1001 Abs. 1.	798.	Gestrichen.	Gestrichen.
782.	77d.	89.	799.	Gestrichen.	Gestrichen.
783.	77e.	90.	800.	Gestrichen.	Gestrichen.
Abs. 2.	77f Abs. 2.	91 Abs. 2.	801.	Gestrichen.	Gestrichen.
784.	77e Abs. 1.	90 Abs. 1.	802.	Gestrichen.	Gestrichen.
785.	77f Abs. 1.	91 Abs. 1.	803 Abs. 1.	Gestrichen.	Gestrichen.
786.	Gestrichen.	Gestrichen.	Abs. 2.	777 Abs. 2.	838 Abs. 2.
787 Abs. 1.	Gestrichen.	Gestrichen.	804 Satz 1.	792.	854.
Abs. 2.	808 Abs. 1.	874 Abs. 1.	Satz 2.	792, 844, 849 A. 3,	854, 915, 920 A. 3,
788.	77g.	92.		900 Abs. 2.	970 Abs. 2.
789.	77h.	93.	805.	843.	914.
790.	265a.	308.	806.	Gestrichen.	Gestrichen.
791.	77i.	94.	807.	Gestrichen.	Gestrichen.
792.	77k.	95.	808.	779 Abs. 1.	840 Abs. 1.
793.	77l.	96.	809.	Gestrichen.	Gestrichen.
794 Abs. 1.	77m.	97.	810.	779.	840.

811.	Gestrichen.	Gestrichen.
812.	Gestrichen.	Gestrichen.
813.	Gestrichen.	Gestrichen.
814.	780 Abs. 1.	842 Abs. 1.
815 Abs. 1 bis 3.	781.	843.
Abs. 4.	782.	844.
816.	787.	849.
817.	788.	850.
818.	780 Abs. 2.	842 Abs. 1.
819.	783.	845.
820.	784.	846.
821 Abs. 1.	790.	853.
Abs. 2.	791.	855.
822.	785.	847.
823 Abs. 1.	Gestrichen.	Gestrichen.
Abs. 2.	786 Abs. 2.	848 Abs. 2.
824.	783 Abs. 2, 784 Abs. 2, 786 Abs. 1.	845 Abs. 2, 846 Abs. 2, 848 Abs. 1.
825.	918.	990.
826.	809.	875.
827.	Gestrichen.	Gestrichen.
828 Abs. 1 bis 3.	794.	857.
Abs. 4.	Gestrichen.	Gestrichen.
829.	Gestrichen.	Gestrichen.
830.	Gestrichen (153).	Gestrichen (181).
831.	799.	862.
832.	Gestrichen.	Gestrichen.
833.	Gestrichen.	Gestrichen.
834.	796 Abs. 2, 799.	859 Abs. 2, 862.
835.	807.	873.
836.	Gestrichen.	Gestrichen.
837 Abs. 1.	810 Abs. 1.	876 Abs. 1.
Abs. 2 Satz 1.	810.	876.
Satz 2.	113 Abs. 2.	138 Abs. 2.
838.	811.	877.
839.	812.	800.
840.	800.	863.
841.	801.	864.
842.	802.	865.
843 Abs. 1.	813 Abs. 1.	878.
Abs. 2.	813 Abs. 2.	881.
844 Abs. 1.	814 Abs. 1.	883 Abs. 1.
Abs. 2.	810 Abs. 1.	876 Abs. 1.
845.	814 Abs. 2.	883 Abs. 2.
846.	Gestrichen.	Gestrichen.
847.	817.	886.
848.	818.	887.
849.	819.	889.
850.	820.	890.
851.	832.	903.
852.	833.	904.
853.	837.	908.
854 Abs. 1.	834.	905.
Abs. 2.	835.	906.
855.	836.	907.
856.	Gestrichen.	Gestrichen.
857 Abs. 1.	826 Abs. 1.	896 Abs. 1.
Abs. 2.	826 Abs. 2 Satz 1, 827 Abs. 2 Satz 1.	896 Abs. 2 Satz 1, 897 Abs. 2 Satz 1.
Abs. 3.	826 Abs. 2 Satz 2.	896 Abs. 2 Satz 2.
858 Abs. 1. Satz 1.	827 Abs. 1.	897 Abs. 1.

858.		
Satz 2 bis 5.	827 Abs. 2 Satz 1, 3, Abs. 3.	898 Abs. 1 Satz 1, Abs. 2, 3.
Abs. 2.	827 Abs. 2 Satz 2.	898 Abs. 1 Satz 2.
859.	828.	899.
860.	829.	900.
861.	824.	894.
862.	825.	895.
863 Satz 1.	830 Abs. 1 Satz 1, 831.	901 Abs. 1 Satz 1, 902.
Satz 2 bis 4.	830 Abs. 1 Satz 2, Abs. 2.	901 Abs. 1 Satz 2, Abs. 2.
864.	821.	891.
865.	823.	893.
866.	Gestrichen.	Gestrichen.
867.	789, 917.	851, 989.
868.	838 Abs. 1.	909 Abs. 1.
869.	Gestrichen.	Gestrichen.
870.	838 Abs. 2.	909 Abs. 2.
871.	838 Abs. 2.	909 Abs. 2.
872 Abs. 1.	841 Abs. 1.	912 Abs. 1.
Abs. 2.	841 Abs. 2.	912 Abs. 2.
Abs. 3.	Gestrichen.	Gestrichen.
873 Abs. 1.	840 Abs. 1 Satz 1.	911 Abs. 1 Satz 1.
Abs. 2.	840 Abs. 1 Satz 2.	911 Abs. 1 Satz 2.
Abs. 3, 4.	Gestrichen.	Gestrichen.
Abs. 5.	840 Abs. 2.	911 Abs. 2.
Abs. 6.	840 Abs. 3.	911 Abs. 3.
874 Abs. 1.	842, 843, 844.	913, 914, 915.
Abs. 2, 3.	842.	913.
875.	845.	Gestrichen.
876.	Gestrichen (153).	Gestrichen (181).
877 Satz 1.	846.	916.
Satz 2.	113 Abs. 2.	138 Abs. 2.
878.	849 Abs. 1, 2.	921 Abs. 1, 2.
879 Satz 1.	847.	917.
Satz 2.	848.	919.
880.	850.	800.
881 Abs. 1.	851 Abs. 1.	921 Abs. 1.
Abs. 2 Satz 1.	851 Abs. 2.	921 Abs. 2
Satz 2.	113 Abs. 2.	138 Abs. 2.
882 Abs. 1.	857.	927.
Abs. 2.	858 Satz 1.	Gestrichen.
883.	852.	922.
884.	853.	923.
885 Abs. 1.	854 Abs. 1.	924 Abs. 1.
Abs. 2.	856.	926.
Abs. 3.	854 Abs. 2.	924 Abs. 2.
886.	851 Satz 2.	921.
887.	855.	925.
888.	859.	2001.
889.	860.	929.
890.	861.	930.
891.	862.	931.
892.	863.	932.
893.	865 Abs. 1 Satz 1.	934 Abs. 1 Satz 1.
894.	865 Abs. 1 Satz 2.	934 Abs. 1 Satz 2.
895.	864, 865 Abs. 2.	933, 934 Abs. 2
896.	Gestrichen.	Gestrichen.
897.	866.	935.
898.	868.	937.
899 Abs. 1	869.	938.

899 Abs. 2.	Gestrichen.	Gestrichen.	938 Abs. 3.	913 Abs. 2.	986.
900 Satz 1.	870 Abs. 1 Satz 1.	939 Abs. 1 Satz 1.	939.	Gestrichen.	Gestrichen.
Satz 2 Nr. 1.	870 Abs. 1 Satz 2.	939 Abs. 1 Satz 2.	940.	Gestrichen.	Gestrichen.
Satz 2 Nr. 2, 3.	Gestrichen.	Gestrichen.	941.	Gestrichen.	Gestrichen.
901.	871 Abs. 1.	940 Abs. 1.	942.	900 Abs. 1.	970.
902.	871 Abs. 2.	940 Abs. 2.	943.	916 Abs. 1.	988 Abs. 1.
903.	873.	942.	944.	916 Abs. 2.	988 Abs. 2.
904.	874.	943.	945 Abs. 1		
905.	875.	944.	Satz 1.	919 Abs. 1, 3.	992 Abs. 1, 3.
906.	876.	945.	Satz 2.	113 Abs. 2.	138 Abs. 2.
907.	877.	946.	Abs. 2.	919 Abs. 2.	991 Abs. 2.
908.	878.	947.	946.	920.	992.
909 Satz 1, 2.	879.	948.	947.	921.	993.
Satz 3.	Gestrichen.	Gestrichen.	948.	Gestrichen.	Gestrichen.
910 Abs. 1.	880 Abs. 1.	949 Abs. 1.	949.	922.	994.
Abs. 2.	880 Abs. 2 Satz 1.	949 Abs. 2 Satz 1.	950.	Gestrichen.	Gestrichen.
Abs. 3.	Gestrichen.	Gestrichen.	951.	923.	995.
911.	881 Abs. 1, 2	950 Abs. 1, Abs. 2	952 Abs. 1.	1003 Abs. 1.	1077 Abs. 1.
	Satz 1, 2.	Satz 1, 2.	Abs. 2 Nr. 1.	1006.	1080.
912 Abs. 1.	882.	951.	Nr. 2.	1003 Abs. 2.	1077 Abs. 1.
Abs. 2.	Gestrichen.	Gestrichen.	953.	1004.	1078.
913.	883 Abs. 2 Satz 3.	951 Abs. 2 Satz 3,	954.	1007.	1081.
	890 Satz 2.	859 Satz 2.	955.	Gestrichen.	Gestrichen.
914 Nr. 1.	885.	954.	956.	1008.	1082.
Nr. 2.	886 Abs. 1.	955.	957 Abs. 1, 4.	1007 Abs. 2.	1081.
915.	887.	956.	Abs. 2, 5.	1009.	1083.
916.	890 Satz 1, 3.	959 Satz 1, 3.	Abs. 3.	Gestrichen.	Gestrichen.
917.	Gestrichen.	Gestrichen.	958.	1007.	1081.
918.	888 Abs. 1.	957 Abs. 1.	959.	Gestrichen.	Gestrichen.
919 Abs. 1.	888 Abs. 1.	957 Abs. 1.	960 Abs. 1.	796 Abs. 1.	859 Abs. 1.
Abs. 2.	889.	958.	Abs. 2.	797.	860.
920.	888 Abs. 1.	957 Abs. 1.	961 Abs. 1.	924 Abs. 1.	996.
921 Abs. 1.	880 Abs. 2 Satz 2,	949 Abs. 2 Satz 2,	Abs. 2.	924 Abs. 3.	998.
	888 Abs. 2.	957 Abs. 2.	962 Abs. 1.	925.	999.
Abs. 2.	886 Abs. 2, 888	955 Abs. 2, 957	Abs. 2 Satz 1.	928 Abs. 2.	1001.
	Abs. 2.	Abs. 2.	Satz 2.	795.	858.
922.	892.	961.	963.	927.	1000.
923 Abs. 1.	891.	960.	964.	928 Abs. 2.	1001 Abs. 2.
Abs. 2.	892.	961 Satz 1.	965 Abs. 1.	796 Abs. 1, 926.	859 Abs. 1.
924.	893.	962.	Abs. 2.	797.	860.
925 Abs. 1.	894 Abs. 1, 2.	963, 964.	966.	929.	1002.
Abs. 2.	896.	966.	967.	930.	1003.
926.	894 Abs. 3, 895.	965.	968.	Gestrichen.	Gestrichen.
927.	897.	967.	969.	795.	858.
928.	898.	968.	970.	931.	1004.
929.	899.	969.	971 Abs. 1.	932 Abs. 1.	1005 Abs. 1.
930 Abs. 1.	907 Abs. 1.	977 Abs. 1.	Abs. 2.	933 Satz 1.	1006 Satz 1.
Abs. 2.	Gestrichen.	Gestrichen.	Abs. 3.	932 Abs. 2.	1005 Abs. 2.
931 Abs. 1.	904 Satz 1, 2.	974 Abs. 1.		933 Satz 2.	1006 Satz 2.
Abs. 2.	Gestrichen.	Gestrichen.	972.	934.	1007.
932 Abs. 1			973.	935.	1008.
Satz 1.	904 Satz 1, 2.	974 Abs. 1.	974.	Gestrichen.	Gestrichen.
Satz 2.	Gestrichen.	Gestrichen.	975.	937.	1010.
Abs. 2.	905.	975.	976.	936.	1009.
933.	901, 903.	971, 973.	977 Abs. 1.	796 Abs. 1.	859 Abs. 1.
934.	904 Satz 3.	974 Abs. 2.	Abs. 2.	797.	860.
935.	906.	976.	978.	938.	1011.
936 Abs. 1, 2.	908.	978, 980.	979.	939.	1012.
Abs. 3.	910.	251, 981.	980.	940.	1013.
937.	912.	983.	981.	Gestrichen.	Gestrichen.
938 Abs. 1.	913 Abs. 1.	985.	982.	795.	858.
Abs. 2.	913 Abs. 3.	984.	983.	942.	1015.

984.	946 Abs. 1.	1019 Abs. 1.	1023 Satz 2.	Gestrichen.	Gestrichen.
985 Abs. 1.	975.	1049.	1024.	980.	1054.
Abs. 2.	Gestrichen.	Gestrichen.	1025.	981.	1055.
986.	969.	1043.	1026.	Gestrichen.	Gestrichen.
987.	Gestrichen.	Gestrichen.	1027.	982.	1056.
988 Abs. 1.	Gestrichen.	Gestrichen.	1028.	983.	1057.
Abs. 2, 3.	949.	1022.	1029 Abs. 1.	984 Abs. 1.	1058 Abs. 1.
989 Abs. 1.			Abs. 2.	Gestrichen.	Gestrichen.
Satz 1.	947 Abs. 2.	1020 Abs. 2.	Abs. 3.	984 Abs. 2.	1058 Abs. 2.
Abs. 1 Satz 2.			1030.	Gestrichen.	Gestrichen.
Abs. 2.	Gestrichen.	Gestrichen.	1031.	Gestrichen.	Gestrichen.
990 Satz 1.	Gestrichen.	Gestrichen.	1032.	Gestrichen.	Gestrichen.
Satz 2.	950.	1023.	1033.	985 bis 987.	1059 bis 1061.
991.	946 Abs. 2.	1019 Abs. 2.	1034.	988.	1062.
	951 Satz 1.	1024 Satz 1.	1035.	989.	1063.
	964 Abs. 1.	1038 Abs. 1.	1036 Abs. 1.	990 Abs. 1 Satz 1.	1064 Abs. 1 Satz 1.
992 Abs. 1.				993.	1067.
Satz 1.	944.	1017.	Abs. 2.	990 Abs. 1 Satz 2.	1064 Abs. 1 Satz 2.
Abs. 1 Satz 2.				991.	1065.
Abs. 2.	Gestrichen.	Gestrichen.	Abs. 3, 4.	992.	1066.
993.	945 Satz 1, 2.	1018 Satz 1, 2.	1037.	990 Abs. 2.	1064 Abs. 2.
994 Satz 1.	946 Abs. 2.	1019 Abs. 2.	1038.	994.	1068.
Satz 2.	947 Abs. 1.	1020 Abs. 1.	1039.	Gestrichen.	Gestrichen.
995.	947 Abs. 1.	1020 Abs. 1.	1040.	996.	1070.
996.	952.	1026.	1041.	997.	1071.
997.	951 Satz 1.	1024 Satz 1.	1042.	945 Satz 3, 4.	1018 Satz 3, 4.
998 Abs. 1.	951 Satz 2.	1024 Satz 2.	1043.	998.	1072.
Abs. 2.	952, 954 Satz 1.	1025 S. 1, 1027.	1044.	999 Abs. 1.	1073 Abs. 1.
999 Abs. 1.	953.	1026.	1045.	Gestrichen.	Gestrichen.
Abs. 2.	954 Satz 2.	1027.	1046.	1000	1074.
1000.	958.	1031.	1047.	1001	1075.
1001.	955 Abs. 1.	1028 Abs. 1.	1048.	795 bis 797.	858 bis 860.
1002.	956.	1029.		999 Abs. 2.	1073 Abs. 2.
1003.			1049.	999 Abs. 2.	1073 Abs. 2.
Nr. 1 bis 3.	957.	1030.	1050.	1002.	1076.
Nr. 4.	955 Abs. 2.	1028 Abs. 2.	1051.	1014, 1016.	1088, 1090.
1004.	962.	1036.	1052.	Gestrichen.	Gestrichen.
1005.	961 Abs. 1 Satz 1.	1034.	1053.	1015.	1089.
1006.	961 Abs. 1 S. 2, 3.	1035, 1037.	1054.	795.	858.
	Abs. 2, 3.		1055.	Gestrichen.	Gestrichen.
1007.	960, 964.	1033, 1038.	1056.	1017.	1091.
1008.	965.	1039.	1057.	1018.	1093.
1009.	964 Abs. 2.	1038 Abs. 2.	1058.	1019.	1092.
1010 Abs. 1.	959.	1032.	1059.	1020.	1094.
Abs. 2.	959.	251, 1032.	1060.	1016.	1090.
1011.	967.	1042.	1061 Abs. 1.	796 Abs. 1.	859 Abs. 1.
1012.	967.	1042.	Abs. 2.	797.	860.
1013.	967.	1042.	1062.	1022.	1096.
1014.	969.	1044.	1063.	1023.	1097.
1015.	796 Abs. 1, 797.	859 Abs. 1, 860.	1064.	1024.	1098.
1016 Abs. 1.	972.	1046.	1065.	1028.	1102.
Abs. 2.	973.	1047.	1066.	1027.	1101.
1017.	974.	1048.	1067 Nr. 1.	1039.	1114.
1018 Abs. 1.	976 Abs. 1 Satz 1.	1050 A. 1 Satz 1.	Nr. 2, 3.	1029.	1103.
Abs. 2.	Gestrichen.	Gestrichen.	Nr. 4.	1031 Abs. 1.	1106 Abs. 1.
1019.	976 Abs. 1 Satz 2.	1050 A. 1 Satz 2.		1034 Satz 1.	1109 Satz 1.
1020 Satz 1.	976 Abs. 2.	1050 Abs. 2.	Nr. 5.	1035 Abs. 1.	1110 Abs. 1.
Satz 2.	Gestrichen.	Gestrichen.	1068.	1030.	1104, 1105.
1021.	977.	1051.	1069 Abs. 1, 2.	1032, 1033.	1107, 1109.
1022.	978 Abs. 2.	1052 Abs. 2.	Abs. 3.	1031 Abs. 2, 1033.	1106 Abs. 2, 1109.
1023 Satz 1.	978 Abs. 1, 979.	1052 Abs. 1.	1070 Abs. 1.		
		1053.	Satz 1.	1035 Abs. 2.	1110 Abs. 2.

1070 Satz 2.	1038.	1112.	1105.	Gestrichen.	Gestrichen.
Abs. 2.	1036, 1037.	1111, 1112.	1106.	1025.	1099.
Abs. 3.	1037.	1112.	1107.	1025.	1099.
1071.	1040 Abs. 1 Satz 1.	1115 Abs. 1 Satz 1.	1108.	1025.	1099.
1072.	1042.	1117.	1109 Abs. 1.	867.	986.
1073.	1041.	1116.	Abs. 2.	1091.	880.
1074.	1043.	1118.	1110.	1026.	1100.
1075.	1054.	1130.	1111.	1047.	1122.
1076 Satz 1.	Gestrichen.	Gestrichen.	1112 Abs. 1, 2.	1061 Abs. 1, 2.	1137 Abs. 1, 2.
Satz 2.	1106 Abs. 1.	1181 Abs. 1.	Abs. 3.	1068, 1069.	1141, 1142.
1077.	1044, 1056.	1119, 1132.	1113.	Gestrichen.	Gestrichen.
1078 Abs. 1.	1040 Abs. 1 Satz 2.	1115 Abs. 1 Satz 2.	1114.	1062.	1138.
Abs. 2.	1088 Abs. 2.	1164 Abs. 2.	1115.	Gestrichen.	Gestrichen.
1079.	1049.	1124.	1116.	1048.	1128.
1080.	1050 Abs. 1.	1125 Abs. 1.	1117.	1065 Abs. 1.	1143 Abs. 1.
1081.	1057.	1133.	1118.	1065 Abs. 2.	1143 Abs. 2.
1082.	1050 Abs. 2,	1125 Abs. 2,	1119 Abs. 1.	1052 Abs. 1, 1057.	1127, 1133 Satz 2,
	1057 Satz 2.	1134 Satz 2.		Satz 2, 1074.	1150.
1083.	1046.	1121.	Abs. 2.	1052 Abs. 2, 1057.	1128, 1133 Satz 2.
1084 Abs. 1, 2.	Gestrichen.	Gestrichen.		Satz 2, 1074.	1150.
Abs. 3.	1045.	1120.	1120.	1066.	1144.
1085 Abs. 1.	1046.	1121.	1121.	1069.	1142.
Abs. 2.	1047.	1122.	1122.	1059.	1135.
1086.	1060.	1136.	1123 Abs. 1.	1067 Abs. 1.	1145 Abs. 1.
1087 Abs. 1.	1061 Abs. 3.	1137 Abs. 3.	Abs. 2 Satz 1.	1067 Abs. 2.	1145 Abs. 2.
Abs. 2.	Gestrichen.	Gestrichen.	Satz 2.	1065.	1143 Abs. 1.
1088.	Gestrichen.	Gestrichen.	1124 Satz 1.	1077 Abs. 2 Satz 2.	1058 Abs. 2 Satz 2,
1089.	1063.	1139.		1078 Abs. 2 Satz 2.	1054 Abs. 2 Satz 2.
1090 Abs. 1.			Satz 2.	Gestrichen.	Gestrichen.
Satz 1.	1069.	1142.	1125.	1092 Abs. 1.	1167 Abs. 1.
Satz 2.	1068.	1141.	1126.	1092 Abs. 2.	1167 Abs. 2.
Abs. 2.	1068, 1069.	1141, 1142.	1127.	1098 Abs. 1.	1168 Abs. 1.
1091.			1128.	1098 Abs. 2.	1168 Abs. 2.
Abs. 1 bis 3.	1075, 1090.	1151, 1166.	1129.	1096.	1173.
Abs. 4.	1085 Abs. 2.	1161 Abs. 2.	1130.	Gestrichen.	Gestrichen.
1092.	1070, 1088.	1146, 1164.	1131.	Gestrichen.	Gestrichen.
1093.	1076.	1152.	1132.	Gestrichen.	Gestrichen.
1094.			1133.	Gestrichen.	Gestrichen.
Abs. 1, 2, 4.	1051 Abs. 1 Satz 1.	1126 Abs. 1 Satz 1.	1134 Satz 1, 2.	1095.	1169.
Abs. 3 Satz 1,			Satz 3.	798, 799.	861, 862.
Abs. 4.	1070 Abs. 1 Satz 2.	1146 Abs. 1 Satz 2.	1135.	1100.	1174.
Abs. 3 Satz 2,			1136.	1101 Abs. 1.	1175 Abs. 1.
Abs. 4.	1080.	1156.	1137.	Gestrichen.	Gestrichen.
1095.	1051 Abs. 1 Satz 2.	1126 Abs. 1 Satz 2.	1138.	1101 Abs. 1.	1175 Abs. 1.
	1083.	1159.	1139 Abs. 1.	1102 Abs. 1.	1176 Abs. 1.
1096 Abs. 1.	1052 Abs. 1.	1127.	Abs. 2.	1103.	1177.
Abs. 2.	1074.	1150.	1139 Abs. 3.	1102 Abs. 2, 1103.	1176 Abs. 1, 1177.
1097 Abs. 1.	1070 Abs. 1 Satz 2.	1146 Abs. 1 Satz 2.	1140.	1058.	1129.
Abs. 2.	1083.	1159.	1141.	1101 Abs. 2.	1175 Abs. 2.
1098.	1084.	1160.	1142.	1105.	1179.
1099.	1105.	1181.	1143.	1106.	1180.
1100.	Gestrichen.	Gestrichen.	1144 Satz 1, 2.	1107.	1181.
1101.	1085 Abs. 1.	1161 Abs. 1.	Satz 3.	798, 799.	861, 862.
1102.	Gestrichen.	Gestrichen.	1145.	1113.	1187.
1103 Abs. 1.	1077 Abs. 1.	1053 Abs. 1.	1146.	Gestrichen.	Gestrichen.
Abs. 2.	Gestrichen.	Gestrichen.	1147 Abs. 1.	1114 Abs. 1 Satz 1.	1188 Abs. 1 Satz 1.
Abs. 3.	1077 Abs. 2 Satz 1	1053 Abs. 2 Satz 1.	Abs. 2.	1114 Abs. 1 Satz 2,	1188 Abs. 1 Satz 2.
1104 Abs. 1.	1078 Abs. 1 Satz 1.	1054 Abs. 1 Satz 1.		Abs. 2, 1116.	Abs. 2, 1190.
Abs. 2 bis 4.	Gestrichen.	Gestrichen.	Abs. 3.	1115.	1189.
Abs. 5 Satz 1.	Gestrichen.	Gestrichen.	1148.	1120 Abs. 1 Satz 2.	1193 Abs. 1 Satz 2.
Satz 2.	1078 Abs. 1 Satz 2.	1054 Abs. 1 Satz 2.	1149.	1119 Abs. 1, 1120.	1193, 1194 Abs. 1.
Abs. 6.	1078 Abs. 2 Satz 1.	1054 Abs. 2 Satz 1.	1150 Abs. 1.	1129.	1205.

1150 Abs. 2.	1121.	1195.	1188.	Gestrichen.	Gestrichen.
1151.	1118.	1192.	1189.	1162.	1238.
1152.	1117.	1191.	1190.	1157 Abs. 2.	1233 Abs. 2.
1153.	Gestrichen.	Gestrichen.	1191.	1160.	1236.
1154 Abs. 1.	1122 Abs. 1.	1196 Abs. 1.	1192 Abs. 1.	1159.	1235.
Abs. 2.	1123 Abs. 1, 2.	1197 Abs. 1, 2.	Abs. 2.	1161.	1237.
Abs. 3.	1123 Abs. 3.	1197 Abs. 3.	Abs. 3.	Gestrichen.	Gestrichen.
Abs. 4.	1122 Abs. 2.	1196 Abs. 2.	1193.	1163.	1239.
1155.	1134.	1212.	1194.	Gestrichen.	Gestrichen.
1156 Abs. 1.	1124, 1130 Abs. 1.	1198, 1206 Abs. 1.	1195 Abs. 1.	Gestrichen.	Gestrichen.
Abs. 2.	1126.	1200.	Abs. 2.	1155.	1231.
1157 Abs. 1.			1196.	1167 Abs. 1.	1243 Abs. 1.
Satz 1.	1127 Abs. 2.	1201 Abs. 2.	1197.	1166, 1173.	1242, 1249.
Satz 2.	1128 Abs. 1.	1202 Abs. 1.	1198 Abs. 1, 2.	Gestrichen.	Gestrichen.
Satz 3.	1127 Abs. 1, 1128	1201 Abs. 1, 1203.	Abs. 3.	1167 Abs. 2.	1243 Abs. 2.
	Abs. 2 Satz 1, 2.	Abs. 1.	1199.	Gestrichen.	Gestrichen.
Satz 4.	1128 Abs. 2 Satz 3.	1203 Abs. 2.	1200.	Gestrichen.	Gestrichen.
Abs. 2 Satz 1.	1128 Abs. 2 Satz 4.	1203 Abs. 3.	1201.	1169.	1245.
Satz 2.	1128 Abs. 2 Satz 1.	1203 Abs. 1 Satz 1.	1202.	Gestrichen.	Gestrichen.
Abs. 3.	1128 Abs. 3.	1202 Abs. 2.	1203.	1170.	1246.
1158 Abs. 1.	1130 Abs. 1.	1206.	1204.	1175.	1251.
Abs. 2.	Gestrichen.	Gestrichen.	1205.	1179.	1255.
1159.	1125.	1199.	1206.	1180 Abs. 1 Abs. 2	1256 Abs. 1 Abs. 2
1160.	1119.	1194.		Satz 1.	Satz 1.
1161.	1130 Abs. 2, 1156.	1206 Abs. 2, 1232	1207.	1181 Abs. 2.	1257 Abs. 2.
	Satz 1.	Satz 1.	1208 Satz 1.	1181 Abs. 1 Satz 1	1257 Abs. 1 Satz 1
1162.	1156 Satz 1.	1232 Satz 1.		1182.	1258.
1163.	1131, 1156 Satz 1.	1232 Satz 2.	Satz 2.	Gestrichen.	Gestrichen.
1164.	1132, 1156 Satz 2.	1232 Satz 2.	1209.	1180 Abs. 2 Satz 2	1256 Abs. 2 Satz 2
1165.	1135.	1211.	1210.	1181 Abs. 1 Satz 2	1257 Abs. 1 Satz 2
1166.	1139.	1215.	1211.	1187.	1263.
1167.	1136.	1212.	1212.	Gestrichen.	Gestrichen.
1168.	Gestrichen.	Gestrichen.	1213.	1183.	1259.
1169.	1140.	1216.	1214 Abs. 1.	1180 Abs. 2 Satz 2	1256 Abs. 2 Satz 2
1170.	1141.	1217.	Abs. 2, 3.	Gestrichen.	Gestrichen.
1171 Abs. 1.	1142 Abs. 1.	1218 Abs. 1.	1215.	1184.	1260.
Abs. 2.	1144 Satz 1.	1220 Satz 1.	1216.	1185.	1261.
1172 Abs. 1.	1143.	1219.	1217 Abs. 1.	1190 Abs. 1.	1266 Abs. 1.
Abs. 2.	1144 Satz 2.	1220 Satz 2.	Abs. 2.	1193.	1269.
1173 Abs. 1.			Abs. 3.	1190 Abs. 2.	1266 Abs. 2.
Satz 1.	1145 Abs. 1 Satz 1	1222 Abs. 1 Satz 1	Abs. 4.	1188 Satz 1.	1264 Satz 1.
Satz 2.	1146 Abs. 2 Satz 1	1221 Abs. 2 Satz 1	Abs. 5 Satz 1.	1192 Abs. 1.	1268 Abs. 1.
Abs. 2.	1145 Abs. 1 Satz 1	1222 Abs. 1 Satz 1	Satz 2.	1188 Satz 2,	1264 Satz 2.
Abs. 3.	1145 Abs. 2.	1222 Abs. 2.	1218 Abs. 1.	1189 Abs. 1 Satz 1	1265 Abs. 1 Satz 1
1174.	1147.	1223.		1190 Abs. 3.	1266 Abs. 3.
1175.	1146 Abs. 1, 2.	1221 Abs. 1, 2.	Abs. 2.	1189 Abs. 1 Satz 2	1265 Abs. 1 Satz 2
	Satz 1.	Satz 1.	Abs. 3.	1197.	1273.
1176.	1137.	1213.	Abs. 4.	1192 Abs. 2 Satz 2	1268 Abs. 2 Satz 2
1177.	1152.	1228.	Abs. 5.	1190 Abs. 3.	1266 Abs. 3.
1178.	1153.	1229.	1219 Abs. 1, 2.	1194.	1270.
1179.	1148.	1224.	Abs. 3.	1195.	1271 Abs. 2.
1180 Abs. 1, 2	1149.	1225.	1220.	Gestrichen.	Gestrichen.
Abs. 3.	Gestrichen.	Gestrichen.	1221.	1195 Abs. 1.	1271 Abs. 1.
1181 Abs. 1, 2.	1150.	1226.	1222.	1196.	1272.
Abs. 3.	Gestrichen.	Gestrichen.	1223.	Gestrichen.	Gestrichen.
1182.	1151.	1227.	1224.	1198.	1274.
1183.	1152.	1230.	1225.	1199.	1275.
1184.	1165.	1241.	1226 Abs. 1, 2.	1200.	1276.
1185.	Gestrichen.	Gestrichen.	Abs. 3.	1201.	1277.
1186.	1157 Abs. 1.	1233 Abs. 1.	Abs. 3 Satz 1.	1192 Abs. 2 Satz 1	1268 Abs. 2 Satz 1
1187 Abs. 1, 2.	1158.	1234.	Satz 2.	1194.	1270.
Abs. 3.	Gestrichen.	Gestrichen.			

IV. Buch. Familienrecht.

1227.	1203.	1230.
1228 Abs. 1.	1204.	1231.
Abs. 2.	1205.	1232.
1229.	1207.	1234.
1230.	1208.	1235.
1231.	Gestrichen.	Gestrichen.
1232 Abs. 1, 2.	1210.	1237.
Abs. 3.	Gestrichen.	Gestrichen.
1233.	1209.	1236.
1234.	1215 Abs. 1.	1292.
1235 Abs. 1.	Gestrichen.	Gestrichen.
Abs. 2.	1215 Abs. 2.	1332.
1236.	1216.	1293.
1237.	1218.	1295.
1238 Abs. 1.	1211.	1288.
Abs. 2.	1213.	1290.
Abs. 3.	1214.	1291.
Abs. 4.	Gestrichen.	Gestrichen.
1239.	1212.	1289.
1240.	1217.	1294.
1241.	1219.	1296.
1242.	1220.	1297.
1243.	1221.	1298.
1244.	1228.	1305.
1245 Abs. 1.	Gestrichen.	Gestrichen.
Abs. 2.	1222 Abs. 2.	1302.
1246.	1223.	1303.
1247.	1224.	1304.
1248.	1226.	1300.
1249.	1227.	1301.
1250 Eingang.	1229.	1306.
Nr. 1.	1230.	1307.
Nr. 2.	1231.	1308.
Nr. 3.	1232, 1233,	1309, 1310.
1251.	1231 Abs. 2.	1308 Abs. 2.
1252.	1235.	1312.
1253 bis 1256.	Gestrichen.	Gestrichen.
1257.	1236.	1327.
1258 Abs. 1.	1237 Abs. 1, 3.	1328.
Abs. 2.	1237 Abs. 2.	1330.
1259 Eingang.	1238.	1313.
Nr. 1.	1241 bis 1243.	1316 bis 1318.
Nr. 2.	1240.	1315.
Nr. 3.	Gestrichen.	Gestrichen.
Nr. 4.	1239.	1314.
1260.	1251.	1326.
1261 Nr. 1.	1241 bis 1243.	1316 bis 1318.
Nr. 2.	1240.	1315.
Nr. 3.	Gestrichen.	Gestrichen.
Nr. 4.	1239.	1314.
1262.	1245.	1321.
1263 Abs. 1.	1244, 1246 Abs. 3	1320.
Abs. 2.	Gestrichen.	Gestrichen.
Abs. 3.	1244, 1246 Abs. 3	1320.
1264.	1247.	1322.
1265 Satz 1.	1246 Abs. 1.	1321 Abs. 1 Satz 1
Satz 2.	Gestrichen.	Gestrichen.
Satz 3.	1246 Abs. 1.	1321 Abs. 1 Satz 2
1266 Abs. 1.	1249 Abs. 1.	1324 Abs. 1.
Abs. 2.	1250.	1325.
1267.	Gestrichen.	Gestrichen.
1268.	1249 Abs. 2.	1324 Abs. 2.
1269.	Gestrichen.	Gestrichen.
1270.	1252.	1329.
1271.	Gestrichen.	Gestrichen.
1272.	1253.	1336.
1273.	1254.	1337.
1274.	1255.	1338.
1275.	1256.	1339.
1276.	Gestrichen.	Gestrichen.
1277.	1258.	1341.
1278.	1257.	1340.
1279.	1259.	1342.
1280.	1260 Abs. 1, 3.	1343 Abs. 1, 3.
1281.	1260 Abs. 2, 3.	1343 Abs. 2, 3.
1282.	1262.	1345.
1283.	1263.	1346.
1284 Theilsatz 1	1264.	1347.
Theilsatz 2.	1325 Abs. 1.	1409 Abs. 1.
Theilsatz 3.	1330 Satz 1.	1414 Abs. 1.
1285.	1282 Abs. 2.	1354.
1286.	1265, 1267.	1348, 1350.
1287.	1268.	1351.
1288.	Gestrichen.	Gestrichen.
1289.	1266.	1349.
1290.	1269.	1352.
1291.	1270.	1353.
1292.	1271, 1272, 1277	1355. 1356, 1361
	1282 Abs. 1, 1290	1366, 1374, 1375
	1291, 1293, 1320	1377, 1404, 1406
	1322.	
1293.	Gestrichen.	Gestrichen.
1294 Satz 1.	Gestrichen.	Gestrichen.
Satz 2, 3.	1276 Abs. 3.	1360 Abs. 3.
1295.	Gestrichen.	Gestrichen.
1296.	1276 Abs. 3.	1360 Abs. 3.
1297 Eingang.	1283.	1367.
Abs. 1.		
Nr. 1 bis 3.	1284.	1368.
Nr. 4.	1285.	1369.
Nr. 5, 6.	1286.	1370.
Abs. 2.	Gestrichen.	Gestrichen.
1298 Halbs. 1.	1307.	1391.
Halbsatz 2.	Gestrichen.	Gestrichen.
1299.	Gestrichen.	Gestrichen.
1300 Satz 1.	1294, 1297.	1378, 1381.
Satz 2, 3.	1295, 1296.	1379, 1380.
1301.	1298.	1382.
1302.	1299 Abs. 2.	1383 Abs. 2.
1303.	1299 Abs. 1.	1383 Abs. 1.
1304.	1301.	1386.
1305.	1302.	1387.
1306.	1300.	1384.
1307.	1304.	1388.
1308.	1305.	1389.
1309.	1306.	1390.

1310.	Gestrichen.	Gestrichen.	1342.	1337 Abs. 1.	1421 Abs. 1.
1311.	1293 Abs. 2, 1310.	1394.	1343.	1337 Abs. 2.	1421 Abs. 2, 3
1312 Nr. 1.			1344 Satz 1.	Gestrichen.	Gestrichen.
Theilsatz 1.	1311 Abs. 1.	1395 Abs. 1.	Satz 2.	1338.	1425.
Theilsatz 2, 3.	1298 Abs. 2.	1382 Abs. 2.	1345 Abs. 1.		
Theilsatz 4.	1311 Abs. 2.	1395 Abs. 2.	Halbsatz 1.	1338 Abs. 1 Halb-	1425 Abs. 1 Halb-
Nr. 2.	1312.	1396.		satz 1.	satz 1.
Nr. 3.	1313.	1397.	Halbsatz 2.	Gestrichen.	Gestrichen.
1313.	1499 Abs. 1.	1582 Abs. 1.	Abs. 2.	1338 Abs. 1 Halb-	1425 Abs. 1 Halb-
1314.	Gestrichen.	Gestrichen.		satz 1.	satz 2.
1315.	Gestrichen.	Gestrichen.	1346.	1340.	1423.
1316 Abs. 1.	Gestrichen.	Gestrichen.	1347.	1340.	1423.
Abs. 2.			1348.	Gestrichen.	Gestrichen.
Nr. 1 bis 3.	1314.	1398.	1349.	1340.	1423.
Nr. 4.	1315.	1399.	1350.	1341.	1424.
Abs. 3.	1316.	1400.	1351.	1339.	1422.
1317 Satz 1.	1273 Satz 1.	1357 Satz 1.	1352.	1342.	1426.
Satz 2.	Gestrichen.	Gestrichen.	1353 Abs. 1.	1343, 1344, 1347.	1427, 1428, 1431.
1318 Nr. 1, 2.	1275.	1359.	Abs. 2, 3.	1345.	1429.
Nr. 3.	Gestrichen.	Gestrichen.	Abs. 4.	1346.	1430.
1319 Abs. 1.	1274.	1358.	1354.	1349.	1432.
Abs. 2.	1278.	1362.	1355.	1350.	1436.
1320.	Gestrichen.	Gestrichen.	1356.	1351.	1435.
1321.	1303.	1385.	1357.	1352.	1437.
1322.	1281.	1363.	1358.	1353.	1438.
1323.	1276 Abs. 2.	1360 Abs. 2.	1359.	1356.	1442.
1324 Abs. 1.	1273 Satz 2, 1289	1357 Satz 2, 1373	1360.	Gestrichen.	Gestrichen.
	1320.	1404.	1361.	Gestrichen.	Gestrichen.
Abs. 2.	1293.	1377.	1362 Nr. 1.	1357.	1438, 1443.
1325.	Gestrichen.	Gestrichen.	Nr. 2.	1358.	1444.
1326.	1308.	1392.	Nr. 3.	1359.	1445.
1327 Abs. 1.			1363 Abs. 1.		
Nr. 1.	Gestrichen.	Gestrichen.	Abs. 2 Satz 1.	1499 Abs. 2.	1582 Abs. 2.
Nr. 2.	1317 Abs. 2.	1401 Abs. 1.	Abs. 2 Satz 2.		
Nr. 3.	1318.	1402.	Abs. 3.	Gestrichen.	Gestrichen.
Nr. 4.	1319.	1403.	1364.	1348.	1439.
Nr. 5.	Gestrichen.	Gestrichen.	1365.	1364.	1449.
Abs. 2.	1323.	1407.	1366.	1354.	1434.
1328 Nr. 1.	1317 Abs. 1.	1401 Abs. 1.	1367 Abs. 1.	Gestrichen.	Gestrichen.
Nr. 2 Halbs. 1.	1317 Abs. 1.	1401 Abs. 1.	Abs. 2.		
Halbsatz 2.	1288 Abs. 2.	1372 Abs. 2.	Nr. 1, 2.	1361 Nr. 1.	1446 Nr. 1, 2.
Nr. 3, 4.	1317 Abs. 1.	1401 Abs. 1.	Nr. 3.	Gestrichen.	Gestrichen.
1329.	1321.	1405.	Nr. 4.	1361 Nr. 3, 1362	1446 Nr. 3, 1447.
1330 Halbs. 1.	1325.	1409.	1368.	1363.	1448.
Halbsatz 2	1330.	1414.	1369.	1365.	1450.
1331 Abs. 1.	1324.	1408.	1370.	1355.	1440.
Abs. 2.	1324, 1330.	1408, 1414.	1371 Nr. 1, 3.	Gestrichen.	Gestrichen.
1332.	1324 Abs. 1 Satz 2	1408 Abs. 1 Satz 2	Nr. 2.	1363 Abs. 1.	1453 Abs. 1.
1333.	1331.	1415.	1372.	1366.	1451.
1334.	1332.	1416.	1373 Abs. 1.		
1335 Abs. 1.	1333.	1417.	Satz 1 Halbs. 1.	1370.	1454.
Abs. 2.	Gestrichen.	Gestrichen.	Halbsatz 2.	Gestrichen.	Gestrichen.
1336.	1334.	1418.	Satz 2, 3.	1371.	1455.
1337.	1334.	1418.	Abs. 2.	1372.	1456.
1338.	1335.	1419.	1374.	Gestrichen.	Gestrichen.
1339.			1375.	Gestrichen.	Gestrichen.
Abs. 1 bis 3.	1326.	1410.	1376.	1369.	1454 Abs. 1. 1457
Abs. 4, 5.	1327.	1411.	1377 Abs. 1.	1373 Abs. 1.	1458 Abs. 1.
1340 Abs. 1.	1329.	1413.	Abs. 2 bis 4.	1374.	1459.
Abs. 2.	Gestrichen.	Gestrichen.	1378 Abs. 1.	1373.	1458 Abs. 3.
1341 Abs. 1.	Gestrichen.	Gestrichen.	Abs. 2.	1375.	1460.
Abs. 2.	1336.	1420.	1379.	1377.	1462.

1880.	1879.	1464.	1413.	1417.	1506.
1881 Abs. 1.	1885.	1419.	1414.	1419.	1507.
Abs. 2.	1868.	1458.	1415.	1416.	1505.
1882.	1880.	1465.	1416.	1421 Abs. 1, 2.	1509 Abs. 1, 2.
1888 Abs. 1.	1880.	1465.	1417.	1414 Abs. 2,	1502 Abs. 2.
Abs. 2 Satz 1.	1881 Abs. 1.	1466 Abs. 1.		1420 Abs. 2,	1508 Abs. 2.
Satz 2.	1418.	1491, 1501.		1421 Abs. 3,	1509 Abs. 3.
1884.	1881, 1899.	1466, 1471.		1441 Abs. 2.	1529 Abs. 2.
	1400 Abs. 2.	1472 Abs. 8.	1418.	1424 Abs. 2.	1512 Abs. 2.
1885.	Gestrichen.	Gestrichen.	1419.	1424 Abs. 1.	1512 Abs. 1.
1886.	1882.	1467.	1420.	1434.	1522.
1887.			1421 Abs. 1.	1422.	1510.
Abs. 1 bis 8.	1888 Abs. 1.	1492.	Abs. 2.	1435.	1523.
Abs. 4.	1888 Abs. 2.	1498.	1422.	1423.	1511.
1888.	1884, 1892.	1494.	1423.		
1889 Abs. 1.	1885.	1495, 1498 Abs. 1.	Abs. 1.	1425 Abs. 1.	1513 Abs. 1.
Abs. 2.	1886.	1496.	Abs. 2.		
1890.	1888.	1499.	Nr. 1.	1426.	1514.
1891.	1889.	1488.	Nr. 2, 3.	1427.	1515.
1892.	1890, 1892.	1489.	Nr. 4.	1428.	1516.
1898.	1891, 1892.	1500.	Abs. 3.	1427 Nr. 1.	1515.
1894.	Gestrichen.	Gestrichen.	Abs. 4.	1425 Abs. 2.	1513 Abs. 2.
1895.	Gestrichen.	Gestrichen.	1424 Abs. 1.	Gestrichen.	Gestrichen.
1896 Abs. 1.	1898 Abs. 1.	1468 Abs. 1.	Abs. 2.	Gestrichen.	Gestrichen.
Abs. 2 bis 4.	1894.	1469.	1425.	1429.	1517, 1582.
Abs. 5.	1893 Abs. 2.	1468 Abs. 2.	1426 Abs. 1.	Gestrichen.	Gestrichen.
1897 Abs. 1.	1898 Abs. 8.	1468 Abs. 8.	Abs. 2.	1430 bis 1432.	1518, 1519, 1520
Abs. 2.	1895.	1478.	1427.	1433.	1521.
1898.			1428.	1436.	1524.
Abs. 1 bis 8.	1896.	1474.	1429 Abs. 1.	1335, 1439,	1419, 1525.
Abs. 4.	1897.	1484.		1440. 1441 Abs. 1	1528, 1529 Abs. 1.
1899 Abs. 1,	1898.	1470.	Abs. 2 Satz 1.	1437, 1438.	1526, 1527.
Abs. 2.	1899, 1400.	1471, 1472.	Satz 2.	1440.	1528.
1400 Abs. 1.	Gestrichen.	Gestrichen.	Abs. 3.	1439.	1525.
Abs. 2.			Abs. 4.	1441 Abs. 2.	1529 Abs. 2.
Nr. 1, 2.	1401 Nr. 1, 2	1482 Nr. 1, 2.	1430.		
Nr. 8.	1402.	1488.	Abs. 1, 2 Satz 1.	1442.	1530.
Abs. 8.	1401, 1402.	1482, 1488.	Abs. 2 Satz 2.	Gestrichen.	Gestrichen.
Abs. 4.	1402.	1488.	Abs. 3.	1443.	1531.
1401.	1401 Nr. 8.	1482 Nr. 3.	1431.	1444, 1445 Abs. 1,	1419, 1532, 1533
1402 Abs. 1.	Gestrichen.	Gestrichen.		1450.	Abs. 1, 1538, 1582
Abs. 2.	1402.	1488.	1432.	1445 Abs. 2.	1533 Abs. 2.
1408 Nr. 1, 2.	1404 Abs. 1.	1476 Abs. 1.		1446 bis 1449.	1534 bis 1537.
Nr. 8.	1407 Satz 1.	1479 Satz 1.	1433.	1451.	1539.
Nr. 4, 5.	1408.	1475.	1434.	1452.	1540.
1404.	1404 Abs. 2.	1476 Abs. 2.	1435 Abs. 1.	1453 Abs. 1. 1454.	1418.
1405 Abs. 1.	1406.	1478.	Abs. 2.	1458.	1546.
Abs. 2.	1407 Satz 2.	1479 Satz 2.	1436 Satz 1.	1453 Abs. 1.	1541.
1406 Abs. 1.	1408, 1409.	1480, 1481.	Satz 2.	1453 Abs. 2.	1542.
Abs. 2.	1409.	1481.	Satz 3.	1453 Abs. 2.	Gestrichen.
Abs. 8.	Gestrichen.	Gestrichen.	1437 Abs. 1.		
Abs. 4.	1409.	1481.	Satz 1.	1455 Satz 1,	1543 Satz 1,
Abs. 5.	1410.	1485.		1456 Abs. 1.	1544 Abs. 1, 2.
Abs. 6.	1409 Abs. 6.	1481.	Satz 2.	1455 Satz 2.	1543 Satz 2.
1407 Abs. 1.	1409.	1481.	Satz 3.	1456 Abs. 2.	1544 Abs. 3.
Abs. 2, 8.	1410 Abs. 2.	1485 Abs. 2.	Abs. 2 Satz 1, 3.	1455 Satz 1.	1543 Satz 1.
1408.	1411.	1486.	Satz 2.	1456 Abs. 2.	1544 Abs. 3.
1409.	Gestrichen.	Gestrichen.	1438.	1456 Abs. 2.	1544 Abs. 2.
1410.	Gestrichen.	Gestrichen.			Halbsatz 2.
1411 Abs. 1.	1414 Abs. 1.	1502 Abs. 1.	1439.	1457.	1545.
Abs. 2.	1420 Abs. 1.	1508 Abs. 1.	1440 Abs. 1, 2.	1459.	1547.
1412.	1415, 1418.	1503, 1504.	Abs. 3.	Gestrichen.	Gestrichen.

1441.	1460.	1548.	1486 Satz 2.	Gestrichen.	Gestrichen.
1442.	1461.	1549.	1487.	1502.	1585.
1443.	1462.	1550.	1488 Abs. 1, 2.	1505.	1588.
1444 Abs. 1.	1463.	1551.	Abs. 3.	Gestrichen.	Gestrichen.
Abs. 2.	Gestrichen.	Gestrichen.	Abs. 4.	1510 Abs. 2.	1593 Abs. 2.
1445.	Gestrichen.	Gestrichen.	1489.	Gestrichen.	Gestrichen.
1446 Satz 1.	1465.	1553.	1490.	1506.	1589.
Satz 2.	Gestrichen.	Gestrichen.	1491.	1507.	1590.
1447.			1492.	1508.	1591.
Abs. 1 bis 4.	1466.	1554.	1493.	Gestrichen.	Gestrichen.
Abs. 5.	1467.	1555.	1494.	Gestrichen.	Gestrichen.
1448.	1468.	1556.	1195.	1509.	1592.
1449.	1469.	1557.	1496.	1510 Abs. 1.	1593 Abs. 1.
1450.	Gestrichen.	Gestrichen.	1497.	1511.	1594.
1451.	Gestrichen.	Gestrichen.	1498.	Gestrichen.	Gestrichen.
1452.	1470.	1547 Satz 3.	1499.	1512.	1595.
1453.	1471.	1565.	1500 Abs. 1, 3.	1519.	1602.
1454 Abs. 1.	1472 bis 1474.	1559 bis 1561,	Abs. 2.	1520.	1603.
	1475 Abs. 1, 1476.	1562 Abs. 1, 1563.	1501 Abs. 1.	1521.	1604.
Abs. 2.	1475 Abs. 2.	1562 Abs. 2.	Abs. 2.	1572 Abs. 1 Nr. 1,	1660 Abs. 1 Nr. 1.
1455.	1478.	1558.	1502 Nr. 1.	1522.	1605.
1456.	1479.	1613.	Nr. 2.	1540.	1626.
1457.	1480.	1614.	1503.	1523 bis 1525,	1606 bis 1608,
1458.	1481.	1566.		1531 bis 1533,	1617 bis 1619,
1459.	Gestrichen.	Gestrichen.		1539, 1555, 1568,	1625, 1641, 1650,
1460.	1261.	1844.		1570.	1657.
1461.	Gestrichen.	Gestrichen.	1504.	1526.	1609.
1462, 1463.	Gestrichen.	Gestrichen.	1505 Abs. 1.	1527.	1610.
1464.	1482.	1331.	Abs. 2.	Gestrichen.	Gestrichen.
1465.	1485.	1335, 1615.	1506.	1529.	1612.
1466.	1486 Abs. 1.	1569 Abs. 1.	1507.	Gestrichen.	Gestrichen.
1467.	1487.	1570.	1508.	Gestrichen.	Gestrichen.
1468.	1486 Abs. 2 Satz 1.	1569 Abs. 2 Satz 1.	1509.	1528.	1611.
1469.	1486 Abs. 1.	1569 Abs. 1.	1510.	1530.	1616.
1470.	1486 Abs. 2 Satz 2.	1569 Abs. 2 Satz 2.	1511.	1534 Satz 1.	1620 Abs. 1
1471 Abs. 1.	1488.	1571.	1512.	1535.	1621.
Abs. 2.	1492 Abs. 2.	1574 Abs. 3.	1513, 1514.	1534 Satz 2.	1620 Abs. 3.
1472 Satz 1, 3.	1489.	1576 Abs. 1, 2.	1515.	1536.	1622.
Satz 2.	Gestrichen.	Gestrichen.	1516.	1541.	1627.
1473.	1490.	1572.	1517.	1542 Abs. 1 Nr. 2.	1628 Abs. 1 Nr. 2.
1474 Satz 1, 3.	1491.	1573 Abs. 1,	1518.	1542 Abs. 1 Nr. 1.	1628 Abs. 1 Nr. 1.
		1576 Abs. 3.	1519.	1542 Abs. 2.	1628 Abs. 2.
Satz 2.	Gestrichen.	Gestrichen.	1520.	1543.	1629, 1640.
1475 Abs. 1.	1492 Abs. 1.	1574 Abs. 1.	1521, 1522.	Gestrichen.	Gestrichen.
Abs. 2.	1493.	1575.	1523 Abs. 1.	Gestrichen.	Gestrichen.
1476 Satz 1.	Gestrichen.	Gestrichen.	Abs. 2, 3.	1544 Satz 1.	1630.
Satz 2, 3.	1492 Abs. 3.	1574 Abs. 2.	1524.	Gestrichen.	Gestrichen.
1477.	Gestrichen.	Gestrichen.	1525.	1544 Satz 2.	1630.
1478.	1494.	1577.	1526.	Gestrichen.	Gestrichen.
1479.	1495.	1578.	1527 Abs. 1.	1546.	1632.
1480.	1496.	1579.	Abs. 2.	Gestrichen.	Gestrichen.
1481 Abs. 1, 3.	1497.	1580.	1528 Halbs. 1.	1550.	1686.
Abs. 2.	Gestrichen.	Gestrichen.	Halbs. 2.	Gestrichen.	Gestrichen.
1482.	1498.	1581.	1529.	1260 Abs. 3.	1588.
1483 Abs. 1.				1500.	
Satz 1.	1504.	1587.	1530.	1551.	1687.
Abs. 1 Satz 2.	Gestrichen.	Gestrichen.	1531 Abs. 1.	1545.	1631.
Abs. 2.	1504.	1587.	Abs. 2.	Gestrichen.	Gestrichen.
Abs. 3.	1504.	1560, 1587.	1532.	1547.	1633.
1484.	1503.	1586.	1533.	1548.	1634.
1485.	1501.	1584.	1534.	1549.	1635.
1486 Satz 1.	1501.	1584.	1535.	Gestrichen.	Gestrichen.

1536.	1552.	1688.	1577 Abs. 1.		
1537.	1553.	1689.	Satz 1, 2.	1602 Abs. 1, 2.	1691 Abs. 1, 2.
1538.	1576.	1663.	Satz 3.	Gestrichen.	Gestrichen.
1539.	1577.	1664.	Abs. 2.	1604 Abs. 1.	1693.
1540.	1578.	1665.	1578.	1602 Abs. 3.	1691 Abs. 3.
1541 Abs. 1, 2.	1579 Abs. 1, 2,	1666.	1579.	1606.	1695.
Abs. 3.	1580.	1667.	1580.	1607.	1696.
1542.	1579 Abs. 3.	1666 Abs. 1 S. 3.	1581.	1608.	1697.
1543.	1588.	1670.	1582.	1609.	1698.
1544.	1556 Abs. 1.	1642.	1583 Abs. 1.	1610.	1699 Abs. 1.
1545.	1556 Abs. 2.	1617.	Abs. 2.	1610.	1712.
1546.	1557.	1648.	1584.	1610.	1699 Abs. 2, 3.
1547 Abs. 1.	1558 Abs. 1, 2.	1644 Abs. 1, 2.	1585.	1611.	1701.
Abs. 2.	1559 Abs. 1.	1645 Abs. 1.	1586.	1612.	1708.
	Satz 1, 2.		1587.	1613.	1702 Abs. 1, 3.
1548.	1560.	1646.	1588.	1614.	1704.
1549 Abs. 1.	1558 Abs. 3,	1644 Abs. 3,	1589 Abs. 1, 2		
	1559 Abs. 2,	1645 Abs. 2,	Satz 1.	1615 Abs. 1, 2.	1705 Abs. 1, 2.
	1560 Satz 1.	1646 Satz 1.	Abs. 2 Satz 2.	1614 Abs. 2, 1615	1704 Abs. 2.
Abs. 2.	1559 Abs. 1 Satz 3.	1649.		Abs. 2.	
1550.	1561.	1647.	1590.	1615 Abs. 3.	1705 Abs. 3.
1551 Satz 1.	1559 Abs. 1 Satz 2,	1648.	1591 Satz 1.	1616 Satz 1.	1706.
	1562.		Satz 2.	1616 Satz 2.	1702 Abs. 2.
Satz 2.	1559 Abs. 1 Satz 3.	1645, 1649.	1592.	1618 Abs. 1.	1710.
1552.	1564.	1651.	1593.	1620.	1711.
1553 Abs. 1, 2.	1538.	1624.	1594.	1618 Abs. 2.	1700.
Abs. 3.	Gestrichen.	Gestrichen.	1595.	1619.	1709.
1554 Abs. 1.			1596.	1621.	1713.
Satz 1.	1565, 1567.	1652, 1654.	1597.	1622.	1714.
Satz 2.	1566, 1567.	1653, 1654.	1598.	1623.	1715.
Abs. 2.	1585.	1672.	1599.	1624.	1716.
1555.	1573.	1661.	1600.	1617.	1707.
1556.	Gestrichen.	Gestrichen.	1601 Abs. 1.	1639 Abs. 1.	1733 Abs. 1.
1557 Abs. 1.	Gestrichen.	Gestrichen.	Abs. 2.	1631 Satz 1.	1717 Satz 1.
Abs. 2 Satz 1,			1602 Satz 1.	1625 Abs. 1.	1717 Satz 1.
Abs. 3.	1568.	1655.	Satz 2.	1625 Abs. 2.	1719.
Abs. 2 Satz 2.	1572 Abs. 1 Nr. 1.	1660 Abs. 1 Nr. 1.	1603 Abs. 1.	1626 Abs. 1.	1720.
1558.	1586.	1673.	Abs. 2.	1626 Abs. 2, 3.	1721 Abs. 1.
1559 Abs. 1.	1569.	1656.	1604 Abs. 1.	1626 Abs. 1.	1720.
Abs. 2.	1572 Abs. 1 Nr. 2.	1600 Abs. 1 Nr. 2.	Abs. 2.	1626 Abs. 2, 3.	1721 Abs. 1.
1560. 1561.	Gestrichen.	Gestrichen.	1605.	Gestrichen.	1721 Abs. 2, 3.
1562.	1587.	1675.	1606.	1627 Abs. 1.	1722 Abs. 1.
1563.	1588.	1676.	1607.	1628 Abs. 2.	1725 Abs. 2.
1564.	1589.	1677.	1608.	1628 Abs. 1.	1725 Abs. 1.
1565.	1590.	1678.	1609.	1627 Abs. 1.	1722 Abs. 1.
1566 Abs. 1.	1591.	1679.	1610.	1629.	1723.
Abs. 2.	Gestrichen.	Gestrichen.	1611 Satz 1.	1627 Abs. 2,	1722 Abs. 2.
1567.	1592.	1680.		1629 Abs. 1 Satz 2.	1723 Satz 2.
1568.	1593.	1681.	Satz 2.	Gestrichen.	Gestrichen.
1569.	1594.	1682.	1612.	1633.	1726 Abs. 1.
1570.	1595.	1683.	1613 Abs. 1, 2.	1634.	1727.
1571.	1596 Abs. 2.	1684, 1685.	Abs. 3, 4.	1635.	1728.
1572.	1504.	1693.	1614.	1636 Abs. 2.	1724 Abs. 2.
1573.	1596 Abs. 1.	1684.	1615.	1630.	1718.
1574.	1596 Abs. 1,		1616 Abs. 1.	1631 Satz 2.	1726 Abs. 2.
	1597 Abs. 2,		Abs. 2.	1636 Abs. 1.	1724 Abs. 1, 3
	1598, 1600.	1684, 1686, 1687,	1617 Satz 1.	1632 Abs. 1 Satz 1.	1717 Satz 2.
		1689.	Satz 2, 3.	1682 Abs. 1	1780 Abs. 1,
1575 Abs. 1.	1599.	1688.		Satz 2, Abs. 2.	Abs. 2 Satz. 2
Abs. 2.	1600 Abs. 1.	1689 Abs. 1.	1618.	1687.	1729.
1576 Abs. 1.	1601.	1690.	1619.	1682 Abs. 1 Satz 2.	1780 Abs. 2 Satz 1
Abs. 2.	1601.	1686, 1690.	1620 Abs. 1.	1640.	1788.

1620 Abs. 2.	1641.	1739.	1657 Satz 2.	1706 Abs. 1, 1707 Abs. 1.	1808 Abs. 1, 1828.
1621.	1639 Abs. 2.	1738 Abs. 2.			
1622 Abs. 1, 2,	1642.	1734.	1658.	Gestrichen.	Gestrichen.
Abs. 3.	Gestrichen.	Gestrichen.	1659.	1682.	1778.
1623 Abs. 1.	1643 Abs. 1.	1736.	1660.	1683.	1617, 1779.
Abs. 2, 4.	Gestrichen.	Gestrichen.	1661.	1684.	1618, 1780.
Abs. 3.	1643 Abs. 2.	1737.	1662.	1685.	1781.
1624.	1644.	1735.	1663.	1686.	1799.
1625.	1645.	1740.	1664 Abs. 1.	1687 Abs. 1.	1619, 1782.
1626.	1646.	1741.	Abs. 2, 3.	1687 Abs. 2, 3.	1619, 1783.
1627.	1647.	1742.	1665.	1688.	1619, 1784.
1628.	1648.	1743.	1666 Abs. 1.	1689 Abs. 1.	1786.
1629 Abs. 1, 2.	1649 Abs. 1, 2.	1744 Abs. 1, 2.	Abs. 2.	1689 Abs. 2.	1785.
Abs. 3.	1650.	1745 Satz 1.	1667.	1690.	1619, 1787.
Abs. 4.	1649 Abs. 3, 1650.	1744 Abs. 3, 1745 Satz 2.	1668.	1691.	Gestrichen.
			1669 Abs. 1, 3.	1692.	1788.
Abs. 5.	1649 Abs. 1 Satz 2, 1651.	1744 Abs. 1 Satz 2, 1746.	Abs. 2.	1693.	1789.
			1670 Abs. 1.	1694, 1695.	1789, 1791
1630.	1652.	1731.	Abs. 2.	1697.	1793.
1631.	1653.	1747.	Abs. 3.	1698.	1794.
1632.	Gestrichen.	Gestrichen.	1671 Abs. 1.	1699.	
1633.	1655.	1749.	Abs. 2.	1700.	1795.
1634.	1656.	1750.	1672, 1673.	Gestrichen.	Gestrichen.
1635.	1657.	1752.	1674.		
1636.	1658.	1753.	Nr. 1, 2, 5.	1701.	1797.
1637.	1659.	1754.	Nr. 3, 4, 6 bis 14.		
1638 Abs. 1.	1660 Abs. 1.	1755.		1702.	1798 Nr. 1, 3 b. 13
Abs. 2.	1660 Abs. 2.	1751.	1675.	1703.	1801.
Abs. 3.	1660 Abs. 3.	1766.	1676.	Gestrichen.	Gestrichen.
1639 Satz 1.	1667 Abs. 1.	1761.	1677.	1704.	1800.
Satz 2.	1667 Abs. 2.	1763 Abs. 1.	1678.	1706.	1823.
Satz 3, 4.	1669.	1764.	1679.	1705.	1802.
1640 Nr. 1.	1661.	1756,	1680.	1707.	1803 Abs. 2.
	1662 Nr. 1, 2.	1757 Nr. 1, 2	1681 Abs. 1.	1708.	1804.
Nr. 2, 3.	1662 Nr. 3, 4.	1757 Nr. 3, 4.	Abs. 2.	1709 bis 1711.	1805 bis 1807
Nr. 4.	1664 Abs. 1.	1759 Abs. 1.	Abs. 3, 5.	1709.	1805.
Nr. 5.	1663.	1758.	Abs. 4.	1710.	1806
1641	1664 Abs. 2.	1759 Abs. 2.	1682.	1712.	1808.
1642.	1665.	1760.	1683.	1713.	1822.
1643.	1666.	1762 Abs. 1.	1684.	1714.	1813.
1644 Abs. 1.	1668 Abs. 1.	1762 Abs. 2.	1685.	1715.	1814.
Abs. 2.	1668 Abs. 2.	1763 Abs. 2.	1686.	1716.	1815.
1645 Abs. 1.	1670.	1765.	1687.		
Abs. 2.	1671.	1767.	Abs. 1 bis 3.	1718.	1816.
1646 Abs. 1.	1661.	1756.	Abs. 4, 5.	1719.	1817.
1646 Abs. 2.	1662, 1663 Abs. 1, 1664, 1665.	1757, 1758 Abs. 1, 1759, 1760.	Abs. 6.	1720.	1818.
			1688.	1721.	1819.
1647.	1672.	1768.	1689.	1722.	1820.
1648.	1673 Halbsatz 1.	1769 Halbsatz 1.	1690.	1726, 1729.	1828, 1831.
1649.	1673 Halbsatz 2.	1608, 1769 Halbsatz 2.	1691.	1728, 1729.	1830, 1831.
			1692.	1727, 1729.	1829, 1831.
1650.	1674.	1606. 1770.	1693.	1730.	1832.
1651.			1694.	1731.	1833.
Nr. 1 bis 3.	1675.	1608, 1771.	1695.	Gestrichen.	Gestrichen.
Nr. 4.	1676.	1608, 1772.	1696.	1732.	1641, 1809.
1652.	1677.	1773.	1697.	1733.	1810.
1653.	1678.	1607, 1774.	1698.	1734.	1625, 1811.
1654 Abs. 1.	1679.	1775.	1699.	1735.	1812.
Abs. 2.	Gestrichen.	Gestrichen.	1700 Abs. 1, 2.	1736.	1657, 1866.
1655.	1680.	1776.	Abs. 3.	1737.	1867.
1656.	Gestrichen.	Gestrichen.	1701.	1738.	1668.
1657 Satz 1.	Gestrichen.	Gestrichen.	1702.	1739.	1650, 1824.

1703 Abs. 1.	1740, 1742.	1858, 1860.	1725 Abs. 4, 5.	1725.	1827.
Abs. 2.	1741.	1859.	1726.	1771.	1872.
1704 Nr. 1, 2.	1743.	1861.	1727.	1772.	Gestrichen.
Nr. 3.	1744.	1862 bis 1865.	1728.	1773.	1873.
1705 Nr. 1, 2.	1744.	1862.	1729.		
Nr. 3.	1745 Abs. 2.	1863 Abs. 2.	Abs. 1 bis 3.	1775.	1875.
Nr. 4.	1746.	1864.	Abs. 4, 5.	1776.	1876.
1706.	1747.	1865.	Abs. 6.	1774.	1874.
1707.	1745 Abs. 1.	1863 Abs. 1.	1730.	1777.	1877.
1708.	1748.	1870.	1731.	1778 Abs. 1.	1878 Abs. 1.
1709.	1749.	1869 Abs. 1.	1732.	1778 Abs. 2.	1878 Abs. 2.
1710.	1750.	1871.	1733 Abs. 1.	1779 Abs. 1.	1879 Abs. 1.
1711.	1749 Abs. 2, 1750.	1869 Abs. 2, 1871.	Abs. 2.	1780.	1880.
1712.	1751.	1834, 1856.	Abs. 3.	1779 Abs. 2, 1780	1879 Abs. 2,
1713.	1752.	1835.		Satz 1.	1880 Satz 1.
1714 Abs. 1.	1753.	1836.	Abs. 4.	Gestrichen.	Gestrichen.
Abs. 2.	1753.	1836.	1734.	1717.	1821.
1715 Abs. 1.	1754.	1837.	1735 Abs. 1.	Gestrichen.	Gestrichen.
Abs. 2.		1838.	Abs. 2 bis 4.	1781.	Gestrichen.
Abs. 3.	1755.	1847.	1736.	1782.	1881.
Abs. 4.	1756.	1839.	1737 Abs. 1.	1783.	1882.
Abs. 5.	1757.	1840.	Abs. 2.	1784.	1883.
1716 Abs. 1.	1758, 1759 Nr. 3.	1841, 1842 Nr. 3.	Abs. 3.	1785.	1884.
1716 Abs. 2			Abs. 4.	Gestrichen.	Gestrichen.
Nr. 1, 2, 4.	1759 Nr. 1, 2, 4.	1842 Nr. 1, 2, 4.	1738.	1786.	1885.
Nr. 3.	1760.	1843.	1739.	1787.	1886.
Abs. 3.	1758 bis 1760.	1841 bis 1843.	1740.	1788.	1887.
1717.	1762.	1845.	1741.	1789.	1888.
1718.	1761.	1844.	1742.	1790 Satz 1.	1889.
1719 Abs. 1, 2.	1764 Abs. 1, 2.	1848 Abs. 1.	1743.	1791.	1891 Abs. 1.
Abs. 3.	1764 Abs. 3.	1852.	1744.	1792 Abs. 1.	1892.
1720.	1763.	1853.	1745.	1792 Abs. 2, 1793.	1893.
1721 Abs. 1.	1765.	1849.	1746.	1794.	1891 Abs. 2.
Abs. 2.	1766.	1851.	1747.	Gestrichen.	Gestrichen.
1722.	1767.	1848 Abs. 2 Satz 1,	1748 Abs. 1.		
		1850.	Nr. 1, 2, 5, 6.	1795.	1894.
1723.	1769.	1854.	Nr. 3.	Gestrichen.	Gestrichen.
1724 Abs. 1			1748 Abs. 1.		
Nr. 1.	1770 Abs. 1 Nr. 1.	1855.	Nr. 4.	1798 Abs. 2 Satz 1.	1897 Abs. 3.
Nr. 2,	1770 Abs. 1 Nr. 2.	1856.	Abs. 2 Satz 1, 2.	1796.	1895.
Abs. 2.	1770 Abs. 2.	1857.	Satz 3.	1798.	1897 Abs. 1, 2.
1725 Abs. 1, 2.	1723.	1826.	Satz 4.	1797.	1896.
Abs. 3.	1724.	1825.			

V. Buch. Erbrecht.

1749 Abs. 1.	1799 Abs. 1.	1898 Abs. 1.	1757.	1817.	1916.
Abs. 2.	Gestrichen.	Gestrichen.	1758 Abs. 1.	1800 Abs. 2.	1899 Abs. 2.
1750 Abs. 1.	Gestrichen.	Gestrichen.	Abs. 2.	1974.	2076 Abs. 1.
Abs. 2.	1799.	1898.	1759.	Gestrichen.	Gestrichen.
1751.	Gestrichen.	Gestrichen.	1760.	Gestrichen.	Gestrichen.
1752.	1800 Abs. 1.	1899 Abs. 1.	1761.	1947.	2049.
1753 Abs. 1.	Gestrichen.	Gestrichen.	1762.	Gestrichen.	Gestrichen.
Abs. 2.	2121 Abs. 1.	2226 Abs. 1.	1763.	1949.	2051.
1754.	2168.	2275.	1764.	1948.	2050.
1755 Abs. 1.	1814.	1913.	1765.	1938 Abs. 1.	2040 Abs. 1.
Abs. 2.	1815.	1914.	1766.	2051.	2155.
1756 Abs. 1.	1816.	1915.	1767.	1959.	2061.
Abs. 2.	2018 Satz 1.	2121 Satz 1.	1768.	1946.	2048.

1769 Abs. 1.	Gestrichen.	Gestrichen.
Abs. 2.	2022 Abs. 3, 2023.	2125 Abs. 3, 2126.
1770 Satz 1.	1938 Abs. 2.	2040 Abs. 2.
Satz 2.	2022.	2125.
1771.	1940.	2042.
1772.	1941.	2043.
1773.	1942.	2044.
1774.	1943.	2045.
1775.	1944.	2046.
1776.	1945.	2047.
1777 Satz 1.	1938 Abs. 2, 2027.	2040 Abs. 2, 2130.
Satz 2.	2024.	2127.
Satz 3.	Gestrichen.	Gestrichen.
1778.	1957.	2059.
1779.	1951 Abs. 1, 3.	2053 Abs. 1, 3.
1780.	1951 Abs. 2.	2053 Abs. 2.
1781.	1951 Abs. 2.	2053 Abs. 2.
1782.	1952.	2054.
1783.	1950.	2052.
1784.	1953.	2055.
1785.	1955.	2057.
1786.	Gestrichen.	Gestrichen.
1787.	1958.	2060.
1788.	1960.	2062.
1789.	Gestrichen.	Gestrichen.
1790.	1961.	2063.
1791.	2020.	2123.
1792.	1962.	2066.
1793.	1963.	2065.
1794.	1964.	2064.
1795.	1965.	2067.
1796.	1966.	2068.
1797.	1967 Abs. 1, 2.	2069 Abs. 1, 2.
1798 Satz 1.	1967 Abs. 3.	2069 Abs. 3.
Satz 2.	1972.	2074.
1799.	1968.	2070.
1800 Abs. 1.	1969.	2071.
Abs. 2.	Gestrichen.	Gestrichen.
1801.	1970.	2072.
1802.	1975.	2077.
1803.	1971.	2073.
1804 Satz 1.	1973.	2075.
Satz 2.	2011.	2114.
1805.	1976.	2078.
1806.	Gestrichen.	Gestrichen.
1807.	1977.	2079.
1808.	1978.	2080.
1809.	1979.	2081.
1810.	1981 Abs. 2.	2083 Abs. 2.
1811.	1980.	2082.
1812.	Gestrichen.	Gestrichen.
1813.	1982.	2084.
1814.	1983.	2085.
1815.	1985, 1994, 1895. 1997 bis 1999. 2001 bis 2007.	251. 2087, 2096, 2097, 2099 bis 2101, 2103, 2105 bis 2110.
1816.	Gestrichen.	Gestrichen.
1817.	Gestrichen.	Gestrichen.
1818.	1987.	2089.
1819.	1987.	2089.

1820.	1987.	2089.
1821.	1987.	2089.
1822 Abs. 1.	1989, 1990.	2091, 2092.
Abs. 2, 3.	1989.	2091.
1823.	1993.	2095.
1824.	2008.	2111.
1825.	1984.	2086.
1826 Abs. 1.	Gestrichen.	Gestrichen.
1826 Abs. 2.	Gestrichen.	879.
1827.	1790 Satz 2.	1889 Satz 2.
1828 Abs. 1, 2.	1985, 1986, 1987.	2087, 2088, 2089.
Abs. 3.	1986, 1987, 1993. Satz 1.	2089, 2095.
1829.	1988.	2090.
1830.	Gestrichen.	Gestrichen.
1831.	1993 Satz 2.	2095 Satz 2.
1832.	2012.	2116.
1833.	2013.	2117.
1834.	Gestrichen.	Gestrichen.
1835.	Gestrichen.	Gestrichen.
1836.	2015.	2118.
1837 Abs. 1.	2016.	2119.
Abs. 2.	Gestrichen.	Gestrichen.
1838.	Gestrichen.	Gestrichen.
1839.	2009 Abs. 1.	2112 Abs. 1.
1840.	2010.	2113.
1841.	2009 Abs. 2.	2112 Abs. 2.
1842.	2018 Satz 2.	2121 Satz 2.
1843.	2019.	2122.
1844.	Gestrichen.	Gestrichen.
1845 Abs. 1, 2.	2021.	2124.
Abs. 3.	Gestrichen.	Gestrichen.
1846 Abs. 1.	2028.	2131.
Abs. 2.	Gestrichen.	Gestrichen.
1847.	Gestrichen.	Gestrichen.
1848.	2040.	2143.
1849.	2041.	2144.
1850.	Gestrichen.	Gestrichen.
1851.	Gestrichen.	Gestrichen.
1852.	Gestrichen.	Gestrichen.
1853.	2042.	2145.
1854.	2043.	2146.
1855.	2044.	2147.
1856.	Gestrichen.	Gestrichen.
1857.	Gestrichen.	Gestrichen.
1858.	Gestrichen.	Gestrichen.
1859.	2035.	2138.
1860.	Gestrichen.	Gestrichen.
1861.	2036.	2139.
1862.	2025.	2128.
1863.	2026.	2129.
1864.	Gestrichen.	Gestrichen
1865 Satz 1.	2045.	2148.
Satz 2.	Gestrichen.	Gestrichen.
1866.	2046.	2149.
1867 Abs. 1.	2047.	2150.
Abs. 2 Nr. 1.	2047.	2151.
Nr. 2, 3.	2048.	2152.
Abs. 3.	2049.	2153.
1868.	2031.	2134.
1869.	2033.	2136.
1870.	2029 A. 1. S. 1, 3.	2132 A. 1 S. 1, 3.

1871 Abs. 1.	2029 Abs. 2.	2182 Abs. 2.
Abs. 2 Satz 1.	2029 Abs. 1 S. 2.	2182 Abs. 1 S. 2.
Satz 2.	2060.	2164.
1872.	2080.	2188.
1873.	2050.	2154.
1874.	2210 Abs. 2.	2318 Abs. 1.
1875.	Gestrichen.	Gestrichen.
1876 Abs. 1.	2082.	2185.
Abs. 2.	2057 Abs. 2.	2161 Abs. 2.
1877.	2056.	2160.
1878.	2054.	2158.
1879.	2052, 2058.	2156, 2157.
1880.	2055.	2159.
1881.	2057 Abs. 1, 8.	2161 Abs. 1, 8.
1882.	2058.	2162.
1883.	2060.	2164.
1884.	2061 Abs. 1.	2165 Abs. 1.
1885.	2061 Abs. 2.	2165 Abs. 2.
1886.	2062.	2166.
1887.	2065.	2169.
1888.	2064.	2168.
1889.	2067.	2171.
1890.	2068.	2172.
1891.	2071.	2175.
1892.	2072.	2176.
1893.	2098.	2198.
1894.	2094.	2199.
1895.	2095.	2200.
1896.	2096.	2201.
1897 Abs. 1.	2078.	2177.
Abs. 2 bis 4.	Gestrichen.	Gestrichen.
1898 Abs. 1.	2074 Abs. 1.	2178 Abs. 1.
Abs. 2.		
Satz 1.	2074 Abs. 1.	2178 Abs. 1.
Satz 2.	Gestrichen.	Gestrichen.
Abs. 3 bis 6.	2074 Abs. 2, 8.	2178. Abs. 2.
1899 Abs. 1.		
Satz 1.	2075 Satz 1, 2.	2179 Satz 1. 2.
	2085 Abs. 1.	2190 Abs. 1.
Satz 2.	Gestrichen.	Gestrichen.
Abs. 2.	Gestrichen.	Gestrichen.
1900.	2075 Satz 8.	2179 Satz 8.
1901.	2081.	2185.
1902.	2076, 2077.	2180, 2181.
1903 Abs. 1.	2082.	2186.
Abs. 2.	2088.	2187.
1904.	2088.	2187.
1905.	2078.	2182.
1906 Abs. 1.	2084, 2089.	2189, 2194.
Abs. 2.	2084.	2189.
1907.	2086.	2191.
1908 Abs. 1.	2087, 2088.	2192, 2198.
Abs. 2.	2087.	2192.
Abs. 3.	2089.	2194.
1909 Satz 1.	2090.	2195.
Satz 2.	Gestrichen.	Gestrichen.
1910.	2092.	2197.
1911.	1987.	2089.
1912.	2097.	2208.
1913.	2182.	2288.
1914.	2099 Abs. 1.	2205 Abs. 1.

1915 Abs. 1.		
Satz 1, 2.	2099.	2205.
Satz 3.	Gestrichen.	Gestrichen.
Abs. 2.	2099.	2205.
Abs. 3.	2105.	2211.
1916 Abs. 1.	2100.	2206.
Abs. 2.	2101.	2207.
1917 Abs. 1.	2102.	2208.
Abs. 2, 3.	2108.	2209.
1918.	2104 Abs. 1.	2210 Abs. 1.
1919 Abs. 1.	2106.	2212.
Abs. 2.	2107.	2218.
Abs. 3, 4.	2108 Abs. 1, 8.	2214 Abs. 1, 8.
1920.	2108 Abs. 2.	2214 Abs. 2.
1921.	2109.	2215.
1922.	2104 Abs. 2.	2210 Abs. 2.
1923.		
Abs. 1 bis 3.	2110.	2216.
Abs. 4.	2111.	2217.
Abs. 5.	Gestrichen.	Gestrichen.
1924.	Gestrichen.	Gestrichen.
1925.	2118.	2219.
1926.	2116 Abs. 1,2,4.	2222 Abs. 1,2,4.
1927.	2114.	2220.
1928.	2116 Abs. 1,2,4.	2222 Abs. 1,2,4.
1929.	2115.	2221.
1930.	2116.	2222.
1931 Abs. 1.	2117 Abs. 1, 2.	2228 Abs. 1, 2.
Abs. 2.	2118.	Gestrichen.
1932 Abs. 1, 2.	2112, 2118.	2218, 2219.
Abs. 3.	2117 Abs. 8.	2228 Abs. 8.
1933 Abs. 1.	2121 Abs. 2.	2226 Abs. 2.
Abs. 2.	2124.	2280.
1934.	2122.	2228.
1935.	2128.	2229.
1936.	2125.	2281.
1937.	2126.	2282.
1938 Abs. 1.	2127.	2288.
Abs. 2.	2128.	2284.
Abs. 3.	2180.	2286.
1939 Abs. 1.	2129.	2285.
Abs. 2.	2181.	2287.
1940 Abs. 1, 2.	1818.	1917.
Abs. 3.	2145 Abs. 1	2251 Abs. 1.
1941.	2141.	2247.
1942.	2142.	2248.
1943.	2148.	2249.
1944.	2148.	2249.
1945 Satz 1, 2.	2144.	2250.
Satz 3.	2166.	2278.
1946.	2146 Abs. 1.	2252 Abs. 1.
1947.	Gestrichen.	Gestrichen.
1948 Abs. 1.	2148.	2254.
Abs. 2.	2146 Abs. 2.	2252 Abs. 2.
Abs. 3.	Gestrichen.	Gestrichen.
Abs. 4.	2149.	2255, 2257.
Abs. 5.	2150.	2256.
1949 Abs. 1.	Gestrichen.	Gestrichen.
Abs. 2.	2151.	2258.
1950.	Gestrichen.	Gestrichen.
1951.	2152.	2259.

1952 Abs. 1, 2.	2153.	2260.
Abs. 3.	Gestrichen.	Gestrichen.
1953		
Abs. 1 Satz 1.	2155.	2262.
Satz 2.	Gestrichen.	Gestrichen.
Abs. 2.	2155.	2262.
1954.	Gestrichen.	Gestrichen.
1955.	2165 Abs. 1.	2272 Abs. 1.
1956 Abs. 1.	2165 Abs. 2 Satz 1.	2272 Abs. 2 Satz 1
Abs. 2.	Gestrichen.	Gestrichen.
Abs. 3 Satz 1.	Gestrichen.	Gestrichen.
Satz 2.	2154.	2261.
Abs. 4.	2154 Abs. 2.	2261 Abs. 2.
1957.	2156.	2263.
1958.		
Abs. 1 Satz 1.	2159, 2162.	2266, 2269.
Satz 2, 3.	2162.	2269.
Abs. 2.	2162.	2269.
1959.	2164 Abs. 1, 3.	2271 Abs. 1, 3.
1960.	2165 Abs. 2.	2272 Abs. 2 Satz 2.
	Satz 2, 3.	Abs. 3.
1961.	2163, 2164.	2270, 2271.
	Abs. 2, 3.	Abs. 2, 3.
1962.	1818.	1917.
1963.	2167.	2274.
1964 Abs. 1.	Gestrichen.	Gestrichen.
Abs. 2.	1800 Abs. 2.	1899 Abs. 2.
1965.	1801.	1900.
1966.	1802.	1901.
1967.	1804.	1903.
1968.	1803.	1902.
1969.	1805, 1806.	1904. 1905.
1970.	1807.	1906.
1971 Abs. 1.	1808.	1907.
Abs. 2.	1811.	1910.
Abs. 3.	1809.	1908.
1972.	1815, 1830, 2209,	1914, 1929, 2317,
	2211.	2319.
1973.	1812.	1911.
1974 Abs. 1.	1813.	1912.
Abs. 2.	1819 Abs. 2.	1918 Abs. 2.
Abs. 3.	1885.	1986.
Abs. 4.	1885.	1986.
Abs. 5.	1842.	1942.
1975 Abs. 1.	2169.	2276.
Abs. 2.	Gestrichen.	Gestrichen.
1976 Abs. 1.	Gestrichen.	Gestrichen.
Abs. 2.	2169.	2276.
1977.	2170.	2277.
1978.	2169.	2276.
1979.	2171.	2278.
1980.	2173.	2280.
1981 Abs. 1.		
Satz 1.	2172.	2279.
Satz 2.	Gestrichen.	Gestrichen.
Abs. 2.	2172.	2279.
1982.	2173.	2280.
1983.	2175.	2282.
1984.	2176.	2283.
1985.	2177 Abs. 1 Satz 1.	2284 Abs. 1 Satz 1.
1986 Abs. 1, 2.	2177 Abs. 2.	2284 Abs. 2.
1986 Abs. 3.		
Satz 1 bis 3.	2178.	2286.
Satz 4.	Gestrichen.	Gestrichen.
Abs. 4.	2178.	2286.
1987.	2177 Abs. 1 Satz 2.	2284 Abs. 1 Satz 2.
1988 Abs. 1.		
Satz 1.	2179.	2287.
Satz 2.	Gestrichen.	Gestrichen.
Abs. 2.	Gestrichen.	Gestrichen.
1989 Abs. 1.		
Nr. 1, 2.	2180.	2288.
Nr. 3.	2181.	2289.
Abs. 2 bis 4.	2180.	2288.
Abs. 4.	2181.	2289.
1990 Abs. 1.	2180 Abs. 2 Satz 1.	2288 Abs. 2 Satz 1
Abs. 2.	2181.	2289.
1991.	2196.	2204.
1992 Abs. 1.	2182.	2290.
Abs. 2 Satz 1.	2182.	2290.
Satz 2.	Gestrichen.	Gestrichen.
1993.	2183.	2291.
1994 Satz 1.	Gestrichen.	Gestrichen.
Satz 2.	2189.	2297.
1995.	2185 Abs. 1.	2293 Abs. 1.
1996 Abs. 1.	2185 Abs. 2, 2186.	2293 Abs. 2, 2294.
Abs. 2.	2187.	2295.
1997.	2188.	2296.
1998.	2189.	2297.
1999.	2197.	2305.
2000 Satz 1.	2198.	2306.
Satz 2.	2201 Abs. 2.	2309 Abs. 2.
2001.	2198.	2306.
2002 Abs. 1.	2203.	2311
Abs. 2.	Gestrichen.	Gestrichen.
Abs. 3.	2203.	2311.
2003.	2199.	2307.
2004.	2202.	2310.
2005.	2200.	2308.
2006.	2201 Abs. 1.	2309 Abs. 1.
2007.	2201 Abs. 2.	2309 Abs. 2.
2008.	2201 Abs. 3.	2309 Abs. 3.
2009.	2190.	2298.
2010.	2190.	2298.
2011.	2191.	2299.
2012.	2192.	2300.
2013.	2193.	2301.
2014.	2194 Abs. 1.	2302.
2015.	2195 Abs. 3.	2302.
2016.	2196 Abs. 1, 2.	2302.
2017.	2196.	2304.
2018.	2195.	2303.
2019.	2211.	2319.
2020 Abs. 1.	2212, 2213.	2320, 2321.
Abs. 2.	2216.	2324.
2021.	Gestrichen.	Gestrichen.
2022.	2215.	2323.
2023.	2214.	2322.
2024.	2217.	2325.
2025 Abs. 1.	1819 Abs. 1.	1918 Abs. 1.
Abs. 2.	Gestrichen.	Gestrichen.
2026 Abs. 1.	1800 Abs. 2.	1899 Abs. 2.

2026 Abs. 2.	1931 Abs. 1.	2033 Abs. 1.	2070.	2221.	2329.
2027.	1840, 2014.	1939, 2115.	2071 Abs. 1.		
2028 Abs. 1.	Gestrichen.	Gestrichen.	Satz 1.	2224.	2332.
Abs. 2, 3.	1829 Abs. 1, 3.	1928 Abs. 1, 3.	Satz 2.	2223 Abs. 1.	2331 Abs. 1.
2029.	1820.	1919.	Abs. 2.	2225.	2333.
2030.	1821.	1920.	2072.	2223 Abs. 2.	2331 Abs. 2.
2031.	1829 Abs. 2.	1928 Abs. 2.	2073.	2226.	2334.
2032.	1822.	1921.	2074.	2227.	2335.
2033.	1823.	1922.	2075 Abs. 1.	2228 Abs. 1.	2336 Abs. 1.
2034 Abs. 1.	2172 Abs. 1 Satz 2.	2279 Abs. 1 Satz 2.	Abs. 2.	2228 Abs. 2.	2337 Abs. 1.
	Halbsatz 2.	Halbsatz 2.	Abs. 3.	2228 Abs. 3.	2336 Abs. 2,
Abs. 2.	Gestrichen.	Gestrichen.			2337 Abs. 2.
2035.	1824 Abs. 1.	1923.	2076.	2229.	2338.
2036.	1827.	1926.	2077 Abs. 1.	2226, 2231.	2334, 2339, 2340.
2037.	1828.	1927.	Abs. 2.	2231.	2339. 2340.
2038 Abs. 1, 2.	1825.	1924.	2078.	2218, 2220, 2221,	2326, 2328, 2329,
Abs. 3.	1826.	1925.		2223 bis 2227,	2331 bis 2335,
2039.	1824 Abs. 2.	Gestrichen.		2229 bis 2231.	2338 bis 2340.
2040 Abs. 1.	2174.	2281 Abs. 1.	2079.	2234.	2342.
Abs. 2 Satz 1.	1832.	1931.	2080.	1892.	1993.
Satz 2.	1834 Abs. 2.	1933 Abs. 2.	2081 Nr. 1, 2.	Gestrichen.	
Abs. 3 bis 6.	1831.	1930.	Nr. 3.	1893.	800, 1994.
2041.	1831 Abs. 1, 1832,	1930 Abs. 1, 1931,	Nr. 4.	1894.	1995.
	1834 Abs. 1.	1933 Abs. 1.	2082.	1901.	2002.
2042.	1830.	1929.	2083.	1895.	1996.
2043.	1584a, 1702 Nr. 7	1620 Abs. 2, 1798.	2084.	1896.	1997.
		Nr. 2.	2085.	1897, 1898 Satz 1.	1998, 1999 Satz 1.
2044.	1584a, 1702 Nr. 7	1798 Nr. 2.	2086.	1898 Satz 2, 1899.	1999 Satz 2.
2045.	2204.	2312.	2087.	Gestrichen.	Gestrichen.
2046 Abs. 1, 2.	2205.	2313.	2088.	1903.	2004.
Abs. 3.	2206.	2314.	2089.	1905, 2235 Abs. 2.	2006, 2343 Abs. 2.
Abs. 4 bis 6.	2205.	2313.	2090.	2235 Abs. 1.	2343 Abs. 1.
2047.	2207.	2315.	2091.	Gestrichen.	Gestrichen.
2048 Abs. 1.	2209.	2317.	2092 Abs. 1.	Gestrichen.	Gestrichen.
Abs. 2.	Gestrichen.	Gestrichen.	Abs. 2.	1843 Abs. 2.	1943 Abs. 2.
2049.	2210 Abs. 1.	2318 Abs. 2.	2093.	Gestrichen.	Gestrichen.
2050.	2208.	2316.	2094.	Gestrichen.	Gestrichen.
2051 Satz 1.	1843 Abs. 1.	1943 Abs. 1.	2095 Abs. 1.	1868 Abs. 1.	1968.
Satz 2.	1906, 1932,	2007, 2033.	Abs. 2.	1868.	1969.
2052.	779a.	841.	2096.	1869.	1969.
2053.	779a.	841.	2097.	1870.	1970.
2054.	779a.	841.	2098.	1871.	1971.
2055.	1844.	1944.	2099.	1873.	1973.
2056.	1836.	1935.	2100.	1872.	1972.
2057.	1835, 1838.	1934, 1939.	2101.	1874.	1974.
2058.	1837.	1936.	2102.	1876.	1977.
2059 Abs. 1.	1837 Abs. 2.	1936 Abs. 2.	2103.	1877.	1978.
Abs. 2.	1838.	1937.	2104.	1878.	1979.
2060.	Gestrichen.	Gestrichen.	2105.	1875.	1976.
2061.	1839.	1938.	2106.	1879.	1980.
2062.	Gestrichen.	Gestrichen.	2107.	1884.	1985.
2063.	1836 Abs. 1 Satz 1,		2108.	Gestrichen.	Gestrichen.
	Abs. 2.	1937 Abs. 1 Satz 1.	2109.	Gestrichen.	Gestrichen.
2064.	Gestrichen.	Gestrichen.	2110 Abs. 1.	1850.	1950.
2065 Abs. 1.	Gestrichen.	Gestrichen.	Abs. 2.	1887 Abs. 1, 2.	1988.
Abs. 2.	1836 Abs. 1 Satz 2.	1937 Abs. 1 Satz 2.	2111.	Gestrichen.	Gestrichen.
2066.	Gestrichen.	Gestrichen.	2112 Satz 1, 2.	1858 Abs. 1.	1958 Abs. 1.
2067.			Satz 3.	Gestrichen.	Gestrichen.
Abs. 1 bis 3.	1841 Abs. 2, 3.	1941.	Satz 4.	Gestrichen.	Gestrichen.
Abs. 4.	1841 Abs. 1.	1940.	2113.	Gestrichen.	Gestrichen.
2068.	2218.	2326.	2114 Satz 1.	1851.	1951.
2069.	2219.	2327.	Satz 2.	Gestrichen.	Gestrichen.

2115.	Gestrichen.	Gestrichen.	2139.	Gestrichen.	Gestrichen.
2116.	1852.	1952.	2140.	Gestrichen.	Gestrichen.
2117 Abs. 1.	Gestrichen.	Gestrichen.	2141.	Gestrichen.	Gestrichen.
Abs. 2.	2059.	2163.	2142.	1880.	1981.
Abs. 3.	Gestrichen.	Gestrichen.	2143 Abs. 1.	1888.	1989.
Abs. 4.	Gestrichen.	Gestrichen.	Abs. 2.	1888. 1891.	1989, 1992.
2118.			Abs. 3.	1890.	1991.
Satz 1, 2, 4.	1864.	1964.	2144.	Gestrichen.	Gestrichen.
Satz 3.	Gestrichen.	Gestrichen.	2145.	Gestrichen.	Gestrichen.
2119.	Gestrichen.	Gestrichen.	2146.	1936.	2038 Abs. 2.
2120 Abs. 1.	1845.	1945.	2147.	1881.	1982.
Abs. 2.	Gestrichen.	Gestrichen.	2148. Nr. 1.	Gestrichen.	Gestrichen.
2121.	Gestrichen.	Gestrichen.	Nr. 2.	1882.	1983.
2122.	Gestrichen.	Gestrichen.	Nr. 3.	Gestrichen.	Gestrichen.
2123.	Gestrichen.	Gestrichen.	Nr. 4.	1882 Abs. 1.	1389, 1486, 1983 Abs. 1.
2124.	Gestrichen.	Gestrichen.			
2125 Satz 1, 2.	1847.	1946.	2149.	1882 Abs. 2.	1983 Abs. 2.
Satz 3.	1887 Abs. 3.	1988 Abs. 3.	2150 Abs. 1.	Gestrichen.	Gestrichen.
2126 Abs. 1, 2.	Gestrichen.	Gestrichen.	Abs. 2.	Gestrichen.	Gestrichen.
Abs. 3.	Gestrichen.	Gestrichen.	Abs. 3.	Gestrichen.	Gestrichen.
2127 Abs. 1.	1848.	1948.	Abs. 4.	Gestrichen.	Gestrichen.
Abs. 2 Satz 1.	Gestrichen.	Gestrichen.	2151.	1906.	2007.
Satz 2.	1848.	1948.	2152.	1922.	2023.
Abs. 3.			2153.	1918.	2019.
Satz 1.	Gestrichen	Gestrichen.	2154.	1917.	2018.
Satz 2.	1848.	1948.	2155.	1921.	2022.
2128.	Gestrichen	Gestrichen.	2156.	1981, 2074 Abs. 1 Satz 2.	Gestrichen.
2129.	Gestrichen	Gestrichen.			
2130 Abs. 1.	1889 Abs. 1, 1890	1990 Abs. 1, 1991.	2157.	1923.	2025.
Abs. 2.	Gestrichen	Gestrichen.	2158.	1923 Abs. 1, 2.	2025 Abs. 1, 2.
2131.	1889 Abs. 2.	1990 Abs. 2.	2159.	1923 Abs. 3.	2025 Abs. 3.
2132.	1889 Abs. 3.	1990 Abs. 3.	2160.	1924.	2026.
2133.	1865 bis 1867.	1965 bis 1967.	2161.	1926.	2028.
2134.	Gestrichen	Gestrichen.	2162.	1927.	2029.
2135.	Gestrichen	Gestrichen.	2163.	1928.	2030.
2136.	Gestrichen	Gestrichen.	2164 Abs. 1, 2.	1929.	2031.
2137.	Gestrichen	Gestrichen.	Abs. 3.	1923 Abs. 1.	2025 Abs. 1.
2138.	Gestrichen	Gestrichen.			

Frommannsche Buchdruckerei (Hermann Pohle) in Jena. — 1963

Kolibri 360 GmbH
Ferdinand-Jühlke-Straße 7
99095 Erfurt, Deutschland
produktsicherheit@kolibri360.de